日蘭貿易の歴史的展開

石田千尋著

吉川弘文館

目　　次

序章　研究の目的 ……………………………………………………………1

第1部　日蘭貿易と貿易品 ………………………………………………5

第1章　出島貿易品の取引 …………………………………………6
――天保15年(1844)を事例として――

は じ め に …………………………………………………………………6

第1節　天保15年のオランダ船積荷目録 ………………………………7
――「天保雑記」第五十六冊所収「積荷目録」――

第2節　天保15年の本方荷物とその取引 ……………………………11

第3節　天保15年の脇荷物とその取引 ………………………………26

第4節　天保15年の誂物とその取引 …………………………………42

お わ り に ――天保15年の日蘭貿易―― ……………………………54

第2章　蘭船持渡更紗の取引と国内流通 ………………………62
――福岡市美術館所蔵「紫地小花文様更紗」をめぐって――

は じ め に …………………………………………………………………62

第1節　福岡市美「更紗」の輸入と取引 ……………………………62

　1　輸入について …………………………………………………………62

　2　取引について …………………………………………………………66

第2節　大坂 平井小橋屋での販売 ……………………………………71

お わ り に …………………………………………………………………75

第2部　オランダ船の脇荷貿易 ………………………………………81

第1章　オランダ船の脇荷物輸入 ………………………………82
――文政9年(1826)を事例として――

はじめに　……………………………………………………82

第 1 節　文政 9 年の脇荷物輸入に関する史料　……………83

第 2 節　文政 9 年の脇荷物一覧表　…………………………84

第 3 節　文政 9 年の脇荷物　…………………………………85

おわりに　……………………………………………………107

第 2 章　賃借人の登場　………………………………………112
　　　　　──脇荷貿易システムの改変とその実態──

はじめに　……………………………………………………112

第 1 節　脇荷貿易における賃借人の登場　…………………113

第 2 節　1835 年の脇荷貿易に関する契約書　……………116

第 3 節　1835 年の脇荷貿易　………………………………121

第 4 節　脇荷貿易における賃借人の収益　…………………132

おわりに　……………………………………………………136

第 3 章　賃借人の脇荷貿易 Ⅰ　……………………………140
　　　　　──天保 7 年(1836)〜同 9 年(1838)──

はじめに　……………………………………………………140

第 1 節　脇荷貿易に関する契約書　…………………………140

第 2 節　天保 7 年の賃借人による脇荷貿易　………………148

　1　天保 7 年の賃借人による脇荷貿易　……………………148

　2　補償金制度について　……………………………………180

第 3 節　天保 8 年の賃借人による脇荷貿易　………………182

第 4 節　天保 9 年の賃借人による脇荷貿易　………………190

おわりに　……………………………………………………194

第 4 章　賃借人の脇荷貿易 Ⅱ　……………………………199
　　　　　──天保 10 年(1839)〜同 14 年(1843)──

はじめに ……………………………………………………………199

第1節　天保10年の賃借人による脇荷貿易 ……………………199

　1　脇荷貿易に関する契約書 ………………………………………199

　2　脇荷貿易と脇荷物 ………………………………………………208

第2節　天保11年の賃借人による脇荷貿易 ……………………213

　1　脇荷貿易に関する契約書 ………………………………………213

　2　脇荷貿易と脇荷物 ………………………………………………214

第3節　天保13年の賃借人による脇荷貿易 ……………………218

第4節　天保14年の賃借人による脇荷貿易 ……………………223

おわりに ……………………………………………………………231

第5章　賃借人の脇荷貿易 Ⅲ ……………………………239
——弘化2年(1845)～嘉永7年(1854)——

はじめに ……………………………………………………………239

第1節　脇荷貿易に関する契約書 ………………………………239

第2節　弘化2年～嘉永7年の脇荷物 …………………………248

　1　弘化2年の脇荷物 ………………………………………………248

　2　弘化3年の脇荷物 ………………………………………………257

　3　弘化4年の脇荷物 ………………………………………………262

　4　嘉永元年の脇荷物 ………………………………………………267

　5　嘉永2年の脇荷物 ………………………………………………267

　6　嘉永3年の脇荷物 ………………………………………………271

　7　嘉永4年の脇荷物 ………………………………………………273

　8　嘉永5年の脇荷物 ………………………………………………275

　9　嘉永6年の脇荷物 ………………………………………………277

　10　嘉永7年の脇荷物 ………………………………………………279

おわりに ……………………………………………………………282

第6章　賃借人のウニコール輸入 ……………………………287

　　はじめに ……………………………………………………287

　　第1節　天保7年・同8年のウニコールの取引 ……………289

　　第2節　天保9年のウニコールの取引 ………………………296

　　第3節　天保10年〜嘉永元年のウニコールの取引 …………301

　　第4節　嘉永2年〜安政2年のウニコールの取引 …………303

　　おわりに ……………………………………………………309

第3部　安政期の日蘭貿易 ……………………………………319

　第1章　安政2年(1855)の日蘭貿易 ………………………320

　　はじめに ……………………………………………………320

　　第1節　オランダ船輸入品の取引過程 ……………………321

　　第2節　本方荷物とその取引 ………………………………333

　　第3節　誂物とその取引 ……………………………………349

　　第4節　脇荷物とその取引 …………………………………358

　　おわりに ……………………………………………………380

　第2章　安政3年(1856)の日蘭貿易 ………………………388

　　はじめに ……………………………………………………388

　　第1節　本方荷物・脇荷物の取引に関する史料 …………388

　　第2節　本方荷物・脇荷物の取引一覧表 …………………390

　　第3節　反物切本帳について …………………………………391

　　第4節　本方荷物について …………………………………410

　　第5節　脇荷物について ……………………………………415

　　おわりに ……………………………………………………428

　第3章　安政4年(1857)の日蘭貿易 ………………………435

はじめに …………………………………………………………435

第1節 「本方商賣」に関する史料 ………………………435

第2節 「本方商賣」で取引された商品(本方荷物)について
…………………………………………………450

第3節 「本方商賣」における輸出品と勘定帳 ……………452

第4節 ウイレミナ・エン・クラーラ号の脇荷貿易 ………457

第5節 ヤン・ダニエル号,アンナ・ディグナ号,
カタリーナ・エン・テレーシア号,
ラミナー・エリサベット号の脇荷貿易 ………464

第6節 ヘンリエッテ・エン・コルネーリア号の
積荷物の取引 ……………………………………490

おわりに ……………………………………………………504

第4章 安政5年(1858)・同6年(1859)の日蘭貿易 ………514

はじめに ……………………………………………………514

第1節 安政5年の日蘭貿易における入札取引と相対取引
…………………………………………………514

1 入札取引 ……………………………………………514

2 相対取引 ……………………………………………529

第2節 安政6年の日蘭修好通商条約施行以前の
日蘭貿易──相対取引── ………………………538

おわりに ……………………………………………………543

終章 日蘭貿易の歴史的展開 ……………………………549

あとがき ……………………………………………………559

索 引 ………………………………………………………563

英文梗概 ……………………………………………………577

挿図・表目次

図 1　天保 15 年　オランダ船の積荷目録 …………………………………8
図 2　本方荷物の損益計算書(オランダ国立中央文書館所蔵) ………………24
図 3～図 6　福岡市美術館所蔵「紫地小花文様更紗」………………64
図 7　18～19 世紀のインド …………64
図 8　「文政七　申年紅毛船持渡反物切本帳」(東京国立博物館所蔵) …………65
図 9　鶴見大学文学部文化財学科所蔵「更紗裂」(115 番) ………………65
図 10　鶴見大学文学部文化財学科所蔵「更紗裂」(364 番) ………………65
図 11　鶴見大学文学部文化財学科所蔵「更紗裂」(362 番～366 番) …………65
図 12　1824 年の総商品出入帳(オランダ国立中央文書館所蔵) ………………68
図 13　「攝津名所圖繪」大坂部四上(武庫川女子大学附属図書館所蔵) ………72
図 14　「商人買物獨案内」(文政七年)(復刻版, 近世風俗研究会, 昭和 37 年)(百五十九丁) …………73
図 15　「浪花百景」内「小ばしや呉服店」(大阪府立中之島図書館所蔵) ……73
図 16　平井小橋屋の引札(国文学研究資料館所蔵) …………………73
図 17　「安政二　卯紅毛船持渡端物切本帳扣」(長崎歴史文化博物館収蔵) …………………328
図 18　「安政二年　卯紅毛船弐艘品代切本」(鶴見大学図書館所蔵) ………328
図 19　「安政二　卯三四番割　卯阿蘭陀船本方・品代切本帳」(長崎歴史文化博物館収蔵) …………………328
図 20　「安政三　辰年紅毛船弐艘本方端物切本帳」(京都工芸繊維大学美術工芸資料館所蔵, AN.90-12) …………405
図 21　「安政三年　辰紅毛船弐艘脇荷切本」(鶴見大学図書館所蔵) ………405
図 22　「辰紅毛船持渡端物切本帳」(東京大

学史料編纂所所蔵) …………………405
図 23　「辰紅毛船脇荷端物切本帳」(東京大学史料編纂所所蔵) …………………405
図 24　「安政三　辰四五番割　辰紅毛船本方脇荷切本帳」(長崎歴史文化博物館収蔵) …………………406
図 25　「安政三年　辰穐新渡り反物類切手本帳」(神戸市立博物館所蔵) ……406
図 26　「安政四(五ヵ)戊午正月改 相對買之品銀高覚帳」(鶴見大学図書館所蔵) …………………501
図 27　「〔会所差紙 巳阿蘭陀五番船〕」(鶴見大学図書館所蔵) …………………501

表 1　天保 15 年(1844)のオランダ船「積荷目録」掲載史料 …………………10
表 2　積荷目録の照合 …………………13
表 3　天保 15 年(1844)オランダ船本方荷物 …………………15
表 4　天保 15 年(1844)オランダ船本方荷物の取引 …………………18
表 5　天保 15 年(1844)オランダ船本方荷物の仕入値と販売価格 …………23
表 6　弘化 2 年(1845)の献上・進物品と進物残品の販売 …………25
表 7　天保 15 年(1844)オランダ船脇荷物 …………………29
表 8　medicijnen(薬種類)(表 7 ※ 印)の詳細 …………………30
表 9　天保 15 年(1844)オランダ船脇荷物の取引 …………………32
表 10　天保 15 年(1844)オランダ船誂物とその取引 …………………46
表 11　天保 15 年(1844)長崎地役人の「御所望」品 …………………53
表 12　天保 15 年(1844)御用書籍・天文方御願請之分 …………………59
表 13　文政 7 年(1824)オランダ船持渡更紗とその取引 …………………67
表 14　文政 7 年(1824)オランダ船 2 艘

挿図・表目次　　7

（Arinus Marinus, Ida Alijda）輸入の
更紗類 ……………………………70

表15　文政9年(1826)オランダ船2艘
（Alexander, Onderneming）脇荷物
………………………………………86

表16　M. Marcussen 脇荷物(32)(35)
(51)内「取り出し」希望品・数量
………………………………………97

表17　H. M. Lelsz. 脇荷物(61)(64)(79)
内「取り出し」希望品・数量 ……98

表18　J. F. van Overmeer Fisscher 脇荷
物(98)(107)内「取り出し」希望品・
数量 ………………………………98

表19　Van Outeren 脇荷物(108)内「取
り出し」希望品・数量 …………98

表20　Von Siebold 脇荷物(121)内「取り
出し」希望品・数量 ……………98

表21　A. Manuel 脇荷物(148)内「取り出
し」希望品・数量 ………………98

表22　Verkerk Pistorius 脇荷物(150)内
「取り出し」希望品・数量 ………99

表23　文政9年(1826)の脇荷物売主名一
覧表 ………………………………99

表24　文政9年(1826)のシーボルトとフ
ィレネウフェの脇荷物仕入値と売値
………………………………………108

表25　文政6年(1823)の脇荷物売主名一
覧表 ………………………………114

表26　天保6年(1835)賃借代理人が持ち
渡った脇荷取引に予定された商品
………………………………………123

表27　天保6年(1835)賃借代理人が持ち
渡った脇荷取引以外の取引に予定され
た商品 ……………………………123

表28　天保6年(1835)脇荷取引に予定さ
れた商品の種類と仕入値 ………124

表29　天保6年(1835)脇荷取引以外の取
引に予定された商品の種類と仕入値
………………………………………124

表30　天保6年(1835)脇荷取引の商品と
脇荷取引以外の取引の商品(御所望)の
販売 ………………………………126

表31　天保6年(1835)賃借代理人による
輸出品 ……………………………131

表32　1835年度用契約書と1836年～
1838年度用契約書の比較対照表
………………………………………142

表33　天保7年(1836)の脇荷リスト
………………………………………149

表34　天保7年(1836)の脇荷物 ……150

表35　天保7年(1836)脇荷取引以外の取
引に予定された商品 ……………151

表36　天保7年(1836)脇荷取引された脇
荷物 ………………………………154

表37　天保7年(1836)脇荷取引以外で取
引された脇荷物 …………………168

表38　天保7年(1836)脇荷取引の商品の
種類と売上額 ……………………176

表39　天保7年(1836)脇荷取引以外で取
引された商品の種類と売上額 ……176

表40　天保7年(1836)賃借代理人による
輸出品 ……………………………177

表41　1836年度の出島商館職員に対する
補償金 ……………………………182

表42　天保8年(1837)オランダ船脇荷物
（脇荷取引用）……………………184

表43　天保8年(1837)賃借人(賃借代理
人)による輸出品の購入価額概算
………………………………………186

表44　天保9年(1838)オランダ船1艘
（Schoon Verbond）脇荷物 ………193

表45　表44のA～Mに相当する可能性
のある商品 ………………………193

表46　1836年～1838年度用契約書と
1839年度用契約書の比較対照表
………………………………………200

表47　天保10年(1839)オランダ船脇荷物
………………………………………210

表48　天保11年(1840)オランダ船脇荷物
………………………………………217

表49　天保13年(1842)オランダ船脇荷物
………………………………………221

表50　天保14年(1843)脇荷物の積荷日録
………………………………………224

表51　天保14年(1843)オランダ船脇荷物
の取引 ……………………………225

表52　天保11年(1840)脇荷物の取引(反
物類)………………………………233

表53 天保13年(1842)脇荷物の取引(反物類) ……233

表54 1845年〜1848年度用契約書と1853年〜1856年度用契約書の比較対照表 ……242

表55 弘化2年(1845)オランダ船脇荷物 ……249

表56 弘化2年(1845)オランダ船脇荷物の取引 ……250

表57 弘化3年(1846)オランダ船脇荷物 ……259

表58 弘化4年(1847)オランダ船脇荷物 ……264

表59 嘉永元年(1848)オランダ船脇荷物 ……268

表60 嘉永2年(1849)オランダ船脇荷物 ……270

表61 嘉永3年(1850)オランダ船脇荷物 ……272

表62 嘉永4年(1851)オランダ船脇荷物 ……274

表63 嘉永5年(1852)オランダ船脇荷物 ……276

表64 嘉永6年(1853)オランダ船脇荷物 ……278

表65 嘉永7年(1854)オランダ船脇荷物 ……280

表66 嘉永7年(1854)オランダ船脇荷物[薬種] ……281

表67 天保8年(1837)の誂物としてのウニコールの取引 ……290

表68 天保6年(1835)の誂物としてのウニコールの取引 ……292

表69 天保7年(1836)の誂物としてのウニコールの取引 ……294

表70 嘉永2年(1849)〜安政2年(1855)のウニコールの取引 ……306

表71 安政2年(1855)長崎入港オランダ船の輸入品に関する取引過程 ……322

表72 安政2年(1855)オランダ船2艘(Henriette en Cornelia, Nederland)本方荷物の輸入 ……336

表73 秤量品目の荷改結果 ……340

表74 安政2年(1855)オランダ船2艘(Henriette en Cornelia, Nederland)本方荷物(反物類) ……342

表75 安政2年(1855)オランダ船2艘(Henriette en Cornelia, Nederland)本方荷物の取引 ……344

表76 安政2年(1855)オランダ船2艘(Henriette en Cornelia, Nederland)本方荷物の仕入値と販売価格 ……346

表77 安政2年(1855)オランダ船2艘(Henriette en Cornelia, Nederland)本方荷物(粗悪品)の取引 ……347

表78 安政3年(1856)の献上・進物品と進物残品の販売 ……347

表79 安政2年(1855)向け誂物の注文 ……350

表80 安政2年(1855)オランダ船2艘(Henriette en Cornelia, Nederland)誂物の取引 ……352

表81 安政2年(1855)御用残りの取引 ……357

表82 安政2年(1855)向け脇荷物の注文 ……359

表83 安政2年(1855)に向けての警告 ……359

表84 安政2年(1855)向け品代り取引の注文 ……361

表85 安政2年(1855)の品代り取引に対する警告 ……362

表86 安政2年(1855)脇荷物の積荷目録 ……363

表87 安政2年(1855)オランダ船2艘(Henriette en Cornelia, Nederland)品代り荷物(反物類) ……365

表88 安政2年(1855)オランダ船脇荷物の取引 ……366

表89 天保15年(1844)〜安政3年(1856)誂物の取引規模 ……381

表90 安政3年(1856)オランダ船2艘(Valparaiso, Resident van Son)本方荷物の取引 ……392

表91 安政3年(1856)オランダ船2艘(Valparaiso, Resident van Son)脇荷物の取引 ……396

表92 表91の*印の商品名と数量、落札

挿図・表目次　9

価額 ……………………………404

表93　安政3年(1856)オランダ船2艘(Valparaiso, Resident van Son)本方荷物(反物類) ……………407

表94　安政3年(1856)オランダ船2艘(Valparaiso, Resident van Son)脇荷物(反物類) ………………408

表95　安政3年(1856)オランダ船2艘(Valparaiso, Resident van Son)本方荷物の仕入値と販売価格 …………429

表96　安政4年(1857)オランダ船1艘(Willemina en Clara)本方荷物 ……………………………437

表97　安政4年(1857)オランダ船1艘(Willemina en Clara)本方荷物の取引(壱番割) ……………………440

表98　安政4年(1857)オランダ船本方荷物 ………………………………442

表99　安政4年(1857)オランダ船本方荷物の取引(五番割) ……………446

表100　安政4年(1857)本方商賣における輸出品 …………………………453

表101　安政4年(1857)オランダ船1艘(Willemina en Clara)脇荷物 ……459

表102　安政4年(1857)オランダ船1艘(Willemina en Clara)脇荷貿易における脇荷取引(壱番割) ……………459

表103　安政4年(1857)オランダ船1艘(Willemina en Clara)脇荷貿易における相対取引 ……………………462

表104　安政4年(1857)オランダ船1艘(Willemina en Clara)脇荷貿易における輸出品 ……………………464

表105　安政4年(1857)オランダ船4艘脇荷貿易における脇荷取引(三番割) ………………………………468

表106　安政4年(1857)オランダ船脇荷物(追ワキニ)の取引(三番割) ………474

表107　安政4年(1857)オランダ船4艘脇荷貿易における相対取引 …………478

表108　安政4年(1857)オランダ船の「品代り」取引(五番割) ……………480

表109　安政4年(1857)オランダ船4艘脇荷貿易における誂物(注文品)の取引(その1) ……………………………482

表110　安政4年(1857)オランダ船4艘脇荷貿易における誂物(注文品)の取引(その2) ……………………………485

表111　安政4年(1857)オランダ船4艘脇荷貿易における「除き物」の取引 ……………………………………487

表112　安政4年(1857)オランダ船4艘脇荷貿易(脇荷貿易における日本人の労働に対する支払い) …………487

表113　安政4年(1857)オランダ船4艘脇荷貿易における輸出品 …………489

表114　安政4年(1857)オランダ船4艘脇荷貿易における輸出品に対する支払い ………………………………489

表115　安政4年(1857)オランダ船ヘンリエッテ・エン・コルネーリア号の積荷物の取引(六番割) ……………492

表116　安政4年(1857)オランダ船ヘンリエッテ・エン・コルネーリア号の積荷物の取引(安政五年壹番割) ……494

表117　安政4年(1857)オランダ船(ヘンリエッテ・エン・コルネーリア号)積荷物の相対取引(その1) …………502

表118　安政4年(1857)オランダ船(ヘンリエッテ・エン・コルネーリア号)積荷物の相対取引(その2) …………502

表119　天保15年(1844)〜安政4年(1857)本方商賣の取引規模 ………505

表120　安政3年(1856)・同4年(1857)の脇荷貿易の取引額 …………………506

表121　安政4年(1857)ウイレミナ・エン・クラーラ号より阿蘭陀通詞への贈り物 ………………………………511

表122　安政4年(1857)アンナ・ディグナ号より阿蘭陀通詞への贈り物 ……511

表123　安政5年(1858)オランダ壱番船(Zeevaart)積荷物の取引 …………517

表124　安政5年(1858)オランダ弐番船(後に三番船に変更)(Cadsandria)積荷リスト(その1) …………………521

表125　安政5年(1858)オランダ弐番船(後に三番船に変更)(Cadsandria)積荷リスト(その2) …………………522

表126 安政5年(1858)オランダ弐番船 (Cornelia Henriëtte)積荷物の取引 ……………………………………526

表127 安政5年(1858)オランダ三番船 (後に弐番船に変更)(Cornelia Henriëtte)積荷リスト ………………528

表128 安政5年(1858)オランダ壱番船・弐番船・三番船積荷物の相対取引 ……………………………………531

表129 安政5年(1858)オランダ弐番船積荷物の相対取引 ………………533

表130 安政5年(1858)の相対取引商品 ……………………………………534

表131 安政5年(1858)オランダ四番船～八番船の積荷物 ………………535

表132 安政6年(1859)長崎入港オランダ船(和暦6月1日迄) ……………539

表133 安政6年(1859)長崎入港オランダ船の積荷物 …………………………540

表134 安政6年(1859)オランダ船積荷物の相対取引 …………………………541

序章　研究の目的

　いわゆる鎖国体制下において，長崎に来航していたオランダ船は，わが国にとってヨーロッパ唯一の通商相手であった。オランダ船が持ち渡った積荷物は，ヨーロッパおよび東インドなどオランダ側の通商圏内の品々であり，各種の手続きを経た後，日本市場にもたらされ，当時の日本文化・社会・政治・経済にさまざまな影響を与えていった。オランダ船が持ち渡った積荷物は，時の中央権力である江戸幕府の管理・統制のもとに取引されていた。しかし，開国を迎えた幕末安政期になると，米・英・露・仏と共にはじまる自由貿易に向けて，その取引の形態は次第に変容していった。したがって，オランダ船が当時長崎に持ち渡った積荷物とその取引・流通の解明は，近世の日蘭貿易史および日蘭関係史ばかりでなく，日本文化・社会・政治・経済史を考える上において重要な課題といえる。

　近世の日蘭貿易は，大きく分けて二つの取引がおこなわれていた。一つは本方貿易と称し，オランダ東インド会社の会計に属する商品群の取引であり，東インド会社にとって直接損益にかかわるものであった。もう一つは脇荷貿易と称し，一定額だけ許された私貿易品の取引であった。なお，オランダ東インド会社は 1799 年に崩壊し，その後，日本との貿易はバタヴィアの東インド政庁の管理下に入り，長崎商館(出島)はこの政庁の商館になるが，長崎商館での本方貿易・脇荷貿易は以前同様につづけられた。

　オランダ船が持ち渡った積荷物には，①本方荷物〜主に本方貿易で取引される商品，②脇荷物〜主に脇荷貿易で取引される商品，③誂物〜将軍をはじめとする幕府高官・長崎地役人等によってオランダ船に注文されたものの持ち渡り品，④献上・進物品〜オランダ人が貿易取引を許されている御礼として江戸参府の際に贈る品(将軍へは献上品，幕府高官へは進物品と称した。なお，これらの品は①本方荷物の中から取引前に選り分けられたものである)，その他，各所への贈り物やオランダ人が長崎商館で使用する日用品である遣捨品などが存在

した。

著者は，先に『日蘭貿易の史的研究』(吉川弘文館，平成16年)・『日蘭貿易の構造と展開』(吉川弘文館，平成21年)を著した。『日蘭貿易の史的研究』では考察年代を近世後期に設定し，オランダ船の輸入品(本方荷物)の取引過程と各商品の取引を日蘭文献史料の照合の上に実証し，さらに輸入染織品の現物との照合をまじえて，当時の日蘭貿易を調査・研究し，輸入品と国際的商品流通の関係の解明を試みた。また，『日蘭貿易の構造と展開』では，近世後期のオランダ船輸入品の特色と推移を明らかにした後，具体的物品(紺青・洋式砲)を事例にその取引を解明し，さらに，オランダ船輸入品の中の誂物に焦点を絞り事例中心にその史料と性格を検討し，最後に誂物に関して日蘭両貿易史料の照合をおこないその実態を考察した。

本書『日蘭貿易の歴史的展開』においては，前著二冊をふまえ，考察年代を近世後期，主として19世紀前半(文政期)から幕末(安政期)におき，日蘭両史料を照合の上，オランダ船の積荷物を軸として，以下の構成のもとに日蘭貿易の構造の変遷を歴史的に解明しようとするものである。

第1部「日蘭貿易と貿易品」では，まず1年度の日蘭貿易における本方荷物・脇荷物・誂物の輸入と取引の実態を解明し，その後，具体的物品の一事例として現存する更紗を取り上げ，その輸入と取引，さらに流通過程を明らかにする。

第1章「出島貿易品の取引─天保15年(1844)を事例として─」では，天保15年の日蘭貿易に焦点を絞り，オランダ船積荷目録をめぐる日蘭貿易史料を調査・検討・照合し，本方荷物・脇荷物・誂物の取引を中心に考察をおこない，当時の日蘭関係について言及する。

第2章「蘭船持渡更紗の取引と国内流通─福岡市美術館所蔵「紫地小花文様更紗」をめぐって─」では，オランダ船輸入品の一事例として，福岡市美術館所蔵「紫地小花文様更紗」をめぐって，その輸入と取引，さらに流通過程を考察し，本品の歴史的意義について言及する。

第2部「オランダ船の脇荷貿易」では，19世紀前半(文政期)から中葉(嘉永期)にかけてのオランダ船の脇荷貿易に焦点を絞り，日蘭両貿易史料の照合

をおこなってその実態を考察し，その後，具体的物品の一事例としてウニコール(薬品)の取引を明らかにする。

第1章「オランダ船の脇荷物輸入—文政9年(1826)を事例として—」では，文政9年を事例としてオランダ船の脇荷貿易で取引された商品(脇荷物)について考察をおこなう。

第2章「賃借人の登場—脇荷貿易システムの改変とその実態—」では，17世紀よりおこなわれていたオランダ商館長以下の館員や船員等の私貿易(脇荷貿易)への関与・参加が排除され，バタヴィア政庁によって決められた賃借人による独占的な脇荷貿易システムに改変されたのがいつで，またどのような事情によってはじまったのか，さらにそれはどのようなものであったのか，その実態を具体的に解明，考察する。

第3章「賃借人の脇荷貿易　I—天保7年(1836)～同9年(1838)—」では，賃借人の脇荷貿易が天保7年～同9年にかけてどのようにおこなわれたのか，その実態を考察する。

第4章「賃借人の脇荷貿易　II—天保10年(1839)～同14年(1843)—」では，賃借人の脇荷貿易が天保10年～同14年にかけてどのようにおこなわれたのか，その実態を考察する。

第5章「賃借人の脇荷貿易　III—弘化2年(1845)～嘉永7年(1854)—」では，賃借人の脇荷貿易が弘化2年～嘉永7年にかけてどのようにおこなわれたのか，その実態を考察する。

第6章「賃借人のウニコール輸入」では，賃借人が持ち渡った脇荷物の内，ウニコール(薬品)の輸入とはどのようなものであったのか，その実態を明らかにすると共に，当時のバタヴィア政庁と賃借人との関係について言及する。

第3部「安政期の日蘭貿易」では，日蘭修好通商条約が施行され自由貿易となるまでの安政2年～同6年の日蘭貿易の実態とその変遷について日蘭両史料を照合の上考察する。

第1章「安政2年(1855)の日蘭貿易」では，安政2年の日蘭貿易における本方荷物・誂物・脇荷物などオランダ船の主要な輸入品の取引の実態を，史

料紹介を含めて明らかにする。

第2章「安政3年(1856)の日蘭貿易」では，安政3年の日蘭貿易において取引された本方荷物と脇荷物を具体的に提示・検討し明らかにする。

第3章「安政4年(1857)の日蘭貿易」では，まず，安政4年におこなわれた最後の「本方商賣」(＝本方貿易)の実態を明らかにし，つづいて，主にオランダ側の帳簿史料にみられる Kambang Handel(カンバン貿易，脇荷貿易)に視点をおいて脇荷貿易を考察し，さらに，日蘭追加条約が調印された安政4年8月29日(1857年10月16日)以降に長崎港に入津したオランダ船の積荷物に関する脇荷商法に基づいた取引について考察を加え，安政4年の日蘭貿易の経緯・特色を示していく。

第4章「安政5年(1858)・同6年(1859)の日蘭貿易」では，安政6年6月2日(1859年7月1日)日蘭修好通商条約が施行され自由貿易となるまでの安政5年・同6年の日蘭貿易，特に長崎会所における入札取引と相対取引の実態を考察する。

なお，本書においては，当分野がまだまだ未開拓であることをふまえ，各章において，史料紹介と共になるべく多くの基礎的データを提示することにつとめる。また，オランダ語の綴りは，原則原文のままとし，商品名は地名・人名等を除いてその頭文字は小文字で表記していく。

第1部　日蘭貿易と貿易品

第1章　出島貿易品の取引
――天保 15 年 (1844) を事例として――

は じ め に

　山脇悌二郎氏の「スタト・ティール号の積荷―江戸時代後期における出島貿易品の研究―」(『長崎談叢』第 49 輯, 昭和 45 年) は, 江戸時代の日蘭貿易, 特にオランダ船の輸入品に関する本格的研究の嚆矢といえる。山脇氏は本論考の中で, オランダ側史料と日本側史料とが「結びついたとき, はじめてこの研究は軌道に乗りはじめたといえよう」[1]と述べられているが, この姿勢は山脇氏の対外関係史研究の随所にあらわれている。

　山脇氏の本論考は, 天保 15 年 (1844) に長崎に来港した定例のオランダ貿易船スタット・ティール号 Stad Thiel の積荷物に関する基礎的事例研究であり, 「天保雑記」第五十六冊 (国立公文書館所蔵内閣文庫) に所収されている同船の積荷目録を掲げ, 各品目について内外の史料・辞典類を参照して詳細な注解を加えられたものである。しかし, この山脇氏の本論考は作成された当時の研究環境もあり, 上掲の積荷目録に照合するオランダ側史料は活用されないで終わっている。そのため, 山脇氏は「積荷目録のそれぞれの品目が,「送り状」その他では, どう記されていたかを知ることが, 上述のように先決課題である」[2]と注記されている。その後, 山脇氏は天保 15 年のオランダ側史料に関する調査・研究を発表されることはなかったが, 上掲論考を発表された 10 年後, 『長崎のオランダ商館』(中央公論社, 昭和 55 年) をまとめられ, 江戸時代の日蘭貿易および貿易品に関する体系的研究を報告されている。さらにその後, 『近世日本の医薬文化』(平凡社, 平成 7 年), 『事典　絹と木綿の江戸時代』(吉川弘文館, 平成 14 年) を著され, 国内の商品と共にオランダ船の輸入薬や絹織物・綿織物を個別に調査・研究された成果を発表された。こ

れら山脇氏の研究は，江戸時代の貿易品を調査・研究する上において，現在不可欠の研究業績となっている。

　このようにみてくると，江戸時代のオランダ船輸入品研究の出発点といえる山脇氏の上掲論考で「先決課題」と記された天保15年のオランダ側史料を調査・検討し，日本側史料と照合していく作業は，今後のオランダ船の貿易品，さらに日蘭貿易の研究にとって必要不可欠な基礎的課題といえよう。

　以上の視点より，本章は，「天保雑記」第五十六冊に所収されている天保15年のオランダ船の積荷目録をめぐるオランダ側史料と日本側史料とを調査・検討し，同年のオランダ船持ち渡り品の彼我の用語を明らかにすると共に，それらの取引を解明し，この年の日蘭貿易について言及するものである。

第1節　天保15年のオランダ船積荷目録
——「天保雑記」第五十六冊所収「積荷目録」——

　山脇氏が活用された「天保雑記」第五十六冊所収のオランダ船の「積荷目録」を掲げると図1のようである。「天保雑記」は，江戸下谷で剣術指南を家業とするかたわら多彩な記録や情報を書きとめた藤川貞（号は整齋ほか。1791~1862）の著作物と推定される。その内容は，天保2年(1831)より同15年(1844)までの諸記録や見聞記が，ほぼ年代順に記されており，なかには宝暦・安永・天明・寛政・文化・文政および弘化・嘉永の記事も一部収録されている。[3]

　「天保雑記」第五十六冊は長崎関係の記事が多く，天保15年のオランダ商館長ビック P. A. Bik の江戸参府や，スタット・ティール号の入港手続書類の和訳，オランダ風説書，別段風説書，そして，7月2日（西暦8月15日）長崎港に入津したオランダ国王の使船パレンバン号 Palembang 関係の記事などがその大半をしめている。オランダ船の「積荷目録」は，山脇氏も指摘されるように，写しを重ねたものと思われ，特にカタカナ書きの商品名に誤写がみられる点に注意を要するが，本方荷物・脇荷物・誂物のリストをまとめて掲げていることなど，史料価値の高いものとして評価できよう。18世

四

一 羊角提籠　　壱箇　　廿七挺
一 カブリ　　　壱箇　　四十九挺
一 夜ノ枝　　　枝立綱　　百三十四箇

一 セコーコル　　十枚
一 赤蘭萄酒　　　三本
一 コーヒイ豆　　俵
一 タマリンデ　　三箇

御用の廻
一 和時計　　壱箇
一 吃嗌吧番　　壱箇
一 狸ノ緋　　　三反

清水御所廻
一 い皿砂　　　三十反
一 る月　　　　三拾匁

水野越前守役用の廻
一 星月夜　　　壱挺
一 セスセレ玉ルム　　一冊
ユキヤルセケーレケレント　一冊
ピュセルハントレイ子ングフラール　一冊
カントル　レイ　フ子ル
テイツケルダクテイー　一本
テルテイクトワレヘンス

奥修
一 白金巾　　百反
一 レカツシフォルスト
フロインソフレンチン
オイトリウステイン　一冊
アーンハンゲエル　一冊
テルフェルトアルチレイ　一冊
ノルラスフエステイング
ホフカコンテ

刀筑後守役用の廻
一 剣身ヤ、ガルヒユクス　十挺
一 轡馬首　　　　二挺
一 お力　　　　　中二挺
セツセルモルストユール
セイアユイン　ウエルカン
スロットスクルーフ　　一挺

真田信濃守役用の廻
一 逸名切道具
一 ボニセンテレツケル

五

堀田備中守役用の廻
一 轡馬首　　　　二挺
一 剣身箇　　　　弐挺
一 剣身ヤ、ガルヒユクス　二十挺
一 お力　　　　　五挺

伊沢美作守役用の廻
一 水牛皮　　　　六枚
一 胴走入　　　　一

一 テイツケルケレイ子オールロク　二冊
一 ボイセンスクムフル
一 ボイセンステーゲル
一 ブリツチテンクトル
一 ラートスコツフル
一 ボイセントムル　　三
一 ボイセントムル
一 ユイセンボルオムスラタ
トツトサスホウル
一 サルヘートルヒルヒスノツト
ノイセルトワフレントホル

出典・「天保雑記」第五十六冊(国立公文書館所蔵内閣文庫)

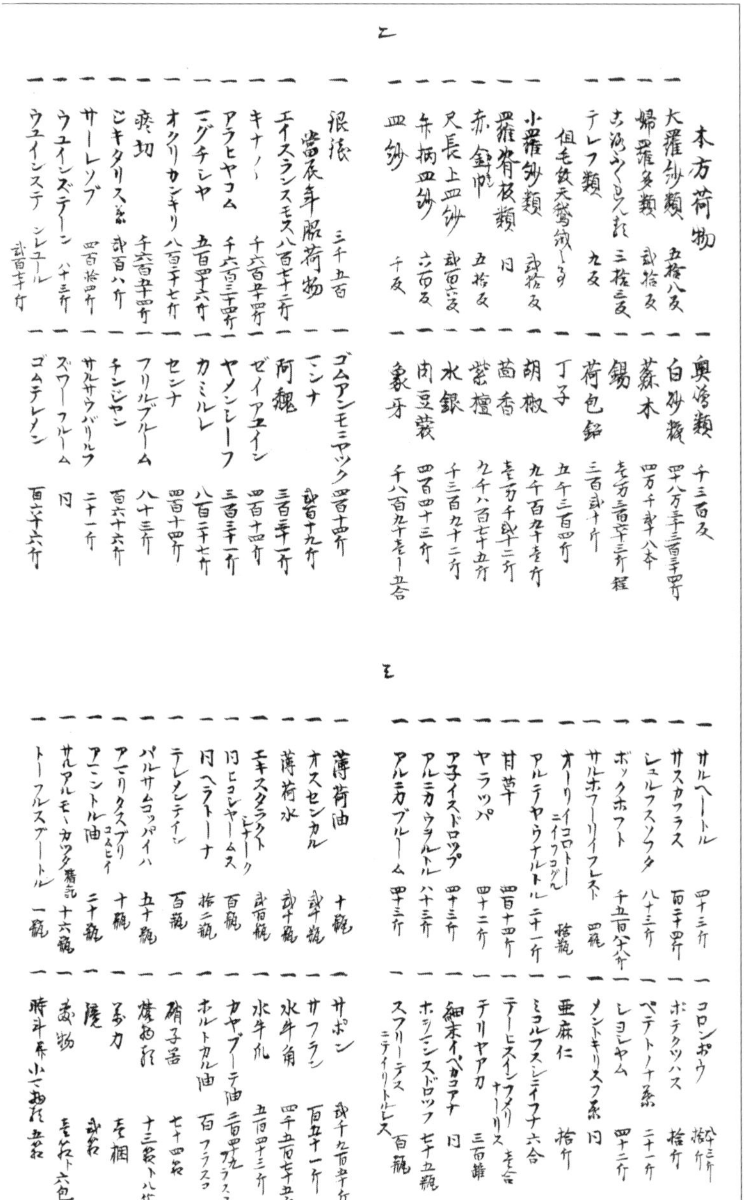

第1章　出島貿易品の取引　9

図1　天保十五年　オランダ船の積荷目録

二

本方荷物　一

一　大羅紗類　　　五拾八反
一　婦羅紗多類　　武拾反
一　志那ふくさむ　三梃半
一　テレフ類　　　九反
　　但毛氈天鵞絨いり
一　小羅紗類　　　武拾反
一　羅脊紗類　　　日
一　赤鈕紗　　　　五拾反
一　尺長上品紗　　武百反
一　年柄四紗　　　六百反
一　皿紗　　　　　千反

奥湊類　一

一　白砂糖　　　四万千零三百四
一　蘇木　　　　四万千零四十八本
一　錫　　　　　壹万零零三斤程
一　荷包錫　　　三百四十斤
一　丁子　　　　五拾三百斤
一　胡椒　　　　九千百四十斤
一　茴香　　　　壹万千二百三斤
一　蜜檀　　　　六千百六十三斤
一　水銀　　　　千三百四十二斤
一　肉豆蒄　　　四百四十二斤
一　象牙　　　　千四百九十二斤　右合

三

一　サルヘートル　　四十三斤
一　サスカフラス　　百四十斤
一　レュルフスノクタ　八十三斤
一　レヨンヤム　　　四十三斤
一　ノントキリスフ系ハ日
一　サルホフーリイフレスト
一　オリ二イコロテル
　　二イフ丁ゲン
一　アルテヤウナルトル　二十一斤
一　甘苦ト　　　　百十四斤
一　ヤラッパ　　　四十二斤
一　アチイスドロッフ　四十三斤
一　アルニカウラルト　八十三斤
一　アルヱカフルーム　甲十三斤

一　薄荷油　　　十瓶
一　オスセンカル　武十瓶
一　薄荷水　　　武十瓶
一　モキスラクトレキ　百瓶
一　日ヒコレンヤムス　百瓶
一　月ヘラトーナ　拾二瓶
一　テレクテイン　百瓶
一　バルサムコッパイハ　五十瓶
一　アメリクスブリ　十瓶
一　アヒントル油　武十瓶
一　サルアルモ、カツタ看記　十六瓶
　　トフルスアートル　　一瓶

二

一　胡椒
一　茴香
一　蜜檀
一　水銀
一　肉豆蒄
一　象牙

三

一　コロンホウ
一　ホテクッハス
一　ベテトノイ系
一　レヨレヤム
一　ノントキリスフ系ハ
一　亜麻仁
一　ミヨルフス、レイフナ六合
一　テーヒスヒンフタリ
一　テリヤアカ
一　細末イハラチナ
一　ホシレンスドロッフ
一　スフリーンテス
　　ニテイリトルレス　百瓶

一　サホン　　　武百九拾半斤
一　サフラン　　百弐十一斤
一　水牛角　　　四十五百四十五斤
一　カヤブー油　五百四十三斤
一　カヤブー油　二百零プラスコ
一　ホルトカル油　百フラスコ
一　硝子器　　　七十四名
一　焼物形　　　十三畚ト八籠
一　諸刀　　　　名刀
一　時斗物　小二西方百九箇

銀張

當辰年脹荷物　一

一　三千石
一　ニシナ　　　　拾壹斤
一　阿魏　　　　　三百弐斤
一　ベイアユイン　四百十斤
一　ヤノンレーフ　三百三十斤
一　カミルレ　　　八百二十斤
一　センナ　　　　四百十斤
一　フリルフルーム　八十斤
一　チンジヤン　　百六十六斤
一　ゴムアンモニヤック　四百十斤

銀張

當辰年脹荷物　一

一　三千石
一　疼切　　　　　千零壹千斤
一　ゴキクリス糸　武百八斤
一　サーレンフ　　四百拾三斤
一　ウエインステーン　八十三斤
一　ウユインステ　レユル　武百斤斤
一　オクリ、カンキリ　八百三十七斤
一　ニクチレヤ　　五百四十六斤
一　アラヒヤコム　千四百三十斤
一　キナノー　　　十六百四十斤
一　エイスランスモス　八百十斤
一　ゴムテレケン　武百斤斤
一　スワール、フルーム　日
一　ゴムテレケン　百六十六斤

10　第1部　日蘭貿易と貿易品

表1　天保15年(1844)のオランダ船「積荷目録」掲載史料

積荷の種類	史　料　名
本方荷物	・「天保雑記」第五十六冊（国立公文書館所蔵内閣文庫） ・「浮世の有さま」第十一（国立国会図書館所蔵） ・「唐船紅毛差出控」（＊某所所蔵） ・「唐舟阿蘭陀差出帳」（＊某所所蔵） ・「天保十五年より安政五年雑志」（射和文庫所蔵）
脇荷物	・「天保雑記」第五十六冊（国立公文書館所蔵内閣文庫） ・「唐船紅毛差出控」（＊某所所蔵） ・「唐舟阿蘭陀差出帳」（＊某所所蔵） ・「天保十五年より安政五年雑志」（射和文庫所蔵）
誂物	・「天保雑記」第五十六冊（国立公文書館所蔵内閣文庫）

註・「＊某所所蔵」史料は、所蔵者の希望により所蔵場所の明記を控えた。

紀末から19世紀前半にかけてのオランダ船の「積荷目録」で，1年度分の本方荷物・脇荷物・誂物のリストを全て掲載する史料としては，管見の限り，杏雨書屋や早稲田大学図書館・金沢市立玉川図書館・愛日教育会・古河歴史博物館・長崎歴史文化博物館等に所蔵されているものを確認しているが，天保15年に関しては，「天保雑記」第五十六冊所収の「積荷目録」が唯一といえよう。特に，誂物のリストに関しては現時点において他に所蔵されているものをみていない。

　そもそもオランダ船の「積荷目録」とは，オランダ側から提出された「送り状」の翻訳である。しかし，この時に提出されたものは，貨物を船積みして送付する際，貨物の受取人に宛てて作成された積荷明細目録である「送り状」Factuur ではなく，オランダ商館長が前もって積荷の仕入値を抜かして写し取った「送り状」のコピー(Opgegeven Factuur，以下，本章では「提出送り状」と記す)であった。「提出送り状」は，出島のカピタン部屋において商館長から年番町年寄に提出され，阿蘭陀通詞をまじえて翻訳がおこなわれた。山脇氏は「いわゆる積荷目録は，正確にいえば，本方荷物，脇荷物，銀銭についての個別の翻訳書を，幕府へ進達するために一つの文書にまとめて記し

たものということができる。ゆえに，いわゆる積荷目録は，オランダ側には
ない独自の形式の文書である」[4]といわれ，「とくにこの資料（＝「天保雑記」第
五十六冊所収「積荷目録」）では，注文品（＝誂物）の銘をも書き加えて一目瞭然た
らしめているから，この年度のすべての積荷を知るのに，はなはだ便利な資
料となっている」[5]と「天保雑記」第五十六冊所収「積荷目録」を高く評価
されている。「天保雑記」第五十六冊所収「積荷目録」が果たして江戸幕府
へ進達された「積荷目録」か否かについては本章第2節において考察して
いきたい。

　なお，天保15年のオランダ船の「積荷目録」に関しては，管見の限り表
1に掲げる史料を確認している。これらの史料については，後述のそれぞれ
の節で検討していくが，誂物のリストに関しては，上記のように「天保雑
記」以外確認できていない。

第2節　天保15年の本方荷物とその取引

　ここでは，天保15年のオランダ船積荷物の内，日蘭貿易の中核の商品群
である本方荷物とその取引を解明する日蘭双方の史料について紹介し，さら
に史料批判を加えながら日蘭両史料の照合を試み，その実態を解明していき
たい。

①送り状

　天保15年6月16日（1844年7月30日）長崎港に入津したオランダ船スタッ
ト・ティール号が持ち渡った本方荷物を記す「送り状」Factuur は，バタヴ
ィアにおいて，de resident（理事官）より長崎のオランダ商館長に宛てて1844
年6月25日付けで作成されたものである。この「送り状」には数量・商品
名・仕入値等の順で記されており，バタヴィア出港時の本方荷物を知ること
ができる。[6]

②提出送り状

　第1節で記したように，「送り状」は出島のカピタン部屋において商館長
から年番町年寄に提出され，阿蘭陀通詞をまじえて翻訳されるわけであるが，

12　第1部　日蘭貿易と貿易品

提出されたものは，入港船が持ち渡った「送り状」ではなく，商館長が前もって日本側に知られないように仕入値を抜かして写し取った「送り状」のコピー，すなわち「提出送り状」であった。この「提出送り状」は数量と商品名だけを記した大変簡略なリストとなっていた。天保15年には①で紹介した「送り状」からこの②「提出送り状」が作成されたと考えられる。[7]

　なお，①送り状に記された商品が全て②提出送り状に記されるわけではなく，日本側にこの年，本方取引として提出する予定の商品とその数量が提示されるわけである。①送り状に記された商品の中には，長崎各所への贈り物や，翌年江戸へ持っていかれる献上・進物品などが含まれていた。また，この年はlaken schairood（猩と緋）3反，armozijn（海黄）100反，taffachelassen extra fijn（新織奥嶋）124反，taffachelassen ordinaire（奥嶋）78反が将軍への誂物である「御用御誂」として使用されている。[8]

③積荷目録

　オランダ船が持ち渡った取引にかけられる予定の本方荷物を記す日本側史料としては，第1節で考察した「積荷目録」をまず挙げることができる。天保15年に関しては，表1で掲げたように管見の限り5点の史料を確認している。この内，「浮世の有さま」第十一所収「積荷目録」と「唐船紅毛差出控」・「唐舟阿蘭陀差出帳」は本方荷物のリストの後半に「別段商法」・「別段持渡り」の項を設けている。「唐船紅毛差出控」は，薬種・荒物については商品名・数量を記しているが，末尾に「右之外，羅紗・奥嶌・皿紗・金巾，此外相ひかへ不申候」と記されており，染織類を省略している。また，「唐舟阿蘭陀差出帳」は「別段持渡り」の項に誂物の一部が記されるなど，正確性に欠けるところがある。おそらく後者の2点は現地長崎で「提出送り状」から翻訳された「積荷目録」もしくはその写しから商人によって写し取られた史料と推測される。

　「天保十五年より安政五年雑志」所収の「積荷目録」は，品目・数量共にかなり正確に写されており，「提出送り状」から翻訳された「積荷目録」もしくはその写しからの写しであることは間違いないが，「別象牙」や「別蘇木」などといった記述がみられ，「別段商法」・「別段持渡り」の正確な区別

表2　積荷目録の照合

天保目録 商品	数量	浮世目録 商品	数量
本方荷物		辰紅毛船積荷物	
大 羅 紗 類	58 反	大 ら し や	58 反
婦 羅 多 類	20 反	色 ふ ら た	20 反
ころふくれん類	33 反	色 呉 羅 服 連	20 反
		杢 織 色 同	13 反
テ レ フ 類 但毛紋天鵞絨之事	9 反	色 毛 紋 天 鵞 絨	9 反
小 羅 紗 類	20 反	色 小 ら し や	20 反
羅 背 板 類	同	色 羅 背 板	20 反
赤 金 巾 （カナキン）	50 反	赤 達 中 （金　巾カ）	50 反
尺 長 上 皿 紗	206 反	本 国 皿 紗	120 反
弁 柄 皿 紗	600 反	弁 柄 皿 紗	600 反
皿 紗	1,000 反	皿 紗	1,000 反
奥 嶋 類	1,300 反	上 奥 嶋	500 反
		新 織 奥 嶋	500 反
		相 み じ ま （なカ）	300 反
白 砂 糖	483,334 斤	上 品 砂 糖	446,900 斤
蘇 木	41,028 本 （斤カ）	蘇 木	6,365 斤
		別段商法：蘇 木	24,090 斤
		別段持渡り：蘇 木	10,910 斤程
錫	10,363 斤程	錫	7,940 斤
		別段商法：錫	2,400 斤
荷 包 鉛	320 斤	荷 包 銀 （鉛カ）	［不記］
丁 子	5,304 斤	丁 子	5,170 斤
胡 椒	9,191 斤	胡 桝	7,940 斤
茴 香	11,022 斤	別段商法：大 茴 香	10,340 斤
紫 檀	9,875 斤	別段商法：紫 旦	1,962 斤
水 銀	1,392 斤	別段商法：水 銀	1,148 斤
肉 豆 蔲	443 斤	別段商法：肉 豆 ク	370 斤
象 牙	1,891 斤 5 合	変番 象 牙	1,760 斤
		別段商法：三番象牙	152 斤
銀 錢	3,500	銀 錢	3,500

出典・天保目録は、「天保雑記」第五十六冊（国立公文書館所蔵内閣文庫）。
　　・浮世目録は、「浮世の有さま」第十一（国立国会図書館所蔵）。

14 第1部 日蘭貿易と貿易品

がされていないのが残念である。

「浮世の有さま」第十一所収の「積荷目録」は商品名・数量共に整っている。「浮世の有さま」は，著者名は不明であるが，大坂の医師によって著されたもので，文化3年(1806)から弘化3年(1846)に至るまでの見聞録である。[9] 原田伴彦氏によると「著者は奉行所関係の役人や町の惣会所の年寄らに知り合いが多く，幕府関係の公文書を見る機会があったらしく丹念に書写している」[10]といわれており，この「積荷目録」もその一環の記事と考えられる。

山脇氏が活用された「天保雑記」第五十六冊所収の「積荷目録」(以下，「天保目録」と略記する)に「浮世の有さま」第十一所収の「積荷目録」(以下，「浮世目録」と略記する)を照合すると表2のようになる。「天保目録」と「浮世目録」の最大の違いは，上記したように「浮世目録」に「別段商法」・「別段持渡り」の項が設けられていることである。また，染織品の「ころふくれん」や「奥嶋」にみられるように，「浮世目録」の方が詳細な記述となっている。数量に関しては，「天保目録」の方が秤量品目において「蘇木」と「象牙」以外多く記されている。

②「提出送り状」に照合する「積荷目録」としては，表3に示すように「浮世目録」である。「本国皿紗」の反数や「胡桝」「紫旦」の斤数などはむしろ「天保目録」の方が「提出送り状」の数量に近く問題の残るところではあるが，「別段商法」「別段持渡り」の項目立てや品目数などからみて，「浮世目録」が「提出送り状」から翻訳された本来の「積荷目録」の形態をそなえていると考えるのが自然である。

数量の不一致については，「積荷目録」が写しであることによってまねかれた誤写なども考えられるが，この点だけではないであろう。文政9年(1826)から同13年(1830)にかけて出島商館長であったメイラン G. F. Meijlan の著『日欧貿易史概観』 *Geschiedkundig Overzigt van den Handel der Europezen op Japan* の「送り状の提出」Opgave der facturen の項には，「送り状コピーを声を出して読む」[11]と記されている。また，明和2年(1765)の日本側史料「阿蘭陀船入津ゟ出帆迄行事帳」の「積荷物差出和解之事」の項

第 1 章　出島貿易品の取引　　15

表 3　天保 15 年(1844)オランダ船本方荷物

	Opgegeven Factuur			積 荷 目 録	
	Goederen	Hoeveelheid	換　算	商　　品	数　量
				辰紅毛船積荷物	
(1)	laken, diverse kleuren	58 stukken	58 反	大　ら　し　や	58 反
(2)	lakenrassen, diverse kleuren	20 stukken	20 反	色　小　ら　し　や	20 反
(3)	kroonrassen, diverse kleuren	20 stukken	20 反	色　羅　背　板	20 反
(4)	kazemieren, diverse kleuren	20 stukken	20 反	色　ふ　ら　た	20 反
(5)	greinen, diverse kleuren	20 stukken	20 反	色　呉　羅　服　連	20 反
(6)	gewaterde greinen, diverse kleuren	13 stukken	13 反	杢　織　色　同	13 反
(7)	gedrukte trypen, diverse kleuren	9 stukken	9 反	色　毛　紋　天　鵞　絨	9 反
(8)	taffachelassen, verbeterde	500 stukken	500 反	上　　奥　　嶋	500 反
(9)	taffachelassen, extra fyn	500 stukken	500 反	新　織　奥　嶋	500 反
(10)	taffachelassen, ordinair	300 stukken	300 反	相（なみ）　み　じ　ま	300 反
(11)	Patna sitsen	1,000 stukken	1,000 反	皿　　　　　紗	1,000 反
(12)	Bengaalsche sitsen	600 stukken	600 反	弁　柄　皿　紗	600 反
(13)	Europesche sitsen	86 stukken	206 反	本　国　皿　紗	120 反
	Europesche sitsen Turksch rood	120 stukken			
(14)	roode hamans	50 stukken	50 反	赤（金）　達　中（ゆか）	50 反
(15)	olifantstanden 1. en 2. soort	1,760 katt.	1,760 斤	夏　番　象　牙	1,760 斤
(16)	garioffel nagelen	5,170 katt.	5,170 斤	丁　　　　　子	5,170 斤
(17)	tin	7,940 katt.	7,940 斤	錫	7,940 斤
(18)	peper	10,340 katt.	10,340 斤	胡　　　　　椒	7,940 斤
(19)	suiker 1. soort	446,900 katt.	446,900 斤	上　品　砂　糖	446,900 斤
(20)	sapanhout	6,365 katt.	6,365 斤	蘇　　　　　木	6,365 斤
(21)	zilveren munten	3,500 stuks	3,500 個	銀　　　　　銭	3,500
(22)	platlood uit de manufactuur kisten	[不記]		荷　包　銀（なり）	[不記]
(23)	voor den aparten handel kaliatoerhout	9,962 katt.	9,962 斤	別段商法 紫　　　　　旦	1,962 斤
(24)	kwikzilver	1,148 katt.	1,148 斤	水　　　　　銀	1,148 斤
(25)	olifantstanden 3. soort	152 katt.	152 斤	三　番　象　牙	152 斤
(26)	noten-muscaat	370 katt.	370 斤	肉　豆　ク	370 斤
(27)	staranys	10,340 katt.	10,340 斤	大　茴　香	10,340 斤
(28)	sapanhout	24,090 katt.	24,090 斤	蘇　　　　　木	24,090 斤
(29)	tin	2,400 katt.	2,400 斤	錫	2,400 斤
(30)	apart aangebragt sapanhout	10,910 katt.	10,910 斤	別段持渡り 蘇　　　　　木	10,910 斤程

出典・Opgegeven Factuur は、Opgegeven Nieuws, Facturen en Monsterrol 1844. MS. N.A. Japans Archief,
　　 nr. 1749 (Aanwinsten, 1910, I: No. 118).（Tōdai-Shiryō Microfilm: 6998-1-131-17)。
　　・「積荷目録」は「浮世の有さま」第十一（国立国会図書館所蔵）。
註・天保 15 年 12 月 2 日、弘化と改元。

に，「両かひたんへとる読聞候を承，和解帳面ニ仕立」[(12)]とあり，文化11年(1814)の「万記帳」に「積荷物差出和解ニ付，（中略）かひたん逸ゝ申聞候を庄太右衛門和解仕」，[(13)]さらに，安政2年(1855)の「萬記帳」に「本方差出和解ニ付，（中略）かひたん開封いたし直ニへとる阿蘭陀人申口逸々直組方小通詞通弁いたし候ニ付」[(14)]などとあることから，「提出送り状」は「かひたん」すなわち商館長や「へとる」すなわち次席商館長によって読み上げられたことがわかる。しかし，そのまま読み上げられたのではなく，商館長や次席商館長が口頭でそのリストに追加・削除をおこなっていったのではないだろうか。この場合，商館長や次席商館長は「提出送り状」とは別に書類を用意していたことも考えられる。このようなことから，「提出送り状」と「積荷目録」の記事には若干の相違はありうるのではないかと推測される。

　上記の「天保目録」が「提出送り状」からの直接の翻訳でないとすると，ではどの時点で作成されたと考えればよいのであろうか。この点については，後述の取引史料との照合の結果をふまえて考えていきたい。

④本方荷物売上計算書

　本方貿易で取引される本方荷物は，出島商館より長崎会所が値組の上で一括購入し，それを長崎会所が日本の商人に入札で販売することになっていた。出島商館長ビックP. A. Bikと簿記役ウォルフWolffの署名を持つ1844年10月31日（出島）付けのKompˢ rekening courant 1844.（日本商館本方勘定帳）にはBijlaag Nº 2. Kompˢ verkoop 1844.[(15)]（付録文書2　本方荷物売上計算書）が付されており，本史料により出島商館が本方荷物として長崎会所に販売した品物とその数量および価格・価額を知ることができる。

　本方取引において最終的にオランダ側（出島商館）が日本側（長崎会所）に販売した商品と数量は，この④本方荷物売上計算書によって解明されるわけであり，それは②提出送り状に記された品目と同様だが，数量に異同があることは確認しておかなければならない。すなわち②提出送り状はあくまでオランダ側の販売予定リストであり，取引時には異同がおきるわけである。

⑤落札帳

　上記のように，出島商館より一括購入された本方荷物は，長崎会所によっ

て日本商人に入札で販売されたが，その取引を解明するものとして商人が作成した「落札帳」がある。天保15年の取引に関しては，「辰阿蘭陀船本方并脇荷物見看板直入落札控」（長崎歴史文化博物館収蔵）を挙げることができる。本史料は本商人（五ヵ所商人・落札商人）松田屋によって作成されたものと考えられ，取引にかけられた本方荷物と後述する脇荷物に関する各商品名・数量・入札上位三番札までの価格（入札最上位の札が落札価格となる）と商人名等を記録している。

　本方荷物に関して上記の④本方荷物売上計算書と⑤落札帳を照合したものが表4である。考察に入る前に表4について，次のことを注記事項として掲げておく。

• 本表では，各商品の品目はKomp. verkoop（本方荷物売上計算書）に記されている順に並べた。

• オランダ側商品名各単語の表記については，その頭文字は，地名および，I(い)，Lo(ろ)は大文字とし，その他は小文字で記した。

• オランダ側商品名で用いられているd.(＝同)は，それに相当する単語を記した。

• 数字は基本的に算用数字で記した。

　この表4作成によって，天保15年の本方荷物の取引の実態が解明される。すなわち，日蘭の商品名・数量と共に各商品を購入した日本商人まで明らかになる。また，各商品に関して，出島商館が長崎会所に販売した価格（A：販売価格換算）と長崎会所において日本商人が落札した価格（B：落札価格）がわかることより，長崎会所が各商品において単価にして何倍の収益を得ていたかが判明する$\left(\frac{B}{A}\right)$。すなわち染織類では，毛織物が1.4〜3.3倍，綿織物が1.3〜5.0倍を示しており，秤量品目では，1.8倍の丁子から8.4倍の蘇木まで各商品によってさまざまな倍率を示していることがわかる。各商品の落札価額を算出して出島商館側の販売価額を引けば長崎会所における商品ごとの収益を得られるかに思えるが，残念ながら史料上，出島商館側の販売数量と商人落札数量が若干異なることや，染織類（羅紗・ふらた・こら服連・杢織こら服連・テレフ）の落札価格が反ではなく長さ（「間」）で記されているため正確な計

18　第1部　日蘭貿易と貿易品

表4　天保15年(1844)オランダ船本方荷物の取引

| | Komp. verkoop | | |
Goederen	Hoeveelheid	販売価格 (テール)	A:販売価格換算 (本方匁)
<1> laken schairood	46.70 ikjes	10.0 / ikje	100 匁 / 間
<2> laken zwart l̈. I	67.26 ikjes	10.0 / ikje	100 匁 / 間
<3> laken zwart l̈. Lo	16.55 ikjes	9.5 / ikje	95 匁 / 間
laken diverse kleuren l̈. I	341.9 ikjes	8.0 / ikje	80 匁 / 間
<4> (purper / violet)			
<5> (lichtblaauw)			
<6> (aschgraauw l̈. I)			
<7> (wit)			
<8> (grijs l̈. I)			
<9> (geel)			
laken diverse kleuren l̈. Lo	129.34 ikjes	7.72 / ikje	77 匁 2 分 / 間
<10> (olijf sensaai)			
<11> (aschgraauw l̈. Lo)			
<12> (grijs l̈. Lo)			
<13> lakenrassen rood	3 p̈.	95 / p̈.	950 匁 / 反
<14> lakenrassen zwart	1 p̈.	90 / p̈.	900 匁 / 反
<15> lakenrassen purper	2 p̈.	85 / p̈.	850 匁 / 反
<16> lakenrassen olijf	4 p̈.	85 / p̈.	850 匁 / 反
<17> lakenrassen blaauw	3 p̈.	90 / p̈.	900 匁 / 反
kroonrassen diverse kleuren	19 p̈.	30 / p̈.	300 匁 / 反
<18> [schairood]	[4 p̈]		
<19> [purper]	[4 p̈]		
<20> [zwart]	[3 p̈]		
<21> [groen olijf]	[4 p̈]		
<22> [donker blaauw]	[4 p̈]		
kasemier diverse kleuren	214.37 ikjes	5.0 / ikje	50 匁 / 間
<23> (schairood)			
<24> (wit)			
<25> (aschgraauw)			
<26> (geel)			
<27> kasemier zwart l̈. Lo	30.5 ikjes	4.8 / ikje	48 匁 / 間
<28> grein rood	84.96 ikjes	4.5 / ikje	45 匁 / 間
<29> grein zeegroen	16.62 ikjes	4.3 / ikje	43 匁 / 間
<30> grein zwart	16.81 ikjes	4.5 / ikje	45 匁 / 間
<31> grein olijf	23.62 ikjes	4.3 / ikje	43 匁 / 間
<32> grein wit	17.29 ikjes	4.3 / ikje	43 匁 / 間
<33> grein oesoe kgakie	51.62 ikjes	4.0 / ikje	40 匁 / 間
<34> gewaterd grein rood	86.6 ikjes	2.1 / ikje	21 匁 / 間

	落　札　帳				
販売価額 (テール)	商　　品	数　　量	B:落札価格　(本方)	$\frac{B}{A}$	落札商人
	辰阿蘭陀船本方				
467.0	猩々緋	~~七反~~ 改 1 反 2 切	239 匁 7 分 / 間	2.4	のトヤ
672.6	い黒羅紗	~~九反~~ 改 2 反 2 切	243 匁 9 分 / 間	2.4	中の
157.225	ろ同	1 反	240 匁 8 分 / 間	2.5	能登ヤ
2,735.2					
	紫色同	4 反	190 匁 9 分 / 間	2.4	金
	千艸色同	~~五反~~ 改 2 反	229 匁 1 分 / 間	2.9	㆑
	い藍鼠色同	~~四反~~ 改 1 反	242 匁 / 間	3.0	松野屋
	白同	~~八反~~ 改 5 反 1 切	260 匁 / 間	3.3	金
	い霜降同	~~三反~~ 改 1 反	188 匁 8 分 / 間	2.4	吉井ヤ
	黄同	6 反 改 5 反 1 切 1 切 10 間 9 合	207 匁 3 分 / 間	2.6	村上
998.5048					
	藍海松茶色同	改正 ~~四反~~	198 匁 9 分 / 間	2.6	安田ヤ
	ろ同	~~六反~~ 改 2 反 1 切	233 匁 / 間	3.0	松ノヤ
	ろ霜降同	改 1 反	179 匁 4 分 / 間	2.3	村上
285.0	緋小羅紗	~~四反~~ 改 3 反	2 貫 100 匁 / 反	2.2	金
90.0	黒同	~~四反~~ 改 1 反	1 貫 930 匁 / 反	2.1	松のヤ
170.0	桔梗色同	~~四反~~ 改 2 反	1 貫 800 匁 / 反	2.1	吉井ヤ
340.0	茶色同	4 反	1 貫 710 匁 / 反	2.0	松のヤ
270.0	濃花色同	4 反	1 貫 540 匁 / 反	1.7	松のヤ
570.0					
	紅羅セ板	4 反	753 匁 2 分 / 反	2.5	藤ヤ
	桔更色同	4 反	580 匁 5 分 / 反	1.9	㆒
	黒同	4 反	618 匁 / 反	2.1	ふじヤ
	茶色同	4 反	578 匁 / 反	1.9	此⑩
	濃華色同	4 反	564 匁 / 反	1.9	小田ヤ
1,071.85					
	緋ふらた	~~五反~~ 改 3 反	108 匁 9 分 / 間	2.2	村上
	白同	4 反	110 匁 9 分 / 間	2.2	ヱ崎
	藍鼠色同	~~四反~~ 改 1 反 1 切	107 匁 6 分 / 間	2.2	松のヤ
	黄同	4 反	86 匁 9 分 / 間	1.7	吉梗ヤ
146.4	黒同	2 端	102 匁 8 分 / 間	2.1	ノトヤ
382.32	緋こら服連	5 端	64 匁 5 分 / 間	1.4	小田ヤ
71.466	ア井ミル茶色同	~~四反~~ 改 1 反	63 匁 8 分 / 間	1.5	吉更ヤ
75.645	黒同	~~三反~~ 改 1 端	81 匁 9 分 / 間	1.8	◇
101.566	茶色同	4 反 改 1 反 1 切	70 匁 / 間	1.6	金
74.347	白同	1 反	97 匁 9 分 / 間	2.3	吉更ヤ
206.48	薄柿色同	3 反	74 匁 9 分 / 間	1.9	㆑ 万ヤ
181.86	緋杢織同	5 反	60 匁 8 分 / 間	2.9	松のヤ

20 　第 1 部 　日蘭貿易と貿易品

		Komp! verkoop		
	Goederen	Hoeveelheid	販売価格 (テール)	A:販売価格換算 (本方銀)
<35>	gewaterd grein zeegroen	139.43 ikjes	2.0 / ikje	20 匁 / 間
<36> <37> <38>	gedrukte trijp diverse kleuren (schairood) (purper) taffachelassen extra fijn 1! soort	156.91 ikjes 631 p!	5.0 / ikje 10.7 / p!	50 匁 / 間 107 匁 / 反
<39>	taffachelassen extra fijn 2". soort	451 p!	10.0 / p!	100 匁 / 反
<40>	taffachelassen verbeterde 1! soort	56 p!	10.5 / p!	105 匁 / 反
<41> <42>	taffachelassen verbeterde 2". soort roode hamans l". I	40 p! 45 p!	6.7 / p! 9.1 / p!	67 匁 / 反 91 匁 / 反
<43> <44>	roode hamans l". Lo (Europesche sitsen en Turksch rood gesorteerd als:) Nederl: sitsen 1". soort	4 p! 70 p!	8.3 / p! 19.3 / p!	83 匁 / 反 193 匁 / 反
<45>	Nederl: sitsen 2". soort	62 p!	14.9 / p!	149 匁 / 反
<46>	Nederl: sitsen 3". soort	24 p!	12.0 / p!	120 匁 / 反
<47>	Patna sitsen	820 p!	2.25 / p!	22 匁 5 分 / 反
<48>	Bengaalsche sitsen	497 p!	3.2 / p!	32 匁 / 反
<49> <50>	olifants tanden 1". soort olifants tanden 2". soort	1,289.7575 katties 495.7575 katties	2.5 / kattie 2.0 / kattie	25 匁 / 斤 20 匁 / 斤
<51> <52> <53> <54> <55> <56>	[olifants tanden 3". soort] garioffel nagelen peper tin suiker suiker voor de hofreis	[152.6175 katties] 4,987.03275 katties 8,647.75 katties 10,259.37 katties 312,678.37992 katties 14,372.156 katties	[1.0 / kattie] 1.5 / kattie 0.15 / kattie 0.25 / kattie 0.07 / kattie 0.062 / kattie	[10 匁 / 斤] 15 匁 / 斤 1 匁 5 分 / 斤 2 匁 5 分 / 斤 7 分 / 斤 6 分 2 厘 / 斤
<57>				
<58> <59>	sapanhout [sapanhout]	5,426.3333 katties [30,000.0 katties]	0.055 / kattie [0.055 / kattie]	5 分 5 厘 / 斤 [5 分 5 厘 / 斤]
<60> <61> <62>	platlood [kaliatoerhout] [kwikzilver]	220.0 katties [9,821.79 katties] [1,136.65125 katties]	0.08 / kattie [0.05 / kattie] [1.0 / kattie]	8 分 / 斤 [5 分 / 斤] [10 匁 / 斤]
<63> <64> <65> <66>	[staranijs] [notenmuscaat] [notenmuscaat] zilveren munten	[9,184.98 katties] [300.0 katties] [56.61875 katties] 2,512.27 t. [3,500 p"]	[0.1 / kattie] [1.0 / kattie] [0.6 / kattie] 2.91394 / t.	[1 匁 / 斤] [10 匁 / 斤] [6 匁 / 斤] 29 匁 1 分 3 厘 9 毛 4 糸 / 匁

出典・Komp! verkoop は、Bijlaag N". 2. Komp! verkoop 1844. (Komp! rekening courant 1844.) MS. N.A. Japans
　　Archief, nr. 1803 (Aanwinsten, 1910, I: No. 170) . (Tōdai-Shiryō Microfilm: 6998-1-133-18) 。
・落札帳は、「辰阿蘭陀船本方并脇荷物見看板直入落札控」(長崎歴史文化博物館収蔵)。
・[ ]内は、Rekening van den Aparten Handel 1844. (Komp! rekening courant 1844.) MS. N.A. Japans
　　Archief, nr. 1803 (Aanwinsten, 1910, I: No. 170) . (Tōdai-Shiryō Microfilm: 6998-1-133-18) 。

	落　札　帳				
販売価額 (テール)	商　品	数　量	B:落札価格 (本方)	B/A	落札商人
278.86	藍海松茶色同	~~5反~~ 8反	49匁3分 / 間	2.5	江崎
784.55					
	緋テレフ	5反	96匁4分 / 間	1.9	松のヤ
	鳶色同	4反	64匁5分 / 間	1.3	田原ヤ
6,751.7	壱番新織おくしま	709反 改611反	290匁8分 / 反	2.7	正
4,510.0	弐番同	460反 改430反	281匁 / 反	2.8	仝
588.0	壱番上奥嶋	~~91反~~ 改54反	365匁 / 反	3.5	村上
268.0	弐番同	40反	338匁 / 反	5.0	此⑩
409.5	い赤金巾	~~46反~~ 改40反	318匁7分 / 反	3.5	ふしヤ
33.2	ろ同	4反	315匁7分 / 反	3.8	同人
1,351.0	壱番尺長上皿紗	~~120反~~ 改69反	463匁 / 反	2.4	松のヤ
923.8	弐番同	~~62反~~ 改59反	220匁9分 / 反	1.5	藤ヤ
288.0	三番同	24反 改23反	170匁2分 / 反	1.4	松本ヤ
1,845.0	更紗	1,000反 改711反	59匁8分 / 反	2.7	江崎
1,590.4	弁柄皿紗	600反 改445反	56匁8分 / 反	1.8	江崎
3,224.39375	壱番象牙	1,216斤	68匁3分 / 斤	2.7	松本ヤ
991.515	弐番同	488斤	64匁1分 / 斤	3.2	竹のヤ 松本ヤ 永井ヤ
[152.6175]	三番同	147斤	31匁 / 斤	3.1	のトヤ
7,480.549125	丁子	5,304斤	26匁5分8厘5毛 / 斤	1.8	吉井ヤ
1,297.1625	胡椒	9,191斤	2匁9分4厘 / 斤	2.0	江崎
2,564.8425	錫	10,363斤7合	9匁3分7厘 / 斤	3.7	江崎
21,887.4865944 891.073672	壱番白砂唐	200,000斤	1匁8分9厘5毛 / 斤	{2.7 3.1}	村上 長田ヤ 金
	弐番同	241,494斤	1匁9分6厘9毛 / 斤	{2.8 3.2}	永ミヤ 小田ヤ
298.4483315 [1,650.0]	蘓木	41,028斤	4匁6分3厘1毛 / 斤	8.4	村上 山中 永ミヤ
17.6	荷包鉛	1,620斤	4匁4分5厘 / 斤	5.6	吉更ヤ
[491.0895]	紫担	9,874斤	1匁4分6厘4毛 / 斤	2.9	吉井ヤ
[1,136.65125]	水銀	1,392斤	59匁8分 / 斤	6.0	永ミヤ 長ヲカ
[918.498]	茴香 (ういきゃう)	—	6匁1分 / 斤	6.1	小田ヤ
[300.0] [33.97125]	肉豆冠	443斤	37匁9分 / 斤	{3.8 6.3}	長ヲカ
7,320.6040438	—	—	—	—	—

・〔　〕内は、Pakhuisboek rekening 1844. MS. N.A. Japans Archief, nr. 1783 (Aanwinsten, 1910, I: No. 233).
(Tōdai-Shiryō Microfilm: 6998-1-134-38)。
・( )内は、Notitie der komp. prijzen 1844. (Komp. rekening courant 1844.) MS. N.A. Japans Archief,
nr. 1803 (Aanwinsten, 1910, I: No. 170). (Tōdai-Shiryō Microfilm: 6998-1-133-18)。
註・B/Aは、小数点二桁以下を四捨五入して表記している。　・落札商人欄の店印については、表9註参照。
・単位のテール (theil) はカンパニーテール (compagnie theil) を示す。

22　第1部　日蘭貿易と貿易品

算をすることができない。しかし,「白砂唐」が他の商品に比べて落札価額
が非常に高く,600貫目前後の収益を出していることは確かであり,長崎会
所にとって利鞘の大きい商品として位置付けることができる。

　視点をオランダ側に移し,出島商館が本方取引でどれくらいの収益を各商
品から上げていたかについては,各商品の仕入値と長崎会所に販売した価格
の差をみることによって,単価における倍率を確認することができる。「送
り状」より各商品の仕入値を算出して表4で得た販売価格と比較して示し
たのが表5である。[16] この表からわかるようにほとんどの商品が赤字販売
であり,かろうじて1倍を超える品物が「色呉羅服連」「上奥嶋」「皿紗」
「弁柄皿紗」「本国皿紗」「錫」「胡桃」「上品砂糖」であり,「丁子」が2.7倍
を示している程度である。この数字は本方取引以外の商品を含めた本方荷物
全体の損益を計算した Rekening van winst en verlies op de Komp: arti-
kelen, in 1844 met het schip Stad Thiel aangebragt.[17] (1844年スタット・テ
ィール号によって持ち渡られた会社荷物(=本方荷物)の損益計算書)(図2)にあらわれ
ており,最も多くの収益を上げているのは,kruidnagelen(丁子)で6,224.07
グルデンであり,つづいて taffachelassen(奥嶋)の4,103.02グルデンとなっ
ているが,その他の黒字商品は800グルデン代以下とわずかである。また,
長崎会所が本方取引で多くの収益を上げている「砂糖」はオランダ側の損益
計算書では最大の損失額13,399.72グルデンを出している。これは,「砂
糖」が長崎において贈り物等に使用されているためである。表5や図2を
みる限り出島商館は本方荷物では収益を上げておらず,かなりの赤字を出し
ていることがわかる。これは,当時の定高貿易と称する取引システムによっ
て生じた現象である。江戸時代後期の日蘭貿易においては,日本側・オラン
ダ側双方共に取引の品物の評価を元値より低くすることによって,「取引の
総額(御定高)」での取引量を多くしていた。そして,オランダ側は日本で仕
入れた物資をバタヴィアを中心とするその通商圏において販売することによ
って収益を上げることができ,日本側すなわち長崎会所は国内商人に出島商
館から仕入れた各商品を数倍で販売することによって収益を上げ,その差額
(出銀)で輸出品となる銅の差額を補い(出銀償),長崎地下配分,幕府への上納

第1章 出島貿易品の取引 23

表5 天保15年(1844)オランダ船本方荷物の仕入値と販売価格

Goederen	商　品	仕入値 (テール)	販売価格 (テール)
laken, diverse kleuren	大　ら　し　や	12.35 / ikje	7.72 〜 10.0 / ikje
lakenrassen, diverse kleuren	色 小 ら し や	119.97 / p:	85.0 〜 95.0 / stuk
kroonrassen, diverse kleuren	色　羅　背　板	42.30 / p:	30.0 / stuk
kazemieren, diverse kleuren	色　ふ　ら　た	9.34 / ikje	4.8 〜 5.0 / ikje
greinen, diverse kleuren	色 呉 羅 服 連	4.30 / ikje	4.0 〜 4.5 / ikje
gewaterde greinen, diverse kleuren	杢 織 色 同	4.45 / ikje	2.0 〜 2.1 / ikje
gedrukte trypen, diverse kleuren	色 毛 紋 天 鷲 絨	13.35 / ikje	5.0 / ikje
taffachelassen, verbeterde	上　　奥　　嶋	6.88 / p:	6.7 〜 10.5 / stuk
taffachelassen, extra fyn	新　織　奥　嶋	10.80 / p:	10.0 〜 10.7 / stuk
taffachelassen, ordinair	相 み じ ま	6.19 / p:	–
Patna sitsen	皿　　　　紗	1.72 / p:	2.25 / stuk
Bengaalsche sitsen	弁 柄 皿 紗	2.63 / p:	3.2 / stuk
Europesche sitsen	本 国 皿 紗	10.50 / p:	⎫
Europesche sitsen Turksch rood	本 国 皿 紗	16.69 / p:	⎬ 12.0 〜 19.3 / stuk
roode hamans	赤　達　中	11.45 / p:	8.3 〜 9.1 / stuk
olifantstanden 1: en 2: soort	貮 番 象 牙	3.58 / kattie	2.0 〜 2.5 / kattie
olifantstanden 3: soort	三 番 象 牙	2.97 / kattie	[1.0 / kattie]
garioffel nagelen	丁　　　　子	0.54 / kattie	1.5 / kattie
tin	錫	0.24 / kattie	0.25 / kattie
peper	胡　　　　桝	0.14 / kattie	0.15 / kattie
suiker 1: soort	上 品 砂 糖	0.046 / kattie	0.062 〜 0.07 / kattie
sapanhout	蘇　　　　木	0.069 / kattie	0.055 / kattie
kaliatoerhout	紫　　　　旦	0.063 / kattie	[0.05 / kattie]
kwikzilver	水　　　　銀	3.03 / kattie	[1.0 / kattie]
noten-muscaat	肉 豆 ク	1.00 / kattie	[0.6 〜 1.0 / kattie]
staranys	大 茴 香	0.32 / kattie	[0.1 / kattie]
zilveren munten	銀　　　　錢	–	2.91394 / t.
platlood uit de manufactuur kisten	荷　包　銀	–	0.08 / kattie

出典・Goederen は、Opgegeven Nieuws, Facturen en Monsterrol 1844. MS. N.A. Japans Archief, nr. 1749 (Aanwinsten, 1910, I: No. 118)。(Tōdai-Shiryō Microfilm: 6998-1-131-17)。
・「商品」は、「浮世の有さま」第十一 (国立国会図書館所蔵)。
・「仕入値」は、Factuur 1844. MS. N.A. Japans Archief, nr. 1738 (Aanwinsten, 1910, I: No. 107). (Tōdai- Shiryō Microfilm: 6998-1-131-6)より算出。
・「販売価格」は、Bijlaag N°. 2. Komp: verkoop 1844. (Komp: rekening courant 1844.) MS. N.A. Japans Archief, nr. 1803 (Aanwinsten, 1910, I: No. 170).(Tōdai-Shiryō Microfilm: 6998-1-133-18)。なお、[　]内は、Rekening van den Aparten Handel 1844. (Komp: rekening courant 1844.) MS. N.A. Japans Archief, nr. 1803 (Aanwinsten, 1910, I: No. 170). (Tōdai-Shiryō Microfilm: 6998-1-133-18)。
註・単位のテール (theil) はカンパニーテール (compagnie theil) を示す。

24　第1部　日蘭貿易と貿易品

図2　本方荷物の損益計算書
（オランダ国立中央文書館所蔵）

金等を納め，会所の運営をおこなっていたのである。[18]

　天保15年の日蘭貿易が一段落すると，出島商館では翌年将軍に贈る献上品，老中以下幕府高官に贈る進物品の発送準備がはじめられた。献上・進物品は本方荷物の中から取引前に「撰取」られた品々であり，この時は全て反物類であった。周知の如く，オランダ商館長の江戸参府は寛政2年(1790)の半減商売令にともなって4年目ごとにおこなうことになり，弘化2年(1845)は参府休年に当たっていた。参府休年には阿蘭陀通詞が献上・進物品を護送することになっており，この年は大通詞森山源左衛門と小通詞植村作七郎とが担当した。[19]　両通詞が江戸に持ち渡った献上・進物品と参府の帰路に販売した進物残品の価格・価額について示すと表6のようになる。この表で注意を要することは，進物残品の販売価格が，前年度，出島商館が長崎会所に販売した価格に概ね基づいてはいるが，greinen diverse kleuren〔色呉羅服連〕で1.3～1.5倍，Nederl: sitsen 1ᵉ soort〔本国皿紗〕で1.35倍を記録していることである。参府帰路におけるこの二種類の反物に対する評価が長崎売よりも高かったわけであるが，その理由については今後の課題としておきたい。

　次に，史料の問題として，上掲③積荷目録の項で，「提出送り状」に照合する「積荷目録」が「浮世目録」であると述べたが，一方の「天保目録」はどの時点で作成されたものと考えればよいのであろうか。ここでは，「落札

第1章 出島貿易品の取引 25

表6 弘化2年(1845)の献上・進物品と進物残品の販売

品　名	1844年度の残り	献上・進物品	進物残品の販売			1844年度 長崎売の販売価格(テール)
	長さ・反数	長さ・反数	長さ・反数	価格(テール)	価額(テール)	
laken schairood〔猩々緋〕	74間43ダイム	63間90ダイム	9間71ダイム	10.0/間	97.1	10.0/間
laken zwart〔黒大羅紗〕	85間51ダイム	57間30ダイム	27間55ダイム	10.0/間	275.5	10.0/間
laken diverse kleuren〔色大羅紗〕	232間88ダイム	150間50ダイム(送残分3間06ダイム)	80間8ダイム	8.0/間	646.4	8.0/間
greinen diverse kleuren〔色呉羅服連〕	130間31ダイム	108間2ダイム(残り1間08ダイム)	21間03ダイム	6.0/間	126.18	4.0~4.5/間
kazemieren diverse kleuren〔色ふらた〕	85間49ダイム	54間(残り66ダイム)	30間83ダイム	5.0/間	154.15	5.0/間
lakenrassen rood〔緋小羅紗〕	1反	1反				
lakenrassen purper〔紫小羅紗〕	2反	2反				
lakenrassen zwart〔黒小羅紗〕	3反	3反				
taffachelass: extra fijn 1ᵉ soort〔新織奥嶋〕	75反	49反	26反	11.0/反	286.0	10.7/反
taffachelass: verbeterde 1ᵉ soort〔上奥嶋〕	35反	28反	7反	9.0/反	63.0	10.5/反
Nederl: sitsen 1ᵉ soort〔本国皿紗〕	50反	46反	4反	26.0/反	104.0	19.3/反
Bengaalsche sitsen〔弁柄皿紗〕	103反	77反	26反	3.2/反	83.2	3.2/反
Patna sitsen〔皿紗〕	180反	164反	16反	2.3/反	36.8	2.25/反
			合　計		1,872.33	

出典・Geschenken en Jedoschen verkoop 1845. MS. N. A. Japans Archief, nr. 1820 (Aanwinsten, 1910, I: No. 208).
　(Tōdai-Shiryō Microfilm: 6998-1-134-12).
註・「1844年度長崎売の販売価格」は表4参照。
　・単位のテール (theil) はカンパニーテール (compagnie theil) を示す。

帳」(表4)にみられる「尺長上皿紗」「蘇木」「丁子」「胡枡」「錫」「紫根」「水銀」「肉豆冠(蔲ヵ)」の数量に注目したい。これらの数量と「天保目録」(表2)の数量と比較した場合,「尺長上皿紗」は取引前(「改」前)の合計206反に一致し,その他の秤量品目では,「紫根」で1斤の違いがある他は全て一致している。そして,「浮世目録」の数量と一致しない。「尺長上皿紗」以外の染織類で「浮世目録」と「天保目録」が一致している点を考えに入れれば,「天保目録」は,「提出送り状」が翻訳された「積荷目録」作成後,本方取引のはじまる前までに作成されたリストと考えられる。[20] 江戸幕府に進達された「積荷目録」が「提出送り状」翻訳時のものに限られるとすると,「天保目録」はその限りのものではなく,現地長崎で活用された実務的リストということになる。しかし,後日このリストが幕府に進達されなかったことを実証する史料を現在のところ持ち合わせていない。

26　第1部　日蘭貿易と貿易品

　いわゆる「積荷目録」は史料上では，「荷物之目録」(承応2年(1653))，(21)
「積荷物色立」(享保元年(1716)前後)，(22)「積荷物差出和解」(明和2年(1765))，(23)
「積荷物差出和解」(文化11年(1814))，(24)「本方差出和解」(文政12年(1829)以
降)，(25)「本方并別段商法持渡御用御誂荷物差出和解」(安政2年(1855))，(26)「本
方并別段脇荷物共差出和解」(安政2年(1855))(27)等と表記される。本方荷物だ
けでなく，脇荷物や誂物等が併記されたリストとすると，作成するまでにそ
れなりの時間が必要であり，いかなる時点のリストが幕府に進達されたか，
または各時点のリストが順次進達されたかは一概に決めがたく，さらに年に
よってそれは異なっていたのではないかと推測される。

　『崎陽群談』には，輸入品の荷改がおこなわれた後に作成される帳面に関
して，

　　　一　阿蘭陀船何艘ニ而も，持渡候荷物之分一船切ニ書付，乙名・通詞ゟ
　　　　差出候間，入津注進之宿次之以後之宿継ニ御老中方江差上，扣在府
　　　　之同役江も遣し候事，(28)

とあることより，長崎から貿易にかかわる書付は幕府へ何度となく送られて
いたことが推測される。

　「積荷目録」は，本来「提出送り状」が翻訳されたリストである「積荷物
差出和解」をさすが，著者はもう少し幅をもたせ，「積荷物差出和解」およ
びその後，取引前までに何らかの改訂が加えられたリストおよびその写しも
広い意味で「積荷目録」とみてよいのではないかと考えている。したがって，
本章では「天保目録」も「積荷目録」として扱うこととする。

第3節　天保15年の脇荷物とその取引

　天保15年の脇荷貿易は，17世紀よりおこなわれていたオランダ商館長以
下の館員や船員等による取引ではなく，バタヴィア政庁によって決められた
賃借人pachterによる取引であった(なお，脇荷貿易については，第2部で詳細に
検討する)。

　本節では，天保15年のオランダ船積荷物の内，脇荷物とその取引を解明

する現存の日蘭双方の史料について紹介し，さらに史料批判を加えながら日蘭両史料の照合を試み，その実態を解明していきたい。

①申告書

　まず，オランダ側史料としては，脇荷貿易賃借人がバタヴィアでこの年，日本に持ち渡る品物を政庁に申告している下記表題を持つ史料を挙げることができる。

　　　Opgave van door den pachter der kambanghandel op Japan mede te nemene goederen voor den jare 1844.[29]

　　　（日本でのカンバン貿易（＝脇荷貿易）の賃借人によって，1844年に持って行く品々の申告書）

　本史料は，1844年6月10日にバタヴィアにおいて作成されたものであり，脇荷貿易賃借人であるビッケル E. Bicker の署名を持つ申告書である。なお，本節で使用する史料は写し afschrift であり，原本と同一の写しであることを証明した物産民間倉庫局事務局長ランゲ J. R. Lange の署名を持つ。この申告書には，各脇荷物の商品名・数量・仕入価額等が記されており，バタヴィアにおける発送前の脇荷物について知ることができる。[30]

②積荷目録

　次に日本側史料としては，先の表1に示したように4点の積荷目録を挙げることができる。しかし，本節の考察対象である脇荷物に関して，「唐船紅毛差出控」には33品目記されているが，リストの末尾に「此外カタカナもの少シ有之」とあり，不十分なリストといわざるを得ない。また，「唐舟阿蘭陀差出帳」には35品目記されているが，この内，「薬種るい　右同訳」として15品目記された後に「〆　右外ニも品ミ有」と記され，こちらも十分なリストとはいえない。さらに，「天保十五年より安政五年雑志」所収の「積荷目録」に至っては5品目しか記されていない。それに対して，「天保目録」は，「當辰年脇荷物」のもと77品目記され，上記3点の目録の品々を網羅している詳細なリストといえる。したがって，本節では「天保目録」を「積荷目録」として使用する。

28　第1部　日蘭貿易と貿易品

③落札帳

　脇荷取引は，本方取引と違い，オランダ人が持ち渡った商品（脇荷物）を長崎会所において日本商人が直接入札する取引であるが，天保15年の脇荷取引の結果を記した日本側史料としては第2節で紹介した「辰阿蘭陀船本方并脇荷物見看板直入落札控」を挙げることができる。本史料により取引された各脇荷物の詳細な品名と数量・落札価格・落札商人名を知ることができる。

　脇荷物に関して上記の①申告書・②積荷目録・③落札帳を照合して一覧表にしたものが表7である。

　表7においては次のことを注記事項として掲げておく。

・本表では，各商品の品目は Opgave（「申告書」）に記されている順に並べた。

・オランダ側商品名各単語の表記については，その頭文字は，地名は大文字とし，その他は小文字で記した。

・オランダ側商品名で用いられている d°（＝同）は，それに相当する単語を記した。

・数字は基本的に算用数字で記した。

・Opgave に記されている medicijnen（薬種類）に相当する積荷目録の品目（※印）は表8として別に掲げた。なお，「天保目録」は，山脇氏も指摘されるように，写しを重ねたものと思われ，特にカタカナ書きの商品名に誤写がみられる点に注意を要するため，落札帳に記されている薬品名をそれぞれの品名に照合する形で記しておく。

　表7作成によって注目される点は，Opgave のリストが大変簡略な記事になっていることである。バタヴィアで作成された Opgave は，おそらく仕入額を政庁に知らせることを主眼にした申告書であったことより，商品名が簡略に記されているのであろう。また，「積荷目録」は薬種類に関しては詳細な記事になっているが，「焼物類」「硝子器」「時計并小マ物類」などといった品目名があり，商品リストとしては具体性を欠いたものとなっている。このような傾向は，当時オランダ側が日本側に提出した積荷リスト（提出送り状），およびそれを翻訳した日本側リスト（積荷目録）全般にいえることである。[31] 19世紀も中期を迎えるに従って，輸入品も定例化してきており，従

第1章　出島貿易品の取引　29

表7　天保15年(1844)オランダ船脇荷物

	Opgave			積荷目録		落札帳（表9）番号
	Goederen	Hoeveelheid	Gulden	商品	数量	
[1]	bindrotting	1,300 pikols	10,725.00	－	－	(429)
[2]	zeep	297 kistjes	1,263.75	サボン	2,950 斤	(408)
[3]	tamarinde	10 pikols	70.00	タマリンデ	3 箱	(405)
[4]	aardewerk	8 manden	228.00	焼物類	13 箱ト8 籠	(178)～(310)
[5]	vloermatten	6 pakken	405.00	敷物	1 箱ト6 包	(357)～(359),(487)～(489)
[6]	Palembangsche rottingen	15 pakken 2,983 p¹.	319.00	藤ノ杖	15 梱	(360)
[7]	glaswerk	22 kisten	2,250.86	硝子器	74 箱	(1)～(43),(45)～(177), (430)～(449)
[8]	glaswerk	8 kisten	827.57	〔上掲：硝子器〕	〔上掲〕	〔上掲[7]〕
[9]	boeken	1 kist	212.95	－	－	－
[10]	aardewerk	7 kisten	931.35	〔上掲：焼物類〕	〔上掲〕	〔上掲[4]〕
[11]	dommekrachten	1 pak	30.30	萬力	1 梱	(356)
[12]	spiegels	2 kisten	80.00	鏡	2 箱	(323)～(327)
[13]	glaswerk	2 kisten	141.00	〔上掲：硝子器〕	〔上掲〕	〔上掲[7]〕
[14]	horologien & galanterien	1 kist	320.60	時計并小マ物類	5 箱	(311)～(322), (328)～(352)
[15]	glaswerk	2 kisten	244.40	〔上掲：硝子器〕	〔上掲〕	〔上掲[7]〕
[16]	glaswerk	34 kisten	2,462.05	〔上掲：硝子器〕	〔上掲〕	〔上掲[7]〕
[17]	kramerijen	2 kisten	199.60	〔上掲：時計并小マ物類〕	〔上掲〕	〔上掲[14]〕
[18]	boomolij	4 kisten	115.00	テレメンテイン	100 瓶	(418)
[19]	lantaarns	1 kist	54.00	羊角燈籠	1 箱	(353)～(355)
[20]	medicijnen	23 kisten	4,782.00	※	※	(361)～(404), (406),(407),(410)～(417), (419)～(422),(424),(467), (468),(470)～(472)
[21]	boeken	1 kist	38.60	－	－	－
[22]	horologien en kramerijen	1 kist	1,828.85	〔上掲：時計并小マ物類〕	〔上掲〕	〔上掲[14]〕
[23]	medicijnen	37 kisten	8,594.14	〔上掲：※〕	〔上掲〕	〔上掲[20]〕
[24]	glaswerk	4 kisten	350.84	〔上掲：硝子器〕	〔上掲〕	〔上掲[7]〕
[25]	bankkleedjes	1 kist	288.00	カブリ	1 箱	(482)～(486)
[26]	glaswerk	2 kisten	174.50	〔上掲：硝子器〕	〔上掲〕	〔上掲[7]〕
[27]	glazendozen (kramerijen)	1 kist	22.50	〔上掲：時計并小マ物類〕	〔上掲〕	〔上掲[14]〕
[28]	aardewerk	5 kisten	297.66	〔上掲：焼物類〕	〔上掲〕	〔上掲[4]〕
[29]	kajoe poetie-olij	4 kisten	996.00	カヤブーテ油	249 フラスコ	(423)
[30]	kurken	1 kist	56.00	－	－	－
[31]	aardewerk	3 kisten	110.00	〔上掲：焼物類〕	〔上掲〕	〔上掲[4]〕
			38,419.52			
[32]	koffij	5 pikols	110.00	コーヒイ豆	一袋	(409)
[33]	genever	10 kelders	120.00	セ子ーゴル(ツカ)	10 箱	(425)
[34]	roode wijn	5 kisten	130.00	赤葡萄酒	3 箱	(426)
			360.00			
[35]	－	－	－	水牛角	4,575 斤	(427)
[36]	－	－	－	水牛爪	543 斤	(428)

出典・Opgave [1]～[31]は、Opgave van door den pachter der kambanghandel op Japan mede te nemene goederen voor den jare 1844. Ingekomen stukken 1844. MS. N.A. Japans Archief, nr. 1628 (Aanwinsten, 1910, I: No. 20). (Tōdai-Shiryō Microfilm: 6998-1-122-3)。
・Opgave [32]～[34]は、Tweede opgave der ondervolgende goederen die de ondergeteekende verzoekt voor den kambang handel op Japan dit jaar te mogen medenemen. Ingekomen stukken 1844. MS. N.A. Japans Archief, nr. 1628 (Aanwinsten, 1910, I: No. 20). (Tōdai-Shiryō Microfilm: 6998-1-122-3)。
・積荷目録は、「天保雑記」第五十六冊（国立公文書館所蔵内閣文庫）。
・落札帳は、表9参照。
註・※印は下表（表8）に示した。

30 第1部 日蘭貿易と貿易品

表8 medicijnen（薬種類）（表7 ※印）の詳細

積荷目録		落札帳（表9）		
商　品	数　量	商　品	数　量	
エイスランスモス	872斤	(362) エイスランスモス	872斤	
キナキナ	1,654斤	(361) キナキナ	1,654斤	
アラヒヤコム	1,634斤	(363) アラビヤコム	1,654斤	但80箱
マグチシヤ	546斤	(364) マク子シヤ	546斤	
オクリカンキリ	827斤	(365) ヲクリカンキリ	827斤	40箱
疲切	1,654斤	(407) タンキリ	1,645斤	
ジキタリス葉	208斤	(367) シキターリス	208斤	125瓶
サーレソブ	414斤	(375) サアレツフ	414斤	20箱
ウユインズテーン	83斤	(377) 細末ウエインステ井ン	83斤	2箱
ウユインステンシユール	270斤	(380) ウエ井ンステインシユル	278斤	12壺
ゴムアンモニヤック	414斤	(366) コムアンモニヤク	414斤	20箱
マンナ	219斤	(378) マンナ	250斤	
阿魏	331斤	(410) アギ	311斤	
ゼイアユイン	414斤	(379) セアユイン	814斤	
ヤメンシーフ	331斤	(370) セメンシイナ	331斤	16袋
カミルレ	827斤	(381) カミルレ	267斤	
センナ	414斤	(382) センナフラーテン	414斤	20袋
フリルブルーム	83斤	(383) フリイルフルウム	83斤	4袋
チンジヤン	166斤	(368) ケンチヤンウヲルトル	166斤	
サルサウパリルフ	21斤	(384) サスサパリルラ	21斤	
ズワーフルーム	同	(386) スワーフルフウム	21斤	
ゴムテレメン	166斤	(424) ゴムテレメンテイン油	166斤	
サルヘートル	43斤	(387) サルヘートル	42斤	
サスカフラス	124斤	(393) サツサフラアス	124斤	
シュルフスソフタ	83斤	(389) シユルブツソフタ	83斤	4壺
ボソクホフト	1,588斤	(392) 細末ホツクホート	1,588斤	
サルホフーリイフレスト	4瓶	(403) ホーリシヤルスト	4瓶	
オーリイコロトーニイフコグル	10瓶	(422) オーリユムコルトニス	10瓶	
アルテヤウナルトル	21斤	(396) アルテヤウヲルトル	21斤	
甘草	414斤	(472) 甘艸	414斤	
ヤラツパ	42斤	(400) ヤラツパ	42斤	
ア子イスドロツプ	43斤	(388) ア子ーストロツプ	42斤	
アルニカウヲルトル	83斤	(394) アルニカウヲルトル	83斤	
アルニカブルーム	43斤	(395) アルニカフルウム	42斤	
コロンボウ	83斤10斤	(385) ラーテイキスコロンホー	83斤	
ポテクツハス	10斤	(390) ポーラキス	12瓶	
ペテトノナ葉	21斤	(399) ヘラトーナ葉	21斤	
シヨシヤム	42斤	(398) ヒヨシヤムス葉	42斤	
メントキリスフ葉	同	(397) メンターキリスプ	42斤	
亜麻仁	10斤	(401) 亜麻仁	10斤	
ミコルフスシニイフナ	6合	－		
テーヒスインフ゜リナーリス	1合	(406) ラーピスインプリナーリス	1瓶	
テリヤアカ	300罐	(376) テリヤアカ	300鑵	
細末イペカコアナ	同	(369) 細末イヘカコアナ	200瓶	
ホヲマンスドロツフ	75瓶	(413) ホフマンストロツプ	31瓶	
スフリーテニテイリトルシス	100瓶	(414) スフリテスニツトルトロシス	99瓶	
薄荷油	10瓶	(417) 薄荷油	10瓶	
オスセンカル	20瓶	(371) ヲツセンカル	20瓶	
薄荷水	20瓶	(415) 薄荷水	22硝子	
エキスタラクトシナーク	200瓶	(372) エキスラクトシキユータ	200瓶	
同ヒコシヤームス	100瓶	(373) エキスタラクトヒヨシヤムス	100瓶	
同ヘラトーナ	12瓶	(374) エキスタラクトヘラトナ	12瓶	
バルサムコッパイハ	50瓶	(419) ハルサンコツハイハ	39硝子	
アマリタスブ゜リコムヒイ	10瓶	(404) アセチコムフリエムピー	10瓶	
アマントル油	20瓶	(420) アマントル油	20瓶	
サルアルモ\カツタ精気	16瓶	(416) サルアルモニヤシ精キ	16瓶	
トーフルスプートル	1瓶	(402) トルフルスプートル	8瓶	
サフラン	151斤	(411) 壱番サフラン	114斤	
		(412) 弐番同	24斤	
ホルトカル油	100フラスコ	(421) ホルトカル油	98硝子	
－	－	(391) キナソート	20瓶	
－	－	(467) 油薬類	12品	
－	－	(468) 取集薬種	1箱87品	
－	－	(470) 油薬類	15瓶	
－	－	(471) 薬種入箱	2ツ	

来よりおこなわれていたオランダ側からの積荷リストの提出とその翻訳は形式化し，それによって内容も簡略化されたものとなっていったのである。

「辰阿蘭陀船本方并脇荷物見看板直入落札控」は，上述のように日本側商人が作成したものであり，天保15年の脇荷取引の実態をみるのに最も詳細な現存史料といえる。したがって，本節では，本史料によって得られた結果を作表し提示しておきたい(表9)。表7では，表9で各品目に付した頭注番号を「落札帳(表9)番号」としてOpgave,「積荷目録」に照合する形で記している。

表7と表9により上記「積荷目録」に記された「焼物類」「硝子器」「時計并小マ物類」などの具体的な品名がわかる。さらにそれらを含めて日本で脇荷取引された品々の日本側商品名と数量・落札価格・落札商人名を確認することができる。

また，上記照合作業によってOpgaveに記された全ての商品が脇荷取引されていたわけではないことがわかる。賃借人が持ち渡った品物の中には脇荷取引以外で販売される品が含まれており，(32)例えば[9][21]boeken(書籍類)・[30]kurken(コルク)は全てそれに充てられたものと思われる。その他の品々についても全ての数量を脇荷取引とせず，賃借人が脇荷取引以外で販売したものが含まれていたと考えられる。なお，この内，boeken(書籍類)に関しては，「弘化元年甲辰七月調（天保十五年）」を下限とする「唐紅毛交易大意」(「力石雑記」三十五(北海道大学附属図書館北方資料室所蔵))の脇荷物の説明の中で次のように記している。

　一書籍

　　　右書籍之義者，入札拂ニ差出候品ニ無之，都而江戸御用書籍之分被

　　　仰渡候書籍を以出帆前申達，持渡之上者代金會所ゟ仕拂申候，其余

　　　御奉行所御誂并御代官私共誂遣し候書籍者御奉行所江相伺，御免之

　　　上誂遣し持渡候へ共，是又伺之上御印済を以受取来，右代り物カヒ

　　　タン申出候通仕拂候義ニ御座候，其余書籍ハ紅毛人銘ニ見用之ため

　　　持渡候品ニ御座候

すなわち，脇荷物として持ち渡られた「書籍」は，脇荷取引はされず，御

32　第1部　日蘭貿易と貿易品

表9　天保15年(1844)オランダ船脇荷物の取引

	商　　品	数　量	落札価格 （脇荷銀）	落札商人
	同 (＝辰阿蘭陀船) 脇荷			
(1)	壱番切子蓋物	1	144 匁	㊉
(2)	弐番同	4 ツ	58 匁	ふしヤ
(3)	三番同	2 ツ	29 匁 8 分	村上
(4)	壱番切子臺付蓋物	2 ツ	120 匁	入キヤ
(5)	不残二付　弐番同	2 ツ	100 匁 1 分	㊝
(6)	三番同	2	99 匁 5 分	中村ヤ
(7)	四番同	2	63 匁	ふしヤ
(8)	五番同	2	60 匁 3 分	㊝
(9)	六番同	2	45 匁	永ミヤ
(10)	七番同	18	34 匁 7 分	㊉
(11)	八番同	18	27 匁 9 分	長ヲカ
(12)	九番同	4	27 匁 3 分	村上
(13)	十番同	4 ツ	23 匁 7 分	永ミヤ
(14)	壱番切子舟形くわし入	1	35 匁	吉井ヤ
				ノトヤ
(15)	弐番同	2	28 匁	入来ヤ
(16)	三番同	5 ツ	25 匁 3 分	ノトヤ
(17)	四番同	4 ツ	21 匁	吉井ヤ
(18)	五番同	2 ツ	17 匁	㊞
(19)	六番同	2 ツ	19 匁 1 分	長ヲカ
(20)	切子三枚組鉢	1組	80 匁	㊝
(21)	同七寸鉢	3 枚	16 匁 9 分	三支
(22)	同百合形鉢	7 枚	20 匁 4 分	三支
(23)	不残二付　壱番切子臺付菓子入	2	340 匁	三支
(24)	二番同	4 ツ	65 匁 9 分	藤ヤ
(25)	三番同	4 ツ	58 匁 9 分	ふしヤ
(26)	四番同	2 ツ	31 匁	ノトヤ
(27)	五番同	4 ツ	28 匁	長ヲカ
(28)	切子くわし入	4 ツ	82 匁	中村ヤ
(29)	壱番切子皿付蓋物	2 揃	89 匁 7 分	藤ヤ
(30)	弐番同	2 揃	70 匁 9 分	㊝
(31)	三番同	2 揃	78 匁 9 分	藤ヤ
(32)	不残二付　壱番切子水次	3 ツ	55 匁	㊝
(33)	二番同	4 ツ	25 匁 8 分	入キヤ
(34)	切子茶入	4 ツ	76 匁 9 分	㊝
(35)	壱番切子鉢付ふた物	1 揃	100 匁	㊝
(36)	二番同	1 揃	100 匁	同人
(37)	三番同	2 揃	55 匁 5 分 5 厘	此
(38)	切子皿付くわし入	4 揃	35 匁 1 分	㊉
(39)	切子皿付猪口	6 揃	18 匁 9 分	ふしヤ
(40)	不残二付　壱番切子瓶	7 ツ	189 匁	㊝
(41)	同　二番同	9 ツ	250 匁 9 分	長ヲカ
(42)	同　三番同	4 ツ	123 匁	㊝
(43)	同　四番同	9 ツ	189 匁	ふしヤ
(44)	~~切子仕切瓶~~	1	―	―
(45)	壱番切子花生	2 ツ	85 匁	吉井ヤ
(46)	二番同	2	53 匁	ノトヤ
(47)	三番同	4 ツ	32 匁	永ミヤ
(48)	四番同	2	33 匁 6 分	吉井ヤ
(49)	壱番切子蠟燭立	6 ツ	29 匁 8 分	㊉
				吉井ヤ
(50)	二番同	8 ツ	23 匁 4 分	吉井ヤ
(51)	壱番切子盆付銘酒キ	4 揃	291 匁	江崎
(52)	二番同	全	271 匁	永井ヤ

第1章　出島貿易品の取引　33

	商　　　品	数　量	落札価格（羅禰）	落札商人
(53)	三番同	全	222匁	長ヲカ
(54)	四番同	2揃	105匁4分	此方
(55)	五番同	7揃	78匁1分	此
(56)	キヤマン同	3揃	65匁4分	此
(57)	一番切子盆付茶キ	1揃	－	－
(58)	二番同	1揃	59匁8分	此
(59)	壱番切子銘酒瓶	2ツ	51匁9分	長ヲカ
(60)	三番同	10	48匁	余 ふしヤ
(61)	弐番同	2ツ	50匁1分	囲
(62)	四番同	20	47匁9分	田原ヤ
(63)	五番同	6ツ	51匁9分	長ヲカ
(64)	六番同	30	39匁1分	長ヲカ
(65)	七番同	12	28匁1分	長ヲカ
(66)	八番同	4ツ	29匁1分	江崎
(67)	壱番銘酒瓶	30	38匁9分	此
(68)	二番同	34	33匁9分	長ヲカ
(69)	三番同	30	30匁	田原ヤ
(70)	四番同	32	31匁9分	田原ヤ
(71)	五番同	22	25匁	田原ヤ
(72)	六番同	12	20匁7分	長ヲカ
(73)	不残二付　切子銘酒瓶	4ツ	189匁	長ヲカ
(74)	同断　切子丼	7ツ	389匁	七
(75)	同断　切子キ物	7品	173匁	七
(76)	壱番色切子菓子入	2ツ	78匁7分	ふしヤ
(77)	二番同	2ツ	48匁	筑後ヤ
(78)	不残二付　三番同	4ツ	180匁	天
(79)	不残二付　色切子キ物	18品	413匁	余
(80)	色硝子墓咮	4ツ	4匁5分6厘	長ヲカ
(81)	色硝子キヤマン咮	24	6匁	越後ヤ
(82)	金縁繪入墓咮	7ツ	5匁6分	吉田ヤ
(83)	一番繪入墓咮	17	4匁1分	入来ヤ 吉田ヤ
(84)	二番同	130	3匁7分7厘	ノトヤ
(85)	三番同	83	3匁7分1厘	ふしヤ
(86)	一番繪入手付猪口	151	3匁1分8厘	入キヤ
(87)	弐番同	108ツ	3匁	此方
(88)	三番同	116	2匁8分9厘	此方
(89)	繪入猪口	7ツ	2匁5分3厘	長ヲカ
(90)	同銘酒瓶	11	15匁4分	余
(91)	不残二付　色切子匂ひ瓶	4ツ	108匁3分	ふしヤ
(92)	同　壱番切子匂ひ瓶	8ツ	128匁	ふしヤ 七
(93)	同　二番同	6ツ	52匁7分	永見ヤ
(94)	三番同	204ツ	1匁3分8厘3毛	ふしヤ
(95)	不残二付　形入硝子鼻たばこ入	5ツ	56匁6分	中村
(96)	同　切子引提	2揃	487匁	天
(97)	六ツ組引提	1揃	60匁	七
(98)	四ツ組同	7揃	44匁	入キヤ
(99)	手附四ツ組同	1揃	50匁8分	ふしヤ
(100)	キヤマン六ツ組引提	全	68匁7分	此
(101)	同四ツ組同	13揃	45匁2分	長ヲカ
(102)	金縁金繪切子銘酒びん	2ツ	55匁	三支ヤ
(103)	金縁金ヱ盆付銘酒キ	4揃	85匁1分	ふしヤ
(104)	同小形同	2揃	52匁8分	吉田ヤ
(105)	不残二付　同引提	全	150匁3分	

34　第1部　日蘭貿易と貿易品

	商　　品	数　量	落札価格（匁前粍）	落札商人
(106)	壱番同銘酒瓶	17	21匁8分	此
(107)	弐番同	12	14匁6分	吉田ヤ
(108)	金縁金繪茶入	6ツ	30匁9分	永井ヤ
(109)	同六寸鉢	12揃	12匁8分	入キヤ
(110)	同菓子入	仝	14匁	三支ヤ 入キヤ
(111)	一番金縁金ヱ角びん	49	16匁9分	㊉
(112)	二番同	68	12匁	㋑
(113)	壱番金縁金ヱ墓咔	11	13匁7分	三支
(114)	弐番同	36	6匁1分	㋑
(115)	三同	35	6匁5分	吉田ヤ
(116)	硝子キ	12	5匁6分1厘	㋾
(117)	壱番大墓咔	89	15匁3分	吉田ヤ
(118)	弐番同	24	10匁	長ヲカ
(119)	三番同	23	9匁1分6厘	長ヲカ
(120)	一番墓咔	20	8匁4分	三支
(121)	二番同	177	8匁4分	三支
(122)	三番同	327	7匁4分	三支
(123)	四番同	365	6匁5分	ヱサキ 三支
(124)	五番同	320	7匁5分2厘	㋾
(125)	六番同	130	7匁5分3厘	田原ヤ
(126)	七番同	399	6匁3分4厘	此
(127)	八番同	12	7匁3分5厘	㋾
(128)	九番同	29	5匁4分9厘	㋿
(129)	十番同	60	6匁　　4厘	三支
(130)	長咔	45	8匁2分8厘	㋑
(131)	硝子臺付ふた物	2ツ	59匁8分	㊉
(132)	壱番角形薬びん	97	15匁1分	㋾
(133)	弐番同	495	8匁1分4厘	㋾
(134)	三番同	687	6匁4分9厘	吉更ヤ
(135)	四番同	833	5匁6分6厘	田原ヤ
(136)	五番同	1,459	4匁8分6厘	吉更ヤ
(137)	六番同	1,172	4匁2分	田原ヤ
(138)	七番同	540	3匁7分1厘	吉更ヤ
(139)	八番同	243	3匁6分7厘	ふしヤ
(140)	九番同	149	6匁	田原ヤ
(141)	十番同	96	6匁8分3厘	入キヤ ふしヤ
(142)	十一番同	99	6匁2分4厘	ふしヤ 入来ヤ
(143)	十弐番同	692	5匁6分9厘	入来ヤ ふしヤ
(144)	十三番同	403	4匁8分9厘	入キヤ ふしヤ
(145)	十四番同	1,957	3匁6分	村上
(146)	十五番同	1,937	3匁	三支
(147)	十六番同	1,549	2匁7分4厘	三支ヤ
(148)	十七番同	1,141	2匁6分	㋾
(149)	十八番同	100	3匁9分4厘	此
(150)	十九番同	454	3匁	田原ヤ
(151)	二十番同	259	2匁3分4厘	吉更ヤ
(152)	壱番無し薬びん	40	15匁4分	吉田ヤ
(153)	二番同	81	12匁5分	同人
(154)	三番同	91	6匁9分5厘	同人
(155)	四番同	97	5匁8分2厘	同人

	商　　品	数　量	落札価格（貫匁）	落札商人
(156)	五番同	56	9匁3分9厘	長ヲカ
(157)	六番同	58	5匁6分9厘	吉更ヤ
(158)	七番同	238	6匁2分8厘	㇢
(159)	八番同	816	5匁6分8厘	同人
(160)	九番同	1,599	4匁7分	㊉
(161)	十番同	1,132	3匁7分	田原ヤ
(162)	十一番同	1,618	3匁1分	田原ヤ
(163)	十弐番同	1,676	2匁6分1厘	㊉
(164)	十三番同	1,232	2匁4分8厘	吉井ヤ
(165)	十四番同	550	2匁1分　　3毛	吉田ヤ
(166)	十五番同	1,112	3匁4分	此
(167)	十六番同	1,959	2匁8分2厘	余大
(168)	十七番同	2,147	2匁3分5厘	長ヲカ
(169)	十八番同	801	2匁8分　　3毛	ふしヤ
(170)	十九番同	1,038	1匁8分3厘	余大
(171)	壱番薬びん	48	5匁4分	㊉
(172)	二番同	90	4匁7分9厘	吉更ヤ
(173)	三番同	99	4匁8分1厘	入キヤ
(174)	四番同	140	3匁9分6厘	吉田ヤ
(175)	五番同	94	3匁3分2厘	吉更ヤ
(176)	一番口廣薬瓶	120	37匁9分	吉更ヤ
(177)	二番同	145	25匁1分	永井ヤ
(178)	一番白ヤキ金縁蓋付くわし入	3ツ	41匁	三支
(179)	二番同	2ツ	30匁	三枝
(180)	高二付　白焼金縁蓋付菓子鉢	6ツ	80匁	㊉
(181)	同蓋付蓋物	2	28匁	三支
(182)	壱番白ヤキ金縁ふたもの	2	39匁	長ヲカ
(183)	弐番同	2	31匁	同人
(184)	壱番白ヤキ金縁くわし入	4ツ	13匁8分	㊉
(185)	弐番同	4ツ	11匁8分3厘	藤ヤ
(186)	三番同	4ツ	15匁8分	此
(187)	高二付　四番同	2	23匁8分	此
(188)	五番同	4ツ	8匁3分	舎
(189)	白焼金縁三枚組長鉢	2組	61匁9分	長ヲカ
(190)	同金縁二枚組同	2組	30匁9分	此
(191)	同金縁長鉢	5枚	18匁9分	吉井ヤ
(192)	壱番白焼金縁鉢	4枚	30匁	㊉
(193)	弐番同	2枚	18匁3分	舎
(194)	三番同	2枚	18匁	ノトヤ
(195)	白ヤキ金縁七寸鉢	72枚	8匁7分8厘	舎
(196)	同金縁六寸鉢	23枚	8匁2分	余
(197)	同金縁五寸皿	12枚	7匁3分	同人
(198)	高二付　同金縁蓋物	7ツ	70匁3分	長ヲカ
(199)	同金縁皿付蓋物	2揃	52匁	㇆
(200)	高二付　白焼金縁皿付小蓋物	2揃	7匁	㊉
(201)	壱番白ヤキ小蓋物	11	6匁8分6厘	吉井ヤ
(202)	高二付　弐番同	3ツ	16匁9分	村上
(203)	白焼金縁塩入	2ツ	8匁1分	余
(204)	同貝形皿	6枚	10匁　　1毛	吉井ヤ
(205)	高二付　同金縁金エ蓋物	2	38匁9分	ふしヤ
(206)	同小花生	2	10匁8分	全
(207)	壱番白ヤキ金縁エ入花生	2	53匁	同人
(208)	弐番同	2ツ	36匁9分	同人
(209)	三番同	2ツ	26匁9分	吉更ヤ

36　第1部　日蘭貿易と貿易品

	商　　　品	数　量	落札価格（鷗崩順）	落札商人
(210)	壱番白ヤキ金縁ヱ入小花生	8ツ	17匁	長ヲカ
(211)	不残　弐番同	7ツ	92匁	㊉
(212)	同　三番同	6ツ	75匁	長ヲカ
(213)	同　壱番白ヤキヱ入蓋物	6ツ	88匁8分	此
(214)	弐番同	7ツ	8匁	Ⓐ
(215)	不残　三番同	6ツ	－	－
(216)	同　壱番白ヤキヱ入蓋物	6	－	－
(217)	弐番同	7ツ	－	－
(218)	壱番ヱ入咄	295	7匁1分8厘	吉井ヤ
(219)	弐番同	48	6匁9分	天
(220)	白焼ヱ入ヱ付猪口	46揃	3匁9分	筑後ヤ
(221)	同ヱ入茶わん	574	1匁7分8厘	全 ㊉
(222)	同六寸鉢	48枚	5匁1分8厘	吉更ヤ
(223)	同五寸皿	478枚	4匁8分	吉田ヤ
(224)	壱番繪入大咄	13	21匁9分	全
(225)	弐番同	12枚	17匁3分	全
(226)	三番同	25	16匁9分	同人
(227)	染付角形丼	2	18匁9分	全
(228)	壱番青ヱ丼	5ツ	21匁	余
(229)	弐番同	3	20匁9分	此
(230)	三番同	4	15匁2分	㊀
(231)	不残　とんふり	4ツ	61匁9分	全
(232)	染付鉢付蓋物	4揃	56匁	因
(233)	壱番染付皿付小ふた物	4揃	15匁8分	永見
(234)	弐番同	3揃	13匁2分	同人
(235)	染付ふた物	6ツ	18匁	吉井ヤ
(236)	壱番染付鉢付くわし入	6揃	21匁4分	㊉
(237)	弐番同	2揃	17匁1分	同人
(238)	染付蔓付くわし入	2ツ	19匁	同人
(239)	壱番染付丸形ふた物	3ツ	18匁9分	万ヤ
(240)	二番同	4ツ	17匁9分	全
(241)	三番同	4ツ	16匁	同人
(242)	四番同	4ツ	16匁3分	藤ヤ
(243)	壱番染付長鉢	6枚	32匁	㊉
(244)	弐番同	4枚	32匁9分	入キヤ
(245)	三番同	2枚	28匁8分	入キヤ
(246)	四番同	4枚	23匁4分	同人
(247)	五番同	4枚	15匁9分	Ⓐ
(248)	壱番染付巣桁付鉢	7枚	44匁	㊉
(249)	弐番同	3枚	35匁3分	天
(250)	三番同	2枚	21匁8分	天
(251)	壱番染付はち	1枚	37匁	天
(252)	弐番同	2枚	31匁	天
(253)	三番同	6枚	6匁5分1厘	エ
(254)	壱番染付深手八寸鉢	33枚	3匁9分1厘	ふしヤ
(255)	弐番同	620枚	3匁2分4厘	村上
(256)	壱番染付八寸鉢	123枚	3匁9分8厘	藤ヤ
(257)	弐番同	1,480枚	3匁2分　　4毛	金沢ヤ 入キヤ
(258)	染付七寸鉢	58枚	3匁9分1厘	余
(259)	壱番染付くわし皿	20枚	7匁	㊉
(260)	弐番同	11枚	6匁	全
(261)	三番同	2枚	5匁5分5厘	エ
(262)	四番同	6枚	4匁6分8厘	ふしヤ
(263)	五番同	5枚	3匁6分4厘	㊉

	商　　品	数　量	落札価格 (匁幾）	落札商人
(264)	壱番染付百合形深はち	25枚	19匁3分	長ヲカ
(265)	弐番同	28枚	8匁1分	ヱ崎
(266)	染付茶キ	1揃	72匁	㋰
(267)	青皿鉢付ふた物	1揃	39匁1分	㋾
(268)	同皿付ふた物	2揃	15匁3分	㋛
(269)	同鉢付くわし入	2揃	18匁1分	㋰
(270)	同蓋物	1	17匁	㋰
				全
(271)	同巣桁付鉢	1枚	34匁5分	全
(272)	同二枚組長鉢	1組	72匁9分	吉更ヤ
(273)	同長鉢	2枚	11匁	㋾
(274)	同百合形深鉢	5枚	13匁4分	入キヤ
(275)	同菓子皿	1	8匁6分	㋛
(276)	同八寸鉢	36枚	4匁2分9厘	Ⓐ
(277)	同七寸鉢	16枚	3匁9分2厘	㋰
(278)	同蓋付蓋物	2ツ	30匁	㋰
(279)	壱番ヱ入ふた物	3ツ	13匁9分	長ヲカ
(280)	弐番同	4ツ	13匁1分	長ヲカ
(281)	ヱ入巣桁付鉢	1枚	39匁	㋾
(282)	壱番繪入百合形深鉢	4枚	12匁4分	㋛
(283)	弐番同	4枚	11匁8分	㋛
(284)	繪入菓子鉢	2枚	9匁	㋾
(285)	壱番肉入	19	4匁	三支
(286)	弐番同	12	4匁3分	三支
(287)	三番同	12	5匁3分	同人
(288)	白ヤキ金縁ヱ入匂ひ瓶	2ツ	30匁6分	長ヲカ
(289)	壱番白ヤキヱ入鼻たはこ入	2	21匁2分	長ヲカ
(290)	弐番同	4ツ	17匁3分	同人
(291)	三番同	2	20匁8分	ふしヤ
(292)	壱番素焼鉢付くわし入	2揃	43匁5分	㋛
(293)	弐番同	2揃	39匁8分	同人
(294)	三番同	2揃	32匁	同人
(295)	四番同	3揃	30匁7分	ノトヤ
(296)	五番同	3揃	30匁8分	入キヤ
(297)	六番同	4揃	29匁8分	藤ヤ
(298)	壱番素ヤキくわし入	2ツ	28匁	㋨
(299)	弐番同	6ツ	25匁	㋨
(300)	高二付　三番同	3ツ	62匁	同人
(301)	壱番素ヤキ菓子鉢	2枚	13匁9分	吉田ヤ
(302)	弐番同	2枚	16匁3分	同人
(303)	三番同	2枚	12匁9分	同人
(304)	スヤキ花生	125	2匁3分9厘	長ヲカ
(305)	同壺	148	1匁3分9厘	同人
(306)	白焼手附水次	110	3匁2分3厘	㋰
(307)	白焼縁飾り八寸鉢	2,246枚	2匁8分4厘	入キヤ
				金サハ
(308)	同深手八寸鉢	1,108枚	2匁8分1厘	村上
(309)	不残二付　壱番白焼物器	11品	150匁9分	此
(310)	同　弐番同	9品	110匁	Ⓧ
(311)	い三本針袂時計	1	—	—
(312)	ろ同	1	1貫620匁	永井ヤ
(313)	は同	1	1貫500匁	Ⓧ
(314)	に同	1	1貫990匁	吉田ヤ
(315)	に弐本針同	1	1貫800匁	吉井ヤ
(316)	馬乗時計	1	2貫500匁	㋨

38　第1部　日蘭貿易と貿易品

	商　　品	数　量	落札価格 (鯔縅)	落札商人
(317)	い銀袂時計	1	1貫860匁	永井ヤ
(318)	ろ同	1	529匁	下新
(319)	押打銀袂時計	1	1貫430匁	大
(320)	ヲルコル付置物	1	918匁	ノトヤ
(321)	襟巻	10ヲ	18匁3分	吉田ヤ
(322)	硝子はこ	20	14匁4分	七
(323)	壱番金縁鏡	2面	293匁	同人
(324)	弐番同	全	308匁	ふしヤ
(325)	壱番基付小かゝみ	2面	27匁4分	永井ヤ
(326)	弐番同	8面	18匁1分	吉井ヤ
(327)	三番同	8面	12匁3分	同人
(328)	壱番風琴	5ツ	34匁3分	七
(329)	弐番同	全	31匁9分	同人
(330)	鈴	2ツ	16匁3分	長ヲカ
(331)	壱番五色墨	24箱	5匁7分3厘	七
(332)	弐同	全	4匁4分	七
(333)	さし	72本	3匁6分9厘	ノトヤ
(334)	壱番金入	24	3匁　1厘	長ヲカ
(335)	弐番同	12	2匁2分1厘	七
(336)	皮手貫キ	10揃	18匁1分	ふしヤ
(337)	壱番メリヤス手貫キ	72揃	4匁1分	大
(338)	弐番メリヤス手貫キ	12揃	6匁5分	大
(339)	壱番火打	8ツ	28匁	ふしヤ
(340)	弐番同	18	20匁3分	ふしヤ
(341)	手遊ひ道具	12品	21匁9分	此
(342)	壱番鎖り付手遊ひ時計	47	4匁6分3厘	七
(343)	弐番同	72	2匁1分3厘	七
(344)	壱番時計鎖り	全	4匁8分	大
(345)	弐番同	144	1匁3分9厘	長岡ヤ
(346)	玉入留針	48本	1匁8分	此
(347)	指輪	108ツ	6分7厘	吉田ヤ
(348)	金梠	16枚	1分4厘9毛	金
(349)	銀紙	120枚	1分　　3毛	同人
(350)	形付紙	1巻	10匁7分	金
(351)	磨キ皮	1枚	47匁7分	下新
(352)	附木	6,000筒 但80本宛入	2匁7分6厘1毛	ノトヤ
(353)	壱番羊角燈ろ	10ヲ	27匁9分	永井ヤ
(354)	弐番同	10ヲ	26匁9分	干 入キヤ
(355)	三番同	10ヲ	25匁6分	同人
(356)	萬力	1挺	207匁8分	吉田ヤ
(357)	壱番花アンペラ	15枚	178匁9分	金
(358)	弐番花アンペラ	30枚	58匁9分	吉田ヤ
(359)	三番同	20枚	32匁	金
(360)	藤杖	2,980本	5分8厘	入キヤ
(361)	キナキナ	1,654斤	59匁5分	金サハヤ 吉井ヤ
(362)	エイスランスモス	872斤	47匁3分	大
(363)	アラビヤコム	1,654斤 但80箱	23匁1分4厘	金
(364)	マク子シヤ	546斤	21匁4分	同人
(365)	ヲクリカンキリ	827斤 40箱	36匁　　4厘	田原ヤ
(366)	コムアンモニヤク	414斤 20箱	24匁8分9厘	万ヤ

	商　　　品	数　　量	落札価格（匁勺厘）	落札商人
(367)	シキターリス	208 斤 125 瓶	143 匁	刊
(368)	ケンチヤンウヲルトル	166 斤	5 匁 8 分 5 厘	吉井ヤ
(369)	細末イヘカコアナ	200 瓶	35 匁 8 分	同人
(370)	セメンシイナ	331 斤 16 袋	171 匁 9 分	佘
(371)	ヲツセンカル	20 瓶	78 匁	木下
(372)	ヱキスラクトシキユータ	200 瓶	21 匁 9 分 4 厘	万ヤ
(373)	ヱキスタラクトヒヨシヤムス	100 瓶	115 匁	木下 吉井ヤ
(374)	ヱキスタラクトヘラトナ	12 瓶	71 匁　　8 厘	木下
(375)	サアレツフ	414 斤 20 箱	24 匁 8 分	安田ヤ
(376)	テリヤアカ	300 鑵	8 匁 1 分 4 厘	入来ヤ
(377)	細末ウエインステ井ン	83 斤 2 箱	10 匁 3 分	永見
(378)	マンナ	250 斤	18 匁 6 分	安田ヤ
(379)	セアユイン	814 斤	38 匁 9 分 5 厘	長岡
(380)	ウエ井ンステインシユル	278 斤 12 壺	29 匁 2 分	村上
(381)	カミルレ	267 斤	5 匁 9 分 4 厘	同人
(382)	センナフラーテン	414 斤 20 袋	11 匁 6 分	同人
(383)	フリイルフルウム	83 斤 4 袋	6 匁 3 分 9 厘	長岡
(384)	サスサパリルラ	21 斤	8 匁 9 分	吉井ヤ
(385)	ラーテイキスコロンホー	83 斤	48 匁 9 分	同人
(386)	スワーフルフルウム	21 斤	7 匁 8 分	ヱサキ
(387)	サルヘートル	42 斤	5 匁 6 分 9 厘	万ヤ
(388)	ア子ーストロツプ	42 斤	25 匁 7 分	藤ヤ
(389)	シユルブツソータ	83 斤 4 壺	6 匁	越後ヤ
(390)	ボーラキス	12 瓶	40 匁	長ヲカ
(391)	キナソート	20 瓶	280 匁 9 分	入来ヤ
(392)	細末ホツクホート	1,588 斤	3 匁 9 分 4 厘	萬ヤ 刃
(393)	サツサフラアス	124 斤	8 匁 8 分	木下
(394)	アルニカウヲルトル	83 斤	36 匁 1 分	安田ヤ
(395)	アルニカフルウム	42 斤	35 匁	長ヲカ
(396)	アルテヤウヲルトル	21 斤	8 匁 9 分	吉井ヤ
(397)	メンターキリスブ	42 斤	1 匁 9 分 8 厘	萬ヤ
(398)	ヒヨシヤムス葉	42 斤	89 匁 1 分	吉井ヤ
(399)	ヘラトーナ葉	21 斤	25 匁	同人
(400)	ヤラツパ	42 斤	158 匁	村上
(401)	亜麻仁	10 斤	13 匁 5 分	刃
(402)	トルフルスブートル	8 瓶	21 匁 9 分	刃
(403)	ホーリシヤルスト	4 瓶	15 匁	木下
(404)	アセチコムフリエムビー	10 瓶	61 匁	吉井ヤ
(405)	タンリンデ	1,371 斤	1 匁 9 分 9 厘 1 毛	萬ヤ
(406)	ラーピスインブリナーリス	1 瓶	160 匁 8 分	入来ヤ
(407)	タンキリ	1,645 斤	16 匁 6 分 9 厘	藤ヤ
(408)	サポン	－	6 匁 5 分 4 厘	三支
(409)	コーヒイ	517 斤	1 匁 2 分 5 厘	越後ヤ
(410)	アギ	311 斤	105 匁 8 分	刃
(411)	壱番サフラン	114 斤	1 貫 400 匁	刃
(412)	弐番同	24 斤	985 匁	永見

	商　　品	数　量	落札価格 (備荷組)	落札商人
(413)	ホフマンストロツプ	31瓶	110匁9分	ふしヤ
(414)	スフリテスニツトルトロシス	99瓶	36匁9分5厘	吉井ヤ
(415)	薄荷水	22硝子	5匁8分	囲
(416)	サルアルモニヤシ精キ	16瓶	25匁	木下
(417)	薄荷油	10瓶	38匁3分	余
(418)	テレメンテイン油	92硝子	42匁1分	同人
(419)	ハルサンコツハイハ	39硝子	40匁	回
(420)	アマントル油	20瓶	53匁	又
(421)	ホルトカル油	98硝子	42匁	吉更ヤ
(422)	オーリユムコルトニス	10瓶	6匁1分	長ヲカ
(423)	カヤフーテ油	234硝子	56匁9分8厘	余
(424)	ゴムテレメンテイン油	166斤	14匁9分	可
(425)	ゼ子ーフル	150硝子	5匁6分9厘	入キヤ
(426)	ローイウエイン	150硝子	8匁8分	吉井ヤ
(427)	水牛角	4,575斤	4匁9分1厘	山中
(428)	水牛爪	543斤	10匁2分	ノトヤ
(429)	藤	136,305斤	1匁　　2厘7毛	木下
	辰紅毛追脇荷			
(430)	壱番切墓付くわし入	1ツ	193匁	余
(431)	不残　弐番同	2ツ	—	—
(432)	同　三番同	4ツ	—	—
(433)	壱番切子墓付蓋物	2ツ	—	—
(434)	弐番同	1	—	—
(435)	不残二付　三番同	2ツ	—	—
(436)	同断　四番同	3ツ	—	—
(437)	切子皿付蓋物	1ツ	—	—
(438)	不残二付　切子胡ヰ粉入	9ツ	—	—
(439)	同　壱番切子辛子入	6ツ	—	—
(440)	同　弐番同	6ツ	—	—
(441)	同　切子墓付塩入	5ツ	—	—
(442)	同　壱番切子銘酒瓶	2ツ	200匁	—
(443)	弐番同	3ツ	56匁9分	吉更ヤ
(444)	不残　三番同	3ツ	168匁	—
(445)	同　四番同	5ツ	150匁	吉井ヤ
(446)	同　切子手附瓶	7ツ	181匁	全
(447)	同　壱番切子長皿	2枚	52匁1分	河
(448)	同　二番同	4枚	70匁8分	河作
(449)	不残　切子皿	8枚	140匁	又
	〆　辰紅毛　壱番部屋同断 (追脇荷)			
(450)	薬種類入	1筥	—	—
(451)	ビユホン	1部	1貫500匁	吉田ヤ
(452)	天文窮理書	2冊	68匁4分	⊕
(453)	草木書	3冊	114匁	⊕
(454)	合薬書	2冊	80匁	又
(455)	算術書	1冊	39匁1分	河作
(456)	本草書	2冊	100匁	吉井ヤ
(457)	天文書	3冊	89匁	吉田ヤ
(458)	ワートルパス	1冊	35匁	又
(459)	窮理書	1冊	45匁	吉井ヤ
(460)	草花書	1冊	61匁	又
(461)	フランス辞書	全	125匁3分	又
(462)	解體圖書并二書籍	大小134枚ト8冊	780匁9分	此
(463)	治療書	1冊	42匁8分	此

第1章　出島貿易品の取引　41

	商　　品	数　量	落札価格（脇荷館）	落札商人
(464)	軍用書	全	65匁	ヱ
(465)	解體書	1冊	39匁2分	ノトヤ
	〆　辰紅毛　弐番部屋追脇荷			
(466)	取集もの	10品	86匁9分	入キヤ
(467)	油薬類	12品	125匁	吉井ヤ
(468)	取集薬種	1箱87品	1貫150匁	吉井ヤ
	辰紅毛　三番部屋同(追脇荷)			
(469)	取集もの	5品	55匁	吉井ヤ
(470)	油薬類	15瓶	―	―
(471)	薬種入箱	2ツ	698匁	吉井ヤ
	追脇荷			
(472)	甘艸	414斤	7匁1分8厘	仝
(473)	紅紋羯山	1丈3尺5寸　但1切	1間二付98匁	ヱ
	辰紅毛品代り荷物			
(474)	本国織	3丈4尺4寸　但2切	1尺二付28匁5分	丙
(475)	形付呉呂服連	1丈3尺5寸　但1切	1間二付286匁	永井ヤ
(476)	い形付サア井	1丈5尺　但1切	1間二付144匁	村太
(477)	ろ同	3丈2尺　但3切	同62匁	丙
(478)	類違形付同	5丈4尺6寸　但6切	同53匁8分	丙
(479)	メンカントウ	1丈4尺　但2切	1尺二付8匁1分	ヱ
(480)	い紋金巾	4丈2尺1寸　但7切	同8匁1分	永井ヤ
(481)	ろ同	1丈8寸	同7匁6分	吉更ヤ
	辰紅毛追脇荷			
(482)	い冠り更紗	142	32匁9分3厘	仝
(483)	ろ同	59	26匁	松本ヤ
(484)	は同	24	16匁4分	吉更ヤ
(485)	に同	63	13匁4分	吉更ヤ
(486)	ほ同	249	3匁2分9厘	此
(487)	い華毛氈	20枚	164匁	松ノヤ
(488)	ろ同	13枚	143匁	ふしヤ
(489)	は同	7枚	140匁	木下

出典・「辰阿蘭陀船本方并脇荷物見看板直入落札控」（長崎歴史文化博物館収蔵）。
註・落札商人欄の店印は次のようである。
　　仝：永見、丙：安田ヤ、✧：松田ヤ、仝：松本ヤ、⊕：三国ヤ、⊕：村上、冂：田原ヤ、ヱ：江崎、
　　舎：藤ヤ、彐：木下、全：長岡、Ⓐ：入来ヤ、⊝：能登ヤ、丙：吉梗ヤ、冂：竹野ヤ、正：未詳、
　　囗：未詳、囡：未詳。
　・本表の(451)〜(466)、(469)、(473)〜(481)に照合する商品は、表7の Opgave および「積荷目録」
　　に見当たらない。
　・「不残二付」「不残」「高二付」は総額を意味すると考えられる。

用書籍として注文の上，持ち渡られたものである。書籍については，その他，奉行所や代官等の注文品(誂物)，さらにオランダ人の私用のために持ち渡られたものであった(遺捨品)。(33)

次に，落札帳(表9)に記されている「辰紅毛　壱番部屋同断(＝追脇荷)」「辰紅毛　弐番部屋追脇荷」「辰紅毛　三番部屋同(＝追脇荷)」の表記とその商品群の取引に関しては疑問が残る。先にも記したように，天保15年の脇荷貿易は，オランダ商館長以下の館員や船員等による取引ではなく，バタヴィア政庁によって決められた賃借人による取引であったが，この表記は，オランダ商館職員や船員等の脇荷取引である可能性が高い。この点については，政庁との契約に違反していた可能性があることを指摘しておきたい(第2部第4章第4節参照)。

なお，「落札帳」に記されている「品代り荷物」の取引については，第2部第4章「おわりに」で考察する。

第4節　天保15年の誂物とその取引

日蘭貿易における近世後期の誂物は，将軍をはじめとする幕府高官，長崎地役人等によって，オランダ船に注文されたものの持ち渡り品であった。近世前期におけるオランダ船の注文品持ち渡りについては，岩生成一氏が述べられているように，

> 十七世紀の初期日蘭貿易が開始されてから，年々平戸や長崎に入港したオランダ船は，多量の通常正規の輸入物資の外，将軍，大名，その他の要路の大官や関係者の注文に応じて動植物，珍奇な器具や，さては書籍絵画なども輸入したが，(後略)(34)

といわれている。そして，19世紀前半には，将軍や老中・長崎奉行・代官・町年寄等の注文を阿蘭陀通詞が注文書作成の上に発注して，翌年以降にもたらされるようになっていた。このような注文品＝誂物に関するシステムのはじまりについては今のところ未詳といわざるをえないが，宝暦期(1751～1764)には既におこなわれていたようである。(35)

誂物＝注文品は，前年度に発注されたものが全て翌年持ち渡られるとは限らず，持ち渡られるまで何度も注文が繰り返されることもあった。この誂物は，個人的な要求に基づいていたとはいえ，当時の日本人の具体的な需要や好みを知ることができ，また日蘭の需給関係の一端を知ることができる。

天保15年のオランダ船誂物輸入については既に報告しており，詳細に関してはそちらにゆずるが，[36] 本節においては，第2節の本方荷物，第3節の脇荷物の考察にあわせる形で，誂物とその取引を解明しうる史料について簡潔に紹介し，日蘭両史料の照合をおこない，その実態を提示しておきたい。

①注文書

De eisch van zijn Majesteit den Keizer en verdere Heeren voor het aanstaande jaar 1844.[37]（来る1844年用の将軍ならびに閣僚らの注文書）は，天保15年(1844)用として前年天保14年(1843)に阿蘭陀通詞によって作成された注文書であり，将軍，御三卿の清水と一橋，老中(水野・堀田・真田)，若年寄(堀田)，長崎奉行(伊沢)，および阿蘭陀通詞の注文品(数量・品目名)が記されている。従来みられた長崎地役人(阿蘭陀通詞は除く)の名前は一切記されていない。[38] バタヴィアの本店はこの注文書を受けて，翌年の日本向け「誂物」を用意したわけであるが，全ての需要に応えたわけではなかった。

②送り状

天保15年にスタット・ティール号 Stad Thiel が持ち渡った誂物に関する「送り状」Factuur は，本方荷物の「送り状」と同様バタヴィアにおいて，de resident(理事官)より長崎出島のオランダ商館長に宛てて1844年6月25日付けで作成されたものである。[39] この「送り状」には，Voor Z. M. den Keizer van Japan(日本の将軍用)，Voor het Tolken Collegie(阿蘭陀通詞用)，Voor den Landsheer van Satsuma(薩摩の領主用)，Afgegeven aan de Heer Wolf(ウォルフ氏へ渡す)との見出しの他は特に名前を記さず，無記名を含めた各見出しの下に梱包形態・数量・商品名・仕入値等の順で記されている。なお，ウォルフ氏とは出島商館の簿記役 J. M. Wolff のことと思われる。

③提出送り状

誂物に関する「提出送り状」Opgegeven Factuur は，Voor Z. M. den

Keizer（将軍用）と Voor den Rijksraad Simids Sama（閣老清水様用）および Voor Z. M. den Keizer en verdere Rijks Grooten（将軍および幕府高官達用）の見出しの下にごく一部を除き全体的に簡略に記されている。[40]

④積荷目録

天保15年にオランダ船が持ち渡った誂物を記す日本側史料としては，先の表1に掲げた「天保目録」が挙げられる。本史料の誂物に関しては，将軍（御用御誂）をはじめとして，御三卿の清水，老中（水野・堀田・真田），若年寄（堀田），長崎奉行（伊沢）の名のもとに誂物の品々が列記されている。本史料が，「提出送り状」Opgegeven Factuur からの直接の翻訳かどうかは未詳であるが，もしそうであったとすると，③で述べたように，「提出送り状」はごく一部を除き簡略に記されているため，翻訳の際，簡略部分が何らかの形（口頭もしくはメモ類）でかなり補われたことになる。したがって，誂物に関しては，③提出送り状だけでなく，②送り状と④積荷目録とを加えて突き合わせることによって彼我の用語を確定することができる。しかし，②③④は実際に品物を点検した「荷改」後に作成された史料ではないため，発注者に向けて日本側に渡された品物と相違がみられる。

⑤販売リスト

Komp.ˢ rekening courant 1844.（日本商館本方勘定帳）内には，Bijlaag N°. 3. Verkoop rekening van de eisch goederen dit jaar voor den Keizer aangebragt.[41]（付録文書3 御用御誂売上計算書）が付されており，本史料により，将軍用と清水様用として販売された品物のリストと数量および価額を知ることができる。また，Kambang rekening courant 1844.（日本商館脇荷勘定帳）内には，Bijlaag N°. 1. Lijst der eischgoederen A°. 1844.[42]（付録文書1 誂物リスト）が付されており，本史料により，老中（水野・堀田・真田），若年寄（堀田），長崎奉行（伊沢）および宛先は記されていないが「薩摩の領主」に販売された品物のリストと数量および価額を知ることができる。

⑥誂物会所渡しリスト

当時誂物の取引を担当した御用方通詞（阿蘭陀通詞の加役，先の御内用方通詞）が書き留めた「天保十三寅年ヨリ 御用方諸書留」[43]（以下「御用方諸書留」と記

す)には，天保15年8月6日から8日にかけて御用方通詞を通して「御用御誂」から「伊沢美作守様御誂」までの誂物が具体的に出島から長崎会所に渡されたことが記されており，各誂物の日本側品目名と数量を知ることができる。したがって，本史料と⑤販売リストを突き合わせることにより，オランダ側から発注者に向けて，日本側(長崎会所)に渡された品物に関する彼我の用語と数量，販売価額を知ることができる。

　上記に紹介した①注文書・②送り状・③提出送り状・④積荷目録・⑤販売リスト・⑥誂物会所渡しリストを順次突き合わせて一覧表にしたものが表10である。

　表10については次のことを注記事項として掲げておく。

• 本表では，各商品の品目は，「積荷目録」に記されている順に並べた。
• オランダ側商品名各単語の頭文字は，地名・人名・書籍のタイトル名，および，Lo(ろ)，Ha(は)は大文字とし，その他は小文字で記した。
• 日本側商品名で用いられている「同」，オランダ側商品名で用いられている d°., idem, 〃(＝同)は，それに相当する単語を記した。
• 数字は基本的に算用数字で記した。
• ④積荷目録，および，⑥御用方諸書留に記されている誂物の受取人(＝発注者)は以下の如くである。

「御用御誂」〜十二代将軍徳川家慶
「清水様御誂」〜御三卿清水家徳川斉彊
「水野越前守様御誂」〜老中水野越前守忠邦
「堀田備中守様御誂」〜老中堀田備中守正篤
　（なお，堀田備中守正篤は，天保14年(1843)閏9月8日に御役御免になっている）
「真田信濃守様御誂」〜老中真田信濃守幸貫
　（なお，真田信濃守幸貫は，天保15年(1844)5月13日に辞職している）
「堀田摂津守様御誂」〜若年寄堀田摂津守正衡
　（なお，堀田摂津守正衡は，天保14年(1843)10月24日に罷免になっている）
「伊沢美作守様御誂」〜長崎奉行伊沢美作守政義
本表作成によって注目される点は以下のようである。

46　第1部　日蘭貿易と貿易品

表10　天保15年(1844)オランダ船誂物とその取引

①		②			③	
Eisch		Factuur			Opgegeven Factuur	
Goederen	Hoeveelheid	Goederen	Hoeveelheid	羅 (グルデン)	Goederen	Hoeveelheid
De eisch van Zijne Majesteit den Keizer voor het aanstaande jaar 1844		Voor Z. M. den Keizer van Japan			Voor Z. M. den Keizer	
Almanak van 7 planeten om de loop van 〔　〕	-	Zeemans Almanak 1845 〔Wolf〕	1	3.00	*	*
		Bataviasche Almanak 1844 〔Wolf〕	1	8.00	*	*
laken schairood	3 stuks	※	※	※	laken, schairood	3 stukken
gekleurde armozijn / van verscheidene kleuren	100 stuks	※	※	※	armozijnen	100 stukken
gestreepte armozijn / van verscheidene streepen	100 stuks	※	※	※		
gestreepte armozijn / in het jaar 1795 monster lappje geeischt	44 stuks	※	※	※		
taffaselas extra fijn	100 stuks	※	※	※	taffachelassen, extra fijn	100 stukken
taffaselas ordinair	100 stuks	※	※	※	taffachelassen, ordinair	100 stukken
beste witte hamans	100 stuks	witte hamans of Madapollams 〔Z.M.〕	100 stuks	896.87½	witte hamans (Madapollams)	100 stukken
chits Patanas letter Lo	150 stuks	Patna chitzen L'. Lo 〔Z.M.〕	180 pees	738.00	Patna sitsen, l'. Lo	150 stukken
Handboek voor Militair	-	Scharmhorst Militaire Zakboek	1	10.45	*	*
Bereiding voor Buskruid	-	De Bruijn Voorlezingen over de Artillerie voor Buskruid Gieterij etc.	1	13.00	*	*
Vesting bouwkunde	-	Uitrusting staat	1	0.82½	*	*
-	-	Aanhangsel op Velt artillerie	1	0.72	*	*
Veldartillerie	-	Execertie Reglement der Velt artillerie	1	3.00	*	*
-	-	Merkus Vesting bouwkunde	1	10.00	*	*
kamferbaars	30 kattie	-	-	-	-	-
roggevel	30 stuks	-	-	-	-	-
klambak / ieder weegt van omtrent 10 theil tot 40 theil, en van beste kwaliteit /	20 stuks	-	-	-	-	-
-	-	-	-	-	marmot	1
Voor den Wel Edelen Groot Achtb: Heer Simids Sama		-			Voor den Rijksraad Simids Sama	
chits Patanas letter Lo	30 stuks	〔上掲〕			Patna sitsen, l'. Lo	30 stukken
chits Patanas letter Ha	35 stuks	Patna chitzen L'. Ha 〔Z.M.〕	35 pees	107.62½	Patna sitsen, l'. Ha	35 stukken
					Voor Z. M. den Keizer en verdere Rijks Grooten	
					medicijnen, telescoop enz.	5 kisten
					artillerie goederen en boekwerken	7 kisten
Voor den Wel Edelen Groot Achtb: Heer Midsno Etsizennokami Sama Eerste Raadsheer		-			*	
nacht kijker	1	nacht kijker 〔Z.M.〕	1	82.00	*	*
sterrekijker	1	sterre kijker / groote telescoop 〔Z.M.〕	1	512.50	*	*
		voet stuk behoorende bij den telescoop 〔Z.M.〕	1			
Kunst om Vuurwerk te maken	1	Sesseler over de Ernst Vuurwerken	2	14.68	*	*
Artillerie Reglement	1	Execrtie Reglement der Vesting artillerie voor Schutterijen	1	0.60½	*	*
Busschel Handleiding voor de Onderoffisier	1	Beusscher Handleiding voor Onder officieren	1	12.28½	*	*
Taktiek der Drie Wapens	1	Dikker Taktiek der Drie Wapens	1	12.30	*	*
Kleine Oorlog	1	-	-	-	-	-
Militair Zakboek	1	-	-	-	-	-
Memoriaal	1 stel	-	-	-	-	-
Buis Woordenboek in 10 deelen	1 stel	-	-	-	-	-
Verhandelingen van IJzer gieterij en Smederij	-	-	-	-	-	-
Smallenburg Scheikunde	1	-	-	-	-	-
platina	20 theil	-	-	-	-	-

④ 積荷目録		⑤ Rekening Courant					⑥ 御用方諸書留	
商 品	数 量	Goederen	Hoeveelheid	価額(テール)	雛(グルデン)	赤値仕入値	商 品	数 量
御用御誂		Voor den Keizer					御用御誂	
船 海 家 暦	1冊	Zeemans Almanak	1	10.00	13.33	4.44	航 海 家 暦	1冊
咬 嚼 吧 暦	1冊	Bataviasche Almanak	1	3.00	4.00	0.50	咬 嚼 吧 暦	1冊
猩 と 緋	3反	laken schaairood	51:97 ikjes	519.70	692.93	-	〔御用御誂：猩と緋〕	〔3反〕
色 海 黄	21端	gekleurde armozijnen	51	285.60	380.80	-	色 海 黄	51反
嶋 海 黄	49端	gestreepte armozijnen	49	245.00	326.67	-	嶋 海 黄	49反
壱番新織奥嶋	124端	taffachelassen extra fijn 1' soort	122	1,305.40	1,740.53	-	壱番新織奥嶋〔御用御誂：壱番新織奥嶋〕	114反〔8反〕
奥 嶋	78端	taffachelassen ordinaire	78	764.40	1,019.20	-	奥 嶋〔御用御誂：奥嶋〕	74反〔4反〕
白 金 巾	100反	witte hamans	100	332.00	442.67	0.49	白 金 巾	100反
い 皿 紗〔清水様御誂：い皿紗〕	150反〔30反〕	chitsen 1' Lo	180	234.00	312.00	0.42	い 皿 紗〔清水様御誂：い皿紗〕	150反〔30反〕
シカランホルストミリタイルサックブック	1冊	Scharnhorst Militair Zakboek	1	7.05	9.40	0.90	シカランハルストミリタイルサックブック	1冊
フロインフオールシーシンチン	2冊	De Bruin Voorlezingen voor de Artillerie	1	8.77	11.69	0.90	ブロインフテールレーシンケン	2冊
オイトリユスティングスタート	1冊	Uitrusting staat	1	0.56	0.75	0.91	オイトリユスティングスタート	1冊
アーンハンクユル	1冊	Aanhangsel op de Veld artillerie	1	0.49	0.65	0.90	アーンハンクユル	1冊
エキセルセチールレグレメントフェルトアルチルレイ	1冊	Exercitie Reglement der Veldartillerie	1	2.02	2.69	0.90	エキセルセチールレグレメントフェルドアルチルリー	1冊
メルクスフエスティングボフキコンデ	1冊	Merkus Vesting bouwkunde	1	6.75	9.00	0.90	メルクスフエスティングボウキュンデ	1冊
-	-	-	-	-	-	-	-	-
-	-	-	-	-	-	-	-	-
-	-	-	-	-	-	-	-	-
		〔上掲〕					御用御誂	
		〔上掲〕					猩 と 緋	3反
		〔上掲〕					壱番新織奥嶋	8反
							奥 嶋	4反
清水様御誂		-					清水様御誂	
い 皿 紗	30反	〔上掲〕					い 皿 紗	30反
ろ 皿 紗	35反	chitsen 1' Ha	35	42.00	56.00	0.52	ろ 皿 紗	35反
水野越前守様御誂		Voor Midsno Etsizenno Kami Sama					水野越前守様御誂	
昼 夜 遠 目 鏡	1本	nachtkijker	1	55.35	88.56	1.08	昼 夜 遠 目 鏡	1本
星 目 鏡	1揃	sterre kijker	1 stel	348.85	558.16	1.09	星 目 鏡	1揃
セスセルエルンストヒとコルクコルチン〔旧目録から訂正：セウセセルエルムストヒュールウコルカン〕	1冊〔1冊〕	Sesseler Ernst Vuurwerken	1	5.73	9.17	1.25	セスセルセルエルンストヒュルウェルカン	1冊
エキセルセチールレグレメントフエスチンクアルチルレイ	1冊	Exercetie Regelement Vesting artillerie	1	0.47	0.75	1.24	エキセルセチールレグレメントフエスチングアルチルリー	1冊
ビユセルハントレイデンフテールカントルオフシール	1冊	Busscher Handleiding voor Onder officier	1	9.60	15.36	1.25	ビエセルハントレイデンクフテールデルヂントルオフシール	1冊
デイツケルタクティーキテルテイクトワシンス	1部	Dekker Taktiek der Drie Wapens	1	9.61	15.38	1.25	デイツケルタクティーキテルヂリーワペンス	1部
-	-	Dekker Kleine Oorlog 〔Sanada〕	1	4.73	7.57	1.25	デイツケルクレイチテールログ サナダ	1冊
-	-	Bruijn Militair Zakboekje 〔-〕	1	5.01	8.02	1.04	ブロインミリタイルサックブック	1冊
-	-	-	-	-	-	-	-	-
-	-	Smallenburg Scheikunde 〔Wolf〕	1 exempel	17.81	28.50	1.25	スマルレンビユルクシイキュンデ	1部
-	-	-	-	-	-	-	-	-

① Eisch		② Factuur			③ Opgegeven Factuur	
Goederen	Hoeveelheid	Goederen	Hoeveelheid	額 (グルデン)	Goederen	Hoeveelheid
Voor den Wel Edelen Groot Achtb: Heer Hotta Bitsuno Kami Sama Eerste Raadsheer	-				*	
jagerbuks met hartsvanger	10 stuks {	buksen met vuursteen sloten a ½ met sabel bajonetten	30	504.00	*	*
		drijvers tot buksen	30	15.00	*	*
		hamers tot drijvers	30	15.00	*	*
		kruid hoorn met riem	30	1.48	*	*
		kruid maatjes	30	11.10	*	*
karabijn	2 stuks	karabijnen a ½ nieuw model 1825	4	61.76	*	*
dommekracht	[ ] stuks {	dommekrachten N° 5	2	} 133.50	*	*
		dommekrachten N° 6	2			
		dommekrachten N° 8	2			
		dommekrachten N° 12	1			
-	-	[上掲]				
zeeajuin	[ ] katties	zee ajuin [Z.M.]	4 °/lb.	3.48	*	*
voer of slot schroef	[ ] stuks	kleine slot schroeven	2	0.20	*	*
Boeken Theorie om Vuurwerken te maken	[ ] stel	-	-	-	-	-
Voor den Wel Edelen Groot Achtb: Heer Sanada Sinanonokami Sama Eerste Raadsheer	-				*	
Werktuig om vuursteen te hakken	1 stel {	bijtel op blok	1	} 9.96	*	*
		ijzeren rol bijtel	1			
		kleine ijzeren hamer	1			
		moker	1			
-	- {	buizen trekker	1	} 44.08	*	*
		kopere fretboren } nieuwe model	2			
		kopere sasboren	2			
-	-	buizen blok	1	3.00	*	*
-	-	Dikker Taktiek der Kleine Oorlog	1	6.06	*	*
Theoretisch en Practisch ten dienst van opzigt timmerlieden, metzelaars en verdere bouwkundigen d [ ] W.C. Brade bij J.A. van Weelden, 1834.	-	-	-	-	-	-
buks van gedraaide loop met al toebehooren	1 stuks	-	-	-	-	-
Peksans van middelbare grootte en van m [ ] of ijzer / met al zijn toebehooren, als: 10 a 12 vuur brandkogels, bommen, granaten, enz./	-	-	-	-	-	-
Voor den Wel Edelen Groot Achtb: Heer Hotta Setsnokami Sama Tweede Raadsheer	-				*	
karabijn	2 stuks	[上掲]				
invanteriegeweer met al zijn toebehooren	100 stuks {	geweeren bajonetten a ½ lang silix mod N° 2 nieuw	25	} 19.04	*	*
		geweeren bajonetten a ½ korte silix	25			
jagerbusen met al zijn toebehooren	[ ] stuks	[上掲]				
dommekracht	[ ] stuks	[上掲]				
-	- {	lont stok	1	1.53	*	*
		zunder stok zonder haak	1	1.62	*	*
-	-	lont verberger	1	2.74	*	*
tanactum	[ ] katties	tanacetum [Z.M.]	1½ °/lb.	10.25	*	*
gom elastik	½ kattie	gom elastiek [Z.M.]	½ °/lb.	6.15	*	*
zalpeterzuur busmut	2 theil	salpeter zuur besmuth [Z.M.]	2½ onc.	3.06	*	*
-	- {	buizen stamper a 29 d".	1 stel	2.45	*	*
		buizen stamper a 20 d".	1 stel	0.37½	*	*
		buizen stamper a 15 d".	1 stel	0.30	*	*
		buizen stamper a 13 d".	1 stel	3.37½	*	*
-	-	buizen slager	1	0.30	*	*
-	-	blikken trekker tot het vullen van bommen	1	0.80	*	*
-	-	blikken trekker tot het vullen van granaten	1	0.80	*	*
-	-	buizen zetters in soorten	3	1.98	*	*
-	-	buizen hamers	1	0.50	*	*
-	-	lood schoffels tot buizen in soorten	2	2.00	*	*
boor voor bom en granaat buis	[ ] stuks	ijzere booromslag tot sasbooren	1	4.06	*	*
-	-	mijzel tot fretbooren	1	2.00	*	*
zakpistool met al zijn toebehooren	[ ] stuks	-	-	-	-	-
musket met al zijn toebehooren	[ ] stuks	-	-	-	-	-
zundelskoker met regen scherm	[ ] stuks	-	-	-	-	-
korst van koepokken voor vacsine	5	-	-	-	-	-

第1章　出島貿易品の取引　49

④ 商品	④ 数量	⑤ Goederen	⑤ Hoeveelheid	⑤ 価額(テール)	⑤ 縣(グルデン)	⑤ 本値/仕入値	⑥ 商品	⑥ 数量
堀田備中守様御誂		Voor Hotta Bitsiuno Kami Sama					堀田備中守様御誂	
銃付ヤ\カルビ゛ユクス〔堀田備中守様御誂：鍮馬筒〕銃付ヤアガ゛ルビ゛ユクス	10挺〔20挺〕	buks met sabel met al toebehooren	10	131.00	209.60	1.15	銃付ヤアガルビユクス	10挺
騎馬筒〔堀田備中守様御誂：騎馬筒〕	2挺	karabijn	2	24.20	38.72	1.25	騎　馬　筒	2挺
萬　　力〔堀田備中守様御誂：萬力〕	中2挺〔5挺〕	dommekracht N:8	2	28.84	46.14	1.08	萬　　力	2挺
セツセヒエルムストユールウユルカン	1冊	Sesseler Ernst Vuurwerken	1	5.73	9.17	[上掲]	セッセレンエルムストヒュールウェルカン	1冊
セ　イ　ア　ユ　イ　ン	-	zeeajuin	3 kattie 1875	15.9375	25.50	7.33	ゼ　ー　ア　ユ　イ　ン	珠510匁
ス　ロ　ツ　ト　ス　ク　ル　ル　ー　フ	2ツ	slotschroef	2	0.25	0.40	2.00	ス　ロ　ツ　ト　ス　ク　ル　ー　フ	2ツ
-	-	-	-	-	-	-	-	-
真田信濃守様御誂		Voor Sanada Sinanono Kami Sama					真田信濃守様御誂	
邃　石　切　道　具	1揃	werktuig om vuursteen te hakken	1 stel	7.78	12.45	1.25	礎　石　切　り　道　具	1揃
ポヒセンテレツケル	1	-	-	-	-	-		
ポイセンブロツク	1	-	-	-	-	-		
テイツケルケレイチオールロク	1冊	-	-	-	-	-		
-	-	-	-	-	-	-		
-	-	-	-	-	-	-		
-	-	-	-	-	-	-		
堀田摂津守様御誂		Voor Hotta Setsnokami Sama					堀田摂津守様御誂	
騎　馬　筒	2挺	karabijn	2	24.20	38.72	[上掲]	騎　馬　筒	2挺
銃　付　筒	50挺	geweer met bajonet	50	745.00	1192.00	62.61	銃　付　筒	50挺
銃付ヤアガ゛ルビ゛ユクス	20挺	buks met sabel met al toebehooren	20	262.00	419.20	[上掲]	銃付ヤアガ゛ルビヒユクス	20挺
萬　　力	5挺	dommekracht (grootste) (middelgrootte) (kleinste)	1 2 2	21.63 21.63 18.02	34.61 34.61 28.83	[上掲]	萬　　力	5挺
火　縄　挟	2本	landstok zundelstok	1 1	2.46	3.94	1.25	火　縄　挟	2本
火　縄　雨　覆	1	landverberger	1	2.14	3.42	1.25	火　縄　雨　覆	1
タナセーラコシ	-	tanacetum	1¼ '/lb.	6.92	11.07	1.08	タ　ナ　セ　ー　テ　ユ　ム	珠154匁
コムエラステイーキ	-	gom elastiek	½ '/lb.	4.15	6.64	1.08	ゴ　ム　エ　ラ　ス　テ　ィ　ー　キ	珠60目
サルヘートルシコルヒユスメツト	-	salpeterzuur busmuth	2¼ onc.	2.06	3.30	1.08	サルヘートルシコールヒユスメツト	珠20匁
ポイセンスグムブル	5	-	-	-	-	-		
ポイセンステーゲル	1	-	-	-	-	-		
プリッチテングトル	1	-	-	-	-	-		
プリッチテングトル	1	-	-	-	-	-		
ポイセンセツトル	3	-	-	-	-	-		
ホイセントムル	1	-	-	-	-	-		
ラートスコツフル	2	-	-	-	-	-		
コイセレンボ゛ルメムスラグ゛トワトサス゛ボ゛クル	1	-	-	-	-	-		
メイセルトツフトフレツトホ\ル	1	-	-	-	-	-		
-	-	-	-	-	-	-		
-	-	-	-	-	-	-		

50　第1部　日蘭貿易と貿易品

	①		②			③	
	Eisch		Factuur			Opgegeven Factuur	
	Goederen	Hoeveelheid	Goederen	Hoeveelheid	額 (グルデン)	Goederen	Hoeveelheid
Voor den Wel Edelen Groot Achtb: Heer Isawa Mimasakanokami Sama Gouverneur van Nagasaki		-				*	
ruwe buffelsvel / breede soort, hoe dikker hoe beter /	6		ruwe buffels huiden 〔Z.M.〕	6	18.45	*	*
	-		zunder bus met riem (blikken)	1	2.50	*	*
buizentrekker voor bom en gereedschappen om sas in buis te doen	1		-	-	-	-	-
	-	-	-	-	-	-	-
	-	-	-	-	-	-	-
	-	-	-	-	-	-	-
	-	-	-	-	-	-	-
	-	-	-	-	-	-	-
	-	-	-	-	-	-	-
	-	-	-	-	-	-	-
Voor den Wel Edelen Groot Achtb: Heer Hitotsbasi Sama		-				-	
chits (gemeen)	40 stuks		-	-	-	-	-
Voor het Collegie			Voor het Tolken Collegie			-	
papieren	10 riem		afgesneden Holl. Pap: 〔Tolken〕	10 riemen	143.50	-	-
potlooden	5 dozijn		potloten 〔Tolken〕	60	15.37½	-	-
-			Voor den Landsheer van Satsuma			-	
			gouden inkt en penceel koker met gedrukte figuuren 〔Satsuma〕	1	500.40	-	-
-			Afgegeven aan de Heer Wolf			-	
			Smallenburg Leerb. der Scheikunde 〔Wolf〕	1 exempl.	22.80	-	-
-			De Bruijn Militair Zakboekje	1	7.70	-	-

出典・① ～ Eisch は、De eisch van zijn Majesteit den Keizer en verdere Heeren voor het aanstaande jaar 1844. MS. N.A. Japans Archief, nr. 1718 (Aanwinsten, 1910, I: No. 78). (Tōdai-Shiryō Microfilm: 6998-1-130-3)。
・② ～ Factuur は、Factuur 1844. MS. N.A. Japans Archief, nr. 1738 (Aanwinsten, 1910, I: No. 107). (Tōdai-Shiryō Microfilm: 6998-1-131-6)。
・③ ～ Opgegeven Factuur は、Opgegeven Nieuws, Facturen en Monsterrol 1844. MS. N.A. Japans Archief, nr. 1749 (Aanwinsten, 1910, I: No. 118). (Tōdai-Shiryō Microfilm: 6998-1-131-17)。
・④ ～積荷目録は、「天保雑記」第五十六冊（国立公文書館所蔵内閣文庫）。
・⑤ ～ Rekening Courant は、Komp: rekening courant 1844. MS. N.A. Japans Archief, nr. 1803 (Aanwinsten, 1910, I: No. 170). (Tōdai-Shiryō Microfilm: 6998-1-133-18) と、Kambang rekening courant 1844. MS. N.A. Japans Archief, nr. 1878 (Aanwinsten, 1910, I: No. 256). (Tōdai-Shiryō Microfilm: 6998-1-135-5)。
・⑥ ～御用方諸書留は、「天保十三寅年ヨリ 御用方諸書留」（長崎歴史文化博物館収蔵）。

第1章　出島貿易品の取引　51

④		⑤					⑥	
積　荷　目　録		Rekening Courant					御 用 方 諸 書 留	
商　　品	数　量	Goederen	Hoeveelheid	価額 (テ-ル)	額 (グ ルデ ン)	赤入値 仕入値	商　　品	数　量
伊沢美作守様御詑		Voor Isawa Mimasakanokami Sama					伊沢美作守様御詑	
水　牛　皮	6 枚	buffelsvel	6	11.53	18.45	1.00	水　牛　皮	6 枚
胴　薬　入	1	zundelbus met riemen (blikken)	1	1.87	2.99	1.20	胴　薬　入	1
-	-	buizen trekker met 2 fretboor en 2 sasboor (Sanada)	1	33.44	53.50	1.21	ボイセンテレッケル	1
-	-	buizen blok (Sanada)	1	2.33	3.73	1.24	ボイセンブロック	1
-	-	buizen stamper (Sets)	9	1.17	1.87	-	ボイセンスタムブル	9
-	-	buizen slager (Sets)	1	0.23	0.37	1.23	ボイセンスラーゲル	1
-	-	blikken trechter tot vullen van bommen (Sets)	1	0.60	0.96	1.20	ブリッキテレイグトル	1
-	-	blikken trechter tot vullen van grenaten (Sets)	1	0.60	0.96	1.20	ブリッキテレイグトル	1
-	-	buizen zetter (Sets)	3	1.54	2.46	1.24	ボイセンセットル	3
-	-	buizen hamer (Sets)	1	0.39	0.62	1.24	ボイセンハームル	1
-	-	laadschoffer (Sets)	2	1.50	2.40	1.20	ラードスコッフル	2
-	-	ijzeren omslag tot sasboor (Sets)	1	3.17	5.07	1.25	エイセレンボ-ルオムスラグ トゲトサス ボ-ル	1
-	-	mijzel tot fretboor (Sets)	1	1.50	2.40	1.20	メイセルトフトフレグトボ-ル	1
-	-	-	-	-	-	-	-	-
-	-	-	-	-	-	-	-	-
-	-	-	-	-	-	-	-	-
-	-	-	-	-	-	-	-	-
-	-	-	-	-	-	-	-	-
-	-	gouden inkt· en penseelkoker	1	312.75	500.40	1.00	-	-
-	-	-	-	-	-	-	-	-
-	-	-	-	-	-	-	-	-

註・②Factuur 内の詑物品目名の後に記した〔Z.M.〕は、Voor Z. M. den Keizer van Japan、〔Wolf〕は、Afgegeven aan de Heer Wolf、〔Tolken〕は、Voor het Tolken Collegie、〔Satsuma〕は、Voor den Landsheer van Satsuma のもとに記されている詑物であることを示しており、無印は宛先が特に記されていない詑物である。また、※印は、本方荷物の Factuur にそれぞれに相当する品目・数量があることを示す。
・③Opgegeven Factuur 内に記した＊印は、Opgegeven Factuur の末尾に記された
　　Voor Z. M. den Keizer en verdere Rijks Grooten
　　5 kisten inhoudende medicijnen, telescoop enz.
　　7 idem　　　idem　artillerie goederen en boekwerken
　に相当すると考えられるものである。
・⑤Rekening Courant 内の詑物品目名の後に記した〔Sanada〕は、④積荷目録の段階で、真田信濃守の詑物とされていたことを示す。同じく、〔Sets〕は、堀田摂津守の詑物とされていたことを示す。また、〔Wolf〕は、②Factuur 段階で宛先が特に記されていたことを示す。同じく〔-〕は、②Factuur 段階で宛先が特に記されていない品物であることを示す。
・⑤Rekening Courant 内の価額（テール）は、御用御詑・清水様御詑はカンバニーテール、水野越前守様御詑以下はカンバンテール。
・⑤Rekening Courant 内の価額（テール）から価額（グルデン）への換算は、御用御詑・清水様御詑では、1 テール（カンバニーテール）＝ 1$\frac{1}{3}$グルデン、水野越前守様御詑以下では、1 テール（カンバンテール）＝ 1.6 グルデン。

52 第1部 日蘭貿易と貿易品

○ 前年度の注文品目数の合計は58で，その内，41品目，すなわち71%が
もたらされ，さらに17品目もの品々が誂物として輸入されている。

○ 仕入値(44)に対する売値の割合をみると，御用御誂・清水様御誂では，「航
海家暦」が4.44倍の収益増を示す以外では，コンマ以下の赤字となって
いる。それに対して，老中水野越前守以下の誂物では，全て1.00倍以上
の黒字となっており，「釽付筒」に至っては，62.61倍を示している。

○ 品物としては，暦，染織類，望遠鏡，薬品類，軍事関係の書籍，化学関係
の書籍，武器と武器関係の道具・部品などからなっているが，中でも軍事
関係の品々が多いことが注目される。

○ この時期(幕末期)，日本側は「誂物」としての取引枠を使って，軍事関係
の書籍や武器，および武器関係の道具や部品などを中心に品数を絞り，早
期に入手していたことが具体的に判明する。これは，正にアヘン戦争の詳
報を受けて幕閣が洋式砲術採用に取り組んだあらわれといえよう。

○ 阿蘭陀通詞が前年度に注文した2品目は「送り状」より持ち渡られてい
ることが確認されるが，「提出送り状」「積荷目録」「販売リスト」等には
一切記されていない。通詞という日蘭双方の間に立って通訳官兼商務官と
いう特権より誂物という取引を通して利益を得ていたと考えられる。(45)

次に，本節巻頭でも述べたように近世後期の誂物は将軍をはじめとする幕
府高官，長崎地役人等によってオランダ船に注文されたものの持ち渡り品で
あった。管見の限り，天保13年(1842)までは誂物の取引に町年寄等長崎地
役人の名前は記されている。(46) 本節でみてきたように天保15年の場合，長
崎地役人の誂物の取引は阿蘭陀通詞を除いて一切記されていない。上記の注
目点でも記したように，おそらくこの時期(幕末期)になると，「誂物」の取引
枠を使って幕府が軍事関係の品々を入手することに努めるようになったため
であろう。では，阿蘭陀通詞を除く地役人は日蘭貿易の取引から一切姿を消
したのであろうか。

「御用方諸書留」には，

御所望

久喜殿(＝長崎会所調役　久松喜兵衛忠豊)

第1章 出島貿易品の取引 53

表11 天保15年(1844)長崎地役人の「御所望」品

商　　　　品	数　量	代　　銀
久喜殿(＝長崎会所調役 久松喜兵衛忠豊)		
袂時計	2	800目
曲録	2	150目
白葡萄酒	2ふらすこ	30目
将棊駒并盤	1揃	100目
〆		〆 1貫080目
久新殿(＝町年寄 久松新兵衛定益)		
袂時計	1	500目
墨入 但玉四ツ添	1	3貫127匁5分
曲録	1	75匁
髭サボン	2包12	30目
匂水	6瓶	20目
火燈	1	150目
〆		〆 3貫902匁5分
福猶(＝町年寄 福田猶之進重恭)		
袂時計	1	5貫250目
羊角燈籠	1	16匁
ランセッタ	6	100目
こつふ	12	56匁4分
〆		〆 5貫422匁4分
高清殿(＝町年寄 高木清右衛門忠豪)		
袂時計	1	1貫目
セキスタント	1	1貫200目
寒暖昇降	1	100目
時計巻金	12	20目
こつふ	6	80目
〆		〔〆 2貫400目〕
高貞殿(＝鉄砲方 高木貞四郎忠知)		
袂時計	1	1貫目
狩筒 但皮袋弐ツ、塩硝二鑵、むじ四包添	2箱	1貫目
〔〆〕		〔〆 2貫目〕
高作殿(＝町年寄 高島作兵衛永頤)		
帆木綿	1反	110匁
髭サボン	1包 但6ツ	15匁
〔〆〕		〔〆 125匁〕
高貞殿(＝鉄砲方 高木貞四郎忠知)		
緋音呼	1羽	215匁
小形鸚鵡	2羽	150目
〔〆〕		〔〆 365匁〕
高清殿(＝町年寄 高木清右衛門忠豪)		
オルゴル※	1	2貫500目
袂時計※	1	300目
〔〆〕		〆 2貫800目

出典・「天保十三寅年ヨリ　御用方諸書留」(長崎歴史文化博物館収蔵)。
註・※印の「オルゴル」と「袂時計」は「持主かひたん」の品物が商品となったもの。

54　第1部　日蘭貿易と貿易品

　一，袂時計　　　弐　　　　　代銀　八百目
　一，曲録　　　　弐　　　　　同　　百五拾目
　一，白葡萄酒　弐ふらすこ　同　　三拾目
　一，将棊駒幷盤　壱揃　　　　同　　百目
　　　　〆　　　　　　　　　　〆　壱貫八拾目

とあり，以下，長崎地役人の「御所望」品の取引が列記されており，表にして示せば表11のようである。中村質氏によると，「奉行以下の幕吏や，代官・町年寄以下唐蘭通詞や長崎会所請払役クラス以上の上級地役人には幕府「御用物」に準じて，役料などのほかに，「除き物」と称しその地位に応じて毎年一定の輸入品の優先的購入権が認められていた」。[47]表11に記されている「御所望」品は正にそれに相当するものである。ここで取引された品々の内，末尾に記されている高木清右衛門が購入した「オルゴル」と「袂時計」は「かひたん」(商館長)が所持していたものであった。その他の品物に関しては未詳であるが，脇荷貿易賃借人が持ち渡った脇荷物の中の脇荷取引にかけられなかった品も含まれていたと考えられる。長崎地役人は誂物の取引からは排除されたが，このように優先的購入権のもと「御所望」品として出島商館から輸入品を入手していたのである(なお，長崎地役人の「注文品」が阿蘭陀通詞を除いて「誂物」の取引枠をはずれ，「御所望」品として取引されていったことについては第3部第1章第3節で考察していく)。

おわりに──天保15年の日蘭貿易──

　以上，本章では「天保雑記」第五十六冊所収の天保15年オランダ船積荷目録をめぐるオランダ側史料と日本側史料とを調査・検討・照合し，本方荷物・脇荷物・誂物の取引を中心に考察をおこなった。最後に，本章で得た結果をふまえ天保15年のオランダ船持ち渡り品からみた日蘭貿易について概観し，まとめとしたい。

　まず，各品目についてみると，本方荷物は，主に染織品・白砂糖・蘇木・象牙・丁子・胡椒・紫檀・肉豆蔲・茴香・鉛・錫・水銀等であり，これらの

中から選り分けられ翌年江戸へ持って行かれた献上・進物品は染織品からなっていた。本方荷物の品目は，17・18世紀に比べればその種類と量は減少しているが，全体的に伝統的な取引商品からなっている。脇荷物は，薬品類，ガラス器・陶磁器などの食器類，鏡や酒・時計等々，雑貨・小間物類と書籍類からなっている。これらは，本方荷物にはみられない品々であり，特に薬品類の種類の多さは当時の医学を中心とした蘭学興隆の面からみると，文化史上，大変重要な取引商品ということがいえる。誂物は，暦，染織品，望遠鏡，薬品類，軍事関係の書籍，化学関係の書籍，武器と武器関係の道具・部品などからなっているが，中でも軍事関係の品々が多いことが注目される。19世紀に入ってからの誂物に限ってみると，誂物は脇荷物と共通する品々が多く含まれており，薬品類やガラス器・陶磁器などの食器類，雑貨・小間物類がみられたが，本章で考察した天保15年は誂物としての取引枠を使って，軍事関係の書籍や武器，および武器関係の道具や部品などを中心に品数を絞り，早期に入手していたことがわかる。先述したように，これは正にアヘン戦争の詳報を受けて幕閣が洋式砲術採用に取り組んだあらわれといえる。そのために従来誂物の取引に加わっていた長崎地役人(阿蘭陀通詞は除く)はその取引枠から排除される結果となっていた。

　次に，本方荷物・脇荷物・誂物の取引に関するオランダ側の仕入と販売のそれぞれの総額についてみてみたい。このことは，史料の残り具合から全てを比較することは困難であるが，バタヴィアにおける仕入額としては，本方荷物は156,231.7505グルデン，脇荷物は38,779.52グルデンであり，4：1の割合であることがわかる。日本における取引の結果は，本方荷物全体(各所への贈り物等を含む。また，翌年の献上・進物品や進物残品の販売は除く)としては22,166.42グルデンの赤字を出している。しかし，先述したようにオランダは本方取引において日本で仕入れた物資をバタヴィアを中心とするその通商圏において販売することにより収益を上げることになっていたであろう。脇荷物に関しては，史料が未詳であることよりわからないが，後述する賃借人による脇荷取引(および脇荷取引以外での取引)がはじめられた頃はやはり赤字となっている(第2部第2章第4節参照)。本方荷物同様，脇荷物の取引において

も日本での仕入品の販売によって最終的に収益を上げていたと思われる。誂物については，バタヴィアでの仕入総額は，4,104.10グルデン（本方荷物からの使用品は除く）であり，日本での販売総額は 8,468.28 グルデンであった。しかし，「御用御誂」の中には先述したように本方荷物として持ち渡られた猩 ‹ 緋 3 反，海黄 100 反，新織奥嶋 124 反，奥嶋 78 反が使用されており，これら染織品の販売総額が，4,160.13 グルデンであることより誂物の取引の収益としては，204.05 グルデン（= 8,468.28 グルデン−4,104.10 グルデン−4,160.13 グルデン）となる。ところが，ここから日本までの輸送経費（未詳）が引かれればほとんど収益はなかったと推測される。したがって，誂物の取引においても，本方荷物・脇荷物と同様日本での仕入品の販売によって最終的に収益を上げることになっていたと考えられる。このように天保 15 年のオランダにとっての日本貿易は，現地長崎での取引段階では収益は得られず，日本から持ち帰った物資の販売により収益を生む構造になっていたと推測される。これは，本章第 2 節の本方荷物の取引でも述べたが，「取引の総額（御定高）」が決められていることによって生じている現象ではあるが,[48] そこまでして貿易を継続しようとするオランダ側の姿勢の背後には，当時（19 世紀中葉）の国際環境の中で日本市場を確保しつづけようとするオランダの思惑があったためと考えられる。[49]

註
（1）　山脇悌二郎「スタト・ティール号の積荷―江戸時代後期における出島貿易品の研究―」（『長崎談叢』第 49 輯，昭和 45 年）1 頁参照。
（2）　同上，5 頁参照。
（3）　南和男「『文政雑記』『天保雑記』解題」（『文政雑記・天保雑記（一）』内閣文庫所蔵史籍叢刊第 32 巻，汲古書院，昭和 58 年）3〜5 頁参照。
（4）　註（1）参照，4 頁。
（5）　註（1）参照，4 頁。
（6）　Factuur 1844. MS. N.A. Japans Archief, nr. 1738（Aanwinsten, 1910, I: No. 107).（Tōdai-Shiryō Microfilm: 6998-1-131-6）.
（7）　Opgegeven Factuur.（Opgegeven Nieuws, Facturen en Monsterrol 1844.）MS. N.A. Japans Archief, nr. 1749（Aanwinsten, 1910, I: No. 118).（Tōdai-Shiryō Microfilm: 6998-1-131-17）.

第1章　出島貿易品の取引　　57

（ 8 ）　本章第 4 節表 10 参照。

（ 9 ）　原田伴彦「世相一　序」（『日本庶民生活史料集成』第 11 巻，三一書房，昭和 45
　　　　年）1〜3 頁参照。

（10）　同上，4 頁参照。

（11）　G. F. Meijlan, *Geschiedkundig Overzigt van den Handel der Europezen op Japan*, 1833, p. 357.

（12）　片桐一男校訂『鎖国時代対外応接関係史料』（近藤出版社，昭和 47 年）49 頁参照。

（13）　片桐一男・服部匡延校訂『年番阿蘭陀通詞史料』（近藤出版社，昭和 52 年）94 頁
　　　　参照。

（14）　長崎県立長崎図書館編『オランダ通詞会所記録　安政二年萬記帳』（長崎県立長
　　　　崎図書館，平成 13 年）228 頁参照。

（15）　Bijlaag N⁰. 2. Komp⁸. verkoop 1844. (Komp⁸. rekening courant 1844.) MS. N.A.
　　　　Japans Archief, nr. 1803（Aanwinsten, 1910, I: No. 170）. (Tōdai-Shiryō Micro-
　　　　film: 6998-1-133-18).

（16）　ここでの仕入値は，「送り状」に記された数値であり，バタヴィアでの仕入値で
　　　　ある。出島仕入値にはバタヴィアから長崎までの輸送経費が加えられなければなら
　　　　ないが，史料の都合上「送り状」の数値を仕入値としていることをことわっておく。

（17）　Rekening van winst en verlies op de Komp⁸. artikelen, in 1844 met het schip
　　　　Stad Thiel aangebragt. Verslag, 1844. MS. N.A. Japans Archief, nr. 1719（Aan-
　　　　winsten, 1910, I: No. 79）. (Tōdai-Shiryō Microfilm: 6998-1-130-4).

（18）　拙著『日蘭貿易の史的研究』（吉川弘文館，平成 16 年）83〜84 頁参照。

（19）　片桐一男『阿蘭陀通詞の研究』（吉川弘文館，昭和 60 年）259 頁参照。

（20）　「荷包鉛」の数量をみると，「浮世目録」では記載されていないが，「天保目録」
　　　　では記載されている。「荷包鉛」は染織品の包装に用いられた鉛が荷解きされた後
　　　　に残ったものである。したがって，荷解きされなければどれだけの量になるかわか
　　　　らないため，「提出送り状」に数量は基本的に記されず，記されても een partij（一
　　　　山）などとある程度である。天保 15 年の「提出送り状」に数量は記されていない。
　　　　このことから「天保目録」は荷解き後に記録された可能性が高いといえよう。

（21）　「長崎御役所留　上」（国立公文書館所蔵内閣文庫）。

（22）　中田易直・中村質校訂『崎陽群談』（近藤出版社，昭和 49 年）305 頁参照。

（23）　註（12）参照，49 頁。

（24）　註（13）参照，94 頁。

（25）　註（13）参照，238 頁。

（26）　註（14）参照，229 頁。

（27）　註（14）参照，231 頁。

58　第1部　日蘭貿易と貿易品

(28)　註(22)参照，311〜312頁。

(29)　Opgave van door den pachter der kambanghandel op Japan mede te nemene goederen voor den jare 1844. Ingekomen stukken 1844. MS. N.A. Japans Archief, nr. 1628（Aanwinsten, 1910, I: No. 20）.（Tōdai-Shiryō Microfilm: 6998-1-122-3）.

(30)　Opgave（申告書）にはもう一点，Tweede opgave der ondervolgende goederen die de ondergeteekende verzoekt voor den kambang handel op Japan dit jaar te mogen medenemen. Ingekomen stukken 1844. MS. N.A. Japans Archief, nr. 1628（Aanwinsten, 1910, I: No. 20）.（Tōdai-Shiryō Microfilm: 6998-1-122-3）. があり3品目記されている。

(31)　例えば，誂物のリストおよびその翻訳リストにおいても，天保5年(1834)以降簡略に記す傾向がめだっている(拙著『日蘭貿易の構造と展開』吉川弘文館，平成21年，141頁，および第3部参照)。

(32)　天保15年時における賃借人と物産民間倉庫局長との間で結ばれていた契約Kontraktの第7条では次のように決められていた(第2部第4章参照)。

　　　賃借人によって，日本に持ってこられる全ての商品については，彼〔賃借人〕によって長崎会所に知らされる。そして，〔賃借人は〕長崎会所とこれら〔商品〕のさらなる処分に関して，その後，会所がどの商品がカンバン〔脇荷取引〕で販売され，どの商品が合意価格でカンバン〔脇荷取引〕以外で長崎会所に譲られるかを決めるため交渉に入らなければならない。(後略)

(33)　「天保十三寅年ヨリ　御用方諸書留」(長崎歴史文化博物館収蔵)には，

```
天保十五年
　御用書籍代銀帳
　　辰九月　　楢林鐵之助
```

および，

```
天保十五年
　付紙 天文方御願請之分
　阿蘭陀書籍代銀帳
　　辰九月　　楢林鐵之助
```

の表題をもつリストが記されており，これらを表に示せば表12のようになる。ここに記されている書籍類は，脇荷貿易賃借人が持ち渡った脇荷物の中のboeken(書籍類)や出島商館員等が所持していたものを日本側が購入したものと思われる。上掲の「天保十三寅年ヨリ　御用方諸書留」の弘化2年9月26日の記事には，輸入書籍の「御用并天文方願請之分」の代銀帳2冊が長崎会所元方に渡ったことが記

第 1 章　出島貿易品の取引　59

表 12　天保 15 年(1844)御用書籍・天文方御願請之分

書 籍 名 (原文)	冊 数	価 額(テール)	書 籍 名	部数・冊数	価額(匁)
御用書籍					
Merkes Beoefende Vestingbouw	2 d.	30.	フルステルキング スキユンスト 但軍術書	1 部但 2 冊	300 目
Savart Verdverschansing en vestingbouw	2 d.	30.	ヘスチング ボ ウキユンテ 但砦築方書	1 部但 2 冊	300 目
handleiding Exercetien met geschut	1 d.	2.	エキセルセチーン 但軍術書	小 1 冊	20 目
Busscher artellerie	3 d.	26.	ビュスセルアルチルレリー 但炮術書	1 部但 3 冊	260 目
Pasteur Ingenier	3 d.	32.	ハンドブックホールデ ンインゲニユル 但兵書	1 部但 3 冊	320 目
handboek kanoniers	2 d.	8.	ハントブッキ ホールカノニールス 但炮術書	1 部但 2 冊	80 目
Seeling onderwijs artillerie	1 d.	20.	ヘウュウキンデ ルラステンホールアルテ リレリステン 但炮術用重荷持運之 事記たる書	1 部但 1 冊	200 目
Van der meulen artellerie	1 d.	16.	ヘ イダ ラーゲ ントツトデ アルテルレ リー 但炮術書	1 部但 1 冊	160 目
Fosse Verklaarde Vragen Veldverschansching	1 d.	2.	フルカラールデ フラーゲ ン 但軍術書	1 部	20 目
Obrein Scheepsbouw	2 boeken	30.	シケープ スボ ウキユンテ 但船造書 船打建之図	1 部 1 冊	300 目
				〆　1 貫 960 目	
天文方御願請之分					
Conlagie handboek der Barogie en delapie	2 d.	40.	コンラジ ーハントブ ックデ ルハーロー ギ ーエンデ ラビ ー 但醫書	1 部但 2 冊	400 目
Indische magacein	2 d.	4.	インチーセマガセイン 但噺書	2 冊	40 目
Beelverds ontleedkunde	2 d.	28.	アルゲ メーデオントレートキユンデ 但解体書	1 部但 2 冊	280 目
Merkwaardigheden der Vier Wereld deelen	4 d.	30.	メルキワールデ クヘーデ ン 但四大劦著し事を 記たる書	1 部但 4 冊	300 目
Most Geneeskunde	7 d.	120.	モストケテースキユンデ オールデ ンブ ック 但なし	1 部但 7 冊	1 貫 200 目
				〆　2 貫 220 目	

出典・「天保十三寅年ヨリ　御用方諸書留」(長崎歴史文化博物館収蔵)。

60　第1部　日蘭貿易と貿易品

されており，そこには合計銀額として下記のように記している。

　　二口合

　　　一，銀五貫八百七拾目

　　　　　　内訳

　　　　壱貫六百五拾目　　へとる

　　　　七百目　　　　　　でをるふ　　　(阿蘭陀通詞)
　　　　　　　　　　　　　　　　　　　　小川聞掛り

　　　　弐貫弐拾目　　　　でるふらつと　(阿蘭陀通詞)
　　　　　　　　　　　　　　　　　　　　楢林・岩瀬聞掛

　　　　弐百目　　　　　　ばすれ

　　　　壱貫三百目　　　　らんけ

　　　　〆如高

　　内訳にあるように，輸入書籍は，へとる(feitor 次席商館長，J. P. Borst)，でを
るふ(商館員 A. J. J. de Wolff)，でるふらつと(脇荷貿易賃借人，J. C. Delprat)，
ばすれ(商館員 J. A. G. A. L. Basslé)，らんけ(商館員 P. J. Lange)のオランダ人5
人からの購入品であることがわかる。この内，脇荷貿易賃借人が輸入書籍を2貫
20目で販売している。おそらく天保15年の場合もこのような形で輸入書籍がオラ
ンダ側から日本側に販売されたと推測される。

(34)　岩生成一『明治以前洋馬の輸入と増殖』江戸時代日蘭文化交流資料集(一)(日蘭
　　　学会，昭和55年)17頁参照。

(35)　「御内用方諸書留」(長崎歴史文化博物館収蔵)。前掲拙著『日蘭貿易の構造と展
　　　開』101頁参照。

(36)　拙稿「幕末期のオランダ船「誂物」輸入について─天保15年(1844)を事例とし
　　　て─」(『鶴見大学紀要』第45号第4部，平成20年)，後に前掲拙著『日蘭貿易の
　　　構造と展開』第2部第3章に収録。

(37)　De eisch van zijn Majesteit den Keizer en verdere Heeren voor het aan-
　　　staande jaar 1844. MS. N.A. Japans Archief, nr. 1718（Aanwinsten, 1910, I: No.
　　　78).（Tōdai-Shiryō Microfilm: 6998-1-130-3).

(38)　1844年向けの長崎地役人の注文品を記した注文書が別に存在していたか否かに
　　　ついては未詳である。

(39)　註(6)参照。

(40)　註(7)参照。

(41)　Bijlaag N<u>o</u>. 3. Verkoop rekening van de eisch goederen dit jaar voor den Kei-
　　　zer aangebragt.（Komp<u>s</u> rekening courant 1844.）MS. N.A. Japans Archief, nr.
　　　1803（Aanwinsten, 1910, I: No. 170).（Tōdai-Shiryō Microfilm: 6998-1-133-18).

(42)　Bijlaag N<u>o</u>. 1. Lijst der eischgoederen A<u>o</u> 1844.（Kambang rekening courant
　　　1844.）MS. N.A. Japans Archief, nr. 1878（Aanwinsten, 1910, I: No. 256).（Tō-

dai-Shiryō Microfilm: 6998-1-135-5).

(43)　「天保十三寅年ヨリ　御用方諸書留」(長崎歴史文化博物館収蔵)。

(44)　註(16)参照。

(45)　前掲拙著『日蘭貿易の構造と展開』138 頁参照。

(46)　前掲拙著『日蘭貿易の構造と展開』334～338 頁参照。

(47)　中村質「オランダ通詞の私商売―楢林家「諸書留」を中心に―」(中村質編『開国と近代化』吉川弘文館，平成 9 年)83 頁参照。

(48)　天保 15 年の脇荷物や誂物の取引でも取引総額は決められていたと考えられる。ちなみに，天保 15 年時における賃借人と物産民間倉庫局長との間で結ばれていた契約 Kontrakt の第 4 条・第 13 条では，オランダ側における脇荷物の仕入値の上限は，50,000 グルデン以下，誂物の仕入値の上限は，10,000 グルデン以下と決められていた(第 2 部第 4 章参照)。

(49)　前掲拙著『日蘭貿易の史的研究』「終章　近世後期におけるオランダ船輸入品の数量変動と国際情勢」参照。

第2章　蘭船持渡更紗の取引と国内流通
―――福岡市美術館所蔵「紫地小花文様更紗」を
めぐって―――

は じ め に

　福岡市美術館には「紫地小花文様更紗」と称するインド更紗を模したヨーロッパ更紗が所蔵されている。木版の防染模様染めで，紫地に小花の意匠であるが，花と七曜紋はイチゴ手が変様したものとみられる。[1] 長さ510.0 cm・幅101.1 cm で，付札があり販売当初の原形を保っていると考えられる。付札には「百□拾八匁」と墨書され，裏側には「大坂　南御堂前角平井小橋屋」の朱の方印と「申士」の黒印が捺されている（後掲図3~6参照）。

　本章は，オランダ船輸入品(本方荷物)の事例研究として，この福岡市美術館所蔵「紫地小花文様更紗」(以下，福岡市美「更紗」と略称する)をめぐって，その輸入と取引，さらに流通過程を考察し，本品の歴史的意義について言及するものである。

第1節　福岡市美「更紗」の輸入と取引

1　輸入について

　異国的な花鳥・人物・幾何学文様等，種々さまざまな模様を色鮮やかに主として木綿布に染めたものを，今日，我々は更紗とよんでいる。更紗は，16世紀後半に，ポルトガル・スペインもしくは琉球・中国等の船で日本に輸入されていたと考えられる。16世紀から17世紀にかけてヨーロッパからポルトガル・スペイン・オランダ・イギリスが相次いで日本に来航したが，

第2章　蘭船持渡更紗の取引と国内流通　63

その舶載品の中に異国情緒豊かな更紗が含まれていたことは容易に推測されよう。17世紀中葉以降のいわゆる鎖国時代，ヨーロッパ唯一の交渉相手であったオランダ船の舶載品の中で，更紗は，輸入されない年が間々みられるものの，全体としてかなりの量が輸入されつづけていたと推測される。江戸時代の初中期にオランダ船によって持ち渡られた更紗はインド産（コロマンデル・スーラト（グジャラート）・ベンガルからの仕入れ品）の更紗であった（図7参照）。ところが，19世紀に入ると，ヨーロッパ産の更紗の輸入がみられるようになる。日蘭貿易においては，文化10年(1813)からヨーロッパ産の更紗が持ち渡られはじめ，文政期(1818〜1830)にはその輸入がインド産の更紗からヨーロッパ産の更紗へと転換していった。[2]

　オランダ船が長崎に持ち渡った積荷物は各種の手続きを経た後，日本側の役人である目利によって鑑定・評価され，国内市場にもたらされた。輸入反物に関しては，反物目利とよばれる役人によってその職務が果たされていたが，この反物目利によって輸入反物の裂を，その名称をともなって貼り込んだ「反物切本帳」と称する裂見本帳が作成された。この「反物切本帳」に類する史料は現在各所に所蔵されている。

　「反物切本帳」に関する詳細な考察は後述するとして（第3部第2章第3節参照），管見の限り福岡市美「更紗」に照合する裂類を持つものは，東京国立博物館に所蔵される反物目利芦塚太郎八作成の「文政七　申年紅毛船持渡反物切本帳」（図8参照）[3]（以下，東博切本とも略称する）と考えられる。本史料の「い蠟引更紗」に福岡市美「更紗」と類似の更紗裂をみつけることができる（図8中の「ニ」「リ」）。また，鶴見大学文学部文化財学科所蔵の更紗裂432枚[4]の中には，福岡市美「更紗」と類似の更紗2枚(115番・364番)が確認できる（図9・10参照）。この内，115番は，福岡市美「更紗」とボーダーが一致し，さらに染め・意匠に関しては東博切本の図8「リ」とも一致する。364番は，福岡市美「更紗」とボーダー以外で一致する。この364番は，1丁(1紙)に貼付された5枚の裂の内の1枚である（図11参照）。この1丁は，本来冊子体の「反物切本帳」であったものが解体されたものであり，364番以外の4枚(362番・363番・365番・366番)が，それぞれ，東博切本の図8「ツ」「ワ」

64　第1部　日蘭貿易と貿易品

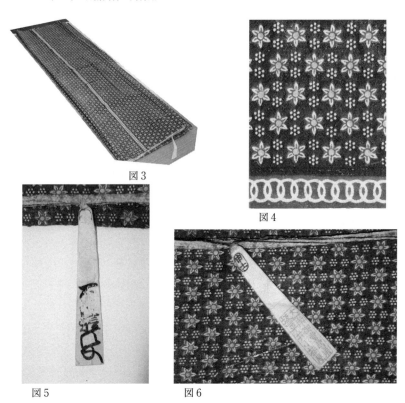

図3

図4

図5　　　　　　　図6

図3〜図6　福岡市美術館所蔵「紫地小花文様更紗」

図7　18〜19世紀のインド

い蠟引更紗

ツ　レ　ヨ　ワ　ル　リ　ト　ホ　ハ　イ

子　ソ　タ　カ　ヲ　ヌ　チ　ヘ　ニ　ロ

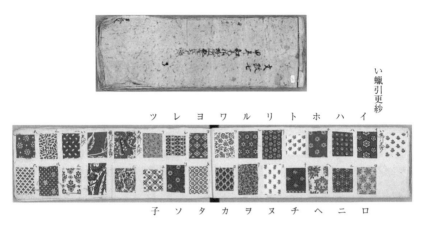

図 8 「文政七　申年紅毛船持渡反物切本帳」(東京国立博物館所蔵)

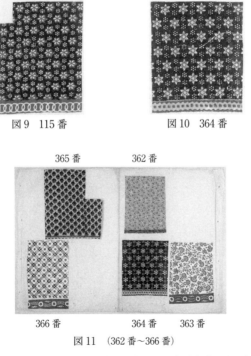

図 9　115 番

図 10　364 番

365 番　362 番

366 番　364 番　363 番

図 11　(362 番〜366 番)

図 9〜図 11　鶴見大学文学部文化財学科所蔵「更紗裂」

66 第1部 日蘭貿易と貿易品

「カ」「子」に一致することから，文政7年の「反物切本帳」の一部である
ことは間違いあるまい。したがって，364番は文政7年の蘭船持渡更紗の裂
と判断される。以上のことより，福岡市美「更紗」は文政7年(1824)，オラ
ンダ船によって輸入された「い蠟引更紗」である可能性は非常に高いといえ
よう。(5)

2 取引について

「文政七 申年紅毛船持渡反物切本帳」(東京国立博物館所蔵)に貼付されてい
る更紗裂は，以下の15種類233枚である。

壱番尺長上更紗(1枚)・い弐番尺長上更紗(13枚)・ろ弐番尺長上更紗(15
枚)・は弐番尺長上更紗(1枚)・三番尺長上更紗(12枚)・壱番蠟引尺長上更
紗(4枚)・弐番蠟引尺長上更紗(13枚)・三番蠟引尺長上更紗(9枚)・い蠟引
更紗(20枚)・ろ蠟引更紗(2枚)・蠟引尺長更紗(2枚)・い更紗(23枚)・ろ更
紗(66枚)・は更紗(27枚)・に更紗(25枚)

オランダ史料である1824年(文政7)の Aantooning der prijsmaking over
Komp.ˢ Goederen met de Geldkamer mitsgaders de prijzen waarvoor zij
die aan de kooplieden hebben verkocht.(会社荷物(＝本方荷物)に関する長崎会
所との値組価格と，そこ〔長崎会所〕がそれ〔会社荷物〕を商人に販売した価格の一覧)(以
下，オランダ史料「価格一覧表」と略記する)，Notitie der prijzen in 1824.(1824年
の価格覚書)ならびに Rekening courant boek.(日本商館勘定帳)(6)の更紗に関す
る記事と，上記の「文政七 申年紅毛船持渡反物切本帳」の更紗裂の名称を
照合して作表したものが表13である。

表13より「い蠟引更紗」はオランダ側で Vaderlandsche chitzen ge-
glansde lᵃ I(母国産の光沢のある更紗 符号い)と記され，2,887反がオランダ商
館から長崎会所に1反3テール(銀30匁)，(7)価額8,661テールで販売され，
さらに長崎会所から本商人(五ヵ所商人，落札商人)に1反6.298テール(62匁9
分8厘)で売り渡されていることがわかる。また，長さ$7\frac{7}{13}$ el(518.50 cm)・幅
$1\frac{1}{2}$ el(103.17 cm)であり，福岡市美「更紗」(長さ510.0 cm，幅101.1 cm)にほぼ
一致する。(8)

表13　文政7年(1824)オランダ船持渡更紗とその取引

種類	商品名		販売数量(反)	寸法 長さ(エル)	寸法 幅(エル)	販売価格(テール)	販売価額(テール)	長崎会所が商人に販売した価格(テール)
ヨーロッパ更紗	Vaderlandsche chitzen 1^e. soort	壱番尺長上更紗	288	$41\frac{1}{8}$	$1\frac{4}{13}$	24.5	7,056.0	39.75
	Vaderlandsche chitzen 2^e. soort l^a. I	い弐番尺長上更紗	34	$41\frac{1}{8}$	$1\frac{4}{13}$	25.5	867.0	79.9
	Vaderlandsche chitzen 2^e. soort l^a. Lo	ろ弐番尺長上更紗	95	31	$1\frac{3}{8}$	19.5	1,852.5	73.5
	Vaderlandsche chitzen 2^e. soort l^a. Ha	は弐番尺長上更紗	1	$22\frac{3}{5}$	$1\frac{1}{5}$	14.0	14.0	57.89
	Vaderlandsche chitzen 3^e. soort	三番尺長上更紗	54	$31\frac{4}{5}$	$1\frac{3}{8}$	15.5	837.0	33.9
	Vaderlandsche chitzen geglansde 1^e. soort	壱番蠟引尺長上更紗	150	$33\frac{3}{5}$	$1\frac{1}{4}$	19.0	2,850.0	34.79
	Vaderlandsche chitzen geglansde 2^e. soort	弐番蠟引尺長上更紗	250	$41\frac{1}{4}$	$1\frac{1}{4}$	16.0	4,000.0	26.46
	Vaderlandsche chitzen geglansde 3^e. soort	三番蠟引尺長上更紗	168	$30\frac{1}{13}$	$1\frac{4}{13}$	12.0	2,016.0	21.48
	Vaderlandsche chitzen geglansde l^a. I	**い蠟引更紗**	**2,887**	**$7\frac{7}{13}$**	**$1\frac{1}{2}$**	**3.0**	**8,661.0**	**6.298**
	Vaderlandsche chitzen geglansde l^a. Lo	ろ蠟引更紗	1,142	$6\frac{4}{5}$	$1\frac{9}{13}$	3.4	3,882.8	5.768
インド更紗	Patnasche meubel chitzen	蠟引尺長更紗	48	$42\frac{4}{13}$	$1\frac{3}{8}$	14.5	696.0	24.098
	Spreijen 1^e. soort	—	48	$2\frac{1}{5}$	$2\frac{1}{5}$	6.0	288.0	12.9
	Spreijen 2^e. soort ※1	—	—	$2\frac{1}{5}$	$2\frac{1}{5}$	2.0	—	—
	Spreijen 3^e. soort	—	100	$3\frac{1}{10}$	$2\frac{1}{8}$	1.5	150.0	8.56
	Patnasche chitzen l^a. Lo	い更紗 ※2	859	6	$1\frac{1}{2}$	1.8	1,546.2	2.12
	Patnasche chitzen l^a. Lo 2^e. soort	ろ更紗 ※3	7,470	6	$1\frac{1}{2}$	1.65	12,325.5	2.51
	Patnasche chitzen l^a. Ha	は更紗	1,419	$7\frac{1}{2}$	$1\frac{4}{13}$	1.2	1,702.8	1.99
	Patnasche chitzen l^a. Ni	に更紗	533	$6\frac{1}{3}$	$1\frac{1}{3}$	1.05	559.65	1.74

出典・Aantooning der prijsmaking over Komp^s. Goederen met de Geldkamer mitsgaders de prijzen waarvoor zij die aan de kooplieden hebben verkocht. [Japan Portefeuille N°. 22. 1824] MS. N.A. Japans Archief, nr. 1572 (K.A. 11797). (Tōdai-Shiryō Microfilm: 6998-1-77-11)。
・Notitie der prijzen in 1824. [Japan Portefeuille N°. 22. 1824] MS. N.A. Japans Archief, nr. 1572 (K.A. 11797). (Tōdai-Shiryō Microfilm: 6998-1-77-11).
・Rekening courant boek. [Japan Portefeuille N°. 22. 1824] MS. N.A. Japans Archief, nr. 1445 (K.A. 11797). (Tōdai-Shiryō Microfilm: 6998-1-77-7).
・「文政七　申年紅毛船持渡反物切本帳」(東京国立博物館所蔵)。

註・※1 Spreijen 2^e. soort は長崎会所に販売されなかった商品。
・※2「い更紗」、※3「ろ更紗」はそれぞれオランダ側商品名からすると「ろ更紗」、「ろ弐番更紗」となるところであるが、暫定的に Patnasche chitzen l^a. Lo を「い更紗」、Patnasche chitzen l^a. Lo 2^e. soort を「ろ更紗」としておく。
・単位のテール(theil)はカンパニーテール(compagnie theil)を示す。

上記のオランダ史料「価格一覧表」には，Vaderlandsche chitzen geglansde l^a. I の aanmerking(備考) に，dies waarde in evenredigheid van andere chitzen berekend(他の更紗〔の値段〕を考慮してこの金額とした)と記されている。オランダ商館は，ヨーロッパ更紗10種の中で，Vaderlandsche chitzen geglansde l^a. I を価格において最も安くかつ，インド更紗(寸法の最も大きい Patnasche meubel chitzen と上等のベッド・カバー Spreijen 1^e. soort は除く)よりも高く長崎会所に販売している。このことより，オランダ側が日本に対して，文政7年に輸入した更紗類の中で，Vaderlandsche chitzen geglansde l^a. I「い蠟引更紗」の商品価値をどの程度に見積もっていたかがわかる。

出島オランダ商館で扱った輸入品の出入りを記した，1824年(文政7)の

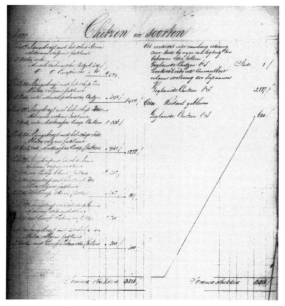

図12　1824年の総商品出入帳（オランダ国立中央文書館所蔵）

Pakhuis of goederen boek.[9]（総商品出入帳）（図12参照）により，geglansde chitzen lª I（上記の Vaderlandsche chitzen geglansde lª I に相当する）「い蠟引更紗」は，3,518反輸入されていたことがわかる。この内，2,887反は長崎会所に販売。1反は阿蘭陀通詞が購入し，それをオランダ商館がカンバン勘定で処理。[10] そして630反は残品とされた。[11] 本史料により，geglansde chitzen lª I は sortering der Japanners（日本人の分類）によってつけられた名称であり，オランダ側の本来の名称は，Musilipatnasche chitzen（マスリパタムの更紗），Europ.ᵉ Madrassche chitzen（ヨーロッパ製のマドラスの更紗），Europ.ᵉ kleine chitzen（ヨーロッパ製の小更紗），Europ.ᵉ Patnassche chitzen（ヨーロッパ製のパトナの更紗）であったことがわかる。この内，マスリパタムとマドラスはインド亜大陸東岸のコロマンデル海岸にある都市，パトナはベンガルに隣接するビハール州の州都であり（図7参照），上記の更紗名はこれらの場所で製造・集荷されたインド更紗をヨーロッパで模造したものであることを意味

する。なお，Musilipatnasche chitzen には Europ.^e が付されていないが，上記のオランダ史料「価格一覧表」によればこの更紗を含めて Vaderlandsche chitzen geglansde l^a. I（母国産の光沢のある更紗　符号い）としていることより，ヨーロッパ産と判断される。

　オランダ船が日本に持ち渡った品々は，バタヴィアにおいて貨物を船積みして送付する際，貨物の受取人に宛てて作成された積荷明細目録である Factuur「送り状」によって知ることができる。この「送り状」は，オランダ船が日本に到着すると，商館長によって元値を抜かして写し取られ，「送り状」のコピーすなわち「提出送り状」が作成された。この「提出送り状」は，出島のカピタン部屋において商館長から年番町年寄に提出され，阿蘭陀通詞をまじえて翻訳され，商品名と数量のみを記した「積荷目録」が作成された。文政7年には，オランダ船アリヌス・マリヌス号 Arinus Marinus とイダ・アレイダ号 Ida Alijda が長崎港に入津しており，両船が持ち渡ったそれぞれの Factuur「送り状」⁽¹²⁾には商品名・数量・仕入価額が記されている。更紗類に関して，阿蘭陀通詞の翻訳である文政7年の「積荷目録」⁽¹³⁾と照合して一覧表にすると表14のようである。

　先述した geglansde chitzen l^a. I「い蠟引更紗」は，表14においてゴシック体で表記した更紗ということになる。したがって阿蘭陀通詞の訳した商品名は，「皿紗」「並皿紗」「マタラス皿紗」「新皿紗」「上皿紗」であり，これらの更紗が取引商品として同類の品，すなわち geglansde chitzen l^a. I「い蠟引更紗」であったわけである。また，「送り状」より，これらの更紗の仕入値は，1反に付，6.48グルデン～30.0グルデン（48匁6分～225匁）⁽¹⁴⁾であった。

　以上のことより，オランダ側は，仕入値1反に付，48匁6分～225匁のインド更紗を模したヨーロッパ更紗である geglansde chitzen l^a. I「い蠟引更紗」を長崎会所に1反30匁で2,887反販売。⁽¹⁵⁾ 長崎会所は，それを本商人に1反62匁9分8厘（約2.1倍）で販売したわけである。そして，この2,887反の中に福岡市美「更紗」が含まれていたと考えられる。

　なお，本商人が作成した輸入反物の取引結果をまとめた鶴見大学図書館所

70　第1部　日蘭貿易と貿易品

表14　文政7年(1824)オランダ船2艘(Arinus Marinus, Ida Alijda)輸入の更紗類

	Factuur			積荷録目		Factuur数量の合計
	商　品	数　量	価格(グルデン)	商　品	数　量	
(A)	groote Europ°. chitzen	447 stuks	32.00 31.50 31.40	本国　皿　紗	482反	1,112反
(I)	groote Europ°. chitzen roode groote Europ. chitzen	35 stuks 630 stuks	31.50 38.00 31.50	本国　さらさ	630反	
(A)	Europ°. sprij chitzen	594 stuks	8.00 4.00	本国　皿　紗	594反	1,142反
(I)	Europ. sprije chitzen	548 stuks	8.00	別段商法:本国ふとん皿紗	〔ママ〕598反	
(A)	Musilipatnasche chitzen	479 stuks	7.50	皿　　紗	479反	977反
(I)	Musilipatnasche chitzen	498 stuks	7.37	並　皿　紗	498反	
(A)	Europ°. Madrassche chitzen	336 stuks	8.25 30.00	マタラス皿紗	336反	1,277反
(I)	Europ. Madrasse chitzen	941 stuks	29.67 10.18 8.23	皿　　紗	941反	
(A)	Europ°. kleine chitzen	412 stuks	9.00	新　皿　紗	412反	864反
(I)	Europ. kleine chitzen	452 stuks	9.00	新　皿　紗	〔ママ〕450反	
(A)	Europ°. Patnassche chitzen	200 stuks	6.50	上　皿　紗	〔ママ〕2反	400反
(I)	Europ: Patnasche chitzen	200 stuks	6.50 6.48	上　ず　き	200反	
(A)	Mirsapurische chitzen	1,900 stuks	2.14	並　皿　紗 別段商法：皿紗	1,150反 750反	4,400反
(I)	Mersaporische chitzen	2,500 stuks	2.15	皿　　紗 別段商法:コマトモクスさらさ	1,750反 750反	
(A)	Patnasche chitzen Indisch	3,000 stuks	3.00	皿　　紗	3,000反	6,000反
(I)	Patnasche Indische chitzen	3,000 stuks	3.00	さ　ら　さ	3,000反	
(A)	roode doeken met franjes	50 stuks	1.08	別段商法:赤地コウニスエス	50反	50反
(I)	Patnasche meubel chitzen	49 stuks	34.43	大　形　皿　紗	49反	49反
(I)	Madrasse spreijen Indish	100 stuks	4.13	別段商法:マタラスさらさ	100反	100反

（977反～400反の範囲を合計して 3,518反）

出典・Factuur は、Factuur 1824. [Japan Portefeuille N°. 22. 1824] MS. N.A. Japans Archief, nr. 1445 (K.A. 11797). (Tōdai-Shiryō Microfilm: 6998-1-77-12)。
　　・「積荷目録」は「五番紅毛風説書」(愛日教育会所蔵)。
註・(A)は、Arinus Marinus 号の Factuur (送り状)、(I)は、Ida Alijda 号の Factuur (送り状)による。
　・「価格(グルデン)」欄は、Factuur (送り状)に記されている価額を数量で割った数字を記している。

蔵の「〔反物寄〕」には，文政7年にオランダ船が輸入した「い蠟引更紗」2,887反を1反62匁9分8厘で本商人の中村(茂吉郎，堺商人)が落札したことを記している。すなわち，長崎会所で「い蠟引更紗」を購入した本商人は堺商人中村茂吉郎であったわけである。その後，中村が長崎で本品を転売したかどうかは未詳であるが，本章では中村を通して次の国内流通へと進んだことを確認して考察をおこなっていきたい。

第2節　大坂 平井小橋屋での販売

　長崎で本商人の中村茂吉郎が落札した「い蠟引更紗」が南御堂前角の平井
小橋屋のもとに入荷されるまでにはさまざまな経路が考えられる。本商人が
落札した輸入品の多くは，糸荷宰領による陸路，もしくは糸荷廻船による海
路によって上方に運ばれた。山脇悌二郎氏の研究によると，糸荷廻船は，江
戸時代中期以降，次第に衰えていったとのことである。[16] また，明和4年
(1767)の定めで更紗は陸路(宰領荷)の指定品にされており，文政7年に長崎で
落札された更紗の多くも糸荷宰領により陸路で運ばれた可能性が高いと思わ
れる。なお，糸荷宰領荷は，長崎から陸路で小倉まで運ばれ，小倉からは海
路，瀬戸内経由で大坂や京都へ運ばれた。[17] 更紗類は，大坂では五軒問屋，
京都では長崎問屋に届けられた。[18] その後，大坂の五軒問屋からは仲買人
を通して平井小橋屋に入荷された経路が考えられる。また，京都の長崎問屋
からは仲買人を通して京都の仕入店である小橋屋に入り，そこから大坂の平
井小橋屋に入荷された経路が考えられる。この他例外的な経路も考えられる
が，ここでは上記の経路を紹介するにとどめたい。

　さて，「い蠟引更紗」が入荷された当時の平井小橋屋とはどのような店で
あったのだろうか。平井小橋屋は，寛政8年(1796)に刊行された「攝津名所
圖繪」大坂部四上[19]には難波御堂の南に「小橋屋呉服店」として描かれて
いる(図13参照)。また，文政・天保・弘化期の「商人買物獨案内」など[20]
にも紹介されており，越後屋や大丸等と肩を並べる大坂有数の呉服店として
知られていた(図14参照)。幕末から明治にかけて活躍した長谷川貞信(初代)
による「浪花百景」にも「小ばしや呉服店」[21]が描かれ(図15参照)，そこに
は次のように紹介されている。

　　小橋屋呉服店ハ南御堂の南久宝寺町の角ありて三ツ井・大丸につゝく
　　の舗なり，此辺都て商家多く，御堂の前とて世尓名高く，他國の人浪花
　　尓来りて先此所を第一の寄観となすも宜なり

　上記の「商人買物獨案内」などにみられると同様，「三ツ井・大丸につゝ

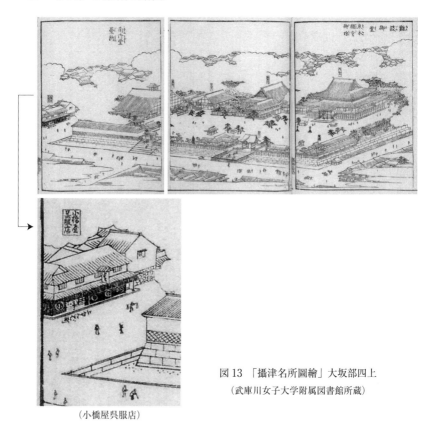

図13 「攝津名所圖繪」大坂部四上
（武庫川女子大学附属図書館所蔵）

（小橋屋呉服店）

くの舖」として紹介され，本図によりその構えの大きさが今に伝えられている。さらに，安政2年(1855)発行の「浪華の賑ひ」三篇[22]に「東御堂の南の角ハ小橋屋の呉服店゠て常に買客間断なし」とあることや，安政2年以降の成立とされる「攝津名所圖繪大成」[23]に「小橋屋呉服店　山鳥のをばしやのたなの子供らがながながしき聲のにぎわしきかな　鶏成」との狂歌が紹介されており，平井小橋屋の繁盛ぶりが伝わってくる。[24]

　では，この平井小橋屋では，舶来の染織である更紗などは通常扱われていたのであろうか。国文学研究資料館所蔵の小橋屋平井店文書内の「諸勘定帳」(天保10年(1839))には，「右何之正月ゟ七月迄，呉服・唐物，太卜物方半

第 2 章　蘭船持渡更紗の取引と国内流通　73

図 14　「商人買物獨案内」(文政七年)(復刻版，近世風俗研究会，昭和 37 年)(百五十九丁)

図 15　「浪花百景」内「小ばしや呉服店」(大阪府立中之島図書館所蔵)

図 16　平井小橋屋の引札(国文学研究資料館所蔵)

74　第1部　日蘭貿易と貿易品

季中出高月ゝ左ニ」とあることや，「右大坂太物方，呉服・唐物壱割三部引
壱部欠儲銀高」などとあり，勘定帳に舶来の染織が「唐物」として扱われて
いたことが推測される。また，年代は下るが元治元年(1864)の「太物方勘定
本書」(国文学研究資料館所蔵小橋屋平井店文書)にも，「右ハ唐物・呉服物一件」
「右ハ唐物・呉服物惣買入候銀高也」「右ハ亥稚買入候唐物内，子春拂ニ相成
候分」とあり，「店㕐惣有物銀高」に関する記事には，無地染木綿や紅木
綿・形付木綿・嶋るい・布るい・上布るい等と並んで「唐物・呉服物」の項
目が記されている。このような勘定帳の記録より判断して，平井小橋屋では，
「唐物」すなわち舶来の染織は通常の取引商品として扱われていたと思われ，
その中に「更紗」も含まれていたと考えられる。
　「はじめに」でも記したように，福岡市美「更紗」の付札には「百□拾八
匁」と墨書され，裏側には「大坂　南御堂前角　平井小橋屋」の朱の方印と
「申士」の黒印が捺されている。作成年度は未詳であるが，国文学研究資料
館所蔵の平井小橋屋の「引札」(図16)二条目には，
　　　一先年より奉申上候通，私方諸代口物地性至極念入，正直段銀目札表ニ
　　　　書あらハし，則附札ニ所書名判仕，諸代口物相改，格別下直ニ差上申
　　　　候(後略)
とあり，「正直段銀目」を札の表に記し，さらに付札に「所書名判」をする
としている。また，品物を「相改」安く提供することを謳っている。福岡市
美「更紗」の付札は正にこの「引札」の条を実証するものといえる。すなわ
ち，「百□拾八匁」が「代口物」(「更紗」)の「正直段銀目」であり，朱の方印
「大坂　南御堂前角　平井小橋屋」は「所書名判」である。なお，付札にあ
る「申士」の黒印は「相改」より推して検印ではないだろうか。文政7年
が申年であることより，この印の「申」は干支をあらわしているのかもしれ
ない。
　次に，引札の三条目には，
　　　一(中略)御意ニ入不申候歟，若又直段外ゝ御見くらへ被遊，高直ニも被思
　　　　召候ハ，附札御取不被成，賣上ヶ書御添へ年月過候とも御戻可被下候，
　　　　其品取替差上ヶ候歟，代銀返上仕候とも御意次第ニ可仕候(後略)

とあり，商品が気に入らなかったり，他の店の商品に比べて高値であった場合は，付札を取らず，「賣上ヶ書」をそえてもどせば，品物を取り替えるか，代銀を返上するとしている。幸いにも福岡市美「更紗」に「正直段附札」がついた状態で現存している背景にはこのように引札で約束されたことがあってのことかとも思われる。なお，この引札の末尾に「京都仕入店　三条通堺町」とあるが，これは「大坂南御堂前かど」の平井小橋屋が京都に仕入店を持っていることが信用となり，また保証ともなりえたことによるものだからであろう。(25)

　以上のことより，本商人中村茂吉郎が長崎会所を通して落札購入した「更紗」は，大坂南御堂前角にある大坂有数の呉服店として知られた平井小橋屋に運ばれ，販売されることになったものと思われる。本商人が落札した62匁9分8厘の更紗は，平井小橋屋での販売時点で，輸送経費や本商人による「儲」，問屋での手数料，仲買人による「儲」等が加わり，さらに平井小橋屋としての「儲」が加算されて148匁(2.35倍)になったものと考えられる。

おわりに

　「はじめに」でも記したように，福岡市美「更紗」は木版の防染模様染めのインド更紗を模したヨーロッパ更紗である。オランダ史料のFactuur「送り状」などより文政期(1818~1830)には，今までになくヨーロッパ更紗が多量に輸入されていたことがわかっている。(26)　この頃，オランダでは更紗が生産されていた。オランダ北部のハールレム・ライデン・アムステルダム・クラリンゲンなどにはプリント・染色企業があり，特にアムステルダム近郊のオーフェルトームでは日本向けのベンガル更紗・パトナ更紗の模造プリントが手作業で製造されていた。また，オランダ南部ゲント(現ベルギー領)の近代的工場でも模造更紗がつくられ，(27) 1825年(文政8)に同地のスメット商会が産業展覧会でインドネシアと日本市場向けのプリント更紗を展示したりしており，輸出用の更紗がつくられていた例証といえよう。(28)　先に挙げた1824年(文政7)のオランダ史料「価格一覧表」にもVaderlandsche(母国産の)

とあることより，福岡市美「更紗」もオランダ産と推測されるが，当時のヨーロッパ製の更紗は，オランダ以外にイギリス・ドイツ・フランス等で生産された可能性がある。[29] また，Vaderlandsche と記されていても必ずしもオランダ産と限ったことではなかったようであるため，ここでは，広くヨーロッパ産ととらえておきたい。

　では，何故，文政期にヨーロッパにおいてインド更紗を模した更紗がつくられ，低価格で持ち渡られなければならなかったのだろうか。インドで製造された更紗に対する憧れのあらわれということも推測されるが，オランダにとってはそればかりではなく，政治・経済的に差し迫った理由が存在していたと考えられる。

　18世紀中葉(1757年プラッシーの戦い)から19世紀中葉(1857年セポイの乱)にかけてのイギリス東インド会社のインド支配によって，オランダはその市場をイギリスに奪われ，物資を獲得することが困難な状況にあった。一方，イギリスはインドでの貿易収入と租税収入を本国へ移動し，その投資によって産業革命を推進させる一要素となっていた。イギリスではこの産業革命の技術革新によって紡績技術が飛躍的に進歩し，綿業が発達していた。19世紀前半にこのイギリス綿業は世界市場へと進出し，インドにおける都市工業の上質綿布は直接打撃を受けて没落していった。その結果，インドにおける綿布の生産は地方の諸都市や村落での粗布の手織りとなり，必然的に品質の悪化を生じてしまったのである。[30] 現存する19世紀前半の「反物切本帳」に貼り込まれているインド更紗の粗末な織りと染めはそれを語っている。このような状況下で，オランダは輸出品となる更紗を自国生産，もしくはヨーロッパ通商圏内での購入に切り替えていったのであろう。このように，更紗の模造が生まれる理由として，イギリスのインド支配を起点とする一連の現象を考えることができる。そして，日本の文政期(1818~1830)には先に述べたように，オランダ船の更紗輸入はインド更紗からヨーロッパ更紗へと転換し，天保期(1830~1844)・弘化期(1844~1848)・嘉永期(1848~1854)になると，インド更紗の輸入はなくなり，ヨーロッパ更紗の輸入ばかりになるのである。

　福岡市美「更紗」は，正にオランダ船の更紗輸入がインド更紗からヨーロ

第 2 章　蘭船持渡更紗の取引と国内流通　　77

ッパ更紗に転換する時期に輸入されたインド更紗を模したヨーロッパ更紗と
考えられ，その輸入から販売までの取引と経路を解き明かしてくれる貴重な
実物資料といえる。

　註
（1）　岩永悦子・正路佐知子編『更紗の時代』(福岡市立美術館，平成 26 年)272 頁参照。
（2）　近世におけるオランダ船の更紗輸入については，拙著『日蘭貿易の史的研究』
　　　(吉川弘文館，平成 16 年)171〜197 頁参照。
（3）　図 8 は，原田あゆみ(研究代表者)・小西郁(編集担当)『端物切本帳画像一覧　東
　　　京国立博物館所蔵本』Ⅰ(九州国立博物館，平成 28 年)204・206 頁より転載。
（4）　鶴見大学文学部文化財学科所蔵の更紗裂 432 枚は，オランダ船が近世後期に日
　　　本に輸入したインド産とヨーロッパ産の更紗の裂(端切れ)と考えられ，裂だけのも
　　　の 297 枚と 1 丁(1 紙)に数枚ずつ貼付された裂 135 枚からなる(拙稿「オランダ船
　　　の輸入更紗―文化財学科新収史料「更紗裂」の紹介を中心として―」『鶴見大学紀
　　　要』第 53 号第 4 部，平成 28 年・「続・オランダ船の輸入更紗―文化財学科新収史
　　　料「更紗裂」の紹介を中心として―」『鶴見大学紀要』第 57 号第 4 部，令和 2 年，
　　　参照)。
（5）　文政 7 年前後とも考えられるが，文政 7 年前後の「反物切本帳」に貼り込まれ
　　　ているヨーロッパ更紗に「い蠟引更紗」に類する裂が見当たらないことより，福岡
　　　市美「更紗」は文政 7 年に輸入された可能性が高い(東京国立博物館所蔵の文政
　　　4・5・6・9・12 年および九州国立博物館所蔵の文政 11 年の「反物切本帳」参照)。
（6）　Aantooning der prijsmaking over Komp.ˢ Goederen met de Geldkamer mits-
　　　gaders de prijzen waarvoor zij die aan de kooplieden hebben verkocht. [Japan
　　　Portefeuille N°. 22. 1824] MS. N.A. Japans Archief, nr. 1572 (K.A. 11797). (Tō-
　　　dai-Shiryō Microfilm: 6998-1-77-11). Notitie der prijzen in 1824. [Japan Porte-
　　　feuille N°. 22. 1824] MS. N.A. Japans Archief, nr. 1572 (K.A. 11797). (Tō-
　　　dai-Shiryō Microfilm: 6998-1-77-11). Rekening courant boek. [Japan
　　　Portefeuille N°. 22. 1824] MS. N.A. Japans Archief, nr. 1445 (K.A. 11797). (Tō-
　　　dai-Shiryō Microfilm: 6998-1-77-7).
（7）　1 テール＝10 匁で換算。なお，本章におけるテール(theil)はカンパニーテール
　　　(compagnie theil)を示す。
（8）　1〔Amsterdamse〕el＝68.78 cm で換算。
（9）　Pakhuis of goederen boek. [Japan Portefeuille N°. 22. 1824] MS. N.A. Japans
　　　Archief, nr. 1445 (K.A. 11797). (Tōdai-Shiryō Microfilm: 6998-1-77-6).
（10）　Verslag 1824. § 32. [Japan Portefeuille N°. 22. 1824] MS. N.A. Japans Archief,

78　第1部　日蘭貿易と貿易品

nr. 698 (K.A. 11797). (Tōdai-Shiryō Microfilm: 6998-1-76-20).

(11)　残品 630 反の内，236 反は翌年，参府休年出府通詞によって，オランダ商館長の代わりに江戸へ出向いた帰路に 1 反 4 テールで販売されている。このことから推測して，残りの 394 反は江戸での献上進物品にされた可能性が高い(Rekening Courant. [Japan Portefeuille N°. 23. 1825] MS. N.A. Japans Archief, nr. 1446 (K.A. 11798). (Tōdai-Shiryō Microfilm: 6998-1-78-8).)。

(12)　Factuur 1824. [Japan Portefeuille N°. 22. 1824] MS. N.A. Japans Archief, nr. 1445 (K.A. 11797). (Tōdai-Shiryō Microfilm: 6998-1-77-12).

(13)　「五番紅毛風説書」(愛日教育会所蔵)。

(14)　$1\frac{1}{3}$ グルデン＝10 匁で換算。

(15)　オランダ商館は geglansde chitzen l°. I「い蠟引更紗」を含めた本方荷物では収益を上げず，会計上かなりの赤字を出していた。これは，当時の定高貿易と称する取引システムによって生じた現象である。なお，定高貿易については，第 1 部第 1 章第 2 節参照。

(16)　山脇悌二郎『近世日中貿易史の研究』(吉川弘文館，昭和 35 年)146～163 頁参照。

(17)　同上。

(18)　黒羽兵治郎『近世の大阪』(有斐閣，昭和 18 年)107～132 頁参照。

(19)　「攝津名所圖繪」大坂部四上(武庫川女子大学附属図書館所蔵)。

(20)　「商人買物獨案内」〈文政 7 年刊本をもとに文政 3 年初版本および天保 3 年刊本の内容を加えたものの複製〉(近世風俗研究会，昭和 37 年)・「浪華買物独案内」〈天保 3 年刊〉(大阪経済史料集成刊行委員会編『大阪経済史料集成』第 11 巻，昭和 52 年)・「大阪商工銘家集」〈弘化 3 年刊〉(大阪経済史料集成刊行委員会編『大阪経済史料集成』第 11 巻，昭和 52 年)参照。

(21)　「浪花百景」内「小ばしや呉服店」(大阪府立中之島図書館所蔵)。

(22)　「浪華の賑ひ」三篇(鶴見大学図書館所蔵)。

(23)　「攝津名所圖繪大成」其二(船越政一郎編『浪速叢書』第八，浪速叢書刊行會，昭和 3 年)531 頁参照。

(24)　平井小橋屋については，井戸田史子氏の「商家同族団と出入商人―古手の取引をめぐって―」(『年報　都市史研究』10，平成 14 年)・「宝暦期における三井呉服店の大坂進出と大坂呉服商の対応」(塚田孝編『大阪における都市の発展と構造』山川出版社，平成 16 年)・「近世中後期における大坂商人「小橋屋一統」の結合関係」(『関西学院史学』第 31 号，平成 16 年)等の研究があり，本章第 2 節は上記の論文に負うところ大である。

(25)　井戸田史子氏のご教示による。

(26)　註(2)参照。

(27) 山脇悌二郎『事典 絹と木綿の江戸時代』(吉川弘文館，平成 14 年)144 頁参照。

(28) Frieda Sorber, *Vlaanderen-Nederland: Een wisselwerking in katoendruk. "Katoendruk in Nederland"* Den Haag, 1989, p. 43.

(29) Ebeltje Hartkamp-Jonxis, *Sits en Katoendruk, handel en fabricage in Nederland. "Sits, Oost-West Relaties in Textiel"* Den Haag, 1987, pp. 36-38.

(30) 岩本裕『インド史』(修道社，昭和 31 年)156～159 頁参照。西村孝夫『インド木綿工業史』(未来社，昭和 41 年)136 頁参照 。浅田實『東インド会社』(講談社，平成元年)200～201 頁参照。

第2部　オランダ船の脇荷貿易

第1章　オランダ船の脇荷物輸入
——文政9年(1826)を事例として——

は じ め に

　オランダ船が持ち渡った脇荷物は，従来よりオランダ商館長以下の館員や船員の役得として一定額だけ許された私貿易品の取引であったといわれており，山脇悌二郎氏によれば，日本側文献史料上，「脇荷物」という語の初見は延宝元年(1673)といわれる。[1]　しかし，脇荷貿易は，おそらくオランダ商館が平戸にあった時代から慣例的に認められていたと考えられ，日本側では少なくとも寛文10年(1670)には公認されていたという。[2]　また，オランダ側ではそれ以前の1667年(寛文7)には公認されていた。[3]

　従来，この脇荷貿易ならびにそこで取引された脇荷物に関しては，関山直太郎「看板(Kambang)貿易考」(『経済史研究』第13巻第6号，昭和10年)・永積洋子「オランダ商館の脇荷貿易について—商館長メイランの設立した個人貿易協会(1826-1830年)—」(『日本歴史』第379号，昭和54年)・山脇悌二郎「脇荷貿易雑考」(箭内健次編『鎖国日本と国際交流』下巻，吉川弘文館，昭和63年)等の研究を挙げることができる。関山論文は，脇荷貿易を何故看板貿易というのか，その理由を考察したものである。永積論文は，オランダ商館長メイランが設立した個人貿易協会による1827年から1829年の脇荷貿易について，その実態と意義を検討したものである。また，山脇論文は，脇荷貿易の始期をはじめとして，1711年を事例とした脇荷物の紹介，脇荷定高など，主に17・18世紀の脇荷貿易について考察したものである。しかし，脇荷貿易ならびに脇荷物について，日蘭両史料の詳細な照合の上に体系化し，貿易史上，文化史上における位置付けは今後の課題として残されている。

　以上のことより，第2部では19世紀前半のオランダ船の脇荷貿易ならび

第1章　オランダ船の脇荷物輸入　83

にそこで取引された商品(脇荷物)に焦点を絞り，事例中心にその性格と史料
を検討し，その実態を考察していきたい。

　そこで，まず本章では，脇荷貿易で取引された商品(脇荷物)に関して，日
蘭両史料がそろう 1826 年(文政 9)を事例に，その基礎的研究をおこなう。

第1節　文政9年の脇荷物輸入に関する史料

　文政 9 年は，バタヴィアからオランダ船アレクサンデル号 Alexander と
オンデルネーミング号 Onderneming が長崎港に入津し，新たにヘルマン・
フェリックス・メイラン G. F. Meijlan が出島商館長に着任している。当時
メイランは，1818 年(文政元)の規程で定められた脇荷貿易の制限高(40,000 グ
ルデン)が全く守られていない結果，日本市場にもバタヴィア市場にも商品
(脇荷物)があふれ数々の弊害をもたらしていることを指摘している。しかし，
脇荷貿易を全て禁止すると，これにより利益を得ている日本人だけでなく，
給料の不足分をもっぱらこの貿易にたよっているオランダ商館員からも反発
をまねくとして，日本にいる館員の間で個人貿易協会 Particuliere Handel-
sociëteit を設立して一括運営をおこなうことを計画し，文政 10 年(1827)か
ら同 12 年(1829)にかけて 3 年間実施した。結局オランダ商館内部の対立・
抗争により同 13 年(1830)に個人貿易協会は廃止となり，1818 年の規程に復
することになるが，この間の顛末は，永積氏の論考に詳細に分析されてい
る。[4] 本章で考察する文政 9 年は，正にメイランが設立した個人貿易協会
がおこなった脇荷貿易の前年に取引された旧来からの取引事例ということに
なる。

　以下，文政 9 年にオランダ船によって持ち渡られた脇荷物を解明しうる
日蘭両史料について紹介していきたい。

　1826 年には脇荷物の輸入リストを含む Aangebragte particuliere kam-
bang goederen. Japan A⁰ 1826.[5] (持ち渡られた私的カンバン荷物。日本，1826
年)が残されている。なお，ここに記されている kambang goederen(カンバ
ン荷物)は，この時期，脇荷物をさす用語である。本史料内には，Staat der

aangebragte kambang goederen in den jare A°. 1826.（1826年に持ち渡られた
カンバン荷物〔脇荷物〕のリスト）と共に，オランダ商館長以下，館員，船長，船
員等それぞれ個人の脇荷リストと，そのリストからの「取り出し」を願う各
個人のリスト[6]（以下，「個人リスト」と略記する）が付されている。

　上記のオランダ側史料に照合する日本側史料としては，管見の限り「戊紅
毛船弐艘分脇荷物〔薬種荒物集帳〕」（杏雨書屋所蔵村上家文書）を挙げることがで
きる。本史料は，本商人（村上・上のや）が「薬種荒物」に限って商品別に部屋
割と数量（「除キ」数量も記す），入札上位三番札までの価格と商人名を記録し
た取引史料である。したがって，「薬種荒物」に含まれない商品や取引に付
されなかった品々が記載されていない点は注意しなければならない。

　なお，当時，本方貿易が，オランダ船持ち渡りの商品を長崎会所が値組で
一括購入し，その後，長崎会所で日本商人が入札するという取引であったの
に対して，脇荷貿易は，オランダ人の商品を日本商人が長崎会所で直接入札
する取引であった。「戊紅毛船弐艘分脇荷物〔薬種荒物集帳〕」によると，文
政9年の場合，10月2日から7日にかけて日本商人の脇荷物に対する入札
がおこなわれている。

第2節　文政9年の脇荷物一覧表

　第1節において紹介したオランダ側史料と日本側史料を突き合わせて一
覧表にしたものが後掲表15である。

　この表15では，各商品の品目はStaat der aangebragte kambang goe-
derenに記されている順に並べ，便宜上，各品目に番号を付した。オランダ
側商品名の各単語の表記については，その頭文字は，基本的には小文字とし，
地名・人名は大文字で記した。オランダ側商品名で用いられているdito, d°.，
ヶ（＝同），日本側商品名で用いられている「同」は，それに相当する単語を
記した。数字は基本的に算用数字で記した。

　また，オランダ側史料で記したHoeveelhcid（数量）欄の《　》内は，オラン
ダ人の各脇荷物からの「取り出し」希望数量である。この内，オランダ側史

料 Staat der aangebragte kambang goederen に divers glaswerk 5 kistjes（さまざまなガラス器　5箱）等まとめて記されている品目や，リスト(Staat)に記載されていないと思われる品の内，オランダ人側が「取り出し」を希望している品々と数量については，補注として各「個人リスト」を用いて後掲表16〜22 にその詳細を表記した。さらに，日本側史料で記した「数量」欄の《　》内は，「紅毛人」の「除キ」の数量であり，上記のオランダ人側で「取り出し」を希望した数量の内，「除キ」としてどれだけ取り出されたかみることができる。

　また，表 15 に記されている商館長以下，商館員，船長，船員等に関する詳細を，Traktementstaten「給与簿」記載の各人名の記録と照合する形で後掲表 23 にまとめた。

第 3 節　文政 9 年の脇荷物

　次に，日蘭両史料の照合によって得られた文政 9 年の脇荷物の日蘭商品名より，各商品が一体いかなる品物であったのか考察を加えておきたい。以下，商品番号は，表 15 に従って記したものであり，品目名は日本側商品名にオランダ側商品名を突き合わせる形で表記していく。

(1)（36)（65)（94)（97)（163）テリヤアカ，テリヤアカ ヘ子チャ　→ theriac, Feneciaansche theriac, Veniciaansche theriac

　テリヤアカ theriac は，有毒動物に対して防禦・対抗する「解毒薬」という意味のギリシア語テリアケ theriake が語源といわれる。Feneciaansche, Veniciaansche は，「ベネチア産の」の意。

　テリヤアカ theriaca はさまざまな薬物を煉り合わせた内服薬。ローマのネロ帝時代に既にあったといわれる。その処方には古方，新方があるが，古方 60 種以上の薬物からなっている。7 世紀中期には中国，唐の本草書にも記され，百痛を治す極めて珍貴な薬にされたという世界的名薬である。18 世紀末から 19 世紀になるとテリヤアカは，アヘンを主薬とする 6 種程の薬物からなり，鎮痛・鎮痙薬となる。ここで輸入されているテリヤアカは後

86　第2部　オランダ船の脇荷貿易

表15　文政9年(1826)オランダ船2艘(Alexander, Onderneming)脇荷物

Staat der aangebragte kambang goederen	
Goederen	Hoeveelheid
Het Opperhoofd De Sturler	
(1) theriac	69 lb.
(2) saffraan	177 lb.
(3) kreeftsoogen	141 lb.
(4) takkoraal	600 lb.
(5) drop	358 lb.
(6) goudleer	326 vellen　《1! soort: 5 vellen》
	《2! soort: 5 vellen》
(7) repetitie horlogies	25 stuks　《3》
(8) repetitie gewone horlogies	61 stuks　《1》
(9) [boter]	[25 vaatjes]
(10) [zoeten olie]	[80 flesschen]
(11) [Franschen brandewijn]	[38 flesschen]
(12) [terpentijn olie]	[12 kelder flesschen]
(13) [vruchten op brandewijn]	[20 flesschen]
(14) [jenever]	[5 kelders]
(15) [konfituren]	[1 kistje]
(16) [likeuren]	[1 kist]
(17) [bijouterien]	[eenige]
(18) [porselein]	[eenig]
(19) [blik]	[284 bladen]
Het Opperhoofd G. F. Meijlan	
(20) saffraan	50 lb.
(21) zilvere horlogies	12 stuks
(22) goudleder	2 kisten
Kapitein M. Marcussen	
(23) sandelhout	35 picols
(24) rotting	90 picols
(25) saffraan	20 lb.　《12 catjes》
(26) kreeftsoogen	30 lb.　《12 catjes》
(27) Berlijns blaauw	48 lb.　《10 catjes》
(28) drop	60 lb.　《4 catjes》

脇 荷 物 薬 種 荒 物 集 帳

商　品	数　　　量		落札価格　(脇荷銀)	落札商人
壱番部屋　古かひたん				
テリヤアカ	へ子チヤ　500 鐔		56 匁 9 分	カキヤ
サフラン	95 斤		570 匁	三木ヤ
ヲクリカンキリ	90 斤		107 匁 1 分	㋑（伊勢屋）
屑珊瑚	壱番　34 斤		13 匁 5 分 9 厘	山中
	弐番　440 斤		8 匁 9 分	亀甲ヤ
痰切	250 斤		20 匁 7 分	亀甲ヤ
金唐皮	壱番　54 枚	《5枚》	87 匁 1 分	殿村ヤ
	弐番　80 枚	《5枚》	38 匁 9 分	カキヤ
	三番　20 枚		22 匁 7 分	万ヤ
	四番　50 枚		33 匁 9 分 8 厘	山中
	72 枚		△　63 匁 9 分	山中
	壱番類違 38 枚		28 匁 9 分 8 厘	万ヤ
	弐番　8 枚		23 匁 9 分	唐物ヤ
	壱番小切 40 枚		16 匁 9 分 3 厘	万ヤ
	弐番小切 13 枚		17 匁 9 分	ノロヤ
	三番　41 枚		32 匁	殿村ヤ
	四番　26 枚		39 匁	山中
－	－		－	－
－	－		－	－
ホヽトル	120 斤		22 匁 8 分 3 厘	万ヤ
㊞ホルトカル油	30 ふらすこ		24 匁 9 分	ノロヤ
ブラントウエン	38 ふらすこ		△　6 匁 7 分	助松ヤ
㊞テレメンテイン油	30 斤		9 匁 2 分	三松ヤ
－	－		－	－
ゼ子フル	50 ふらすこ		△　6 匁 2 分	助松ヤ
－	－		－	－
－	－		－	－
－	－		－	－
－	－		－	－
弐番部屋　新かびたん				
サフラン	27 斤		670 匁 1 分	亀甲ヤ
－	－		－	－
金唐皮	壱番　60 枚		61 匁 9 分 6 厘	山中
	弐番　136 枚		58 匁 9 分	三芳ヤ助
	三番　105 枚		76 匁	上のヤ
	四番　134 枚		58 匁 9 分	唐物ヤ
	五番　33 枚		45 匁 5 分	のロヤ
	六番　114 枚		34 匁	のロヤ
三番部屋　壱番舟船頭				
白檀	3,000 斤		5 匁 6 分	㋛
藤	10,000 斤		1 匁 9 分 7 厘	助松ヤ
サフラン	4 斤 8 合	《2斤》	695 匁	助松ヤ
ヲクリカンキリ	8 斤	《3斤》	97 匁 9 分	唐物ヤ
紺青	30 斤	《10斤》	43 匁	助松ヤ
痰切	40 斤	《4斤》	20 匁 1 分	のロヤ

88　第2部　オランダ船の脇荷貿易

	Staat der aangebragte kambang goederen		
	Goederen	Hoeveelheid	
(29)	aloes	100 lb.	
(30)	klapperolij	10 picols	
(31)	goudleer	100 vellen	《24 kelder / 100 f:》《1: s': 15 fellen》《2: s': 20 fellen》《3: s': 15 fellen》
(32)	divers glaswerk	5 kistjes	《表16参照》
(33)	Haarlemmer olij	40 dozijn	《22 flesjes》
(34)	Markijn leder	4 dozijn vellen	《8 fellen 》
(35)	blaauw porselein	1 mand	《表16参照》
(36)	Feneciaansche theriac	90 lb.	
(37)	balsem copaiva	30 lb.	
(38)	olij succini	26 lb.	
(39)	laurier olij	4 lb.	
(40)	caster olij	2 lb.	
(41)	sal amoniac	15 lb.	
(42)	Hofman	23 ponden	
(43)	spiritus nitri	25 ponden	
(44)	aloes	50 ponden	
(45)	bloedsteen	80 ponden	
(46)	drakebloed	5 ponden	
(47)	balsem peru	4 ponden	
(48)	elixter	40 flesjes	
(49)	sal amoniac	1 vaatje	
(50)	aloes	1 kistje	
(51)	−	−	《表16参照》
	Kaptein H. M. Lelsz.		
(52)	sandelhout	45 picols	
(53)	rotting	130 picols	
(54)	klapperolij	15 picols	
(55)	saffraan	30 picols	《16 kelder / 100 fl:》《8 catjes》
(56)	kreeftsoogen	40 picols	《8 catjes》
(57)	Berlijns blaauw	60 picols	
(58)	drop	90 picols	
(59)	aloes	140 picols	
(60)	goudleer	145 vellen	《40 fellen 》
(61)	diverent glaswerk	6 kistjes	《表17参照》
(62)	Haarlemmer olij	80 dozijn	
(63)	Maroquin leder	5 dozijn vellen	《4 fellen 》
(64)	blaauw porselein	2 manden	《表17参照》
(65)	Feneciaansche theriac	100	
(66)	balsem copbaiva	50 ponden	
(67)	olij succinie	40 ponden	
(68)	laurier olij	8 ponden	

		脇 荷 物 薬 種 荒 物 集 帳		
商　品		数　　量	落札価格 （脇荷銀）	落札商人
芦薈		70 斤	45 匁 3 分	吉田ヤ
椰子油 {		500 斤	9 匁 2 分 6 厘	助松ヤ
		120 ふらすこ 《50ふらすこ》	20 匁 8 分 5 厘	助松ヤ
金唐皮 {	壱番	22 枚 《8枚》	71 匁 4 分	三芳ヤ助
	弐番	36 枚 《15枚》	73 匁	の口ヤ
	三番	22 枚 《10枚》	43 匁 8 分	の口ヤ
－		－		
ハアルレム油		286 瓶 《22瓶》	2 匁 7 分	すや
類違ハルシヤ皮	類違色	20 枚 《8枚》	△ 41 匁 6 分	山中
－		－		
テリヤアカ		50 斤	26 匁 6 分	山中
ハルサムコツハイハ		24 斤	57 匁 8 分 9 厘	山中
琥珀油		10 斤	27 匁 8 分	三松ヤ
月桂油		2 斤 5 合	7 匁 1 分	唐物ヤ
カストール油		1 斤 5 合	25 匁	舛喜
サルアルモニヤシ		160 斤	22 匁 9 分	吉田ヤ
ホフマン	ストロッフ	10 斤 《2斤》	13 匁	舛喜
スフリイテユスニテイリェステルシユス		15 斤	10 匁 9 分	舛喜
〔上掲 芦薈〕				
カナノヲル		44 斤	31 匁 2 分	ヒノ七
キリン血		2 斤 5 合	32 匁 5 分	岩井ヤ
ハルサムヘイリウ		2 斤 5 合	70 匁	舛喜
マンクエレキシユル		40 瓶	△ 3 匁 4 分	助松ヤ
〔上掲 サルアルモニヤシ〕				
〔上掲 芦薈〕				
		－	－	－
四番部屋 弐番舟船頭				
白檀		4,500 斤	5 匁 8 分 1 厘 2 毛	三
藤		15,000 斤	2 匁 1 分 1 毛	竹のヤ
椰子油 {		500 斤	9 匁 8 分 8 厘	すヤ
		120 ふらすこ 《50瓶》	22 匁 8 分 2 厘	すヤ
サフラン		6 斤 9 合 《2斤》	698 匁	助松ヤ
ヲクリカンキリ		8 斤 《3斤》	99 匁	亀甲ヤ
紺青		35 斤	53 匁 9 分 6 厘	山中
痰切		57 斤	20 匁 3 分	吉田ヤ
芦薈		80 斤	43 匁 8 分	舛喜
金唐皮 {	壱番	45 枚 《15枚》	78 匁 9 分	万ヤ
	弐番	48 枚 《20枚》	80 匁 9 分	万ヤ
	三番	7 枚	65 匁 9 分	竹のヤ
	四番	35 枚	63 匁 9 分	亀甲ヤ
－		－		
ハアルレム油 {	壱番	157 瓶	3 匁 2 分 2 厘	唐物ヤ
	弐番	393 瓶	2 匁 7 分 3 厘	吉田ヤ
類違ハルシヤ皮	類違色	20 枚 《4枚》	△ 45 匁 9 分 8 厘	万ヤ
－		－		
テリヤアカ {	ヘ子チヤ	600 鑵	48 匁 9 分	カキヤ
		20 斤	23 匁 9 分	竹のヤ
ハルサムコツハイハ		16 斤	60 匁	唐物ヤ
琥珀油		25 斤	21 匁 6 分	の口ヤ
月桂油		5 斤	5 匁 1 分	唐物ヤ

90 第2部 オランダ船の脇荷貿易

	Staat der aangebragte kambang goederen	
	Goederen	Hoeveelheid
(69)	caster olij	2 ponden
(70)	sal amoniac	15 ponden
(71)	Hofman	23 ponden
(72)	spiritus nitri	25 ponden
(73)	bloedsteen	90 ponden
(74)	drakebloed	10 ponden
(75)	balsem peru	6 ponden
(76)	elixter	40 flesjes
(77)	aloes	50 ponden
(78)	sal amoniac	1 vaatje
(79)	—	— 《表17参照》
	Pakhuismeester J.F. van Overmeer Fisscher	
(80)	drop	400 ponden 《50 katjes》
(81)	salamoniac	200 ponden
(82)	bloedsteen	80 ponden
(83)	Haarlemmer olij	150 flesjes
(84)	kreeftsoogen	140 ponden 《20 katjes》
(85)	olij succinie	50 ponden
(86)	balsem copaijva	40 ponden
(87)	saffraan	60 ponden 《1: s!: 10 katjes》
		《2: s!: 12 katjes》
(88)	medicijn flesjes	400 stuks 《1 soort: 10》
		《2 soort: 10》
		《3 soort: 10》
		《4 soort: 10》
		《5 soort: 10》
		《10 soort: 10》
(89)	galon	60 ellen 《1: soort: 20 waaijer》
(90)	nacht lampjes	6 stuks 《3》
(91)	gewone kina bast	200 ponden
		《L. Ha. : 30 katje》
(92)	balsem peru	5 ponden
(93)	Rigasche balsem	40 blikjes
(94)	Veniciaansche theriac	60 kleine bosjes
		《2: s!: 30 bosjen》
(95)	bloedkoraal / gruis /	7 picols 《50 katjes》
(96)	goudleer	600 ponden
		《2: soort: 20 vel》
		《3: soort: 20 vel》
		《4: soort: 20 vel》
		《5: soort: 20 vel》
		《6: soort: 40 vel》
		《L. J. : 10 vel》
		《L. Lo. : 20 vel》
		《L. Ha. : 20 vel》

商　品	数　　量	落札価格　(脇荷銀)	落札商人
脇荷物薬種荒物集帳			

商　品	数　　量	落札価格　(脇荷銀)	落札商人
カストール油	1斤5合	18匁9分	三松ヤ
サルアルモニヤシ	160斤	25匁	山中
ホフマン	20斤	8匁	舛喜
スフリイテユスニテイリェステルシユス	20斤	8匁	舛喜
カナノヲル	64斤	33匁5分6厘	山中
キリン血	5斤	35匁6分	唐物ヤ
ハルサムヘイリウ	2斤5合	30匁9毛	山中
マヽクエレキシユル	39瓶	△ 3匁9分1厘	唐物ヤ
〔上掲 芦薈〕				
〔上掲 サルアルモニヤシ〕				
―	―	―	―
五番部屋 へとる ひすとる				
痰切	330斤　《50斤》	19匁4分	吉田ヤ
サルアルモニヤシ { 壱番	150斤	26匁8分	三松ヤ
弐番	20斤	17匁6分	山中
カナノヲル { 壱番	55斤	24匁5分3厘	ノロヤ
弐番	16斤	17匁9分	ノロヤ
ハアルレム油	150瓶	△ 2匁9分3厘	助松ヤ
ヲクリカンキリ	60斤　《15斤》	103匁8分	岩井屋
琥珀油 { 壱番	26斤	△ 23匁	山中
弐番	8斤	△ 18匁9分	三松ヤ
ハルサムコツハイハ	24斤	56匁9分	山中
サフラン { 壱番	14斤　《5斤》	700匁	唐物ヤ
弐番	17斤9合　《7斤》	△ 600匁	三木ヤ
―	―	―	―
―	―	―	―
―	―	―	―
―	―	―	―
―	―	―	―
―	―	―	―
―	―	―	―
キナキナ { い	6斤5合	△ 40匁3分	山中
ろ	8斤	△ 55匁	舛喜
は	100斤　《30斤》	35匁1分3厘	すや
ハルサムヘイリウ	4斤	△ 45匁3分	舛喜
テイーゲハルサム	24瓶	11匁5分	山中
テリヤアカ { 壱番	20鑵	35匁8分	亀甲ヤ
弐番	100鑵　《30鑵》	△ 3匁8分	助松ヤ
屑珊瑚	560斤　《50斤》	6匁3分8厘	唐物ヤ
金唐皮 { 壱番	22枚	116匁8分	萬ヤ
弐番	39枚　《4枚》	67匁9分	カキヤ
三番	45枚　《20枚》	△ 59匁	亀甲ヤ
四番	79枚　《20枚》	74匁	三木ヤ
五番	144枚　《20枚》	53匁7分	三松ヤ
六番	142枚　《40枚》	48匁6分	のロヤ
い	26枚　《8枚》	137匁	囘(伊勢屋)
ろ	48枚　《10枚》	148匁9分	山中
は	41枚　《10枚》	186匁3分	囘(伊勢屋)
に	13枚	114匁2分	殿村ヤ

92 第2部 オランダ船の脇荷貿易

	Staat der aangebragte kambang goederen	
	Goederen	Hoeveelheid
(97)	theriac	20 ponden
(98)	diversche kelkjes	50 dozijn 《表18参照》
(99)	aloë	200 ponden
(100)	Arabische gom	70 ponden
(101)	bast van kina / beste kwaliteit /	10 ponden
(102)	geslepe kompottes	50 stuks 《8》
(103)	genzing wortel	15 katjes
(104)	—	—
(105)	—	—
(106)	—	—
(107)	—	— 《表18参照》
	Den Scriba Van Outeren	
(108)	diverse glaswerken	1 kist 《表19参照》
(109)	theeserviesen	6 stuks
(110)	defecte glazen kroonen	2 stuks
(111)	saffraan	75 katjes 《20 katjes》
(112)	takkoraal / ruwe /	10 picols
(113)	kina	100 katjes
(114)	bloedsteen	35 katjes
(115)	kreeftsoogen	75 katjes 《20 katjes》
(116)	aardewerk	3 manden
	Doctor Von Siebold	
(117)	saffraan	12 ponden 《7 kat.》
(118)	goudleer	200 vellen
(119)	kinabast	50 ponden
(120)	cajapoetie olij	10 flessen
(121)	—	— 《表20参照》
	Doctor H. Burger	
(122)	saffraan	8 ponden 《1 katje》
(123)	kreeftsoogen	50 ponden
(124)	bloedsteen	50 ponden
(125)	drop	50 ponden 《10 katjes》

商　品	数　　量		落札価格　(脇荷銀)	落札商人
	ほ	11 枚	118 匁 7 分	岩井ヤ
	へ	36 枚	89 匁 1 分	唐物ヤ
	と	21 枚	70 匁 8 分	野口ヤ
		23 枚	229 匁 9 分	助松ヤ
	壱番大幅尺長	1 枚 (1 丈)	53 匁	亀甲ヤ
	弐番大幅尺長	4 枚 (2 丈 7 尺)	48 匁 9 分 8 厘	万ヤ
	三番	3 枚 (2 丈 3 尺)	48 匁 9 分	萬ヤ
	四番	1 枚 (1 丈)	36 匁 2 分	殿村ヤ
	壱番尺長	7 枚 (6 丈 6 尺)	△ 20 匁 8 分	三木ヤ
	弐番	27 枚 (16 丈 6 尺)	△ 18 匁 6 分 8 厘	万ヤ
	三番	6 枚 (4 丈 3 尺)	△ 13 匁 5 分	の口ヤ
〔上掲 テリアアカ〕				
—		—	—	—
芦薈		160 斤	46 匁	舛喜
アラヒヤゴン		45 斤	41 匁	竹のヤ
〔上掲 キナキナ〕				
—		—	—	—
廣東人参		10 斤	39 匁 6 分	山中
カミルレ 　但野菊之花	壱番	40 斤	△ 1 匁 7 厘	亀甲ヤ
	弐番	40 斤	△ 8 分	亀甲ヤ
	三番	120 斤	△ 6 分	助松ヤ
キリン血		8 斤	△ 23 匁 9 分	助松ヤ
コムアムモニヤク		20 斤	△ 1 匁 6 分 8 厘	亀甲ヤ
—		—	—	—
六番部屋 あふてれん				
—		—	—	—
—		—	—	—
—		—	—	—
サフラン		24 斤　《5斤》	717 匁 8 分	亀甲ヤ
屑珊瑚		800 斤	6 匁 5 分 9 厘	亀甲ヤ
キナキナ		50 斤	48 匁 9 分	ノ口ヤ
カナノヲル		35 斤	38 匁 6 分	亀甲ヤ
ヲクリカンキリ		30 斤　《8斤》	105 匁 3 分	助松ヤ
—		—	—	—
七番部屋 古外科 しいほると				
サフラン		7 斤 8 合　《2斤》	720 匁	萬ヤ
金唐皮	壱番	23 枚	70 匁	三木ヤ
	弐番	14 枚	74 匁 6 分	上のヤ
	三番	69 枚	66 匁 9 分	萬ヤ
	尺長	9 枚 (8 丈 1 尺)	22 匁 3 分 8 厘	上のヤ
キナキナ		40 斤	△ 38 匁 7 分	山中
カヤフーテ油		10 ふらすこ	△ 41 匁 9 分	山中
—		—	—	—
八番部屋 新外科 ひゆるげる				
サフラン		3 斤　《1斤》	710 匁	唐物ヤ
ヲクリカンキリ		15 斤	107 匁	吉田ヤ
カナノヲル		40 斤	19 匁 1 分	山中
痰切		30 斤　《6斤》	21 匁	カキヤ

94　第2部　オランダ船の脇荷貿易

	Staat der aangebragte kambang goederen	
	Goederen	Hoeveelheid
(126)	balsem copaijva	20 ponden
(127)	glaswerk	jets
	Den Ambtenaar De Villeneuve	
(128)	saffraan	10 ponden 《3 katjes》
(129)	goudleer	100 vellen 《1: soort: 7 vel》
		《2: soort: 6 vel》
(130)	kreeftsoogen	10 ponden 《2 katjes》
(131)	kina bast	50 ponden 《10 katjes》
	Den Ambtenaar C. H. Gozeman	
(132)	saffraan	10 katjes 《3 katjes》
(133)	kaijae poetie olie	11 flessen 《3 flessen》
(134)	glaswerk / zijnde kelkjes / alsmede eenig aardewerk en diverse	2 kistjes 《3 dozijn kelkjes》
	Den Ambtenaar A. Manuel	
(135)	saffraan	12 katjes 《4 katjes》
(136)	drop	200 katjes 《30 katjes》
(137)	salamoniac	120 katjes
(138)	bloedsteen	50 katjes 《12 katjes》
(139)	Haarlemmer olij	250 flesjes 《50 vlessjes》
(140)	kreeftsoogen	40 katjes 《12 katjes》
(141)	oleum succini	35 katjes
(142)	balsam copaiva	25 katjes
(143)	gruis bloedkoraal	7 pikkols 《1: soort: 50 katjes》
		《2: soort: 50 katjes》
(144)	goudleer	200 vellen 《1: soort: 10 vellen》
		《2: soort: 25 vellen》
		《3: soort: 25 vellen》
		《5: soort: 25 vellen》
(145)	kristalle kompottes	6 stuks 《4》
(146)	kristalle kelkjes	14 dozijn
(147)	geslepe karaffen	12 stuks 《3》
(148)	—	— 《表21参照》
	Den Ambtenaar Verkerk Pistorius	
(149)	takkoraal	7 picols
(150)	divers glaswerk	1 kist 《表22参照》
(151)	theeservies	1
(152)	saffraan	60 katjes 《15 k:》
(153)	Berlijns blaauw	170 katjes
(154)	olij succinie	2 katjes
(155)	drop	100 katjes
(156)	salomoniac	35 katjes
(157)	aardewerk	3 manden

脇荷物薬種荒物集帳

商　品	数　　量		落札価格 (脇荷銀)	落札商人
ハルサムコツハイハ	12 斤		57 匁 5 分	山中
－	－		－	－
九番部屋 でひれねうへ				
サフラン	3 斤 4 合	《1斤》	713 匁	三木ヤ
金唐皮 壱番	34 枚	《7枚》	95 匁 9 分	山中
弐番	33 枚	《6枚》	69 匁 8 分	山中
三番	16 枚		43 匁	ノロヤ
ヲクリカンキリ	6 斤	《2斤》	105 匁 1 分	亀甲
キナキナ	30 斤	《7斤》	58 匁	吉田ヤ
拾番部屋 がうせまん				
サフラン	3 斤 9 合	《1斤》	716 匁	三木ヤ
カヤフーテ油	11 ふらすこ	《3瓶》	△ 44 匁 9 分	岩井ヤ
－	－		－	－
拾壱番部屋 まにゑる				
サフラン	8 斤 8 合	《2斤》	621 匁	唐物ヤ
痰切	200 斤	《30斤》	20 匁 9 分	助松ヤ
サルアルモニヤシ	130 斤		24 匁 7 分 8 厘	山中
カナノヲル	56 斤	《12斤》	19 匁 1 分	全（唐物ヤ）
ハアルレム油	216 瓶	《50瓶》	△ 2 匁 8 分 9 厘	助松ヤ
ヲクリカンキリ	40 斤	《10斤》	105 匁 5 分 3 厘	岩井ヤ
琥珀油	40 斤		21 匁 9 分	助松ヤ
ハルサムコツハイハ	30 斤		58 匁 9 分 5 厘	カキヤ
屑珊瑚 壱番	280 斤	《50斤》	8 匁 9 分	亀甲
弐番	280 斤	《5斤》	7 匁 3 分 9 厘	カキヤ
金唐皮 壱番	15 枚	《5枚》	179 匁	吉田ヤ
弐番	36 枚	《10枚》	118 匁 9 分	三松ヤ
三番	64 枚	《25枚》	80 匁 8 分	ノロヤ
四番	40 枚		73 匁 9 分	万ヤ
五番	36 枚	《15枚》	46 匁 8 分	ノロヤ
	16 枚		116 匁	全（吉田ヤ）
尺長	6 枚 (3 丈)		21 匁 6 分	山中
－	－		－	－
－	－		－	－
－	－		－	－
－	－		－	－
拾弐番部屋 ひゆすとうりゆす				
屑珊瑚	600 斤		9 匁 8 分 7 厘	助松ヤ
－	－		－	－
サフラン	56 斤 7 合	《10斤》	740 匁	三木ヤ
紺青 壱番	70 斤		61 匁 8 分	助松ヤ
弐番	35 斤		49 匁 9 分	助松ヤ
琥珀油	2 斤		39 匁	万ヤ
痰切	80 斤		27 匁 9 分	入（竹野屋）
サルアルモニヤシ	35 斤		23 匁 6 分	山中
－	－		－	－

96　第2部　オランダ船の脇荷貿易

	Staat der aangebragte kambang goederen	
	Goederen	Hoeveelheid
(158)	gemeene kina	150 katjes
(159)	−	− 《kreeftsoogen: 15 k'》
	\<Eerste Stuurman H. Douwes\>	
(160)	〈saffraan〉	〈 9 lb.〉
(161)	〈kreeftoogen〉	〈20 lb.〉
(162)	〈Berleijns blauw〉	〈30 lb.〉
(163)	〈theriac〉	〈80 lb.〉
(164)	〈aloe〉	〈40 lb.〉
(165)	〈salamoniac 〉	〈30 lb.〉
(166)	〈bloedsteen〉	〈30 lb.〉
(167)	〈balsem copiva〉	〈20 lb.〉
(168)	〈laurier drop〉	〈50 lb.〉
(169)	〈olij succine〉	〈15 lb.〉
(170)	〈dracken bloed〉	〈 5 lb.〉
(171)	〈goudleer〉	〈50 fellen〉
(172)	−	−
(173)	−	−
(174)	−	−
(175)	−	−
(176)	−	−
(177)	−	−

出典・Staat der aangebragte kambang goederen は、Aangebragte particuliere kambang goederen. Japan Aⁿ. 1826. [Japan Portefeuille Nⁿ. 27. 1829a-b] MS. N.A. Japans Archief, nr. 1601 (K.A. 11803). (Tōdai-Shiryō Microfilm: 6998-1-81-14)。
　　・脇荷物薬種荒物集帳は、「戌紅毛船弐艘分脇荷物〔薬種荒物集帳〕」(杏雨書屋所蔵村上家文書)。
　　・[ ]内は、Nadere factuur van kambang goederen van het Opperhoofd De Sturler. Aangebragte particuliere kambang goederen. Japan Aⁿ. 1826. [Japan Portefeuille Nⁿ. 27. 1829a-b] MS. N.A. Japans Archief, nr. 1601 (K.A. 11803). (Tōdai-Shiryō Microfilm: 6998-1-81-14) による。
　　・〈 〉内は、Factuur van goederen aangebracht met de Onderneeming Capt. M. H. Lels voor reekening en ricico van H. Douwes Eerste Stuurman van vernoemde schip. Aangebragte particulier kambang goederen. Japan Aⁿ. 1826. [Japan Portefeuille Nⁿ. 27. 1829a-b] MS. N.A. Japans Archief, nr. 1601 (K.A. 11803). (Tōdai-Shiryō Microfilm: 6998-1-81-14) による。
註・「−」は、史料に記載のないことを示す。
　　・△は、「不賣分」を示す。
　　・㊉は、「追脇荷」を示す。

商　品	数　　　　量		落札価格　(脇荷帳)	落札商人
		脇荷物薬種荒物集帳		
キナキナ	150 斤		40 匁 8 分	助松ヤ
ヲクリカンキリ	20 斤	《5斤》	△ 105 匁	吉田ヤ
拾三番部屋 壱番薬種荒物				
サフラン	4 斤		726 匁 5 分	三木ヤ
ヲクリカンキリ	16 斤		105 匁 5 分 5 厘	助松ヤ
紺青	28 斤		49 匁	日の七
テリヤアカ	60 斤		29 匁 1 分	山中
芦薈	32 斤		45 匁	吉田ヤ
サルアルモニヤシ	26 斤		22 匁 2 分	ノロヤ
カナノヲル	24 斤		36 匁	日の七
ハルサムコツハイハ	21 斤		57 匁 6 分	山中
—				
琥珀油	5 徳利 但正味 1 斤 2 合宛入		20 匁 1 分	助松ヤ
—			—	—
金唐皮　　壱番	73 枚	《10枚》	68 匁 6 分	山中
弐番	29 枚		56 匁 9 分	三松ヤ
拾四番部屋 壱番薬種外荒物				
サフラン	3 斤 2 合		717 匁	三木ヤ
金唐皮　　壱番	81 枚		120 匁 9 分	山中
弐番	38 枚		87 匁 9 分	山中
キリン血	2 斤 5 合		36 匁	吉田ヤ
拾五番部屋 二番荒物				
サフラン	8 斤 5 合		705 匁	吉田ヤ
類違ハルシヤ皮	類違緋　10 枚		△ 48 枚	仝（吉田ヤ）
拾六番部屋				
サフラン	6 斤		718 匁	吉田ヤ

表16　M. Marcussen 脇荷物(32)(35)(51)内「取り出し」希望品・数量

商　品　名	訳（「　」内は訳例のあるもの）	数量	訳
fruitschaalen met onderschotels	深皿付きの果物を盛る皿、「切子菓子入」、「切子鉢」	2	2
compotten	コンポート（菓子・果物用の足付きの盛り皿）、「切子菓子入」、「切子臺付蓋物」「硝子臺附菓子入」	2 p".	2 ツ
caraffen	水差し、デカンタ、「酢醤油入」、「銘酒瓶」、「硝子瓶」、「切子瓶」	2 p".	2 ツ
presenteer bladje	盆	2 p".	2 ツ
dexel van een roomkom	クリーム鉢の蓋	2	2
defecte sous terrines	欠陥のあるソース鉢	4	4
flackke borden 8 dᵐ.	8 ダイムの平皿、「焼物鉢」	80	80
flackke borden 2ᵈ. soort 7dᵐ.	7 ダイムの平皿第 2 種、「焼物鉢」	40	40
diepe borden	深皿	36	36
fleesch schoetels	肉用の盛り皿	2	2
vische schoetels	魚用の盛り皿	2	2
groente argitten met dexel	蓋付きの野菜用の皿	4	4
groente argitten zonder dexel	蓋の付かない野菜用の皿	4	4
kleijn flesch schaal	小さい肉用の盛り皿	4	4

98   第2部　オランダ船の脇荷貿易

表17　H. M. Lelsz. 脇荷物(61)(64)(79)内「取り出し」希望品・数量

商　品　名	訳（「　」内は訳例のあるもの）	数　量	訳
flackke borden 8 dᵐ	8ダイムの平皿、「焼物鉢」	40	40
flackke borden 7 dᵐ	7ダイムの平皿、「焼物鉢」	20	20
flackke borden kleijn desert bordje	小さいデザート用の平皿、「焼物鉢」	20	20
gedeckte groente argetten met dexel	蓋付きの野菜用の皿	4	4
ovale groente asgetten	楕円形の野菜用の皿	4	4
kleijne fleesch schaalen	小さい肉用の盛り皿	4	4

表18　J. F. van Overmeer Fisscher 脇荷物(98)(107)内「取り出し」希望品・数量

商　品　名	訳（「　」内は訳例のあるもの）	数　量	訳
kelkjes	盃様のコップ、「こつぷ」	36	36
dekselkommen	蓋付きの椀、「硝子蓋物」	20	20
gemeene Vriesche klok	並のフリースラント様式の時計	1	1
behangsel papier	壁紙	1 kist	1箱
kommen met voet	足付きの椀	3	3
vergulde kelkjes 1 soort	金メッキしたコップ第1種、「硝子器」、「臺こつふ」	10	10
vergulde kelkjes 2 sᵗ	金メッキしたコップ第2種、「硝子器」、「臺こつふ」	6	6
vergulde kelkjes met goudrand	金縁のコップ、「硝子器」、「臺こつふ」	4	4
kelkjes met viercante voet 1 soort	四角い足の付いたコップ第1種	6	6
spiegeltjes	小さい鏡、「鏡」	30	30

表19　Van Outeren 脇荷物(108)内「取り出し」希望品・数量

商　品　名	訳（「　」内は訳例のあるもの）	数　量	訳
vergulde kelkjes	金メッキしたコップ、「硝子器」、「臺こつふ」	15	15
karaffen	水差し、デカンタ、「酢醤油入」、「銘酒瓶」、「硝子瓶」、「切子瓶」	7	7
bierglazen	ビールグラス	2 foudralen	2ケース

表20　Von Siebold 脇荷物(121)内「取り出し」希望品・数量

商　品　名	訳（「　」内は訳例のあるもの）	数　量	訳
geslepene glaze steenen	カットガラスの石	1 kistje	1箱
stopflesschjes	栓をした瓶、「薬瓶」、「小瓶」	1 kistje	1箱

表21　A. Manuel 脇荷物(148)内「取り出し」希望品・数量

商　品　名	訳（「　」内は訳例のあるもの）	数　量	訳
olie en azijnzettje	オイルと食用酢のセット、「引提」	1	1
glaze boter potje	ガラス製のバター用の小壺	1	1

第1章　オランダ船の脇荷物輸入　99

表22　Verkerk Pistorius 脇荷物(150)内「取り出し」希望品・数量

商　品　名	訳（「　」内は訳例のあるもの）	数　量	訳
vergulde kelkjes	金メッキしたコップ、「硝子器」、「臺こつふ」	15	15
karaffen	水差し、デカンタ、「酢醬油入」、「銘酒瓶」、「硝子瓶」、「切子瓶」	6	6
bierglazen	ビールグラス	2 foudralen	2ケース

表23　文政9年(1826)の脇荷物売主名一覧表

Staat der aangebragte kambang goederen	脇荷物薬種荒物集帳	Traktementstaten	備　考
Het Opperhoofd De Sturler	壱番部屋　古かひたん	J. W. de Sturler Afgetreden Opperhoofd	旧商館長
Het Opperhoofd G. F. Meijlan	弐番部屋　新かびたん	G. F. Meijlan Opperhoofd	新商館長
Kapitein M. Marcussen	三番部屋　壱番舟船頭	[Het Particuliere Schip Alexander Gezagvoerder Mercus Mercussen]	アレクサンデル号の船長
Kaptein H. M. Lelsz.	四番部屋　弐番舟船頭	[Het Particuliere Schip Onderneming Gezagvoerder H. M. Lels]	オンデルネーミング号の船長
Pakhuismeester J. F. van Overmeer Fisscher	五番部屋　へとる ひする	J. F. van Overmeer Fisscher Pakhuismeester	荷蔵役
Den Scriba Van Outeren	六番部屋　あふてれん	P. van Outeren Scriba en Boekhouder	筆者頭兼簿記役
Doctor Von Siebold	七番部屋　古ﾙﾄﾙ いほると	P. F. von Siebold Chirurgijn Majoor	旧外科医
Doctor H. Burger	八番部屋　新ﾙﾄﾙ ひゆるげる	H. Burger Apotheker der 3e. Klasse	薬剤師
Den Ambtenaar De Villeneuve	九番部屋　ゃびﾙねうへ	C. H. de Villeneuve Teekenaar	画家
Den Ambtenaar C. H. Gozeman	拾番部屋　がうせまん	C. H. Gozeman Klerk der 2e. Klasse	商館員
Den Ambtenaar A. Manuel	拾壱番部屋　まに゛ゑる	A. Manuel Klerk der 2e. Klasse	商館員
Den Ambtenaar Verkerk Pistorius	拾弐番部屋　ひゅけとりゅけ	J. W. Verkerk Pistorius Ambtenaar	商館員
<Eerste Stuurman H. Douwes>	拾三番部屋　壱番荒物役		航海士
－	拾四番部屋　壱番身荒物料		
－	拾五番部屋　二番荒物料		
－	拾六番部屋		

出典・Staat der aangebragte kambang goederen は、Aangebragte particuliere kambang goederen. Japan Aº. 1826.
　　[Japan Portefeuille Nº. 27. 1829a·b] MS. N.A. Japans Archief, nr. 1601 (K.A. 11803). (Tōdai-Shiryō Microfilm:
　　6998·1·81·14)。
　・脇荷物薬種荒物集帳は、「戊紅毛船弐艘分脇荷物〔薬種荒物帳〕」(杏雨書屋所蔵村上家文書)。
　・Traktementstaten は、[Japan Portefeuille Nº. 24. 1826] MS. N.A. Japans Archief, nr. 1509 (K.A.11799).
　　(Tōdai-Shiryō Microfilm: 6998·1·78·18)。
　・〔　〕内は、Factuur 1826. [Japan Portefeuille Nº. 24. 1826] MS. N.A. Japans Archief, nr. 1509 (K.A. 11799).
　　(Tōdai-Shiryō Microfilm: 6998·1·78·20)。

者のものと考えられる。[7]

(2) (20) (25) (55) (87) (111) (117) (122) (128) (132) (135) (152) (160) (172) (175) (177) サフラン　→　saffraan

　サフラン saffraan は、アヤメ科クロカス属の一種。花蕊の柱頭を乾燥し、健胃・鎮静剤とする。アルコールで浸出したサフラン・チンキは優れた発汗・解熱剤とされた。また、関節痛を和らげ、結腫を軟化し、内腫を消す効もあるので膏薬にも用いるとする所見もある。[8]

(3) (26) (56) (84) (115) (123) (130) (140) (159) (161) ヲクリカンキリ　→

kreeftsoogen, kreeftoogen

ヲクリカンキリ kreeftsoogen（ラテン名：oculicancri）は，ザリガニの胃の中にできる結石。ただし，kreefts（cancri）は「ザリガニの」，oogen（ocli）は，「目玉」の意。制酸剤。小児の癇（ひきつけ・驚風）・胃痛・止痢に効があるとされた。中国名蝍蛄石（らこせき）。[9]

(4) (95) (112) (143) (149) 屑珊瑚　→　bloedkoraal / gruis /, gruis bloed-koraal, takkoraal, takkoraal / ruwe /

bloedkoraal の bloed は「血」，koraal は「珊瑚」。gruis は「砂利」。tak-koraal の tak は「枝」，すなわち枝珊瑚。ruwe は「天然のままの」の意。珊瑚は主に女性の装飾品として珍重された。屑珊瑚と訳されていることより，細かい形状のものや，質の落ちるものであったと考えられる。[10]

(5) (28) (58) (80) (125) (136) (155) 痰切　→　drop

乾燥した甘草の根を蒸留してとるエキス。すなわち甘草エキス。あめ玉状に固めて粒にしたもの。咳止め・去痰薬。[11]

(6) (22) (31) (60) (96) (118) (129) (144) (171) (173) 金唐皮　→　goudleer, goudleder

金泥などで模様をおいた装飾皮で，壁紙や屏風・家具などに貼るためにヨーロッパで制作・使用された。日本に輸入されてからは，主に小さく裁断され，たばこ入れや巾着などの袋物に用いたり，小物に飾りとして貼ったりした。[12]

(7) (8)　—　→　repetitie horlogies, repetitie gewone horlogies

repetitie は「繰り返し」，gewone は「普通の」，horlogie(-s) は「（懐中）時計」のこと。日本側の訳例としては「押打袂時計」「袂時計」などがある。[13]

(9) ホヽトル　→　boter

バター，乳酪。解毒剤，便秘薬。[14]

(10) ホルトカル油　→　zoeten olie

zoeten は「甘みをつけた」，olie は「油」。オリーブ油。オリーブの木の熟果を搾ってとる油。アラビアゴム漿（後述）に交えて融解し鎮痛・滑利剤と

し，膏薬の基剤にもした。(15)

(11) ブラントウヱン → Franschen brandewijn

Franschen は「フランス産の」，brandewijn は「ブランデー」のこと。フランス産のブランデー。

(12) テレメンテイン油 → terpentijn olie

マツ科の植物，特に松の木から採る含油樹脂(松やに)を蒸留して得る揮発性油。硫黄の溶剤として皮膚病薬をつくるのに用いた。軟膏。(16)

(13) — → vruchten op brandewijn

vrucht(-en)は「果実」，brandewijn は「ブランデー」。ブランデー漬けの果実のこと。

(14) ゼ子フル → jenever

ジュネバ・ジン。

(15) — → konfituren

konfituren は「果物の砂糖漬け」のこと。

(16) — → likeuren

likeur(-en)は「リキュール」のこと。日本側の訳例としては「銘酒」がある。(17)

(17) — → bijouterien

bijouterien は「宝石類，(貴金属製の)装身具類」の意であるが，天保6年(1835)の誂物の例では「細物類」と訳されており，この中には「penne-mes　小刀」「muzijkdoos　オルゴル箱」「brillen　鼻めかね」「snuifdoozen　鼻たばこ入」などが含まれている。(18)

(18) — → porselein

porselein は「磁器」のこと。日本側の訳例としては，「porseleine koel-kom　焼物とんぶり」「porceleinen schotels　焼物鉢」などがある。(19)

(19) — → blik

blik は「ブリキ(板)」のこと。日本側の訳例としては「blikken veld fles-schen　フリツキ瓶」などがある。(20)

(21) — → zilvere horlogies

zilvere は「銀」の意。horlogie(-s)は上述。日本側の訳例としては「銀袂時計」「袂時計」などがある。[21]

(23)(52)白檀　→　sandelhout

江戸時代の日本では薬用木。発汗・利尿の効があり，憂うつ症にも効く薬物。蒸留して檀香油を採り膏薬にも用いる。[22]

(24)(53)藤　→　rotting

rotting は籐づえ。籐(藤)は，やし科の蔓性木本。マライ語で rotan。船綱に編み，モッコ(編目に編んだ担荷用の農具。鉱山で鉱石を担いだすにも用いた)などにもつくった。[23]

(27)(57)(153)(162)紺青　→　Berlijns blaauw, Berlijns blaauw

Berlijns は「ベルリンの」，blaauw(blauw)は「青」。化学合成された青色顔料プルシアンブルー Prussian blue のこと。プルシアンブルーはプロシアにおいて 1704 年から 1707 年の間に発見され，1730 年頃ヨーロッパにおいて広まりをみせ，浮世絵など日本で広く普及したのは文政 12 年(1829)頃とされている。[24]

(29)(44)(50)(59)(77)(99)(164)芦薈　→　aloe, aloë, aloes

芦薈はアロエのこと。アロエ aloe, aloë, aloes は，ユリ科の多年草。その葉から採る汁液を濃縮，半固体にしたのが，ガム・アロエ。緩下剤。[25]

(30)(54)椰子油　→　klapperolij

klapper は「ココヤシの実」，olij は「油」の意。ココヤシの果実の胚乳を搾った油。特殊な臭いのある，白色または淡黄色の脂肪。主成分はミリスチン酸など低級脂肪酸を多く含む。便秘・痔・痛風の際，塗布する良薬という。[26]

(32)(61)(108)(127)(150)　―　→　divers glaswerk, diverse glaswerken, diverent glaswerk, glaswerk

divers(diverse, diverent)は「種々の」の意。glaswerk(-en)はガラス製品。日本側の訳例としては「硝子器類」「硝子器」「切子物」などがある。[27]

(33)(62)(83)(139)ハアルレム油　→　Haarlemmer olij

Haarlemmer は「ハーレムの」，olij は「油」。熱帯アフリカ原産アブラヤ

シの果皮から得られる脂肪油。[28]

(34) (63) (176) 類違ハルシヤ皮　→　Maroquin leder, Markijn leder

Maroquin（Markijn）は「モロッコ皮」，leder は「皮」の意。類違は，従来のものとは違ったニュータイプを意味する。ハルシヤは「ペルシア」のこと。モロッコ皮を日本側は「ハルシヤ皮」と訳している。山羊などの皮をなめし，染色して模様をおいたもの。鎧のおどし，馬具などの飾り皮，袋物などに用いた。[29]

(35) (64)　—　→　blaauw porselein

blaauw は「青色」，porselein は上述。青色の磁器。

(37) (66) (86) (126) (142) (167) ハルサムコツハイハ　→　balsem copaiva, balsem copbaiva, balsem copaijva, balsam copaiva, balsem copiva

南米産のマメ科コパイバ樹 copaiba から採れる芳香のある含油樹脂 balsam。肺病や気管支炎・膀胱炎・淋病の治療に用いる。[30]

(38) (67) (85) (141) (154) (169) 琥珀油　→　olij succini, olij succinie, olij succine, oleum succini

琥珀油は，琥珀 barnsteen coral. alambercoral（化石樹脂）の蒸留油で，利尿薬・止血薬（白帯下，吐血などの止血）・抗痙攣薬（子癇・てんかんの鎮痙薬）とした。また琥珀塩を琥珀油から分離し，揮発・衝動薬とした。[31]

(39) (68) 月桂油　→　laurier olij

地中海沿岸地域原産クスノキ科ゲッケイジュの果実油。健胃剤・利尿薬・月経の促進に用いる。[32]

(40) (69) カストール油　→　caster olij

海狸 beaver の鼠蹊部の腺から分泌する強い香気のある油性物質。覚醒作用がある。[33]

(41) (49) (70) (78) (81) (137) (156) (165) サルアルモニヤシ　→　sal amoniac, salamoniac, salomoniac

塩化アンモニウム。牛馬・駱駝などの動物の尿を凝固したものに海塩，煙煤を加え，水溶液を濾過，蒸散して固めたもの。止痢・去痰に用いる。石灰精（エキス）を加えて発汗・解熱にも用いた。[34]

104　第2部　オランダ船の脇荷貿易

(42)(71)ホフマン，ホフマン ストロッフ　→　Hofman

　ホフマンス・ドロップ Hoffmanns drop は，ドイツの薬学者フリードリッヒ・ホフマン F. Hoffmann 創製の甘草エキス drop van soethout のこと。[35]

(43)(72)スフリイテユスニテイリエステルシユス　→　spiritus nitri

　甘硝石精。解熱剤。[36]

(45)(73)(82)(114)(124)(138)(166)カナノヲル　→　bloedsteen

　カナノヲル(bloedsteen)は，血留石と称し，血石すなわち繊維赤鉄鉱。カナノヲルはインド・マラバール海岸の輸出港 Cananor (Kananur)からきている。血石はオランダ語 bloedsteen の訳語。止血剤。[37]

(46)(74)(105)(174)キリン血　→　drakebloed

　キリン血は，ユリ科の高木竜血樹の樹脂または果実の蒸留液を乾かして固めたもの。強力な収斂作用がある。止血・止瀉薬。[38]

(47)(75)(92)ハルサムヘイリウ　→　balsem peru

　中南米原産。含油樹脂。去痰薬。気管支炎・肺気腫の治療に用いる。[39]

(48)(76)マヽクヱレキシユル　→　elixter

　Maag elixer。Maag は「胃」，elixer は「エリキシル(甘味剤や芳香剤を加えて飲みやすくした，アルコールを含む内服液剤)」。健胃漿。

(88)　—　→　medicijn flesjes

　medicijn は「薬」，flesje(-s)は「瓶」のこと。日本側の訳例としては「薬瓶」「小瓶」「硝子小瓶」などがある。[40]

(89)　—　→　galon

　galon は「(金銀の)飾り[打ち]ひも，モール」のこと。日本側の訳例としては「笹縁り」がある。[41]

(90)　—　→　nacht lampjes

　nacht lampje(-s)は「ナイトランプ」のこと。

(91)(101)(113)(119)(131)(158)キナキナ　→　kina, kinabast, kina bast, gewone kina bast, bast van kina / beste kwaliteit /, gemeene kina

　kina は「キナ皮，キナの木」，bast は「樹皮」，gewone, gemeene は「普

通の，並の」の意。beste kwaliteit は「最高品質」の意。キナはアカネ科の常緑高木。ペルー・ボリビアなどアンデス山地原産の薬用植物。その樹皮から解熱薬，特にマラリア熱の特効薬キニーネ quinine その他のアルカロイドを採る。また樹皮のアルコール浸出液を蒸散してエキスをつくり，健胃・強壮薬にした。キニーネを「quina quina」といい，化政期以降，輸入例が多い。マラリヤ(瘧)だけでなく一般解熱にも用いた。[42]

(93)テイーゲハルサム　→　Rigasche balsem

Rigasche は「リガ(現ラトビア共和国の首都)の」，balsem は「バルサム(芳香性樹脂)」のこと。

(98)　―　→　diversche kelkjes

diversche は「種々の」，kelkje(-s)は「コップ」のこと。日本側の訳例としては「こつぷ」「臺こつふ」などがある。[43]

(100)アラヒヤゴン　→　Arabische gom

Arabische gom(アラビアゴム)は，マメ科の高木アラビアゴムノキの分泌する樹脂を固まらせたもの。肉豆蔲油・オリーブ油などの薬用油，龍脳，麝香など油性のものを薬剤とする場合，これらを溶かすのに用いるアラビアゴム漿(その細末に沸湯を加えて研和した膠質溶液)をつくる。[44]

(102)　―　→　geslepe kompottes

geslepe は「カットされた」，kompotte(-s)は「コンポート(菓子・果物用の足付きの盛り皿)」のこと。日本側の訳例としては「菓子入」「硝子菓子入」「切子丼」「蓋物」「硝子臺附菓子入」などがある。[45]

(103)廣東人参　→　genzing wortel

genzing(genezing)は「治療」，wortel は「ニンジン」の意。廣東人参は，はじめフランス船，後にはアメリカ船，イギリス船が中国広東に輸入し，その後，長崎に輸入されたカナダ産の人参。中国産人参と同属近縁のものであり，薬用(胃の薬)に使用された。[46]

(104)カミルレ 但野菊之花　→　―

カミルレは，キク科の1・2年草カモミルラ chamomilla Romana の花を乾燥したもので，発汗・解熱薬とされた。オランダ人はこの草を kamille と

いった。(47)

(106) コムアムモニヤク　→　―

gom ammoniak 。ペルシア・インド地方に自生するセリ科の植物アンモ
ニア樹が分泌するゴム性の樹脂。前出アラビアゴムと同じく油性の薬物を溶
融するのに用いる。このゴム漿に龍脳を加えて攪拌し，キナ煎を加えて投薬
すれば，血液腐敗に進む病状を防止するのに殊効があるとしている。(48)

(109)(151)　―　→　theeservies, theeserviesen

theeservies(-en)は「茶器セット」のこと。日本側の訳例としては「茶
器」「硝子器」などがある。(49)

(110)　―　→　defecte glazen kroonen

defecte は「欠陥のある」，glazen kroonen は「ガラス製のシャンデリ
ア」のこと。

(116)(157)　―　→　aardewerk

aardewerk は「陶器」のこと。日本側の訳例としては「焼物類」があ
る。(50)

(120)(133) カヤフーテ油　→　cajapoetie olij, kaijae poetie olie

カヤフーテ(cajapoetie, kaijae poetie)はテンニン科の高木。マライ語で「白
い木」の意。その蒸留油は胃痙攣・胃痛に偉効がある。モルッカ群島中のバ
ンダ島産が名品であった。(51)

**(134)　―　→　glaswerk / zijnde kelkjes / alsmede eenig aardewerk en
diverse**

本品は「コップといった硝子器類，その上いくつかの焼物類と各種雑多な
もの」の意。

(145)　―　→　kristalle kompottes

kristalle は「クリスタルガラス製の」，kompotte(-s)は上述。日本側の訳
例としては「菓子入」がある。(52)

(146)　―　→　kristalle kelkjes

kristalle, kelkje(-s)共に上述。日本側の訳例としては「臺こつふ」があ
る。(53)

第1章　オランダ船の脇荷物輸入　107

(147)　―　→　geslepe karaffen

geslepe は上述。karaf(-fen) は「水差し，デカンタ」のこと。日本側の訳例としては「酢醤油入」「銘酒瓶」「硝子瓶」「切子瓶」「瓶」などがある。[54]

(168)　―　→　laurier drop

laurier は「ゲッケイジュ」，drop は「甘草エキス入りのキャンディー」のこと。月桂樹のキャンディー。

(170)　―　→　dracken bloed

キリン血。上述参照。

お わ り に

以上，本章においては，文政9年を事例として脇荷貿易で取引された商品(脇荷物)について考察をおこなってきた。

文政9年の場合，史料的に各商品(脇荷物)の仕入値の全容は未詳であるため，その詳細をつかむことはできない。しかし，シーボルト P. F. von Siebold とフィレネウフェ C. H. de Villeneuve の脇荷物に関しては，それぞれの「個人リスト」に仕入値が記されているため，両人の脇荷物に関してのみその仕入値と日本商人への売値(日本商人落札価格)を比較検討することが可能である。両人の各商品の仕入値と売値を一覧表にして示すと表24のようになる。この表からわかるように，シーボルトの脇荷物で「キナキナ」と「カヤフーテ油」は売値は付いたが「不賣」となっている。仕入値に対して売値が低かったことがその原因であることは間違いあるまい。「カヤフーテ油」に至っては売値が仕入値より低い価格となっている。それに対して，シーボルトの脇荷物中の金唐皮(尺長)に低い売値がついているにもかかわらず販売されているが，おそらく質的にあまり良くないものであったためと考えられる。その他の品々は仕入値の3.4～7.7倍で販売されている。当時の脇荷取引では35％の税が課されていたことよりこの倍率で販売されなければ売主にとって当然収益にはつながらなかったのであろう。[55]

オランダ側史料で売主が自分の商品からの「取り出し」の願いを記してお

108　第 2 部　オランダ船の脇荷貿易

表 24　文政 9 年(1826)のシーボルトとフィレネウフェの脇荷物仕入値と売値

商　品　名	仕　入　値	売　　　値	売　値 / 仕入値
シーボルトの脇荷物			
saffraan サフラン	1 斤に付 158 匁 6 分 4 厘	1 斤に付 720 匁	4.5
goudleer 金唐皮	1 枚に付 12 匁 5 分	1 枚に付(壱番)70 匁	5.6
		1 枚に付(弐番)74 匁 6 分	6.0
		1 枚に付(三番)66 匁 9 分	5.4
		1 枚に付(尺長)22 匁 3 分 8 厘	1.8
kinabast キナキナ	1 斤に付 15 匁 1 分	1 斤に付 38 匁 7 分 (積)	2.6
cajapoetie olij カヤフーテ油	1 ふらすこに付 62 匁 5 分	1 ふらすこに付 41 匁 9 分 (積)	0.7
フィレネウフェの脇荷物			
saffraan サフラン	1 斤に付 188 匁 8 分 6 厘	1 斤に付 713 匁	3.8
goudleer 金唐皮	1 枚に付 12 匁 5 分	1 枚に付(壱番)95 匁 9 分	7.7
		1 枚に付(弐番)69 匁 8 分	5.6
		1 枚に付(三番)43 匁	3.4
kreeftsoogen ヲクリカンキリ	1 斤に付 22 匁 6 分 6 厘	1 斤に付 105 匁 1 分	4.6
kina bast キナキナ	1 斤に付 15 匁 1 分	1 斤に付 58 匁	3.8

註：仕入値欄は、1 ポンド=0.8273 斤、1.6 グルデン=1 カンバンテール=脇荷銀 10 匁で換算した結果の数値を記している。

り，これを日本側史料で「紅毛人」「除キ」としてそれぞれの数量を記入しているが，果たして「取り出し」された後どのような扱いがされたのであろうか。「取り出し」た本人が使用したり，贈り物として使用されたことも考えられるが，その多くは「除き物」として幕府高官や長崎地役人等に販売されたと推測されよう。

　文政 9 年の脇荷物の種類は，文政期の他の年度に輸入された脇荷物と共通しており，[56] 当時の脇荷物としての特色を備えた品々ということができる。すなわち，薬品類，ガラス器・陶磁器などの食器類，皮革・酒・顔料・時計等々，雑貨・小間物類からなっている。これらは，本方荷物にはみられない品々である一方，誂物と共通する品が多く含まれている。脇荷物における多くの薬品類と，誂物における薬品・書籍・武器類[57]は，当時の蘭学興隆の面からみると，文化史上，大変重要な取引の品々ということができるのである。

　註
（1）　山脇悌二郎「脇荷貿易雑考」(箭内健次編『鎖国日本と国際交流』下巻，吉川弘文館，昭和 63 年)99 頁参照。『続長崎鑑』(長崎学会叢書第 7 輯，昭和 35 年)23 頁

参照。

（2）　前掲山脇論文「脇荷貿易雑考」参照，100 頁。山脇氏は，阿蘭陀内通詞仲間の結成が許された寛文 10 年(1670)をもって脇荷貿易の公認とされている(『通航一覧』第四，国書刊行会，大正 2 年，181 頁参照。「花蛮交市洽聞記」『長崎県史』史料編第四，吉川弘文館，昭和 40 年，278 頁参照)。

（3）　前掲山脇論文「脇荷貿易雑考」参照，102 頁。J. A. van der Chijs, *Nederlandsch-Indisch Plakaatboek 1602～1811*, Tweede Deel. 's Hage, 1880, p. 421.

（4）　永積洋子「オランダ商館の脇荷貿易について—商館長メイランの設立した個人貿易協会(1826-1830 年)—」(『日本歴史』第 379 号，昭和 54 年)参照。

（5）　Aangebragte particuliere kambang goederen. Japan A.° 1826. [Japan Portefeuille N.° 27. 1829a-b] MS. N.A. Japans Archief, nr. 1601 (K.A. 11803). (Tōdai-Shiryō Microfilm: 6998-1-81-14). 本史料は，旧来の在日オランダ商館文書の 1826 年の史料群[Japan Portefeuille N.° 24. 1826]ではなく，1829 年の史料群[Japan Portefeuille N.° 27. 1829a-b]に含まれていたことより，個人貿易協会 Particuliere Handelsociëteit にとっての参考資料として残された可能性が高いことを指摘しておきたい。なお，これは旧来の所蔵形態を記録している東京大学史料編纂所所蔵のマイクロフィルムによってわかることであり，[Japan Portefeuille]が解体，整理，所蔵されているオランダ国立中央文書館の現状形態では確認することはできない。

（6）　「取り出し」を願うリストの表題はさまざまであるが，ここでは，筆者頭兼簿記役のアウテーレン P. van Outeren と，荷蔵役のオーフェルメール＝フィッセルJ. F. van Overmeer Fisscher のリストの表題を挙げておく。

・アウテーレンのリストの表題：Nota der goederen, welke de ondergeteekende als nog wenschten te ligten uit het kambang pakhuis.(下記署名者[私]がカンバン[脇荷]倉庫からさらに取り出したい品物の覚書)

・オーフェルメール＝フィッセルのリストの表題：De ondervolgende artikelen wenschte ik van mijne goederen in de Lelij 't huis te hebben. (私は，下記商品を[倉庫]レリーの私の品物の中から[出島の私の]家に持って行くことを望みます)

（7）　山脇悌二郎『近世日本の医薬文化』(平凡社，平成 7 年)(以下，『医薬文化』と略記)142・183～198 頁参照。同「スタト・ティール号の積荷—江戸時代後期における出島貿易品の研究—」(『長崎談叢』第 49 輯，昭和 45 年)(以下，『スタト』と略記)22 頁参照。同『長崎のオランダ商館』(中央公論社，昭和 55 年)(以下，『オランダ商館』と略記)173 頁参照。「遠西醫方名物考」(〈原文篇〉『近世歴史資料集成』第 V 期，科学書院，平成 20 年)(以下，『名物考』と略記)358～359 頁参照。

110　第2部　オランダ船の脇荷貿易

（8）　『医薬文化』147頁参照。『スタト』24頁参照。『名物考』520頁参照。『和蘭薬鏡』(科学書院，昭和63年)1001～1010頁参照。

（9）　『医薬文化』139頁参照。『スタト』17頁参照。清水藤太郎「薬物需給史」(『明治前日本薬物学史』第1巻，昭和32年)(以下，『薬物』と略記)221頁参照。

（10）　『オランダ商館』88～90頁参照。

（11）　『医薬文化』145・152頁参照。『スタト』17・20頁参照。『名物考』120頁参照。

（12）　『おらんだのたのしみ方』(たばこと塩の博物館，平成20年)8頁参照。

（13）　拙著『日蘭貿易の構造と展開』(吉川弘文館，平成21年)(以下，『構造と展開』と略記)387頁参照。

（14）　『薬物』222頁参照。『名物考』76～78頁参照。

（15）　『医薬文化』157頁参照。『スタト』25頁参照。『名物考』155～161頁参照。

（16）　『医薬文化』138頁参照。『スタト』23頁参照。

（17）　『構造と展開』377頁参照。

（18）　『構造と展開』306～310頁参照，Lijst der eisch goederen van 1835. [Japan Portefeuille Nº. 33. 1835] MS. N.A. Japans Archief, nr. 1456 (K.A. 11809). (Tōdai-Shiryō Microfilm: 6998-1-85-6).

（19）　『構造と展開』386頁参照。

（20）　『構造と展開』349頁参照。

（21）　『構造と展開』403頁参照。

（22）　『オランダ商館』74頁参照。『医薬文化』119頁参照。『和蘭薬鏡』1164頁参照。

（23）　『スタト』27頁参照。

（24）　『構造と展開』54頁参照。

（25）　『医薬文化』148頁参照。

（26）　『日本国語大辞典』第19巻(小学館，昭和51年)471頁参照。『和蘭薬鏡』1128頁参照。

（27）　『構造と展開』362頁参照。

（28）　宮下三郎『長崎貿易と大阪―輸入から創薬へ―』(清文堂出版，平成9年)302頁参照。

（29）　『オランダ商館』82頁参照。

（30）　『医薬文化』56・156頁参照。『名物考』58～61頁参照。

（31）　『医薬文化』129頁参照。『名物考』338～348頁参照。

（32）　『世界薬用植物百科事典』(誠文堂新光社，平成12年)(以下，『薬用植物』と略記)224～225頁参照。『名物考』244～245頁参照。

（33）　『医薬文化』194頁参照。『名物考』217～224頁参照。

（34）　『医薬文化』145～146頁参照。『名物考』120～125頁参照。

(35)　『医薬文化』155 頁参照。

(36)　『スタト』23 頁参照。

(37)　『薬物』221 頁参照。『名物考』301 頁参照。

(38)　『医薬文化』71 頁参照。

(39)　『薬用植物』236 頁参照。『名物考』61〜62 頁参照。

(40)　『構造と展開』379 頁参照。

(41)　『構造と展開』363 頁・402〜403 頁参照。

(42)　『医薬文化』146 頁参照。『スタト』16 頁参照。

(43)　『構造と展開』372 頁参照。

(44)　『医薬文化』33〜34 頁参照。『スタト』17 頁参照。

(45)　『構造と展開』374 頁参照。

(46)　『医薬文化』220 頁参照。

(47)　『医薬文化』108・145 頁参照。『スタト』19 頁参照。『名物考』163〜165 頁参照。

(48)　『スタト』18 頁参照。『名物考』353〜354 頁参照。

(49)　『構造と展開』395 頁参照。

(50)　『構造と展開』345 頁参照。

(51)　『医薬文化』156 頁参照。『スタト』25 頁参照。

(52)　『構造と展開』374 頁参照。

(53)　『構造と展開』374 頁参照。

(54)　『構造と展開』372 頁参照。

(55)　「長崎会所五冊物」(『長崎県史』史料編第四，吉川弘文館，昭和 40 年)166 頁参照。

(56)　例えば，「文政八年　酉年阿蘭陀船向々様御訛并本方脇荷差出し帳」(長崎歴史文化博物館収蔵)にみられる文政 8 年の脇荷物リストや「六番唐紅毛風説書」(愛日教育会所蔵)にみられる文政 11 年の脇荷リスト，「崎陽齎来目録」一(早稲田大学図書館所蔵)にみられる文政 13 年の脇荷物リスト。

(57)　『構造と展開』第 2 部・第 3 部参照。

第2章　賃借人の登場
──脇荷貿易システムの改変とその実態──

は　じ　め　に

　前章で述べたように，出島商館長のメイランによって設立された個人貿易
協会 Particuliere Handelsociëteit による脇荷貿易は，文政 10 年(1827)から
同 12 年(1829)にかけて 3 年間実施されたが，結局オランダ商館内部の対
立・抗争により個人貿易協会は同 13 年(1830)に廃止となり，脇荷貿易は
1818 年の規程に復した。

　その後の脇荷貿易に関して，シーボルトは『日本交通貿易史』の中で「其
數年後に至り私人貿易即度々述べたる看板貿易は其株をバタウィアの一貿易
店に賃貸せり」(1)と述べている。また，山脇悌二郎氏も「〔Particuliere Han-
delsociëteit 解消後〕脇荷貿易をおこなう権利をバタフィアで入札に付し，落
札者が脇荷貿易権の賃借人として長崎で貿易することに改め，商館職員・船
員の私貿易関与・参加を排除した」(2)と述べられている。すなわち，個人貿
易協会 Particuliere Handelsociëteit が廃止になった後，脇荷貿易は旧に復
すが，さらにその後，脇荷貿易は「一貿易店」「賃借人」に委ねられ，商館
職員・船員の私貿易関与・参加が排除されたということである。しかし，こ
のようなシステムが一体いつからはじまり，それがどのようなものであった
のかは未だ十分明らかにされていない。(3)

　そこで，本章においては，オランダ側・日本側両史料を検討することによ
り賃借人の脇荷貿易のはじまりとその実態について考察していきたい。

第1節　脇荷貿易における賃借人の登場

　文政 13 年(1830)前後まで，オランダ船の脇荷貿易は，オランダ商館長以下の館員や船員等の役得として一定額だけ許された私貿易品の取引であった。当時の私貿易品(脇荷物)は，日本側で作成された積荷目録に部屋割で列挙・記載されている。例えば文政 6 年(1823)の脇荷物の積荷目録には，

　　未紅毛弐艘脇荷物
　　　壱番部や　新かひたん
　一大ふくひ　　　　　　　千百斤
　一藤　　　　　　　　　　壱万斤
　　　(中略)
　　　二番部や　壱番船頭
　一ホルトカル油　　　　　十四はこ
　　　(中略)
　　　三番部や　二番船頭
　一サフラン　　　　　　　三くわん
　　　(後略)(4)

などとあり，表 25 に示す脇荷物の売主のもとに商品名と数量が記されている。しかし，このような形式の記載は，天保 5 年(1834)までであり，天保 6 年(1835)になると「未紅毛部屋之脇荷物」(後掲表 26 参照)の表題のもとに，15 品目が列挙され，部屋割の表記はなくなる。(5)　ちなみに天保 7 年(1836)の積荷目録も「脇荷物差出シ」のもとに 32 品目，(6)　天保 8 年(1837)の積荷目録も「脇荷物高」のもとに 36 品目が列挙され，(7)　従来の部屋割による記載はみられない。このように日本側史料である積荷目録をみる限り，天保 5 年(1834)まではオランダ商館長以下の館員や船員の私貿易品(脇荷物)が取引されていたことは確認できるが，天保 6 年(1835)以降はそれをみいだすことはできない。

　天保期に誂物や脇荷物の取引を担当した御内用方通詞楢林鐵之助の控であ

114 第2部 オランダ船の脇荷貿易

表25 文政6年(1823)の脇荷物売主名一覧表

積荷目録		給与簿および日記	備考
壱番部や	新かひたん	〔De Sturler〕	新商館長
二番部や	壱番船頭	〔M. Azon Jacomettie〕	ドリー・ヘズス テルス号の船長
三番部や	二番船頭	〔H. M. Lelsz.〕	オンデルネー ミング号の船長
四番部や	ひつする	J. F. van Overmeer Fisscher Scriba	筆者頭
五番部や	しいほると	P. F. von Siebold Chirurgijn Majoor	外科医
六番部や	ばうゑる	F. C. Bauer Klerk der 1ᵉ Klasse	一等書記
七番部や	でふめる	C. Depmeer Klerk der 1ᵉ Klasse	一等書記
八番部や	へんむる	C. V. van Bemmel Klerk der 2ᵉ Klasse	二等書記
九番部や	ごうぜまん	C. H. Gozeman Klerk der 2ᵉ Klasse	二等書記
十番部や	モイスゲン	A. Manuel Klerk der 2ᵉ Klasse	二等書記
十一番部や	おうてれんき	〔Van Outeren〕	職員
十二番部や	壱番船按針役	—	
十三番部や	二番舟外科みゆんつ	—	
十四番部や	二番舟上按針役	—	
十五番部や	二番舟下按針役	—	

出典・積荷目録は、「四番紅毛風説書」(愛日教育会所蔵)。
・給与簿は、Traktements Staten 1823. [Japan Portefeuille Nᵒ. 21. 1823] MS. N.A. Japans Archief, nr. 1507 (K.A. 11796). (Tōdai-Shiryō Microfilm: 6998-1-76-7)。
・日記は、日蘭学会編『長崎オランダ商館日記』十(雄松堂出版、平成11年)。
なお、「給与簿および日記」欄では〔 〕を付けて表記した。

る「御内用方諸書留」[8](以下「諸書留」と記す)には、出島商館長ニーマン Johann Erdewin Niemann の署名を持つ蘭文(1835年7月30日付け)を翻訳した「阿蘭陀人壁書和解」が書留られており、その冒頭二条には次のように記されている。

　　　　阿蘭陀人壁書和解
　一脇荷商賣者是迠自分ㄘㄘ尓商ひ仕来し處、此節咬𠺕吧奉行之命尓依て
　　脇荷掛之者を申付、其者計ニ而脇荷一躰之事を取計ふ也
　一右掛之者之外は一切於御当所致交易間敷、猶自分入用之品たりとも右
　　掛り役人に無沙汰尓して調物をする事を赦さす

とあり、1835年(天保6)にオランダ東インド政庁の総督(「咬𠺕吧奉行」)により「脇荷掛」が命じられ、その者が脇荷貿易の一切を取り仕切り、オランダ商館長以下の館員や船員等の脇荷貿易が禁じられたことがわかる。また「諸書留」には、「申六月」(=天保7年6月)の記事として「御誂物幷脇荷物之儀ニ付取調子申上候様被仰付候付、左ニ申上候」と題する書留が記されているが、

この中に，

> (前略)昨年(＝天保六年)ゟ銘ミ脇荷賣仕候儀差留，脇荷商賣掛之役人新ニ
> 申付，別段差越此者一手ニ引請取計セ申候(後略)

とあり，「脇荷(商賣)掛」による脇荷貿易が実施されていることがわかる。
したがって，オランダ商館長以下の館員や船員等の私貿易関与・参加が排除
され，脇荷(商賣)掛(＝賃借人)に脇荷貿易が委ねられたのは，1835 年(天保6)
からということになる。なお，「脇荷掛」はニーマン署名の蘭文に，Neder-
landschen Kambang commissaris と記されており，後述第2節で紹介する
契約書第 11 条では，「賃借人 pachters または彼らの代理人 agent は，日本
でオランダカンバン委員 Nederlandsche Kambang kommissaris という肩
書を持ち」とあることより，「脇荷掛」＝「賃借人または彼らの代理人」であ
ることがわかる。

　では，何故上述のようなシステムに改変されたのであろうか。メイランの
後任の出島商館長シッテルス J. W. F. van Citters はバタヴィア総督の要望
に応えて，1833 年(天保4)に覚書を記している。その中でシッテルスは，当
時の脇荷貿易がその課されている 35％ という重税を逃れるために，本来の
合法的な取引がされていないことを具体的に記している。そして，脇荷貿易
のこれ以上の衰退を防ぐには，一人の人に委託し，貿易をよく管理すること
だと訴えている。[9]　この覚書が書かれた2年後の東インド政庁の決議録抜
粋(バイテンゾルフにて 1835 年 4 月 14 日付け)には，

> 日本でのオランダ商館の政府役人の個人貿易は，政庁の意向と相容れな
> いほど堕落した密貿易状態になっている。[10]

と記されており，やはり脇荷貿易の乱れ(密貿易状態)が指摘されている。ま
た，「諸書留」にも，

> 近年追ミ取締不宜，且者役掛之者共自分商賣ニ委子本方商賣疎ニ相成候
> 訳を以昨年(＝天保六年)ゟ右掛リ之者(＝脇荷商賣掛)咬𠺕吧ゟ差越

と記されており，日本でのオランダ人の商売は「取締不宜」，さらに出島商
館職員・船員等が本方商売よりも脇荷商売に力をそそいでおり，このような
状況が上記の「脇荷(商賣)掛」による脇荷貿易というシステムを生んでいっ

116　第2部　オランダ船の脇荷貿易

たことがわかる。

　脇荷貿易の継続については，常に問題がつきまとっていたが，1835年(天保6)に至って東インド政庁もついに長年のシステムを改変し，脇荷(商賣)掛(＝賃借人)に脇荷貿易が委ねられることになったのである。

第2節　1835年の脇荷貿易に関する契約書

　システムが改変された1835年の日本での脇荷貿易は，S.ファン・バーゼル＝トゥラール商会 S: van Basel Toelaer en C.[(11)] が賃借人として独占的におこなうこととなり，政庁の一部局である物産民間倉庫局長 de Directeur van 's lands Producten en Civiele Magasijnen との間で同年5月30日に契約が結ばれ発効されることとなった。この契約書は16条からなる。[(12)]　本節では，以下，全文を拙訳紹介し，後節において検討する同年の脇荷貿易の実態と照合・考察する材料としていきたい。

　　　　第1条
　政庁は，S.ファン・バーゼル＝トゥラール商会に，今まで出島のオランダ商館の職員やオランダ船船長に，そこ〔日本〕で許されていたように日本での個人貿易，すなわち，いわゆるカンバン貿易の独占権を賃貸借として，今年度の貿易期間，すなわち，これから出港する船が帰帆するまでの間譲渡する。
　　　　第2条
　それ故，この間，賃借人として認められた商人以外，だれも自由に個人貿易としていくらかの品物を，日本に輸入することも，あるいは日本から輸出することもできない。〔それに違反すれば〕下記のような罰が与えられる。
　　　　第3条
　S.ファン・バーゼル＝トゥラール商会は，彼ら〔商会〕の代理をする一人の代理人を日本に派遣できる。また，もしその人と同様に，彼ら

〔商会の者〕も日本に出発するのであれば，貿易期間終了後，すなわち船の帰帆時にその船で帰らなければならない。そして，いかなる理由があろうともそこにとどまってはならない。

　　　第4条

　今まで，もし，日本の個人貿易に参加が許された職員が，そのために既にオランダから，あるいはどこか他の所からいくらかの品物を受け取ったり，あるいは，注文をしたりしていたか，あるいは出島にまだ在庫がある場合は，職員は，その旨をすぐ賃借人に知らせなければならない。もし，その品物がよい状態であれば，さらに，1835年度の発送に供するのにちょうどよいと期待できるなら，賃借人に譲渡することができる。彼〔賃借人〕は，その場合，バタヴィアまでの費用を加えた，本来の送り状価額と引き替えてそれを買い取る義務を負う。そして，日本にある品物は，そのための費用をともなって，それぞれの職員に，一回の発送についてカンバン貿易で与えられた次の配分競争をこえない範囲だけで，やはり賃借人の〔買い取る〕義務がある。

　　　商館長………………………………………　15,000 グルデン
　　　荷倉役…………………………………………　6,600 グルデン
　　　自然科学の調査を担当する職員……………　4,000 グルデン
　　　二人の一等事務官，それぞれに3,000 グルデン…　6,000 グルデン
　　　二等事務官……………………………………　2,500 グルデン
　　　勝手方……………………………………………　500 グルデン
　　　　　　　　　　　　　　　　　合計　　34,600 グルデン

　　　第5条

　カンバン貿易のための資金は，物産民間倉庫局長の裁量により，その年の送り状の値で，合計50,000 グルデン以上になってはならない。そして，賃借人により送り状の写しが彼〔局長〕に提出されなければならない。

　　　第6条

　通常，政庁〔の貿易〕，すなわちいわゆる会社貿易で受け入れられる全

118 第2部 オランダ船の脇荷貿易

ての品物は，カンバン貿易になることはありえない。さらにまた，貿易
品であるウニコールは特にそうである。そして，賃借人自身は，さらに
あらゆる禁止〔禁制品に関する規定〕により，金塊や銀塊のような日本へ
の輸出入品はあきらめなければならない。もしそうするのであれば，そ
れらの輸出入品は取り上げとなり，その上，状況に応じて取り上げた品
物の合計 50% の価値に達する罰金となる。

　　第7条
　賃借人または彼ら〔商会〕の代理人は，日本でのカンバン貿易に関して，
全ての条例，規定，そして慣習に従う義務を負う。そして，その下に，
特に，彼らの品物の検査と封印，そして，その売却で長崎会所のために
35% の税金が課される。
　同様に，彼ら〔商会〕は，バタヴィアで，日本での個人貿易の商品に対
して，習慣的に今までと同じように，輸出入税の支払いの義務を負う。

　　第8条
　そして，賃借人によって，日本に持ってこられる全ての商品は，カン
バン貿易で実際に少なくとも3分の2が販売されなければならない。
そのため，残りの3分の1は，彼ら〔賃借人〕によってカンバン〔脇荷取
引〕以外で，彼ら〔賃借人〕が彼らにとって有用な状況に応じて，自己の
危険負担として売り払えるように，賃借人の自由処分として残されるこ
とが商館長によって守られる。

　　第9条
　政庁は，毎年40ラストまたは，彼ら〔賃借人〕が，（日本の往き帰りに）
彼らの商品の輸送にそれ〔40ラスト〕ほど必要としないのであれば，船
舶の積量の支払いなしで，〔積荷の場所を〕賃借人に提供する。その上に，
賃借人または彼らの代理人には，出島でのカンバン商品用の倉庫の無料
利用が必要に応じて認められ，そして，さらに，政庁の職員に許されて
いるのと同じように，日本に向けての無料の航海と帰航が認められる。

　　第10条
　出島に所属する一商館職員が，禁じられている貿易〔に手を出してい

ると〕商館長が確信すれば，賃借人に与えられる独占権のよりよい保証
として，カンバン貿易が無くなったことで彼〔職員〕に与えられる補償金
が賃借人のために取り上げられ，その上，場合によっては，役職の剝奪
をもって罰せられる。

　また，乗組員に責任のあることを了解する船長は，同様の事態〔が起
きたら〕，賃借人のために，同様に，彼〔船長〕に与えられた補償金の取
り上げをもって罰せられる。

　　　　第11条

　賃借人または彼らの代理人は，日本でオランダカンバン委員という肩
書を持ち，そして，商館長によって，そのように日本の当局者に紹介さ
れる。

　　　　第12条

　商館長は，賃借人またはその代理人に対して，彼〔賃借人またはその
代理人〕により求められているあらゆる情報と彼〔商館長〕の権限下にあ
る保護を与える。

　それに対して，賃借人またはその代理人は，政庁の代理人として商館
長をしかるべく承認し，あらゆる場面で彼に従う義務を負う。

　　　　第13条

　第1条で決められた期間の賃借権料として，S. ファン・バーゼル＝
トゥラール商会によって，政庁に，合計 30,000 グルデンの銀貨が支払
われる。そして，これにより，彼ら〔S. ファン・バーゼル＝トゥラール
商会〕は，借金があることを認め，バタヴィアの金庫に，1836 年 3 月
31 日，もしくは遅くともその日〔1836 年 3 月 31 日〕より前に支払うこ
とを受け入れる。

　　　　第14条

　政庁は，この賃借年に，将軍や幕府高官や長崎の役人達の注文に応じ
て，10,000 グルデンを超えない購入金額の商品を会社貿易の商品とは
別に，日本に送る権限を維持する。

　　　　第15条

バタヴィアもしくは日本で起こりうるこの賃借条件の解釈のための全ての論争は，二人の仲裁人によってバタヴィアで決められるが，その内の一人は物産民間倉庫局長により，もう一人は賃借人により任命される。そして，二人の仲裁人が互いに同意が得られない場合，その上に立つもう一人の仲裁人を選び，彼の裁決が最後の決断として決定となり，その時は，契約当事者らは，上告あるいは同種のあらゆる法的手段を放棄する。

第16条

この契約の誠実な維持のために，賃借人は彼らの人員と品物を担保する。そして，この契約から三通同じ内容のものが作成され，その内一通が賃借人に手渡され，二通は必要に応じて政庁に保管される。

上記の契約書は，政庁の二等事務官補秘書イェーケス P. Jeekes より長崎商館長に宛てて送付されているが(バイテンゾルフにて 1835 年 6 月 3 日付け)，各条項は次のように要約することができよう。

。第1条・第2条：1835年度は，S.ファン・バーゼル＝トゥラール商会が賃借人として日本で脇荷貿易を独占的におこなうことについて。

。第3条：代理人の派遣と帰帆の厳守について。

。第4条：今まで脇荷貿易に参加が許されていた職員が事前に用意した私貿易品を，賃借人が買い取る義務について。

。第5条：脇荷貿易の資金について。

。第6条：賃借人に対しての禁止事項と罰則について。

。第7条：脇荷物にかかる日本とバタヴィアでの税の支払いについて。

。第8条：賃借人持ち渡り商品の販売方法($\frac{2}{3}$ は脇荷取引，$\frac{1}{3}$ は自由処分)について。

。第9条：賃借人とその商品に対する航海中と日本滞在中での待遇・取扱いについて。

。第10条：商館職員・船員の禁止事項について。

。第11条：賃借人の日本での肩書について。

◦第 12 条：商館長と賃借人との関係について。

◦第 13 条：賃借権料(30,000 グルデン)の支払いについて。

◦第 14 条：注文品(＝誂物)について。

◦第 15 条：論争時の解決策について。

◦第 16 条：契約と担保について。

　なお，この契約書は，1833 年(天保4)に出島商館長のシッテルスによって作成された Eenige concept voorwaarden voor de verpachting van den Kambanghandel in Japan.[13](日本でのカンバン貿易の賃借に関する必要条項の一原案)をベースに作成されたものと考えられる。上記契約書に比べてこの原案は，賃借期間が 4 年間に設定されていることや，契約書でいう第 2 条・第 16 条に相当する内容の条項がないこと，また第 4 条・第 6 条・第 8 条に相当する内容の後半部分がないことぐらいで，その他は字句等においてほとんど同じである。

　原案末尾には，次のような覚書 Nota が記されている。

　　　これらの条項は，ネーデルラント貿易会社とカンバン貿易の賃貸契約が交わされることを仮定して立案されたものである。

　　　もしそうでなければ，おそらく，賃借人による密輸や禁止輸送に対するさらにいくつかの用意〔条項〕が必要となるであろう。

　政庁は，賃借契約の相手がネーデルラント貿易会社ではなかったことより，この覚書を考慮に含め，第 2 条をはじめとして数項の内容を加えたものと推測される。いずれにせよ，この脇荷貿易における賃借人制度の成立は，商館長シッテルスの貢献によるものとみてよいであろう。

第 3 節　1835 年の脇荷貿易

　天保 6 年(1835)の日本における脇荷貿易は前節で紹介した契約に基づいて実施されたのであろうか。本節においては，同年，賃借代理人(脇荷掛)が持ち渡った貿易品とその取引について具体的にみていくことにする。

　天保 6 年には，オランダ船インディア号 India が長崎港に入津している。

122　第2部　オランダ船の脇荷貿易

この船には，脇荷貿易の賃借代理人 de agent der Kambang pacht として，フルネワルト P. F. Groenewald が乗船してきた。フルネワルトが脇荷取引を望んだ品と脇荷取引以外の取引(自由処分)で望んだ品は，それぞれ表26・27に示した品々であった。

　表26は，1835年8月27日(天保6年閏7月4日)付けのオランダ側史料 Lijst der goederen welke op Kambang blijven.(14)(カンバン〔取引〕として残す品物のリスト)に，天保6年7月26日(1835年8月20日)付けの日本側史料「唐船・紅毛差出帳」(15)を突き合わせて作成したものである。本表に掲げた品々を種類別にして，それぞれの仕入値合計と割合を示すと表28のようになる。この表にみられるように脇荷物は主に，食器類，薬品類，皮類・雑貨類・その他からなり，その割合がほぼ1：1：1で染織類は全体のわずか1％であることがわかる。おそらく従来の脇荷物の種類別の割合が踏襲されてのことと推測される。(16)

　表27は，1835年8月27日(天保6年閏7月4日)付けのオランダ側史料 Lijst der goederen welke de ondergeteekende buiten Kambang wenschte van de hand te zetten.(17)(下記署名者(＝フルネワルト)がカンバン〔取引〕以外で売り払いたい品物のリスト)に，拙訳を付けて作成したものである。表28同様，本表に掲げた品々を種類別にして，それぞれの仕入値合計と割合を示すと表29のようになる。この表にみられるように脇荷取引の品々と同様の種類であるが，染織類が全体の3分の1をしめ，薬品類の割合が7分の1強になっていることがその特徴として挙げられる。賃借人(賃借代理人)にとって投機的要素のある脇荷取引以外での取引(18)では，高い利益を見込む薬品類を減らし，低い利益でも取引の確率が高い染織類を増やしたのではないだろうか。

　さて，脇荷取引を予定している品物の仕入値合計は，34,393グルデンであり，脇荷取引以外での取引を予定している品物の仕入値合計は，16,322グルデンである。したがって，両者の比率はほぼ2：1となり，契約書第8条にいう「賃借人によって，日本に持ってこられる全ての商品は，カンバン貿易で実際に少なくとも3分の2が販売されなければならない」が守られているといえる。

表26 天保6年(1835)賃借代理人が持ち渡った脇荷取引に予定された商品

		Lijst			積荷目録	
	Goederen	Hoeveelheid	換算	仕入値(グルデン)	商品	数量
					未紅毛部屋之脇荷物	
(1)	borden	19,083	19,083			
(2)	tafelserviesen voor 24 persoonen	3	3	6,400	焼物類	36籠
(2)	id. 〃 12 id.	2	2			
(3)	diverse glaswerken ※1	—※1	—※1	4,300	硝子器	26箱
(4)	goudleder ※2	—※2	—※2	4,042	金唐皮	12箱
(5)	drop	860 katt:	860斤	430	痰切	2はこ
(6)	aloë	4,500 katt:	4,500斤	2,700	芦薈	12箱
(6)	id.	500 katt:	500斤	300		
(7)	kreeftsoogen	184 katt:	184斤	184	ヲクリカンキリ	2はこ
(8)	kina bast	300 katt:	300斤	450	〔キナキナ〕	—
(9)	Arabische gom	850 katt:	850斤	1,071	アラヒヤコム	1箱
(10)	IJslandsche mos	60 katt:	60斤	11	〔エイスランスモス〕	—
(11)	rood sandelhout	900 katt:	900斤	54	〔赤木〕	—
(12)	saffloers	420 katt:	420斤	420	〔紅花〕	—
(13)	zeep	268 kistjes	268箱	804	サホン	200箱
(14)	rotting	1,200 picols	120,000斤	5,400	藤	120,000斤
(15)	opium	500 katt:	500斤	220	阿片	4箱
(16)	gensing	2,000 katt:	2,000斤	992	人参	20桶
(17)	saffraan	120 katt:	120斤	2,811	サフラン	2箱
(18)	buffelhorens	160 p:	160本	100	水牛角	160本
(19)	ijzerwerk	2 kisten	2箱	3,390	鉄具	2箱
(20)	klokken	2 kisten	2箱		掛時計	1箱
(21)	zeildoek	1 kist	1箱	314	〔帆木綿〕	—
				34,393		

出典・Lijst は、Lijst der goederen welke op Kambang blijven. MS. Arsip Nasional Republik Indonesia. Archivalia Japan, Bundel 67AA.(Tōdai-Shiryō Microfilm: 6998·15·8·7)。
・積荷目録は、「唐船・紅毛差出帳」(神戸市立博物館所蔵)。
註・※1・2は、詳細記事は別に記されているが、本表では省略した。
・〔 〕内は、当時の訳を参考に拙訳したものである。

表27 天保6年(1835)賃借代理人が持ち渡った脇荷取引以外の取引に予定された商品

		Lijst			積荷目録	
	Goederen	Hoeveelheid	換算	仕入値(グルデン)	商品	数量
<1>	glaswerken ※1	—※1	—※1	3,000	〔硝子器〕	〔—〕
<2>	kreeftsoogen	100 kattjes	100斤	100	〔ヲクリカンキリ〕	〔100斤〕
<3>	drop	300 kattjes	300斤	150	〔痰切〕	〔300斤〕
<4>	Arabische gom	100 kattjes	100斤	126	〔アラヒヤコム〕	〔100斤〕
<5>	kina	100 kattjes	100斤	150	〔キナキナ〕	〔100斤〕
<6>	IJslandsche mos	70 kattjes	70斤	10	〔エイスランスモス〕	〔70斤〕
<7>	borden	7,685	7,685		〔焼物類〕	〔7,685〕
<8>	tafelserviesen voor 24 persoonen	3	3	2,400		〔3〕
<8>	id. 〃 12 id.	2	2			
<8>	incompleete tafelserviesen	eenige	数点			〔数点〕
<9>	goudleder ※2	—※2	—※2	1,000	〔金唐皮〕	—
<10>	saffraan	30 katt:	30斤	690	〔サフラン〕	〔30斤〕
<11>	gensing	1,000 katt:	1,000斤	466	〔人参〕	〔1,000斤〕
<12>	opium	1,000 katt:	1,000斤	440	〔阿片〕	〔1,000斤〕
<13>	zeep	100 kistjes	100箱	300	〔サホン〕	〔100箱〕
<14>	blikwerk bijouterien en Neurenburgerwaar ※3	—	—	2,000	〔ブリキ具〕	—
<15>	gedrukt katoen	156 p:	156反		〔形付木綿〕	〔156反〕
<16>	rood id.	100 p:	100反	5,237	〔赤木綿〕	〔100反〕
<17>	baftas	158 p:	158反		〔バフタ〕	〔158反〕
<18>	tjillées	385 p:	385反		〔チレス〕	〔385反〕
<19>	schutzel	1	1	60	〔屏風〕	〔1〕
<20>	prenten en 5 verrekijkers	—	—	173	〔絵鏡・遠目鏡〕	—
<21>	draaiorgel ※4	1	1	20	〔ヲルゴル〕	〔1〕
				16,322		

出典・Lijst は、Lijst der goederen welke de ondergeteekende buiten Kambang wensche van de hande te zetten. MS. Arsip Nasional Republik Indonesia. Archivalia Japan, Bundel 67AA.(Tōdai-Shiryō Microfilm: 6998·15·8·7)。
註・※1・2は、詳細記事は別に記されているが、本表では省略した。
・※3 blikwerk bijouterien en Neurenburgerwaar は、ブリキでできたニュールンベルグ製の置物と思われる。
・※4 draaiorgel は、手回しオルガン。
・「商品」欄の〔 〕内は、当時の訳を参考に拙訳したものである。

124　第2部　オランダ船の脇荷貿易

表28　天保6年(1835)脇荷取引に予定された商品の種類と仕入値

商品の種類	仕入値
食器類　((1)(2)焼物類、(3)硝子器)	10,700 グルデン　(31%)
薬品類　((5)〜(13)、(15)〜(17))	10,447 グルデン　(30%)
皮類・雑貨類・その他　((4)、(14)、(18)〜(20))	12,932 グルデン　(38%)
染織類　((21))	314 グルデン　(1%)
合　　計	34,393 グルデン　(100%)

表29　天保6年(1835)脇荷取引以外の取引に予定された商品の種類と仕入値

商品の種類	仕入値
食器類　(<1>硝子器、<7><8>焼物類)	5,400 グルデン　(33%)
薬品類　(<2>〜<6>、<10>〜<13>)	2,432 グルデン　(15%)
皮類・雑貨類・その他　(<9>、<14>、<19>〜<21>)	3,253 グルデン　(20%)
染織類　(<15>〜<18>)	5,237 グルデン　(32%)
合　　計	16,322 グルデン　(100%)

　なお，上記の内，賃借人(賃借代理人)が持ち渡った脇荷取引以外での取引
を予定していた品物は，「御所望心當」として扱われていた。「天保七申年五
月　本方脇荷幷御調願請等之規定桁ㇳ御尋ニ付御答申上候書面扣」(シーボルト
記念館所蔵中山文庫)には，

　　昨年(＝天保六年)脇荷取締申出候ニ付而者，脇荷商賣外御所望心當として
　　持渡候荷物之儀も以来者商賣ニ差出候高之凡三歩壱を限り御調幷御所望
　　ニ御調進仕段かひたん申出候事

と記されており，脇荷取引以外の品々(「御所望心當」)が長崎奉行への「御調」
や奉行家中らへの「御所望」など諸役人の特権的調達品として取引されるこ
とになっていたことがわかる。(19)　また，上掲史料につづいて，

　　但，商賣ニ差出候品，自然落札之上，難引合品者積戻り候歟，又者翌年
　　迠蔵預ケニいたし候規定取極申候

とあることより，取引の折り合いがつかなければ賃借人が販売しないことも
規定されていた。

天保6年の脇荷取引の結果については，1835年11月10日(天保6年9月20日)付けのオランダ側史料 Lijst van de in dit jaar op Kambang gebragte goederen.[20] (今年カンバン〔取引〕として持ち渡った品物のリスト)に各商品別に詳細が記されている。本史料全てに照合する日本側史料は未詳であるが，杏雨書屋所蔵村上家文書には文化元年(1804)から文久2年(1862)までのオランダ船・唐船による輸入薬品類と荒物類の取引を各品目ごと(イロハ順)にまとめた「〔薬種荒物寄〕」が所蔵されている。本史料には，各商品名と数量，取引の種類，入札上位三番札までの価格と入札商人名(入札最上位の札が落札価格となる)を記しており，上記オランダ側史料の薬品類と荒物類に限って突き合わせが可能である。

　脇荷取引以外の取引の結果については，1835年11月10日付けのオランダ側史料 Lijst der goederen buiten Kambang omgezet, 1835.[21] (1835年，カンバン〔取引〕以外で取引された品物のリスト)に各商品別に詳細が記されている。上記同様，本史料全てに照合する日本側史料は未詳であるが，上掲の「〔薬種荒物寄〕」には，薬品類と荒物類に限ってその数量と取引名目がメモ的に記載されている。

　以上のオランダ側・日本側史料によって，薬品類と荒物類の取引に限定し突き合わせて作表したものが表30である。この表より考えられる点や判明する点等について記すと次のようである。

。この表の内，提示数量 opgegeven hoeveelheid は，取引時に賃借人が日本側に示した数量と思われる。また，手渡し数量 afgeleverde hoeveelheid は，取引後に日本側に渡された数量と思われる。

。価格欄の内，脇荷取引の価格は，「長崎会所への35%〔税〕を差し引いた後の値段」zuiver bedrag na aftrek van 35% voor de geldkamer である。したがって，「〔薬種荒物寄〕」の落札価格から35%差し引いた値になっている。例えば，「一　金唐皮」goudleer 1e soort の場合，3.9カンバンテール－(3.9カンバンテール×0.35)＝2.535カンバンテールとなり(脇荷銀39匁＝3.9カンバンテール)，契約書第7条にある「その売却(＝カンバン貿易の品物の売却)で長崎会所のために35%の税金が課される」が実行

126 第2部 オランダ船の脇荷貿易

表30 天保6年(1835)脇荷取引の商品と脇荷取引以外の取引の商品(御所

		List		
	商　　　品	提 示 数 量	手 渡 し 数 量	価格 (テール)
(4)	goudleer 1! soort	43 vellen	43 vellen	2.535
(4)	goudleer 2! soort	7 vellen	7 vellen	1.209
(4)	goudleer 3! soort	78 vellen	78 vellen	1.482
(4)	goudleer 4! soort	247 vellen	249 vellen	1.4235
(4)	goudleer 5! soort	82 vellen	82 vellen	1.1765
(4)	goudleer 6! soort	512 vellen	512 vellen	1.24865
(4)	goudleer 7! soort	132 vellen	132 vellen	1.1934
(4)	goudleer 8! soort	18 vellen	18 vellen	0.8775
(4)	goudleer 9! soort	96 vellen	96 vellen	0.845
(4)	goudleer 10! soort	88 vellen	88 vellen	0.6279
(4)	goudleer 11! soort	790 vellen	789 vellen	0.80535
(4)	goudleer	80 vellen	80 vellen	1.8525
(4)	goudleer stukkend	250 vellen	245 vellen	0.3913
(4)	goudleer L? I	26 vellen	26 vellen	3.6985
(4)	goudleer L? Lo	16 vellen	16 vellen	2.8535
(4)	goudleer L? Ha	160 vellen	160 vellen	2.08
(4)	goudleer L? Ni	80 vellen	78 vellen	2.8795
(4)	goudleer L? Ho	337 vellen	338 vellen	1.5353
(4)	goudleer L? He	538 vellen	538 vellen	1.638
(4)	goudleer L? To	244 vellen	244 vellen	1.235
(4)	goudleer L? Tsi	208 vellen	208 vellen	0.9295
(4)	goudleer L? Li	59 vellen	59 vellen	0.767
(4)	lang goudleer 1? soort	1 vel	1 vel	3.5685
(4)	lang goudleer 2? soort	2 vellen	2 vellen	2.717
(4)	lang goudleer 3? soort	10 vellen	10 vellen	1.976
(4)	lang goudleer 4? soort	8 vellen	8 vellen	3.5035
(4)	lang goudleer 5? soort	20 vellen	20 vellen	1.4235
(4)	lang goudleer 6? soort	17 vellen	17 vellen	1.16025
<9>	*goudleder 1? soort*	*20 vellen*	*20 vellen*	*2.535*
<9>	*goudleder 3? soort*	*37 vellen*	*37 vellen*	*1.482*
<9>	*goudleder 4? soort*	*120 vellen*	*120 vellen*	*1.4235*
<9>	*goudleder 5? soort*	*36 vellen*	*36 vellen*	*1.1765*
<9>	*goudleder 6? soort*	*225 vellen*	*225 vellen*	*1.24865*
<9>	*goudleder 7? soort*	*64 vellen*	*64 vellen*	*1.1934*
<9>	*goudleder 8? soort*	*8 vellen*	*8 vellen*	*0.8775*
<9>	*goudleder 9? soort*	*48 vellen*	*48 vellen*	*0.845*
<9>	*goudleder 10? soort*	*44 vellen*	*44 vellen*	*0.6279*
<9>	*goudleder 11? soort*	*393 vellen*	*393 vellen*	*0.80535*
<9>	*goudleder*	*39 vellen*	*39 vellen*	*1.8525*
<9>	*goudleder stukkend*	*120 vellen*	*120 vellen*	*0.3913*
<9>	*goudleder L? I*	*12 vellen*	*12 vellen*	*3.6985*
<9>	*goudleder L? Lo*	*7 vellen*	*7 vellen*	*2.8535*
<9>	*goudleder L? Ha*	*77 vellen*	*77 vellen*	*2.08*
<9>	*goudleder L? Ni*	*37 vellen*	*37 vellen*	*2.8795*
<9>	*goudleder L? Ho*	*157 vellen*	*157 vellen*	*1.5353*
<9>	*goudleder L? He*	*260 vellen*	*260 vellen*	*1.638*
<9>	*goudleder L? To*	*116 vellen*	*116 vellen*	*1.235*
<9>	*goudleder L? Tsi*	*104 vellen*	*104 vellen*	*0.9295*
<9>	*goudleder L? Li*	*28 vellen*	*28 vellen*	*0.767*
<9>	*lang goudleder 3? soort*	*4 vellen*	*4 vellen*	*1.976*
<9>	*goudleder*	*5,053 snippers*	*5,053 snippers*	
(5)	drop L? I	200 kattjes	405 kattjes	0.845
(5)	drop L? Lo	660 kattjes	449 kattjes	0.82355

望)の販売

価　額 (テール)	商　　品	数　　量	落札価格(脇荷銀)	落札商人
			薬　種　荒　物　寄	
109.005	一　金唐皮	43 枚	39 匁	竹のヤ
8.463	二　金唐皮	7 枚	18 匁 6 分	名古ヤ
115.596	三　金唐皮	78 枚	22 匁 8 分	吉村ヤ
354.4515	四　金唐皮	247 枚	21 匁 9 分	吉村ヤ
96.473	五　金唐皮	82 枚	18 匁 1 分	唐物ヤ
639.3088	六　金唐皮	512 枚	19 匁 2 分 1 厘	いせ甚
157.5288	七　金唐皮	132 枚	18 匁 3 分 6 厘	いせ甚
15.795	八　金唐皮	18 枚	13 匁 5 分	岡田ヤ
81.12	九　金唐皮	96 枚	13 匁	名古ヤ
55.2552	拾　金唐皮	88 枚	9 匁 6 分 6 厘	吉村ヤ
635.42115	拾一　金唐皮	790 枚	12 匁 3 分 9 厘	竹のヤ
148.2	金唐皮	80 枚	28 匁 5 分	岡田ヤ
95.8685	小切　金唐皮	250 枚	6 匁　2 厘	竹のヤ
96.161	い　金唐皮	26 枚	56 匁 9 分	吉更ヤ
45.656	ろ　金唐皮	16 枚	43 匁 9 分	吉更ヤ
332.8	は　金唐皮	160 枚	32 匁	名古ヤ
224.601	に　金唐皮	80 枚	44 匁 6 分 (9カ)	長崎ヤ
518.9314	ほ　金唐皮	337 枚	23 匁 6 分 2 厘	竹のヤ
881.244	へ　金唐皮	538 枚	25 匁 2 分	竹のヤ
301.34	と　金唐皮	244 枚	19 匁	三枝
193.336	ち　金唐皮	208 枚	14 匁 3 分	岡田ヤ
45.253	り　金唐皮	59 枚	11 匁 8 分	名古ヤ
3.5685	一長尺　金唐皮	1 枚	54 匁 9 分	三枝
5.434	二長尺　金唐皮	2 枚	41 匁 8 分	岡田ヤ
19.76	三長尺　金唐皮	10 枚	30 匁 4 分	名古ヤ
28.028	四長尺　金唐皮	8 枚	53 匁 9 分	河内ヤ
28.47	五長尺　金唐皮	20 枚	21 匁 9 分	いせ甚
19.72425	六長尺　金唐皮	17 枚	17 匁 8 分 5 厘	いせ甚
50.7	*金唐皮*	外ニ *2,000* 枚		
54.834		(御所望)		
170.82				
42.354				
280.94625				
76.3776				
7.02				
40.56				
27.6276				
316.50255				
72.2475				
46.956				
44.382				
19.9745				
160.16				
106.5415				
241.0421				
425.88				
143.26				
96.668				
21.476				
7.904				
[2,384]				
342.225	い　タンキリ	550 斤	13 匁	三木ヤ・三枝ヤ 加賀七
369.77395	ろ　タンキリ	310 斤	12 匁 6 分 7 厘	吉更ヤ

	商　　　　品	提 示 数 量	手 渡 し 数 量	価格(テール)
		List		
<3>	drop L⁰.I	248 kattjes	248 kattjes	0.845
<3>	*drop L⁰.Lo*	*52 kattjes*	*51.75 kattjes*	*0.82355*
(6)	aloë	5,000 kattjes	6,237 kattjes	0.35425
(7)	kreeftsoogen	184 kattjes	185 kattjes	1.63345
<2>	*kreeftsoogen*	*100 kattjes*	*89 kattjes*	*1.63345*
(8)	kinabast	300 kattjes	333 kattjes	1.57235
<5>	*kinabast*	*100 kattjes*	*142.5 kattjes*	*1.57235*
(9)	Arabische gom	850 kattjes	898.5 kattjes	0.5642
<4>	*Arabische gom*	*100 kattjes*	*373 kattjes*	*0.5642*
(10)	IJslandsche mos	60 kattjes	69 kattjes	0.91715
<6>	*IJslandsche mos*	*70 kattjes*	*107 kattjes*	*0.91715*
(11)	rood sandelhout	900 kattjes	924 kattjes	0.0689
(12)	saffloers	420 kattjes	376 kattjes	0.5499
(13)	zeep L⁰.I	3,078 kattjes	3,018 kattjes	0.23998
(13)	zeep L⁰.Lo	800 kattjes	794 kattjes	0.36595
<13>	*zeep L⁰.I*	*66 kisten*	*891 kattjes*	*0.23998*
<13>	*zeep L⁰.Lo*	*34 kisten*	*671 kattjes*	*0.36595*
(14)	rotting	120,000 kattjes	120,257 kattjes	0.08866
—	*rotting*	*130 kattjes*	*130 kattjes*	*0.08866*
(15)	opium	500 kattjes	502.5 kattjes	2.93735
<12>	*opium*	*1,000 kattjes*	*715 kattjes*	
(16)	gensing	2,000 kattjes	1,896.25 kattjes	2.7625
<11>	*gensing*	*1,000 kattjes*	*1,318 kattjes*	*2.7625*
(17)	saffraan	120 kattjes	125.1875 kattjes	21.1185
<10>	*saffraan*	*30 kattjes*	*20.75 kattjes*	*21.1185*
<10>	*saffraan*	*10 kattjes*	*10 kattjes*	
(18)	buffelhoorns	288 kattjes	300 kattjes	0.24505
—	*buffelhoren*	*1.56 kattjes*	*1.56 kattjes*	*0.24505*

出典・Lijst van de in dit jaar op Kambang gebragte goederen. [Japan Portefeuille N°. 33. 1835]
　　MS. N.A. Japans Archief, nr. 563 (K.A. 11809). (Tōdai-Shiryō Microfilm: 6998-1-85-1).
　　・Lijst der goederen buiten Kambang omgezet, 1835. [Japan Portefeuille N°. 33. 1835] MS. N.A.
　　Japans Archief, nr. 563 (K.A. 11809). (Tōdai-Shiryō Microfilm: 6998-1-85-1).
　　・「〔薬種荒物寄〕」(杏雨書屋所蔵村上家文書).

第2章 賃借人の登場　129

薬 種 荒 物 寄				
価 額 (テール)	商 品	数 量	落 札 価 格 (脇荷銀)	落札商人
209.56 *42.61871*	いタンキリ ろタンキリ	外ニ 340 斤 (御所望心当)		
2,209.45725	芦薈 芦薈	5,000 斤 外ニ *3,000* 斤 (翻所望心(当テ)槓戻リ)	5 匁 4 分 5 厘	河内ヤ
302.18825 *145.37705*	ヲクリカン切 ヲクリカン切	184 斤 外ニ *150* 斤 (御所望)	25 匁 1 分 3 厘	松崎ヤ
523.59255 *224.05987*	キナキナ キナキナ	300 斤 外ニ *250* 斤 (御所望高)	24 匁 1 分 9 厘	松のヤ
506.9337 *210.4466*	アラヒヤコム アラヒヤコム	850 斤 外ニ *650* 斤 (御所望高)	8 匁 6 分 8 厘	小坂ヤ
63.28335 *98.13505*	ヱイスランスモス ヱイスランスモス	60 斤 外ニ *70* 斤 (御所望高)	14 匁 1 分 1 厘	いセ甚
63.6636	赤木	900 斤	1 匁　　6 厘	冨ヤ
206.7624	紅花	420 斤	8 匁 4 分 6 厘	三木ヤ
724.25964 290.5643 *213.82218* *245.55245*	いサボン ろサボン いサボン ろサボン	3,078 斤 800 斤 外ニ *1,000* 斤 (翻所望当テ) 外ニ *700* 斤 (翻所望当テ)	3 匁 6 分 9 厘 2 毛 5 匁 6 分 3 厘	竹のヤ 三國ヤ
10,661.98562 *11.5258*	藤	120,000 斤	1 匁 3 分 6 厘 4 毛	竹のヤ
1,476.018375 *[1,573]*	阿片 阿片	500 斤 外ニ *1,000* 斤 (御所望高)	45 匁 1 分 9 厘	竹のヤ
5,238.390625 *3,640.975*	廣東人参 廣東人参	2,000 斤 外ニ *1,500* 斤 (御所望)	42 匁 5 分	松崎ヤ
2,643.77221875 *438.20887* *[260]*	サフラン サフラン	120 斤 外ニ *50* 斤 (御所望心当)	324 匁 9 分	松のヤ・古更ヤ
73.515 *0.382278*	水牛角	288 斤	3 匁 7 分 7 厘	吉村ヤ

註・各商品の頭数字は表 26・27 に照合する。
・斜体の文字と数字は脇荷取引以外の商品を示す。
・価額欄の / /内は contanten（現銀）としてのカンバンテール。
・単位のテール (theil) はカンバンテール (kambang theil) を示す。

されていることがわかる。

○「〔薬種荒物寄〕」の脇荷取引の数量は，数例を除いてオランダ側史料の提示数量を記している。

○「〔薬種荒物寄〕」には，賃借代理人が自由裁量で脇荷取引以外で取引した商品を，「御所望心当（テ）」として扱っていたことを随所で記している。「御所望」「御所望高」との表記もあるが，ここでは，「御所望心当」のことを意味しているものと推測される。また，(6)芦薈に記されている「御所望心積戻り」は取引が成立しなかったことを意味するものと思われる。
　　　　（当欠カ）

○脇荷取引以外の取引商品の価格は，脇荷取引時の価格に一致しており，脇荷取引時の落札価格が基準になっていたことがわかる。

○天保6年の脇荷取引および脇荷取引以外での取引の全容を日本側史料との突き合わせによって解明することは今のところ不可能であるが，この時の脇荷取引による合計は，カンバン銀[22]で41,599.23441375カンバンテールであり，脇荷取引以外の取引による合計は，カンバン銀で13,935.773638カンバンテールと現銀[23]で22,239.62198カンバンテールであった。なお，この合計額を含めた日本での脇荷貿易の収支に関しては，第4節で考察する。

　次に，Specificatie der door den Kambang pachter uitgevoerde goederen 1835.[24]（1835年のカンバン賃借人による輸出品の明細書）に従って，天保6年の脇荷貿易の輸出品について示すと表31のようになる。買入価額の最も高いものは，Keizerlijk linnen〔将軍の亜麻布〕であり，ついでzijde stoffen〔絹織物〕・mandwerk〔籠細工〕・krip〔縮地綿布〕・soija〔醬油〕・schutzels〔屏風〕といったところである。上位に染織類がみられるが，全体的に小間物類が多く，これらの品々が当時海外で高値で取引されていたことが推測されよう。

　買入れ価額の合計は，カンバン銀で31,266.33682カンバンテールと現銀で25,013.65カンバンテールであった。なお，この合計額を含めた日本での脇荷貿易の収支に関しては，第4節で考察する。

表31 天保6年(1835)賃借代理人による輸出品

Goederen	Hoeveelheid	商　　品	数　　量	買入価額 (テール)	買入価額 (ギルダ,テール)
soija	711 balies	〔　　醤　　油　　〕	〔711 樽〕	4,400.69682	
kruikjes met soija [*1]	104 kisten	〔コンブラビン入り醤油〕	〔104 箱〕	634	
	10 manden [*2]		10 籠〕[*2]		
bezems	1,573 stuks	〔　　箒　　〕	〔1,573 本〕	471.9	
stroodozen	39 kisten	〔　藁　製　の　箱　〕	〔39 箱〕	390	
mandwerk	204 kisten	〔　籠　細　工　〕	〔204 箱〕	2,569.5	
kinder speelgoed	17 kisten	〔子供のおもちゃ〕	〔17 箱〕	86.2	
tjintiaw	3 kisten	〔　寒　天　〕	〔3 箱〕	12	
porceleine kopjes en schoteltjes	34 stuks	〔磁器のコップと皿〕	〔34 個〕	52	
schutzels	315 kisten	〔　　屏　　風　　〕	〔315 箱〕	4,543	
papierdozen	2 stel	〔 紙箱・文庫箱 〕	〔2 セット〕	20	
medicijn rijst	27 kisten	〔　薬　米　〕	〔27 箱〕	118.8	
aarde pannen	20 kisten	〔　陶　器　の　平　鍋　〕	〔20 箱〕	106.8	
zijde mantel	5 stuks	〔　絹　の　マ　ン　ト　〕	〔5 枚〕	57	
konomon	37 balies	〔　香　の　物　〕	〔37 樽〕	77.1625	
waaijers	105 kisten	〔　　扇　　〕	〔105 箱〕[*3]	210.75	
	25 stuks [*3]		25 本〕		
schulpen	5 kisten	〔　貝　殻　〕	〔5 箱〕	20	
theeketels	4 kisten	〔　や　か　ん　〕	〔4 箱〕	22	
stale spiegels	100 stuks	〔　鉄　の　鏡　〕	〔100 枚〕	380	
bamboesche rottingen	1,829 stuks	〔　竹　の　杖　〕	〔1,829 本〕	1,375	
miso	20 balies	〔　味　噌　〕	〔20 樽〕	30.8	
draagstoel	1 pees	〔　駕　籠　〕	〔1 つ〕	430.4	
regenschermen	10 kisten	〔　傘　〕	〔10 箱〕	292.5	
sagemone (medicijn dozen)	128 stuks	〔 提げ物（印籠）〕	〔128 個〕	914.5	
kinkantjes (ingelegen vruchten)	2 balies	〔金柑（漬けた果実）〕	〔2 樽〕	3	
metale bloempot	1 pees	〔 金属製の植木鉢 〕	〔1 個〕	6.5	
lessenaren	56 kisten	〔　読　書　机　〕	〔56 箱〕	949.3	
tabakdozen	703 kisten &	〔　た　ば　こ　入　れ　〕	〔703 箱 &	1,616	
	28 stuks		28 個〕		
naaidozen	171 kisten	〔　裁　縫　箱　〕	〔171 箱〕	2,540	
lepeldozen	32 kisten	〔 ス　プ　ー　ン　ケ　ー　ス 〕	〔32 箱〕	121	
theedozen	30 kisten	〔　茶　箱　〕	〔30 箱〕	211	
presenteerborden	54 kisten	〔　　盆　　〕	〔54 箱〕	464	
schrijfkasten	3 stuks	〔　書　棚　〕	〔3 棚〕	23	
banketborden	18 kisten	〔　菓　子　皿　〕	〔18 箱〕	265.2	
ringdozen	40 kisten	〔 リ　ン　グ　ケ　ー　ス 〕	〔40 箱〕	503	
knoopdozen	13 kisten	〔 ボ　タ　ン　ケ　ー　ス 〕	〔13 箱〕	600	
inktkokers	16 kisten	〔　イ　ン　ク　壺　〕	〔16 箱〕	68	
broodbakken	5 kisten	〔　パ　ン　籠　〕	〔5 箱〕	20	
verlakte kisten	5 stuks	〔　漆　箱　〕	〔5 個〕	165	
kabinetjes	3 kisten	〔　飾　り　棚　〕	〔3 箱〕	115.5	
kamdozen	6 kisten	〔　櫛　箱　〕	〔6 箱〕	130	
vuurtesten	2 kisten	〔　火　鉢　〕	〔2 箱〕	23	
hondjes	2 stuks	〔　小　さ　い　犬　〕	〔2 匹〕	86	
zijde stoffen	312 stuks	〔　絹　織　物　〕	〔312 反〕	3,757.8	
differente krip	46 stuks	〔様々な縮地綿布〕	〔46 反〕	880	
naai- en borduur zijde	7 kattjes	〔縫い合わせ刺繍絹〕	〔7 斤〕	105	
monpa	5 stuks	〔　も　ん　ぺ　〕	〔5 着〕	15	
winter kabaijen	50 stuks	〔　冬　の　着　物　〕	〔50 着〕	447	
dekens	19 stuks	〔　毛　布　〕	〔19 枚〕	378.95	
nachtspiegels	28 stuks	〔　お　ま　る　〕	〔28 個〕	44.8	
martevanen	118 stuks	〔　　壺　　〕	〔118 個〕	472	
tabakzakjes	12 stuks	〔 た　ば　こ　入　れ袋 〕	〔12 つ〕	8.4	
voor pakkisten strootouwen enz.		〔荷造りの箱、藁紐、その他〕		141.8775	
hiervan afgetrokken het bedrag der aan de leveranciers terug gegeven goederen		〔納入業者に返却する商品の金額をここから差し引く〕		−109	
mandwerk	286 kisten	〔　籠　細　工　〕	〔286 箱〕		2,574
Keizerlijk linnen	3,554 stuks	〔 将軍の亜麻布 〕	〔3,554 反〕		12,398.7
zijde stoffen	458 stuks	〔　絹　織　物　〕	〔458 反〕		4,110
krip	405 stuks	〔　縮　地　綿　布　〕	〔405 反〕		5,240
tabakdozen	300 stuks	〔　た　ば　こ　入　れ　〕	〔300 個〕		600
tabakzakjes	76 stuks	〔 た　ば　こ　入　れ袋 〕	〔76 つ〕		30.4
eenige kleinigheden		〔いくつかの小物〕			60.55
				31,266.33682	25,013.65

出典・Specificatie der door den Kambang pachter uitgevoerde goederen 1835. 〔Japan Portefeuille Nº 33. 1835〕 MS. N.A. Japans Archief, nr. 563 (K.A. 11809). (Tōdai-Shiryō Microfilm: 6998·1·85·1) .

註・※1の表記は、Specificatie der door den Kambang pachter uitgevoerde goederen 1835. MS. Arsip Nasional Republik Indonesia. Archivalia Japan, Bundel 67AA. (Tōdai-Shiryō Microfilm: 6998·15·8·7) に従って記した。
・※2は、1 箱に 10 籠入りと思われる。
・※3は、1 箱に 25 本入りと思われる。
・単位のテール (theil) はカンバンテール (kambang theil) を示す。

132　第2部　オランダ船の脇荷貿易

第4節　脇荷貿易における賃借人の収益

　天保6年(1835)の脇荷貿易において賃借人にはどれくらいの収益が見込まれていたのだろうか。商館長ニーマンの署名を持つ1835年11月10日(天保6年9月20日)付けのCalculatieve aantooning van het voordeel in 1835 op de Kambang pacht genoten.[25](1835年のカンバン賃借において〔賃借人が〕受け取る収益の見積書)は、1835年の日本における脇荷貿易において、賃借人(賃借代理人)にどれだけの収益が見込まれているかを計算したものであり、日本での脇荷貿易の収支面で、その全容を解明できる重要な史料と考えられる。したがって、本節においては、本史料を翻刻すると共に拙訳を付して考察を加えてみたい(後掲史料1〈翻刻版〉・〈拙訳版〉参照)。なお、史料1〈拙訳版〉の各項目頭注番号①〜㉓および(A)〜(J)は便宜上、著者が付したものである。

　①「カンバン〔取引〕として持ち渡った商品の売値」+②「カンバン〔取引〕以外として持ち渡った商品の売値」=③「販売品の総額」としているが、その後、④「御内用方通詞達との合意のもとのカンバン〔銀〕の額」8,806.72カンバンテールが⑤「現銀」に交換されて8,606.72カンバンテールとなり、1835年の賃借人の日本での販売額が、⑥カンバン銀46,728.288051カンバンテールと現銀30,846.34198カンバンテールと計算される。この過程において現銀としてのカンバンテールは、カンバン銀の0.97729倍であることがわかり、現銀に交換されることにより安くされている。なお、④「御内用方通詞達との合意のもとのカンバン〔銀〕の額」は、②「カンバン〔取引〕以外として持ち渡った商品の売値」の内の「除き物」の売値の一部に相当する額ではないかと推測される。

　⑦「〔賃借代理人の〕個人的支出と、船長や役員等への振り替えとして、カンバン〔銀〕でカンバン〔賃借〕代理人によって、貸方から差し引かれた額」15,461.951771カンバンテールは、賃借代理人が出島において生活費など個人的に支出した額と、第10条にいう、脇荷貿易がなくなったことで商館職員や船長等へ与えられた補償金の総額と考えられる。さらに、⑧の「雑費」

現銀 21.69198 カンバンテールは，出島において賃借代理人が業務上支出した雑費と考えられる。これらをグルデンに換算すると⑦は(A)24,739.12 グルデン（カンバン銀 1 カンバンテール＝1.6 グルデンで換算），⑧は(B)40.05 グルデン（現銀 1 カンバンテール＝1.846 グルデンで換算）である。

⑨「計」＝⑥－(⑦＋⑧)であり，⑨の額が⑩「輸出品」にほぼ充てられ，残った⑪現銀 5,811 カンバンテールが「残銀」とされた。これをグルデンに換算し(C)10,728 グルデンとする。

次に，⑫では「輸出品の総額」56,279.98682 カンバンテール(≒カンバン銀 31,266.33628 カンバンテール＋現銀 25,013.65 カンバンテール)(26)がグルデンに換算されるが，1 カンバンテール＝1.4 グルデンの換算率であった(78,791.98 グルデン)。この額から⑬「バタヴィアでの輸入税，保険，経費など，10%」7,879.20 グルデンが引かれ(D)70,912.78 グルデンを出している。この⑬は契約書第 7 条にある「彼ら〔商会〕は，バタヴィアで，日本での個人貿易の商品に対して，習慣的に今までと同じように，輸出入税の支払いの義務を負う」に従ったものである。

⑭「計」(E)106,419.95 グルデンは(A)～(D)の合計額である。

つづいて⑮「バタヴィアで賃借人によって提示された送り状〔記載〕の額」は，51,546.85 グルデンであり，これに，⑯「当地〔日本〕で役員の一人から買い取った赤木 900 斤〔の額〕」54 グルデンが足される。この⑯は契約書第 4 条に従って購入されたものと考えられる。⑮と⑯の合計額 51,600.85 グルデンから，持ち渡られなかった品⑰とバタヴィアへの返送品⑱が引かれ，⑲賃借人が日本での取引にかけた輸入品の仕入額を(F)49,256.85 グルデンとしている。

契約書第 5 条に，「カンバン貿易のための資金は，物産民間倉庫局長の裁量により，その年の送り状の値で，合計 50,000 グルデン以上になってはならない」とあることより，⑮の 51,546.85 グルデンは契約違反となるが，最終的に⑲(F)49,256.85 グルデンが 50,000 グルデン以下であることより，この点は許容範囲とみられたのであろう。

⑳「バタヴィアでの保険費用と輸出税等として，ちょうど総額 50,000 グ

134　第2部　オランダ船の脇荷貿易

史料1〈翻刻版〉

Calculatieve aantooning van het voordeel in 1835 op de Kambang pacht genoten	Kambang Geld	Contanten	Guldens
De Goederen op Kambang hebben opgebragt (Zie Specificatie Bijl: E)	T. 41,599.234413	T.	
Item buiten Kambang　〃　item　(Zie Specificatie Bijl: F)	13,935.773638	22,239.62198	
Totaal rendement der verkochte Goederen	T. 55,535.008051	T. 22,239.62198	
Bij overeenkomst met de Keizerlijke Zaakbezorgers is eene Som van ···············Kambang	8,806.72		
Verruild tegen··Contanten		8,606.72	
Zoodat het Credit wordt···	T. 46,728.288051	T. 30,846.34198	
Uit dit Credit is door den Kambang Agent beschikt, voor particuliere uitgaven, overschrij-			
ving op den Gezagvoerder, de ambtenaren enz. over····························Kamb.ͭ	15,461.951771		f. 24,739.12
Item voor kleine uitgaven in··Contanten		21.69198	͸ 40.05
totaal	T. 31,266.33628	T. 30,824.65	
De uitgevoerde Goederen bedragen (Zie Specificatie bijl: G)·····································	31,266.33628	25,013.65	
Het beschikbaar gebleven fonds (Zie bijl: H) bedraagt de Kobang van T. 6.5 gerekend tot f. 12.··········	··············	5,811.	10,728.

Ik stel dat de uitgevoerde Goederen, schoon gedeeltelijk à Contant en dus tot minder prijzen
ingekocht, evenwel niet voordeeliger kunnen worden gerealiseerd dan f. 7. voor T. 5, is voor het

totaal van den uitvoer, ten bedragen van T. 56,279.98682		f. 78,791.98	
Af voor inkomende regten te Batavia, assurantie, ongelden, enz. Calculatief 10%		͸ 7,879.20	70,912.78
totaal····················			f. 106,419.95

Het factuur te Batavia door de pachters opgegeven bedraagt··························f. 51,546.85			
hierbij moet worden gevoegd, wegens alhier van een der ambtenaren overgenomen			
900 kattjes rood Sandelhout··͸　54.			
f. 51,600.85			

Daarentegen moet worden afgetrokken voor:
niet aangebragt 1 Kist Nankinet en 2 picols Benzoin··························f. 744.
naar Batavia terug gezonden 1 Kist zagen, 1 Kist Klokken en Gewigten,
1 Kist Neuren bergerwaar, 1 goud lederen Schutzel, en
33 p.ͭ Baftas Calculatief··ͺ 1,600.
ͺ 2,344.

Transporteere··············f. 49,256.85			f. 106,419.95

	Guldens	Guldens
Per transport	f. 49,256.85	f. 106,419.95
Ik stel voor onkosten van assurantie,		
uitgaande regten te Batavia enz. Calculatief		
8% over een ronde Som van f. 50,000. is····	ͺ 4,000.	
De pachtschat bedraagt····················	ͺ 30,000.	
totaal···		83,256.85
Zoodat naar deze grondslagen de winst voor		
den pachter Calculatief bedragen Zou······	··············	f. 23,163.10

Desima 10 November 1835
Het opperhoofd van den Nederlandschen
handel in Japan
Niemann

出典：Calculatieve aantooning van het voordeel in 1835 op de Kambang pacht genoten. [Japan Portefeuille N.ͦ 33. 1835] MS. N.A. Japans Archief, nr. 563
（K.A. 11809). (Tōdai-Shiryō Microfilm: 6998·1·85·1).

第2章　賃借人の登場　　135

史料1〈拙訳版〉

1835年のカンバン賃借において〔賃借人が〕受け取る収益の見積書	カンバン銀	現　銀	グルデン
① カンバン〔取引〕として持ち渡った商品の売値（明細付録E参照）	T. 41,599.234413	T.	
② カンバン〔取引〕以外として持ち渡った商品の売値（明細付録F参照）	13,935.773638	22,239.62198	
③ 販売品の総額	T. 55,535.008051	T. 22,239.62198	
④ 御内用方通詞達との合意のもとのカンバン〔銀〕の額‥‥‥‥‥‥‥‥‥‥‥	8,806.72		
⑤ 〔それを〕現銀に交換‥‥‥‥‥‥‥‥‥‥‥‥‥‥‥‥‥‥‥‥‥‥‥‥‥		8,606.72	
⑥ その結果の貸方	T. 46,728.288051	T. 30,846.34198	
⑦ 〔賃借代理人の〕個人的支出と、船長や役員等への振り替えとして、カンバン〔銀〕で			
カンバン〔賃借〕代理人によって、貸方から差し引かれた額‥‥‥‥‥‥‥‥	15,461.951771		f. 24,739.12 (A)
⑧ 同じく雑費として、現銀で差し引かれた額‥‥‥‥‥‥‥‥‥‥‥‥‥‥‥‥		21.69198	f. 40.05 (B)
⑨ 計	T. 31,266.33628	T. 30,824.65	
⑩ 輸出品の総額（明細付録G参照）	31,266.33628	25,013.65	
⑪ 利用可能な残銀（付録H参照）6.5〔カンバン〕テールの小判が12グルデンで計算される‥‥‥	‥‥‥‥‥‥‥	5,811.	10,728. (C)
⑫ 部分的に現銀でより安く購入されたにもかかわらず、56,279.98682〔カンバン〕テール			
におよぶ輸出品の総額にとって、5〔カンバン〕テールに対して7グルデン以上よりも			
安くしようとしてもできない。	f. 78,791.98		
⑬ バタヴィアでの輸入税、保険、経費など、10%を引く	▵ 7,879.20		70,912.78 (D)
⑭ 計‥‥‥‥‥‥‥‥‥‥‥			f. 106,419.95 (E)
⑮ バタヴィアで賃借人によって提示された送り状〔記載〕の額‥‥‥‥‥‥‥‥f. 51,546.85			
⑯ これに、当地〔日本〕で役員の一人から買い取った赤木900斤〔の額〕			
をたさなければならない	▵ 54.		
f. 51,600.85			
⑰ それに対して〔次のものを〕差し引かなければならない			
持ち渡られなかったナンキネット〔綿織物〕1箱と安息香2ピコル‥‥‥‥f. 744.			
⑱ バタヴィアへの返送〔として〕のこぎり1箱、掛時計と重り1箱			
ニュールンベルグの置物1箱、金唐皮の屏風1			
バフタ〔綿織物〕33反‥‥‥‥‥‥‥‥‥‥‥‥‥‥‥▵ 1,600.			
▵ 2,344.			
⑲ 次ページへ‥‥‥‥‥f. 49,256.85 (F)			f. 106,419.95

	グルデン	グルデン	
前ページより	f. 49,256.85	f. 106,419.95	
⑳ バタヴィアでの保険費用と輸出税等			
として、ちょうど総額50,000グルデン			
に対して8%で計算	4,000. (G)		
㉑ 賃借権料‥‥‥‥‥‥‥‥‥‥‥‥‥	30,000. (H)		
㉒ 計‥‥‥‥‥		83,256.85 (I)	
㉓ 以上の結果、この基礎に応じて			
賃借人の収益見積額‥‥‥‥‥‥‥‥‥‥‥		f. 23,163.10 (J)	

出島　1835年11月10日
日本におけるオランダ貿易の商館長
ニーマン

ルデンに対して8%で計算」の(G)4,000グルデンは契約書第7条に従ってのことである。

㉑「賃借権料」(H)30,000グルデンは，契約書第13条「第1条で決められた期間の賃借権料として，S.ファン・バーゼル＝トゥラール商会によって，政庁に，合計30,000グルデンの銀貨が支払われる」に従ってのことである。

㉒「計」(I)83,256.85グルデンは(F)〜(H)の合計額である。

したがって，㉓「賃借人の収益」は，(E)106,419.95グルデン−(I)83,256.85グルデン＝(J)23,163.10グルデンと算出されている。

以上のように非常に煩瑣な計算がおこなわれているが，この計算書により1835年の賃借代理人による脇荷貿易はバタヴィアで結ばれた契約が遵守されており，今回の貿易において23,163.10グルデンの収益が見込まれていることがわかる。しかし，(C)残銀10,728グルデンと(D)輸出品総額から輸入税・保険・経費など10%を引いた70,912.78グルデンを収益と考えても，(A)賃借人の出島での個人的支出や補償金の振り替え24,739.12グルデンと(B)雑費40.05グルデンは，賃借代理人にとってはマイナス要素と考えられ，「賃借人の収益」とされる(J)23,163.10グルデンとの差額を考えれば今回の取引はむしろ赤字といえる。脇荷貿易のシステムが改変されてはじめての取引であったことも影響しているであろうが，この収益見積書はあくまでも出島商館での計算書である。賃借代理人がバタヴィアに帰ってから，日本からの輸出品を売りさばくことによって最終的な収益がもたらされることを考えれば，賃借代理人は当然黒字の取引として成立させていたのであろう。

おわりに

以上，本章においては，オランダ商館長以下の館員や船員等の私貿易関与・参加が排除され，賃借人による独占的な脇荷貿易システムに改変されたのが，出島商館長シッテルスの意見を受けて，天保6年(1835)にはじまったことを明らかにし，あわせて，賃借人による同年の取引がバタヴィアで政庁

(物産民間倉庫局長)との間で結ばれた契約に基づいておこなわれていたことを
具体的に解明，考察した。

　すなわち，この賃借人による脇荷貿易の取引規模は仕入値 50,000 グルデ
ン以下で，その内，3 分の 2 が脇荷取引，3 分の 1 が自由処分(脇荷取引以外の
取引)となり，賃借人は長崎会所に対して 35% の税が課され，実際にそれら
の取引がおこなわれていた。また，賃借人の収益は，日本での取引では赤字
が予測されるが，バタヴィアで日本から持ち帰った輸出品を販売すること に
より最終的には収益がもたらされる構造になっていたと考えられる。

　註
（1）　呉秀三訳註『シーボルト日本交通貿易史』(雄松堂書店，昭和 41 年)230 頁参照。
（2）　山脇悌二郎『長崎のオランダ商館』(中央公論社，昭和 55 年)194 頁参照。
（3）　永積洋子「ナポレオン戦争の日本貿易に及ぼした影響」(シンポジウム「十九世
　　　紀前半の西洋と日本」報告要旨，『洋学』4，平成 8 年)において，賃借人による脇
　　　荷貿易については触れられているが，具体的な実態までは言及されていない。
（4）　「四番紅毛風説書」(愛日教育会所蔵)。
（5）　「唐船・紅毛差出帳」(神戸市立博物館所蔵)。
（6）　「崎陽齋来目録」五(早稲田大学図書館所蔵)。
（7）　「崎陽齋来目録」六(早稲田大学図書館所蔵)。
（8）　「御内用方諸書留」(長崎歴史文化博物館収蔵)。
（9）　前掲永積報告「ナポレオン戦争の日本貿易に及ぼした影響」141〜144 頁参照。
（10）　Extract uit het Register der Resolutien van den Gouverneur Generaal ad in-
　　　terim van Nederlandsch Indië in Rade. [Japan Portefeuille N°. 33. 1835] MS.
　　　N.A. Japans Archief, nr. 456 (K.A. 11809). (Tōdai-Shiryō Microfilm: 6998-1-85-
　　　3).
（11）　S. ファン・バーゼルについては，松方冬子氏の研究により次のことがわかって
　　　いる。すなわち，マグダレヌス・J・セン・ファン・バーゼル Magdalenus Jaco-
　　　bus Senn van Basel(1808-1863)は，1830 年よりカントンでのオランダ人の貿易
　　　活動の代表として活動しており，1838 年 5 月 14 日付けの東インド政庁決議第 9 号
　　　により，貿易代理人に任命された。この「代理人」は，オスマン帝国領レヴァント
　　　におけるオランダ領事と同等の司法権を持つものと認定された。彼は，オランダの
　　　カントン駐在領事として 1839 年 3 月に，カントンの情勢をバタヴィアのオランダ
　　　領東インド総督に報告している。その後，同年 8 月までにマカオに移り，同年 12
　　　月 3 日にマカオを去ってバタヴィアに戻った。そして，1844 年 8 月 29 日の東イン

138　第2部　オランダ船の脇荷貿易

ド総督決定によりカントン領事に復職するまで同地にとどまった。1847年10月26日東インド政庁決議によりカントン領事の職が解かれた(松方冬子「中国のアヘン問題に対するオランダの対応—1839年と1843年—」『日蘭学会通信』第120号，平成19年，5～6頁参照，同編『別段風説書が語る19世紀—翻訳と研究—』東京大学出版会，平成24年，55頁参照)。

(12)　Kontrakt onder nadere goedkeuring der Regering gesloten tusschen den Directeur van 's lands Producten en Civiele Magasijnen namens het Gouvernement en de Kooplieden S: van Basel Toelaer en Cº krachtens de autorisatie verleend bij Resolutie van den 23ᵉ Meij 1835 Nº 1. [Japan Portefeuille Nº 33. 1835] MS. N.A. Japans Archief, nr. 456 (K.A. 11809). (Tōdai-Shiryō Microfilm: 6998-1-85-3).

(13)　Eenige concept voorwaarden voor de verpachting van den Kambanghandel in Japan. Ingekomen stukken. Japan 1833.[Japan Portefeuille Nº 31. 1833] MS. N.A. Japans Archief, nr. 454(K.A. 11809). (Tōdai-Shiryō Microfilm: 6998-1-84-1).

(14)　Lijst der goederen welke op Kambang blijven. MS. Arsip Nasional Republik Indonesia. Archivalia Japan, Bundel 67AA. (Tōdai-Shiryō Microfilm: 6998-15-8-7).

(15)　註(5)参照。

(16)　第2部第1章，ならびに天保5年以前の日本側脇荷リストから推測される。

(17)　Lijst der goederen welke de ondergeteekende buiten Kambang wenschte van de hand te zetten. MS. Arsip Nasional Republik Indonesia. Archivalia Japan, Bundel 67AA. (Tōdai-Shiryō Microfilm: 6998-15-8-7).

(18)　1835年8月3日(出島)付けで，商館長ニーマンは賃借代理人に宛てて「貴下には，御内用方通詞以外の人達にも貴下の品物を譲る全ての権限がある。しかし，貴下は，通詞仲間も私も怠慢な債務者に対して何の強制力の手段も持っていないため，全く支払われない危険を負うことが知らされる」と記している(出典：Afgaande brieven Correspondentie 1835. [Japan Portefeuille Nº 33. 1835] MS. N.A. Japans Archief, nr. 563 (K.A. 11809). (Tōdai-Shiryō Microfilm: 6998-1-85-1).)。

(19)　中村質氏によると，「奉行以下の幕吏や，代官・町年寄以下唐蘭通詞や長崎会所請払役クラスの以上の上級地役人には，幕府「御用物」に準じて，役料などのほかに，「除き物」と称しその地位に応じて毎年一定の輸入品の優先的購入権が認められていた(唐蘭通詞・請払役らの定額は未詳)。奉行は「御調」，御勘定方・普請役は「御求」，奉行家中らの「御所望」，地下役人の場合は「願請」と名称は区々であるが，これら諸役人の特権的調達が(後略)」(中村質「オランダ通詞の私商売—楢林

家「諸書留」を中心に─」『開国と近代化』吉川弘文館，平成9年，83頁）といわれており，日本側からみれば賃借人の脇荷取引以外での取引品は「除き物」の一環であったことがわかる。

(20) Lijst van de in dit jaar op Kambang gebragte goederen. [Japan Portefeuille N<u>o</u>. 33. 1835] MS. N.A. Japans Archief, nr. 563（K.A. 11809）.（Tōdai-Shiryō Microfilm: 6998-1-85-1）.

(21) Lijst der goederen buiten Kambang omgezet, 1835. [Japan Portefeuille N<u>o</u>. 33. 1835] MS. N.A. Japans Archief, nr. 563（K.A. 11809）.（Tōdai-Shiryō Microfilm: 6998-1-85-1）.

(22) オランダ側史料にKambang Geldとあることより「カンバン金」と訳せるが，単位がkambang theilであることより，本章では「カンバン銀」と訳しておく。

(23) オランダ側史料にContantenとあることより「現金」と訳せるが，単位がkambang theilであることより，本章では「現銀」と訳しておく。

(24) Specificatie der door den Kambang pachter uitgevoerde goederen 1835. [Japan Portefeuille N<u>o</u>. 33. 1835] MS. N.A. Japans Archief, nr. 563（K.A. 11809）.（Tōdai-Shiryō Microfilm: 6998-1-85-1）.

(25) Calculatieve aantooning van het voordeel in 1835 op de Kambang pacht genoten. [Japan Portefeuille N<u>o</u>. 33. 1835] MS. N.A. Japans Archief, nr. 563（K.A. 11809）.（Tōdai-Shiryō Microfilm: 6998-1-85-1）.

(26) 史料1の⑩「輸出品の総額」では，カンバン銀31,266.33628カンバンテールと記されているが，「明細付録G」ではカンバン銀31,266.33682カンバンテールとなっており，⑫で記す輸出品の総額56,279.98682〔カンバン〕テールは「明細付録G」の数値をとっているといえる。

第3章　賃借人の脇荷貿易　I
―― 天保 7 年(1836)～同 9 年(1838) ――

は じ め に

　前章で考察したように，天保 6 年(1835)になると，脇荷貿易は，オランダ
商館長以下の館員や船員等の私貿易関与・参加は排除され，バタヴィア政庁
によって決められた賃借人により独占的におこなわれることになる。そして，
この貿易は，政庁と賃借人との間で結ばれた契約(Kontrakt)に基づいておこ
なわれていた。本章では，この天保 6 年(1835)からはじまる賃借人による脇
荷貿易が，翌天保 7 年から同 9 年にかけてどのように継続しておこなわれ
たのか，日蘭両史料を検討しその実態について考察していきたい。

第 1 節　脇荷貿易に関する契約書

　天保 6 年の日本での脇荷貿易の賃借人は，S.ファン・バーゼル＝トゥラ
ール商会 S: van Basel Toelaer en C? であったが，翌天保 7 年からは，商人
ヘーフェルスとファン・ブラーム de kooplieden Gevers en Van Braam に
代わり，天保 9 年までの 3 年間の契約が政庁との間で結ばれた。1835 年の
取引に関する契約書[1]は，S.ファン・バーゼル＝トゥラール商会と政庁の
一部局である物産民間倉庫局長 de Directeur van 's lands Producten en
Civiele Magasijnen との間で 1835 年 5 月 30 日に結ばれている。それに対
して，商人ヘーフェルスとファン・ブラームと，物産民間倉庫局長との間で
結ばれた契約書[2]は，その 1 ヵ月余り後の 1835 年 7 月 4 日付けであり，
S.ファン・バーゼル＝トゥラール商会の貿易がはじまる以前に既に結ばれ
ていた。

第3章　賃借人の脇荷貿易　I　141

　本節では，1835年度用の契約書(以下，A契約書もしくは(A)と記す)と1836年～1838年度用の契約書(以下，B契約書もしくは(B)と記す)を比較検討し，B契約書がA契約書と比べてどのような点が変更されているのか注目し考察していきたい。

　表32はA契約書とB契約書を拙訳の上，比較対照したものである。まず，各条文の要旨と共に，A契約書とB契約書の相違点を簡潔に記していきたい。

(A)第1条・(B)第1条：脇荷貿易(＝カンバン貿易)の譲渡について。

　　(A)：S.ファン・バーゼル＝トゥラール商会が1835年度の脇荷貿易をおこなう。

　　(B)：商人ヘーフェルスとファン・ブラームが1836・1837・1838年度の脇荷貿易をおこなう。

(A)第2条・(B)第2条：賃借人の独占権について。

　　(A)・(B)：同内容。

(A)第3条・(B)第3条：代理人の派遣と帰帆の厳守について。

　　(A)・(B)：同内容。

(A)第4条：今まで脇荷貿易に参加が許されていた職員が事前に用意していた私貿易品を賃借人が買い取る義務について。

　　(A)のみの条文で，(B)には存在しない。

(A)第5条・(B)第4条：脇荷貿易のための資金の上限について。

　　(A)・(B)：同内容。

(A)第6条・(B)第5条：賃借人に対しての禁止事項と罰則について。

　　(A)：会社貿易(＝本方貿易)の品は，脇荷貿易の品にはならず，ウニコールは特にそうである。

　　(B)：会社貿易(＝本方貿易)の品は，年に1ピコル賃借人が輸出できる貿易品であるウニコールを除いて，脇荷貿易の品にはならない。

(A)第7条・(B)第6条：脇荷物にかかる日本とバタヴィアでの税の支払いについて。

　　(A)・(B)：同内容。

142　第2部　オランダ船の脇荷貿易

表32　1835年度用契約書と1836年～1838年度用契約書の比較対照表

(A)1835年度の契約書	(B)1836年～1838年度用の契約書
第1条 　政庁は、S. ファン・バーゼル＝トゥラール商会に、今まで出島のオランダ商館の職員やオランダ船船長に、そこ〔日本〕で許されていたように日本での個人貿易、すなわち、いわゆるカンバン貿易の独占権を賃貸借として、今年度の貿易期間、すなわち、これから出港する船が帰帆するまでの間譲渡する。	第1条 　政庁は、商人ヘーフェルスとファン・ブラームに、かつて出島のオランダ商館の職員やオランダ船船長に、そこ〔日本〕で許されていたように日本での個人貿易、すなわち、いわゆるカンバン貿易の独占権を賃貸借として、1836年、1837年、1838年の発送、すなわち、これから出港する船が帰帆するまでの間譲渡する。
第2条 　それ故、この間、賃借人として認められた商人以外、だれも自由に個人貿易としていくらかの品物を、日本に輸入することも、あるいは日本から輸出することもできない。〔それに違反すれば〕下記のような罰が与えられる。	第2条 　それ故、この間、賃借人として認められた商人以外、だれも自由に個人貿易としていくらかの品物を、日本に輸入することも、あるいは日本から輸出することもできない。〔それに違反すれば〕下記のような罰が与えられる。
第3条 　S. ファン・バーゼル＝トゥラール商会は、彼ら〔商会〕の代理をする一人の代理人を日本に派遣できる。また、もしその人と同様に、彼ら〔商会の者〕も日本に出発するのであれば、貿易期間終了後、すなわち船の帰帆時にその船で帰らなければならない。そして、いかなる理由があろうともそこにとどまってはならない。	第3条 　商人ヘーフェルスとファン・ブラームは、彼らの代理をする一人の代理人を日本に派遣できる。また、もしその人と同様に、彼ら〔両商人〕も日本に出発するのであれば、貿易期間終了後、すなわち、それぞれの船の帰帆時にそれぞれの船で帰らなければならない。そして、いかなる理由があろうともそこにとどまってはならない。
第4条 　今まで、もし、日本の個人貿易に参加が許された職員が、そのために既にオランダから、あるいはどこか他の所からいくらかの品物を受け取ったり、あるいは、注文をしたりしていたか、あるいは出島にまだ在庫がある場合は、職員は、その旨をすぐ賃借人に知らせなければならない。もし、その品物がよい状態であれば、さらに、1835年度の発送に供するのにちょうどよいと期待できるなら、賃借人に譲渡することができる。彼〔賃借人〕は、その場合、バタヴィアまでの費用を加えた、本来の送り状価額と引き替えてそれを買い取る義務を負う。そして、日本にある品物は、そのための費用をともなって、それぞれの職員に、一回の発送についてカンバン貿易で与えられた次の配分競争をこえない範囲だけで、やはり賃借人の〔買い取る〕義務がある。 　　商館長・・・・・・・・・・・・・・・・・・・・・15,000 グルデン 　　荷倉役・・・・・・・・・・・・・・・・・・・・・・6,600 グルデン 　　自然科学の調査を担当する職員・4,000 グルデン	

第3章　賃借人の脇荷貿易　Ⅰ　143

(A)1835年度用の契約書	(B)1836年～1838年度用の契約書
二人の一等事務官、それぞれに 3,000 グルデン 　　　　　　　　　…6,000 グルデン 二等事務官…………………2,500 グルデン 勝手方…………………………500 グルデン 　　　　合計　34,600 グルデン	

第5条
　カンバン貿易のための資金は、物産民間倉庫局長の裁量により、その年の送り状の値で、合計 50,000 グルデン以上になってはならない。そして、賃借人により送り状の写しが彼〔局長〕に提出されなければならない。

第4条
　カンバン貿易のための資金は、物産民間倉庫局長の裁量により、その年の送り状の仕入値で、合計 50,000 グルデン以上になってはならない。そして、賃借人により送り状の写しが彼〔局長〕に提出されなければならない。

第6条
　通常、政庁〔の貿易〕、すなわちいわゆる会社貿易で受け入れられる全ての品物は、カンバン貿易になることはありえない。さらにまた、貿易品であるウニコールは特にそうである。そして、賃借人自身は、さらにあらゆる禁止〔禁制品に関する規定〕により、金塊や銀塊のような日本への輸出入品はあきらめなければならない。もしそうするのであれば、それらの輸出入品は取り上げとなり、その上、状況に応じて取り上げた品物の合計 50 ％の価値に達する罰金となる。

第5条
　通常、政庁〔の貿易〕、すなわちいわゆる会社貿易で受け入れられる全ての品物は、年に 1 ピコル賃借人が輸出できる貿易品であるウニコールを除いて、カンバン貿易になることはありえない。そして、賃借人自身は、さらにあらゆる禁止〔禁制品に関する規定〕により、日本の役人が点検した限りにおいて、日本への輸出入品はあきらめなければならない。もしそうするのであれば、それらの輸出入品は取り上げとなり、その上、状況に応じて取り上げた品物の合計 50 ％の価値に達する罰金となる。

第7条
　賃借人または彼ら〔商会〕の代理人は、日本でのカンバン貿易に関して、全ての条例、規定、そして慣習に従う義務を負う。そして、その下に、特に、彼らの品物の検査と封印、そして、その売却で長崎会所のために 35 ％の税金が課される。
　同様に、彼ら〔商会〕は、バタヴィアで、日本での個人貿易の商品に対して、習慣的に今までと同じように、輸出入税の支払いの義務を負う。

第6条
　賃借人または彼ら〔両商人〕の代理人は、日本でのカンバン貿易に関して、全ての条例、規定、そして慣習に従う義務を負う。そして、その下に、特に、彼らの品物の検査と封印、そして、その売却で長崎会所のために 35 ％の税金が課される。
　同様に、彼ら〔両商人〕は、バタヴィアで、日本での個人貿易の商品に対して、習慣的に今までと同じように、輸出入税の支払いの義務を負う。

第8条
　そして、賃借人によって、日本に持ってこられる全ての商品は、カンバン貿易で実際に少なくとも 3 分の 2 が販売されなければならない。そのため、残りの 3 分の 1 は、彼ら〔賃借人〕によってカンバン〔脇荷取引〕以外で、彼ら〔賃借人〕が彼らにとって有用な状況に応じて、自己の危険負担として売り払えるように、賃借人の自由処分として残されることが商館長によって守られる。

第7条
　賃借人によって、日本に持ってこられる全ての商品の内、カンバン貿易で実際に少なくとも 3 分の 2 が販売されなければならない。そのため、残りの 3 分の 1 は、彼ら〔賃借人〕によってカンバン〔脇荷取引〕以外で、彼ら〔賃借人〕が彼らにとって有用な状況に応じて、自己の危険負担として売り払えるように、賃借人の自由処分として残されることが商館長によって守られる。

(A)1835年度用の契約書	(B)1836年～1838年度用の契約書
第9条 　政庁は、毎年 40 ラストまたは、彼ら〔賃借人〕が、(日本の往き帰りに)彼らの商品の輸送にそれ〔40ラスト〕ほど必要としないのであれば、船舶の積量の支払いなしで、〔積荷の場所を〕賃借人に提供する。その上に、賃借人または彼らの代理人には、出島でのカンバン商品用の倉庫の無料利用が必要に応じて認められ、そして、さらに、政庁の職員に許されているのと同じように、日本に向けての無料の航海と帰航が認められる。	第8条 　政庁は、毎年 40 ラストまたは、彼ら〔賃借人〕が、(日本の往き帰りに)彼らの商品の輸送にそれ〔40ラスト〕以上必要なら、船舶の積量の場所がある限りにおいて、船舶の積量の支払いなしで、〔積荷の場所を〕賃借人に提供する。その上に、賃借人または彼らの代理人には、出島でのカンバン商品用の倉庫の無料利用が必要に応じて認められ、そして、さらに、政庁の職員に許されているのと同じように、日本に向けての無料の航海と帰航が認められる。
第10条 　出島に所属する一商館職員が、禁じられている貿易〔に手を出していると〕商館長が確信すれば、賃借人に与えられる独占権のよりよい保証として、カンバン貿易が無くなったことで彼〔職員〕に与えられる補償金が賃借人のために取り上げられ、その上、場合によっては、役職の剥奪をもって罰せられる。 　また、乗組員に責任のあることを了解する船長は、同様の事態〔が起きたら〕、賃借人のために、同様に、彼〔船長〕に与えられた補償金の取り上げをもって罰せられる。	第9条 　出島に所属する一商館職員が、禁じられている貿易〔に手を出していると〕商館長が確信すれば、賃借人に与えられる独占権のよりよい保証として、カンバン貿易が無くなったことで彼〔職員〕に与えられる補償金が賃借人のために取り上げられ、その上、場合によっては、役職の剥奪をもって罰せられる。 　また、乗組員に責任のあることを了解する船長は、同様の事態〔が起きたら〕、賃借人のために、同様に、彼〔船長〕に与えられた補償金の取り上げをもって罰せられる。
第11条 　賃借人または彼らの代理人は、日本でオランダカンバン委員という肩書を持ち、そして、商館長によって、そのように日本の当局者に紹介される。	第10条 　賃借人または彼らの代理人は、日本でオランダカンバン委員という肩書を持ち、そして、商館長によって、そのように日本の当局者に紹介される。
第12条 　商館長は、賃借人またはその代理人に対して、彼〔賃借人またはその代理人〕により求められているあらゆる情報と彼〔商館長〕の権限下にある保護を与える。 　それに対して、賃借人またはその代理人は、政庁の代理人として商館長をしかるべく承認し、あらゆる場面で彼に従う義務を負う。	第11条 　商館長は、賃借人またはその代理人に対して、彼〔賃借人またはその代理人〕により求められているあらゆる情報と彼〔商館長〕の権限下にある保護を与える。 　それに対して、賃借人またはその代理人は、政庁の代理人として商館長をしかるべく承認し、あらゆる場面で彼に従う義務を負う。
第13条 　第1条で決められた期間の賃借権料として、S. ファン・バーゼル＝トゥラール商会によって、政庁に、合計 30,000 グルデンの銀貨が支払われる。そして、これにより、彼ら〔S. ファン・バーゼル＝トゥラール商会〕は、借金があることを認め、バタヴィアの金庫に、1836 年 3 月 31 日、もしくは遅くともその日〔1836 年 3 月 31 日〕より前に支払うことを受け入れる。	第12条 　賃借権料として、商人ヘーフェルスとファン・ブラームによって、政庁に、合計 35,000 グルデンの銀貨、すなわち、3 年間の合計で 105,000 グルデンが支払われる。そして、これにより、彼ら〔ヘーフェルスとファン・ブラーム〕は、借金があることを認め、バタヴィアの金庫に、〔次の〕3 回の期限に支払うことを受け入れる。すなわち、1837 年 5 月 31日、もしくは遅くともその日〔1837 年 5 月 31 日〕

第3章　賃借人の脇荷貿易　Ⅰ　145

(A)1835年度用の契約書	(B)1836年～1838年度用の契約書
	より前に 35,000 グルデンを。1838 年 5 月 31 日、もしくは遅くともその日〔1838 年 5 月 31 日〕より前に 35,000 グルデンを。1839 年 5 月 31 日、もしくは遅くともその日〔1839 年 5 月 31 日〕より前に 35,000 グルデンを。
第14条 　政庁は、この賃借年に、将軍や幕府高官や長崎の役人達の注文に応じて、10,000 グルデンを超えない購入金額の商品を会社貿易の商品とは別に、日本に送る権限を維持する。	第13条 　政庁は、それぞれの賃借年に、将軍や幕府高官や長崎の役人達の注文に応じて、10,000 グルデンを超えない購入金額の商品を会社貿易の商品とは別に、日本に送る権限を維持する。
第15条 　バタヴィアもしくは日本で起こりうるこの賃借条件の解釈のための全ての論争は、二人の仲裁人によってバタヴィアで決められるが、その内の一人は物産民間倉庫局長により、もう一人は賃借人により任命される。そして、二人の仲裁人が互いに同意が得られない場合、その上に立つもう一人の仲裁人を選び、彼の裁決が最後の決断として決定となり、その時は、契約当事者らは、上告あるいは同種のあらゆる法的手段を放棄する。	第14条 　バタヴィアもしくは日本で起こりうるこの賃借条件の解釈のための全ての論争は、二人の仲裁人によってバタヴィアで決められるが、その内の一人は物産民間倉庫局長により、もう一人は賃借人により任命される。そして、二人の仲裁人が互いに同意が得られない場合、その上に立つもう一人の仲裁人を選び、彼の裁決が最後の決断として決定となり、その時は、契約当事者らは、上告あるいは同種のあらゆる法的手段を放棄する。 　さらに、賃借人らは、日本〔貿易〕のための役人に間接的であれ直接的であれ、この賃借に利害関係を持たないし、〔将来も〕利害関係を持たないことを宣誓する。
第16条 　この契約の誠実な維持のために、賃借人は彼らの人員と品物を担保する。そして、この契約から三通同じ内容のものが作成され、その内一通が賃借人に手渡され、二通は必要に応じて政庁に保管される。	第15条 　この契約の誠実な維持のために、賃借人（並びに彼らの保証人）は彼らの人員と品物を担保する。そして、この契約から三通同じ内容のものが作成され、その内一通が賃借人に手渡され、二通は必要に応じて政庁に提出される。

出典・(A)～ Kontrakt onder nadere goedkeuring der Regering gesloten tusschen den Directeur van 's
　　　lands Producten en Civiele Magasijnen namens het Gouvernement en de Kooplieden S: van Basel
　　　Toelaer en Cͦ. krachtens de autorisatie verleend bij Resolutie van den 23ͤ. Meij 1835 Nͦ.1. 〔Japan
　　　Portefeuille Nͦ. 33. 1835〕 MS. N.A. Japans Archief, nr. 456 (K.A. 11809). (Tōdai-Shiryō Microfilm:
　　　6998-1-85-3).
　　・(B)～ Kontrakt onder nadere goedkeuring der Regering gesloten tusschen den directeur van 's
　　　Lands Producten en Civiele Magasijnen namens het Gouvernement en de kooplieden Gevers en
　　　Van Braam: krachtens de autorisatie verleend bij Resolutie van den 26 Junij 1835 Nͦ. 19. 〔Japan
　　　Portefeuille Nͦ. 34. 1836〕 MS. N.A. Japans Archief, nr. 457 (K.A. 11810). (Tōdai-Shiryō Microfilm:
　　　6998-1-85-13).

(A)第8条・(B)第7条：賃借人持ち渡り商品の販売方法($\frac{2}{3}$は脇荷取引、$\frac{1}{3}$は自由処分)について。

(A)・(B)：同内容。

(A)第9条・(B)第8条：賃借人とその商品に対する航海中と日本滞在中での優遇措置について。

(A)：商品輸送時、船舶の積量を40ラストまで支払いなしとする。

(B)：商品輸送時、船舶の積量を場所がある限りにおいて、40ラスト以上でも支払いなしとする。

(A)第10条・(B)第9条：商館職員・船員の禁止事項について。

(A)・(B)：同内容。

(A)第11条・(B)第10条：賃借人の日本での肩書について。

(A)・(B)：同内容。

(A)第12条・(B)第11条：商館長と賃借人との関係について。

(A)・(B)：同内容。

(A)第13条・(B)第12条：賃借権料の支払いについて。

(A)：賃借権料として30,000グルデンの銀貨の支払い。

(B)：賃借権料として年に35,000グルデンの銀貨の支払いで、3年間で合計105,000グルデンの支払い。

(A)第14条・(B)第13条：注文品(=誂物)について。

(A)・(B)：同内容。

(A)第15条・(B)第14条：賃借に関する論争時の解決策について。

(A)には存在しないが、(B)には、日本貿易にたずさわる役人がこの賃借には利害関係を持たないとすることを記す。

(A)第16条・(B)第15条：契約と担保について。

(A)・(B)：同内容。

　上記のことより、特に注目される(A)(B)の相違点として次のことが挙げられる。

。A契約書第4条がB契約書では削除されている。1835年度が賃借人による脇荷貿易の初年度であったことより、(A)第4条は、オランダ商館長以

下の館員に対する譲歩策として結ばれたものと思われ，賃借人による脇荷貿易が周知される翌 1836 年度からは，この条文は削除されることになったのであろう。

○A 契約書の第 6 条では，ウニコールは脇荷物として許されなかったが，1836 年度からは(B 契約書第 5 条)，1 ピコルの輸出が許されるようになった。ウニコールは高価な薬品(解毒薬)であり，誂物などでは以前から輸入されており脇荷物としては扱われてこなかったが，1836 年度からは賃借人が持ち渡ることが許された。

○A 契約書第 9 条では，賃借人の商品輸送時に 40 ラストまで賃借人の支払いなしですまされていたが，1836 年度以降(B 契約書第 8 条)ではスペースがある限りにおいて 40 ラスト以上でも支払いなしと決められた。商品輸送に関して，より優遇措置が取られるようになったことがわかる。

○A 契約書第 13 条では，賃借権料が 30,000 グルデンの銀貨の支払いであったが，1836 年度以降(B 契約書第 12 条)では，年 35,000 グルデンの銀貨の支払いに増額されている。上記の優遇措置と対極に位置づけられる条文といえよう。

○A 契約書第 15 条では記されていなかった，日本貿易にたずさわる役人が，賃借には利害関係を持たないことを B 契約書第 14 条では明記された。ここでいっている「日本〔貿易〕のための役人」とは，商館職員等をさしていると考えられる。

以上，A 契約書に比べて，数点の変更がみられる B 契約書に基づいて，天保 7 年(1836)から同 9 年(1838)にかけて賃借人(商人ヘーフェルスとファン・ブラーム)による脇荷貿易がおこなわれたものと考えられる。以下，第 2 節から第 4 節においては，天保 7 年から同 9 年にかけての脇荷貿易を現存する日蘭両史料を提示・検討の上，随時，契約書に照合しながら考察を加えていきたい。なお，第 2 節第 2 項では，脇荷貿易システムが改変されたことによって生まれた出島商館職員および船長に対する補償金制度について考察する。

第2節　天保7年の賃借人による脇荷貿易

1　天保7年の賃借人による脇荷貿易

天保7年には，オランダ船メリー・エン・ヒレゴンダ号 Marij en Hillegonda が長崎港に入津している。この船には，脇荷貿易の〔賃借〕代理人 de agent voor den kambang handel としてリスール C. Lissour が乗船してきた。以下，リスールが持ち渡った天保7年における脇荷物の取引を解明しうる現存の日蘭両史料について紹介していきたい。

まず，オランダ側史料として次の表題を持つ史料を挙げることができる。

De ondergetekenden, pachters van den Japanschen particulieren handel, verklaren mitsdezen per het schip Marij en Hillegonda te hebben uitgevoerd de ondervolgende goederen.[3]

（日本での個人貿易の賃借人である下記署名者〔ヘーフェルスとファン・ブラーム〕は，下記商品をメリー・エン・ヒレゴンダ号で輸出したことをこれ〔この書類〕をもって証明する）

本史料は，1836年6月22日付けでバタヴィアにおいて作成されたものであり，脇荷貿易賃借人 pachters であるヘーフェルスとファン・ブラームの署名を持つ。なお，本史料は写し afschrift であり，原本と同一の写しであることを証明した物産民間倉庫局事務局長のフェルメウレン A. R. Vermeulen の署名を持つ。

オランダ側は長崎に持ち渡った脇荷物の中から脇荷取引を望む商品を選び，脇荷リストとして提示することになっていた。天保7年の場合，本リストは未詳であるが，それを日本側（阿蘭陀通詞）が翻訳したリストが「崎陽齋来目録」五[4]に「脇荷物差出シ」として所収されており，それを表にして示すと表33のようである。上記のオランダ側史料とこの日本側史料「脇荷物差出シ」（商品名のみ）を照合したものが表34である。なお，「脇荷物差出シ」に訳のない商品については当時の商品名を参考に〔　〕を付けて拙訳を記した。

表33 天保7年(1836)の脇荷リスト

積 荷 目 録		積 荷 目 録	
商　品	数　量	商　品	数　量
脇荷物差出シ		アラビヤゴム	2箱
廣東人参	9箱	レインサアト	6桶
金唐皮	13箱ト3丸	郡青	1桶
ヤハアンス皮	1丸	銘酒	1桶
花アンペラ	3丸	焼物類	4桶
オクリカンキリ	4箱	染付鉢類	720程
カナノヲル	3箱	硝子器類	12箱
痰切	5箱	椰子油	255箱
サルアルモニヤシ	2箱	白檀	17,500斤程
エイスランスモス	1箱	藤	102,000斤程
キナキナ	2箱	水牛角	1,500斤程
ゴルテキスキイナ	1箱	鏡類	2箱
サフラン	350斤程	白木綿	2箱
ハアルレム油	600瓶	鼈甲	1包
バルサムコツバイハ	1箱	〻	
ケレモルタルーリイ	1箱		
薬種類	1箱		
甘草	5箱		
テリヤアカ	300罐		

出典：「崎陽齎来目録」五
　　　（早稲田大学図書館所蔵）。

　表34より，脇荷物の種類や数量に関しては，従来とほぼ変わりはなく，薬品類，硝子器・陶磁器などの食器類，皮革・酒・顔料・時計等々，雑貨・小間物類などからなっているが，ウニコール(een hoorn)が持ち渡られていることが特筆される。第1節で述べたように，前年は脇荷物としてのウニコールの持ち渡りは禁止されていたが，1836年からは1ピコルの持ち渡りが許されるようになっていた(B契約書第5条)。

　また，表34に示したように脇荷物の仕入値合計が48,102グルデンであることより，B契約書第4条にいう「カンバン貿易のための資金は，（中略）合計50,000グルデン以上になってはならない」が守られていることがわかる。

　次に，上述のように，賃借人が持ち渡った脇荷物は，全て取引にかけられたわけではなかった。出島において1836年8月4日付けで，出島のオランダ商館長 Het Neederlandsche opperhoofd te Decima に宛てた，

　De ondergeteekende wenscht de onderstaande artikelen, uit zijn

表34 天保7年(1836)の脇荷物

Goederen	Hoeveelheid	商　品	数　量	仕入値(グルデン)
goudleder waarbij een pak lang soortige banen	3,500 vellen	金唐皮 〔その内1包みは細長いものが含まれる〕	3,500 枚	2,700
kreeftsoogen	800 lb.	オクリカンキリ	800 ポンド	700
bloedsteen	560 lb.	カナノヲル	560 ポンド	200
drop	560 lb.	痰切	560 ポンド	220
salamoniac	375 lb.	サルアルモニヤシ	375 ポンド	175
IJslandschen mos	150 lb.	エイスランスモス	150 ポンド	25
kinabast	100 lb.	キナキナ	100 ポンド	150
Ipecacuanha	10 lb.	〔イペコヘアナ〕	10 ポンド	30
een hoorn en eenige stukjes	½ pikol	〔ウニコール 一つと断片〕 薬種類	½ ピコル	650
saffraan	250 lb.	サフラン	250 ポンド	4,000
Haarlemmerolij	50 dozijn	ハアルレム油	50 ダース	50
cremortart	60 lb.	ケレモルタルーリイ	60 ポンド	24
Arab: gom	125 lb.	アラビヤゴム	125 ポンド	50
gemeene kina	320 lb.	キナキナ	320 ポンド	140
aloë	500 lb.	〔芦薈〕 薬種類	500 ポンド	100
olij succini	130 lb.	〔琥珀油〕 薬種類	130 ポンド	130
copaijva	70 lb.	バルサムコツパイハ	70 ポンド	45
magnesia	80 lb.	〔マグ子シヤ〕 薬種類	80 ポンド	75
duivelsdrek	50 lb.	〔阿魏〕 薬種類	50 ポンド	50
ammoniac	10 lb.	サルアルモニヤシ	10 ポンド	15
balsem peru	4 lb.	〔バルサムベーリユ〕 薬種類	4 ポンド	15
calomel	5 lb.	〔カロメル〕 薬種類	5 ポンド	20
hijdscamies	3 lb.	〔ヒヲシアムス〕 薬種類	3 ポンド	17
goudzwavel	4 lb.	〔ゴートスハーフル〕 薬種類	4 ポンド	12
rode precipitaat	10 lb.	〔ベレシピタート〕 薬種類	10 ポンド	32
ossegal	12 lb.	〔ヲスセンカル〕 薬種類	12 ポンド	27
braakwijnsteen	25 lb.	〔ブラークウエインステーン〕 薬種類	25 ポンド	37
zoethout	36 pikel	甘草	36 ピコル	332
theriac	25 lb.	テリヤアカ	25 ポンド	208
meid lijnzaad	14½	レインサアト	14½	167
Berlijn blaauw	130 lb.	〔紺青〕	130 ポンド	170
herb digetalis	60 lb.	〔ジキターリス〕 薬種類	60 ポンド	72
saffraan	57 lb.	サフラン	57 ポンド	830
bleekblaauw	180 lb.	郡青	180 ポンド	50
likeur	30 vlesje	〔リキュル〕 銘酒	30 瓶	30
elixer probatum	12 dozijn	〔エリキシル〕 薬種類	12 ダース	30
tafelservien porcelein	een stel	〔卓子道具 焼物〕 焼物類	1 セット	102
tafelservien urt	een stel	〔卓子道具〕	1 セット	85
tafelservien gekleurd, defect	een stel	〔卓子道具 彩色，不揃い〕 染付鉢類	1 セット	82
tafelservien ouderwetsch porcelein defect	een stel	〔卓子道具 古風な磁器，不揃い〕 焼物類	1 セット	87
diverse vazen, Kurdertheeserviezen kopjes & schoteltjes, fruit mandjes bekers enz.	—	〔様々な壺，卓子道具，こつふ 鉢，果物籠，ゴブレット，他〕	—	222
vergulde halskettingen	3 dozijn	〔金メッキしたネックレス〕	3 ダース	36
vergulde horlogie kettingen	5 dozijn	〔金メッキした時計鎖〕	5 ダース	72
ceintuurgespen	40 stuks	〔帯〆〕	40 本	28
toneel kijkers	3 dozijn	〔遠目鏡〕	3 ダース	48
brillen	6 dozijn	〔鼻目鏡〕	6 ダース	48
braceletten verguld	2 dozijn	〔金メッキした腕輪〕	2 ダース	72
ceinturen van paardehaar	3 dozijn	〔馬尾織帯〆〕	3 ダース	72
horlogie sleutels & cachetten	5 dozijn	〔印判付時計鍵〕	5 ダース	102
bonbonieres	6 dozijn	〔ボンボン入れ〕	6 ダース	36
oorringen, vingerringen met valsche steentjes	10 dozijn	〔人造石のついた耳飾り，指輪〕	10 ダース	84
spelden	3 dozijn	〔留針〕	3 ダース	36
kammen met steentjes	1 dozijn	〔宝石の飾りの付いた櫛〕	1 ダース	62
medicijn flessen	3,000 stuks	〔薬瓶〕	3,000 個	412
pre: bl: met kraffens	24 stel	〔水差し付きの盆〕	24 セット	72
gemeene kelkjes	6,000	〔並のコップ〕	6,000	571
meet glazen	30	〔計量グラス〕	30	16
wrijfschalen	16	〔すり鉢〕	16	21
flacons	15	〔匂ひ瓶〕	15	32
kraffen	12	〔水差し〕	12	40
kandelaars	36	〔燭台〕	36	42
dekselkommen	20	〔硝子蓋物〕 硝子器類	20	470
likeur kelders	8	〔銘酒器〕	8	126
etuis met glazen	27½dozijn	〔ガラス入りの小箱〕	27½ ダース	81
nat: mortieren	2	〔乳鉢〕	2	30
flacons	12	〔匂ひ瓶〕	12	48
fijne kelken in soorten	125 dozijn	〔様々な上等のコップ〕	125 ダース	850
differente cristalwerken als salade en room kommen, ijsvazen, boterpotten schotels en borden, vazen, zoutvaten bekertjes enz.	—	〔サラダ用の鉢やクリーム用の鉢，氷壺， バター壺，鉢，壺，塩入れ，ゴブレット など様々な硝子器〕 硝子器類	—	2,000
hangende en staande horlogien	8	〔掛時計と置時計〕	8	1,120
horlogien in soorten	40	〔各種時計〕	40	2,070
spiegels in soorten	12	鏡類	12	180
schilderijen met uurwerk	6	〔時計付きの絵鏡〕	6	300
wolle dekens	10	〔毛布〕	10	30
zeemleder	12 vellen	〔滑皮〕 ヤハアンス皮カ	12 枚	12
woordenboeken	4 exemplaren	〔辞典〕	4 部	30
telescopen	3	〔星目鏡〕	3	140

Goederen	Hoeveelheid	商　　品	数　量	仕入値(グルデン)
microscopen	3	〔虫目鏡〕	3	112
verrekijkers	6	〔遠目鏡〕	6	120
zal compassen	3	〔方針〕	3	25
geneeskundige boeken	-	〔医学書〕	-	120
schenkbladen	10	〔盆〕	10	70
muziek dozen	12	〔ヲルゴル〕	12	150
speelwerken en schilderijen & kisjes	4	〔玩具や絵画や小箱〕	4	240
pike	200 ellen	〔ヒケイ〕	200 エル	200
toelenet en gebrocheerde zijde	240	〔未詳　絹織物〕	240	170
merinos, gebloemdestof	4 stukken	〔紋メリノス〕	4 反	170
genzing wortel	22 pikel	廣東人参	22 ピコル	1,310
rood catoen	50 stukken	〔赤木綿〕	50 反	800
klapperolie	225 kelders	椰子油	225 箱	900
differente soorten gegoten glaswerken	twee kisten	〔様々な形の硝子器〕　硝子器類	2 箱	550
eau de cologne	100 kisjes	〔匂ひ水〕	100 箱	100
drop	230 lb.	痰切	230 ポンド	100
pendules met mecaniek	2	〔置時計〕	2	500
borden	60 dozijn	〔皿〕	60 ダース	96
hanglantaaren	6	〔つりランプ〕	6	8
spiegeltjes	12	〔小鏡〕　鏡類	12	16
inlandsch leder	16 vel	〔国産の皮〕　ヤハアンス皮ヵ	16 枚	80
madapollams	300 stuk	〔上金巾〕　白木綿ヵ	300 反	2,100
tjellies	50 stuk	〔チエーリス〕	50 反	600
astralielampen	4 stuk	〔火燈〕	4 個	60
Javasche matten	150	花アンペラ	150	120
sandelhout	180 pikel	白檀	180 ピコル	4,500
schilpad	30 catjes	鼈甲	30 斤	960
rotting (vide ommezijde)	- pikels	藤（次ページを見よ）	- ピコル	
aardewerk v: 12 pe.	4 serviesen	〔陶器　1 セット 12 個入〕	4 セット	200
lakahout	5 pikels	〔未詳〕	5 ピコル	30
kazuarissen	2	⎱〔ヒケイドリとツル〕	2	⎱ 150
kroonvogels	8		8	
buffelhoorns	15 pikels	水牛角	15 ピコル	140
wagen passementen	6 stukken	〔縁飾り〕	6 反	270
doeken	80 dozijn	〔布〕	80 ダース	480
rotting	1,000 pikels	藤	1,000 ピコル	4,500
barometers en thermometers	6	〔気圧計と温度計〕	6	280
horlogies	26	〔時計〕	26	1,540
grote telescoop	een	〔星目鏡〕	1	400
goud leder	2,000 lb.	金唐皮	2,000 ポンド	1,750
gestreepte catoenen	100 stuk	〔縞木綿〕	100 反	1,600
kemelshare stof en gewerkte casimier	160 ellen	〔ラクダの毛の織物と加工されたカシミア〕	160 エル	740
vogels, dieren, &c. &c.	-	〔鳥、動物、その他〕 ※1	-	300
				48,102

出典・De ondergetekenden, pachters van den Japanschen particulieren handel, verklaren mitsdezen per het schip Marij en Hillegonda te hebben
　　　uitgevoerd de ondervolgende goederen.〔Japan Portefeuille N. 34. 1836〕MS. N.A. Japans Archief, nr. 457〔K.A. 11810〕. (Tōdai-Shiryō Microfilm:
　　　6998·1·85·13).
　　・「脇荷物差出シ」(「崎陽蘭来目録」五、早稲田大学図書館所蔵).
　　註・「脇荷物差出シ」にはオランダ側史料と照合しないものとして「ゴルテキスキイナ」一品目がある。(表 33 参照)
　　　※1 に照合する史料として「當申阿蘭陀船持渡鳥獣覚」(「崎陽蘭来目録」五、早稲田大学図書館所蔵) があり、そこには、九宮鳥 1 羽、頭黒音呼 3 羽、
　　　　駝鳥 2 羽、コロンホーコル 11 羽、弁柄鳩 12 羽、青鳩 2 羽、黌䳡 1 羽、文鳥 91 羽、十姉妹 9 羽、碧鳥 10 羽が記されている。
　　・オランダ側史料では、dito、dᵒ、〃 (＝同) はそれに相当する単語を記した。

表 35　天保 7 年 (1836) 脇荷取引以外の取引に予定された商品

Goederen	Hoeveelheid	商　　品	数　量	仕入値(グルデン)
rood katoen	2 kisten met 50 pees	〔赤木綿〕	50 反 2 箱入り	800
gestreept katoen	2 kisten met 100 pees	〔縞木綿〕	100 反 2 箱入り	1,600
tjellis of kantonetten	1 kist met 50 pees	〔チエーリスすなわちマタフ縞〕	50 反 1 箱入り	600
madapollums	5 kisten met 250 pees	〔上金巾〕	250 反 5 箱入り	2,100
merinos en gebloemde stoff	1 kist met 4 pees	〔紋メリノス〕	4 反 1 箱入り	170
tolmet en gebrocheerde zijde stoff	1 kist	〔未詳　絹織物〕	1 箱	170
gebloemde pikee	1 kist	〔紋ヒケイ〕	1 箱	450
roode doeken	1 kist	〔赤布〕	1 箱	480
muzik doozen	1 kist	〔ヲルコル〕	1 箱	390
schilderijen met uurwerk	1 kist met 2 pees	〔時計付きの絵鏡〕	2 個 1 箱入り	300
goude, zilverne en koopere horloges	1 kist	〔金時計、銀時計、銅時計〕	1 箱	2,000
bioutuuren	1 kist	〔宝石〕	1 箱	700
pendules en klokken	4 kist	〔置時計と掛時計〕	4 箱	1,800
tellijscopen, microscopen en kijkers	1 kist	〔星目鏡、虫目鏡、遠目鏡〕	1 箱	372
barroomeeters en instrumenten	1 kist	〔気圧計、器具〕	1 箱	400
diverse Nurenburger goed	1 kist	〔様々なニュルンベルグの品〕	1 箱	500
nikanjassen voor eigen gebruik	1 kist met 35 pees	〔巾廣嶋木綿　自分使用のため〕	35 反 1 箱入り	-
keemelshaar en gewerkte casemiere stoff	1 kist	〔ラクダの毛の織物と加工された カシミア〕	1 箱	740
				13,572

出典・De ondergeteekende wenscht de onderstaande artikelen, uit zijn meede gebrachte factuur buiten kambang van de hande te zetten.
　　　〔Japan Portefeuille N. 34. 1836〕MS. N.A. Japans Archief, nr. 457 (K.A. 11810). (Tōdai-Shiryō Microfilm: 6998·1·85·13).

meede gebrachte factuur buiten kambang van de hand te zetten.[5]

（下記署名者〔C. リスール〕は，下記商品を持ち渡った送り状から取り出し，カンバン〔脇荷取引〕以外で販売したいと願う）

との表題を持つ史料には，脇荷取引以外 buiten kambang での取引を望んでいる脇荷物を列記している。本史料を拙訳を付して掲げたものが表 35 である。本表より取引商品に染織類が多いのは，前年度と同様であるが，硝子器・焼物類といった食器類や，薬品類が姿を消していることは前年度との相違点として挙げられる（なお，最終的に薬品類（甘草）は取引商品の中に入れられた（後掲表 37 参照））。また，ここにみられる仕入総額が 13,572 グルデンであることより，総仕入額（48,102 グルデン）のほぼ $\frac{1}{3}$ であることがわかる。すなわち，B 契約書第 7 条にいう「3 分の 1 は，（中略）賃借人の自由処分」に従ってのことであることは明らかである。

　脇荷取引は，本方取引と違い，オランダ人が持ち渡った商品（脇荷物）を長崎会所において日本商人が直接入札する取引であったが，天保 7 年の脇荷取引の結果を記した史料としては，オランダ側が Nota van afgeleverde Kambang Goederen.[6]（引き渡したカンバン荷物の勘定書）として残している。本史料には商品番号・商品名・販売単価・税抜き後の単価・引き渡し数量・税抜き後の売上額の順に記されている。商品名については拙訳を付し，本史料を一覧表にしたものが後掲表 36 である。この表からわかるように商品としては，硝子器類・陶磁器類・食器類・小間物類・皮類・薬品類などをみることができ，品目数としては，硝子器類が最も多く，次いで陶磁器類，薬品類となっている。税抜き後の売上額を種類別に合計して比較してみると表 38 のようになる。すなわち，硝子器類・陶磁器類・食器類は全体の 15 ％，薬品類は 55 ％，皮類・小間物類・その他は 30 ％であり，品目数としては上述のように硝子器類が多いが，売上額では薬品類が最も多いことがわかる。

　賃借人が持ち渡った脇荷物の内，脇荷取引以外で取引された品物については，オランダ側に Nota van nadere afgeleverde Kambang Goederen.[7]（さらに引き渡したカンバン荷物の勘定書）の表題を持つ史料が残されている。表 36 同様，商品名については拙訳を付して一覧表にしたものが表 37 である。こ

の表からわかるように商品としては，遠目鏡・鼻目鏡・虫目鏡といったレンズを使用した品々や，時計・オルゴルをはじめとする小間物類，ならびに，染織類などが多くみられ，薬品としては，甘草が一品目みられるだけである。脇荷取引同様，税抜き後の売上額を種類別に合計して比較してみると表39のようになる。すなわち，遠目鏡類・時計・オルゴル等の小間物類・その他は43％，染織類は49％，薬品類は8％であり，売上額では染織類が最も多いことがわかる。

　表36・表37より税抜き後の売上総額としては，脇荷取引では，60,023.50975カンバンテール，脇荷取引以外の取引では14,407.08365カンバンテールをそれぞれ出していることがわかる。前年1835年度と比べて，脇荷取引では18,500カンバンテール弱の増額をみることができる。しかし，脇荷取引以外の取引では，前年度より22,000カンバンテール弱の減額になってしまう。現存する1836年度のオランダ側史料では，この件に関して十分な史料が残されていないが，おそらく表36・表37以外に取引が存在していたものと思われる。表34で記した脇荷物は，表36「脇荷取引」，および表37「脇荷取引以外の取引」で取引された品々との照合によっても全て処理されていないのである。

　翌天保8年(1837)の例であるが，「脇荷取引で販売された商品の売上金」は44,941カンバンテール，「脇荷取引以外で販売された商品の売上金」は7,300カンバンテールあり，その他に「広東人参・甘草等の売上金」3,000カンバンテール，「反物の売上金」1,100カンバンテール，「ウニコールの売上金」6,771カンバンテール，合計10,871カンバンテールの売上金を見積書に記録している[8]（詳細は次節）。したがって，天保7年の場合も「脇荷取引」および「脇荷取引以外の取引」の他にも脇荷物の販売が存在していたことは間違いあるまい。

　天保7年(1836)に持ち渡られた脇荷物がどの程度取引されていたかについては未詳の部分もあるが，ここでは，ひとまず「脇荷取引」と「脇荷取引以外の取引」で取引された脇荷物の売上げ倍率を暫定的に概数として示しておきたい。すなわち，「脇荷取引」では，約2.8倍〔96,037.6156グルデン（＝

154　第2部　オランダ船の脇荷貿易

表36　天保7年(1836)脇荷取引された脇荷物

商品番号	Artikelen		販売単価(ｶﾝﾊﾟﾝﾃｰﾙ)	税抜き後の単価(ｶﾝﾊﾟﾝﾃｰﾙ)
1	gesleepe grote dekselkom met voet		46.50	30.225
2	id.　　id.　　id.　　id.	1 soort	31.20	20.28
3	id.　　id.　　id.　　id.	2 id.	20.80	13.52
4	id.　　dekselkom met voet	1 id.	17.80	11.57
5	id.　　id.　　id.	2 id.	14.30	9.295
6	id.　　id.　　id.	3 id.	17.78	11.557
7	id.　　id.　　id.	4 id.	16.80	10.92
8	id.　　dekselkom	1 id.	12.70	8.255
9	id.　　id.	2 id.	6.70	4.355
10	id.　　id.	3 id.	6.39	4.1535
11	id.　　id.		5.78	3.757
12	id.　　banketkom met voet	1 id.	48.60	31.59
13	id.　　id.　　id.	2 id.	43.80	28.47
14	id.　　id.　　id.	3 id.	31.00	20.15
15	id.　　id.　　id.	4 id.	32.00	20.80
16	id.　　fruitkommen met schotels	1 id.	11.09	7.2085
17	id.　　id.　　id.	2 id.	10.09	6.5585
18	id.　　id.　　id.	1 id.	6.08	3.952
19	id.　　id.　　id.	2 id.	3.88	2.522
20	id.　　id.　　id.	3 id.	3.28	2.132
21	id.　　schootels		11.00	7.15
22	id.　　langwerpige schotels		43.10	28.015
23	id.　　ovale diepe schotels		22.50	14.625
24	id.　　schotels van 6 duim	1 id.	12.36	8.034
25	id.　　id.　　id.　　id.	2 id.	9.50	6.175
26	id.　　id.　　id. 7 duim		4.00	2.60
27	id.　　diepe schotels van 8 duim		4.90	3.185
28	id.　　id.　id.　id.　id.	1 id.	5.00	3.25
29	id.　　id.　id.　id.　id.	2 id.	3.71	2.4115
30	id.　　id.　id.　id.　id.	3 id.	2.80	1.82
31	id.　　schotels	1 id.	2.40	1.56
32	id.　　id.	2 id.	2.14	1.391
33	id.　　id.	3 id.	1.73	1.1245
34	id.　　id.	4 id.	1.70	1.105
35	id.　　ovale schotels	1 id.	2.50	1.625
36	id.　　id.　　id.	2 id.	2.50	1.625
37	id.　　kommen	1 id.	17.00	11.05
38	gesleepe kommen	2 soort	13.63	8.8595
39	id.　　karaffen		14.80	9.62
40	id.　　kleine flessen		6.90	4.485
41	id.　　reuk flesjes		3.28	2.132
42	id.　　kandelaars		4.68	3.042
43	id.　　medicijn flessen	1 id.	5.10	3.315
44	id.　　id.　　id.	2 id.	4.35	2.8275
45	id.　　liqeur kransen		24.70	16.055
46	id.　　id.　　id.　　met 2 flesjes		10.08	6.552
47	id.　　id.　　id.　　met 3 flesjes		11.68	7.592
48	gegote glase banketkommen met voeten	1 id.	15.80	10.27
49	id.　　id.　　id.　　id.　　id.	2 id.	10.80	7.02
50	id.　　id.　　id.　　id.　　id.	3 id.	10.00	6.50
51	id.　　id.　　id.　　id.　　id.	4 id.	8.29	5.3885
52	id.　　id.　　id.　　id.　　id.	5 id.	7.60	4.94
53	id.　　id.　　id.　　id.　　id.	6 id.	6.28	4.082
54	id.　　id.　dekselkommen met voeten	1 id.	9.75	6.3375
55	id.　　id.　　id.　　id.	2 id.	7.89	5.1285

第3章　賃借人の脇荷貿易　I　155

引き渡し数量	税抜き後の売上額 (カンバンテール)	商　品　名
1 stuk	30.225	「切子臺付大蓋物」カットガラスの足付きの大きい蓋付き椀
1 id.	20.28	「壱番切子臺付大蓋物」カットガラスの足付きの大きい蓋付き椀第一種
3 id.	40.56	「二番切子臺付大蓋物」カットガラスの足付きの大きい蓋付き椀第二種
2 id.	23.14	「壱番切子臺付蓋物」カットガラスの足付きの蓋付き椀第一種
6 id.	55.77	「二番切子臺付蓋物」カットガラスの足付きの蓋付き椀第二種
4 id.	46.228	「三番切子臺付蓋物」カットガラスの足付きの蓋付き椀第三種
4 id.	43.68	「四番切子臺付蓋物」カットガラスの足付きの蓋付き椀第四種
2 id.	16.51	「壱番切子蓋物」カットガラスの蓋付き椀第一種
2 id.	8.71	「二番切子蓋物」カットガラスの蓋付き椀第二種
2 id.	8.307	「三番切子蓋物」カットガラスの蓋付き椀第三種
2 id.	7.514	「切子蓋物」カットガラスの蓋付き椀
1 id.	31.59	「壱番切子臺付菓子入」カットガラスの足付きの菓子鉢第一種
2 id.	56.94	「二番切子臺付菓子入」カットガラスの足付きの菓子鉢第二種
2 id.	40.30	「三番切子臺付菓子入」カットガラスの足付きの菓子鉢第三種
2 id.	41.60	「四番切子臺付菓子入」カットガラスの足付きの菓子鉢第四種
2 id.	14.417	「壱番切子皿付菓子入」カットガラスの深皿付きの果物鉢第一種
2 id.	13.117	「二番切子皿付菓子入」カットガラスの深皿付きの果物鉢第二種
13 id.	51.376	「壱番切子皿付菓子入」カットガラスの深皿付きの果物鉢第一種
24 id.	60.528	「二番切子皿付菓子入」カットガラスの深皿付きの果物鉢第二種
10 id.	21.32	「三番切子皿付菓子入」カットガラスの深皿付きの果物鉢第三種
2 id.	14.30	「切子鉢」カットガラスの鉢
1 id.	28.015	「切子長皿」カットガラスの細長い鉢
2 id.	29.25	「切子百合形鉢」カットガラスの楕円形の深鉢
2 id.	16.068	「壱番切子鉢」カットガラスの〔直径〕6 ダイムの鉢第一種
10 id.	61.75	「二番切子鉢」カットガラスの〔直径〕6 ダイムの鉢第二種
2 id.	5.20	「切子鉢」カットガラスの〔直径〕7 ダイムの鉢
50 id.	159.25	「切子鉢」カットガラスの〔直径〕8 ダイムの深鉢
3 id.	9.75	「壱番切子鉢」カットガラスの〔直径〕8 ダイムの深鉢第一種
1 id.	2.4115	「二番切子鉢」カットガラスの〔直径〕8 ダイムの深鉢第二種
1 id.	1.82	「三番切子鉢」カットガラスの〔直径〕8 ダイムの深鉢第三種
4 id.	6.24	「壱番切子鉢」カットガラスの鉢第一種
3 id.	4.173	「二番切子鉢」カットガラスの鉢第二種
5 id.	5.6225	「三番切子鉢」カットガラスの鉢第三種
2 id.	2.21	「四番切子鉢」カットガラスの鉢第四種
2 id.	3.25	「壱番切子百合形鉢」カットガラスの楕円形の鉢第一種
3 id.	4.875	「二番切子百合形鉢」カットガラスの楕円形の鉢第二種
4 id.	44.20	「壱番切子とんふり」カットガラスの鉢第一種
2 stuks	17.719	「二番切子とんふり」カットガラスの鉢第二種
12 id.	115.44	「切子銘酒瓶」カットガラスのデカンター
24 id.	107.64	「切子小瓶」カットガラスの小瓶
1 id.	2.132	「切子匂ひ瓶（薬瓶）」カットガラスの匂い小瓶
4 id.	12.168	「切子蝋燭立」カットガラスの燭台
2 id.	6.63	「壱番切子薬瓶」カットガラスの薬瓶第一種
2 id.	5.655	「二番切子薬瓶」カットガラスの薬瓶第二種
2 stel	32.11	「引提」カットガラスのリキュール用引提
2 id.	13.104	「引提」カットガラスの2瓶付きのリキュール用引提
1 id.	7.592	「引提」カットガラスの3瓶付きのリキュール用引提
2 stuks	20.54	「壱番硝子臺付菓子入」型取りガラスの足付きの菓子鉢第一種
1 id.	7.02	「二番硝子臺付菓子入」型取りガラスの足付きの菓子鉢第二種
2 id.	13.00	「三番硝子臺付菓子入」型取りガラスの足付きの菓子鉢第三種
1 id.	5.3885	「四番硝子臺付菓子入」型取りガラスの足付きの菓子鉢第四種
4 id.	19.76	「五番硝子臺付菓子入」型取りガラスの足付きの菓子鉢第五種
6 id.	24.492	「六番硝子臺付菓子入」型取りガラスの足付きの菓子鉢第六種
4 id.	25.35	「壱番硝子臺付蓋物」型取りガラスの足付きの蓋付き椀第一種
1 id.	5.1285	「二番硝子臺付蓋物」型取りガラスの足付きの蓋付き椀第二種

156　第2部　オランダ船の脇荷貿易

商品番号	Artikelen						販売単価(カンパ゛ンテール)	税抜き後の単価(カンパ゛ンテール)
56	id.	id.	id.	id.	3	id.	8.08	5.252
57	id.	id.	kleine dekselkommen				2.19	1.4235
58	id.	id.	langwerpige	id.			2.27	1.4755
59	id.	id.	mostaard vaatjes		1	id.	2.32	1.508
60	id.	id.	id.	id.	2	id.	1.70	1.105
61	id.	id.	inktkokers		1	id.	2.78	1.807
62	id.	id.	id.		2	id.	2.30	1.495
63	id.	id.	blaakers				3.10	2.015
64	id.	id.	zoutvaatjes		1	id.	2.00	1.30
65	id.	id.	bierglasen				1.70	1.105
66	id.	id.	id.	met borden			2.23	1.4495
67	id.	id.	zoutvaatjes		1	id.	1.53	0.9945
68	id.	id.	id.		2	id.	1.49	0.9685
69	id.	id.	id.		3	id.	0.83	0.5395
70	id.	id.	id.	met voeten			1.81	1.1765
71	id.	id.	id.	schulpfatsoen			1.61	1.0465
72	id.	id.	schotels met voeten				2.70	1.755
73	id.	id.	id.	schulpfatsoen			1.85	1.2025
74	id.	id.	bordjes				0.58	0.377
75	id.	id.	borden		1	id.	0.93	0.6045
76	gegote glase borden				2	soort	0.88	0.572
77	id.	id.	potten				2.19	1.4235
78	id.	id.	karaffen				3.87	2.5155
79	id.	id.	borden van 6 duim				1.88	1.222
80	id.	id.	id.	van 7 duim			2.28	1.482
81	id.	id.	liqeur stellen met borden				6.50	4.225
82	id.	id.	liqeur krans		1	id.	23.20	15.08
83	id.	id.	id.		2	id.	12.50	8.125
84	id.	id.	id.		3	id.	8.10	5.265
85	id.	id.	flessen met handvatsel				3.80	2.47
86	vergulde karaffen						1.80	1.17
87	id.	liqeur stellen met borden			1	id.	8.81	5.7265
88	id.	id.	id.	id.	id.	2 id.	7.88	5.122
89	geschilderde karaffen				1	id.	1.58	1.027
90	id.	id.			2	id.	1.30	0.845
91	liqeur kelder				1	id.	33.80	21.97
92	id.	id.			2	id.	24.50	15.925
93	id.	id.	met vergulde karaffen				14.00	9.10
94	doozen met twee flessen				1	id.	0.38	0.247
95	id.	id.	id.	id.	2	id.	0.38	0.247
96	id.	id.	een flesje				0.222	0.1443
97	vergulde reukflesjes				1	id.	0.547	0.35555
98	id.	id.			2	id.	0.30	0.195
99	id.	id.			3	id.	0.25	0.1625
100	id.	id.			4	id.	0.23	0.1495
101	id.	id.			5	id.	0.268	0.1742
102	id.	kelkjes			1	id.	0.511	0.33215
103	id.	id.			2	id.	0.405	0.26325
104	id.	id.			3	id.	0.436	0.2834
105	id.	glaasjes					0.667	0.43355
106	glaasjes						0.456	0.2964
107	geslepe kelken met 4 kante voeten				1	id.	1.83	1.1895
108	id.	id.	id.	id.	id.	2 id.	1.65	1.0725
109	id.	id.	id.	id.	id.	3 id.	1.39	0.9035
110	id.	id.	id.	id.	id.	4 id.	1.19	0.7735
111	id.	kelken					0.835	0.54275

第3章　賃借人の脇荷貿易　Ⅰ　157

引き渡し数量	税抜き後の売上額 (カンパニテール)	商　品　名
6 id.	31.512	「三番硝子臺付蓋物」型取りガラスの足付きの蓋付き椀第三種
8 id.	11.388	「硝子小蓋物」型取りガラスの小さい蓋付き椀
8 id.	11.804	「硝子長蓋物」型取りガラスの細長い蓋付き椀
5 id.	7.54	「壱番硝子辛子入」型取りガラスの辛子入れ第一種
18 id.	19.89	「二番硝子辛子入」型取りガラスの辛子入れ第二種
2 id.	3.614	「壱番硝子墨入」型取りガラスのインク壺第一種
6 id.	8.97	「二番硝子墨入」型取りガラスのインク壺第二種
2 id.	4.03	「硝子手燭」型取りガラスの手燭
4 id.	5.20	「壱番硝子塩入」型取りガラスの塩入れ第一種
10 id.	11.05	「硝子水呑」型取りガラスのビールグラス
11 id.	15.9445	「硝子皿付水呑」型取りガラスの皿付きビールグラス
23 id.	22.8735	「壱番硝子塩入」型取りガラスの塩入れ第一種
8 id.	7.748	「二番硝子塩入」型取りガラスの塩入れ第二種
10 id.	5.395	「三番硝子塩入」型取りガラスの塩入れ第三種
25 id.	29.4125	「硝子臺付塩入」型取りガラスの足付きの塩入れ
10 id.	10.465	「硝子貝形塩入」型取りガラスの貝形の塩入れ
3 id.	5.265	「硝子臺付鉢」型取りガラスの足付きの鉢
6 id.	7.215	「硝子貝形鉢」型取りガラスの貝形の鉢
36 id.	13.572	「硝子小鉢（皿）」型取りガラスの小鉢（皿）
3 id.	1.8135	「壱番硝子鉢（皿）」型取りガラスの鉢（皿）第一種
5 stuks	2.86	「二番硝子鉢（皿）」型取りガラスの鉢（皿）第二種
4 id.	5.694	「硝子壺」型取りガラスの壺
8 id.	20.124	「硝子銘酒瓶」型取りガラスのデカンター
7 id.	8.554	「硝子鉢（皿）」型取りガラスの〔直径〕6ダイムの鉢（皿）
12 id.	17.784	「硝子鉢（皿）」型取りガラスの〔直径〕7ダイムの鉢（皿）
1 stel	4.225	「硝子鉢（皿）付銘酒器」型取りガラスの鉢皿付きリキュールセット
1 id.	15.08	「壱番引提」型取りガラスのリキュール瓶用の引提第一種
2 id.	16.25	「二番引提」型取りガラスのリキュール瓶用の引提第二種
3 id.	15.795	「三番引提」型取りガラスのリキュール瓶用の引提第三種
6 stuks	14.82	「硝子手付瓶」型取りガラスの取っ手付きの瓶
12 id.	14.04	「金縁金絵銘酒瓶」金メッキしたデカンター
24 stel	137.436	「壱番金縁金絵皿付銘酒器」金メッキした盆付リキュールセット第一種
17 id.	87.074	「二番金縁金絵皿付銘酒器」金メッキした盆付リキュールセット第二種
17 stuks	17.459	「壱番絵入銘酒瓶」絵入りのデカンター第一種
10 id.	8.45	「二番絵入銘酒瓶」絵入りのデカンター第二種
1 id.	21.97	「壱番銘酒瓶」リキュール瓶第一種
2 id.	31.85	「二番銘酒瓶」リキュール瓶第二種
7 id.	63.70	「金縁金絵銘酒瓶」金メッキしたリキュール瓶
86 id.	21.242	「壱番〔未詳〕」2瓶入りの箱第一種
9 id.	2.223	「二番〔未詳〕」2瓶入りの箱第二種
218 id.	31.4574	「〔未詳〕」小瓶入りの箱
22 id.	7.8221	「壱番金縁金絵匂ひ瓶（薬瓶）」金メッキした匂い瓶第一種
49 id.	9.555	「二番金縁金絵匂ひ瓶（薬瓶）」金メッキした匂い瓶第二種
32 id.	5.20	「三番金縁金絵匂ひ瓶（薬瓶）」金メッキした匂い瓶第三種
11 id.	1.6445	「四番金縁金絵匂ひ瓶（薬瓶）」金メッキした匂い瓶第四種
17 id.	2.9614	「五番金縁金絵匂ひ瓶（薬瓶）」金メッキした匂い瓶第五種
271 id.	90.01265	「壱番金縁金絵こつふ」金メッキしたコップ第一種
727 id.	191.38275	「二番金縁金絵こつふ」金メッキしたコップ第二種
790 id.	223.886	「三番金縁金絵こつふ」金メッキしたコップ第三種
12 id.	5.2026	「金縁金絵こつふ」金メッキしたグラス
5 id.	1.482	「こつふ」グラス
10 id.	11.895	「壱番切子角臺こつふ」カットガラスの角足付きのコップ第一種
80 id.	85.80	「二番切子角臺こつふ」カットガラスの角足付きのコップ第二種
127 id.	114.7445	「三番切子角臺こつふ」カットガラスの角足付きのコップ第三種
33 id.	25.5255	「四番切子角臺こつふ」カットガラスの角足付きのコップ第四種
199 id.	108.00725	「切子こつふ」カットガラスのコップ

158　第2部　オランダ船の脇荷貿易

商品番号	Artikelen						販売単価 (カンパ゛ンテール)	税抜き後の単価 (カンパ゛ンテール)
112	gesnedene kelken met deksel						1.881	1.22265
113	id.		id.	met 4 kante voeten			1.581	1.02765
114	kelken met 4 kante voeten				1 soort		1.86	1.209
115	id.	id.	id.	id.	2	id.	1.58	1.027
116	id.	id.	id.	id.	3	id.	1.52	0.988
117	id.	id.	id.	id.	4	id.	1.26	0.819
118	id.	id.	id.	id.	5	id.	1.08	0.702
119	gesnede kelken				1	id.	0.49	0.3185
120	id.	id.			2	id.	0.35	0.2275
121	id.	id.			3	id.	0.266	0.1729
122	kelken				1	id.	0.839	0.54535
123	id.				2	id.	0.588	0.3822
124	id.				3	id.	0.538	0.3497
125	id.				4	id.	0.591	0.38415
126	id.				5	id.	0.56	0.364
127	id.				6	id.	0.39	0.2535
128	id.				7	id.	0.374	0.2431
129	gewone kelken				1	id.	0.31	0.2015
130	id.	id.			2	id.	0.238	0.1547
131	id.	id.	met 4 kante voeten		1	id.	0.88	0.572
132	id.	id.	id. id.	id.	2	id.	0.853	0.55445
133	vergulde kelken						0.491	0.31915
134	kleine	id.					0.70	0.455
135	lampglasen						3.61	2.3465
136	lampglas met voet						4.00	2.60
137	dekselkommen met borden						3.91	2.5415
138	maatglasen						0.884	0.5746
139	glasen lantaarnen						5.37	3.4905
140	gewone medicijn flesjes				1	id.	0.90	0.585
141	id.	id.	id.		2	id.	0.75	0.4875
142	id.	id.	id.		3	id.	0.712	0.4628
143	id.	id.	id.		4	id.	0.651	0.42315
144	id.	id.	id.		5	id.	0.615	0.39975
145	id.	id.	id.		6	id.	0.393	0.25545
146	id.	id.	id.		7	id.	0.385	0.25025
147	id.	id.	id.		8	id.	0.361	0.23465
148	id.	id.	id.		9	id.	0.359	0.23335
149	id.	id.	id.		10	id.	0.345	0.22425
150	gewone 4 kante medicijn flessen				1	id.	0.582	0.3783
151	id.	id.	id.	id.	2	id.	0.58	0.377
152	gewone 4 kante medicijn flessen				3 soort		0.58	0.377
153	id.	id.	id.	id.	4	id.	0.58	0.377
154	ronde medicijn flessen						0.684	0.4446
155	4 kante medicijn flesjes				1	id.	1.468	0.9542
156	id.	id.	id.		2	id.	1.60	1.04
157	id.	id.	id.		3	id.	1.40	0.91
158	id.	id.	id.		4	id.	1.18	0.767
159	id.	id.	id.		5	id.	0.983	0.63895
160	id.	id.	id.		6	id.	0.919	0.59735
161	flessen met gulden water						2.58	1.677
162	eau de cologne						0.217	0.14105
163	spiegel met gouden rand				1	id.	32.90	21.385

第3章 賃借人の脇荷貿易 I 159

引き渡し数量	税抜き後の売上額 (ｶﾝﾊﾞﾝﾃｰﾙ)	商　品　名
5 id.	6.11325	「切子蓋付こつふ」カットガラスの蓋付きのコップ
43 id.	44.18895	「切子角臺こつふ」カットガラスの角足付きのコップ
25 stuks	30.225	「壱番角臺こつふ」角足付きのコップ第一種
77 id.	79.079	「二番角臺こつふ」角足付きのコップ第二種
36 id.	35.568	「三番角臺こつふ」角足付きのコップ第三種
51 id.	41.769	「四番角臺こつふ」角足付きのコップ第四種
197 id.	138.294	「五番角臺こつふ」角足付きのコップ第五種
49 id.	15.6065	「壱番切子こつふ」カットガラスのコップ第一種
447 id.	101.6925	「二番切子こつふ」カットガラスのコップ第二種
1,022 id.	176.7038	「三番切子こつふ」カットガラスのコップ第三種
555 id.	302.66925	「壱番こつふ」コップ第一種
233 id.	89.0526	「二番こつふ」コップ第二種
317 id.	110.8549	「三番こつふ」コップ第三種
77 id.	29.57955	「四番こつふ」コップ第四種
113 id.	41.132	「五番こつふ」コップ第五種
872 id.	221.052	「六番こつふ」コップ第六種
514 id.	124.9534	「七番こつふ」コップ第七種
23 id.	4.6345	「壱番こつふ」並のコップ第一種
71 id.	10.9837	「二番こつふ」並のコップ第二種
61 id.	34.892	「壱番角臺こつふ」角足付きの並のコップ第一種
129 id.	71.52405	「二番角臺こつふ」角足付きの並のコップ第二種
231 id.	73.72365	「金縁金絵こつふ」金メッキしたコップ
275 id.	125.125	「小こつふ」小さいコップ
	(7.0395ｶ)	
3 id.	7.00	「硝子筒」ランプの火屋
1 id.	2.60	「硝子臺付筒」ランプの足付きの火屋
3 stel	7.6245	「鉢（皿）付蓋物」鉢（皿）付きの蓋付き椀
	(11.492ｶ)	
20 stuks	11.49	「硝子薬量」計量グラス
6 id.	20.943	「切子燈籠」ガラス製のカンテラ
26 id.	15.21	「壱番薬瓶」並の薬瓶第一種
63 id.	30.7125	「二番薬瓶」並の薬瓶第二種
389 id.	180.0292	「三番薬瓶」並の薬瓶第三種
589 id.	249.23535	「四番薬瓶」並の薬瓶第四種
630 id.	251.8425	「五番薬瓶」並の薬瓶第五種
404 id.	103.2018	「六番薬瓶」並の薬瓶第六種
711 id.	177.92775	「七番薬瓶」並の薬瓶第七種
175 id.	41.06375	「八番薬瓶」並の薬瓶第八種
283 id.	66.03805	「九番薬瓶」並の薬瓶第九種
496 id.	111.228	「十番薬瓶」並の薬瓶第十種
140 id.	52.962	「壱番角形薬瓶」並の四角形の薬瓶第一種
71 id.	26.767	「二番角形薬瓶」並の四角形の薬瓶第二種
72 stuks	27.144	「三番角形薬瓶」並の四角形の薬瓶第三種
85 id.	32.045	「四番角形薬瓶」並の四角形の薬瓶第四種
188 id.	83.5848	「丸形薬瓶」丸形の薬瓶
32 id.	30.5344	「壱番角形小薬瓶」四角形の小薬瓶第一種
6 id.	6.24	「二番角形小薬瓶」四角形の小薬瓶第二種
161 id.	146.61	「三番角形小薬瓶」四角形の小薬瓶第三種
197 id.	151.099	「四番角形小薬瓶」四角形の小薬瓶第四種
177 id.	113.09415	「五番角形小薬瓶」四角形の小薬瓶第五種
192 id.	114.6912	「六番角形小薬瓶」四角形の小薬瓶第六種
	(40.248ｶ)	
24 id.	10.248	「銘酒瓶」金箔入りリキュールの入った瓶
	(70.94815ｶ)	
503 id.	70.9481	「匂ひ水」オーデコロン
1 id.	21.385	「壱番金縁鏡」金縁の鏡第一種

160　第2部　オランダ船の脇荷貿易

商品番号	Artikelen		販売単価 (ｶﾝﾊﾟﾝﾃｰﾙ)	税抜き後の単価 (ｶﾝﾊﾟﾝﾃｰﾙ)
164	id.　id.　id.　id.	2 id.	28.90	18.785
165	id.　id.　id.　id.	3 id.	24.50	15.925
166	id.　id.　id.　id.	4 id.	30.00	19.50
167	id.　id.　id.　id.	5 id.	24.10	15.665
168	id.　id.　id.　id.	6 id.	24.00	15.60
169	id.　id.　id.　id.	7 id.	19.00	12.35
170	id.　id.　id.　id.	8 id.	18.80	12.22
171	id.　id.　id.　id.	9 id.	18.90	12.285
172	id.　id.　id.　id.	10 id.	17.10	11.115
173	id.　id.　id.　id.	11 id.	17.60	11.44
174	id.　id.　id.　id.	12 id.	16.90	10.985
175	compositie glase dekselkom met bord	1 id.	16.58	10.777
176	id.　　id.　　id.　　id.　id.	2 id.	9.09	5.9085
177	vergulde compositie glase dekselkom		12.89	8.3785
178	blaauw purpur kl: glase dekselkommettjes	1 id.	2.70	1.755
179	id.　　id.　　id.　id.　　id.	2 id.	2.50	1.625
180	id.　　id.　　id.　id.　　id.	3 id.	1.89	1.2285
181	verg.ᵗᵈ compositie gl.ˢ dekselkᵐ met deks.	1 id.	3.10	2.015
182	id.　id.　id.　id.　id.　id.	2 id.	3.03	1.9695
183	id.　id.　id.　id.　id.　id.	3 id.	2.05	1.3325
184	id.　id.　bierglasen	1 id.	1.93	1.2545
185	id.　id.　id.	2 id.	1.61	1.0465
186	id.　id.　id.	3 id.	1.28	0.832
187	id.　id.　medicijn flesjes		3.60	2.34
188	id.　blaauw purp.ʳ kl: med.ⁿ flesjes		3.80	2.47
189	id.　id.　id.　id. kandelaars		3.60	2.34
190	vergulde bl.ʷ purpur kl.ⁿ reukflesjes		0.61	0.3965
191	geschilderde langwerpige borden		18.59	12.0835
192	id.　　　banketborden	1 id.	0.71	0.4615
193	id.　　　　id.	2 id.	0.785	0.51025
194	pleete banket borden met handvatsel		18.5	12.025
195	id.　bakjes	1 id.	0.611	0.39715
196	id.　id.	2 id.	0.361	0.23465
197	id.　id.	3 id.	0.591	0.38415
198	id.　id.	4 id.	0.291	0.18915
199	id.　id.	5 id.	0.19	0.1235
200	snuifdosen		0.346	0.2249
201	goudgebloemde tafelserviesen		78.58	51.077
202	geschilderde tafelserv.ⁿ met goude randen		94.00	61.10
203	gebloemde kleine tafelserviesen		10.20	6.63
204	witte kleine tafelserviesen		5.08	3.302
205	ovale schotel met goude rand	1 id.	4.13	2.6845
206	id.　id.　id.　id.　id.	2 id.	3.37	2.1905
207	schotels met voeten en goude randen		3.79	2.4635
208	borden van 6 duim met goude randen		0.89	0.5785
209	id.　id. 5　id.　id.　　id.		0.76	0.494
210	banket borden met goude randen		3.00	1.95
211	theeserviesen met　id.　　id.		5.69	3.6985
212	geschildert klein theeservies met g.ᵈ rand		9.70	6.305
213	id.　　　theeservies met bord		10.60	6.89
214	id.　　reukvasen		2.40	1.56
215	id.　　kleine bloemvasen met g.ᵈ randen	1 id.	3.06	1.989
216	id.　　　id.　　id.　id. id. id.	2 id.	3.00	1.95

第3章　賃借人の脇荷貿易　I　　161

引き渡し数量	税抜き後の売上額 （カンパンテール）	商　品　名
1　id.	18.785	「二番金縁鏡」金縁の鏡第二種
1　id.	15.925	「三番金縁鏡」金縁の鏡第三種
4　id.	78.00	「四番金縁鏡」金縁の鏡第四種
1　id.	15.665	「五番金縁鏡」金縁の鏡第五種
4　id.	62.40	「六番金縁鏡」金縁の鏡第六種
2　id.	24.70	「七番金縁鏡」金縁の鏡第七種
2　id.	24.44	「八番金縁鏡」金縁の鏡第八種
4　id.	49.14	「九番金縁鏡」金縁の鏡第九種
1　id.	11.115	「十番金縁鏡」金縁の鏡第十種
1　id.	11.44	「十一番金縁鏡」金縁の鏡第十一種
1　id.	10.985	「十二番金縁鏡」金縁の鏡第十二種
1 stel	10.777	「壱番硝子鉢（皿）付蓋物」ガラス製の鉢（皿）付きの蓋付き椀第一種
1　id.	5.9085	「二番硝子鉢（皿）付蓋物」ガラス製の鉢（皿）付きの蓋付き椀第二種
1 stuk	8.3785	「金縁金絵硝子蓋物」金メッキしたガラス製の蓋付き椀
4　id.	7.02	「壱番色硝子小蓋物」青紫色のガラス製の蓋付き小椀第一種
3　id.	4.875	「二番色硝子小蓋物」青紫色のガラス製の蓋付き小椀第二種
3　id.	3.6855	「三番色硝子小蓋物」青紫色のガラス製の蓋付き小椀第三種
11　id.	22.165	「壱番金縁金絵硝子蓋物」金メッキしたガラス製蓋付き椀第一種
14　id.	27.573 （14.6575カ）	「二番金縁金絵硝子蓋物」金メッキしたガラス製蓋付き椀第二種
11　id.	14.675	「三番金縁金絵硝子蓋物」金メッキしたガラス製蓋付き椀第三種
10　id.	12.545	「壱番金縁金絵硝子水呑」金メッキしたガラス製ビールグラス第一種
11　id.	11.5115	「二番金縁金絵硝子水呑」金メッキしたガラス製ビールグラス第二種
11　id.	9.152	「三番金縁金絵硝子水呑」金メッキしたガラス製ビールグラス第三種
3　id.	7.02	「金縁小薬瓶」金メッキしたガラス製小薬瓶
3　id.	7.41	「金縁色付小薬瓶」金メッキした青紫色のガラス製小薬瓶
2　id.	4.68	「金縁色付燭台」金メッキした青紫色のガラス製燭台
11 stuks	4.3615	「金縁色付匂ひ瓶」金メッキした青紫色のガラス製匂い瓶
10　id.	120.835	「絵入長鉢（皿）」絵入りの細長い鉢（皿）
48　id.	22.152	「壱番絵入菓子入」絵入りの菓子鉢第一種
60　id.	30.615	「二番絵入菓子入」絵入りの菓子鉢第二種
2　id.	24.05	「白銅手付菓子入」取っ手の付いたメッキした菓子鉢
6　id.	2.3829	「壱番白銅小こつふ」メッキした小さいコップ第一種
152　id.	35.6668	「二番白銅小こつふ」メッキした小さいコップ第二種
28　id.	10.7562	「三番白銅小こつふ」メッキした小さいコップ第三種
9　id.	1.70235	「四番白銅小こつふ」メッキした小さいコップ第四種
10　id.	1.235	「五番白銅小こつふ」メッキした小さいコップ第五種
117　id.	26.3133	「鼻たはこ入」嗅ぎたばこ入れ
2 stel	102.154 （122.200カ）	「卓子道具」金の花模様のテーブルセット
2　id.	122.204	「卓子道具」金縁の絵入りテーブルセット
2　id.	13.26	「卓子道具」花模様の小テーブルセット
2　id.	6.604	「卓子道具」白色の小テーブルセット
1 stuk	2.6845	「壱番金縁百合形鉢」金縁の楕円形の深皿第一種
5　id.	10.9525	「二番金縁百合形鉢」金縁の楕円形の深皿第二種
4　id.	9.854	「金縁臺付鉢」金縁の足付きの深皿
23　id.	13.3055 （10.868カ）	「金縁鉢（皿）」金縁の〔直径〕6ダイムの鉢（皿）
22　id.	10.862	「金縁鉢（皿）」金縁の〔直径〕5ダイムの鉢（皿）
2　id.	3.90	「金縁菓子鉢（皿）」金縁の菓子鉢（皿）
5 stel	18.4925	「金縁茶器」金縁のティーセット
1　id.	6.305	「金縁絵入茶器」金縁の絵入り小ティーセット
1　id.	6.89	「絵入盆付茶器」盆付きの絵入りティーセット
2 stuks	3.12	「絵入匂ひ瓶」絵入り匂い瓶
4　id.	7.956	「壱番金縁絵入小花生」金縁の絵入り小花瓶第一種
3　id.	5.85	「二番金縁絵入小花生」金縁の絵入り小花瓶第二種

162　第2部　オランダ船の脇荷貿易

商品番号	Artikelen		販売単価 (ｶﾝﾊﾞﾝﾃｰﾙ)	税抜き後の単価 (ｶﾝﾊﾞﾝﾃｰﾙ)
217	id.　　id.　　id.　　id. id. id.	3　id.	1.43	0.9295
218	id.　　flakkons	1　id.	8.98	5.837
219	id.　　id.	2　id.	5.08	3.302
220	id.　　id.	3　id.	4.00	2.60
221	id.　　id.	4　id.	3.44	2.236
222	borden schulpfatsoen met goude randen	1　id.	2.08	1.352
223	borden schulpfatsoen met goude randen	2　id.	2.07	1.3455
224	geschilderde pottjes	1　id.	3.88	2.522
225	id.　　id.	2　id.	2.89	1.8785
226	id.　　inktkokers		2.24	1.456
227	id.　　potten voor planten		8.69	5.6485
228	geschilderde theeserviesen		28.58	18.577
229	id.　　kleine theeserviesen		6.53	4.2445
				(2.3985ｶ)
230	id.　　grote kommen		3.69	2.318
231	id.　　waterkannen		2.00	1.30
232	id.　　kopjes en schoteltjes		1.04	0.676
234	id.　　borden van 4 duim		0.348	0.2262
235	id.　　kleine borden		0.236	0.1534
236	kleine dekselkommen met borden	1　id.	0.65	0.4225
237	id.　　id.　　id.	2　id.	0.50	0.325
238	witte banketschotel met bord		1.96	1.274
239	id.　klein theeservies		2.59	1.6835
240	id.　banket borden	1　id.	0.40	0.26
241	id.　　id.	2　id.	0.30	0.195
242	id. kommettjes 2 in een nest		1.03	0.6695
243	id. waterkannen		0.40	0.26
244	id. ovale schotels	1　id.	4.70	3.055
245	id.　id.　id.	2　id.	4.09	2.6585
246	id. borden vijf in een stel	1　id.	2.53	1.6445
247	id.　id.　id.　id.　id.	2　id.	1.78	1.157
248	id. vormen voore		8.90	5.785
249	id. mortier		1.69	1.0985
250	id. mortieren 7 in een stel		4.50	2.925
251	id.　id.　4 in　id.		3.20	2.08
252	id.　id.　2 in　id.		2.18	1.417
253	id.　id.　5 in　id.		5.00	3.25
254	mortier 4 in een stel		4.19	2.7235
255	id.　2 in　id.		1.78	1.157
256	waterkannen	1　id.	0.71	0.4615
257	id.	2　id.	0.40	0.26
258	id.　　mansbeeld		1.68	1.092
259	theeserviesen		8.59	5.5835
260	dekselkommen 2 in een nest		4.50	2.925
261	geschilderde bloempotten		2.62	1.703
262	id.　kleine id.	1　id.	0.86	0.559
263	id.　id.　id.	2　id.	0.86	0.559
264	kleine waterkannen met borden		0.57	0.3705
265	groene banketschotel met voet		6.00	3.90
266	id. tafelserviesen		25.80	16.77
267	rode tafelserviesen		87.10	56.615
268	blaauwe　id.		87.50	56.875
269	id.　langwerpige schotel		5.77	3.7505
270	id.　borden van 8 duim		0.51	0.3315
271	diverse porseleinen	Lᴵᴵ I	13.80	8.97

引き渡し数量	税抜き後の売上額 （カンパンテール）	商　品　名
4　id.	3.718	「三番金縁絵入小花生」金縁の絵入り小花瓶第三種
2　id.	11.674	「壱番絵入匂ひ瓶」絵入り香水瓶第一種
2　id.	6.604	「二番絵入匂ひ瓶」絵入り香水瓶第二種
6　id.	15.60	「三番絵入匂ひ瓶」絵入り香水瓶第三種
6　id.	13.416	「四番絵入匂ひ瓶」絵入り香水瓶第四種
16　id.	21.632	「壱番金縁貝形鉢（皿）」金縁の貝形の鉢（皿）第一種
20　id.	26.91	「二番金縁貝形鉢（皿）」金縁の貝形の鉢（皿）第二種
1　paar	2.522	「壱番絵入壺」絵入りポット第一種
2　id.	3.757	「二番絵入壺」絵入りポット第二種
3　stuks	4.368	「絵入墨入」絵入りインク壺
2　id.	11.297	「絵入壺」植物用の絵入りポット
2　stel	37.154	「絵入茶器」絵入りティーセット
3　id.	12.7335	「絵入小茶器」絵入り小ティーセット
12　stuks	28.782	「絵入大とんふり」絵入り大椀
6　id.	7.80	「絵入水次」絵入り水差し
47　stel	31.772	「絵入猪口こつふ・絵入小皿」絵入り小カップと小鉢
94　stuks	21.2628	「絵入鉢（皿）」絵入りの〔直径〕4ダイムの鉢（皿）
215　id.	32.981	「絵入小鉢（皿）」絵入りの小鉢（皿）
6　stel	2.535	「壱番鉢（皿）付小蓋物」鉢（皿）付きの小蓋付き椀第一種
8　id.	2.60	「二番鉢（皿）付小蓋物」鉢（皿）付きの小蓋付き椀第二種
6　id.	7.644	「白焼鉢（皿）付菓子入」白色の鉢（皿）付き菓子鉢
1　id.	1.6835	「白焼茶器」白色の小ティーセット
6　stuks	1.56	「壱番白焼菓子入」白色の菓子鉢（皿）第一種
7　id.	1.365	「二番白焼菓子入」白色の菓子鉢（皿）第二種
1　stel	0.6695 （3.64ｶ）	「白焼入子小鉢」1箱に2個入りの入れ子の白色の小鉢
14　stuks	3.63	「白焼水次」白色の水差し
2　id.	6.11	「壱番白焼百合形鉢」白色の楕円形の鉢第一種
1　id.	2.6585	「二番白焼百合形鉢」白色の楕円形の鉢第二種
1　stel	1.6445	「壱番白焼皿」一揃い5枚の白色の皿第一種
2　id.	2.314	「二番白焼皿」一揃い5枚の白色の皿第二種
1　stuk	5.785	「白焼〔未詳〕」
1　id.	1.0985	「白焼乳鉢」白色の乳鉢
1　stel	2.925	「白焼乳鉢」一揃い7つの白色の乳鉢
2　id.	4.16	「白焼乳鉢」一揃い4つの白色の乳鉢
2　id.	2.834	「白焼乳鉢」一揃い2つの白色の乳鉢
1　id.	3.25	「白焼乳鉢」一揃い5つの白色の乳鉢
1　id.	2.7235	「乳鉢」一揃い4つの乳鉢
1　id.	1.157	「乳鉢」一揃い2つの乳鉢
14　stuks	6.461	「壱番水次」水差し第一種
12　id.	3.12	「二番水次」水差し第二種
12　id.	13.104	「〔未詳〕水次」男の形をしている水差し
4　stel	22.334	「茶器」ティーセット
4　stuks	11.70	「入子蓋物」一箱2つ入りの入れ子の蓋付き椀
2　id.	3.406	「絵入植木鉢」絵入りの植木鉢
6　id.	3.354	「壱番絵入小植木鉢」絵入りの小さい植木鉢第一種
6　id.	3.354	「二番絵入小植木鉢」絵入りの小さい植木鉢第二種
17　stel	6.2985	「皿付小水次」皿付きの小さい水差し
1　stuk	3.90	「焼物臺付菓子鉢」緑色の足付きの菓子鉢
2　stel	33.54	「焼物卓子道具」緑色のテーブルセット
2　stel	113.23	「焼物卓子道具」赤色のテーブルセット
2　id.	113.75	「焼物卓子道具」青色のテーブルセット
1　id.	3.7505	「焼物長皿」青色の細長い深皿
253　stuks	83.8695	「焼物鉢（皿）」青色の〔直径〕8ダイムの鉢（皿）
1　stel	8.97	「い焼物」種々の磁器符号い

164　第2部　オランダ船の脇荷貿易

商品番号	Artikelen			販売単価 (ｶﾝﾊﾞﾝﾃｰﾙ)	税抜き後の単価 (ｶﾝﾊﾞﾝﾃｰﾙ)
272	id.	id.	L̤ lo	37.00	24.05
273	id.	id.	L̤ H.	10.01	6.5065
274	wit theeservies met goude randen			24.00	15.60
275	goudleder		1 soort	3.18	2.067
276	id.		2　id.	3.75	2.4375
277	id.		3　id.	3.34	2.171
278	id.		4　id.	2.86	1.859
279	id.		5　id.	2.20	1.43
280	id.		6　id.	2.39	1.5535
281	id.		7　id.	3.10	2.015
282	id.		8　id.	1.88	1.222
283	id.		9　id.	1.65	1.0725
284	id.	groot	1　id.	78.90	51.285
285	id.	id.	2　id.	43.00	27.95
286	id.	id.	3　id.	33.00	21.45
287	id.	id.	4　id.	19.60	12.74
288	id.	lang	1　id.	7.83	5.0895
289	id.	id.	2　id.	4.32	2.808
290	id.	id.	3　id.	2.75	1.7875
291	id.	id.	4　id.	2.68	1.742
292	gewoon goudleder			3.09	2.0085
293	goudleder			0.585	0.38025
294	id.		L̤ I	3.76	2.444
295	id.		L̤ lo	3.48	2.262
296	stukkend goudleder		1 soort	1.73	1.1245
297	id.	id.	2　id.	0.736	0.4784
298	id.	id.	3　id.	0.65	0.4225
299	zwartleder		1　id.	9.80	6.37
				(5.50 ゟ)	
300	id.		2　id.	5.20	3.575
301	id.		3　id.	0.71	0.4615
302	gebloemde Javaansche mattjes		1　id.	3.85	2.5025
303	id.　　　id.　　　id.		2　id.	3.69	2.3985
304	theeriac			0.381	0.24765
305	saffraan			43.64	28.366
306	calomel			11.80	7.67
307	goud zwavel			8.80	5.72
308	ossengal			7.85	5.1025
309	extractum hijossijamus			13.70	8.905
310	antimon: oxijdat			2.80	1.82
311	Ipecacuanha			28.00	18.20
				(14.04 ゟ)	
312	digitalis			21.60	14.03
313	zeeaijuin			16.50	10.725
314	magnesia			5.28	3.432
315	Arabische gom			1.68	1.092
316	wijnsteen			1.76	1.144
317	braakwijnsteen			12.80	8.32
318	kreeftsoogen			3.93	2.5545
319	kinabast		1　id.	4.80	3.12
320	id.		2　id.	4.60	2.99
321	lijnzaad			0.66	0.429
322	sal ammoniac			1.38	0.897
323	bloedsteen			5.71	3.7115

引き渡し数量	税抜き後の売上額 (ｶﾝﾊﾟﾝﾃｰﾙ)	商 品 名
1 id.	24.05	「ろ焼物」 種々の磁器符号ろ
1 id.	6.5065	「は焼物」 種々の磁器符号は
1 id.	15.60	「白焼金縁茶器」 金縁の白色のティーセット
261 stuks	539.487	「壱番金唐皮」
96 id.	234.00	「二番金唐皮」
281 id.	610.051	「三番金唐皮」
100 id.	185.90	「四番金唐皮」
254 id.	363.22	「五番金唐皮」
848 id.	1,317.368	「六番金唐皮」
254 id.	511.81	「七番金唐皮」
92 id.	112.424	「八番金唐皮」
120 id.	128.70	「九番金唐皮」
1 id.	51.285	「壱番大幅金唐皮」
2 id.	55.90	「二番大幅金唐皮」
2 id.	42.90	「三番大幅金唐皮」
3 id.	38.22	「四番大幅金唐皮」
25 id.	127.2375	「壱番尺長金唐皮」
16 id.	44.928	「二番尺長金唐皮」
16 id.	28.60	「三番尺長金唐皮」
15 id.	26.13	「四番尺長金唐皮」
15 id.	30.1275	「金唐皮」
154 w. 7 duim	58.824675	「尺長金唐皮」
292 vel	713.648	「い金唐皮」
311 id.	703.482	「ろ金唐皮」
410 id.	461.045	「壱番小切金唐皮」
1,082 id.	517.6288	「二番小切金唐皮」
458 id.	193.505	「三番小切金唐皮」
6 id.	38.22	「壱番黒皮」
6 id.	21.45	「二番黒皮」
17 id.	7.8455	「三番黒皮」
44 id.	110.11	「壱番花アンペラ」 花模様のジャワの敷物第一種
6 id.	14.391	「二番花アンペラ」 花模様のジャワの敷物第二種
580 id.	143.637	「テリヤアカ」
360½ k.	10,225.943	「サフラン」
6 k. 8 m.	46.4035	「カロメル」
4 id.	22.88	「ゴーストスハーフル」
20 id.	102.05	「ヲスセンカル」
4¼ id. 8 id.	40.51775	「ヱキスタラクトヒヨシヤムス」
8¼ id.	15.015	「アンチモーニイ」
7.875 [id.]	143.325	「イペコ丶アナ」
22 k.	308.888	「ジキターリス」
20¼ id.	217.18125	「セアユイン」
66 id.	226.512	「マグ子シヤ」
(194⅛ か) 194 id.	212.2848	「アラビヤゴム」
44¼ id.	50.908	「ウエインステーン」
23 id. 8 id.	198.016	「ブラークウヱインステーン」
610 id.	1,558.245	「オクリカンキリ」
80 id.	249.60	「壱番キナキナ」
280¼ id.	838.695	「二番キナキナ」
1,548 id.	664.092	「亜麻仁（レインサアト）」
301¼ id.	270.4455	「サルアルモニヤシ」
461¼ id.	(1,712.85725 か) 171.424706	「カナノヲル」

166 　第2部　オランダ船の脇荷貿易

商品番号	Artikelen		販売単価 (カンバ゛ンテール)	税抜き後の単価 (カンバ゛ンテール)
324	blaauwsel		2.70	1.755
325	IJslandsche mos		2.415	1.56975
326	rood sandelhout		0.206	0.1339
327	gensing		4.67	3.0355
328	aloe		1.30	0.845
329	duivelsdrek		12.85	8.3525
330	drop	L.ᵗ I	1.78	1.157
331	id.	L.ᵗ lo	1.74	1.131
332	buffelhoornen		0.394	0.2561
333	Haarlemmer olie		0.28	0.182
334	balsum peru		1.20	0.78
335	rigasche balsum		1.22	0.798
336	balsum copaiva		2.48	1.612
337	barnsteen olie	L.ᵗ I	2.53	1.6445
338	id.　id.	L.ᵗ lo	2.40	1.56
339	klapper olie		0.90	0.585
340	sandelhout		0.415	0.26975
341	rotting		0.156	0.1014

出典：Nota van afgeleverde Kambang Goederen. [Japan Portefeuille N°. 34. 1836] MS. N.A. Japans Archief, nr. 564 (K.A. 11810). (Tōdai-Shiryō Microfilm: 6998-1-85-12).

第3章　賃借人の脇荷貿易　I　167

引き渡し数量	税抜き後の売上額 (ｶﾝﾊﾟﾝﾃｰﾙ)	商　品　名
189½ id.	332.5725	「郡青」
112　id.	175.812	「エイスランスモス」
476　id.	63.7364	「赤木」
2,192¼ id.	6,655.33375	「廣東人参」
352　id.	297.44	「芦薈」
40　id.	334.10	「阿魏」
430½ id.	498.0885	「い痰切」
200　id.	226.20	「ろ痰切」
1,575　id.	403.3575	「水牛角」
702 flesjes	127.764	「ハアルレム油」
43　id.	33.54	「バルサムペーリユ」
37　id.	29.341	「リイカハルサム」
61½ k".	99.138	「バルサムコツパイハ」
81¾ id.	134.437875	「い琥珀油」
26¼ id.	41.34	「ろ琥珀油」
3,270 flessen	1,912.95	「椰子油」
16,970 k".	4,577.6575	「白檀」
102.125 id.	10,355.475	「藤」
	58,481.977406 〔60,023.50975 ｶ〕	

註・233 は欠番。
　・商品名の「　」内には、天保期前後の訳例より推測される名称を記している。

168　第2部　オランダ船の脇荷貿易

表37　天保7年(1836)脇荷取引以外で取引された脇荷物

[商品番号]	Artikelen			販売単価 (カンバンテール)	税抜き後の単価 (カンバンテール)
				(16.705カ)	
[1]	verrekijkers		1.° soort	25.70	16.75
[2]	id.		2 id.	24.30	15.795
[3]	id.		3 id.	16.66	10.829
[4]	id.		4 id.	13.90	9.035
[5]	id.		5 id.	13.90	9.035
[6]	id.		6 id.	11.10	7.215
[7]	id.	kleine	1 id.	16.70	10.855
[8]	id.	id.	2 id.	25.18	16.367
				(8.01カ)	
[9]	id.	id.	3 id.	8.10	5.2065
[10]	id.	id.	4 id.	8.80	5.72
[11]	id.	id.	5 id.	7.60	4.94
[12]	id.	id.	6 id.	5.68	3.692
[13]	id.	id.	7 id.	7.30	4.745
[14]	tooneel kijkers		1 id.	25.30	16.445
[15]	id. id.		2 id.	15.60	10.14
[16]	brillen met dubbelde glasen			2.35	1.5275
[17]	id. id. karette randen			1.63	1.0595
[18]	id. id. pleete id.			2.19	1.4235
[19]	id. id. ijzere id.			2.01	1.3065
[20]	zonglasen			0.54	0.351
[21]	geslepe bomboijaars		1 id.	3.80	2.47
[22]	id. id.		2 id.	2.88	1.872
[23]	snuifdosen		1 id.	0.618	0.4017
[24]	id.		2 id.	0.618	0.4017
[25]	id.			4.30	2.795
				(5.01カ)	
[26]	kammen			5.10	3.2565
[27]	ovale spiegels			1.85	1.2025
[28]	hoedbandjes			0.56	0.364
[29]	zak instrumenten		1 id.	13.39	8.7035
[30]	id.		2 id.	10.53	6.8445
[31]	banden van haar lang			3.59	2.3335
[32]	id. id. id. kort			3.56	2.314
[33]	kortband		1 id.	7.70	5.005
[34]	id.		2 id.	5.20	3.38
[35]	bandslotjes		1 id.	1.81	1.1765
[36]	id.		2 id.	0.89	0.5785
[37]	lange banden		1 id.	1.40	0.91
[38]	lange banden		2.° soort	1.29	0.8385
[39]	id. id.		3 id.	0.88	0.572
[40]	spelden met steentjes			0.33	0.2145
[41]	knopen		1 id.	0.56	0.364
[42]	id.		2 id.	0.338	0.2197
[43]	ringen met steentjes			0.45	0.2925
[44]	id. van geelkoper			0.08	0.052
[45]	goud blad			0.30	0.195
[46]	oorringen		1 id.	2.81	1.8265
[47]	id.		2 id.	1.18	0.767
[48]	id.		3 id.	1.53	0.9945
[49]	handschoenen			2.50	1.625
[50]	passerkokers		1 id.	15.39	10.0035
[51]	id.		2 id.	8.80	5.72

引き渡し数量	税抜き後の売上額 （カンパンテール）	商　品　名
6 stuks	100.23	「壱番遠目鏡」 望遠鏡第一種
4 id.	63.18	「二番遠目鏡」 望遠鏡第二種
1 id.	10.829	「三番遠目鏡」 望遠鏡第三種
2 id.	18.07	「四番遠目鏡」 望遠鏡第四種
2 id.	18.07	「五番遠目鏡」 望遠鏡第五種
2 id.	14.43	「六番遠目鏡」 望遠鏡第六種
1 id.	10.855	「壱番小遠目鏡」 小さい望遠鏡（双眼鏡）第一種
1 id.	16.367	「二番小遠目鏡」 小さい望遠鏡（双眼鏡）第二種
1 id.	5.2065	「三番小遠目鏡」 小さい望遠鏡（双眼鏡）第三種
2 id.	11.44	「四番小遠目鏡」 小さい望遠鏡（双眼鏡）第四種
5 id.	24.70	「五番小遠目鏡」 小さい望遠鏡（双眼鏡）第五種
8 id.	29.536	「六番小遠目鏡」 小さい望遠鏡（双眼鏡）第六種
1 id.	4.745	「七番小遠目鏡」 小さい望遠鏡（双眼鏡）第七種
10 id.	164.45	「壱番小形遠目鏡」 オペラグラス（双眼鏡）第一種
12 id.	121.68	「二番小形遠目鏡」 オペラグラス（双眼鏡）第二種
22 id.	33.605	「鼻目鏡」 二枚レンズの付いた眼鏡
27 id.	28.6065	「鼈甲縁鼻目鏡」 鼈甲のフレームの眼鏡
30 id.	42.705	「白銅縁鼻目鏡」 メッキしたフレームの眼鏡
11 id.	14.3715	「鉄縁鼻目鏡」 鉄のフレームの眼鏡
232 id.	81.432	「日取目鏡」
6 id.	14.82 （11.232カ）	「壱番〔未詳〕」 カットガラスのボンボン入れ第一種
6 id.	11.187	「二番〔未詳〕」 カットガラスのボンボン入れ第二種
18 id.	7.2306	「壱番鼻たばこ入れ」 嗅ぎたばこ入れ第一種
12 id.	4.8204	「二番鼻たばこ入れ」 嗅ぎたばこ入れ第二種
6 id.	16.77	「鼻たばこ入れ」 嗅ぎたばこ入れ
10 id.	32.565	「櫛」
4 id.	4.81	「丸鏡」 楕円形の鏡
3 stel	1.092	「帽子筋」 帽子の紐
3 id.	26.1105	「壱番〔未詳〕」 携帯用道具第一種
2 id.	13.689	「二番〔未詳〕」 携帯用道具第二種
12 stuks	28.002	「〔未詳〕」 長いヘア・バンド
8 id.	18.512	「〔未詳〕」 短いヘア・バンド
1 id.	5.005	「壱番腕〆」 短い腕輪第一種
5 id.	16.90	「二番腕〆」 短い腕輪第二種
48 stuks	56.472	「壱番帯〆」 バックル第一種
18 id.	10.413	「二番帯〆」 バックル第二種
16 id.	14.56	「壱番腕〆」 長い腕輪第一種
17 stuks	14.2545	「二番腕〆」 長い腕輪第二種
17 id.	9.724	「三番腕〆」 長い腕輪第三種
12 id.	2.574	「玉入留針」 待ち針
141 id.	51.324	「壱番ほたん」 ボタン第一種
142 id.	31.1974	「二番ほたん」 ボタン第二種
11 id.	3.2175	「玉入指輪」「玉入耳筋」 宝石の付いた指輪、宝石の付いたイアリング
118 id.	6.136	「指輪」「耳筋」 真鍮の指輪、真鍮のイアリング
33 id.	6.435	「〔未詳〕」 金箔
1 stel	1.8265	「壱番耳筋」 イアリング第一種
8 id.	6.136	「二番耳筋」 イアリング第二種
3 id.	2.9835	「三番耳筋」 イアリング第三種
6 paar	9.75	「手貫キ」 手袋
1 stuk	10.0035	「壱番パススル入」 コンパスケース第一種
3 id.	17.16	「二番パススル入」 コンパスケース第二種

170　第2部　オランダ船の脇荷貿易

〔商品番号〕	Artikelen			販売単価 (ｶﾝﾊﾞﾝﾃｰﾙ)	税抜き後の単価 (ｶﾝﾊﾞﾝﾃｰﾙ)
〔52〕	id.		3　id.	6.98	4.537
〔53〕	id.		4　id.	5.29	3.4385
〔54〕	id.		5　id.	4.39	2.8535
〔55〕	horlogie sleutels met cachetten			1.39	0.9035
〔56〕	paspartoe			0.69	0.4485
〔57〕	horlogie sleutels			0.341	0.22165
〔58〕	magneet			3.00	1.95
〔59〕	wandelstok met verrekijker			10.09	6.5585
〔60〕	leepels			0.67	0.4355
〔61〕	vorken			0.42	0.273
〔62〕	potloden			0.186	0.1209
〔63〕	koralen			1.20	0.78
〔64〕	Engelsche pleister			0.06	0.039
〔65〕	scharen			0.64	0.416
〔66〕	sloten			0.42	0.273
〔67〕	schroefboor			1.01	0.6565
〔68〕	gespen		Lᵘ I	0.34	0.221
〔69〕	id.		Lᵘ lo	0.59	0.3835
〔70〕	kinder speelgoede soldaten		Nᵒ 1	0.93	0.6045
〔71〕	id.　id.　id.		〃 2	0.44	0.286
〔72〕	id.　id.　id.		〃 3	0.38	0.247
〔73〕	toverkist			4.50	2.925
〔74〕	kinder speelgoed flesjes			0.20	0.13
〔75〕	grote schenkbladen			16.90	10.985
〔76〕	presenteer trommels met bladen			1.83	1.1895
〔77〕	compassen		Nᵒ 1	1.83	1.1895
〔78〕	id.		〃 2	1.42	0.923
〔79〕	id.		〃 3	0.82	0.533
〔80〕	id.			2.00 (0.041 ｶ)	1.30 (0.02665 ｶ)
〔81〕	goudpapier			0.41	0.2665
〔82〕	zilverpapier			0.05	0.0325
〔83〕	gedrukt goudpapier			0.081	0.05265
〔84〕	wollen dassen			1.80	1.177
〔85〕	pendule		Nᵒ 1	–	–
〔86〕	id.		〃 2	–	–
〔87〕	id.		〃 3	–	–
〔88〕	id.		〃 4	–	–
〔89〕	id.		〃 5	–	–
〔90〕	grote pendule			135.00	87.75
〔91〕	pendule met orgel			81.10	52.715
〔92〕	horlogie		〃 1	155.00	100.75
〔93〕	id.		〃 2	68.09	44.2585
〔94〕	pendule			57.80	37.57
〔95〕	horlogie		〃 10	87.09	56.6085
〔96〕	id.		〃 20	60.00	39.00
〔97〕	id.		〃 21	31.60	20.54
〔98〕	id.		〃 17	77.90	50.635
〔99〕	id.		〃 18	72.90	47.385
〔100〕	id.		〃 19	73.93	48.0545
〔101〕	id.		〃 16	97.00	63.05
〔102〕	id.		〃 4	66.96	43.524
〔103〕	id.		〃 5	90.50	58.825
〔104〕	id.		〃 6	70.10	45.565
〔105〕	id.		〃 7	65.90	42.835
〔106〕	id.		〃 8	67.00	43.55

引き渡し数量	税抜き後の売上額 (カンパニテール)	商　品　名
1　id.	4.537	「三番パススル入」コンパスケース第三種
1　id.	3.4385	「四番パススル入」コンパスケース第四種
1　id.	2.8535	「五番パススル入」コンパスケース第五種
30　id.	27.105	「印判付時計鍵」スタンプの付いた時計の巻ねじ
41　id.	18.3885	「〔未詳〕」厚紙のファイル
532　id.	117.9178	「時計鍵」時計の巻ねじ
1　id.	1.95	「磁石」
1　id.	6.5585	「杖仕込遠目鏡」
71　id.	30.9205	「匕」スプーン
72　id.	19.656	「鉾」フォーク
192　id.	23.2128	「石筆」鉛筆
10 snoeren	7.80	「珊瑚」
49 stuks	1.911	「〔未詳〕」イギリスの絆創膏
47　id.	19.552	「鋏」
24　id.	6.552	「帯〆」バックル
1　id.	0.6565	「〔未詳〕」蝶旋ぎり
5 paar	1.105	「い帯〆」バックル符号い
6　id.	2.301	「ろ帯〆」バックル符号ろ
2 dosen	1.209	「壱番〔未詳〕」子供の玩具の兵隊一番
6　id.	1.716	「二番〔未詳〕」子供の玩具の兵隊二番
11　id.	2.717	「三番〔未詳〕」子供の玩具の兵隊三番
2 stuks	5.85	「〔未詳〕」手品箱カ
69　id.	8.97	「〔未詳〕」子供の玩具の小瓶
2　id.	21.97	「大盆」
12 stellen	14.274	「〔未詳〕」盆の付いたブリキの箱
5 stuks	5.9475	「壱番方針」羅針盤一番
1　id.	0.923	「二番方針」羅針盤二番
3　id.	1.599	「三番方針」羅針盤三番
1　id.	1.30	「方針」羅針盤
118 vel	3.1447	「金紙」
115　id.	3.7375	「銀紙」
229　id.	12.05685	「金紙」模様が印刷された金紙
23 stuks	26.91	「襟巻」羊毛のマフラー（スカーフ）
－	－	「壱番置時計」
－	－	「二番置時計」
－	－	「三番置時計」
－	－	「四番置時計」
－	－	「五番置時計」
1　id.	87.75	「大置時計」
1　id.	52.715	「オルゴル付置時計」
1　id.	100.75	「壱番時計」
1　id.	44.2585	「二番時計」
1　id.	37.57	「置時計」
1　id.	56.6085	「十番時計」
1　id.	39.00	「二十番時計」
5　id.	102.70	「二十一番時計」
1　id.	50.635	「十七番時計」
2　id.	94.77	「十八番時計」
2　id.	96.109	「十九番時計」
1　id.	63.05	「十六番時計」
1　id.	43.524	「四番時計」
2　id.	117.65	「五番時計」
1　id.	45.565	「六番時計」
4　id.	171.34	「七番時計」
1　id.	43.55	「八番時計」

172　第 2 部　オランダ船の脇荷貿易

[商品番号]	Artikelen				販売単価 (カンパンテール)	税抜き後の単価 (カンパンテール)
[107]	id.		〃	9	99.00	64.35
[108]	id.		〃	11	169.00	109.85
[109]	id.		〃	14	47.93	31.1545
[110]	id.		〃	13	45.09	29.3085
[111]	id.		〃	15	40.69	26.4485
[112]	id.		〃	12	46.09	29.9585
[113]	id.		〃	13	43.00	27.95
[114]	horlogie		N°	22	58.10	37.765
[115]	id.		〃	23	65.30	42.445
[116]	id.		〃	24	70.001	45.50065
[117]	id.		〃	28	30.09	19.5585
[118]	id.		〃	29	23.69	15.3985
[119]	id.		〃	25	16.20	10.53
[120]	id.		〃	26	11.25	7.3125
[121]	id.		〃	27	15.00	9.75
[122]	id.		〃	30	33.40	21.71
[123]	hangklok		〃	1	37.00	24.05
[124]	id.		〃	2	12.00	7.80
[125]	id.		〃	3	12.10	7.865
[126]	speelend cachet				63.90	41.535
[127]	id.	naaijkisje	〃	1	40.00	26.00
[128]	id.	id.	〃	2	36.00	23.40
[129]	id.	id.	〃	3	37.20	24.18
[130]	orgel		〃	1	45.96	29.874
[131]	id.		〃	2	25.30	16.445
[132]	id.		〃	3	25.59	16.6335
[133]	id.		〃	4	20.00	13.00
[134]	id.		〃	5	21.00	13.65
[135]	id.		〃	6	21.10	13.715
[136]	speelend naaijkisje		L.ᵘ	I	56.67	36.8355
[137]	id.	id.	L.ᵘ	lo	–	–
[138]	orgel				38.93	25.3045
[139]	horlogie glasen				0.135	0.08775
[140]	sleutels met steenen				1.362	0.8853
[141]	horlogie kettingen		N°	1	4.04	2.626
[142]	id.	id.	〃	2	3.80	2.47
[143]	id.	id.	〃	3	3.58	2.327
[144]	id.	id.	〃	4	3.40	2.21
[145]	id.	id.	〃	5	2.42	1.573
[146]	halskettingen		〃	1	9.89	6.4285
[147]	id.		〃	2	6.20	4.03
[148]	id.		〃	3	5.70	3.705
[149]	veeren				2.69	1.7485
[150]	verlakt leder				6.90	4.485
[151]	horlogie ketting		〃	6	3.08	2.002
[152]	plakpapier		N°	1	6.30	4.095
[153]	id.		〃	2	1.93	1.2545
[154]	id.		〃	3	5.19	3.3735
[155]	stokken				10.60	6.89
[156]	lampen				34.80	22.62
[157]	schilderij met klok				–	–
[158]	teelescoop		〃	1	103.00	66.95
[159]	id.		〃	2	63.80	41.47
[160]	microscoop		〃	1	70.001	45.50065
[161]	id.		〃	2	40.10	26.065

第3章　賃借人の脇荷貿易　I　　173

引き渡し数量	税抜き後の売上額 (カンパニテール)	商　品　名
2　id.	128.70	「九番時計」
1　id.	109.85	「十一番時計」
1　id.	31.1545	「十四番時計」
2　id.	58.617	「十三番時計」
1　id.	26.4485	「十五番時計」
1　id.	29.9585	「十二番時計」
1　id.	27.95	「十三番時計」
1 stuk	37.765	「二十二番時計」
1　id.	42.445	「二十三番時計」
1　id.	45.50065	「二十四番時計」
9　id.	176.0265	「二十八番時計」
7　id.	107.7895	「二十九番時計」
9　id.	94.77	「二十五番時計」
6　id.	43.875	「二十六番時計」
4　id.	39.00	「二十七番時計」
1　id.	21.71	「三十番時計」
1　id.	24.05	「壱番掛時計」
3　id.	23.40	「二番掛時計」
2　id.	15.73	「三番掛時計」
2　id.	83.07	「オルゴル付印判」
1　id.	26.00	「壱番オルゴル付針箱」 オルゴール付きの裁縫箱一番
1　id.	23.40	「二番オルゴル付針箱」 オルゴール付きの裁縫箱二番
2　id.	48.36	「三番オルゴル付針箱」 オルゴール付きの裁縫箱三番
1　id.	29.874	「壱番オルゴル」
14　id.	230.23	「二番オルゴル」
29　id.	482.3715	「三番オルゴル」
3　id.	39.00	「四番オルゴル」
1　id.	13.65	「五番オルゴル」
1　id.	13.715	「六番オルゴル」
1　id.	36.8355	「いオルゴル付針箱」 オルゴール付きの裁縫箱符号い
－	－	「ろオルゴル付針箱」 オルゴール付きの裁縫箱符号ろ
1　id.	25.3045	「オルゴル」
690　id.	60.5475	「時計硝子」
36　id.	31.8708	「玉入鍵」宝石の付いた時計の巻ねじ
12　id.	31.512	「壱番時計鎖り」
15　id.	37.05	「二番時計鎖り」
10　id.	23.27	「三番時計鎖り」
6　id.	13.26	「四番時計鎖り」
26　id.	40.898	「五番時計鎖り」
	(83.5705 カ)	
13　id.	83.57	「壱番首筋」ネックレス一番
20　id.	80.60	「二番首筋」ネックレス二番
26　id.	96.33	「三番首筋」ネックレス三番
44　id.	76.934	「〔未詳〕」ゼンマイ
12 vel	53.82	「塗皮」エナメル皮
24 stuks	48.048	「六番時計鎖り」
5 rol	20.475	「壱番形紙」
13　id.	16.3085	「二番形紙」
4　id.	13.494	「三番形紙」
2　id.	13.78	「杖」
2 paar	45.24	「火燈（燭臺）」ランプ
－	－	「時計付絵鏡カ」 時計の付いたガラス絵カ
1 stuk	66.95	「壱番星目鏡」望遠鏡一番
1　id.	41.47	「二番星目鏡」望遠鏡二番
1　id.	45.50065	「壱番虫目鏡」顕微鏡一番
2　id.	52.13	「二番虫目鏡」顕微鏡二番

174　第2部　オランダ船の脇荷貿易

[商品番号]	Artikelen		販売単価 (カンパ゛ンテール)	税抜き後の単価 (カンパ゛ンテール)
[162]	id.	〃 3	25.50	16.575
[163]	id.	〃 4	13.60	8.84
				(5.265 カ)
[164]	id.	〃 5	8.10	5.26
[165]	verrekijker met waterpas		85.80	55.77
[166]	gebloemde zijde		−	0.55
[167]	geglansde　id.		−	0.80
[168]	rood damast		−	4.00
[169]	gebloemd grijn bruin		−	3.00
[170]	id.　　id.　donker purper		−	3.00
[171]	id.　　id.　zeegroen		−	3.00
[172]	smalle saaij rood		−	2.00
[173]	id.　　id.　ligt blaauw		−	2.00
[174]	id.　　id.　violet		−	2.00
[175]	id.　　id.　zwart		−	1.80
[176]	tiebet		−	4.00
[177]	saaij rood		−	2.20
[178]	id.　blaauw		−	2.20
[179]	id.　zeegroen		−	2.20
[180]	tiebet	L.′ I	−	4.00
[181]	id.	L.′ lo	−	3.50
[182]	gestreept kemelshaar	L.′ I	−	0.55
[183]	id.　　　id.	L.′ lo	−	0.55
[184]	gebloemd katoen		−	12.00
[185]	geglansd　id.		−	12.00
[186]	gestreept　id.		−	15.00
[187]	pikee	L.′ I	−	0.400
[188]	id.	L.′ lo	−	0.400
[189]	id.	L.′ Ha	−	0.400
[190]	pikee	L.′ Ni	−	0.400
[191]	witte hamans	L.′ I	−	6.50
[192]	id.　　id.	L.′ lo	−	4.50
[193]	taffachelassen verbeterd		−	15.00
[194]	id.　　　id.	L.′ I	−	15.00
[195]	id.　　　id.	L.′ lo	−	9.00
[196]	nicaniassen		−	20.00
[197]	baftassen		−	14.00
[198]	rode doeken	L.′ I	−	4.00
[199]	id.　　id.	L.′ lo	−	4.00
[200]	rode hamans	L.′ I	−	14.00
				(11.50 カ)
[201]	id.　　id.	L.′ lo	−	11.60
[202]	korte bandjes		2.50	1.625
[203]	ledere banden lang		1.29	0.8385
[204]	id.　　id.　　kort		1.20	0.78
[205]	zoethout		−	−

出典：Nota van nadere afgeleverde Kambang Goederen. [Japan Portefeuille N° 34. 1836]
　　　MS. N.A. Japans Archief, nr. 564 (K.Λ. 11810). (Tōdai-Shiryō Microfilm: 6998-1-85-12).

第3章　賃借人の脇荷貿易　I　175

引き渡し数量	税抜き後の売上額 (ｶﾝﾊﾞﾝﾃｰﾙ)	商　品　名
1 id.	16.575	「三番虫目鏡」 顕微鏡三番
1 id.	8.84	「四番虫目鏡」 顕微鏡四番
	(5.265 ｶ)	
1 id.	5.26	「五番虫目鏡」 顕微鏡五番
1 id.	55.77	「〔未詳〕遠目鏡」 水準器付き望遠鏡
44 w⁴. 1 dᵐ.	24.255	「紋絹」 花模様の絹織物
2 lapjes	1.60	「〔未詳〕絹」 光沢のある絹織物
28 ikjes	112.00	「紅紋羯山」 赤色のダマスク織 (絹織物)
26 id. 26 id.	78.78	「鳶色形付ころふくれん」(毛織物)
26 id. 40 id.	79.20	「濃紫形付ころふくれん」(毛織物)
25 id. 98 id.	77.94	「藍海松茶形付ころふくれん」(毛織物)
26 id. 73 id.	53.46	「小幅緋サアイ」(毛織物)
54 id. 53 id.	109.06	「小幅千草色サアイ」(毛織物)
26 id. 52 id.	53.04	「小幅桔梗色サアイ」(毛織物)
54 id. 8 id.	97.344	「小幅黒サアイ」(毛織物)
30 id. 45 id. 1s.	121.804	「〔未詳〕」(染織ｶ)
26 id. 56 id.	58.432	「緋サアイ」(毛織物)
25 id. 90 id.	56.98	「花色サアイ」(毛織物)
26 id. 12 id.	57.464	「藍松海松茶サアイ」(毛織物)
14 id. 63 id.	58.52	「い 〔未詳〕」(染織ｶ)
4 id. 45 id.	15.575	「ろ 〔未詳〕」(染織ｶ)
180 id. 2 id.	99.11	「いケイムルハール」 縞模様のらくだの毛の織物符号い
182 id. 2 id.	100.155	「ろケイムルハール」 縞模様のらくだの毛の織物符号ろ
24 stuks	288.00	「形付木綿」 花模様の綿織物
24 id.	288.00	「〔未詳〕木綿」 光沢のある綿織物
48 id.	720.00	「島木綿」 縞模様の綿織物
247 w⁴. 7½ dᵐ.	109.10	「いヒケイ」(絹織物)
146 id. 6 id.	58.64	「ろヒケイ」(絹織物)
65 id. 8 id.	26.32	「はヒケイ」(絹織物)
75 w⁴. 3½ dᵐ.	30.14	「にヒケイ」(絹織物)
43 stuks	279.50	「い白金巾」(綿織物)
201 id.	904.50	「ろ白金巾」(綿織物)
4 id.	60.00	「奥嶋」(綿織物)
55 id.	825.00	「い奥嶋」(綿織物)
27 id.	243.00	「ろ奥嶋」(綿織物)
28 id.	560.00	「巾廣嶋木綿」 縞模様の綿織物
47 id.	658.00	「パフタ」(綿織物)
10 id.	40.00	「い 〔未詳〕」 赤い布符号い (赤木綿ｶ)
36 id.	144.00	「ろ 〔未詳〕」 赤い布符号ろ (赤木綿ｶ)
32 id.	448.00	「い赤金巾」(綿織物)
16 id.	184.00	「ろ赤金巾」(綿織物)
11 stel	17.875	「腕〆」 短い腕輪
6 id.	5.031	「腕〆」 長い皮の腕輪
6 id.	4.68	「腕〆」 短い皮の腕輪
3,720 kattjʰ.	1,116.00	「甘草」
	14,407.08365	

註・商品名の「　」内には、天保期前後の訳例より推測される名称を記している。

176　第2部　オランダ船の脇荷貿易

表38　天保7年(1836)脇荷取引の商品の種類と売上額

商品の種類	税抜き後の売上額	
硝子器類・陶磁器類・食器類 （1〜160、175〜199、201〜274）	8,707.80225 カンバンテール	（15%）
薬品類（304〜340）	33,190.305075 カンバンテール	（55%）
皮類・小間物類・その他 （161〜174、200、275〜303、341）	18,125.402425 カンバンテール	（30%）
合　　計	60,023.50975　カンバンテール	（100%）

表39　天保7年(1836)脇荷取引以外で取引された商品の種類と売上額

商品の種類	税抜き後の売上額	
小間物類・その他 （〔1〕〜〔165〕、〔202〕〜〔204〕）	6,170.16465 カンバンテール	（43%）
染織類（〔166〕〜〔201〕）	7,120.919 カンバンテール	（49%）
薬品類（〔205〕）	1,116.00 カンバンテール	（8%）
合　　計	14,407.08365 カンバンテール	（100%）

60,023.50975 カンバンテール）÷34,530 グルデン（＝48,102 グルデン－13,572 グルデ
ン）≒2.8〕、「脇荷取引以外の取引」では、約1.7倍〔23,051.33384 グルデン
（＝14,407.08365 カンバンテール）÷13,572 グルデン≒1.7〕という倍率を算出す
ることができる。(9)脇荷取引以外の取引の売上げ倍率が低いのは、前年度同
様、投機的要素があることにより高い利益を見込む薬品類を減らし、低い利
益でも取引が確実な染織類をはじめとする品々を増やしていたためであろう。
　なお、上記の天保8年の「脇荷取引」および「脇荷取引以外の取引」の
他で販売されている「広東人参・甘草等」と「反物」は長崎会所に販売され
た品々であった。また、「ウニコール」は注文品（＝誂物）として販売された品
であった。この内、ウニコールは、B契約書第5条でみたように、天保7年
より賃借人に持ち渡りが許された品物であり、注目に値する商品と考えられ
る。したがって、このウニコールの取引に関しては、章をあらためて考察す
るが(第2部第6章参照)、ここでは、天保6年にはじまった賃借人の脇荷貿易

表40 天保7年(1836)賃借代理人による輸出品

Goederen	Hoeveelheid	商 品	数 量	買入額(カンバンテール)
door de compradoors		〔諸色売込人を通して〕		
aardepan	50 manden	〔 土 鍋 〕	〔50 籠〕	240.0
medisein reist	20 kisten	〔 薬 米 〕	〔20 箱〕	88.0
konomon	150 baljes	〔 香 の 物 〕	〔150 樽〕	326.25
oemebosi	75 baljes	〔 梅 干 〕	〔75 樽〕	95.625
miso	75 baljes	〔 味 噌 〕	〔75 樽〕	115.5
besems	1,500 p.	〔 箒 〕	〔1,500 本〕	450.0
stroodozen	50 kisten	〔 藁 製 の 箱 〕	〔50 箱〕	500.0
gekookte sjoja	100 balies	〔 火 熱 し た 醤 油 〕	〔100 樽〕	850.0
gekookte sjoja	50 kisten	〔 火 熱 し た 醤 油 〕	〔50 箱〕	600.0
sakie	30 kisten	〔 酒 〕	〔30 箱〕	450.0
pajongs	100 kisten	〔 日 傘 〕	〔100 箱〕	2,925.0
mandwerken	150 kisten	〔 籠 細 工 〕	〔150 箱〕	2,025.0
matten	60	〔 莫 蓙 〕	〔60〕	108.0
vogeltjes en diertjes	12 kisten	〔 小 鳥 と 小 動 物 〕	〔12箱〕	60.0
mantels van zijde	6	〔 絹 の 外 套 〕	〔6〕	192.0
kruiken	2,000	〔 瓶 〕	〔2,000〕	200.0
tsintsiau	10	〔 寒 天 〕	〔10〕	40.0
veere waaijers	50 kisten	〔 羽 の 扇 〕	〔50 箱〕	250.0
ronde waaijers / best /	100	〔丸 い 扇 / 最 上 品 /〕	〔100〕	17.0
schutsels	30	〔 屏 風 〕	〔30〕	540.0
groote lantaren van papier	10	〔大きい紙のカンテラ(提灯)〕	〔10〕	35.0
rottingen	76	〔 藤 の 杖 〕	〔76〕	266.0
matten	60	〔 莫 蓙 〕	〔60〕	30.0
norimon	1	〔乗 り 物 (駕 籠)〕	〔1〕	70.0
thee huisjes	5	〔茶 屋 (茶 壺 ヵ)〕	〔5〕	50.0
barkje	1	〔小さい帆船 (模 型 ヵ)〕	〔1〕	50.0
snaren / groot /	2 kisten	〔 弦 / 大 /〕	〔2 箱〕	7.6
snaren / klein /	3 kisten	〔 弦 / 小 /〕	〔3 箱〕	1.35
bakkjes en borden	–	〔 籠 と 皿 〕	〔–〕	196.2
gedroogde samplioen	50 kat.	〔 未 詳 〕	〔50 斤〕	75.0
maakloon van dekens	–	〔 毛 布 の 仕 立 代 〕	〔–〕	77.6
kooijen met vogels	10	〔 鳥 付 き の 鳥 籠 〕	〔10〕	18.0
tabakdozen	106	〔 た ば こ 入 れ 〕	〔106〕	272.5
borstel	3	〔 刷 毛 〕	〔3〕	24.0
zijde deken	1	〔 絹 の 毛 布 〕	〔1〕	19.2
				〔11,264.825〕
door de lakman Boeijemon		〔漆器商ブエモンを通して〕		
ronde tafels	3	〔 丸 テ ー ブ ル 〕	〔3〕	150.0
ronde tafels / groot /	3	〔丸 テ ー ブ ル / 大 /〕	〔3〕	255.0
groote kasten	2	〔 大 箪 笥 〕	〔2〕	500.0
werktafels	4	〔 机 〕	〔4〕	120.0
groote omberdozen	6	〔 大 き い 絵 の 具 箱 ヵ 〕	〔6〕	90.0
groote juweeldozen	6	〔 大 き い 宝 石 箱 〕	〔6〕	72.0
naaij kisten 2. soort	3	〔 裁 縫 箱 第 二 種 〕	〔3〕	54.0
naaij kisten 3. soort	3	〔 裁 縫 箱 第 三 種 〕	〔3〕	39.0
vierkante thee dozen	10	〔 四 角 形 の 茶 箱 〕	〔10〕	50.0
juweeldozen	6	〔 宝 石 箱 〕	〔6〕	60.0
naaij kisten	12	〔 裁 縫 箱 〕	〔12〕	76.0
snuifdozen	15	〔 嗅 ぎ た ば こ 入 れ 〕	〔15〕	37.5
brood mandjes	10	〔 小 さ い パ ン 籠 〕	〔10〕	35.0
lepeldozen	30	〔 ス プ ー ン ケ ー ス 〕	〔30〕	90.0
inktkokers	10	〔 イ ン ク 壺 〕	〔10〕	35.0
groote omberdozen	10	〔 大 き い 絵 の 具 箱 ヵ 〕	〔10〕	130.0
naaijkisten 6. soort	10	〔 裁 縫 箱 第 六 種 〕	〔10〕	40.0
naaijkisten 4. soort	10	〔 裁 縫 箱 第 四 種 〕	〔10〕	50.0
naaijkisten 3. soort	10	〔 裁 縫 箱 第 三 種 〕	〔10〕	85.0
naaijkisten 3. soort met voet	10	〔足付きの裁縫箱 第三種〕	〔10〕	120.0
naaijkisten 2. soort	6	〔 裁 縫 箱 第 二 種 〕	〔6〕	108.0
brood mandjes	6	〔 小 さ い パ ン 籠 〕	〔6〕	28.0
vierkante thee dozen	10	〔 四 角 形 の 茶 箱 〕	〔10〕	50.0
ovale theedozen	10	〔 楕 円 形 の 茶 箱 〕	〔10〕	50.0
ovale schenk borden	3	〔 楕 円 形 の 皿 〕	〔3〕	105.0
groote inktkokers	10	〔 大 き い イ ン ク 壺 〕	〔10〕	50.0
werktafels	10	〔 机 〕	〔10〕	300.0
boek planken	25	〔 本 棚 〕	〔25〕	250.0
ovale bakjes	25	〔 楕 円 形 の 籠 〕	〔25〕	250.0
present dozen met bord	10	〔 盆 の 付 い た 供 応 箱 〕	〔10〕	135.0
lessenaren 3. soort	5	〔 読 書 机 第 三 種 〕	〔5〕	65.0
tabakdozen	30	〔 た ば こ 入 れ 〕	〔30〕	150.0
snuifdozen	30	〔 嗅 ぎ た ば こ 入 れ 〕	〔30〕	75.0
sigaardozen	10	〔 葉 巻 入 れ 〕	〔10〕	30.0
juweeldozen	10	〔 宝 石 箱 〕	〔10〕	100.0
orderdozen	5	〔注文〔で作成された〕箱ヵ〕	〔5〕	50.0
naaijkisten 1. soort / voor opperhoofd /	1	〔裁縫箱第一種/商館長用/〕	〔1〕	22.0
naaijkisten 2. soort / voor het zelven /	2	〔裁縫箱第二種/同用/〕	〔2〕	36.0
naaijkisten 1. soort / voor Vosman /	1	〔裁縫箱第一種/フォスマン用/〕	〔1〕	22.0
naaijkisten 5. soort / voor Vosman /	1	〔裁縫箱第五種/フォスマン用/〕	〔1〕	4.0
lessenaar 3. soort / voor Vosman /	1	〔読書机第三種/フォスマン用/〕	〔1〕	13.0
snuifdoos / voor Vosman /	1	〔嗅ぎたばこ入れ/フォスマン用/〕	〔1〕	2.5
ronde tafel	4	〔 丸 テ ー ブ ル 〕	〔4〕	190.0
snuifdozen	135	〔 嗅 ぎ た ば こ 入 れ 〕	〔135〕	297.0
sigaal koker	26	〔 葉 巻 入 れ 〕	〔26〕	65.0

Goederen	Hoeveelheid	商　品	数　　量	買入価額 (カンパ゛ンテール)
klein omberdozen	10	〔 小 さ い 絵 の 具 箱 〕	〔10〕	85.0
tabakdoos met naam	1	〔 名 前 入 り の た ば こ 入 れ 〕	〔1〕	5.0
voor namen	–	〔 名 前 を〔入 れ る〕た め〕	〔 – 〕	6.0
pienan doos / voor jong /	1	〔 ピ ナ ン ケ ー ス / 召 使 用 〕	〔1〕	6.0
				4,638.0
door den ouden Sasaja		〔大ササヤ (ササヤの父親) を通して〕		
schutsels van 8 bladen	5 kisten	〔 八 曲 の 屏 風 〕	〔5 箱〕	90.0
schutsels van 6 bladen	5 kisten	〔 六 曲 の 屏 風 〕	〔5 箱〕	60.0
schutsels klein	30 kisten	〔 小 さ い 屏 風 〕	〔30 箱〕	270.0
besems	600 p.	〔 箒 〕	〔600 本〕	180.0
verlakte kist L. I	1	〔 漆 箱 符 号 い 〕	〔1〕	12.0
verlakte kist L. Lo	1	〔 漆 箱 符 号 ろ 〕	〔1〕	10.0
naaijkisten 6. soort	10	〔 裁 縫 箱 第 六 種 〕	〔10〕	45.0
naaijkisten 5. soort	10	〔 裁 縫 箱 第 五 種 〕	〔10〕	60.0
naaijkisten 3. soort	10	〔 裁 縫 箱 第 三 種 〕	〔10〕	120.0
naaijkisten 2. soort	6	〔 裁 縫 箱 第 二 種 〕	〔6〕	102.0
naaijkisten 1. soort	8	〔 裁 縫 箱 第 一 種 〕	〔8〕	160.0
theedozen	30	〔 茶 箱 〕	〔30〕	150.0
lepeldozen	25	〔 ス プ ー ン ケ ー ス 〕	〔25〕	75.0
broodmandjes	10	〔 小 パ ン 籠 〕	〔10〕	35.0
borden	25	〔 皿 〕	〔25〕	250.0
kooijen met vogels	10	〔 鳥 付 き の 鳥 籠 〕	〔10〕	100.0
snuifdozen	40	〔 嗅 ぎ た ば こ 入 れ 〕	〔40〕	80.0
tabakdozen	40	〔 た ば こ 入 れ 〕	〔40〕	200.0
beste tabakdozen	20	〔 最 上 の た ば こ 入 れ 〕	〔20〕	170.0
sichaaldozen	10	〔 葉 巻 入 れ 〕	〔10〕	30.0
sichaaldozen ovaal	18	〔 楕 円 形 の 葉 巻 入 れ 〕	〔18〕	63.0
knaap	1	〔 ハ ン ガ ー (衣 桁 カ) 〕	〔1〕	25.0
omberdozen	6	〔 絵 の 具 箱 カ 〕	〔6〕	60.0
orderdoos	1	〔注 文〔で 作 成 さ れ た〕箱 カ〕	〔1〕	14.0
groote penandozen	10	〔 大 ピ ナ ン ケ ー ス 〕	〔10〕	35.0
groote penandozen / best /	5	〔大 ピ ナ ン ケ ー ス / 最 上 品 〕	〔5〕	40.0
schutsels van acht bladen	55 kisten	〔 八 曲 屏 風 〕	〔55 箱〕	990.0
schutsel van zes bladen	40 kisten	〔 六 曲 屏 風 〕	〔40 箱〕	480.0
besems	250	〔 箒 〕	〔250〕	75.0
spiegels van 7 duim	160	〔〔直 径〕7 ダ イ ム の 鏡 〕	〔160〕	480.0
kleine lepeldozen	25	〔 小 ス プ ー ン ケ ー ス 〕	〔25〕	62.5
schutsel / best /	1 kist	〔 屏 風 / 最 上 品 / 〕	〔1 箱〕	50.0
schutsel	5	〔 屏 風 〕	〔5〕	60.0 ※1
				4,573.5
door den jongen Sasaja		〔小ササヤ (ササヤの息子) を通して〕		
groote ronde tafles	3	〔 大 き い 丸 テ ー ブ ル 〕	〔3〕	255.0
ronde tafels	3	〔 丸 テ ー ブ ル 〕	〔3〕	150.0
beste werktafels	4	〔 最 上 の 机 〕	〔4〕	120.0
groote omberdozen	6	〔 大 き い 絵 の 具 箱 カ 〕	〔6〕	90.0
lessenaren 2. soort	3	〔 読 書 机 第 二 種 〕	〔3〕	54.0
lessenaren 3. soort	3	〔 読 書 机 第 三 種 〕	〔3〕	39.0
theedozen	10	〔 茶 箱 〕	〔10〕	50.0
naaijkisten	12	〔 裁 縫 箱 〕	〔12〕	76.0
snuifdozen	15	〔 嗅 ぎ た ば こ 入 れ 〕	〔15〕	37.5
broodmandjes	10	〔 パ ン 籠 〕	〔10〕	35.0
scheerdozen	6	〔 髭 剃 り 道 具 箱 〕	〔6〕	60.0
groote omberdozen	10	〔 大 き い 絵 の 具 箱 カ 〕	〔10〕	200.0
omberdozen / middelmatig groot /	10	〔絵 の 具 箱 / 普 通 の 大 き さ /〕	〔10〕	140.0
werktafels	6	〔 机 〕	〔6〕	210.0
inktkokers	10	〔 イ ン ク 壺 〕	〔10〕	35.0
naaijdozen N: 1	6	〔 裁 縫 箱 一 番 〕	〔6〕	48.0
naaijdozen N: 2	6	〔 裁 縫 箱 二 番 〕	〔6〕	72.0
naaijdozen N: 3	6	〔 裁 縫 箱 三 番 〕	〔6〕	33.0
naaijdozen N: 4	6	〔 裁 縫 箱 四 番 〕	〔6〕	27.0
naaijdozen N: 5	6	〔 裁 縫 箱 五 番 〕	〔6〕	24.0
werktafels	10	〔 机 〕	〔10〕	300.0
presentdozen met bord	6 stel	〔 盆 の 付 い た 供 応 箱 〕	〔6 セット〕	141.0
groote lessenaren 1. soort	6	〔 読 書 机 第 一 種 〕	〔6〕	168.0
groote lessenaren 2. soort	6	〔 読 書 机 第 二 種 〕	〔6〕	108.0
groote lessenaren 3. soort	5	〔 読 書 机 第 三 種 〕	〔5〕	65.0
snuifdozen N:1	6	〔 嗅 ぎ た ば こ 入 れ 一 番 〕	〔6〕	18.0
snuifdozen N:2	30	〔 嗅 ぎ た ば こ 入 れ 二 番 〕	〔30〕	75.0
vierkante tabakdozen	30	〔 四 角 形 の た ば こ 入 れ 〕	〔30〕	150.0
juweeldozen	10	〔 宝 石 箱 〕	〔10〕	100.0
orderdozen	5	〔注 文〔で 作 成 さ れ た〕箱 〕	〔5〕	50.0
knoopdozen	10	〔 ボ タ ン ケ ー ス 〕	〔10〕	50.0
beste tabakdozen	10	〔 最 上 の た ば こ 入 れ 〕	〔10〕	85.0
omberdozen	5	〔 絵 の 具 箱 カ 〕	〔5〕	42.5
lepeldozen	25	〔 ス プ ー ン ケ ー ス 〕	〔25〕	75.0
schenk bord	1	〔 供 応 皿 〕	〔1〕	40.0
ovale kleine borden	2	〔 楕 円 形 の 小 皿 〕	〔2〕	26.0
pinandoos	1	〔 ピ ナ ン ケ ー ス 〕	〔1〕	15.0
tabakdoos L. I	1	〔 た ば こ 入 れ 符 号 い 〕	〔1〕	8.0
tabakdoos L. Lo	1	〔 た ば こ 入 れ 符 号 ろ 〕	〔1〕	6.0
tabakdoos L. Ha	1	〔 た ば こ 入 れ 符 号 は 〕	〔1〕	5.0
tabakdoos L. Ni	1	〔 た ば こ 入 れ 符 号 に 〕	〔1〕	6.0

Goederen	Hoeveelheid	商　品	数　量	買入価額 (カンバンテール)
tabakdoos N: Ho	1	〔　た　ば　こ　入　れ　　ほ　番　〕	〔1〕	5.0
tabakdoos N: He	1	〔　た　ば　こ　入　れ　　へ　番　〕	〔1〕	5.0
naaijkist met goudlak	1	〔　金　漆　の　裁　縫　箱　〕	〔1〕	16.0
naaijkist met peerlemoer	1	〔　螺　鈿　細　工　の　裁　縫　箱　〕	〔1〕	14.0
naaijkist met landschap	1	〔　風　景　画　のついた　裁　縫　箱　〕	〔1〕	16.0
naaijkist	1	〔　　裁　　縫　　箱　　〕	〔1〕	14.0
naaijkist	1	〔　　裁　　縫　　箱　　〕	〔1〕	17.0
naaijkist	2	〔　　裁　　縫　　箱　　〕	〔2〕	32.0
naaijkist	1	〔　　裁　　縫　　箱　　〕	〔1〕	14.0
naaijkist 6°. soort	2	〔　裁　縫　箱　　第　六　種　〕	〔2〕	7.0
juweel doos	1	〔　　宝　　石　　箱　　〕	〔1〕	11.0
werktafel best	1	〔　最　　上　　の　　机　〕	〔1〕	35.0
werktafel	1	〔　　　　机　　　　〕	〔1〕	30.0
scheerdozen	4	〔　髭　剃　り　道　具　箱　〕	〔4〕	100.0
tabakdozen	2	〔　た　ば　こ　入　れ　〕	〔2〕	13.0
				3,618.0
door den porseleinman		〔磁器商を通して〕		
schenk borden	9	〔　　　　盆　　　　〕	〔9〕	76.5
zakij ketel	50	〔　燗　用　の　や　か　ん　〕	〔50〕	150.0
zakij ketel	× 50	〔　燗　用　の　や　か　ん　〕	× 〔50〕	× 100.0 ※2
zakkij bakje met bord	4	〔　皿　付　き　酒　椀　〕	〔4〕	40.0
lessenaar / Japansch /	3	〔　読　書　机　/　日　本　製　〕	〔3〕	54.0
bentos	14	〔　弁　　当　　箱　〕	〔14〕	114.5
nagt spiegel	237 storouw	〔　お　　ま　　る　〕	〔237 俵〕	379.4
popetjes	100	〔　小　さ　な　人　形　〕	〔100〕	126.5
dekselkommen	50	〔　蓋　付　き　椀　〕	〔50〕	100.0
bakkje met deksel / soeimonowan /	90	〔蓋付き椀 / 吸い物椀 /〕	〔90〕	58.0
ronde bakjes	10 kist of 100 pˢ.	〔　　丸　　椀　　〕	〔10 すなわち 100 個〕	30.0
waaijer	300	〔　　扇　　〕	〔300〕	60.0
ziubakos	× 10 stel	〔　重　　箱　〕	× 〔10 セット〕	× 59.0 ※3
ziubakos	10	〔　重　　箱　〕	〔10〕	25.0
ronde tabak doosen	200	〔丸いたばこ入れ〕	〔200〕	50.0
zonne pajong	× 500	〔　日　　傘　〕	× 〔500〕	× 300.0 ※4
bentos bruin	10	〔　茶　色　の　弁　当　箱　〕	〔10〕	50.0
Sioja en zakij kruiken	37½ strouw of 1,125 pˢ.	〔　醤　油　と　酒　瓶　〕	〔37½ 俵 すなわち 1,125 個〕	112.5
mativaan 1°. soort	162	〔　壺　　第　一　種　〕	〔162〕	810.0
mativaan 2°. soort	58	〔　壺　　第　二　種　〕	〔58〕	203.0
mativaan 3°. soort	80	〔　壺　　第　三　種　〕	〔80〕	200.0
porselein bentos / voor jong /	4	〔磁器の弁当箱 / 召使用 /〕	〔4〕	4.0
porselein bentos / voor jong /	2	〔磁器の弁当箱 / 召使用 /〕	〔2〕	1.5
				3,103.9
				(-) 400.0
				2,703.9
door den koperman		〔銅器商を通して〕		
metalen pan	15 stellen	〔　金　属　製　鍋　〕	〔15 セット〕	90.0
ijzeren ketels	30	〔　鉄　製　の　や　か　ん　〕	〔30〕	90.0
koperwerk / gogoesok /	3 stellen	〔　銅　製　品　/　五　具　足　/〕	〔3 セット〕	50.0
metalen reukvaas	1	〔　金　属　製　香　盒　〕	〔1〕	15.0
koper pan	1 stel	〔　　銅　　の　　鍋　〕	〔1 セット〕	8.0
vuur test	2 stellen	〔　　火　　鉢　　〕	〔2 セット〕	6.4
				259.4
door den stofman Fakoeja		〔反物商ハクヤを通して〕		
kabaijen	120	〔　　着　　物　　〕	〔120〕	1,380.0
gestreepte zijde	42 dubbelde stuks	〔　縞　　絹　　〕	〔42 反倍幅〕	525.0
banden van krep	100	〔　縮　地　綿　布　〕	〔100〕	300.0
zijde	43 dubbelde stuks en 206 enkelde stuks	〔　絹　織　物　〕	〔43 反倍幅と 206 反単一幅〕	1,752.0
krep gekleurd	60 dubbelde stuks en 47 enkelde stuks	〔　色　縮　緬　〕	〔60 反倍幅と 47 反単一幅〕	1,485.5
gestreepte krep	12 dubbelde stuks	〔　縞　縮　緬　〕	〔12 反倍幅〕	258.0
goro / zijde stof /	3 rollen	〔ごろ / 絹織物 /〕	〔3 巻〕	67.5
monpa	95 stuks	〔　も　ん　ぺ　〕	〔95 着〕	285.0
gestreepte zijde	8 dubbelde stuks	〔　縞　　絹　　〕	〔8 反倍幅〕	68.0
gestreepte zijde	18 enkelde stuks	〔　縞　　絹　　〕	〔18 反単一幅〕	162.0
gestreepte zijde	3 enkelde stuks	〔　縞　　絹　　〕	〔3 反単一幅〕	27.0
witte zijde of / woejeda /	1 enkelde stuk	〔白絹 すなわち / 上田 /〕	〔1 反単一幅〕	10.0
kabaijen van gestreepte zijde	6	〔　縞　絹　の　着　物　〕	〔6〕	90.0
naaij zij	1 kat.	〔　縫　　い　　糸　〕	〔1 斤〕	14.0
dekens	20	〔　　毛　　布　　〕	〔20〕	300.0
kabaijen	75	〔　　着　　物　　〕	〔75〕	862.5
				7,586.5
				〔合計　34,644.125〕

出典・Lijst der goederen, die aan den Nederlandschen kambang commissaris door de leveranciers afgeleverd zijn. 〔Japan Portefeuille N°. 34. 1836〕MS. N.A. Japans Archief, nr. 564 〔K.A. 11810〕. 〔Tōdai-Shiryō Microfilm: 6998·1·85·12〕.

註・id.、dˢ.、ⁿ (＝同) はそれに相当する商品名、単位を記した。

　・※1・※2・※4は、削除された商品と考えられる。

　・※3は、×印はついているが、小計額より推測して削除されなかった商品と考えられる。

180　第2部　オランダ船の脇荷貿易

が，翌天保7年には既に「誂物」（＝注文品）という政庁側の取引の一部を担い，高率の収益が約束される取引を含みはじめていた点を指摘しておきたい。

　次に，天保7年に賃借人が持ち帰った輸出品について考察しておきたい。輸出品の合計額は 55,802.853 カンバンテールであった。この合計額の中には，縮緬や絹織物等が 17,075 カンバンテール含まれており，(10) 染織類のしめる割合がかなり高かったことがわかる。また，輸出品の内，34,644.125 カンバンテールについては，Lijst der goederen, die aan den Nederlandschen kambang commissaris door de leveranciers afgeleverd zijn.(11)（納入者によってオランダカンバン委員（＝賃借人）に引き渡された商品のリスト）によって具体的に知ることができる。本史料によって作成したものが表40である。輸出品に関しては，諸品売込人・漆器商ブエモン・大ササヤ（ササヤの父親）・小ササヤ（ササヤの息子）・磁器商・銅器商・反物商ハクヤなどの日本側商人によって販売されていたことがわかる。表40において，買入価額の最も高いものは，pajongs〔日傘〕であり，ついで mandwerk〔籠細工〕，zijde〔絹織物〕，krep gekleurd〔色縮緬〕，kabaijen〔着物〕といったところである。表40の限りにおいて商品としては，全体的に小間物類が多く，これらの品々が当時海外で高値で取引されていたことが推測される。

2　補償金制度について

　先に述べたように，脇荷貿易は，従来，オランダ商館長以下の館員や船員等の役得として一定額だけ許されていた私貿易品の取引であった。それが，天保6年（1835）よりバタヴィア政庁によって決められた賃借人によって独占的におこなわれることになった。そのため，オランダ商館長以下の館員等には補償金が支給されることになっていた。本項においては，天保7年にも実施されていた，脇荷貿易の改変によって生じた職員に対する補償金制度について考察しておきたい。

　まず，補償金の存在について，A契約書第10条・B契約書第9条（両条同文）より確認しておきたい。両条文には次のように記されている。

　　出島に所属する一商館職員が，禁じられている貿易〔に手を出してい

ると〕商館長が確信すれば，賃借人に与えられる独占権のよりよい保証
として，カンバン貿易が無くなったことで彼〔職員〕に与えられる補償金
が賃借人のために取り上げられ，その上，場合によっては，役職の剝奪
をもって罰せられる。

　　また，乗組員に責任のあることを了解する船長は，同様の事態〔が起
きたら〕，賃借人のために，同様に，彼〔船長〕に与えられた補償金の取
り上げをもって罰せられる（下線部は著者が付した）。

　すなわち，出島商館職員や船長には，「カンバン貿易が無くなったこと
で」補償金が与えられることになっていたのである。この補償金に関しては，
厳重な取り決めがされていた。1835 年 4 月 14 日付けの政庁決議第 7 条では
以下のように規定された。(12)

　　第 7 に。日本商館職員の例年の日本での私貿易での独占権を放棄する
　ことに対する承認の負債として，その貿易がなくなることに対する補償
　金として以下のように支払われることを定める。

　　　　商館長に対して………………………………6,000 グルデン
　　　　荷倉役，簿記役，筆者頭に対して………3,000 グルデン
　　　　三人の商務員補それぞれに対して………1,500 グルデン
　　　　荷倉掛下役に対して…………………………500 グルデン
　　　　船長それぞれに対して…………………………2,000 グルデン

　それぞれの貿易年の終了後，バタヴィアの国の金庫において，銀貨で
　支払われることになる。そして，〔それは〕民間職員のための寡婦扶助基
　金と孤児救済基金のためという習慣的な割引のもとに〔支払われる〕。し
　かしながら，もしあらゆる禁じられた貿易をやめていないということが
　判明したなら，この支払いは中止されるということを，了承しておかな
　ければならない。

　天保 7 年の場合，上記の規定に従って，1836 年 10 月 31 日付けで表 41 の
ような補償金リストが出島商館長ニーマンによって作成されている。(13)　そ
して，その後バタヴィアにおいて 1836 年 12 月 22 日付けで「合計 14,000
グルデンの銀貨で精算され」また，「合計 700 グルデンの銀貨が民間の寡婦

182 第2部 オランダ船の脇荷貿易

表41 1836年度の出島商館職員に対する補償金

名　前	職　務	補償金の合計 (グルデン)	民間の寡婦扶助基金 と孤児救済基金への 5％の義援金(グルデン)	受取額 (グルデン)
J. E. Niemann J. E. ニーマン	Opperhoofd 商館長	6,000.-	300.-	5,700.-
C. H. de Villeneuve C. H. デ・フィレヌウフェ	Pakhuism'., boekhouder en Scriba 荷倉役、簿記役、筆者頭	3,000.-	150.-	2,850.-
C. Depmer Jansz. C. デップメル・ヤンスゾーン	Adsistent 商務員補	1,500.-	75.-	1,425.-
J. M. Wolff J. M. ウォルフ	Idem 同	1,500.-	75.-	1,425.-
J. L. C. A. Gronovius J.L.C.A. グロノヴィウス	Idem 同	1,500.-	75.-	1,425.-
L. Vermande L. フェルマント	Pakhuisknecht 荷倉掛下役	500.-	25.-	475.-
		14,000.-	700.-	13,300.-

出典・Staat der indemniteiten voor het gemis van den particulieren handel, komende aan de ondervolgende ambtenaren der Nederlandsche Factorij te Desima, overeenkomstig het bepaalde bij art: 7 van de Resolutie der Regering, dd: 14 April 1835, N°. 1. [Japan Portefeuille N°. 34. 1836] MS. N.A. Japans Archief, nr. 564 (K.A. 11810). (Tōdai-Shiryō Microfilm: 6998-1-85-12).

扶助基金と孤児救済基金のために支払いの際に差し引かれる」ことが決定している。なお、「民間の寡婦扶助基金と孤児救済基金への義援金」は年によって率が変わり、ちなみにこの制度がはじまった前年度(1835年度)は4％であった。[14]

また、船長(ヨング D. A. de Jong)への補償金2,000グルデンに関しても、同日の日付けで書類が作成され、精算されているが、義援金の供出はされていない。[15]

いずれにせよ、この補償金制度は脇荷貿易システムの改変によって生まれたものであり、バタヴィア政庁の支払いのもと1837年以降も継続しておこなわれた。

第3節　天保8年の賃借人による脇荷貿易

第1節で考察したように、天保8年(1837)は、前年天保7年と同様の契約書のもとに、賃借人による脇荷貿易が進められていたと考えられる。

天保8年は，バタヴィアからオランダ船1艘トゥエー・コルネリッセン号 Twee Cornelissen が長崎港に入津している。この船には，前年につづいて脇荷貿易の賃借代理人としてリスールが乗船してきた。リスールが持ち渡った輸入品を記す「送り状」Factuur は未詳であるが，それに代わるものとして彼が，バタヴィアで日本に商品を持ち渡ることを申告している下記表題を持つ史料を挙げることができる。

Opgave der onderstaande artikelen, welke door den Pachter van den kambang handel van dit jaar naar Japan verzonden worden.[16]

（今年のカンバン貿易〔脇荷貿易〕の賃借人によって，日本に向けて送られる下記商品の申告書）

本史料(以下，本節では Opgave「申告書」と略記する)は，1837年6月13日付けでバタヴィアにおいて作成されたものであり，賃借代理人のリスールの署名を持つ。本史料の原本は，契約書第4条に従って作成され，政庁に提出されたものと考えられる。なお，本節で使用する史料は写しであり，原本と同一の写しであることを証明した物産民間倉庫局事務局長のフェルメウレンの署名を持つ。

オランダ側は長崎に持ち渡った脇荷物の中から脇荷取引を望む商品を選び，日本側に脇荷リストとして提示することになっていた。天保8年の場合，本リストは未詳であるが，それを日本側(阿蘭陀通詞)が翻訳したものとして「崎陽齋来目録」六[17]に所収されている「脇荷物高」のリストを挙げることができる(以下，本節では「積荷目録」と記す)。

オランダ側史料である Opgave「申告書」に「積荷目録」を照合することにより，賃借代理人が持ち渡った脇荷物の中の脇荷取引用の商品とそれ以外(脇荷取引以外の取引の商品など)がわかるが，Opgave「申告書」の記事が多数の品目名のもと，数量・仕入価格・仕入価額等々詳細をきわめているため，本節においては，全ての商品を示すことを避け，日本側史料「積荷目録」にOpgave「申告書」を照合する形で示し脇荷取引用の商品のみを提示しておきたい(表42)。

表42より脇荷物(脇荷取引用)の種類と数量に関しては，従来とほぼ変わり

表42　天保8年(1837)オランダ船脇荷物(脇荷取引用)

	積荷目録 商品	数量	Opgave Goederen	Hoeveelheid	Gulden	脇荷物帳(品目数)
	脇荷物高					
[1]	椰子油	6,000 ふらた	klapper olie	400 keld:	1,900.00	1
[2]	カヤフーテ油	95 ふらた	kaijo poetie olie	100 fles:	300.00	1
[3]	サフラン	300 斤程	saffraan	65 lb.	1,023.75	
			saffraan	55 lb.	866.25	3
			saffraan	167 lb.	2,630.25	
			saffraan	90 lb.	1,440.00	
[4]	サルアルモニヤシ	300 斤程	salamoniac	400 lb.	190.00	1
[5]	カナノヲル	350 斤程	bloedsteen	568 lb.	227.20	1
[6]	ヲクリカンキリ	300 斤程	kreefsoogen	800 lb.	740.00	1
[7]	痰切	700 斤程	drop	733 lb.	293.20	3
[8]	キナキナ	500 斤程	cortex China	446 lb.	245.30	
			fijne cortex China	200 lb.	380.00	3
[9]	アラビヤゴム	150 斤程	gum Arabic	240 lb.	163.20	1
[10]	ウエインステーン	30 斤程	—	—	—	2
[11]	琥珀油	100 斤程	ol suce albi	102 lb.	122.40	
			ol suce rubr	25 lb.	18.75	2
[12]	マク子シヤ	100 斤程	magnesia	112½ lb.	95.62	1
[13]	バルサムコツバイハ	100 斤程	bals copaix	66 lb.	92.40	1
[14]	紺青	60 斤程	Berlijns blaauw	70 lb.	203.00	1
[15]	郡青	250 斤程	gewasse bleek blaauw	300 lb.	105.00	1
[16]	エイスランスモス	300 斤程	IJslandsche mos	448 lb.	73.92	1
[17]	ポツクボウト	150 斤程	pokhout boorsel	200 lb.	16.00	1
[18]	テリヤアカ	300 鑵程	theriac	300 doosjes	60.00	1
[19]	ハアルレム油	600 瓶程	kleine fleschjes Haarl: olie	50 douz.	50.00	1
[20]	薬種類	3 箱	gum assafvetida 〔他〕	60 lb. 〔他〕	60.00 〔他〕	17
[21]	亞麻仁	6 桶	schepel lijnzaad	14 manden en 1	156.75	1
[22]	藤	97,000 斤程	rotting	1,000 pie:	4,500.00	1
[23]	太服皮	3,600 斤程	pinang	20 pikols	200.00	—
[24]	水牛角	6,000 斤程	buffels hoorns	30 pie:	270.00	1
[25]	硝子器類	42 箱	christalle kommen 〔他〕	6 stellen 〔他〕	10.50 〔他〕	237
[26]	焼物鉢類	31 籠	witte mortieren 〔他〕	15 stuks 〔他〕	8.25	16
[27]	焼物類	5 箱	taffel servies 〔他〕	2 〔他〕	— 〔他〕	22
[28]	硝子板	6 箱	ord: witte ruiten 31: a 22 dᵐ 〔他〕	20 stuks 〔他〕	22.50 〔他〕	3
[29]	ブリツキ延板	50 箱	blik	50	1,500.00	1
[30]	ハアカ類	1 箱	knipmessen ※1	1	360.00	7
[31]	黒熟革	100 枚程	—	—	—	3
[32]	金唐皮	6,000 枚程	goud leder	3 kisten	4,000.00	23
[33]	鉄鍋類	625 程	ijzeren pannen	100 stel:	300.00	1
[34]	鉄地盆	250 枚	—	—	—	1
[35]	時計并遠目鏡 其外細物類	14 箱	horlogie zonder arret met zonnewijzer〔他〕	1 〔他〕	3.10 〔他〕	201
			teleskoop met twee vergrootingen 〔他〕	1 kl. 〔他〕	25.77 〔他〕	
			vergulde halsketting 〔他〕	22 〔他〕	19.10 〔他〕	
[36]	ヒケイ	2 箱	vesten piqué	529¼ el	344.06½	—
			vesten piqué	55⅝ el	36.15	

出典・Opgave は、Opgave der onderstaande artikelen, welke door den Pachter van den kambang handel van dit jaar naar Japan verzonden worden. Ingekomen stukken 1837. [Japan Portefeuille N°. 35. 1837] MS. N.A. Japans Archief, nr. 458 (K.A. 11811). (Tōdai-Shiryō Microfilm: 6998·1·86·13).
　・積荷目録は、「崎陽齎来目録」六 (早稲田大学図書館所蔵)。
　・脇荷物帳は、「酉紅毛船脇荷物帳」(長崎歴史文化博物館収蔵)。
註・〔他〕は、他にも商品があることを示す。
　・※1の knipmessen は、見積書 (後掲史料2) では、オランダ側にとって売れ残りとなった商品と記されている。

はなく，薬品類，硝子器・陶磁器などの食器類，皮革・顔料・時計等々，雑貨・小間物類などからなっていることがわかる。なお，Opgave「申告書」の総額は 48,197.08 $\frac{1}{2}$ グルデンであり，契約書第4条にいう「カンバン貿易のための資金は，（中略）合計 50,000 グルデン以上になってはならない」が守られていることがわかる。

　脇荷取引は，本方取引と違いオランダ人が持ち渡った商品（脇荷物）を長崎会所において日本商人が直接入札する取引であるが，天保8年の脇荷取引の結果を記した日本側史料としては，「酉紅毛船脇荷物帳」[18]を挙げることができる。本史料には取引商品名と数量ならびに落札価格と落札商人名を記録している。しかし，本帳作成後に取引が成立しなかった品物が含まれている可能性があることは断っておかなければならない。[19] 本節では「酉紅毛船脇荷物帳」に記された 562 品目が「積荷目録」，Opgave「申告書」のどの品目に照合するのか，その品目数のみを表 42 の「脇荷物帳」欄に記しておく。[20]

　次に，輸出品に関しては，オランダ側史料として Globale aantooning van de inkoopwaarde der goederen, dit jaar door den Kambangpachter naar Batavia uitgevoerd.[21]（今年，脇荷貿易賃借人によりバタヴィアへ輸出される商品の購入価額概算書）が残されている。本史料は，出島において，1837 年 11 月 18 日（天保8年 10 月 21 日）付けで，商館長ニーマン J. E. Niemann によって作成されたものである。本史料により詳細は未詳ではあるが，輸出品の種類と価額（概算）がわかる（表 43）。すなわち，染織類・漆器・陶器・籠細工・蠟・茶，その他小間物類などからなり，総額で 80,000 カンバンテールに及んでいる。

　以上，限られた史料より天保8年の脇荷貿易に関して主に脇荷取引の商品（脇荷物）を中心にみることができたが，この年の脇荷貿易の規模は，どれくらいであったのだろうか。商館長ニーマンの署名を持つ 1837 年 11 月 18 日付けの Calculatieve aantooning van het resultaat dat de Kambanghandel dit jaar voor den pachter opgeleverd heeft.[22]（今年カンバン貿易〔脇荷貿易〕が賃借人にもたらす成果の見積書）は，1837 年の日本における賃借人（賃借代理

186　第2部　オランダ船の脇荷貿易

表43　天保8年(1837)賃借人(賃借代理人)による輸出品の購入価額概算

原　文	拙　訳
Globale aantooning van de inkoopwaarde der goederen, dit jaar door den Kambangpachter naar Batavia uitgevoerd;	今年、脇荷貿易賃借人によりバタヴィアへ輸出される商品の購入価額概算書
Aan zijden- en andere stoffen ············· T.　30,100.-	絹織物とその他の織物に対して ·····30,100 カンバンテール
〃　lakwerk ······························ 〃　18,000.-	漆器に対して ···························18,000 カンバンテール
〃　aardewerk ·························· 〃　1,000.-	陶器に対して·· ·······················1,000 カンバンテール
〃　mandwerk ·························· 〃　6,000.-	籠細工に対して ······················6,000 カンバンテール
〃　260 picols was à T. 29.- ············ 〃　7,540.-	蝋 260 ピコルに対して〔1 ピコル〕29 カンバンテールで···7,540 カンバンテール
〃　thee ································ 〃　360.-	茶に対して ····························360 カンバンテール
〃　diverse: als koper- en ijzerwerk, sakkie en soija, schutsels, bezems, waaijers, Japansche rarieteiten, enz. ·········· 〃　17,000.-	銅製品、鉄製品、酒、醤油、屏風、箒、扇、日本の珍品、その他、種々〔の商品〕に対して·············· 17,000 カンバンテール
Totaal ·· T.　80,000.-	合計 ·· 80,000 カンバンテール

出典・Globale aantooning van de inkoopwaarde der goederen, dit jaar door den Kambangpachter naar Batavia uitgevoerd. [Japan Portefeuille N°. 35. 1837] MS. N.A. Japans Archief, nr. 565 (K.A. 11811). (Tōdai-Shiryō Microfilm: 6998-1-86-12).
　註・原文では、T. (テール) と記されているが、ここではカンバンテールを意味するため、カンバンテールと拙訳した。

人)の脇荷貿易によって得られる損益の見積を記すものであり，この年の出島における脇荷貿易の収支面の概要を知ることができる重要な史料と考えられる。したがって，以下，本史料を翻刻すると共に拙訳を付して考察を加えてみたい(後掲史料2〈翻刻版〉・〈拙訳版〉参照)。なお，史料2〈拙訳版〉の各項目頭注番号①〜㉜は解説の便宜上，著者が付したものである。

　まず，負債としては，①日本への輸入品の仕入額＋②日本への輸入品にかかる費用や経費・税など＝③日本への輸入品関係の出費72,295.50グルデン，④賃借人使用経費と費用3,000.00グルデン，⑤返送品すなわち日本からの輸出品にかかる保険・税・経費＋⑥⑦日本からの輸出品にかかる損失や経費，手数料，その他＝⑧日本からの輸出にかかる出費13,440.00グルデン，⑨1837年度の賃借権料35,000.00グルデンとなっており，以上のことから，③＋④＋⑧＋⑨の合計⑩123,735.50グルデンが負債総額と計算される。

　次に，資産としては，⑪注文品(誂物)としてのウニコールの売上金＋⑫⑬長崎会所に販売された品々の売上金＋⑭脇荷取引以外で販売された商品の売上金＋⑮脇荷取引で販売された商品の売上金＋⑯納入品支払総額に対する割引額＝⑰合計106,979.20グルデン，日本への輸入品の内，売れ残り品の仕入額(⑱〜㉙)合計㉚3,823.25グルデンとなっており，以上のことから，⑰＋㉚の合計㉛110,802.45グルデンが資産総額と計算され，最終的に，㉜賃借

人にとっての損失が(⑩−㉛)12,933.05 グルデンと見積もられている。

そこで，上記の各項目について，注目される点を挙げると次のようである。

・①日本への輸入品の仕入額は，先述した Opgave「申告書」の総額にあたるものであり(小数点以下切り捨て)，契約書第4条に従っての額である。

・②⑤にみられる輸出入税については，契約書第6条に従ってのことである。

・この見積書には日本からの輸出品の仕入額が計上されていない。これは，注記※1でいう「輸出合計以上の額が，前年度の繰越資金としてあり」その資金によって輸出品の仕入額が補われたからであろうか。また，⑤日本からの輸出品にかかる保険・税・経費を算出するため，輸出品として「60,000〔カンバン〕テールすなわち 96,000 グルデンの返送品」と記している。先の表43で示したように日本からの輸出品の総額は 80,000 カンバンテールであったわけであるから，差額の 20,000 カンバンテール分およびその経費6％も「前年度の繰越資金」により補われたという形をとっているのであろうか。もし，そうであったとすると，少なくとも 101,200 カンバンテール(161,920 グルデン)の前年度の繰越資金が必要となり，その額の多さに疑問の残るところである。この点に関しては疑問点として残し後考を俟つこととしたい。(23)

・⑨賃借権料 35,000 グルデンは契約書第12条によって決められている額である。

・⑪で記されているウニコールは賃借人が持ち渡った品物(脇荷物)ではあるが，誂物(本方荷物)として使用されたものであり，またそのために持ち渡りが許されていたものである。このシステムは既に前年天保7年からはじまっており，契約書第5条に従ってのことである(ウニコールの取引については，第2部第6章で詳細に考察する)。

・⑫⑬長崎会所に販売された品々は，⑮脇荷取引および⑭脇荷取引以外の取引に属さない品物であり，その売上金合計 4,100 テールは⑭脇荷取引以外の取引の売上金 7,300 テールの 0.56 倍に達している。(24) 契約書第7条にいう，脇荷物の $\frac{1}{3}$ は「彼ら〔賃借人〕によってカンバン〔脇荷取引〕以外で，

188　第2部　オランダ船の脇荷貿易

史料2〈翻刻版〉

Calculatieve aantooning van het resultaat dat de Kambanghandel dit jaar voor den pachter opgeleverd heeft.

De lasten kunnen worden geraamd als volgt:
Het factuur te Batavia door den pachter opgegeven (missive van den directeur
van 's lands producten en civiele magazijnen, d. d. 19 Junij jl. N°.3382)
bedraagt··· f. 41,897.00
Hierbij moet worden gevoegd voor rente van geld gedurende twee jaren, 〔48,197.00 »〕
Commissie-penningen in Nederland, wacht en assurantie, regten, verlies door
beschadiging en spillagie, emballage, praauw- en koelieloonen, en verdere
ongelden, tot Japan, calculatief 50 pc¦, is··································· 24,098.50
　　　　　　　　Kostende van het factuur tot Japan············· f. 72,295.50
Ongelden en vertering van den pachter op de heen- en te rugreis en gedurende
zijn verblijf in Japan, gerekend over 6 maanden à f. 500.- 't maands, is······· 3,000.00
Ongelden van assurantie, regten van invoer en entrepôt te Batavia, enz-, op een
retour van 60,000 theilen of f. 96,000.- à 6 pc¦, is *¹······················· f. 5,760.00
Verlies op de remise, alzoo Japansche goederen, in eene belangrijke hoeveelheid
aangebragt, niet zonder schade kunnen worden gerealiseerd, disconto of rente
van geld, enz-, à 6 pc¦, is·· 5,760.00
Ongelden van praauw- en koelieloon, pakhuishuur te Batavia, verlies,
beschadiging en spillagie, enz-, à 2 pc¦, is································· 1,920.00
　　　　　　　Totaal ongelden en verlies op het retour········ 13,440.00
　　　　　　　Bedragen van den pachtschat················ 35,000.00
　　　　　　　　　　　Totaal lasten··· f. 123,735.50

De baten zijn:
Provenu van eenhooren, onder de eischgoederen opgenomen, en hier in
Kambanggeld aan den pachter uitbetaald····························· T. 6,771.00
Idem van artikelen aan de geldkamer verkocht (gensing, zoethout, enz:)······· 3,000.00
Idem van stoffen　　d°. d°.　　　d°.　　d°.······························· 1,100.00
　　　　　　　　　　　Transportere··· T. 10,871.00 ············· f. 123,735.50

Per transport··· T. 10,871.00 ············· f. 123,735.50
Provenu van buiten de Kambang omgezette goederen······················ 7,300.00
Item van op Kambang verkochte goederen uit den aanbreng van dit jaar······· 44,941.00
Reductie op het totaal bedragen der leverancien, zoo ver die voldaan zijn uit
de fondsen van dit jaar *² ··· 3,750.00
　　　　　　　　　　　　　　　　　　　T. 66,862.00 f. 106,979.20
Factuurwaarde van de volgende onverkocht gebleven goederen uit het factuur
van dit jaar:
Een partij behangselpapier·· f. 56.00
1 electriseermachine··· 81.25
14 bloembakken ⎫
6 kandelaars 　⎪
2 uurkistjes 　　⎬ ·· 500.00
4 nachtblakers 　⎪
18 cristallen borden ⎭
Een partij aardewerk bij factuur opgebragt als borden, maar bevattende ook
eenige compl°. tafelserviezen ·· 1,950.00
30 kistjes camphor Barus·· 600.00
1 kist knipmessen·· 360.00
1 tafelservies··· 136.00
2 schilderijen met uurwerk·· 140.00 3,823.25
　　　　　　　　　　Totaal baten··· ············· f. 110,802.45

　　　　Calculatief verlies voor den pachter··· ············· f. 12,933.05

Desima, 18 November 1837.
Het opperhoofd van den
Nederlandschen handel in Japan,
Niemann

※ 1　Het meerder bedragen van den uitvoer is gevonden, uit fondsen van
　　het vorige jaar beschikbaar gebleven, en de ongelden daarop vallende
　　komen dus niet ten laste van het tegenwoordig pachtjaar.
※ 2　Het meerder bedragen der bedongene reductie komt ten voordeele
　　van het vorig pachtjaar.

出典・Calculatieve aantooning van het resultaat dat de Kambanghandel dit jaar voor den pachter opgeleverd heeft.
　　　〔Japan Portefeuille N°. 35. 1837〕MS. N.A. Japans Archief, nr. 565 (K.A. 11811). (Tōdai-Shiryō Microfilm:
　　　6998-1-86-12).

第 3 章　賃借人の脇荷貿易　I　189

史料 2〈抽訳版〉

今年カンパン貿易〔脇荷貿易〕が賃借人にもたらす成果の見積書

①	負債は次のように見積もられる。バタヴィアで賃借人によって提出された送り状（本年 6 月 19 日付、ナンバー 3382 の物産民間倉庫局長の書翰）〔記載〕の額。	f.　41,897.00		
②	これに、2 年間の金利、オランダでの手数料、警備費、保険、輸出税、損害と漏出による損失、荷造費用、ブラウ船費用、労賃、そしてさらに、日本までの経費を〔送り状の額の〕50 ％で計算して足さなければならない。	〔48,197.00ヵ〕 24,098.50		
③	日本までの送り状〔にかかわる〕出費。			f.　72,295.50
④	〔日本〕往復と、日本での滞在の間の賃借人の〔使用した〕経費と費用を月 500 グルデンで、6 ヶ月に対して計算する。			3,000.00
⑤	60,000〔カンパン〕テールすなわち 96,000 グルデンの返送品にかかる保険、輸入税、バタヴィアでの保険倉庫〔代〕等の経費を 6 ％で〔計算〕。※1	f.　5,760.00		
⑥	倉庫〔代〕の損失、ならびに、損害なしに売却することができないであろうかなりの量持ち渡る日本の商品、割引手数料あるいは金利、その他を 6 ％で〔計算〕。	5,760.00		
⑦	ブラウ船費用、労賃、バタヴィアでの倉庫代、損失、損害、漏出等の経費を 2 ％で〔計算〕。	1,920.00		
⑧	返送品にかかる経費と損失の総額			13,440.00
⑨	賃借権料の合計			35,000.00
⑩	負債総額			f.　123,735.50
⑪	資産〔は以下のよう〕である。注文品として引き受け、ここ〔日本〕でカンパン銀で賃借人に支払われた「ウニコール」の売上金。	T.　6,771.00		
⑫	長崎会所に販売された品々（「広東人参」、「甘草」等）の売上金。	3,000.00		
⑬	長崎会所に販売された反物の売上金。	1,100.00		
	次ページへ	T.　10,871.00		f.　123,735.50

	前ページより	T.　10,871.00		f.　123,735.50
⑭	カンパン〔脇荷取引〕以外で販売された商品の売上金。	7,300.00		
⑮	今年持ち渡られカンパン〔脇荷取引〕で販売された商品の売上金。	44,941.00		
⑯	今年の資金から支払われた納入品の総額からの割引〔額〕。※2	3,750.00		
⑰		T.　66,862.00	f.　106,979.20	
	今年の送り状から下記の売れ残り品の送り状〔記載〕値段。			
⑱	壁紙　　　　　　一山	f.　56.00		
⑲	エレキテル　　　1	81.25		
⑳	プランター　　　14 ⎫			
㉑	「燭台」　　　　6 ｜			
㉒	時計の箱　　　　2 ⎬	500.00		
㉓	「燭台」　　　　4 ｜			
㉔	硝子の皿　　　　18 ⎭			
㉕	送り状には、皿として持ち渡された一山の陶器ではあるが、一組の完全な食卓セットにもなっている。	1,950.00		
㉖	バロス「竜脳」30 箱	600.00		
㉗	「ハアカ」　　　1 箱	360.00		
㉘	「卓子道具」　　1	136.00		
㉙㉚	時計の付いた絵 2	140.00	3,823.25	
㉛	資産総額			f.　110,802.45
㉜	賃借人にとって損失と計算			f.　12,933.05

出島　1837 年 11 月 18 日
日本でのオランダ貿易の商館長

ニーマン

※1　輸出合計以上の額が、前年度の繰越資金としてあり、そのため、こ
こにかかる経費は、今年の賃借年の負債とはならない。

※2　要求した割引合計以上の額が昨年の賃借年に付けられる。

註・「　」内は訳例のある品名。
　　・T.は、カンパンテール。
　　・f. は、グルデン。
　　・1 カンパンテール＝ 1.6 グルデン。

彼ら〔賃借人〕が彼らにとって有用な状況に応じて，自己の危険負担として売り払える」ものであったが，それは，上記の⑪注文品(誂物)として売られたウニコールと⑭脇荷取引以外の取引の品々の外にも存在していたわけである。

以上，史料２の見積書を考察することにより，1837年度の脇荷貿易は，1835年にバタヴィアで結ばれた契約が遵守されており，賃借人(賃借代理人)により，48,197.00グルデンの脇荷物が持ち渡られ，最終的に12,933.05グルデンの損失を出していることがわかる。しかし，この見積書はあくまでも1837年11月18日時点での出島商館における計算書である。後に，損失額が上記のように多額であったことより，政庁は賃借権料を35,000グルデンから20,000グルデンに減額している。[25] また，賃借代理人がバタヴィアに帰ってから，日本からの輸出品を売りさばくことによって収益がもたらされ，最終的には黒字の取引として成立させていたのではないかと推測される。

第４節　天保９年の賃借人による脇荷貿易

天保９年は，バタヴィアからオランダ船１艘スホーン・フェルボント号 Schoon Verbond が長崎港に入津している。この船には，前年・前々年同様，賃借代理人のリスールが乗船してきた。リスールが持ち渡った輸入品を記す「送り状」Factuur[26]は，1838年６月22日付け(および追加記事として６月26日付け)でバタヴィアにおいて作成されたものであり，賃借代理人のリスールと物産民間倉庫局長代理のブティン・ビック Butin Bik の署名を持つ。なお，本節で使用する史料は写しであり，原本と同一の写しであることを証明した物産民間倉庫局事務局長フェルメウレンの署名を持つ。この送り状には各脇荷物の商品名・数量・仕入価格・仕入価額等が記されている。

オランダ側は長崎に持ち渡った脇荷物の中から脇荷取引を望む商品を選び，日本側に脇荷リストとして提示することになっていた。前年度同様，天保９年の場合も，本リストは未詳であるが，それを日本側(阿蘭陀通詞)が翻訳したものとして「崎陽齋来目録」七[27]に所収されている「脇荷物差出」のリ

スト(以下，本節では「積荷目録」と記す)を挙げることができる。後掲の表では，本リストの全容がわかりずらくなっているため，以下にこのリストを紹介しておきたい。

　　　脇荷物差出
一，椰子油　　　　　　　　　　　三百三十箱程
一，黒檀　　　　　　　　　　　　一万斤程
一，サホン　　　　　　　　　　　四千斤程
一，アンホンウヲルトルホウト　　六千二百斤程
一，水牛角　　　　　　　　　　　四千斤程
一，藤　　　　　　　　　　　　　十五万斤程
一，甘草　　　　　　　　　　　　三千斤程
一，ハルサムコツハイハ　　　　　二十五斤程
一，蘆薈　　　　　　　　　　　　千八百斤程
一，アラヒヤコム　　　　　　　　千斤程
一，痰切　　　　　　　　　　　　八百斤程
一，オクリカンキリ　　　　　　　三百七十斤程
一，エイスランスモス　　　　　　四百斤程
一，マク子シヤ　　　　　　　　　二十斤程
一，サフラン　　　　　　　　　　三百斤程
一，キナキナ　　　　　　　　　　四百斤程
一，フウローサアリイ　　　　　　七百斤程
一，薬用砂糖　　　　　　　　　　七十五塊程
一，鉢皿類　　　　　　　　　　　一万二千枚程
一，金唐皮　　　　　　　　　　　七千八百枚程
一，小切同　　　　　　　　　　　八千五百枚程
一，鏡　　　　　　　　　　　　　七箱
一，硝子器　　　　　　　　　　　十箱
一，焼物類　　　　　　　　　　　五箱
一，時計小間物切類　　　　　　　十六箱

192　第2部　オランダ船の脇荷貿易

　天保9年の脇荷貿易関係の主な数量史料としては，上記のオランダ側史料である「送り状」Factuur と，日本側史料であるこの「積荷目録」が現状で確認できる程度であり，この2点の史料を突き合わせて一覧表にすると表44のようになる。本表においては，各品目を「送り状」Factuur に記載されている順に並べた。その結果，[3]〜[5]，[8]，[11]，[12]，[15]〜[20]，[24]のオランダ側商品名に「積荷目録」内の商品名を一品目ずつ照合することが難しくなっている。そのため，「積荷目録」のそれぞれの商品名欄には A〜M と記し，A〜M に相当する可能性のある「積荷目録」内の商品名を表45として示した。

　上記照合作業によって，「送り状」Factuur に記された全ての商品が脇荷取引されたわけではないことがわかる。契約書第7条に従えば，仕入価額の $\frac{2}{3}$ は脇荷取引され，$\frac{1}{3}$ は賃借人の「自由処分」beschikking になったはずである。例えば，[21]boeken & ᵃ(書籍類その他)の内，boeken(書籍類)は全てここでいう「自由処分」に充てられたと思われる。(28)その他の品々についても全ての数量を脇荷取引とせず，賃借人の「自由処分」になるものが含まれていたと推測される。また，この「自由処分」の中には前年度・前々年度同様，ウニコールが含まれ，本品[13]eenhoorn 130 catties(ウニコール　130斤)は誂物(注文品)として持ち渡られたものであった(なお，最終的にこの年の誂物の取引は成立しなかった)。(29)

　天保9年の脇荷物の種類は，従来と変わりはなく，薬品類，硝子器・陶磁器などの食器類，皮革・時計等々，雑貨・小間物類などからなっており，さらに，上述の如く「自由処分」としての書籍類(御用書籍)や誂物として持ち渡られたウニコールも前年度・前々年度と同様である。

　表44に記したように，天保9年の脇荷物の仕入総額は，53,614.96グルデンであった。これは，契約書第4条の「カンバン貿易のための資金は，(中略)その年の送り状の仕入値で，合計50,000グルデン以上になってはならない」に反する額である。

　また，この年の出島における賃借人の脇荷貿易の損失額は16,471.54グルデンであり，前年度よりもその額が増したことより，賃借権料は，17,000

第3章　賃借人の脇荷貿易　I　193

表44　天保9年(1838)オランダ船1艘(Schoon Verbond)脇荷物

	Factuur			積荷目録	
	Goederen	Hoeveelheid	仕入値(ギルデン)	商　品	数　量
				脇荷物差出	
[1]	bindrotting	1,200 picols	5,400.00	藤	150,000 斤程
[2]	klapper olij	350 keld'. of 100 picols	1,600.00	椰　子　油	330 箱程
[3]	div'. bijjoutirien & medicijnen	13 kisten	3,809.47	A	
[4]	bijjouterien, glaswerk & medicijnen	25 kisten	4,978.44	B	
[5]	bijjouterien, glaswerk & medicijnen	9 kisten	3,336.70	C	
[6]	goud leer	9 kisten	3,000.00	金　唐　皮	7,800 枚程
[7]	goud leer	15 kisten	3,850.00	小切金唐皮	8,500 枚程
[8]	diverse medicijnen	19 kisten / 3 balen	2,400.00	D	
[9]	saffraan	7 kisten　(260 lb.)	3,900.00	サ　フ　ラ　ン	300 斤程
[10]	saffraan	2 kisten　(59 lb.)	885.00		
[11]	meubel chitz	3 kisten	1,350.00	E	
[12]	meubel chitz	2 kisten	1,000.00	F	
[13]	eenhoorn	130 catties	1,545.50	―	―
[14]	buffelhoorn	50 picols (circa)	450.00	水　牛　角	4,000 斤程
[15]	aardewerk	9 manden / 9 manden	1,180.40	G	
[16]	glas & porceleinwerk	4 kisten	600.00	H	
[17]	glas, porceleinwerk & spiegels	10 kisten	2,900.00	I	
[18]	ginghams	2 kisten　(240 p'.) / 2 kisten	1,250.00	J	
[19]	Turksch roods chitz	5 kisten　(250 p'.)	4,600.00	K	
[20]	nicanias	1 kist　(14 p'.)	280.00	L	
[21]	boeken &'.	3 kisten	2,240.00	―	―
	nadere opgaaf				
[22]	ebbenhout	74 stukken (weg'. 101$\frac{45}{100}$ pikols)	386.48	黒　檀	10,000 斤程
[23]	Bengaalsche zeep	39$\frac{85}{100}$ pikols	956.40	サ　ホ　ン	4,000 斤程
[24]	Bengaalsche chitzen	12$\frac{1}{2}$ korge	286.57	M	
[25]	wortel hout	16 pikols	80.00	アンホンヲヲルトルホウト	6,200 斤程
[26]	bind rotting	300 pikols	1,350.00	〔上掲 [1]：藤〕	〔上掲〕
			53,614.96		

出典・Factuur は、Factuur lijst der goederen, welke dit jaar, p'. het Ned'. schip "Schoon Verbond" dit jaar naar Japan
　　worden verzonden. Ingekomen stukken 1838. [Japan Portefeuille N°. 36. 1838] MS. N.A. Japans Archief, nr.
　　459 (K.A. 11812). 〈Tōdai-Shiryō Microfilm: 6998·1·87·2〉。
　　・積荷目録は、「崎陽齎来目録」七（早稲田大学図書館所蔵）。
註・積荷目録に記したA～Mについては、表45参照。
　・オランダ側商品名で用いられているd'. (＝同)、日本側商品名で用いられている「同」は、それに相当する
　　単語を記した。

表45　表44のA～Mに相当する可能性のある商品

商　品	数　量	商　品　符　号
甘草	3,000 斤程	
ハルサムコツハイハ	25 斤程	
蘆薈	1,800 斤程	
アラヒヤコム	1,000 斤程	
痰切	800 斤程	
オクリカンキリ	370 斤程	A・B・C・D
エイスランスモス	400 斤程	
マク子シヤ	20 斤程	
キナキナ	400 斤程	
フウローサアリイ	700 斤程	
薬用砂糖	75 塊程	
鉢皿類	12,000 枚程	G・H・I
鏡	7 箱	I
硝子器	10 箱	B・C・H・I
焼物類	5 箱	G・H・I
時計小間物切類	16 箱	A・B・C・E・F・J・K・L・M

194   第2部　オランダ船の脇荷貿易

グルデンに減額されている。[30]

お わ り に

　以上，本章においては，天保6年(1835)にはじまった賃借人による脇荷貿易について，天保7年から同9年にかけてどのように継続しておこなわれたのか，日蘭両史料を検討しその実態を考察した。

　その結果，天保7年から同9年の3年間は，1835年(天保6)7月4日付けで賃借人とバタヴィア政庁との間で結ばれた契約書に原則として基づいておこなわれていたと考えられる。しかし，天保9年の場合は，脇荷物の仕入総額が50,000グルデンを超えており，契約書第4条に反していた。

　天保7年は脇荷取引の売上額が増加をみせており，また，ウニコールの持ち渡りに象徴されるように賃借人の取引には前年度とは違った要素がみられるようになってきた。賃借権料に関しては，天保8年・9年共に契約書で決めている35,000グルデンは支払われず，その年の損失額に応じて減額されていることが判明した。

　脇荷物の種類に関しては，3年間従来と変わりはなく，薬品類，硝子器・陶磁器などの食器類，皮革・時計等々，雑貨・小間物類などからなっており，さらに，御用として注文された書籍類が持ち渡られていた。また，上述した天保7年からはじめられたシステムとして天保8年・9年の脇荷物の中に，誂物(注文品)として使用するためのウニコールが持ち渡られていたことは特筆されるであろう。

　　註
（1）　Kontrakt onder nadere goedkeuring der Regering gesloten tusschen den Directeur van 's lands Producten en Civicle Magasijnen namens het Gouvernement en de Kooplieden S: van Basel Toelaer en Cº krachtens de autorisatie verleend bij Resolutie van den 23º Meij 1835 Nº 1. [Japan Portefeuille Nº 33. 1835] MS. N.A. Japans Archief, nr. 456 (K.A. 11809). (Tōdai-Shiryō Microfilm: 6998-1-85-3).

（2）　Kontrakt onder nadere goedkeuring der Regering gesloten tusschen den di-

recteur van 's Lands Producten en Civiele Magazijnen namens het Gouverne-
ment en de kooplieden <u>Gevers en Van Braam:</u> krachtens de autorisatie ver-
leend bij Resolutie van den 26 Junij 1835 N̊. 19. [Japan Portefeuille N̊. 34. 1836]
MS. N.A. Japans Archief, nr. 457(K.A. 11810). (Tōdai-Shiryō Microfilm: 6998-1-
85-13).

(3)　De ondergetekenden, pachters van den Japanschen particulieren handel,
verklaren mitsdezen per het schip Marij en Hillegonda te hebben uitgevoerd
de ondervolgende goederen. [Japan Portefeuille N̊. 34. 1836] MS. N.A. Japans
Archief, nr. 457 (K.A. 11810). (Tōdai-Shiryō Microfilm: 6998-1-85-13).

(4)　「崎陽齋来目録」五(早稲田大学図書館所蔵)。

(5)　De ondergeteekende wenscht de onderstaande artikelen, uit zijn meede ge-
brachte factuur buiten kambang van de hand te zetten. [Japan Portefeuille N̊.
34. 1836] MS. N.A. Japans Archief, nr. 457 (K.A. 11810). (Tōdai-Shiryō Micro-
film: 6998-1-85-13).

(6)　Nota van afgeleverde Kambang Goederen. [Japan Portefeuille N̊. 34. 1836]
MS. N.A. Japans Archief, nr. 564 (K.A. 11810). (Tōdai-Shiryō Microfilm: 6998-
1-85-12).

(7)　Nota van nadere afgeleverde Kambang Goederen. [Japan Portefeuille N̊. 34.
1836] MS. N.A. Japans Archief, nr. 564 (K.A. 11810). (Tōdai-Shiryō Microfilm:
6998-1-85-12).

(8)　Calculatieve aantooning van het resultaat dat de Kambanghandel dit jaar
voor den pachter opgeleverd heeft. [Japan Portefeuille N̊. 35. 1837] MS. N.A.
Japans Archief, nr. 565 (K.A. 11811). (Tōdai-Shiryō Microfilm: 6998-1-86-12).

(9)　本章においては，当時のグルデン(gulden)とカンバンテール(kambang theil)と
の換算を用いている(1 カンバンテール＝1.6 グルデン)。

(10)　Lijst der goederen, die aan den Nederlandschen kambang commissaris door
de leveranciers afgeleverd zijn. [Japan Portefeuille N̊. 34. 1836] MS. N.A. Ja-
pans Archief, nr. 564 (K.A. 11810). (Tōdai-Shiryō Microfilm: 6998-1-85-12). の
裏表紙には，Totaal van den uitvoer T.55,802.853 daar onder begrepen
T.12,914 aan krippe en zijde stoffen aan de zaak bezorgers, beneven T.4,161
aan kripzeil: linne.(輸出品の総額 55,802.853〔カンバン〕テール，この中には，〔業
者の〕代理人へ〔支払う〕縮緬と絹織物 12,914〔カンバン〕テールと，さらに縮緬地の
帆布，すなわちリネン 4,161〔カンバン〕テールが含まれている)と記されている。

(11)　Lijst der goederen, die aan den Nederlandschen kambang commissaris door
de leveranciers afgeleverd zijn. [Japan Portefeuille N̊. 34. 1836] MS. N.A. Ja-

196　第2部　オランダ船の脇荷貿易

pans Archief, nr. 564（K.A. 11810）.（Tōdai-Shiryō Microfilm: 6998-1-85-12）.

(12)　Extract uit het Register der Resolutien van den Gouverneur Generaal ad interim van Nederlandsch Indië in Rade.［Japan Portefeuille N°. 33. 1835］MS. N.A. Japans Archief, nr. 456（K.A. 11809）.（Tōdai-Shiryō Microfilm: 6998-1-85-3）.

(13)　Staat der indemniteiten voor het gemis van den particulieren handel, komende aan de ondervolgende ambtenaren der Nederlandsche Factorij te Desima, overeenkomstig het bepaalde bij art: 7 van de Resolutie der Regering, dd: 14 April 1835, N°. 1.［Japan Portefeuille N°. 34. 1836］MS. N.A. Japans Archief, nr. 564（K.A. 11810）.（Tōdai-Shiryō Microfilm: 6998-1-85-12）.

(14)　Staat der indemniteiten voor het gemis van den particulieren handel, komende aan de ondervolgende ambtenaren der Nederlandsche Factorij te Desima, overeenkomstig het bepaalde bij art. 7 van de Resolutie der Regering, dd: 14 April 1835, N°. 1.［Japan Portefeuille N°. 33. 1835］MS. N.A. Japans Archief, nr. 563（K.A. 11809）.（Tōdai-Shiryō Microfilm: 6998-1-85-1）.

(15)　Indemniteit voor het gemis van den particulieren handel, komende aan de gezagvoerder van het schip Marij en Hillegonda krachtenes art: 7 van de resolutie der Regering dd: 14 April 1835, N°. 1.［Japan Portefeuille N°. 34. 1836］MS. N.A. Japans Archief, nr. 457（K.A. 11810）.（Tōdai-Shiryō Microfilm: 6998-1-85-13）.

(16)　Opgave der onderstaande artikelen, welke door den Pachter van den kambang handel van dit jaar naar Japan verzonden worden. Ingekomen stukken 1837.［Japan Portefeuille N°. 35. 1837］MS. N.A. Japans Archief, nr. 458（K.A. 11811）.（Tōdai-Shiryō Microfilm: 6998-1-86-13）.

(17)　「崎陽齋来目録」六（早稲田大学図書館所蔵）。

(18)　「西紅毛船脇荷物帳」（長崎歴史文化博物館収蔵）。

(19)　脇荷取引において，商人の落札値段がオランダ側にとって収支に釣り合わなければ積み帰ることが許されていた（拙稿「シーボルト記念館所蔵泉屋家文書「脇荷貿易品史料」について」『鳴滝紀要』第30号，令和2年参照）。

(20)　拙稿「江戸時代後期における賃借人の脇荷貿易について─天保8年（1837）・同9年（1838）を事例として─」（『鶴見大学紀要』第56号第4部，平成31年，101頁～110頁）において，「西紅毛船脇荷物帳」によって得られた結果（脇荷取引された商品名と数量，ならびに落札価格と落札商人名）を作表して提示しているためあわせて参照されたい。

(21)　Globale aantooning van de inkoopwaarde der goederen, dit jaar door den

第3章 賃借人の脇荷貿易 Ⅰ 197

Kambangpachter naar Batavia uitgevoerd. [Japan Portefeuille N°. 35. 1837] MS. N.A. Japans Archief, nr. 565 (K.A. 11811). (Tōdai-Shiryō Microfilm: 6998-1-86-12).

(22) 註(8)参照。

(23) 「1835年のカンバン賃借において〔賃借人が〕受け取る収益の見積書」Calculatieve aantooning van het voordeel in 1835 op de Kambang pacht genoten. には，「輸出品の総額」De uitgevoerde goederen bedragen が記されている(第2部第2章第4節参照)。また，前年天保7年(1836)の脇荷取引では，60,023.50975カンバンテール，脇荷取引以外の取引では，14,407.08365カンバンテールの売上があり，合計で74,430.5934カンバンテールの売上額となる。この他にも若干の売上があったが，輸出品の合計額55,802.853カンバンテールを上記売上額から引いただけでも，到底多額の繰越金は見込めない。また，後年，賃借人により政庁勘定に20,000カンバンテールの資金の投入が許されていることから推して，表43で示した輸出品総額80,000カンバンテールと史料2で示した60,000カンバンテールとの差額20,000カンバンテールはこの投入資金であった可能性も考えられる(Kontrakt onder nadere goedkeuring der Regering gesloten tusschen den waarnemend Directeur der Producten en Civiele Magazijnen namens het Gouvernement, en den Heer C: Lissour krachtens de autorisatie verleend bij besluit van den 8 April 1838 N°. 7. [Japan Portefeuille N°. 36. 1838] MS. N.A. Japans Archief, nr. 459 (K.A. 11812). (Tōdai-Shiryō Microfilm: 6998-1-87-2). Extract uit het Register der Besluiten van den Vice President Waarnemenden Gouverneur Generaal van Nederlandsch Indië. Buitenzorg, den 1ᵉⁿ Mei 1842. Ingekomen Stukken 1842. [Japan Portefeuille N°. 40. 1842] MS. N.A. Japans Archief, nr. 463 (K.A. 11816). (Tōdai-Shiryō Microfilm: 6998-1-89-11).)。

(24) 「⑫⑬長崎会所に販売された品々」は，後述する「品代り荷物」であった可能性が高い(第2部第4章「おわりに」参照)。

(25) Extract uit het Register der Besluiten van den Gouverneur Generaal van Nederlandsch Indië. Buitenzorg, den 10 April 1839. Ingekomen stukken 1839. [Japan Portefeuille N°. 37. 1839] MS. N.A. Japans Archief, nr. 460 (K.A. 11813). (Tōdai-Shiryō Microfilm: 6998-1-87-17).

(26) Factuur lijst der goederen, welke dit jaar, pʳ. het Nedʳ. schip "Schoon Verbond" dit jaar naar Japan worden verzonden. Ingekomen stukken 1838. [Japan Portefeuille N°. 36. 1838] MS. N.A. Japans Archief, nr. 459 (K.A. 11812). (Tōdai-Shiryō Microfilm: 6998-1-87-2).

(27) 「崎陽齋来目録」七(早稲田大学図書館所蔵)。

198   第2部　オランダ船の脇荷貿易

(28)　「自由処分」といっても脇荷物としての「書籍類」は，御用書籍として注文の上，
　　　持ち渡られたものである（第1部第1章第3節参照）。

(29)　Verslag aan den Directeur van 's Lands Producten en Civ. Magazijnen 1838.
　　　〔Japan Portefeuille N°. 36. 1838〕MS. N.A. Japans Archief, nr. 712 (K.A. 11812).
　　　(Tōdai-Shiryō Microfilm: 6998-1-87-3). なお，1838年の誂物の取引が成立しなか
　　　ったことについては第2部第6章第2節参照。

(30)　註(25)参照。

第4章　賃借人の脇荷貿易　II
──天保 10 年(1839)～同 14 年(1843)──

は じ め に

　本章は，賃借人による脇荷貿易が天保 10 年(1839)から同 14 年(1843)にか
けてどのように継続しておこなわれたのか，日蘭両史料を検討し，その実態
を考察するものである。

第 1 節　天保 10 年の賃借人による脇荷貿易

1　脇荷貿易に関する契約書

　天保 7 年(1836)から同 9 年(1838)の脇荷貿易の賃借人は，商人ヘーフェル
スとファン・ブラーム de kooplieden Gevers en Van Braam であったが，
天保 10 年からは，それまで賃借人の代理人であったリスール C. Lissour に
代わり，1 年間の契約が政庁との間で結ばれた。1839 年の取引に関する契
約書は，リスールと政庁の一部局である物産民間倉庫局長との間で 1838 年
4 月 26 日に結ばれている。(1) したがって，この契約は商人ヘーフェルスと
ファン・ブラームを賃借人とする 3 年目の脇荷貿易がはじまる以前に結ば
れていたことになる。

　本項では，1836 年～1838 年度用の契約書(2)(以下，A 契約書もしくは(A)と記
す)と 1839 年度用の契約書(以下，B 契約書もしくは(B)と記す)を比較検討し，B
契約書が A 契約書と比べてどのような点が変更されているのか注目し考察
していきたい。

　表 46 は A 契約書と B 契約書を拙訳の上，比較対照したものである。ま

200 　第 2 部　オランダ船の脇荷貿易

表 46　1836 年～1838 年度用契約書と 1839 年度用契約書の比較対照表

(A)1836 年～ 1838 年度用の契約書	(B)1839 年度用の契約書
第 1 条 　政府は、商人ヘーフェルスとファン・ブラームに、かつて出島のオランダ商館の職員やオランダ船船長に、そこ〔日本〕で許されていたように日本での個人貿易、すなわち、いわゆるカンバン貿易の独占権を賃貸借として、1836 年、1837 年、1838 年の発送、すなわち、これから出港する船が帰帆するまでの間譲渡する。	第 1 条 　政府は、C. リスール氏に、かつて出島のオランダ商館の職員やオランダ船船長に、そこ〔日本〕で許されていたように日本での個人貿易、すなわち、いわゆるカンバン貿易を行う独占権を賃貸借として、1839 年から 1840 年まで譲渡する。
第 2 条 　それ故、この間、賃借人として認められた商人以外、だれも自由に個人貿易としていくらかの品物を、日本に輸入することも、あるいは日本から輸出することもできない。〔それに違反すれば〕下記のような罰が与えられる。	第 2 条 　それ故、この間、賃借人として認められた C.リスール以外、オランダ政府臣民のだれも自由にいくらかの貿易品を、日本に輸入することも、あるいは日本から輸出することもできない。〔それに違反すれば〕下記のような罰が与えられる。
第 3 条 　商人ヘーフェルスとファン・ブラームは、彼らの代理をする一人の代理人を日本に派遣できる。また、もしその人と同様に、彼ら〔両商人〕も日本に出発するのであれば、貿易期間終了後、すなわち、それぞれの船の帰帆時にそれぞれの船で帰らなければならない。そして、いかなる理由があろうともそこにとどまってはならない。	第 3 条 　賃借人または政庁によってそれ〔賃借人〕として認められた代理人は、日本への発送のために予定された船で日本に向け出航が認められる。しかし、彼は同船で帰帆すること、そして、日本でいかなることがあろうとも残ることができないことが義務づけられる。
第 4 条 　カンバン貿易のための資金は、物産民間倉庫局長の裁量により、その年の送り状の仕入値で、合計 50,000 グルデン以上になってはならない。そして、賃借人により送り状の写しが彼〔局長〕に提出されなければならない。	第 4 条 　カンバン貿易のための資金は、物産民間倉庫局長の裁量により、その年の送り状の仕入値で、合計 50,000 グルデン以上になってはならない。そして、賃借人により送り状の写しが彼〔局長〕に提出されなければならない。
第 5 条 　通常、政庁〔の貿易〕、すなわちいわゆる会社貿易で受け入れられる全ての品物は、年に 1 ピコル賃借人が輸出できる貿易品であるウニコールを除いて、カンバン貿易になることはありえない。そして、賃借人自身は、さらにあらゆる禁止〔禁制品に関する規定〕により、日本の役人が点検した限りにおいて、日本への輸出入品はあきらめなければならない。もしそうするのであれば、それらの輸出入品は取り上げとなり、その上、状況に応じて取り上げた品物の合計 50 ％の価値に達する罰金となる。	第 5 条 　通常、政庁〔の貿易〕、すなわちいわゆる会社貿易で受け入れられる全ての品物は、カンバン貿易になることはありえない。そして、賃借人自身は、さらにあらゆる禁止〔禁制品に関する規定〕により、日本の役人が点検した限りにおいて、日本への輸出入品はあきらめなければならない。もしそうするのであれば、それらの輸出入品は取り上げとなり、その上、状況に応じて取り上げた品物の合計 50 ％の価値に達する罰金となる。

(A)1836年〜1838年度用の契約書	(B)1839年度用の契約書

第6条

　賃借人または彼ら〔両商人〕の代理人は、日本でのカンバン貿易に関して、全ての条例、規定、そして慣習に従う義務を負う。そして、その下に、特に、彼らの品物の検査と封印、そして、その売却で長崎会所のために35％の税金が課される。

　同様に、彼ら〔両商人〕は、バタヴィアで、日本での個人貿易の商品に対して、習慣的に今までと同じように、輸出入税の支払いの義務を負う。

第6条

　賃借人または彼の代理人は、日本でのカンバン貿易に関して、現存の、または日本政府において、さらに詳細に定められ、また決められた全ての条例、規定、そして慣習に従う義務を負う。そして、その下に、特に、彼らの品物の検査と封印、そして、その売却で長崎会所のために35％の税金が課される。

　同様に、彼は、バタヴィアで、日本での個人貿易の商品に対して、習慣的に今までと同じように、輸出入税の支払いの義務を負う。〔それは〕必要に応じて最近承認され、あるいは賃借人が決定した時点での関税と輸出入税に関する規定を考慮してのことであるが、もしそれに関して、またさらに細かい変更が生じたとしても、賃借の最終時まで有効であるという条件のもとにおいてである。

第7条

　賃借人によって、日本に持ってこられる全ての商品の内、カンバン貿易で実際に少なくとも3分の2が販売されなければならない。そのため、残りの3分の1は、彼ら〔賃借人〕によってカンバン〔脇荷取引〕以外で、彼ら〔賃借人〕が彼らにとって有用な状況に応じて、自己の危険負担として売り払えるように、賃借人の自由処分として残されることが商館長によって守られる。

第7条

　賃借人によって、日本に持ってこられる全ての商品については、彼〔賃借人〕によって長崎会所に知らされる。そして、〔賃借人は〕長崎会所とこれら〔商品〕のさらなる処分に関して、その後、会所がどの商品がカンバン〔脇荷取引〕で販売され、どの商品が合意価格でカンバン〔脇荷取引〕以外で長崎会所に譲られるかを決めるため交渉に入らなければならない。

　ここにおいて、日本のオランダ貿易の商館長は、このことについて彼が使える全ての手段により、できうる限り賃借人の利益を守り、長崎会所側からの彼に対する不利益な条件や制限を取り除く努力をすることが切に求められる。

第8条

　政庁は、毎年40ラストまたは、彼ら〔賃借人〕が、(日本の往き帰りに)彼らの商品の輸送にそれ〔40ラスト〕以上必要なら、船舶の積量の場所がある限りにおいて、船舶の積量の支払いなしで、〔積荷の場所を〕賃借人に提供する。その上に、賃借人または彼らの代理人には、出島でのカンバン商品用の倉庫の無料利用が必要に応じて認められ、そして、さらに、政庁の職員に許されているのと同じように、日本に向けての無料の航海と帰航が認められる。

第8条

　政庁は、毎年40ラストまたは、彼〔賃借人〕が、(日本の往き帰りに)彼の商品の輸送にそれ〔40ラスト〕以上必要なら、船舶の積量の場所がある限りにおいて、船舶の積量の支払いなしで、〔積荷の場所を〕賃借人に提供する。その上に、賃借人または彼の代理人には、出島でのカンバン商品用の倉庫の無料利用が必要に応じて認められ、そして、さらに、政庁の職員に許されているのと同じように、日本に向けての無料の航海と帰航が認められる。

(A)1836 年～ 1838 年度用の契約書	(B)1839 年度用の契約書
第9条 　出島に所属する一商館職員が、禁じられている貿易〔に手を出していると〕商館長が確信すれば、賃借人に与えられる独占権のよりよい保証として、カンバン貿易が無くなったことで彼〔職員〕に与えられる補償金が賃借人のために取り上げられ、その上、場合によっては、役職の剥奪をもって罰せられる。 　また、乗組員に責任のあることを了解する船長は、同様の事態〔が起きたら〕、賃借人のために、同様に、彼〔船長〕に与えられた補償金の取り上げをもって罰せられる。	第9条 　賃借人に第1条・第2条で与えられる権利の保証として、各職員もしくは船長が禁じられている貿易で罪を犯したとみなされた時、商館長の判断のもとに、カンバン貿易がなくなったことで彼に与えられる補償金は取りやめとなり、状況に応じてはそのような職員は、さらに停職処分となり、そして、商館長の指名で総督により彼の職は剥奪される。 　こういうことであるから、船長は航海士や乗組員がこのこと〔禁じられている貿易〕で罪を犯したことに対して責任があることを了解する。
第10条 　賃借人または彼らの代理人は、日本でオランダカンバン委員という肩書を持ち、そして、商館長によって、そのように日本の当局者に紹介される。	第10条 　賃借人または彼の代理人は、日本でオランダカンバン委員という肩書を持ち、そして、商館長によって、そのように日本の当局者に紹介される。
第11条 　商館長は、賃借人またはその代理人に対して、彼〔賃借人またはその代理人〕により求められているあらゆる情報と彼〔商館長〕の権限下にある保護を与える。 　それに対して、賃借人またはその代理人は、政庁の代理人として商館長をしかるべく承認し、あらゆる場面で彼に従う義務を負う。	第11条 　商館長は、賃借人またはその代理人に対して、彼〔賃借人またはその代理人〕により求められているあらゆる情報と彼〔商館長〕の権限下にある保護を与える。 　それに対して、賃借人またはその代理人は、政庁の代理人として商館長をしかるべく承認し、あらゆる場面で彼に従う義務を負う。
第12条 　賃借権料として、商人ヘーフェルスとファン・ブラームによって、政庁に、合計 35,000 グルデンの銀貨、すなわち、3 年間の合計で 105,000 グルデンが支払われる。そして、これにより、彼ら〔ヘーフェルスとファン・ブラーム〕は、借金があることを認め、バタヴィアの金庫に、〔次の〕3 回の期限に支払うことを受け入れる。すなわち、1837 年 5 月 31 日、もしくは遅くともその日〔1837 年 5 月 31 日〕より前に 35,000 グルデンを。1838 年 5 月 31 日、もしくは遅くともその日〔1838 年 5 月 31 日〕より前に 35,000 グルデンを。1839 年 5 月 31 日、もしくは遅くともその日〔1839 年 5 月 31 日〕より前に 35,000 グルデンを。	第12条 　賃借人により、賃借権料として政庁に合計 20,000 グルデンの銀貨が支払われる。そのために 1840 年 5 月 31 日、もしくは遅くともその日〔1840 年 5 月 31 日〕より前に、バタヴィアの金庫に納められなければならない。
第13条 　政庁は、それぞれの賃借年に、将軍や幕府高官や長崎の役人達の注文に応じて、10,000 グルデンを超えない購入金額の商品を会社貿易の商品とは別に、日本に送る権限を維持する。	第13条 　政庁は、それぞれの賃借年に、将軍や幕府高官や長崎の役人達の注文に応じて、10,000 グルデンを超えない購入金額の商品を会社貿易の商品とは別に、日本に送る権限を維持する。

第4章　賃借人の脇荷貿易　Ⅱ　203

(A)1836年～1838年度用の契約書	(B)1839年度用の契約書
	第14条 全ての他の物やここにいわれていない商品〔下記の品々以外の商品〕の輸送は、もっぱら賃借人にとどまるという条件のもと、政庁は銅・樟脳・着物・博物学関連の物や幕府高官の返礼品以外は、日本のいかなる貿易品も政庁の勘定で注文することも、また受け取ることもないことを約束する。
	第15条 カンバン〔貿易〕、すなわち個人貿易から、次の品物は除かれる。〔ただしそれは〕日本政府がこのことに関して変更しない限りである。 鼈甲 広東人参 甘草 ミイラ 板榔子、そして 太腹皮
	第16条 賃借年の最終時、すなわち最終賃借時〔期末〕に、賃借人は、日本政府すなわち長崎会所に金額が残っており、そして、その返済については、〔その金額で〕彼〔賃借人〕が返送品を得られない〔時には〕、〔その金額が〕合計 20,000 カンバンテールを上回らなければ、商館長によって政庁の勘定で、この場〔出島〕で引き継がれ、そしてバタヴィアで 5〔カンバン〕テール＝ 8 グルデンの相場で賃借人に精算される。
第14条 バタヴィアもしくは日本で起こりうるこの賃借条件の解釈のための全ての論争は、二人の仲裁人によってバタヴィアで決められるが、その内の一人は物産民間倉庫局長により、もう一人は賃借人により任命される。そして、二人の仲裁人が互いに同意が得られない場合、その上に立つもう一人の仲裁人を選び、彼の裁決が最後の決断として決定となり、その時は、契約当事者らは、上告あるいは同種のあらゆる法的手段を放棄する。 さらに、賃借人らは、日本〔貿易〕のための役人に間接的であれ直接的であれ、この賃借に利害関係を持たないし、〔将来も〕利害関係を持たないことを宣誓する。	第17条 バタヴィアもしくは日本で起こりうるこの賃借条件の解釈のための全ての論争は、二人の仲裁人によってバタヴィアで決められるが、その内の一人は物産民間倉庫局長により、もう一人は賃借人により任命される。そして、二人の仲裁人が互いに同意が得られない場合、その上に立つもう一人の仲裁人を選び、彼の裁決が最後の決断として決定となり、その時は、契約当事者らは、上告あるいは同種のあらゆる法的手段を放棄する。

(A)1836 年～ 1838 年度用の契約書	(B)1839 年度用の契約書
第15条 　この契約の誠実な維持のために、賃借人（並びに彼らの保証人）は彼らの人員と品物を担保する。そして、この契約から三通同じ内容のものが作成され、その内一通が賃借人に手渡され、二通は必要に応じて政庁に提出される。	第18条 　上記に規定された条項と合意が誠実に、そして完全に実行されるために、賃借人と彼の保証人は、全ての特権と特例が明示された譲渡をもって、契約の下に彼らの人員と商品を担保とすることをここに宣誓する。また、一方で賃借人も保証人も、また場合によっては賃借人の代理人も、日本でのオランダ貿易に属しているいかなる役人や使用人が、間接的であれ直接的であれ、この賃借により利害関係を持つことなく、そしてまた、その人々がその点で少しの分け前や利益を得ることが全く許されていないことを、ここにおいてさらに正式に宣誓する。 　そして、この契約に関して適切な押印のもとに原本と同一の三通の写しが（賃借人の費用で）作成され、その内の一通が賃借人に渡される。

出典・(A)～ Kontrakt onder nadere goedkeuring der Regering gesloten tusschen den directeur van 's Lands Producten en Civiele Magazijnen namens het Gouvernement en de kooplieden <u>Gevers en Van Braam</u> krachtens de autorisatie verleend bij Resolutie van den 26 Junij 1835 N° 19. Ingekomen stukken 1836. [Japan Portefeuille N° 34. 1836] MS. N.A. Japans Archief, nr. 457 (K.A. 11810). (Tōdai-Shiryō Microfilm: 6998-1-85-13).
　　・(B)～ Kontrakt onder nadere goedkeuring der Regering gesloten tusschen den waarnemend Directeur der Producten en Civiele Magazijnen namens het Gouvernement, en den Heer <u>C: Lissour</u> krachtens de autorisatie verleend bij besluit van den 8 April 1838 N° 7. Ingekomen stukken 1838. [Japan Portefeuille N° 36. 1838] MS. N.A. Japans Archief, nr. 459 (K.A. 11812). (Tōdai-Shiryō Microfilm: 6998-1-87-2).

ず，各条文の要旨と共に，Ａ契約書とＢ契約書の相違点を簡潔に記していきたい。

(A)第1条・(B)第1条：脇荷貿易(＝カンバン貿易)の譲渡について。

　　(A)：商人ヘーフェルスとファン・ブラームに 1836・1837・1838 年度の脇荷貿易を譲渡する。

　　(B)：リスールに 1839 年度(契約書では，「1839 年から 1840 年まで」と記す)の脇荷貿易を譲渡する。

(A)第2条・(B)第2条：賃借人の独占権について。

　　(A)・(B)：同内容。

(A)第3条・(B)第3条：賃借人(または代理人)の出航と帰帆の厳守について。

　　(A)・(B)：同内容。

(A)第4条・(B)第4条：脇荷貿易のための資金の上限(50,000 グルデン)について。

(A)・(B)：同内容。

(A)第5条・(B)第5条：賃借人に対しての禁止事項と罰則について。

(A)：会社貿易（＝本方貿易）の品は，年に1ピコル賃借人が輸出できる貿易品であるウニコールを除いて，脇荷貿易の品にはならない。

(B)：会社貿易（＝本方貿易）の品は，脇荷貿易の品にはならない。

(A)第6条・(B)第6条：賃借人（または代理人）の日本での義務と，脇荷物にかかる日本とバタヴィアでの税の支払いについて。

(A)・(B)：同内容であるが，(B)がより詳細に規定されている。

(A)第7条・(B)第7条：賃借人持ち渡り品の販売方法について。

(A)：持ち渡り品の $\frac{2}{3}$ は脇荷取引，$\frac{1}{3}$ は自由処分になる。

(B)：持ち渡り品は，長崎会所と交渉の上販売されるが，商館長は，賃借人の利益を守る。

(A)第8条・(B)第8条：賃借人（または代理人）とその商品に対する航海中と日本滞在中での優遇措置について。

(A)・(B)：同内容。

(A)第9条・(B)第9条：商館職員・船員の禁止事項について。

(A)・(B)：同内容であるが，表記がやや異なる。

(A)第10条・(B)第10条：賃借人（または代理人）の日本での肩書について。

(A)・(B)：同内容。

(A)第11条・(B)第11条：商館長と賃借人（または代理人）との関係について。

(A)・(B)：同内容。

(A)第12条・(B)第12条：賃借権料の支払いについて。

(A)：賃借権料として年に35,000グルデンの銀貨の支払いで，3年間で合計105,000グルデンの支払い。

(B)：賃借権料として20,000グルデンの銀貨の支払い。

(A)第13条・(B)第13条：注文品（＝誂物）について。

(A)・(B)：同内容。

(B)第14条：賃借人の日本からの輸出品の範囲について。

(B)のみの条文で，(A)には存在しない。

(B) 第15条：脇荷貿易として持ち渡りが禁じられている品物について。

(B)のみの条文で，（A）には存在しない。

(B) 第16条：賃借人の日本における残金の政庁勘定への引き継ぎとその清算について。

(B)のみの条文で，（A）には存在しない。

(A) 第14条・(B)第17条：賃借に関する論争時の解決策について。

(A)に規定されていた，日本貿易にたずさわる役人が賃借には利害関係を持たないとする記事が，（B）では削除されている。

(A) 第15条・(B)第18条：契約と担保について。

(A)に比べて(B)がより詳細に規定され，さらに，日本貿易にたずさわる役人らが賃借には利害関係を持たないとする記事が，（B）に加えられている。

上記のことより，特に注目される(A)(B)の相違点として次のことが挙げられる。

○ A 契約書第5条では，本方荷物であるウニコールの輸出が，脇荷物として1ピコル許されていたが，B 契約書第5条では，ウニコールに関する記事が条文から削られた。これは，天保7年(1836)以来，日本側より再三ウニコールの持ち渡りが禁じられていたことを受けてのことと考えられる。なお，この問題に関しては第2部第6章で考察する。

○ A 契約書第7条では，脇荷物の内 $\frac{2}{3}$ は脇荷取引，$\frac{1}{3}$ は自由処分と規定されていたが，B 契約書第7条では，その割合が条文から削られた。そして，脇荷物は賃借人によって長崎会所と交渉の上，脇荷取引の品とそれ以外の取引(会所への販売)の品が決められることになった。これは，日本側からの要求によって決められたことと考えられる。1839年5月14日付けの決議録抜粋には，

今度の賃借人はこの変更〔契約書第7条の変更〕によってカンバン〔脇荷取引〕ではなく，直接の譲渡でもなく，自己の危険負担で長崎会所に十分な利益をもって販売し，彼〔賃借人〕が彼自身のために相応しいと思うその方法で，国家の〔許可の〕もとに売り払うが，それは一方で

はそうすることで〔賃借人を〕自由にすることになり，〔賃借人より〕より多くの賃借権料を得ることはできるが，他方では，長崎会所のとった決定と，最近の長崎の厳しい監視があることから，おそらく，政庁にとって不都合なことになるかもしれないということを付け加えておく。(3)

と記している。これは，賃借人が持ち渡った脇荷物の内，脇荷取引以外の取引の品の販売とそれをめぐって生じる課題について述べたものと考えられる。脇荷物の取引は，1838年までは賃借人持ち渡り品の $\frac{2}{3}$ が脇荷取引となり $\frac{1}{3}$ が自由処分と決められていたが，今回の規定でその割合はなくなり，賃借人によって自己の危険負担で会所への販売が増加する可能性があり，政庁は長崎の情勢より判断して「不都合なこと」を予感している。なお，B契約書第7条の前半と上記史料より，今までオランダ側にあった脇荷貿易の主導権が日本側（長崎会所）に移りつつあったとみることができよう。また，政庁は，上記史料につづけて，不都合が生じた際は，「賃借人に責任をおわせることはできない」と述べており，B契約書第7条後半の条文と同様，政庁は賃借人を終始保護する姿勢を示しているといえよう。

○A契約書第12条では，賃借権料が35,000グルデンであったが，B契約書第12条では，20,000グルデンに減額されている。これは，賃借人が，天保8年(1837)度の日本での取引で，12,933.05グルデンの損失を出したことにより，政庁が賃借権料を規定の35,000グルデンから20,000グルデンに減額したことを受けてのことと考えられる。(4)

○B契約書第14条〜第16条はA契約書にはなく，新たに加えられた条文である。

　この内，B契約書第15条には，「日本政府がこのことに関して変更しない限りである」とあることより，この条文が日本側の輸入禁止を受けて規定されたものと推測される。

　また，B契約書第16条は，賃借人の政庁に対する20,000カンバンテールを上限とする資金投入に関する規定と考えることができる。

以上，A契約書に比べて，数点の変更がみられるB契約書に基づいて，

天保10年(1839)に賃借人(リスール)による脇荷貿易がおこなわれたものと考えられる。以下，第2項においては，天保10年の賃借人による脇荷貿易に関して現存する日蘭両史料を提示・検討の上，随時，契約書に照合しながら考察を加えていきたい。

2　脇荷貿易と脇荷物

　天保10年には，バタヴィアからオランダ船1艘エーンドラフト号 Eendragt が長崎港に入津している。この船には，脇荷貿易の賃借人リスールが乗船してきた。リスールが持ち渡った輸入品を記す「送り状」Factuur は未詳であるが，それに代わるものとして彼が，バタヴィアで日本に商品を持ち渡ることを申告している下記表題をもつ史料を挙げることができる。

　　Opgave van het factuur, welke door den pachter van den kambang handel over het jaar 1839 aan boord van het schip Eendragt kapt. Gieseke wenschte te laden.[5]

　　(1839年のカンバン貿易〔脇荷貿易〕の賃借人による，ヒーセケ船長のエーンドラフト号に〔商品の〕船積みを希望する送り状の申告書)

　本史料(以下，本項では Opgave「申告書」と略記する)は，1839年6月18日付けでバタヴィアにおいて作成されたものであり，賃借人リスールの署名を持つ。本史料の原本は，契約書第4条に従って作成され，政庁に提出されたものと考えられる。なお，本項で使用する史料は写し afschrift であり，原本と同一の写しであることを証明した物産民間倉庫局事務局長の署名を持つ。この申告書には，各脇荷物の商品名・数量・仕入価額等が記されており，バタヴィアにおける発送前の脇荷物について知ることができる。

　契約書第7条に従えば，賃借人は，全ての脇荷物を長崎会所に知らせ，脇荷取引の品と脇荷取引以外の品とに分ける交渉に入ったものと考えられる。天保10年の場合，この時点での史料は未詳であるが，オランダ側から提出された脇荷物のリストを日本側(阿蘭陀通詞)が翻訳したものとして「崎陽齋来目録」八[6]に所収されている「脇荷物差出」のリスト，および「唐船紅毛差出控」[7]内天保10年の「脇荷物」のリストを挙げることができる(以下，

本項では両史料を「積荷目録」と記す）。後掲の表47では，本リストの全容がわかりずらくなっているため，以下に「崎陽齎来目録」八所収の「脇荷物差出」のリストを紹介しておきたい。

　　　脇荷物差出
　一，硝子器　　　　　　二十箱
　一，焼物　　　　　　　（篭ヵ）十五蔵ト三箱
　一，サフラン　　　　　四箱
　一，目鑑類　　　　　　一箱
　一，時計并小間物類　　五箱
　一，水牛角　　　　　　九百六十本程
　一，金唐皮　　　　　　十三箱ト一丸
　一，印度皮　　　　　　十丸
　一，黒檀　　　　　　　一万二千六百ホント
　一，藤　　　　　　　　十二万八千七百ホント
　一，薬種類　　　　　　二十八箱
　　　　　　　〆

　天保10年作成の脇荷貿易関係の主な数量史料としては，上記のオランダ側史料であるOpgave「申告書」と，日本側史料である「積荷目録」が現状で確認できる程度であり，両史料を突き合わせて一覧表にすると表47のようになる。
　表47においては次のことを注記事項として掲げておく。
・本表では，各商品の品目はOpgave「申告書」に記されている順に並べた。
・オランダ側商品名各単語の表記については，その頭文字は，地名は大文字とし，その他は小文字で記した。
・オランダ側商品名で用いられているid., 〃（＝同）は，それに相当する単語を記した。
・数字は基本的に算用数字で記した。
　表47作成によって注目される点として次のことを挙げておきたい。
・まず，Opgave「申告書」・「積荷目録」共にリストが大変簡略な記事にな

表47　天保10年(1839)オランダ船脇荷物

	Opgave			積荷目録	
	Goederen	Hoeveelheid	Gulden	商　品	数　量
[1]	medicijn in stopflesschen	7 kisten (8,100 stuks)	1,027.00	薬種類	28箱
[2]	wijn en lequer glazen	5 kisten (250 dozijn)	750.00	硝子器	20箱
[3]	diverse glaswerk	8 kisten	1,519.00	〔上掲[2]：硝子器〕	〔上掲〕
[4]	diverse aarde en porcelijn werk	3 kisten	996.60	焼物	〈竃〉 15蔵ト3箱
[5]	saffraan	4 kisten (319 lb.)	4,466.00	サフラン	4箱
[6]	IJslandsche moss. in stopfleschen	10 kisten (500 lb.)	245.00	〔上掲[1]：薬種類〕	〔上掲〕
[7]	Arab. gom	1 kist (300 lb.)	225.00	〔上掲[1]：薬種類〕	〔上掲〕
[8]	kina bast	2 kisten (500 lb.)	275.00	〔上掲[1]：薬種類〕	〔上掲〕
[9]	cort kina	1 kist (100 lb.)	200.00	〔上掲[1]：薬種類〕	〔上掲〕
[10]	salmoniac	1 kist (300 lb.)	129.00	〔上掲[1]：薬種類〕	〔上掲〕
[11]	kreeftsoogen	1 kist (500 lb.)	437.50	〔上掲[1]：薬種類〕	〔上掲〕
[12]	wijnsteen	1 kist (100 lb.)	42.00	〔上掲[1]：薬種類〕	〔上掲〕
[13]	Kaapsche aloé	1 kist (300 lb.)	90.00	〔上掲[1]：薬種類〕	〔上掲〕
[14]	drop	2 kisten (600 lb.)	240.00	〔上掲[1]：薬種類〕	〔上掲〕
[15]	magnesia	1 kist (102 lb.)	81.60	〔上掲[1]：薬種類〕	〔上掲〕
[16]	zee ajuin	1 kist (30 lb.)	7.50	〔上掲[1]：薬種類〕	〔上掲〕
[17]	herb digtalis	(30 lb.)　}1 kist	137.50	〔上掲[1]：薬種類〕	〔上掲〕
[18]	duwelsthek barensteen olie	(50 lb.) 2 kisten (154 lb.)	169.40	〔上掲[1]：薬種類〕	〔上掲〕
[19]	diverse medicijnen	3 kisten	651.37	〔上掲[1]：薬種類〕	〔上掲〕
[20]	goude horloges zilveren horloges	(108 stuks)　}1 kist (36 stuks)	10,278.17	時計并小間物類	5箱
[21]	tellij scoopen	1 kist (50 stuks)	1,496.40	目鑑類 〈目鏡類〉	1箱
[22]	borden	15 manden (600 dozen)	1,200.00	〔上掲[4]：焼物〕	〔上掲〕
[23]	gekleurde katoen	10 kisten (473 stuks)	7,583.00	－	－
[24]	ebbenhout	14 kisten (101 pikol)	453.00	黒檀	12,600ホント
[25]	goudleeder	14 kisten	8,000.00	金唐皮	13箱ト1丸
[26]	Krawangs leeder	11 pakken (377 stuks)	751.12	印度皮	10丸
[27]	kreeftsoogen	1 kist (50 lb. in flesschen)	50.00	〔上掲[1]：薬種類〕	〔上掲〕
[28]	pepermint olie	5 kistjes (50 dozijn)	108.00	〔上掲[1]：薬種類〕	〔上掲〕
[29]	glaaze korallen	6 kistjes	24.00	〔上掲[2]：硝子器〕	〔上掲〕
[30]	kramerijen	5 kisten	336.00	〔上掲[20]：時計并小間物類〕	〔上掲〕
[31]	buffelhoorens	7 kranjang (7½ pikol)	97.50	水牛角	960本程
[32]	bindrottings	7 kranjang (300 pikol)	1,500.00	藤	128,700ホント
[33]	bloedsteen	1 kist (130 pikol)	52.00	〔上掲[1]：薬種類〕	〔上掲〕
[34]	boeken en diverse kramerij	3 kisten	1,120.00	〔上掲[20]：時計并小間物類〕を含む	〔上掲〕を含む
			44,738.66		

出典・Opgave は、Opgave van het factuur, welke door den pachter van den kambang handel over het jaar 1839 aan boord van het schip Eendragt kapt. Gieseke wenschte te laden. Ingekomen stukken 1839.
[Japan Portefeuille N°.37. 1839] MS. N.A. Japans Archief, nr. 460 (K.A. 11813). (Tōdai-Shiryō Microfilm: 6998·1·87·17).
・積荷目録は、「崎陽廧来目録」八（早稲田大学図書館所蔵）。＜＞内は、「唐船紅毛差出控」（某所所蔵）によって補った。

っていることである。先にも述べたところであるが(第1部第1章第3節参照)，バタヴィアで作成された Opgave は，おそらく仕入額を政庁に知らせることを主眼にした「申告書」であったことより，商品名が簡略に記されているのであろう。また，「積荷目録」すなわち阿蘭陀通詞作成の「脇荷物差出」も「薬種類」「硝子器」「小間物類」などとまとめて訳している品目があり，商品リストとしては実質を欠いたものとなっている。このような傾向は，当時オランダ側が日本側に提出した積荷リスト(提出送り状)，およびそれを翻訳した日本側リスト(積荷目録)全般にいえることである。[8] 19世紀も中期を迎えるに従って，輸入品も定例化してきており，従来よりおこなわれていたオランダ側からの積荷リストの提出とその翻訳は形式化し，それによって内容も簡略化されたものとなっていったのである。

○ なお，ここで注意しなければならないことは，Opgave「申告書」に記された全ての商品とその数量が脇荷取引されたわけではなかったことである。契約書第7条に「会所がどの商品がカンバン〔脇荷取引〕で販売され，どの商品が合意価格でカンバン〔脇荷取引〕以外で長崎会所に譲られるかを決めるため交渉に入らなければならない」とあることより，Opgave「申告書」には，脇荷取引の品とそれ以外の品が記されていたわけである。

○ Opgave「申告書」・「積荷目録」両史料共に，上述のように大変簡略で，medicijn, diverse glaswerk,「薬種類」,「硝子器」など集合的に脇荷物を記しているため，表47の段階では脇荷取引の品とそれ以外の品を明確に分けることは困難である。そのような中で，「積荷目録」に品目名のない[23] gekleurde katoen(色付木綿)と[34] boeken(書籍)は脇荷取引以外の品であったと考えられる。

○ 天保7年(1836)から同9年(1838)までオランダ側リストに記されていたeenhoorn(ウニコール)の記事が Opgave「申告書」からなくなっていることは特筆されよう。これは，前項で考察したように1839年度用の契約書第5条でそれ以前の契約書にあったウニコールに関する記事が条文から削られたことによるものであろう。

212　第2部　オランダ船の脇荷貿易

。天保10年の脇荷物の種類は，基本的に従来と変わりはなく，薬品類，硝
　子器・陶磁器などの食器類，皮革・時計等々，雑貨・小間物類，さらに染
　織類・書籍類などからなっている。

。表47に記したように，天保10年の脇荷物の仕入総額は，44,738.66グル
　デンであった。これは，契約書第4条の「カンバン貿易のための資金は，
　(中略)その年の送り状の仕入値で，合計50,000グルデン以上になっては
　ならない」に従ってのことである。

　次に，1839年度の契約書第16条をめぐっては，翌1840年3月25日付け
の物産民間倉庫局長より出島のオランダ商館長に宛てた次の報告によって，
その実態を知ることができる。

　　私〔物産民間倉庫局長〕は，閣下〔商館長〕に次の事をお伝えします。すな
　　わち，政庁の3月9日付け決議ナンバー11に基づいて，次の事が承認
　　されました。カンバン賃借人と結ばれた契約の第16条に規定されてい
　　る20,000カンバンテールよりも3,546.97カンバンテール多く，閣下
　　〔商館長〕によってカンバン賃借人から政庁のカンバン資金で受け取られ
　　ました。そして，5〔カンバン〕テール＝8グルデンの定められた相場で
　　国庫から支払われましたが，結果として，〔20,000カンバンテール＝
　　32,000グルデンの他に〕合計5,675.15グルデン多くバタヴィアで賃借
　　人に返済されました。(9)

　契約書第16条の規定では，賃借人の政庁勘定への資金投入は20,000カ
ンバンテールが上限とされていたが，賃借人によって3,546.97カンバンテー
ル多く出島で資金投入がおこなわれ(23,546.97カンバンテールの資金投入)，
その結果，賃借人はバタヴィアで5,675.15グルデン(3,546.97カンバンテール
×1.6＝5,675.152グルデン)多く受け取っている(37,6751.15グルデンの受け取り)。
これは，契約書第16条に違反している行為ではあるが，政庁によって承認
されていることより，如何に賃借人が政庁によって優遇されていたか読み取
ることができよう。

第2節　天保11年の賃借人による脇荷貿易

1　脇荷貿易に関する契約書

　第1節で考察したように，天保10年(1839)の脇荷貿易は，1838年4月26日に結ばれた契約書に基づいて賃借人リスールによっておこなわれた。翌天保11年(1840)の脇荷貿易に関しては，1839年6月25日にあらためて賃借人リスールと政庁の一部局である物産民間倉庫局長との間で契約が結ばれた。(10) 本契約書は，1839年6月15日付けの決議録抜粋に，

　　　日本のカンバン貿易の賃借人 C. リスールと現在結ばれている契約を，
　　　1840年から1842年の間の2年間更新することが認められるが，それは，
　　　1838年4月8日ナンバー7の決議により決められた本年1839年に向け
　　　てと同じ条件でのことである。(11)

と述べられているように，前回の契約書を踏襲して結ばれたものであることがわかる。しかし，全てにわたって同じではなく，以下の点で変更がみられた。

○ 第1条：前回，契約期間が「1839年から1840年まで」(1839年度)とされていたところが，「1840年から1842年まで」(1840年度・1841年度)と変更された。すなわち，上掲史料で述べているように，今回の契約は，1840年度・1841年度の2年間の更新とされたものであった。

○ 第12条：前回，賃借権料として「合計20,000グルデンの銀貨が支払われる」とされていたところが，「〔年に〕合計17,000グルデンの銀貨が支払われる」と変更され賃借権料が減額された。これは，天保9年(1838)の脇荷貿易の損失額が16,471.54グルデンあり，前年天保8年度(損失額12,933.05グルデン)よりもその額が増したことにより，契約で35,000グルデンと規定されていた賃借権料が17,000グルデンに減額されたことを受けてのことと考えられる。(12) この額は，上掲の決議録抜粋内のリスールの報告に関する文面の中で，

賃借権料として，年に合計 17,000 グルデンだけを支払う必要がある
が，その金額は，政庁により，日本でのさまざまな職員や船長に補償
金として支払われる額であること。[13]

と記している。すなわち，ここで払われる予定の賃借権料は天保 5 年
(1834)以前に脇荷貿易をおこなっていた商館長等への補償金に充てられる
金額とみることができる。[14]

◦ 第 15 条：脇荷貿易として輸入が禁じられている品物の中に eenhoorn(ウ
ニコール)と Chinesche medicijnen(漢字薬種)が加えられた。この内，ウニ
コールに関しては，天保 7 年(1836)以来再三にわたる日本側からの持ち渡
り禁止を受けてのことであった(第 2 部第 6 章参照)。

以上，前回の契約に比べて数点の変更がみられた契約書に基づいて，天保
11 年(1840)に賃借人による脇荷貿易がおこなわれることになった。しかし，
1840 年 4 月 10 日付けの決議録抜粋より，賃借人に変更が生じたことがわか
る。

1839 年 6 月 26 日第 1 号の決議で承認された，日本でのカンバン貿易の
経営に関するリスールとの現在の契約は，そこに書かれた同じ条件で，
現在の賃借人リスールの保証をもって良しとし，バタヴィアの E. ビッ
ケルの名義に書き換えることが認められる。[15]

ここに記されているように，上記の契約のまま賃借人がリスールからビッ
ケル E. Bicker に変更されることになった。この変更の原因は，リスールが
前年度に，日本から輸出が禁じられていた小判を持ち出そうとしたことが発
覚し，「日本政府」よりリスールの再渡航が禁じられたことによるものであ
った。[16]

以下，第 2 項においては，天保 11 年の脇荷貿易に関して現存する日蘭両
史料を提示・検討の上考察していきたい。

2 脇荷貿易と脇荷物

天保 11 年には，バタヴィアからオランダ船 1 艘コルネーリア・ヘンリエッ
テ号 Cornelia Henriette が長崎港に入津している。この船には，脇荷貿易

の賃借人としてビッケルが乗船してきた。ビッケルが持ち渡った輸入品を記す「送り状」Factuur は未詳であるが，それに代わるものとして彼が，バタヴィアで日本に持ち渡る商品を記した下記表題を持つ史料を挙げることができる。

Staat van goederen welke den Pachter der Kambang handel op Japan voor den jare 1840 mede neemt.[17]

（1840 年の日本でのカンバン貿易〔脇荷貿易〕の賃借人が持って行く品物のリスト）

本史料(以下，本項では Staat と略記する)は，1840 年 6 月 24 日付けでバタヴィアにおいて作成されたものであり，賃借人であるビッケルの署名と物産民間倉庫局長の確認(gezien)の署名を持つ。このリストには，各脇荷物の商品名・数量・仕入価額等が記されており，バタヴィアにおける発送前の脇荷物について知ことができる。

第 1 節同様，契約書第 7 条に従えば，賃借人は，全ての脇荷物を長崎会所に知らせ，脇荷取引の品と脇荷取引以外の品とに分ける交渉に入ったものと考えられる。天保 11 年の場合，前年度同様，この時点での史料は未詳であるが，オランダ側から提出された脇荷物のリストを日本側(阿蘭陀通詞)が翻訳したものとして「崎陽齋来目録」九[18]に所収されている「脇荷物差出し」のリスト，および「唐船紅毛差出控」[19]内天保 11 年の「脇荷」のリストを挙げることができる(以下，本項では両史料を「積荷目録」と記す)。後掲の表48 では，本リストの全容がわかりずらくなっているため，以下に「崎陽齋来目録」九所収の「脇荷物差出し」を紹介しておきたい。

　　　脇荷物差出し

一，硝子器　　　　　　　拾四箱

一，鼻目鏡類入合　　　　壱箱
　　（エカ）
一，アイスランスモス　　六箱

一，キナキナ　　　　　　四箱

一，アラヒヤゴム　　　　六箱

一，マグ子シヤ　　　　　壱箱

216　第2部　オランダ船の脇荷貿易

　　一，オクリカンキリ　　　　壱箱

　　一，蠻名薬種入合　　　　　八箱

　　一，小間物類　　　　　　　弐箱

　　一，時計類　　　　　　　　壱箱

　　一，金唐皮　　　　　　　　五箱

　　一，焼物類　　　　　　　　弐拾六籠

　　一，革類　　　　　　　　　五拾包

　　一，サホン　　　　　　　　百九拾八箱

　　一，カヤフーテ油　　　　　七箱

　　一，藤　　　　　　　　　　拾四万四千六百斤余

　　一，水牛角　　　　　　　　三千七百斤ヨ
　　　　　　（檀ヵ）
　　一，白氈　　　　　　　　　弐万八百斤ヨ

　　一，赤檀　　　　　　　　　七万八百斤ヨ

　　一，黒檀　　　　　　　　　壱万三千四百斤ヨ

　　　　　　〆

　天保11年作成の脇荷貿易関係の主な数量史料としては，上記のオランダ側史料であるStaatと，日本側史料である「積荷目録」が現状で確認できる程度であり，両史料を突き合わせて一覧表にすると表48のようになる。

　表48においては次のことを注記事項として掲げておく。

• 本表では，各商品の品目はStaatに記されている順に並べた。

• オランダ側商品名各単語の表記について，その頭文字は，地名は大文字とし，その他は小文字で記した。

• オランダ側商品名で用いられている〃（＝同）は，それに相当する単語を記した。

• 数字は基本的に算用数字で記した。

　表48作成によって注目される点として次のことを挙げておきたい。

◦ まず，Staat・「積荷目録」共にリストが大変簡略な記事になっていることであるが，これは前年度同様である。Staatはおそらく仕入額を政庁に知らせることを主眼に作成されたものだからであろう。また，「積荷目録」

第4章　賃借人の脇荷貿易　II　217

表 48　天保 11 年(1840)オランダ船脇荷物

	Staat			積　荷　目　録	
	Goederen	Hoeveelheid	Gulden	商　品	数　量
[1]	gedrukte katoenen	21 kisten (1,286 p.')	11,860.00	－	－
[2]	roode gedrukte katoenen	4 kisten (150 p.')	2,550.00	－	－
[3]	glasen cristalwerk	14 kisten	2,554.00	硝子器	14 箱
[4]	verrekijkers & optische instrumenten	1 kist	546.00	鼻目鏡類入合 ＜目鏡類＞	1 箱
[5]	medecijnen	26 kisten	3,070.00	アイスランスモス ＜エイスランスモス＞	6 箱
				キナキナ	4 箱
				アラヒヤゴム	6 箱
				マグ子シヤ	1 箱
				オクリカンキリ	1 箱
				蠻名薬種入合	8 箱
[6]	vergulde en valsche bijouterien	1 kistje	825.00	小間物類	2 箱
[7]	muzijkdozen	1 kistje	446.00	〔上掲[6]：小間物類〕	〔上掲〕
[8]	horlogien	1 kistje	7,815.00	時計類	1 箱
[9]	boeken	2 kisten	700.00	－	－
[10]	kleed	1	70.00	〔上掲[6]：小間物類〕	〔上掲〕
[11]	bankkleedjes	5	50.00	〔上掲[6]：小間物類〕	〔上掲〕
[12]	microscoop	1	75.00	〔上掲[4]：鼻目鏡類入合〕	〔上掲〕
[13]	pleete lepels	3	18.00	〔上掲[6]：小間物類〕	〔上掲〕
[14]	kompassen	3	18.00	〔上掲[6]：小間物類〕	〔上掲〕
[15]	rood sandalhout	75 picols	2,250.00	赤檀	＜7,880 斤＞ 70,800 斤ヨ
[16]	sandalhout	240 picols	6,040.00	白■ ＜白檀＞	＜20,848 斤＞ 20,800 斤ヨ
[17]	ebbenhout	130 picols	520.00	黒檀	＜13,264 斤＞ 13,400 斤ヨ
[18]	aardewerk	26 manden	1,600.00	焼物類	26 籠
[19]	leder	50 pakken	800.00	革類	50 包
[20]	goud leder	5 kisten	1,750.00	金唐皮	5 箱
[21]	chronometer	1	400.00	〔上掲[6]：小間物類〕	〔上掲〕
[22]	zeep	200 kistjes	600.00	サホン	198 箱
[23]	kaijoepoetie olij	150 fla.	375.00	カヤフーテ油	7 箱
[24]	huis voorstellende het geregts hof te Parijs	1	200.00	－	－
[25]	bendrottingen	100 picols	4,500.00	藤	＜124,675 斤＞ 144,600 斤余
[26]	buffelhoorns	50 picols	600.00	水牛角	＜3,742 斤＞ 3,700 斤ヨ
			50,232.00		

出典・Staat は、Staat van goederen welke den Pachter der Kambang handel op Japan voor den jare 1840 mede
　　neemt. Ingekomen stukken 1840.〔Japan Portefeuille N°. 38. 1840〕MS. N.A. Japans Archief, nr. 461
　　(K.A. 11814).（Tōdai-Shiryō Microfilm: 6998·1·88·16).
　　・積荷目録は、「崎陽齎来目録」九（早稲田大学図書館所蔵）。＜＞内は、「唐船紅毛差出控」（某所所蔵）によっ
　　て補った。

　が簡略に記されているのは，19 世紀も中期を迎えるに従って，輸入品も
定例化してきており，従来よりおこなわれていたオランダ側からの積荷リ
ストの提出とその翻訳は形式化し，それによって内容も簡略化されたもの
となっていったからであろう。

・Staat に記された全ての商品とその数量が脇荷取引されたわけではなかっ

218 第2部 オランダ船の脇荷貿易

たことも前年度同様である。従来の脇荷貿易から推測して[9] boeken(書籍類)・[24] huis voorstellende het geregts hof te Parijs(パリの裁判所を再現した家)(20)は，脇荷取引以外の品であったと考えられる。なお，[1] gedrukte katoenen(形付木綿)・[2] roode gedrukte katoenen(赤色形付木綿)については「おわりに」で考察する。

○ 天保11年の脇荷物の種類は，基本的に従来と変わりはなく，薬品類，硝子器・陶磁器などの食器類，皮革・時計等々，雑貨・小間物類，さらに染織類・書籍類などからなっている。

○ 表48に記したように，天保11年の脇荷物の仕入総額は，50,232.00グルデンであった。これは，契約書第4条の「カンバン貿易のための資金は，(中略)その年の送り状の仕入値で，合計50,000グルデン以上になってはならない」に反している。この点については後考を俟たざるをえないが，Staat作成後にFactuur(送り状)が作成されたと考えられることより，Factuurの段階で合計50,000グルデン以下にされた可能性はあるであろう。(21)

第3節　天保13年の賃借人による脇荷貿易

天保12年(1841)は，オランダ船の来航はなかった。実際は，賃借人ビッケルを乗せたミッデルブルフ号 Middelburg が，(西暦)7月10日に日本に向けてバタヴィアを出航したが，台湾海峡において台風に襲われ，行き先を長崎からマカオに変更した。マカオでは積荷を売り，船を修理して(西暦)12月17日にバタヴィアへ帰り着いている。(22) なお，翌年1842年5月1日付けの決議録抜粋により，ビッケルに対しての1841年度の賃借権料については免除されたことがわかる。(23) さらに，同史料には，

彼〔ビッケル〕は日本のカンバン資金に，ミッデルブルフ号が出島にその年〔1841年〕に着いていたとすれば，本来1841年に投入するはずであった合計20,000〔カンバン〕テールを投入することが認められる。〔それは，〕資金の投入は通常通り，バタヴィアで彼〔ビッケル〕によって，5

〔カンバン〕テール＝8グルデンの基準で上述の合計額が政庁で精算される〔条件である〕。

とあるように，脇荷貿易がおこなわれなくても資金投入が認められていたことがわかり，ここにおいても政庁の賃借人に対する優遇措置がみてとれる。

つづく天保13年(1842)・同14年(1843)の脇荷貿易に関する契約については，1841年4月6日付けの決議録抜粋より知ることができる。[24] すなわち，政庁によって賃借人ビッケルの脇荷貿易は「1842年・1843年という2年間延期するという」契約が正式に認可された。そして，第13条に次のことが書き加えられ，第16条は廃止されることになった。

政庁は，その〔政庁の〕カンバン資金に，より多く必要とする時は，その分を賃借人〔の資金〕から受け取り，政庁は，そのカンバン銀をバタヴィアで5〔カンバン〕テール＝8グルデンの相場で〔賃借人に〕清算されることを約束する。

第16条で規定されていた賃借人の政庁勘定への資金投入が第13条に引き継がれているわけであるが，20,000カンバンテールという上限が削除されていることがわかる。

以下，本節では，上記の変更点を含めて結ばれた契約に基づいておこなわれた天保13年(1842)の脇荷貿易について考察する。

天保13年には，バタヴィアからオランダ船2艘ヨハネス・マリヌス号 Johannes Marinus とアンボイナ号 Amboina が長崎港に入津している。この内，アンボイナ号に脇荷貿易の賃借人としてビッケルが乗船してきた。[25] ビッケルが持ち渡った輸入品を記す「送り状」Factuur は未詳であるが，それに代わるものとして彼が，バタヴィアで日本に持ち渡る商品を記した下記表題をもつ史料を挙げることができる。

Staat van door den Pachter der Kambang Handel op Japan mede te nemene goederen voor den jare 1842.[26]

（1842年に日本でのカンバン貿易〔脇荷貿易〕の賃借人によって持って行かれる品物のリスト）

本史料(以下，本節では Staat と略記する)は，1842年6月2日付けでバタヴィ

アにおいて作成されたものであり，賃借人であるビッケルの署名を持つ。なお，本節で使用する史料は写しであり，原本と同一の写しであることを証明した物産民間倉庫局事務局長の署名を持つ。このリストには，各脇荷物の商品名・数量・仕入価額等が記されており，バタヴィアにおける発送前の脇荷物について知ることができる。

　第1節・第2節同様，契約書第7条に従えば，賃借人は，全ての脇荷物を長崎会所に知らせ，脇荷取引の品と脇荷取引以外の品とに分ける交渉に入ったものと考えられる。天保13年の場合，天保10・11年同様，この時点での史料は未詳であるが，オランダ側から提出された脇荷物のリストを日本側(阿蘭陀通詞)が翻訳したものとして「崎陽齎来目録」十一(27)に所収されている「脇荷物差出」のリストを挙げることができる(以下，本節では「積荷目録」と記す)。後掲の表49では，本リストの全容がわかりずらくなっているため，以下にこのリストを紹介しておきたい。

　　　脇荷物差出
　　一，硝子器　　　　　　　四十七箱
　　一，焼物類　　　　　　　拾四箱ト二十二篭
　　一，細物類　　　　　　　二十箱
　　一，金唐皮　　　　　　　二箱
　　一，サフラン　　　　　　七箱
　　一，エイスランスモス　　六箱
　　一，マダ子シヤ　　　　　二箱
　　　　（グヵ）
　　一，オクリカンキリ　　　二箱
　　一，痰切　　　　　　　　四箱
　　一，アラヒヤコム　　　　三箱
　　一，薬種類　　　　　　　十二箱
　　一，黒檀　　　　　　　　壱万四千斤
　　一，藤　　　　　　　　　拾四万斤

　天保13年作成の脇荷貿易関係の主な数量史料としては，上記のオランダ側史料であるStaatと，日本側史料である「積荷目録」が現状で確認できる

表49　天保13年(1842)オランダ船脇荷物

	Staat			積荷目録	
	Goederen	Hoeveelheid	Gulden	商品	数量
[1]	glaswerk	33 kisten	3,689.00	硝子器	47箱
[2]	porcelein en aardewerk	10 kisten	1,268.00	焼物類	14箱ト22篭
[3]	boeken en platen	1 kist	386.00	―	―
[4]	lantaarns	1 kist	36.00	細物類	20箱
[5]	bank kleedjes	1 kist	160.00	〔上掲[4]：細物類〕	〔上掲〕
[6]	instrumenten	1 kist	730.00	〔上掲[4]：細物類〕	〔上掲〕
[7]	klokken en pendules	7 kisten	992.00	〔上掲[4]：細物類〕	〔上掲〕
[8]	horologiën en galanteriën	1 kist	2,783.00	〔上掲[4]：細物類〕	〔上掲〕
[9]	galanteriën	4 kisten	2,012.00	〔上掲[4]：細物類〕	〔上掲〕
[10]	medicijnen	13 kisten	7,200.00	薬種類	12箱
[11]	dommekrachten	1 pak	28.00	―	―
[12]	galanteriën	3 kisten	160.00	〔上掲[4]：細物類〕	〔上掲〕
[13]	muziekstuk	1 kist	65.00	〔上掲[4]：細物類〕	〔上掲〕
[14]	ginghams	3 kisten	1,480.00	―	―
[15]	chits	3 kisten	980.00	―	―
[16]	ginghams	1 kist	500.00	―	―
[17]	gestr: ginghams	2 kisten	900.00	―	―
[18]	glaswerk	8 kisten	400.00	〔上掲[1]：硝子器〕	〔上掲〕
[19]	aardewerk enz.	1 kist	30.00	〔上掲[2]：焼物類〕	〔上掲〕
[20]	boeken, glazenruiten enz.	1 kist	250.00	―	―
[21]	kleine stoeltjes	1 kist	40.00	〔上掲[4]：細物類〕	〔上掲〕
[22]	medicijnen	5 kisten	1,200.00	〔上掲[10]：薬種類〕	〔上掲〕
[23]	inktkruikjes	1 kist	3.00	〔上掲[4]：細物類〕	〔上掲〕
[24]	goudleder	2 kisten	600.00	金唐皮	2箱
[25]	ebbenhout	102 stukken	400.00	黒檀	14,000斤
[26]	buffelhoorns	70 picols	700.00	―	―
[27]	klapperolie	100 kelders	400.00	〔上掲[10]：薬種類〕	〔上掲〕
[28]	geweren	4 kisten	1,100.00	―	―
[29]	saffraan	5 kisten	3,000.00	サフラン	7箱
[30]	glas	4 kisten	300.00	〔上掲[1]：硝子器〕	〔上掲〕
[31]	medicijnen	20 kisten	1,500.00	〔上掲[10]：薬種類〕	〔上掲〕
[32]	valsche bijouterijen	1 kistje	200.00	〔上掲[4]：細物類〕	〔上掲〕
[33]	glaswerk	2 kisten	200.00	〔上掲[1]：硝子器〕	〔上掲〕
[34]	glas en aardewerk	3 kisten	200.00	〔上掲[1]：硝子器〕 〔上掲[2]：焼物類〕	〔上掲〕 〔上掲〕
[35]	boeken, teekeningen, karpet, leder, ijzer en glaswerk	1 kist	300.00	〔上掲[1]：硝子器〕を含む 〔上掲[4]：細物類〕を含む	〔上掲〕を含む 〔上掲〕を含む
[36]	zadels en karpet	1 kist	100.00	〔上掲[4]：細物類〕	〔上掲〕
[37]	Java matten	5 pakken	200.00	〔上掲[4]：細物類〕	〔上掲〕
[38]	bendrotting	1,000 picols	3,400.00	藤	140,000斤
[39]	kurken	1 baal	110.00	〔上掲[4]：細物類〕	〔上掲〕
[40]	aardewerk	22 krandjangs	1,320.00	〔上掲[2]：焼物類〕	〔上掲〕
			39,323.00 〔39,322.00カ〕		

出典・Staat は、Staat van door den Pachter der Kambang Handel op Japan mede te nemene goederen voor den jare 1842. Ingekomen stukken 1842.〔Japan Portefeuille № 40. 1842〕 MS. N.A. Japans Archief, nr. 463 (K.A. 11816).〔Tōdai-Shiryō Microfilm: 6998·1·89·11〕.
・積荷目録は、「崎陽齎来目録」十一（早稲田大学図書館所蔵）.

註・「積荷目録」には、表中に記した商品の他に、「エイスランスモス　六箱」「マダ子シヤ(ヅ?)　二箱」「オクリカンキリ　二箱」「痰切　四箱」「アラヒヤコム　三箱」がある。全て薬種類であることより表中の[10][22][31]medicijnen に含まれている可能性がある。

222　第2部　オランダ船の脇荷貿易

程度であり，この2点の史料を突き合わせて一覧表にすると表49のように
なる。

　表49においては次のことを注記事項として掲げておく。

・本表では，各商品の品目はStaatに記されている順に並べた。

・オランダ側商品名各単語の表記について，その頭文字は，地名は大文字と
　し，その他は小文字で記した。

・オランダ側商品名で用いられている〻（＝同）は，それに相当する単語を記
　した。

・数字は基本的に算用数字で記した。

　表49作成によって注目される点として次のことを挙げておきたい。

◦まず，Staat・「積荷目録」共にリストが大変簡略な記事になっていること
　であるが，これは天保10・11年同様である。Staatはおそらく仕入額を
　政庁に知らせることを主眼に作成されたものだからであろう。また，「積
　荷目録」が簡略に記されているのは，19世紀も中期を迎えるに従って，
　輸入品も定例化してきており，従来よりおこなわれていたオランダ側から
　の積荷リストの提出とその翻訳は形式化し，それによって内容も簡略化さ
　れたものとなっていったからであろう。

◦Staatに記された全ての商品とその数量が脇荷取引されたわけではなかっ
　たことも天保10・11年同様である。従来の脇荷貿易の取引から推測して，
　[3][20][35] boeken（書籍類）や[28] geweren（ゲベール銃）は，脇荷取引以
　外の品であったと考えられる。なお，[14][16] ginghams（ギンガム，〔綿織
　物〕）・[15] chits（更紗）・[17] gestr: ginghams（縞柄のギンガム）については
　「おわりに」で考察する。

◦天保13年の脇荷物の種類は，基本的に従来と変わりはなく，薬品類，硝
　子器・陶磁器などの食器類，皮革・時計等々，雑貨・小間物類，さらに染
　織類・書籍類などからなっている。また，従来誂物として持ち渡られてい
　たゲベール銃が含まれていたことは特筆されよう。(28)

◦表49に記したように，天保13年の脇荷物の仕入総額は，39,323.00
　〔39,322.00〻〕グルデンであった。これは，契約書第4条の「カンバン貿

易のための資金は，（中略）その年の送り状の仕入値で，合計 50,000 グル
デン以上になってはならない」に従ってのことである。

第4節　天保14年の賃借人による脇荷貿易

　本節では，天保 14 年 (1843) の脇荷貿易について考察する。前節で考察し
たように，天保 14 年の脇荷貿易は前年度同様の契約に基づいておこなわれ
たと考えられる。

　天保 14 年には，バタヴィアからオランダ船 1 艘アンナ・エン・エリーサ
号 Anna en Elisa が長崎港に入津している。この船には脇荷貿易の賃借人
としてビッケルが乗船してきた。ビッケルが持ち渡った輸入品を記す「送り
状」Factuur および Opgave や Staat 類は残念ながら未詳である。

　第 1 節〜第 3 節同様，契約書第 7 条に従えば，賃借人は，全ての脇荷物
を長崎会所に知らせ，脇荷取引の品と脇荷取引以外の品とに分ける交渉に入
ったものと考えられる。天保 14 年の場合，前年度同様，この時点での史料
は未詳であるが，オランダ側から提出された脇荷物のリストを日本側（阿蘭陀
通詞）が翻訳したものとして「唐船紅毛差出控」[29]内の天保 14 年の「脇荷」
リスト，および「雑記」[30]内の天保 14 年の「脇荷物差出し」リストを挙げ
ることができる（以下，本節では両史料を「積荷目録」と記す）。両史料を一覧表に
して示すと表 50 のようであるが，両史料共に写しであり，商品項目数と数
量に若干の相違がみられる。

　脇荷取引は，本方取引と違いオランダ人が持ち渡った商品（脇荷物）を長崎
会所において日本商人が直接入札する取引であるが，天保 14 年の脇荷取引
の結果を記した日本側史料として「落札帳」[31]を挙げることができる。本史
料には取引商品名と数量ならびに落札価格と落札商人名を記録しており，天
保 14 年の脇荷取引の実態をみるのに最も詳細な現存史料といえる。したが
って，本節では，本史料によって得られた結果を作表し提示しておきたい
（表 51）。

　表 50・51 を照合することにより表 50 の「積荷目録」に記された「硝子

224　第2部　オランダ船の脇荷貿易

表50　天保14年(1843)脇荷物の積荷目録

| （ア）積　荷　目　録 | | （イ）積　荷　目　録 | |
商　　品	数　　量	商　　品	数　　量
脇荷		脇荷物差出し	
硝子器	6篭	硝子盃	6箱
焼もの類	4篭ト25箱	焼物類	4箱ト25籠
時計類	2篭	時計類	2箱
敷もの	1篭	敷物	1箱
ホントカル	2篭	ホルトカル油	2箱
	但96硝子		但96フラスコ
薬種類	19篭	薬種類	19箱
薬種るい并小間物入合せ	1箱	薬種并小間物入合	1箱
アンヘラ	4箱	アンヘラ	4梱
タマリンテ	5桶		
サボン	288箱		
水牛角	30,100斤	水牛角	10,100斤
白檀	11,100斤	白檀	31,100斤
藤	77,500斤	藤	77,500斤

出典・（ア）：「唐船紅毛差出控」（某所所蔵）。
　　・（イ）：「雑記」（国文学研究資料館所蔵）。

器」「焼もの類」「時計類」「敷もの」「薬種類」「薬種るい并小間物入合せ」などの具体的日本側商品名を確認できる。また，表50・51をみる限り，天保14年の脇荷物の種類は，基本的に従来と変わりはなく，薬品類，硝子器・陶磁器などの食器類，時計など，雑貨・小間物類，さらに染織類などからなっている。

　表51にある「壱番部屋　ヲロフ」「貳番部屋　ウーリツキス」の表記とその商品群の取引に関しては疑問が残る。これは，取引が禁じられている出島商館職員の取引をあらわしており，契約書第9条に違反している。同様のことは翌1844年の事例（第1部第1章第3節参照）でも指摘したところである。

　なお，表51に示した「品代り荷物」については「おわりに」で考察していきたい。

第4章　賃借人の脇荷貿易　Ⅱ　225

表51　天保14年(1843)オランダ船脇荷物の取引

	商　　品	数　　量	落札価格（匁銀）	落札商人
	〔夘五番割〕			
	夘阿蘭陀脇荷物			
(1)	壱番金縁金絵銘酒ひん	6 ツ	32匁8分	冨や
(2)	貳番同	12	20匁7分	同人
(3)	壱番金縁金絵角形銘酒瓶	52	22匁	村上
(4)	貳番同	67	17匁9分	長ヲカ
(5)	金縁金絵大基咞	13	10匁6分	長岡
(6)	金縁金絵基こつふ	357	6匁8分7厘	日ノ屋
(7)	壱番金縁金絵ちよく咞	30	8匁7分	村上
(8)	貳番同	25	6匁9分	永見や
(9)	三番同	137	7匁3分2厘	の登や
(10)	金縁猪口こつふ	27	6匁9分7厘	永見や
(11)	壱番基咞	23	7匁2分	若狭や
(12)	二番同	48	6匁8分	松野屋
(13)	三番基咞	46	6匁9分	ふしや
(14)	壱番無地角形薬瓶	184	10匁8分1厘	荒木
(15)	貳番同	332	8匁6分9厘	竹野屋
(16)	三番同	388	7匁8分9厘	の登や
(17)	四番同	386	5匁6分9厘3毛	金沢や
(18)	五番同	346	4匁8分2厘	竹のや
(19)	六番同	247	4匁1分9厘	長岡
(20)	壱番無地薬瓶	4 ツ	14匁3分	ふしや
(21)	二番同	76	7匁9分7厘	ふしや
(22)	壱番銀袂時計	1 ツ	1貫　2匁	吉井屋
(23)	貳番銀袂時計	1 ツ	800匁	吉井屋
(24)	三番同	4 ツ	450匁	木下
(25)	四番同	1 ツ	300匁	長岡
(26)	不残二付　袂時計	2 ツ	601匁	ヱサキ
(27)	壱番印判	22	4匁3分	下野屋
(28)	二番同	33	2匁9分3厘	武上や
(29)	手遊時計	6 ツ	3匁1分9厘	大坂や
(30)	外科道具	1 揃	108匁	長ヲカ
(31)	喰事道具	12 揃	4匁8分1厘	河内や
(32)	不残二付　折ハアカ	7 本	45匁8分	河内や
(33)	壱番巣入鏡	59 面	7分4厘	若狭屋
(34)	二番同	114 面	6分4厘	同人
(35)	三番同	402 面	1分6厘3毛	同人
(36)	疵蒲養生道具	1 揃	113匁9分	の登や
(37)	杳	2 足	50匁4分	永井や
(38)	咬𠺕吧草履	7 足	13匁8分	ふしや
(39)	壱番アンペラ	15 枚	231匁	村上
(40)	二番同	25 枚	61匁	吉井や
(41)	三番同	25 枚	38匁	吉井屋
(42)	染付八寸鉢	4,413 枚	2匁9分8厘	長岡
				大坂や
(43)	染付深手八寸鉢	2,794 枚	3匁3分3厘	日野屋
(44)	赤絵八寸鉢	3,173 枚	3匁7分1厘3毛	村上
(45)	赤絵深手同	1,592 枚	3匁6分2厘	同人
(46)	白焼八寸鉢	486 枚	2匁4分3厘	の登や
(47)	同深手同	659 枚	2匁3分9厘	あらき
(48)	壱番赤焼花生	10 ヲ	2匁8分	ふしや
				冨や
(49)	二番同	4 ツ	2匁1分9厘	長岡
(50)	三番同	90	4匁3分9厘	あらき
(51)	四番同	24	1匁3分9厘	長ヲカ

226　第2部　オランダ船の脇荷貿易

	商　　品	数　　量	落札価格　(脇荷銀)	落札商人
(52)	五番同	30	1匁1分1厘	長ヲカ
(53)	素焼壺	30	5匁1分	長ヲカ
(54)	壱番切子蓋付ふたもの	9ツ	55匁9分	の登や
(55)	二番同	4ツ	43匁	同人
(56)	三番同	8ツ	38匁9分	金沢屋
(57)	切子蓋付菓子入	3ツ	112匁	村上
(58)	壱番切子皿付蓋物	2揃	91匁9分	荒木
(59)	二番同	4揃	68匁5分	田原や
(60)	切子皿附菓子入	2揃	45匁3分	永井や
(61)	壱番切子菓子入	1ツ	115匁8分	下野新
(62)	二番同	1ツ	98匁	同人
(63)	三番切子菓子入	1ツ	110匁	下野十
(64)	四番同	1ツ	103匁9分	河内屋
(65)	五番同	1ツ	100匁	永井や
(66)	六番同	1ツ	100匁	吉井や
(67)	七番同	1ツ	108匁9分	永見や
(68)	八番同	1ツ	88匁8分	長ヲカ
(69)	九番同	1ツ	112匁	永見や
(70)	十番同	2ツ	43匁7分	永井や
(71)	不残二付　拾壱番同	4ツ	136匁	長ヲカ
(72)	壱番切子角形はち	2枚	56匁4分	永井や
(73)	貳番切子角形鉢	4枚	38匁7分	永井屋
(74)	壱番硝子鉢	6枚	18匁9分1厘	村上
(75)	二番同	6枚	15匁7分	村上
(76)	三番同	6枚	13匁8分3厘	村上
(77)	壱番切子皿付銘酒器	1揃	335匁	松のや
(78)	貳番同	1揃	235匁	若サヤ
(79)	三番同	1揃	342匁	永見や
(80)	四番同	1揃	298匁	村上
(81)	五番同	1揃	268匁	村上
(82)	切子弐ツ組ホンスキ	1揃	119匁	永井や 木下
(83)	切子五ツ組塩入	1組	111匁1分	若サや
(84)	壱番切子花生	1對	100匁8分	ふしや
(85)	貳番同	1對	90匁	吉井や ふしや
(86)	三番同	1對	100匁　　　3毛	の登や
(87)	四番同	1對	70匁	の登や
(88)	壱番切子引提	2揃	270匁	竹のや
(89)	二番同	1揃	281匁	の登や
(90)	三番同	1揃	279匁	の登や
(91)	色切子瓶	2ツ	75匁	の登や
(92)	同切子菓子入	2ツ	69匁3分	村上
(93)	不残二付　色切子大墓こつふ	2ツ	135匁	下野や
(94)	同切子墓哖	2ツ	56匁3分	永井や
(95)	壱番色切子水呑	2ツ	38匁8分	木下
(96)	二番同	2ツ	31匁4分	村上
(97)	色硝子水呑	4ツ	12匁1分	村上
(98)	不残二付　同硝子猪口哖	4ツ	45匁	下野屋
(99)	壱番色硝子墓哖	24	6匁6分6厘	長ヲカ
(100)	二番同	12	4匁3分	日ノ屋
(101)	三番同	12	4匁1分	の登や
(102)	壱番墓付切子花生	1對	74匁	木下
(103)	貳番墓付切子花生	5對	67匁	木下
(104)	三番同	1對	58匁9分	村上
(105)	墓付硝子花生	2對	120匁	永井や

第4章　賃借人の脇荷貿易　II　227

	商　　　品	数　　量	落札価格　(匁罫前鑑)	落札商人
(106)	硝子油次	2ツ	40匁	吉井や
(107)	不残二付　同薬量	3ツ	29匁	下新
(108)	同断　壱番白焼金縁蓋物	2ツ	89匁	長ヲカ
(109)	二番同	2ツ	35匁9分	下のや
(110)	三番同	2ツ	38匁8分	ふしや
(111)	四番同	4ツ	31匁8分	ふしや
(112)	五番同	2ツ	31匁9分	長ヲカ
(113)	六番白焼金縁蓋物	1ツ	16匁	長ヲカ
(114)	壱番白焼金縁皿付蓋物	2揃	25匁9分	長ヲカ
(115)	二番同	2揃	18匁	吉井や
(116)	三番同	1揃	15匁1分	村上
(117)	四番同	2揃	10匁6分	同人
(118)	白焼金縁蓋付とんふり	1ツ	37匁	長ヲカ
(119)	壱番白焼金縁同	3ツ	28匁	同人
(120)	二番同	4ツ	18匁	吉井や
(121)	壱番白焼金縁菓子入	2ツ	11匁6分	村上
(122)	二番同	6ツ	11匁6分	村上
(123)	壱番白焼金縁三枚組長鉢	1組	135匁	下十
(124)	貳番同	4組	79匁	下十
(125)	壱番白焼金縁はち	2枚	61匁9分	永井や
(126)	二番同	2枚	31匁1分	木下
(127)	三番同	9枚	30匁9分	ふしや
(128)	四番同	2枚	28匁	木下
(129)	壱番白焼金縁七寸鉢	24枚	9匁3分8厘	村上
(130)	二番同	69枚	7匁5分3厘	村上
(131)	白焼金縁弐枚組長はち	1組	80匁	の登や
(132)	壱番白焼金縁長はち	4枚	38匁	大坂や
(133)	貳番白焼金縁長はち	2枚	21匁3分	若サヤ
(134)	三番同	5枚	18匁	長ヲカ
(135)	四番同	7枚	12匁3分	村上
(136)	不残二付　五番同	2枚	18匁	長ヲカ 木下
(137)	白焼金縁花形皿	6枚	7匁8分	中村
(138)	壱番白焼金縁角形鉢	2枚	21匁9分	下十
(139)	二番同	8枚	14匁2分	木下
(140)	白焼金縁鉢付菓子入	2揃	23匁1分	木下
(141)	青絵三枚組長はち	2組	70匁3分	村上
(142)	不残二付　壱番焼物器	35品	313匁	の登や
(143)	不残二付　貳番焼物器	18品	208匁	荒木
(144)	白焼四寸皿	458枚	1匁6分	下のや
(145)	同小皿	220枚	1匁　　8厘	入来や
(146)	不残二付　同金縁四ツ組茶器	2揃	165匁	荒木
(147)	素焼四ツ組同	4揃	68匁8分	河内屋
(148)	染付四ツ組同	1揃	41匁9分	村上
(149)	素焼皿付小植付鉢	12揃	11匁1分	荒木
(150)	素焼小植木鉢	12	6匁7分	荒木 田原や
(151)	壱番素焼花さら	4ツ	10匁9分	吉井や
(152)	二番同	8ツ	8匁1分	桝や
(153)	三番素焼花さら	6ツ	7匁2分3厘	ふしや
(154)	四番同	8ツ	5匁8分	荒木
(155)	壱番白焼金縁小形茶キ	6揃	39匁	荒木
(156)	二番同	3揃	30匁8分	若サや
(157)	三番同	1揃	40匁	吉井や
(158)	辛子入	12	7匁2分	木下
(159)	壱番鎖り付手遊時計	203ツ	5匁3分9厘	荒木

228　第2部　オランダ船の脇荷貿易

	商　　　品	数　　量	落札価格 (脇荷銀)	落札商人
(160)	二番同	72	4匁	吉井や
(161)	三番同	118	2匁7分	荒木
(162)	壱番手遊ひ時計	120	3匁3分	冨や
(163)	貳番手遊時計	120	1匁9分	若サや
(164)	壱番かんさし	19本	1匁4分2厘	三枝
(165)	二番同	57本	2匁6分1厘	大坂や
(166)	三番同	64本	1匁8分	大坂や
(167)	四番同	85本	5分3厘	村上
(168)	壱番留針	26本	6匁8分	冨や
(169)	二番同	42本	6匁	冨や
(170)	三番同	39本	5匁3分	冨や
(171)	四番同	218本	2匁4分	木下
(172)	五番同	94本	1匁3分1厘	木下
(173)	六番留はり	150本	2匁9分	武上や
(174)	七番同	144本	1匁2分	大坂や
(175)	八番同	108本	9分3厘	下十
(176)	壱番玉入指輪	105ツ	2匁9分	冨や
(177)	二番同	95	1匁5分	冨や
(178)	三番同	404ツ	1匁1分1厘	木下
(179)	四番同	396	7分1厘	荒木
(180)	五番同	132	2匁2分	武上や
(181)	六番同	84	3匁1分	武上や
(182)	七番同	540	3分4厘	あらキ
(183)	八番玉入指輪	46	2分	あらキ
(184)	九番同	1,440	2分8厘	長ヲワカ
(185)	時計長鎖り	120筋	17匁8分	竹のや
(186)	壱番置時計	1ツ	879匁9分	の登や
(187)	二番同	1ツ	808匁	村上
(188)	口廣薬瓶	59	52匁6分	永見や
(189)	い蒲団皿紗	39	51匁8分	入来や
(190)	ろ同	41	47匁	ふしや
(191)	カフリ皿紗	120	23匁1分	木下
(192)	い綿タヒイ	1切	120匁	永見や
(193)	ろ綿タヒイ	1切	113匁	竹のや
(194)	は同	9切	96匁7分	竹のや
(195)	い紋綿天鷲絨	2切	87匁	竹のや
(196)	ろ同	2切	43匁9分	三枝
(197)	タンキリ	835斤	19匁6分	竹のや
(198)	キナキナ	835斤	131匁9分	今村 万や
(199)	ヱイスランスモス	310斤	31匁7分	今村
(200)	アラヒヤコム	425斤	34匁3分	今村
(201)	マク子シヤ	175斤	34匁5分	今村
(202)	送リカンキリ	425斤	42匁9分	桝屋
(203)	コムアンモニヤツク	170斤	84匁6分	今村
(204)	シキターリス	87斤	287匁9分	吉井や
(205)	ケンチヤンウヲルトル	23斤	6匁9分	吉井や
(206)	細末イペカコアナ	50瓶	107匁9分	桝屋
(207)	セメンシイナ	65斤	563匁9分	竹のや 今村 万や
(208)	ヲツセンガル	21瓶	75匁9分	今村
(209)	ヱキスタラクトシキユウダ	202瓶	32匁9分	今村
(210)	サアレツプ	170斤	41匁6分	今村
(211)	テリヤアカ	300鑵	7匁4分	桝や
(212)	細末ウヱインステーン	25斤	13匁9分	の登や

第4章　賃借人の脇荷貿易　II　　229

	商　　品	数　　量	落札価格　（鬮賴）	落札商人
(213)	マンナ	70 斤	53 匁 6 分	木下
(214)	ゼアユイン	170 斤	134 匁 6 分	竹のや
(215)	ウエインステンシユル	65 斤	84 匁 1 分	金沢や
(216)	カミルレ	255 斤	18 匁 1 分	三吉や
(217)	ゼンナブラーテン	173 斤	36 匁	大坂や
(218)	ブリイルブルーム	23 斤	22 匁 9 分 1 厘	長ヲカ の登や
(219)	サスサハリルラ	23 斤	7 匁 9 分	吉井や
(220)	ラーデキスコロンボー	3 斤	56 匁	永井や
(221)	ズワフルブルーム	11 斤	13 匁 3 分	今村
(222)	ア子イストロップ	8 斤	40 匁	ふしや
(223)	シユルブスソーダー	85 斤	9 匁 1 分	吉井や
(224)	ボーラキス	1 斤 8 合	50 匁 3 分	の登や
(225)	不残ニ付　キーナソウド	2 瓶	1 貫 150 匁	永井や
(226)	細末ポツクホウト	196 斤	13 匁 1 分 9 厘	の登や
(227)	サスサフラス	18 斤	13 匁 9 分	長ヲカ
(228)	アルニカウヲルトル	5 斤	100 匁	永井や
(229)	フロインステーン	9 斤	11 匁 9 分	村上
(230)	ヱキスタラクトヘラトーナ	1 瓶	161 匁	長ヲカ
(231)	タマリンデ	530 斤	5 匁 3 分 4 厘	の登や
(232)	阿魏	85 斤	186 匁 2 分	永井や
(233)	青黛	10 斤	37 匁 5 分	永見や
(234)	薄荷水	7 硝子	6 匁 1 分 9 厘	長ヲカ
(235)	ラウダニユム	1 瓶	77 匁 7 分	長ヲカ
(236)	スフリーテスニツトルドルシス	31 瓶	49 匁 3 分	村上
(237)	ホフマン	37 瓶	94 匁 5 分	三枝
(238)	貳番サフラン	8 斤 1 合 5 勺	639 匁	永井や
(239)	サホン	3,200 斤	6 匁 7 分 4 厘	三枝 今村 三国や
(240)	テレメンテイン油	44 硝子	61 匁 9 分	の登や
(241)	ホルトカル油	95 硝子	67 匁 9 分	三枝 三国や
(242)	壱番キユベヘ油	6 瓶	8 匁 4 分	村上
(243)	二番同	1 瓶	8 匁 8 分 8 厘	長ヲカ
(244)	薄荷油	10 瓶	46 匁 8 分	ふじや
(245)	ヲクユムコロトーニス	10 瓶	5 匁 5 分	今村
(246)	コムテレメン油	50 斤	60 匁	三国ヤ 三枝
(247)	水牛角	10,100 斤	60 匁 1 分 9 厘	永見や
(248)	白檀	31,100 斤	5 匁 2 分	日野屋
(249)	藤	77,500 斤	1 匁 1 分 5 厘 9 毛	今村 三国や 大坂や 三枝
	壱番部屋　ヲロフ[*1]			
(250)	切子盆付銘酒器	1 揃	193 匁	若サや
(251)	銘酒ひん	2 ツ	41 匁	㋹
(252)	菓子入	6 ツ	18 匁 9 分	武上や
(253)	壱番甃こつふ	10 ヲ	11 匁	㋹
(254)	貳番甃こつふ	10 ヲ	8 匁 6 分	永見や
(255)	猪口こつふ	6 ツ	16 匁 9 分	今村
(256)	不残ニ付　こつふ	2 ツ	27 匁	松野屋
(257)	白焼金縁絵入茶器	1 揃	250 匁	吉井や

	商　品	数　量	落札価格 (脇荷銀)	落札商人
(258)	不残二付　時計鎖り	7 筋	30 匁	武上や
(259)	不残二付　寒暖昇降	2 ツ	223 匁	同人
(260)	虫めかね	1 揃	100 匁	木下
(261)	遠めかね	1 本	265 匁 9 分	大坂や
(262)	小形同	1 本	83 匁 9 分	金沢や
(263)	金入	5 ツ	16 匁 4 分	下十
	貳番部屋　ウーリツキス※2			
(264)	壱番切子皿	20 枚	16 匁 8 分 3 厘	吉井や
(265)	二番同	10 枚	11 匁 3 分 4 厘	吉井や
(266)	切子皿附菓子入	2 揃	40 匁 9 分	吉井や
(267)	不残二付　硝子器	12 品	161 匁	ヱサキ
(268)	蓋こつふ	20	8 匁 3 分 5 厘	松のや
(269)	不残二付　銘酒瓶	10 ヲ	179 匁 8 分	ヱ
(270)	硝子針箱	2 ツ	30 匁	永見や
	三番部屋　寅年別段之分			
(271)	玉入櫛	1 ツ	48 匁	木下
(272)	口貫キ	4 ツ	23 匁 7 分	永井や
(273)	文鎮	6 ツ	26 匁	村上
(274)	メリヤス手貫キ	12 揃	17 匁 1 分	下十
(275)	附木	250 筒	4 匁 　　1 厘	の登や
(276)	羊角燈籠	4 ツ	40 匁	下新
(277)	如露	6 ツ	25 匁 2 分	長ヲカ
(278)	壱番アンヘラ	5 枚	250 匁	吉井や
(279)	二番同	5 枚	65 匁 7 分	武上や
(280)	帆木綿	16 反	15 匁 4 分	三枝
	〔外四番割〕 品代り荷物			
(281)	い尺長上皿紗	134 反	166 匁	中の
(282)	ろ同	499 反	143 匁 6 分	中の
(283)	は壱番同	469 反	189 匁 8 分	松本や
(284)	は貳番同	99 反	166 匁 9 分	吉更や
(285)	に尺長上皿紗	100 反	190 匁 3 分	村上
(286)	ほ同	300 反	165 匁 8 分	入来や
(287)	尺長皿紗	144 反	235 匁	松のや 日のや
(288)	類違奥嶋	40 反	231 匁 9 分	武上や
(289)	薄手又布嶋	68 反	185 匁 9 分	吉井や
(290)	嶋金巾	180 反	118 匁 3 分	永見や
(291)	嶋綾木綿	62 反	156 匁 9 分	吉更や
(292)	綿漢嶋	400 反	149 匁	竹のや 長田や
(293)	廣東人参	485 斤	173 匁	永見や
(294)	肉桂	250 斤	13 匁 1 分	村上
(295)	太服皮	500 斤	15 匁 9 分	今村

出典・「落札帳」（長崎大学附属図書館経済学部分館所蔵武藤文庫）。
註・ヱ＝ヱサキ
　・※1ヲロフは、J. M. Wolff, N゜. Pakhuismeester, Boekhouder en Scriba、もしくは、A. J. J. de Wolff, adssistent.
　・※2ウーリツキスは、H. F. Oelrichs, adssistent.
　・「不残二付」は総額を意味すると考えられる。

おわりに

　以上，本章においては，天保10年(1839)から同14年(1843)の賃借人による脇荷貿易について，現存する日蘭両史料を検討し，その実態を考察した。

　オランダ船の来航がなかった天保12年を除いて，天保10・11・13・14年の脇荷貿易は，それぞれ賃借人とバタヴィア政庁の一部局である物産民間倉庫局長との間で結ばれた契約書に原則として基づいておこなわれていたと考えられる。しかし，天保11年の場合は，賃借人がバタヴィアで日本に持ち渡る商品を記したStaat段階では脇荷物の仕入総額が50,000グルデンを超えており，契約書第4条に反していた。また，「落札帳」が残る天保14年には，出島商館職員の脇荷取引への参加がみられ契約書第9条に反していた。

　脇荷物の種類については，従来と変わりはなく，薬品類，硝子器・陶磁器などの食器類，皮革・時計等々，雑貨・小間物類，さらに染織類・書籍類などからなっていた。また，天保13年には，従来誂物となっていたゲベール銃が持ち渡られていたことは特筆されるであろう。

　さらに，1839年度用の契約書から加えられた賃借人の政庁勘定への資金投入の条項(第16条)は注目に値する。1839年度段階では上限が20,000カンバンテールと規定されていたが，当初からこの上限は守られず超過して投入されていた(23,546.97カンバンテールの資金投入)。そのためか1842年度用の契約書では上限がはずされ，「政庁は，その〔政庁の〕カンバン資金に，より多く必要とする時は，その分を賃借人〔の資金〕から受け取り」と変更され，「政庁は，そのカンバン銀をバタヴィアで5〔カンバン〕テール＝8グルデンの相場で〔賃借人に〕清算される」(第13条)ことになった。これらのことより政庁が賃借人に優遇措置を施していたと同時に，お互いに補完しあう密接な関係にあったことが読み取れよう。

　以下，「おわりに」においては，表51にみられる「品代り荷物」の取引について考察を加え本章のむすびとしたい。

契約書第7条に「会所がどの商品がカンバン〔脇荷取引〕で販売され，どの商品が合意価格でカンバン〔脇荷取引〕以外で長崎会所に譲られるかを決めるため交渉に入らなければならない」と記しているが，表51に示した「品代り荷物」は，「合意価格でカンバン〔脇荷取引〕以外で長崎会所に譲られる」商品群の一部であったと考えられる。この「品代り荷物」の取引はオランダ側でruilhandel（ruiling handel）(交換貿易)とよばれ，賃借人が持ち渡った品物を日本側(長崎会所)が銀建てで購入し，対価となる商品を日本側(長崎会所)が賃借人に渡した取引であり，脇荷取引以外の取引であったと考えられる。[32] しかし，「品代り荷物」の取引が脇荷取引以外の取引の全てであったというわけではない。[33]

鶴見大学図書館所蔵の「〔反物寄〕」類より確認できる天保11年および同13年の脇荷物の取引を一覧表にするとそれぞれ表52・53のようになる。この表中の取引名にみられる「ワキニ」「脇荷」は脇荷取引であり，「紅毛船品代り」「紅毛品代り」が「品代り荷物」の取引である。表52に示した「〔金巾〕」類は，前掲 表48の[1] gedrukte katoenen(形付木綿)1,286反，[2] roode gedrukte katoenen(赤色形付木綿)150反の中の一部の取引と考えられる。[34] また，表53に示した「〔皿紗〕」類・「〔木綿〕」類は，前掲表49の[14] ginghams(ギンガム，〔綿織物〕)3箱，[15] chits(更紗)3箱，[16] ginghams(ギンガム，〔綿織物〕)1箱，[17] gestr: ginghams(縞柄のギンガム)2箱の中の一部の取引と考えられる。このように天保11年(表48)・同13年(表49)の例をみるとオランダ側史料に品名があり，日本側史料(「積荷目録」)に品名が記されていない染織品が「品代り荷物」，すなわち脇荷取引以外の取引になっている事例を多くみることができるが，表53の「カフリ〔皿紗〕」が「ワキニ」取引であることより必ずしもそうとはいえないことを付け加えておく。

「品代り荷物」は，上記史料に「合意価格でカンバン〔脇荷取引〕以外で長崎会所に譲られる」とあることより，本方荷物と同じように長崎会所が賃借人より「直組」の上で購入し，それを会所が日本商人に入札販売したものと考えられる。「品代り荷物」は本方荷物の取引と同じ番割(長崎会所での1年間

第4章 賃借人の脇荷貿易　II　233

表52　天保11年(1840)脇荷物の取引(反物類)

番　割	取　引　名	商　　　品	数　量	落札価格 (脇荷銀)	落札商人
子三番割	子紅毛船品代り	い尺長上〔皿紗〕	12 端	543 匁 7 分	山　田
	同	ろ　　全	200 反	234 匁	今村や
					荒　木
	同	は　　全	96 反	224 匁 3 分	木　下
	同	に　　全	97 反	220 匁	木　下
	同	尺長〔皿紗〕	46 端	238 匁	名古や
子四番割	子紅毛ワキニ	かふり〔皿紗〕	6 ツ	20 匁	ヱサキ
	子紅毛ワキニ	かふり〔皿紗〕	63	27 匁	松本や
	子追脇荷	かふり〔皿紗〕	16	25 匁 9 分	松本や
子三番割	子紅毛船品代り	形付嶋〔金巾〕	144 端	155 匁	永見や
	同　品代り	尺長赤〔金巾〕	99 端	173 匁 6 分	の口や

出典・「皿紗類・海黄類・薄糸・カルトースサアイ・ガーセン〔反物寄〕」(鶴見大学図書館所蔵)。
　　・「紗綾類・綸子類・金巾類・皿多嶋・駱駝織・弁柄嶋・笹緑り・ピケイ〔反物寄〕」(鶴見大学図書館所蔵)。

表53　天保13年(1842)脇荷物の取引(反物類)

番　割	取　引　名	商　　　品	数　量	落札価格 (脇荷銀)	落札商人
寅弐番割	寅紅毛弐艘分ワキニ	カフリ〔皿紗〕	12	15 匁 1 分	吉梗屋
	同	全	23	12 匁 5 分	長ワカ
	寅紅毛弐艘分追ワキニ　壱番部や	一カフリ〔皿紗〕	60	19 匁 1 分	小田や
		二　　全	36	9 匁 1 分	長ワカ
	同　　弐番部や	一　　全	6 ツ	24 匁 1 分	長田や
	同　　弐番部や	二カフリ〔皿紗〕	10 ヲ	9 匁	長ワカ
	同　　弐番部や	三　　全	2 ツ	13 匁 1 分	三枝
寅三番割	寅紅毛品代り	い尺長上〔皿紗〕	50 端	173 匁 8 分	松本
	寅紅毛弐艘分品代り	ろ尺長上〔皿紗〕	422 端	178 匁	三枝
	同	は　　全	132 端	151 匁	ヱ
					野口や
					入来や
	同	に　　全	128 端	148 匁 9 分	ヱサキ
					入来や
	同	ほ壱番〔皿紗〕	10 反	195 匁	松本
	同	ほ二〔皿紗〕	158 反	200 匁 9 分	ふしや
	同	尺長〔皿紗〕	80 反	141 匁	ふしや
寅三番割	寅紅毛船品代り	綿	95 斤	2 匁 4 分	三枝
寅三番割	寅紅毛品代り	い嶋綾〔木綿〕	23 反	253 匁	長田や
	同	ろ　　全	5 反	211 匁	森本
	同	は　　全	16 反	204 匁 3 分	の口や
	同	い色綾〔木綿〕	2 反	250 匁 9 分	桝や
	同	ろ　　全	5 反	204 匁 9 分	のとや
寅三番割	寅紅毛品代り	帆木綿	35 反	10 匁 2 分	長田や

出典・「皿紗類・海黄類・薄糸・カルトースサアイ・ガーセン〔反物寄〕」(鶴見大学図書館所蔵)。
　　・「屑紛糸・木綿綛・綿・紛糸・打綛・白糸・金糸・銀糸〔反物寄〕」(鶴見大学図書館所蔵)。
　　・「絹紬・帰雁嶋・色綿紬・綿漢嶋・木嶋類・布類・奥嶋類・コンテレキ・帆木綿・芙蓉織・もんぱ・
　　　マルリンデーケルス〔反物寄〕」(鶴見大学図書館所蔵)。
　註・ヱ＝ヱサキ

における入札取引の順番割)で取引されることが多く，さらに本商人作成の取引
帳簿(「見帳」や「落札帳」など)によっては，本方荷物の各商品名の右上に朱書
きで，長崎会所がオランダ側より購入した価格(仕入値)が記されていること
があるが，「品代り荷物」にも同じように商品名の右上に朱書きで価格(仕入
値)が記されている事例を確認することができる。すなわち，「品代り荷物」
は脇荷物でありながら，日本では本方荷物と同じ取引手続きのもとで販売さ
れたと考えられる。したがって，「品代り荷物」の取引量が増えれば賃借人
は長崎会所の統制を受けることが増えるため，賃借人を守る立場にある商館
長にとっては取引をめぐって問題が生じる可能性が増加し，先述のように
1839 年 5 月 14 日付けの決議録抜粋で，第 7 条の規定を「政庁にとって不都
合なことになるかもしれない」と述べているのではないだろうか。

　賃借人による脇荷貿易について，本章では天保 10 年(1839)から同 14 年
(1843)までを考察したが，翌天保 15 年(1844)の脇荷貿易については，既に第
1 部第 1 章第 3 節で考察をおこなっているため，この年度の詳細はそちらに
譲る。なお，1842 年 5 月 1 日付けの決議録抜粋には，

　　1842 年と 1843 年に関する 1841 年 4 月 6 日の決議に従って〔決められ
　　た〕日本でのカンバン貿易に関する請願者〔ビッケル〕の現在の契約をも
　　って，さらに，1844 年に向けて延長することの権限を〔ビッケルに〕与
　　える。(35)

とあり，賃借人ビッケルのもと，1842 年・1843 年の契約は 1844 年にも踏
襲されていることを付け加えておく。

　註
（ 1 ）　Kontrakt onder nadere goedkeuring der Regering gesloten tusschen den
　　waarnemend Directeur der Producten en Civiele Magazijnen namens het Gou-
　　vernement, en den Heer C: Lissour krachtens de autorisatie verleend bij be-
　　sluit van den 8 April 1838 N.º 7. Ingekomen stukken 1838. 〔Japan Portefeuille
　　N.º 36. 1838〕MS. N.A. Japans Archief, nr. 459 (K.A. 11812). (Tōdai-Shiryō Mi-
　　crofilm: 6998-1-87-2).
（ 2 ）　Kontrakt onder nadere goedkeuring der Regering gesloten tusschen den di-
　　recteur van 's Lands Producten en Civiele Magazijnen namens het Gouverne-

ment en de kooplieden <u>Gevers en Van Braam</u>: krachtens de autorisatie ver-
leend bij Resolutie van den 26 Junij 1835 N.° 19. Ingekomen stukken 1836.
[Japan Portefeuille N.° 34. 1836] MS. N.A. Japans Archief, nr. 457 (K.A. 11810).
(Tōdai-Shiryō Microfilm: 6998-1-85-13).

(3) Extract uit het Register der Besluiten van den Gouverneur Generaal van
Nederlandsch Indië. Buitenzorg, den 14.° Maij 1839. Ingekomen stukken 1839.
[Japan Portefeuille N.° 37. 1839] MS. N.A. Japans Archief, nr. 460 (K.A. 11813).
(Tōdai-Shiryō Microfilm: 6998-1-87-17).

(4) 第2部 第3章 第3節 参 照。Extract uit het Register der Besluiten van den
Gouverneur Generaal van Nederlandsch Indië. Buitenzorg, den 10 April 1839.
Ingekomen stukken 1839. [Japan Portefeuille N.° 37. 1839] MS. N.A. Japans Ar-
chief, nr. 460 (K.A. 11813). (Tōdai-Shiryō Microfilm: 6998-1-87-17).

(5) Opgave van het factuur, welke door den pachter van den kambang handel
over het jaar 1839 aan boord van het schip Eendragt kapt. Gieseke wenschte
te laden. Ingekomen stukken 1839. [Japan Portefeuille N.° 37. 1839] MS. N.A.
Japans Archief, nr. 460 (K.A. 11813). (Tōdai-Shiryō Microfilm: 6998-1-87-17).

(6) 「崎陽齋来目録」八(早稲田大学図書館所蔵)。

(7) 「唐船紅毛差出控」(某所所蔵)。所蔵者の希望により本章では「某所所蔵」と記して
おく。

(8) 例えば，誂物のリストおよびその翻訳リストにおいても，天保5年(1834)以降
簡略に記す傾向がめだっている(拙著『日蘭貿易の構造と展開』吉川弘文館，平成
21年，141頁および第3部参照)。

(9) De Directeur der Producten en Civiele Magazijnen aan 't opperhoofd in Ja-
pan. Batavia, den 25 Maart 1840. Ingekomen stukken 1840. [Japan Portefeuille
N.° 38. 1840] MS. N.A. Japans Archief, nr. 461 (K.A. 11814). (Tōdai-Shiryō Mi-
crofilm: 6998-1-88-16).

(10) Kontrakt onder nadere goedkeuring der Regering gesloten tusschen den Di-
recteur der Producten en Civiele Magazijnen namens het Gouvernement, en
den Heer C. Lissour krachtens de autorisatie verleend bij besluit van den 15
Junij 1839 N.° 1. Ingekomen stukken 1839. [Japan Portefeuille N.° 37. 1839] MS.
N.A. Japans Archief, nr. 460 (K.A. 11813). (Tōdai-Shiryō Microfilm: 6998-1-87-
17).

(11) Extract uit het Register der Besluiten van den Gouverneur Generaal van
Nederlandsch Indië. Buitenzorg, den 15.° Junij 1839. Ingekomen stukken 1839.
[Japan Portefeuille N.° 37. 1839] MS. N.A. Japans Archief, nr. 460 (K.A. 11813).

236　第2部　オランダ船の脇荷貿易

(Tōdai-Shiryō Microfilm: 6998-1-87-17).

(12)　第2部第3章第3節・第4節参照。Extract uit het Register der Besluiten van den Gouverneur Generaal van Nederlandsch Indië. Buitenzorg, den 10 April 1839. Ingekomen stukken 1839. [Japan Portefeuille N°. 37. 1839] MS. N.A. Japans Archief, nr. 460 (K.A. 11813). (Tōdai-Shiryō Microfilm: 6998-1-87-17).

(13)　註(11)参照。

(14)　補償金については，第2部第3章第2節2参照。

(15)　Extract uit het Register der Besluiten van den Gouverneur Generaal van Nederlandsch Indië. Buitenzorg, den 10° April 1840. Ingekomen stukken 1840. [Japan Portefeuille N°. 38. 1840] MS. N.A. Japans Archief, nr. 461 (K.A. 11814). (Tōdai-Shiryō Microfilm: 6998-1-88-16).

(16)　同上。Translaat van een schriftelijke bevel van Tagoetsi Kagano Kami Sama, door den opperburgemeester Takasima Sirotaju aan het opperhoofd voor gelezen en gegeven. Desima. 11. Zugoeats 1839. Ingekomen stukken 1839. [Japan Portefeuille N°. 37. 1839] MS. N.A. Japans Archief, nr. 460 (K.A. 11813). (Tōdai-Shiryō Microfilm: 6998-1-87-17). Grandisson aan Tagoetsi Kagano Kami, Gouverneur van Nagasaki, Desima, 16 November (11. Ziugoats) 1839. Correspondentie 1839. [Japan Portefeuille N°. 37. 1839] MS. N.A. Japans Archief, nr. 567 (K.A. 11813). (Tōdai-Shiryō Microfilm: 6998-1-87-16).

(17)　Staat van goederen welke den Pachter der Kambang handel op Japan voor den jare 1840 mede neemt. Ingekomen stukken 1840. [Japan Portefeuille N°. 38. 1840] MS. N.A. Japans Archief, nr. 461 (K.A. 11814). (Tōdai-Shiryō Microfilm: 6998-1-88-16).

(18)　「崎陽齋来目録」九(早稲田大学図書館所蔵)。

(19)　註(7)参照。

(20)　どのような形状の品物であったかは現状では未詳である。

(21)　天保6年や同9年の場合は，送り状Factuurの段階で50,000グルデンを超過しており，契約書に違反している事例はみられる。

(22)　西澤美穂子「アヘン戦争と駐日オランダ商館長ビック」(友田昌宏編『幕末維新期の日本と世界―外交経験と相互認識―』吉川弘文館，平成31年)27～33頁参照。

(23)　Extract uit het Register der Besluiten van den Vice President Waarnemenden Gouverneur Generaal van Nederlandsch Indië. Buitenzorg, den 1ᵉⁿ Mei 1842. Ingekomen stukken 1842. [Japan Portefeuille N°. 40. 1842] MS. N.A. Japans Archief, nr. 463 (K.A. 11816). (Tōdai-Shiryō Microfilm: 6998-1-89-11).

(24)　Extract uit het Register der Besluiten van den vice President Waarnemend

Gouverneur Generaal van Nederlandsch Indië. Buitenzorg, den 6^{en} April 1841. Ingekomen stukken 1841. [Japan Portefeuille N°. 39. 1841] MS. N.A. Japans Archief, nr. 462 (K.A. 11815). (Tōdai-Shiryō Microfilm: 6998-1-89-1).

(25)　Opgegeven Nieuws, Facturen en Monsterrol. 1842. [Japan Portefeuille N°. 40. 1842] MS. N.A. Japans Archief, nr. 1463 (K.A. 11816). (Tōdai-Shiryō Microfilm: 6998-1-89-14). 内の Monsterrol。

(26)　Staat van door den Pachter der Kambang Handel op Japan mede te nemene goederen voor den jare 1842. Ingekomen stukken 1842. [Japan Portefeuille N°. 40. 1842]MS. N.A. Japans Archief, nr. 463 (K.A. 11816). (Tōdai-Shiryō Microfilm: 6998-1-89-11).

(27)　「崎陽齋来目録」十一（早稲田大学図書館所蔵）。

(28)　後年の事例であるが，弘化2年（1845）の脇荷物の中に jagt geweren gevraagd door twee oppertolken voor eigen gebruik（二人の大通詞に自分用として求められたヤーゲル銃）が持ち渡られている。これは，商品名からわかるように脇荷取引ではなく，阿蘭陀大通詞によって注文されて持ち渡られたものである。なお，ヤーゲル銃は，猟銃のこと。狙撃用に使われた。七条の星形ライフルが施された前装式施条銃。戯放銃ともいう（第2部第5章第2節1参照）。

(29)　註(7)参照。

(30)　「雑記」（国文学研究資料館所蔵）。

(31)　「落札帳」（長崎大学附属図書館経済学部分館所蔵武藤文庫）。

(32)　後年の史料になるが，1849年7月3日付けの決議録抜粋には，

　　c　1849年6月30日のナンバー3282で次のことを伝えている。

　〔すなわち，〕日本政府側から，長崎奉行の名において，長崎会所によって，オランダ貿易の商館長に対する注文は，次の四つの部からなる。

　フローテンすなわち会社貿易〔本方貿易〕のため〔の注文〕，

　政庁がおこなっている別の貿易〔別段商法〕のため〔の注文〕，そして，

　カンバン貿易〔脇荷取引〕のため〔の注文〕，そして，

　交換貿易〔品代り取引〕のため〔の注文〕であるが，最後の二つは賃借人が供給するものである。

　　この最後の〔二つの貿易に対する〕注文の一部は，商館長から賃借人に，〔賃借人が〕それに応じるために手渡される。

とある。これは，当時の日本側からオランダ側への注文について記したものであるが，この史料により「品代り取引」ruilhandel (ruiling handel)は，カンバン貿易（ここでは，脇荷取引を意味する）と共に賃借人が供給するものであり，商館長の指揮のもとに取引がおこなわれていたことがわかる（Extract uit het Register der

Besluiten van den Minister van Staat, Gouverneur Generaal van Nederlandsch Indië. Batavia, den 3 Julij 1849. Ingekomen stukken 1849. MS. N.A. Japans Archief, nr. 1632（Aanwinsten, 1910, I: No. 24）.（Tōdai-Shiryō Microfilm: 6998-1-122-7）.）。

　また，この「品代り取引」ruilhandel（ruiling handel）は，賃借人が持ち渡った品物を日本側が銀建てで購入し，対価となる商品を日本側から賃借人に渡した取引であったと考えられる。日本側からオランダ側に渡された Waarschuwing voor den ruiling handel voor het aanstaande jaar 1846.（来たる 1846 年に向けての交換貿易〔品代り取引〕に対する警告）では，

　　来年は薬品を 6 品目，反物を 4 品目ここ〔日本〕に持ってくるように。ここ〔日本〕から持ち帰る品は，要求された物を〔こちらで〕用意しておく。しかし，銅線については，用意できるかどうか約束はできない。何故なら，この品は例年ここ〔日本〕にはわずかしかないので，その他の品なら準備が可能である。

と記しており，交換貿易（＝品代り取引）は，日蘭双方がお互いに要求する商品を交換するものであったと思われる。もちろん，その前提としては上述のように銀建てでの取引であったと考えられる（Waarschuwing voor den ruiling handel voor het aanstaande jaar 1846. Verslag A, 1845. MS. N.A. Japans Archief, nr. 1720（Aanwinsten, 1910, I: No. 80）.（Tōdai-Shiryō Microfilm: 6998-1-130-5）.）。

(33)　例えば，「書籍」は脇荷取引はされず，注文品（御用書籍）として取引されている。

(34)　表 52 に示した「〔皿紗〕」類も木綿類であることより，表 48 の[1] gedrukte katoenen（形付木綿）1,286 反，[2] roode gedrukte katoenen（赤色形付木綿）150 反の中の一部の取引とも考えられるが，本文では確実性の高い「〔金巾〕」類のみ対象として記した。

(35)　註(23)参照。

第5章　賃借人の脇荷貿易　III
——弘化2年(1845)〜嘉永7年(1854)——

は じ め に

　本章は，賃借人による脇荷貿易が弘化2年(1845)から嘉永7年(1854)にかけてどのように継続しておこなわれたのか，日蘭両史料を検討し，その実態を考察するものである。

第1節　脇荷貿易に関する契約書

　弘化2年の脇荷貿易の賃借人は，前年までのビッケル E. Bicker からデルプラット J. C. Delprat に代わった。賃借人デルプラットと政庁の一部局である物産民間倉庫局長との間で，1845年から1848年までの4年間の契約が1845年6月2日に結ばれている。⁽¹⁾ 今回も前回の契約書を踏襲して結ばれたものであるが，全てにわたって同じではなく，以下の点で変更がみられた。
◦第1条：今回の契約期間は，1845年〜1848年の4年間と決められた。
◦第8条：条文の末尾に次の文章が加わった。
　　その上，彼〔賃借人〕は，出島滞在中，その地でカンバン賃借人用の官舎を使用できる。しかし，そのためには，彼は50カンバンテールの家賃を支払わなければならない。
◦第12条：賃借権料としては，前回までと同様，年17,000グルデンの銀貨の支払いで，支払い期限は，1846年5月31日，1847年5月31日，1848年5月31日，1849年5月31日とされた。
◦第15条：脇荷貿易から除かれる品物の中に，buffelhoorns(水牛角)・opium(阿片)・lijnwaden(リンネル)・vuurwapenen en verdere oorlogsbe-

240 第2部 オランダ船の脇荷貿易

hoeften(火器，そしてその他の軍需品)が加わった。

○第16条：〔1839年〜1841年にかけて第17条であったが，1842年からは第16条になった〕条文の後半部分，

> そして，二人の仲裁人が互いに同意が得られない場合，その上に立つもう一人の仲裁人を選び，彼の裁決が最後の決断として決定となり，その時は，契約当事者らは，上告あるいは同種のあらゆる法的手段を放棄する。

となっていたところが，

> そして，二人の仲裁人が互いに同意が得られない場合，その上に立つもう一人の仲裁人を選ぶ。
>
> 　しかし，その裁決は，オランダ領インドの裁判所に対する控訴に従う。

と変更された。

本契約後の1849年〜1852年度用の4年間の契約書に関しては未詳であるが，1849年7月3日付けのバタヴィア政庁の決議録抜粋に，

> 1849年，1850年，1851年，そして，1852年の間の日本での個人貿易，すなわち，いわゆるカンバン貿易〔脇荷貿易〕の経営に関して，1848年2月28日の決議ナンバー6に基づいて，ウォルフ A. J. J. de Wolff と結んだ契約の第15条，それによれば，(後略)(2)

とあることより，1849年〜1852年度用の契約書は，ウォルフ A. J. J. de Wolff と政庁との間で結ばれていたことがわかる。1848年のオランダ側の脇荷貿易関係史料が不明であることより確証は得られないが，上述のように，1845年〜1848年の契約が賃借人デルプラットと政庁の一部局である物産民間倉庫局長との間で結ばれていたことから推して，1848年の賃借人はデルプラットと思われ，1849年からウォルフになったと考えられる。

次に，1852年3月31日に，当時の賃借人ウォルフとオランダ領東インド司法局長レース P. van Rees との間で1853年〜1856年の契約が結ばれた。本契約書はシェイス J. A. van der Chijs によって『オランダ日本開国論』の中で紹介されている。(3)

第 5 章　賃借人の脇荷貿易　Ⅲ　241

　本章で考察する弘化 2 年(1845)〜嘉永 7 年(1854)における契約が具体的に
どのようなものであったのか，1849 年〜1852 年度用の契約書が不明である
ため全貌は解明できないが，本節では，1845 年〜1848 年度用の契約書(以下，
A 契約書もしくは(A)と記す)と 1853 年〜1856 年度用の契約書(以下，B 契約書も
しくは(B)と記す)を比較する形で掲載し，A 契約書と B 契約書の違いに注目
し検討していきたい。

　表 54 は A 契約書と B 契約書を拙訳の上，比較対照したものである。以
下に各条文の要旨と共に，A 契約書と B 契約書の相違点を簡潔に記してい
きたい。

(A)第 1 条・(B)第 1 条：脇荷貿易(＝カンバン貿易)の譲渡について。

　　(A)：J. C. デルプラットに 1845・1846・1847・1848 年度の脇荷貿易を
　　　　譲渡する。

　　(B)：アレクサンデル・ヤコープス・ヨハネス・デ・ウォルフに 1853・
　　　　1854・1855・1856 年度の脇荷貿易を譲渡する。

(A)第 2 条・(B)第 2 条：賃借人の独占権について。

　　(A)・(B)：同内容であるが，(B)が簡略な言い回しになっている。

(A)第 3 条・(B)第 3 条：賃借人(または代理人)の出航と帰帆の厳守について。

　　(A)・(B)：同内容であるが，(B)に若干条件が加わっている。

(A)第 4 条・(B)第 4 条：脇荷貿易のための資金の上限(50,000 グルデン)につ
　　いて。

　　(A)と(B)の前半は同内容であるが，(B)の後半は商館長の「送り状」
　　に基づいた輸入品の検閲に関する権限が加わっている。

(A)第 5 条・(B)第 5 条：賃借人に対しての禁止事項と罰則について。

　　(A)・(B)：同内容。なお，(B)に記されている「500％」の表記は，従
　　来の契約書から判断して「50％」の誤りではないかと考えられる。

(A)第 6 条・(B)第 6 条：賃借人(または代理人)の日本での義務と，脇荷物に
　　かかる日本とバタヴィアでの税の支払いについて。

　　(A)・(B)：同内容。

(A)第 7 条・(B)第 7 条：賃借人持ち渡り品の販売方法について。

242　第2部　オランダ船の脇荷貿易

表54　1845年〜1848年度用契約書と1853年〜1856年度用契約書の比較対照表

(A)1845年〜1848年度用の契約書	(B)1853年〜1856年度用の契約書
第1条 　政庁は、J. C. デルプラット氏に、かつて出島のオランダ商館の職員やオランダ船船長に、そこ〔日本〕で許されていたように日本での個人貿易、すなわち、いわゆるカンパン貿易を行う独占権を賃貸借として、1845年、1846年、1847年、そして1848年までの間譲渡する。	第1条 　政庁は、アレクサンデル・ヤコーブス・ヨハネス・デ・ウォルフ氏に、かつて出島のオランダ商館の職員やオランダ船船長に、そこ〔日本〕で許されていたように日本での個人貿易、すなわち、いわゆるカンパン貿易を行う独占権を賃貸借として、1853年、1854年、1855年、そして1856年の間譲渡する。
第2条 　それ故、この間、賃借人として認められたJ. C. デルプラット以外、オランダ政府臣民のだれも自由にいくらかの貿易品を、日本に輸入することも、あるいは日本から輸出することもできない。〔それに違反すれば〕下記のような罰が与えられる。	第2条 　それ故、この間、賃借人として認められたアレクサンデル・ヤコーブス・ヨハネス・デ・ウォルフ以外、オランダ政府臣民のだれも、いかなる性格であっても日本への商品の輸出入を一つでも認めない。
第3条 　賃借人または政庁によってそれ〔賃借人〕として認められた代理人は、日本への発送のために予定された船で日本に向け出航が認められる。しかし、彼は同船で帰帆すること、そして、日本でいかなることがあろうとも残ることができないことが義務づけられる。	第3条 　賃借人または政庁によってそれ〔賃借人〕として認められた代理人は、オランダ人で品行方正な態度を取るべきであり、日本への発送のために予定された船で日本に向け出航が認められる。しかし、彼は同船で帰帆すること、そして、日本でいかなることがあろうとも残ることができないことが義務づけられる。
第4条 　カンパン貿易のための資金は、物産民間倉庫局長の裁量により、その年の送り状の仕入値で、合計年に50,000グルデン以上になってはならない。そして、賃借人により送り状の写しが彼〔局長〕に提出されなければならない。	第4条 　カンパン貿易の資金は、物産民間倉庫局長の裁量により、その年の送り状の仕入値で、合計年に50,000グルデン以上になってはならない。そして、賃借人により適切に品目別に分類した送り状の写しが彼〔局長〕に提出されなければならない。 　日本のオランダ貿易の商館長は、政庁が持ち込みを留保している商品が、賃借人により持ち込まれた商品の中に含まれていないことを確認するために、いつでもこの賃借人から提出された送り状に間違いがないか確認する権限がある。

第5章　賃借人の脇荷貿易　Ⅲ　243

(A)1845年〜1848年度用の契約書	(B)1853年〜1856年度用の契約書
第5条 　通常、政庁〔の貿易〕、すなわちいわゆる会社貿易で受け入れられる全ての品物は、カンバン貿易になることはありえない。そして、賃借人自身は、さらにあらゆる禁止〔禁制品に関する規定〕により、日本の役人が点検した限りにおいて、日本への輸出入品はあきらめなければならない。もしそうするのであれば、それらの輸出入品は取り上げとなり、その上、状況に応じて取り上げた品物の合計50％の価値に達する罰金となる。	第5条 　通常、政庁〔の貿易〕、すなわちいわゆる会社貿易で受け入れられる全ての品物は、カンバン貿易になることはありえない。そして、賃借人自身は、さらにあらゆる禁止〔禁制品に関する規定〕により、日本の役人が点検した限りにおいて、日本への輸出入品はあきらめなければならない。もしそうするのであれば、それらの輸出入品は取り上げとなり、その上、状況に応じて取り上げた品物の合計500％の価値に達する罰金となる。
第6条 　賃借人または彼の代理人は、日本でのカンバン貿易に関して、現存の、または日本政府において、さらに詳細に定められ、また決められた全ての条例、規定、そして慣習に従う義務を負う。そして、その下に、特に、彼らの品物の検査と封印、そして、その売却で長崎会所のために35％の税金が課される。 　同様に、彼は、バタヴィアで、日本での個人貿易の商品に対して、習慣的に今までと同じように、輸出入税の支払いの義務を負う。〔それは〕必要に応じて最近承認され、あるいは賃借人が決定した時点での関税と輸出入税に関する規定を考慮してのことであるが、もしそれに関して、またさらに細かい変更が生じたとしても、賃借の最終時まで有効であるという条件のもとにおいてである。	第6条 　賃借人または彼の代理人は、日本でのカンバン貿易に関して、現存の、または日本政府において、さらに詳細に定められ、また決められた全ての条例、規定、そして慣習に従う義務を負う。これに関してさらに、特別に彼らの品物の検査と封印、そして、その売却で長崎会所のために35％の税金が課される。 　同様に、彼は、バタヴィアで、日本での個人貿易の商品に対して、習慣的に今までと同じように、輸出入税の支払いの義務を負う。〔それは〕必要に応じて最近承認され、あるいは賃借人が決定した時点での関税と輸出入税に関する規定を考慮してのことであるが、もしそれに関して、またさらに細かい変更がなされたとしても、賃借の最終時まで有効であるという条件のもとにおいてである。
第7条 　賃借人によって、日本に持ってこられる全ての商品については、彼〔賃借人〕によって長崎会所に知らされる。そして、〔賃借人は〕長崎会所とこれら〔商品〕のさらなる処分に関して、その後、会所がどの商品がカンバン〔脇荷取引〕で販売され、どの商品が合意価格でカンバン〔脇荷取引〕以外で長崎会所に譲られるかを決めるため交渉に入らなければならない。 　ここにおいて、日本のオランダ貿易の商館長は、このことについて彼が使える全ての手段により、できうる限り賃借人の利益を守り、長崎会所側からの彼に対する不利益な条件や制限を取り除く努力をすることが切に求められる。	第7条 　賃借人によって、日本に持ってこられる全ての商品については、彼〔賃借人〕によって長崎会所に知らされる。そして、〔賃借人は〕長崎会所とこれら〔商品〕のさらなる処分に関して、その後、どの商品が合意価格でカンバン〔脇荷取引〕以外で長崎会所に譲られるかを決めるため交渉に入らなければならない。 　ここにおいて、日本のオランダ貿易の商館長は、このことについて彼が使える全ての手段により、できうる限り賃借人の利益を守り、長崎会所側からの彼に対する不利益な条件や制限を取り除く努力をすることが切に求められる。

244　第2部　オランダ船の脇荷貿易

(A)1845年〜1848年度用の契約書	(B)1853年〜1856年度用の契約書
第8条 　政庁は、毎年40ラストまたは、彼〔賃借人〕が、（日本の往き帰りに）彼の商品の輸送にそれ〔40ラスト〕以上必要なら、船舶の積量の場所がある限りにおいて、船舶の積量の支払いなしで、〔積荷の場所を〕賃借人に提供する。その上に、賃借人または彼の代理人には、出島でのカンバン商品用の倉庫の無料利用が必要に応じて認められ、そして、さらに、政庁の職員に許されているのと同じように、日本に向けての無料の航海と帰航が認められる。 　その上、彼は、出島滞在中、その地でカンバン賃借人用の官舎を使用できる。しかし、そのためには、彼は50カンバンテールの家賃を支払わなければならない。	第8条 　政庁は、毎年40ラストまたは、彼〔賃借人〕が、（日本の往き帰りに）彼の商品の輸送にそれ〔40ラスト〕以上必要なら提供する。日本におけるオランダ貿易の商館長の適切な判断で、商館のために、または衛生のため、またその他の理由で日本へ発送される政庁役人への商品輸送のために、確保しなければならない必要な船舶の積量の場所がある限りにおいて、そして、船の安全の面から船舶の積量の支払いなしで、〔積荷の場所を〕賃借人に提供する。その上に、賃借人または彼の代理人には、出島でのカンバン商品用の倉庫の無料利用が必要に応じて認められ、そして、さらに、政庁の職員に許されているのと同じように、日本に向けての無料の航海と帰航が認められる。 　その上、彼は、出島滞在中、その地でカンバン賃借人用の官舎を使用できる。しかし、そのためには、彼は50カンバンテールの家賃を支払わなければならない。
第9条 　賃借人に第1条・第2条で与えられる権利の保証として、各職員もしくは船長が禁じられている貿易で罪を犯したとみなされた時、商館長の判断のもとに、カンバン貿易がなくなったことで彼に与えられる補償金は取りやめとなり、状況に応じてはそのような職員は、さらに停職処分となり、そして、商館長の指名で総督により彼の職は剥奪される。 　こういうことであるから、船長は航海士や乗組員がこのこと〔禁じられている貿易〕で罪を犯したことに対して責任があることを了解する。	第9条 　政庁は、日本での貿易の独占権を、この権利を持つ賃借人に保証する目的で、現存の、またさらに発せられる命令と規定の適切な履行を守る。
第10条 　賃借人または彼の代理人は、日本でオランダカンバン委員という肩書を持ち、そして、商館長によって、そのように日本の当局者に紹介される。	第10条 　賃借人または彼の代理人は、日本でオランダカンバン委員という肩書を持ち、そして、商館長によって、そのように日本の当局者に紹介される。
第11条 　商館長は、賃借人またはその代理人に対して、彼〔賃借人またはその代理人〕により求められているあらゆる情報と彼〔商館長〕の権限下にある保護を与える。 　それに対して、賃借人またはその代理人は、政庁の代理人として商館長をしかるべく承認し、あらゆる場面で彼に従う義務を負う。	第11条 　商館長は、賃借人またはその代理人に対して、彼〔賃借人またはその代理人〕により求められているあらゆる情報と彼〔商館長〕の権限下にある保護を与える。 　それに対して、賃借人またはその代理人は、政庁の代理人として商館長をしかるべく承認し、あらゆる場面で彼に従う義務を負う。

第5章　賃借人の脇荷貿易　III　　245

(A)1845 年〜 1848 年度用の契約書	(B)1853 年〜 1856 年度用の契約書
第12条 　賃借人により、賃借権料として政庁に合計年に17,000 グルデンの銀貨が支払われる。そのために、1846 年 5 月 31 日、1847 年 5 月 31 日、1848 年 5 月 31 日、および 1849 年 5 月 31 日に、バタヴィアの金庫に納められなければならない。	第12条 　賃借人により、賃借権料として政庁に合計年に42,500 グルデンの銀貨が支払われる。そのために、1854 年 5 月 31 日、1855 年 5 月 31 日、1856 年 5 月 31 日、および 1857 年 5 月 31 日に、バタヴィアの金庫に納められなければならない。
第13条 　政庁は、それぞれの賃借年に、将軍や幕府高官や長崎の役人達の注文に応じて、10,000 グルデンを超えない購入金額の商品を会社貿易の商品とは別に、日本に送る権限を維持する。 　政庁は、その〔政庁の〕カンバン資金に、より多く必要とする時は、その分を賃借人〔の資金〕から受け取り、政庁は、そのカンバン銀をバタヴィアで 5〔カンバン〕テール＝ 8 グルデンの相場で〔賃借人に〕清算されることを約束する。	第13条 　政庁は、いわゆる会社貿易で輸送される商品を除き、将軍、幕府高官、そして長崎の役人達の慣習的な注文を満たす商品の他には、日本にいかなる商品も運んではならない。
第14条 　全ての他の物やここにいわれていない商品〔下記の品々以外の商品〕の輸送は、もっぱら賃借人にとどまるという条件のもと、政庁は銅・樟脳・着物・博物学関連の物や幕府高官の返礼品以外は、日本のいかなる貿易品も政庁の勘定で注文することも、また受け取ることもないことを約束する。	第14条 　全ての他の物やここにいわれていない商品〔下記の品々以外の商品〕の輸送は、もっぱら賃借人にとどまるという条件のもと、政庁は銅・樟脳・着物・博物学関連の物や幕府高官の返礼品以外は、日本のいかなる貿易品も政庁の勘定で注文することも、また受け取ることもないことを約束する。
第15条 　カンバン〔貿易〕、すなわち個人貿易から、次の品物は除かれる。〔ただしそれは〕日本政府がこのことに関して変更しない限りである。 　水牛角 　阿片 　リンネル 　鼈甲 　広東人参 　甘草 　ミイラ 　枳榔子 　太腹皮 　ウニコール 　漢字薬種 　火器、そして 　その他の軍需品	第15条 　政庁の明確な同意なく、後述する商品を日本のカンバン貿易〔脇荷貿易〕や交換貿易〔品代り取引〕のために輸出してはならない。 　水牛角 　阿片 　リンネル 　鼈甲 　広東人参 　甘草 　ミイラ 　枳榔子 　太腹皮 　ウニコール 　漢字薬種 　火器、そして、その他の軍需品、同じく特に軍需品製造に役立つ類の材料、一方、リンネルの輸出が賃借人に認可された場合でも、この輸出は年 6,000グルデンの送り状の金額よりも超えてはならない。

246　第2部　オランダ船の脇荷貿易

(A)1845年〜1848年度用の契約書	(B)1853年〜1856年度用の契約書
第16条 　バタヴィアもしくは日本で起こりうるこの賃借条件の解釈のための全ての論争は、二人の仲裁人によってバタヴィアで決められるが、その内の一人は物産民間倉庫局長により、もう一人は賃借人により任命される。そして、二人の仲裁人が互いに同意が得られない場合、その上に立つもう一人の仲裁人を選ぶ。 　しかし、その裁決は、オランダ領インドの裁判所に対する控訴に従う。	第16条 　バタヴィアもしくは日本で起こりうるこの賃借条件の解釈のための全ての論争は、互いの当事者から任命された仲裁者により、バタヴィアで解決される。この当事者が仲介者の選択に同意できない場合、もっとも準備が整っている方の依頼に基づき、バタヴィア司法評議会により最も妥当な関係者が任命される。
第17条 　上記に規定された条項と合意が誠実に、そして完全に実行されるために、賃借人と彼の保証人は、全ての特権と特例が明示された譲渡をもって、契約の下に彼らの人員と商品を担保とすることをここに宣誓する。また、一方で賃借人も保証人も、また場合によっては賃借人の代理人も、日本でのオランダ貿易に属しているいかなる役人や使用人が、間接的であれ直接的であれ、この賃借により利害関係を持つことなく、そしてまた、その人々がその点で少しの分け前や利益を得ることが全く許されていないことを、ここにおいてさらに正式に宣誓する。 　そして、この契約に関して適切な押印のもとに原本と同一の三通の写しが賃借人の費用で作成され、その内の一通が賃借人に渡される。	第17条 　上記に規定された条項と合意が誠実に、そして完全に実行されるために、賃借人と彼の保証人は、全ての特権と特例が明示された譲渡をもって、契約の下に彼らの人員と商品を担保とすることをここに宣誓する。また、一方で賃借人も保証人も、また場合によっては賃借人の代理人も、日本でのオランダ貿易に属しているいかなる役人や使用人が、間接的であれ直接的であれ、この賃借により利害関係を持つことなく、そしてまた、その人々がその点で少しの分け前や利益を得ることが全く許されていないことを、ここにおいてさらに正式に宣誓する。 　そして、この契約に関して適切な押印のもとに原本と同一の二通の写しが賃借人の費用で作成され、その内の一通が賃借人に渡される。

出典・(A)〜 Kontrakt onder nadere goedkeuring der Regering gesloten tusschen den Directeur der Producten en Civiele Magazijnen namens het Gouvernement en den Heer J. C. Delprat krachtens de autorisatie verleend bij besluit van den 19 April 1845 N°. 30. Ingekomen stukken 1845. MS. N.A. Japans Archief, nr. 1629 (Aanwinsten, 1910, I: No. 21). (Tōdai-Shiryō Microfilm: 6998·1·122·4).
・(B)〜 Contract naar aanleiding der missive van den Directeur der Produkten en Civiele Magazijnen van den 12 Maart 1852 N° 1899, gesloten tusschen den Resident van *Batavia* en den heer ALEXANDER JACOBUS JOHANNES DE WOLFF krachtens Gouvernements Apostillaire dispositie van den 24sten Februarij j. 1. N° IV en 6 dezer N° VIII.　J. A. van der Chijs, *Neêrlands streven tot openstelling van Japan voor den wereldhandel. − uit officieele, grootendeels onuitgegeven bescheiden toegelicht.* Te Amsterdam, bij Frederik Muller, 1867, pp. 407 〜 411.

　(A)・(B)：同内容。

(A)第8条・(B)第8条：賃借人(または代理人)とその商品に対する航海中と日本滞在中での優遇措置について。

　(A)・(B)：同内容であるが，(B)がより詳細に記されている。

(A)第9条：商館職員・船員の禁止事項について。(B)第9条：賃借人の独占権の保証について。

(A)第10条・(B)第10条：賃借人(または代理人)の日本での肩書について。

（A）・（B）：同内容。

（A）第 11 条・（B）第 11 条：商館長と賃借人（または代理人）との関係について。

（A）・（B）：同内容。

（A）第 12 条・（B）第 12 条：賃借権料の支払いについて。

（A）：賃借権料として年に 17,000 グルデンの銀貨の支払い。

（B）：賃借権料として年に 42,500 グルデンの銀貨の支払い。

（A）第 13 条：前半は，注文品（＝誂物）について。後半は，賃借人の政庁勘定
への資金投入とその清算について。（B）第 13 条：政庁の日本貿易につ
いて。

（A）第 14 条・（B）第 14 条：賃借人の日本からの輸出品の範囲について。

（A）・（B）：同内容。

（A）第 15 条・（B）第 15 条：脇荷貿易として持ち渡りが禁じられている品物
について。

（A）・（B）：同内容であるが，（B）がより条件が加わっている。

（A）第 16 条・（B）第 16 条：賃借に関する論争時の解決策について。

（A）に比べて（B）が簡略な言い回しになっている。

（A）第 17 条・（B）第 17 条：契約と担保について。

（A）・（B）：同内容。

上記のことより，特に注目される（A）（B）の相違点として次のことが挙げ
られる。

。A 契約書第 12 条では，賃借権料が年 17,000 グルデンであったが，B 契
約書第 12 条では，年 42,500 グルデンに増額されている。この問題に関
して史料が未詳であることより現時点において解明することはできないが，
考えられることとして，1852 年以前に賃借人の脇荷貿易における収益が
増加したことが挙げられる。脇荷物の仕入額と取引額が明らかな嘉永 7
年（1854）時点では，仕入額 35,861.10 グルデンに対して，取引合計額は，
141,066.372 カンバンテール（225,706.1952 グルデン）であり（第 3 部第 1 章第 4
節参照），天保 8 年（1837）時点での仕入額 48,197.08 $\frac{1}{2}$ グルデンに対して，
取引合計額が 66,862.00 カンバンテール（106,979.20 グルデン）であったこと

を考えると（第2部第3章第3節参照），B契約書時点での賃借権料の増額も
頷首できる。
。また，A契約書第13条に記されていた賃借人の政庁勘定への資金投入の
条項が，B契約書第13条で削除されたことも，上述同様，脇荷貿易にお
ける収益の増加がその原因ではないかと推測される。

以下，上記に検討した契約書（1849年～1852年度用の4年間の契約書に関しては
未詳）のもとにおこなわれた，弘化2年（1845）～嘉永7年（1854）の脇荷貿易に
ついて，賃借人が持ち渡った商品（脇荷物）を中心に考察していきたい。なお，
各項（各年度）においては，表の提示が中心となるため，来航船・賃借人・使
用史料・史料解説を簡潔に記していきたい。

第2節　弘化2年～嘉永7年の脇荷物

1　弘化2年の脇荷物

。来航船：エルスハウト号 Elschout
。賃借人：デルプラット J. C. Delprat
。使用史料：①史料（オランダ側）：Opgave van door den pachter der Kam-
banghandel op Japan mede te nemen goederen voor den jare 1845. [4]
（日本でのカンバン貿易〔脇荷貿易〕の賃借人によって，1845年に持って行
く品々の申告書）
（解説）本史料は，1845年6月12日，バタヴィアにおいて作成された賃借
人デルプラット J. C. Delprat の署名を持つ申告書。本史料の原本は，A
契約書第4条に従って作成され，政庁に提出されたものと考えられる。
なお，本項で使用する史料は写し afschrift であり，原本と同一の写しで
あることを証明した物産民間倉庫局事務局長ランゲ J. R. Lange の署名を
持つ。この申告書には，各脇荷物の商品名・数量・仕入価額等が記されて
おり，バタヴィアにおける発送前の脇荷物について知ることができる。

第5章 賃借人の脇荷貿易 Ⅲ 249

表55 弘化2年(1845)オランダ船脇荷物

| Opgave | | | 積 荷 目 録 | | 見帳（表56）番号 |
Goederen	Hoeveelheid	Gulden	商　品	数　量	
[1] bindrotting	1,017 pikols	7,119.00	藤	75,500斤	(282)
[2] buffelhoorns	86 pikols	1,637.92	水牛角	9,000斤	(280)
[3] glaswerk	20 kisten	2,877.95	硝子器	21箱	(1)〜(78),(112)〜(116),(154)
[4] galanterien kramerijen & horologien	7 kisten	5,853.50	小間物類	4箱	(119)〜(145),(150)〜(153),(155)〜(159),(162)〜(168),(182)〜(187),(191)〜(210),(299),(302),(303)
			羊角燈籠	1箱	(188)〜(190)
			牡丹	1包	(160),(161)
			時計	1箱	(146)〜(149),(169)〜(181),(300),(301)
[5] boeken	1 kist	256.90	－	－	
[6] medicijnen	34 kisten	10,406.65	薬種類	30箱	(214)〜(258),(263),(266)〜(276),(290)〜(298)
			ホルトガル	3箱	(277),(278)
			アラキ	2箱	(285)
			サフラン	2箱	(279)
			燕巣	2斤2合5勺	(265)
[7] aardewerk	1 kist	87.20	－	－	(79)〜(111),(117),(118)
[8] vloermatten	4 pakken	330.00	アンヘラ	4欄(縄力)	(211)〜(213)
[9] buffels hoeven	12 kisten inh: 19½ pikol	197.92	水牛爪	12箱	(281)
[10] medicijnen	1 kist	150.00	〔上掲：薬種類〕	〔上掲〕	〔上掲[6]〕
[11] kramerijen	1 kist	310.00	〔上掲：小間物類〕	〔上掲〕	〔上掲[4]〕
[12] genever	4 kelders	59.00	セ子ーフル	4箱	(283)
[13] cochenille	1 kist inh: 50 Ned: lb.	350.00	コーセニール	1箱	(264)
[14] zeep	1 kist	35.00	丸サボン	1箱	(262)
[15] glaswerk	1 kist	90.00	〔上掲：硝子器〕	〔上掲〕	〔上掲[3]〕
[16] tamarinde	3 fusten	100.30	タマリンケ	3桶	(260)
[17] aardewerk	20 manden	2,929.04	－	－	〔上掲[7]〕
[18] zeep	250 kistjes	850.00	サボン	248箱	(261)
[19] zijde lappen meubel stof	1 kist	3,312.00	カフリ	110口	(304)〜(307)品代り(308)〜(310)
[20] roode wijn	5 kist	130.00	ローイウエイン	5箱	(284)
[21] koffij	5 pikols	110.00	コーヒイ豆	4袋	(259)
		37,192.38			
[22] jagt geweren gevraagd door twee oppertolken voor eigen gebruik	2	150.00	－	－	

出典・Opgave は、Opgave van door den pachter der Kambanghandel op Japan mede te nemen goederen voor den jare 1845. Ingekomen stukken 1845. MS. N.A. Japans Archief, nr. 1629 (Aanwinsten, 1910, I: No. 21). (Tōdai-Shiryō Microfilm: 6998-1-122-4)。
・積荷目録は、「浮世乃有さま」十二（東京大学史料編纂所所蔵）。　・見帳は、表56参照。

註・本表では、各商品の品目は Opgave（「申告書」）に記されている順に並べた。
・オランダ側商品名各単語の表記については、その頭文字は小文字で記した。
・オランダ側商品名で用いられている d̊、〃（＝同）、日本側商品名で用いられている「同」は、それに相当する単語を記した。
・数字は基本的に算用数字で記した。

250　第2部　オランダ船の脇荷貿易

表56　弘化2年(1845)オランダ船脇荷物の取引

	商　品	数　量	落札価格　(脇前銀)	落札商人
	巳紅毛脇荷物			
(1)	切子蓋もの	16	39匁5分	関東や
(2)	切子銘酒ひん	6ツ	41匁9分	関東や
(3)	壱番銘酒ひん	44	38匁3分	永見や
(4)	二番同	20	32匁8分	永見や
(5)	三番同	8ツ	26匁	藤や
(6)	四番銘酒ひん	24	30匁8分	松本や
				永見や
(7)	五番同	24	25匁	松本や
(8)	切子小形銘酒ひん	24	34匁	関東や
(9)	切子盆付銘酒置（蓋カ）	1揃	280匁	関東や
(10)	キヤマン盆附銘酒ひん	8揃	63匁8分	河内や
(11)	切子引提	1揃	289匁	関東や
(12)	六ツ組同	8揃	55匁9分	村上
(13)	五ツ組同	13揃	43匁9分	てつや
(14)	キヤマン四ツ組引提	6揃	45匁8分	河内や
(15)	壱番四ツ組引提	2揃	46匁	同人
(16)	二番同	4揃	36匁	河内や
(17)	壱番金縁角ひん	~~21~~ 25	17匁9分	松本や
(18)	弐番金縁角ひん	~~86~~ 90	13匁4分	てつや
(19)	三番同	122	10匁3分	てつや
(20)	壱番金縁金繪銘酒ひん	30	23匁1分	村上
(21)	二番同	60	19匁3分	永見や
(22)	三番金縁金繪銘酒ひん	~~28~~ 30	17匁	永見や
(23)	金縁金繪盆付小形銘酒□（虫損、酒カ）	7揃	45匁6分	河内や
(24)	金縁金繪茶入	6ツ	31匁9分	関東や
(25)	金縁金繪くわし入	10ヲ	36匁8分1厘	関東や
(26)	金縁金繪基こつふ	236	4匁4分	村上
(27)	金縁金繪猪口咐	119	3匁9分1厘	ヱサキ
(28)	色硝子基咐	33	5匁5分	入来屋
(29)	壱番角基こつふ	35	13匁3分	松本や
(30)	弐番角基こつふ	294	6匁8分9厘	藤や
(31)	三番同	273	7匁1分	永見や
(32)	壱番基咐	~~36~~ 38	8匁1分	永見や
(33)	二番同	48	6匁3分7厘	藤や
(34)	三番基咐	24	6匁1分	永見や
(35)	四番同	72	5匁3分	永見や
(36)	五番同	96	5匁8分	入来や
(37)	六番同	24	5匁9分	永見や
(38)	七番基咐	71	8匁3分1厘	鉄や
(39)	八番同	245	4匁8分6厘	藤や
(40)	九番同	293	5匁3分8厘	永見や
(41)	十番同	227	5匁3分1厘	河内や
(42)	十一番基咐	47	5匁3分9厘	藤や
(43)	十二番同	36	3匁8分	入来や
(44)	壱番無地基咐	115	3匁8分9厘	入来や
(45)	二番同	36	2匁6分	入来や
(46)	三番無地基咐	60	3匁3分8厘	河作
(47)	四番同	95	3匁5分8厘	藤や
(48)	五番同	200	2匁9分7厘	ふしや

	商　　品	数　量	落札価格（脇荷）	落札商人
(49)	長呏	53	4匁8分6厘	てつや
(50)	壱番角形薬ひん	810 ヲ	6匁7分8厘	河内や
(51)	二番同	81	5匁1分2厘	藤や
(52)	三番同	300	4匁1分9厘	入来や
(53)	四番同	399	3匁8分1厘	吉更や
(54)	五番角形薬ひん	197	3匁5分3厘	永見や
(55)	六番同	299	3匁2分8厘	永見や
(56)	七番同	596	4匁	佘
(57)	八番同	599	3匁　　4厘	村上
(58)	九番角形薬ひん	599	2匁6分	関東や
(59)	十番同	296	2匁3分9厘	吉更や
(60)	無地角形薬ひん	150	5匁1分9厘	てつや
(61)	壱番無地薬ひん	78	12匁4分9厘	吉更や
(62)	二番無地薬ひん	98	10匁2分5厘	〒
(63)	三番同	100	5匁1分	てつや
(64)	四番同	293	4匁9分3厘	藤や
(65)	五番同	295	3匁9分1厘	ふしや
(66)	六番無地薬ひん	294	3匁2分9厘	吉更や
(67)	七番同	299	2匁8分9厘	藤や
(68)	八番同	295	2匁3分2厘	藤や
(69)	九番同	454	2匁1分9厘	てつや
(70)	拾番無地薬瓶	150	1匁9分3厘	永見や
(71)	十一番同	390	2匁4分8厘	藤や
(72)	十二番同	208 ツ	2匁2分8厘	藤や
(73)	十三番同	200	1匁9分4厘	永見や
(74)	十四番無地薬ひん	190	1匁8分8厘	ふしや
(75)	拾五番同	200	1匁8分	松本屋
(76)	十六番同	195	1匁7分2厘	永見や 藤や
(77)	壱番廣口薬瓶	52	35匁7分	永見や
(78)	弐番廣口薬ひん	99	18匁1分	てつや
(79)	染付八寸鉢	1,868 枚	2匁7分9厘	鉄や
(80)	染付深手同	712 枚	2匁6分8厘	藤や
(81)	壱番染付七寸鉢	2,990 枚	2匁2分5厘	永見や
(82)	二番染付七寸鉢	1,405 枚	2匁1分2厘	藤や 吉更や
(83)	染付深手七寸鉢	1,133 枚	2匁2分5厘	永見や
(84)	染付六寸鉢	1,348 枚	1匁8分9厘	藤や
(85)	同五寸皿	1,339 枚	1匁5分8厘	河内や
(86)	赤絵八寸鉢	*1,210* 枚	2匁8分9厘	鉄屋
(87)	深手同	607 枚	2匁7分9厘1毛	ヱサキ
(88)	壱番赤絵七寸鉢	1,111 枚	2匁3分9厘3毛	鉄や
(89)	二番同	381 枚	2匁3分1厘6毛	吉更や
(90)	赤絵深手同	555 枚	2匁3分9厘3毛	鉄や
(91)	同六寸鉢	421 枚	2匁　　　1毛	松のや
(92)	赤絵五寸皿	451 枚	1匁8分8厘	藤や
(93)	壱番絵入五寸皿	48 枚	4匁2分6厘	永井や
(94)	二番同	48 枚	3匁6分1厘	吉更や
(95)	絵入四寸皿	24 枚	3匁4分8厘	吉更や
(96)	壱番絵入三寸皿	48 枚	□匁□分9厘	吉更や
(97)	二番同	12 枚	2匁9分6厘	永井や
(98)	三番同	60 枚	2匁6分3厘	永井や
(99)	絵入丼	24	8匁1分6厘	てつや
(100)	絵入小丼	24	6匁2分	河内や
(101)	不残二付　同飯碗	60	185匁	松のや

252　第2部　オランダ船の脇荷貿易

	商　　品	数　量	落札価格 (脇荷銀)	落札商人
(102)	赤繪同	25	7匁8分	永見や
(103)	赤繪猪口	60	2匁9分3厘	藤や
(104)	壱番白焼金縁小形茶キ	1揃	61匁	てつや
(105)	二番同	2揃	40匁3分	てつや
(106)	壱番白焼絵入小形茶キ	1揃	83匁	てつや
(107)	二番同	2揃	59匁8分	村上
(108)	繪入茶わん	60	4匁7分	松のや
				松本や
(109)	壱番白焼繪入匂ひひん	2ツ	23匁	ふしや
(110)	二番白焼繪入匂ひひん	3ツ	25匁1分	てつや
(111)	三番同	6ツ	13匁	藤や
(112)	壱番切子匂ひひん	6ツ	18匁9分	ふしや
(113)	二番同	6ツ	12匁3分	同人
(114)	形入硝子匂ひ瓶	48	3匁9分1厘	村上
(115)	色切子鼻たばこ入	3ツ	14匁9分	松のや
(116)	色硝子同	2ツ	9匁8分	村上
(117)	壱番白石同	13	4匁8分6厘	てつや
(118)	弐番白石鼻煙薬入 (ママ)	12	3匁9分5厘	てつや
(119)	壱番玉入指輪	60	2匁3分9厘3毛	武上屋
(120)	二番同	132	1匁5分8厘	河内や
(121)	三番同	36	8分9厘4毛	金沢や
(122)	四番玉入指輪	36	1匁	金沢や
(123)	五番同	72	4分3厘6毛	藤や
(124)	六番同	288	2分	河内や
(125)	七番同	864	2分9厘8毛	武上や
(126)	指輪	144 2箱	30匁9分	松のや
(127)	□□組鋏 (沈丁カ)	11組	32匁4分	永井や
(128)	外科道具	4揃	91匁	てつや
(129)	ランセッタ	8本	6匁1分	松のや
(130)	折ハアカ	36本	3匁2分	永見や
(131)	壱番ハツスル	1箱	40匁	関東や
(132)	二番同	6箱	26匁8分	藤や
(133)	ホルク	36本	1匁3分6厘	金沢や
(134)	壱番留針	36本	2匁6分9厘	吉更や
(135)	二番同	144本	1匁	河内や
(136)	壱番時計長鎖り	165すし	3匁6分9厘	関東や
(137)	二番同	149すし	3匁	関東や
(138)	三番時計長鎖り	12すし	3匁8分6厘	永見や
(139)	四番同	12筋	7匁3分	永見や
(140)	五番同	12すし	8匁5分2厘	永井や
(141)	六番同	12すし	4匁3分	てつや
(142)	七番時計長鎖り	432すし	1匁5分8厘	永見や
(143)	壱番時計鎖り	24すし	4匁6分	関東や
(144)	二番同	24すし	2匁1分	関東や
(145)	三番同	144すし	1匁　　1厘	エサキ
(146)	壱番鎖り付手遊ひ時計	24箱	3匁9分6厘	松のや
(147)	二番同	133	1匁6分	関東や
(148)	三番同	72	1匁1分3厘	村上
(149)	手遊ひ時計	228	3匁1分	エサキ
(150)	壱番フレツキ細工手遊ひ道具	2曲	30匁9分	河内や
(151)	不残ニ付　二番同	2曲	56匁7分8厘	河作
(152)	鉛細工手遊ひ	16曲	5匁	金沢や
(153)	鼻たばこ入レ	288	3分1厘5毛	村上
(154)	硝子箱	20	12匁9分	松のや

第5章　賃借人の脇荷貿易　Ⅲ　　253

	商　　　　品	数　　量	落札価格　(騰貴額)	落札商人
(155)	壱番風琴	5ツ	35匁4分	永井や
(156)	二番同	5ツ	30匁8分	村上
(157)	墓附鏡	10ヲ	13匁5分	余
	めん			
(158)	壱番五色墨	24箱	4匁2分3厘	河内や
(159)	二番同	24箱	2匁　　5厘	てつや
(160)	不残二付　壱番ほたん	6ツ	32匁	永井や
(161)	二番同	95	8分2厘	河内や
(162)	手燭	8ツ	6匁	関東や
(163)	鉄地繪入三枚組長盆	1組	135匁1分	ユサキ
(164)	壱番カスランプ	1ツ	269匁	松のや
(165)	二番カスランプ	3ツ	160匁8分	金沢や
(166)	寒暖昇降	2ツ	50匁	武上や
(167)	革手抜	12揃	13匁	関東や
(168)	メリヤス同	96揃	4匁1分9厘	てつや
(169)	壱番銀袂時計	1ツ	1貫160匁	武上屋
(170)	二番銀袂時計	10ヲ	400匁	永見や
(171)	三番同	10ヲ	308匁	藤や
(172)	四番同	10ヲ	144匁	永井や
(173)	五番同	44	127匁	永見や
(174)	六番銀袂時計	6ツ	185匁	永見や
(175)	金押打袂時計	2ツ	4貫610匁	関東や
(176)	三本針金袂時計	1ツ	3貫780匁	入来や
(177)	壱番金袂時計	1ツ	2貫600匁	関東や
(178)	二番金袂時計	1ツ	2貫400匁	余
(179)	三番同	1ツ	3貫100匁	永見や
(180)	小形袂時計	1ツ	1貫140匁	入来や
(181)	掛時計	2ツ	320匁	永見や
(182)	鼻目鏡	10ヲ	15匁2分	松のや
(183)	箱入石筆	1箱	100匁9分	河作
(184)	石筆	60本	6分7厘	藤や
(185)	壱番磋皮	8枚	45匁8分	永見や
(186)	二番磋皮	11枚	30匁8分	永見や
(187)	附木	6,250ハコ	5分1厘	ユサキ
(188)	壱番羊角焼篭	10ヲ	28匁4分	永井や
(189)	二番同	10ヲ	27匁	江崎
(190)	三番羊角とふろふ	10ヲ	26匁7分	ふしや
(191)	壱番形紙	30巻	10匁9分	村上
(192)	二番同	10巻	7匁3分9厘	ふしや
(193)	昼夜目鏡	1本	889匁4分	武上や
(194)	壱番遠目鏡	1本	560匁9分	武上や
(195)	二番遠目鏡	2本	460匁	武上や
(196)	方針付遠目鏡	2本	674匁	永井や
(197)	壱番芝居目鏡	1ツ	112匁	藤や
(198)	二番同	2ツ	98匁	藤や
(199)	壱番虫目鏡	1ツ	126匁	てつや
(200)	二番同	1ツ	100匁	金沢や
(201)	壱番ヲルコール	1ツ	1貫112匁	名古や
(202)	二番同	2ツ	943匁	松のや
(203)	三番ヲルコール	1ツ	880匁	金沢や
(204)	四番同	4ツ	243匁6分	武上屋
(205)	ヲクタント	1ツ	389匁	河内や
(206)	セキスタント	1ツ	640匁	関東や
(207)	方針	1ツ	41匁9分	関東や
(208)	ポイス	3ツ	1□□匁	松のや

	商　　　品	数　量	落札価格　(鯨館)	落札商人
(209)	スホイト	1ツ	20匁	金沢や
(210)	カテイトル	2本	22匁9分	吉更や
(211)	壱番花アンヘラ	10枚	151匁6分	てつや
(212)	弐番花アンヘラ	20枚	43匁4分	金沢や
(213)	三番同	20枚	24匁9分	村上
(214)	壱番タンキリ	42斤	26匁9分	ヱサキ
(215)	二番同	1,110斤	13匁4分9厘	吉更や
(216)	エイスランスモス	590斤 6箱	15匁3分1厘	永井や
(217)	キナキナ	740斤	63匁3分	冨や ひしや
(218)	アラヒヤコム	492斤 24箱	46匁5分5厘	冨屋 ひしや
(219)	マク子シヤ	289斤 6箱	18匁6分	永井や
(220)	ヲクリカンキリ	370斤	38匁9分7厘	河内や
(221)	サアレツフ	414斤 20箱	13匁	長ヲカ
(222)	ジキターリス	85斤	249匁	関東や
(223)	ウエインステインシユル	137斤	16匁4分	村上
(224)	亜麻仁	166斤	9匁1分	三支
(225)	ゴムアンモニヤツク	414斤	13匁4分	長ヲカ
(226)	マンナ	245斤 11器ト1包	7匁8分9厘	長ヲカ
(227)	阿キ	328斤 16ひん	63匁	ひしや
(228)	ゼーアユイン	414斤 18箱	32匁4分	長ヲカ
(229)	セメンシイナ	143斤 7袋	286匁7分	田原や
(230)	カミルレ	207斤 10袋	8匁5分	長ヲカ
(231)	センナフラーテン	165斤 8袋	10匁	藤や
(232)	サツサバリルラ	21斤	17匁	永見や
(233)	ズワーフルブルウム	21斤 1はこ	4匁6分	関東や
(234)	サルヘートル	21斤	4匁5分	三支
(235)	シユルプスーター	83斤	4匁8分9厘	長ヲカ
(236)	細末ホツクホート	900斤 3はこ	2匁　　5厘	永見や
(237)	アルテヤウヲルトル	21斤 1ひん	7匁9分	永見や
(238)	ヤラツパ	42斤 2はこ	239匁	吉更や
(239)	アルニカウヲルトル	83斤 4袋	31匁	関東や
(240)	アルニカフルウム	42斤 2袋	34匁5分	長ヲカ
(241)	デーテキスコロンホー	83斤	39匁1分	長ヲカ
(242)	ポーラキス	12ひん	37匁9分	長井や
(243)	ベラトーナ葉	21斤 1袋	15匁3分	ひしや
(244)	ヒヨシヤムス葉	42斤 2袋	68匁9分	永見や

第5章　賃借人の脇荷貿易　Ⅲ　　255

	商　　　品	数　　量	落札価格　(騙荷額)	落札商人
(245)	メンタキリスブ	42斤 4袋	1匁4分5厘	安田や
(246)	キナソート	20ひん	337匁1分	武上屋
(247)	ラーヒスインフリナーリス	1瓶	153匁8分	武上や
(248)	テリヤアカ	300鑵	8匁　　8厘	入来や
(249)	細末イヘカコアナ	50ひん	25匁4分	藤や
(250)	ヲツセンカン	40ひん	58匁2分	安田や
(251)	ヱキスタラクトシキユータ	120ひん	16匁	長ヲカ
(252)	ヱキスタラクトヘラトーナ	12ひん	71匁5分	入来や
(253)	ヱキスタラクトヒヨシヤムス	100ひん	100匁	関東や
(254)	アセナコムフリユムピイ	10ひん	35匁1分	関東や
(255)	ドーフルブートル	8ひん	12匁8分	安田や
(256)	ポーリーシヤルスト	4瓶	13匁2分	安田や
(257)	ローテキナキナ	8斤5合 1はこ	136匁4分	吉更や
(258)	細末ウエインステーン	83斤 4箱	13匁9分	関東や
(259)	コーヒイ豆	420斤 4箱	7分9厘	長ヲカ 吉更や
(260)	タマリンテ	1,500斤 4箱	1匁1分9厘	関東や
(261)	壱番サボン	2,100斤 248箱	6匁2分7厘	武上や
(262)	二番同	170斤 1箱	75匁	ヒシヤ
(263)	西国米	12硝子	11匁8分	吉更や
(264)	コーセニール	83斤 1はこ	18匁	永見や
(265)	燕巣	2斤2合5夕 大小5ひん	630匁	永見や
(266)	スホンス	7合5夕	100匁	関東や
(267)	カーブスアロエス	10斤 1はこ	16匁6分	永見や
(268)	ホフマンストロツブ	98瓶	40匁	関東や 永見や
(269)	スフリテスニツトリトルシス	100ひん	24匁3分	長ヲカ
(270)	サルアルモニヤシ精気	16ひん	20匁9分	藤や
(271)	サツサフラース	124斤 6袋	5匁7分3厘	長ヲカ
(272)	薄荷油	10ひん	39匁　　4厘	入来ヤ
(273)	アマントル油	20ひん	40匁	入来ヤ
(274)	テレメンテイン油	78硝子	35匁7分	ふしや
(275)	コムテレメンテイン油	4壺 83斤	－	－
(276)	ハルサンコツハイハ	48硝子	41匁8分	永見や
(277)	壱番ホルトカル油	98硝子	59匁4分	永見や
(278)	二番同	12硝子	50匁9分	藤や
(279)	サフラン	82斤	1貫730匁	藤や
(280)	水牛角	90斤	4匁3分9厘	村上
(281)	水牛爪	2,200斤	8匁5分9厘	村上
(282)	藤	75,500斤	1匁3分6厘9毛	入来ヤ トミや
(283)	セ子ーフル	60硝子	6匁9分1厘	吉更や
(284)	ローイウエイン	244硝子	－	－
(285)	アラキ	100硝子	6匁3分	安田や
(286)	いかふり皿紗	14	－	

256　第2部　オランダ船の脇荷貿易

	商　　　品	数　　量	落札価格 (脇荷艤)	落札商人
(287)	ろ同	~~22~~	－	－
(288)	ハかふり	~~18~~	－	－
(289)	にかふり	~~60~~	－	－
	追脇荷			
(290)	スワーフルフルウム	1 ひん	13 匁	安田や
(291)	キイナテンキチユール	1 瓶	30 匁	安田や
(292)	メラテンキテール	1 ひん	26 匁	安田や
(293)	シコルエレキシコル	1 ひん	18 匁	関東や
(294)	細末ヤラツバ	1 ひん	60 匁	ヒシヤ
(295)	フラーラステーン	1 ひん	35 匁	安田や
(296)	カロメル	1 ひん	89 匁	安田や
(297)	ヒシケルヲーリイ	1 ひん	－	－
(298)	スワーフル	1 ひん	20 匁	安田ヤ
(299)	風鳥	2 羽	68 匁 2 分	永見ヤ
(300)	置時計	1 ツ	460 匁	ヱサキ
(301)	掛時計	1 ツ	89 匁	吉更ヤ
(302)	晴雨寒暖升降	1 ツ	450 匁	安田ヤ
(303)	タケリヨテイベン	1 揃	－	－
(304)	いカフリ	*14*	21 匁 8 分	藤や
(305)	ろ同	~~18~~	16 匁 8 分 4 厘	永井や
		22		
(306)	ハ	*18*	12 匁 8 分 7 厘	永井や
(307)	に	*60*	8 匁 9 分 5 厘	藤や
	品代り			
(308)	い花毛せん	2 枚	－	－
	品代り			
(309)	ろ花毛せん	15 枚	－	－
	同			
(310)	ハ同	20 枚	－	－

出典：「巳紅毛船脇荷見帳」(杏雨書屋所蔵村上家文書)。
　註・朱の文字・数字は斜体で表記した。
　　・(286)～(289)と(304)～(307)は同じ品物と考えられる。
　　・永＝永見や。吉＝吉更や。
　　・「不残ニ付」は総額を意味すると考えられる。

②史料(日本側)：「浮世乃有さま」十二(東京大学史料編纂所所蔵)所収「長嵜
ゟ来状之写」内の「脇荷物差出し」リスト。

(解説)本史料は，オランダ船が長崎港に入津して後，日本側に提出された
送り状コピー(提出送り状)の翻訳である「積荷目録」の写し。なお，「浮世
乃有さま」は，大坂の医師(名前不詳)によって著された，文化3年(1806)か
ら弘化2年(1845)までの見聞録である。

③史料(日本側)：「巳紅毛船脇荷見帳」(杏雨書屋所蔵村上家文書)。

(解説)本史料は，本商人(三吉屋)が作成した脇荷物(品代り荷物を含む)の取引
結果を記した見帳。取引商品名と数量，商品の特徴，入札上位三番札まで

の価格(入札最上位の札が落札価格となる)と商人名を記録している。したがって，本史料により取引された各脇荷物(品代り荷物を含む)の詳細な品名と数量，落札価格・落札商人名を知ることができる。

上記に紹介した①史料(オランダ側)と②③史料(日本側)を突き合わせて一覧表にしたものが表55である。

③史料(日本側)：「巳紅毛船脇荷見帳」は，上述のように日本側商人が作成したものであり，取引商品名と数量，入札上位三番札までの価格(入札最上位の札が落札価格となる)と商人名を記録しており，弘化2年の脇荷取引の実態をみるのに最も詳細な現存史料といえる。[5] したがって，本項では，本史料によって得られた結果を作表し提示しておきたい(表56)。なお，表55では，表56で各品目に対して付した頭注番号を「見帳(表56)番号」としてOpgave・「積荷目録」に照合する形で記しておく。

2　弘化3年の脇荷物

◦ 来航船：ファンニイ号Fannij
◦ 賃借人：デルプラットJ. C. Delprat
◦ 使用史料：①史料(オランダ側)：Opgave van door den pachter der Kambanghandel op Japan mede te nemen goederen voor den jare 1846.[6] (日本でのカンバン貿易〔脇荷貿易〕の賃借人によって，1846年に持って行く品々の申告書)

(解説)本史料は，1846年6月16日，バタヴィアにおいて作成された賃借人デルプラットJ. C. Delpratの署名を持つ申告書。本史料の原本は，A契約書第4条に従って作成され，政庁に提出されたものと考えられる。なお，本項で使用する史料は写しであり，原本と同一の写しであることを証明した物産民間倉庫局事務局長ランゲJ. R. Langeの署名を持つ。この申告書には，各脇荷物の商品名・数量・仕入価額等が記されており，バタヴィアにおける発送前の脇荷物について知ることができる。

②史料(日本側)：「弘化雑記」第七冊(国立公文書館所蔵内閣文庫)所収「脇

258 第2部 オランダ船の脇荷貿易

荷」・「品代り」リスト。

(解説)本史料は，オランダ船が長崎港に入津して後，日本側に提出された
送り状コピー(提出送り状)の翻訳である「積荷目録」の写し。なお，この
「積荷目録」の写しを記す「弘化雑記」は，江戸下谷で剣術師範を家業と
するかたわら多彩な記録や情報を書きとめた藤川貞(号は整斎ほか。1791～
1862)の著作物である。[7]

③史料(日本側):「午紅毛船脇荷見帳」(杏雨書屋所蔵村上家文書)と「午紅毛船
本方端物荒物見帳」(杏雨書屋所蔵村上家文書)内の「品代り」の記事。

(解説)前者の史料は，本商人(三吉屋)が作成した脇荷物の取引結果を記し
た見帳。後者の史料は，本商人が作成した本方荷物と品代り荷物の取引結
果を記した見帳。両者共に，取引商品名と数量，商品の特徴，入札上位三
番札までの価格(入札最上位の札が落札価格となる)と商人名を記録している。
したがって，両史料により取引された各脇荷物(品代り荷物を含む)の詳細な
品名と数量，落札価格・落札商人名を知ることができる。

　上記に紹介した①史料(オランダ側)と②③史料(日本側)を突き合わせて一覧
表にしたものが表57である。

　なお，各商品の品目をOpgave(「申告書」)に記されている順に並べているた
め，「積荷目録」の記事，特に「薬種類」の表記がわかりずらくなってい
る。そのため「脇荷」と「品代り」に関する「積荷目録」を以下に掲げておく。

　　　脇荷
一，硝子器類　　　　　四十二箱
一，硝子板　　　　　　二箱
一，硝子鏡類　　　　　一箱
一，焼物類　　　　　　四箱
一，小間物類　　　　　十弐箱
一，酒類　　　　　　　十箱
一，羊毛　　　　　　　壱俵
一，同皮　　　　　　　弐箱

第5章　賃借人の脇荷貿易　III　259

表57　弘化3年(1846)オランダ船脇荷物

	Opgave			積荷目録		見帳（品目数）
	Goederen	Hoeveelheid	Gulden	商　品	数　量	
[1]	maroquin leder, handschoenen gebreden dassen	1 kist	466.97	小間物類	12 箱	7
[2]	hoorn lantaarns	1 kist	34.58	〔上掲：小間物類〕	〔上掲〕	1
[3]	aarde schoteltjes	1 kist	118.60	焼物類	4 箱	16
[4]	Berlijns blaauw	1 kist	221.95	薬種類	54 箱と3 桶	1
[5]	glaswerk	1 kist	34.00	⎫		
[6]	glaswerk	30 kisten	2,457.20	⎬ 硝子器類	42 箱	126
[7]	glaswerk	4 kisten	397.79	⎭		
[8]	salpeter & borax	1 kist	133.90	〔上掲：薬種類〕	〔上掲〕	2
[9]	glaswerk	1 kist	132.00	〔上掲：硝子器類〕	〔上掲〕	〔上掲[5]～[7]〕
[10]	falsch bijouterien	1 kist	130.90	〔上掲：小間物類〕	〔上掲〕	6
[11]	spiritus nitridules & amandel olij	1 kist	135.55	〔上掲：薬種類〕	〔上掲〕	2
[12]	Hoffman & Sereé	1 kist	285.35	〔上掲：薬種類〕	〔上掲〕	1
[13]	radix colombo, sassepareille	1 kist	210.10	〔上掲：薬種類〕	〔上掲〕	2
[14]	radix salpeter, arnica extr: cicutoe	1 kist	133.90	〔上掲：薬種類〕	〔上掲〕	3
[15]	camillen & extr: cicutoe	1 kist	397.62	〔上掲：薬種類〕	〔上掲〕	〔上掲[14]〕,1
[16]	drop	1 kist	216.40	薬種類：タンキリ	1,040 斤	4
[17]	kaaps aloeá	1 kist	304.57	〔上掲：薬種類〕	〔上掲〕	1
[18]	amomai lijnzaad &[sic]	1 kist	315.85	〔上掲：薬種類〕	〔上掲〕	1
[19]	salep	1 kist	443.70	〔上掲：薬種類〕	〔上掲〕	1
[20]	wijnsteenzuur	1 kist	212.32	〔上掲：薬種類〕	〔上掲〕	2
[21]	Venet: terpentijn	1 kist	103.00	〔上掲：薬種類〕	〔上掲〕	1
[22]	duivels drek	1 kist	133.20	〔上掲：薬種類〕	〔上掲〕	1
[23]	genua olij	2 kisten	109.50	〔上掲：薬種類〕	〔上掲〕	4
[24]	balsem copahai	1 kist	46.80	〔上掲：薬種類〕	〔上掲〕	3
[25]	barometer & brillen	1 kist	70.75	〔上掲：小間物類〕	〔上掲〕	3
[26]	horologien	1 kistje	1,027.00	〔上掲：小間物類〕	〔上掲〕	14
[27]	bankkleedjes	1 kist	501.30	品代り：花毛氈	50 反	3
[28]	boeken	1 kist	304.89	－	－	－
[29]	aardewerk	1 kist	10.00	〔上掲：焼物類〕	〔上掲〕	〔上掲[3]〕
[30]	lúcifers	1 kist	105.00	〔上掲：小間物類〕	〔上掲〕	1
[31]	glaswerk	5 kisten	340.00	〔上掲：硝子器類〕	〔上掲〕	〔上掲[5]～[7]〕
[32]	saffraan	1 kist	1,286.00	⎫ 薬種類：サフラン	196 斤	1
[33]	saffraan	1 kist	1,314.55	⎭		
[34]	aardewerk	1 kist	77.80	〔上掲：焼物類〕	〔上掲〕	〔上掲[3]〕
[35]	herb: digitales	1 kist	39.75	⎫ 〔上掲：薬種類〕	〔上掲〕	1
[36]	herb: digitales	1 kist	40.15	⎭		
[37]	balsem copahai	1 kist	67.25	〔上掲：薬種類〕	〔上掲〕	〔上掲[24]〕
[38]	aarde werk	1 kist	213.45	〔上掲：焼物類〕	〔上掲〕	〔上掲[3]〕
[39]	lampen	1 kist	71.75	〔上掲：小間物類〕	〔上掲〕	1
[40]	ruiten glas	2 kisten	37.90	硝子板	2 箱	1
[41]	boeken	1 kist	160.04	－	－	－
[42]	horologien	1 kist	964.86	〔上掲：小間物類〕	〔上掲〕	〔上掲[26]〕
[43]	terpentijn	1 kist	146.00	〔上掲：薬種類〕	〔上掲〕	〔上掲[21]〕
[44]	camille	1 kist	73.40	〔上掲：薬種類〕	〔上掲〕	〔上掲[15]〕
[45]	magnesia	1 kist	266.20	〔上掲：薬種類〕	〔上掲〕	1
[46]	Arab: gom	2 kisten	1,117.20	品代り：アラビヤゴム	1,500 斤	1
[47]	kreefts oogen	1 kist	373.65	〔上掲：薬種類〕	〔上掲〕	1
[48]	drop	1 kist	318.60	〔上掲：薬種類：タンキリ〕	〔上掲〕	〔上掲[16]〕

260 第2部 オランダ船の脇荷貿易

	Opgave			積　荷　目　録		見帳 (品目数)
	Goederen	Hoeveelheid	Gulden	商　品	数　量	
[49]	quina bast	3 kisten	584.10	〔上掲：薬種類〕	〔上掲〕	2
[50]	quina bast	1 kist	132.20			
[51]	drop & speiac:	1 kist	266.00	〔上掲：薬種類:タンキリ〕	〔上掲〕	〔上掲16〕
[52]	gom & speiac:	1 kist	340.20	〔上掲：薬種類〕	〔上掲〕	2
[53]	camille	1 kist	183.40	〔上掲：薬種類〕	〔上掲〕	〔上掲15〕
[54]	camille	1 kist	185.50			
[55]	herb: digitales & IJslandsche mos	6 kisten	237.30	〔上掲：薬種類〕	〔上掲〕	〔上掲35,36〕,1
[56]	saffraan	2 kisten	3,140.00	〔上掲：薬種類:サフラン〕	〔上掲〕	〔上掲32,33〕
[57]	fardeelen drop	3 kisten	85.00	〔上掲：薬種類:タンキリ〕	〔上掲〕	〔上掲16〕
[58]	terpentijn olij	2 kisten	22.50	〔上掲：薬種類〕	〔上掲〕	〔上掲21〕
[59]	Arab: gom	2 fardeelen	150.00	〔上掲：試り:アラビヤゴム〕	〔上掲〕	〔上掲46〕
[60]	confituren	3 kisten	51.00	−	−	−
[61]	ruwe woll	1 baaltje	50.00	羊毛	1俵	1
[62]	reukwater	1 kist	57.50	−	−	−
[63]	liqeuurs	3 kisten	51.00	酒類	10箱	−
[64]	lampen	1 kistje	59.70	〔上掲：小間物類〕	〔上掲〕	〔上掲39〕
[65]	witte spijkers	1 kistje	75.85	〔上掲：小間物類〕	〔上掲〕	7
[66]	muziek instrumenten	1 kist	70.50	−	−	2
[67]	muziek instrumenten	1 kist	144.00			
[68]	muziek instrumenten	1 kist	172.00			
[69]	kurken	5 kisten	80.00	−	−	−
[70]	quina	1 kist	75.00	〔上掲：薬種類〕	〔上掲〕	〔上掲49,50〕
[71]	radix gramines	1 kist	11.00	〔上掲：薬種類〕	〔上掲〕	1
[72]	horologien	1 kist	750.00	〔上掲：小間物類〕	〔上掲〕	〔上掲26〕
[73]	wijn	17 kisten a 50 fl.	289.00	〔上掲：酒類〕	〔上掲〕	1
[74]	pruimen	1 kist	13.00	−	−	−
[75]	kamer orgel	1 kist inh: 1	180.00	〔上掲：小間物類〕	〔上掲〕	1
[76]	cristale flacons	1 kist	247.80	〔上掲：小間物類〕	〔上掲〕	2
[77]	sasse pareille stroop	1 kist	144.00	〔上掲：小間物類〕	〔上掲〕	1
[78]	schapen vellen	2 kisten	391.00	羊皮	2箱	3
[79]	glaze retorts voor scheikunde	2 kisten	113.00	−	−	−
[80]	spiegels & glazen doosjes	1 kist	207.00	硝子鏡類	1箱	22
[81]	castor olij & copahu	1 kist	75.00	〔上掲：薬種類〕	〔上掲〕	1
[82]	1 mahonie houten kast	1 kist	50.00	−	−	−
[83]	lampen glazen	1 kist	20.00	−	−	−
[84]	tamarinde	3 fusten	60.00	薬種類:タマリンテ	820斤	1
[85]	arak	1 fust	25.00	−	−	−
[86]	olij	1 kist	25.00	〔上掲：薬種類〕	〔上掲〕	4
[87]	genever	10 kisten	75.00	〔上掲：酒類〕	〔上掲〕	1
[88]	flanel	1 kist met 10 stukken	400.00	−	−	12
[89]	Amerik klokken & lampen	1 kist met 2	110.00	〔上掲：小間物類〕	〔上掲〕	〔上掲26,39〕
[90]	manufacturen	2 kisten (100 stuks)	950.00			
[91]	manufacturen	1 kist (57 stuks)	570.00			
[92]	manufacturen	1 kist (67 stuks)	603.00			

第5章　賃借人の脇荷貿易　III　261

	Opgave			積荷目録		見帳 (品目数)
	Goederen	Hoeveelheid	Gulden	商　品	数　量	
[93]	manufacturen	1 kist (52 stuks)	468.00	⎫品代り：類違皿紗	520 反	5
[94]	manufacturen	4 kisten (200 stuks)	1,600.00			
[95]	manufacturen	2 baaltjes (40 stuks)	400.00			
[96]	manufactuuren losse stukken	6 stuks	60.00			
[97]	aardewerk	5 manden	265.00	〔上掲：焼物類〕	〔上掲〕	〔上掲[3]〕
[98]	buffelhoorns	80 pikols	1,360.00	水牛角	9,300 斤	1
[99]	buffelhoeven	16 pikols	160.00	水牛爪	1,750 斤	2
[100]	rotting	750 pikols	4,800.00	藤	30,095 斤	1
[101]	zeep	35 kistjes	210.00	⎧白サボン	500 斤	⎫
[102]	zeep	35 kistjes	175.00	⎨青サボン	600 斤	⎬ 3
[103]	zeep	300 kistjes	600.00	⎩飛サボン	2,780 斤	⎭
[104]	blikken bladen	10 kistjes	300.00	ブレツキ板	10 箱	1
[105]	sandel hout	30 pikols	720.00	白檀	3,120 斤	1
[106]	marmer stampers / of vijsels /	46	120.00	マルムル石乳鉢大小	38	8
[107]	scheeps chronometer	1	350.00	―	―	―
[108]	―	―	―	薬種類：ホツクホウプートル	1,370 斤	1
[109]	―	―	―	薬種類：セメンシーナ	145 斤	1
[110]	―	―	―	薬種類：キナソウカ	20 瓶	1
[111]	―	―	―	薬種類：セーアコイン	121 斤	1
[112]	―	―	―	薬種類：テリヤアカ	700 罐	1
			39,173.79 [39,212.79 $_f$]			

出典・Opgave は、Opgave van door den pachter der Kambanghandel op Japan mede te nemen goederen voor den jare 1846. Ingekomen stukken 1846. MS. N.A. Japans Archief, nr. 1630 (Aanwinsten, 1910, I: No. 22). (Tōdai-Shiryō Microfilm: 6998·1·122·5)。
　　・積荷目録は、「弘化雑記」第七冊（『内閣文庫所蔵史籍叢刊』第 35 巻、汲古書院、昭和 58 年、255 ～ 256 頁）。
　　・見帳は、「午紅毛船脇荷積帳」（杏雨書屋所蔵村上家文書）・「午紅毛船本方端物荒物見帳」（杏雨書屋所蔵村上家文書）。
註・本表では、各商品の品目は Opgave（「申告書」）に記されている順に並べた。
　・オランダ側商品名各単語の表記については、その頭文字は、人名・地名は大文字とし、その他は小文字で記した。
　・オランダ側商品名で用いられている dº、〃（＝同）、日本側商品名で用いられている「同」は、それに相当する単語を記した。
　・数字は基本的に算用数字で記した。
　・Opgave（「申告書」）には仕入値合計が 39,173.79 グルデンと記されているが、計算上では、39,212.79 グルデンになる。

一，ブレツキ板　　　　　拾箱

一，マルムル石乳鉢大小　三十八

一，薬種類　　　　　　　五拾四箱と三桶

　　但，内訳凡左之通

　　　ホツクホウプートル　千三百七十斤

　　　白サポン　　　　　　五百斤

　　　青同　　　　　　　　六百斤

　　　飛同　　　　　　　　弐千七百八十斤

262　第2部　オランダ船の脇荷貿易

セメンシーナ	百四十五斤
キナソウナ	弐拾瓶
セーアユイン	百弐十壱斤
テリヤアカ	七百鑵
タンキリ	千四十斤
サフラン	百九十六斤
タマリンテ	八百弐拾斤

右之外，例之薬種類桁ニ有之候得共，有来候品略ス

一，	水牛角	九千三百斤
一，	同爪	千七百五拾斤
一，	藤	三万九十五斤
一，	白檀	三千百弐拾斤

品代り

一，	類達皿紗	五百廿反
一，	花毛氈	五拾反
一，	アラビヤコム	千五百斤

　上記のように，「薬種類」に関しては，「内訳」の「凡」を記している限りで，その他の品が省略されている。したがって，表57では「内訳」に記された，例えば「タンキリ」については「薬種類：タンキリ」という形で表記している。また，表57の「見帳」欄では③史料(日本側)：「午紅毛船脇荷見帳」と「午紅毛船本方端物荒物見帳」の内，Opgave，「積荷目録」に照合する品目数のみを記した。[8]

3　弘化4年の脇荷物

◦来航船：シェルトーヘンボス号 's Hertogenbosch
◦賃借人：デルプラット J. C. Delprat
◦使用史料：①史料(オランダ側)：Opgave der Goederen bestemd voor de Japansche partikuliere handel van 1847 die de ondergeteekenden

pachter voor den kambang handel, verzoekt te mogen medenemen, met schip 's Hertogenbosch kapitein Matthijsen, naar Japan.(9)（カンバン貿易〔脇荷貿易〕のための下記署名の賃借人が，日本に向けての船長マティセン Matthijsen のシェルトーヘンボス号で持っていくことを求めている 1847 年の日本での個人貿易に定めた品々の申告書）

（解説）本史料は，1847 年 6 月 22 日，バタヴィアにおいて作成された賃借人デルプラット J. C. Delprat の署名を持つ申告書。本史料の原本は，A 契約書第 4 条に従って作成され，政庁に提出されたものと考えられる。なお，本項で使用する史料は写しであり，原本と同一の写しであることを証明する物産民間倉庫局事務局長ランゲ J. R. Lange の署名を持つ。この申告書には，各脇荷物の商品名・数量・仕入価額等が記されており，バタヴィアにおける発送前の脇荷物について知ことができる。

②史料(日本側)：「弘化三年午八月ヨリ　諸書留　御用方」(長崎歴史文化博物館収蔵)所収脇荷物リスト。

（解説）本史料はオランダ船が長崎港に入津して後，日本側に提出された脇荷物の Aangifte(届書)とその翻訳である「積荷目録」からなる。オランダ側リスト Aangifte の冒頭には，

　　Aangifte der Cambanggoederen die voor dit handels jaar zijn medegebragt, en dewelken den ondergeteekenden verzoekt op Cambang te verkopen.

　　（今年の貿易のために持ち渡り，下記署名者がカンバン〔脇荷取引〕で販売することを求めるカンバン商品〔脇荷物〕の届書）

と記されており，リスト末の記事より，このリストが 1847 年 8 月 9 日(弘化 4 年 6 月 29 日)に出島で脇荷掛(脇荷貿易賃借人)のデルプラットによって提出されたことがわかる(Desima 9 Augustus 1847 / de Nederlandsche Kambang Commissaris / J. C. Delprat)。

　　また，上記記事を翻訳した日本側リストは，「脇荷物差出シ」の見出しのもと簡略に訳されている。両リストの照合により，輸入時における脇荷物を確認することができる。

表58　弘化4年(1847)オランダ船脇荷物

	Opgave			Aangifte・積荷目録		見帳 (品目数)
	Goederen	Hoeveelheid	Gulden	商　品	数　量	
[1]	glas werk	16 kisten	1,032.75	glas & cristalwerk	43 kisten	108
[2]	glas en kristal werk	25 kisten	1,324.35	＜硝子器＞	＜43箱＞	
[3]	stopflesschen	2 kisten	187.00			
[4]	kramerijen en horologien	1 kist	1,585.30	kramerijen & horologien	2 kisten	38
				＜細物類＞	＜2箱＞	
[5]	verrekijkers en instrumenten	1 kist	194.49			
[6]	aarde werk	1 kist	143.60	kommen & schoteltjes ⎱	1 kist	32
[7]	aarde werk	8 manden	627.00	〔下掲：borden〕	〔陽・8 manden〕	
				＜焼物類＞	＜8籠ト1箱＞	
[8]	hoorn lantaarns	1 kist	34.58	hoorn lantaarnen	1 kist	1
[9]	klapper olie	3 kisten	75.00	klapper olij　　218 flessen	3 kisten ⎱	1
[10]	zoet olie	21 kisten	210.00	zoet olij　　252 flessen	21 kisten	1
[11]	kleine / zoet olie	5 kisten	30.00	zoet olij in kleine flessies　144 flessen	5 kisten	1
[12]	kaijaepoetie olie	1 kist	120.00	kajaepoetje olij　　100 flessen	1 kist ⎰	1
				＜油類＞	＜30箱＞	
[13]	tamarinde	5 fusten	121.00	tamarinde	5 fusten	1
				＜タマリンラ＞	＜5桶＞	
[14]	koe & schappen vellen	1 kist	227.00	fijne schapen vellen & dikke koe vellen	1 kist	6
[15]	verlakt leder	1 kist	87.00	verlakt leder	1 kist	2
[16]	goud leder	6 kisten	3,000.00	goud leder	6 kisten	12
					＜8箱＞	
[17]	kleine zeep bruine	300 kisten	450.00	bruin zeep 1ᵉ soort	300 kistjes	30
[18]	kleine zeep witte	20 kisten	42.00	witte zeep 1ᵉ soort	18 kistjes	
				witte zeep 2ᵉ soort	10 kistjes	
[19]	zeep	1 kist	45.00	Bengaalsche zeep	1 kist	
[20]	toilet zeep	1 kist	100.00	fijne reuk zeep	1 kist	
[21]	eau de cologne	1 kist	240.00	fijne reuk water	1 kist	1
				＜サボン＞	＜329箱＞	
[22]	glazen ruiten	3 kisten	60.00	glazen ruiten	3 kistjes	2
				＜硝子板＞	＜3箱＞	
[23]	blikke bladen	20 kisten	400.00	blikke bladen	20 kisten	1
				＜フリツキ板＞	＜20箱＞	
[24]	indigo	2 kistjes	162.00	indigo	2 kistjes	2
[25]	liqueur	1 kist	17.00	liquur	1 kistje	1
	〔上掲：aarde werk〕	〔上掲・8 manden〕	〔上掲・627.00〕	borden	8 manden	
				〔上掲：＜焼物類＞〕	〔上掲〕	〔上掲〕
[26]	sandelhout	58 pikols	1,160.00	sandelhout	6,000 kattjes	1
				＜白檀＞	＜6,000斤＞	
[27]	bindrotting	800 pikols	4,800.00	rotting	50,000 kattjes	1
				＜藤＞	＜50,000斤＞	
[28]	buffelhooren	66 pikols	1,200.00	buffel hoorn	9,400 kattjes	1
				＜水牛角＞	＜9,400斤＞	
[29]	buffelhoeven	15 pikols	150.00	buffel pooten	1,200 kattjes	2
				＜水牛爪＞	＜1,200斤＞	
[30]	－	－	－	saffraan	146 kattjes	1
				＜サフラン＞	＜146斤＞	
[31]	klappernooten	400	20.61	klapper nooten	400 stuks	1
				＜椰子＞	＜数400＞	
[32]	medicijnen / Europesche	41 kisten	10,474.61	medecijnen inhouden:	41 kisten	
				＜薬種類＞	＜43箱＞	
				IJslandsche mos	535 katjes	1
				pokhout poeder	1,200 katjes	1
				kina bast	825 katjes	1

第5章　賃借人の脇荷貿易　III　　265

Opgave			Aangifte・積荷目録		見帳
Goederen	Hoeveelheid	Gulden	商　　品	数　　量	(品目数)
			Arab: gom	830 katjes	1
			magnesia	248 katjes	1
			kreeft oogen	330 katjes	1
			drop	1,000 katjes	1
			salep	250 katjes	1
			herba digitalas	119 katjes	1
			wijnsteen zuur	83 katjes	1
			gom amoniac	250 katjes	1
			manna	125 katjes	1
			duivels drek	330 katjes	1
			zeeajuin in blikke dozen	412 katjes	1
			semin cina	125 katjes	1
			kamille bloem	360 katjes	1
			sene bladen	125 katjes	1
			salpeter	25 katjes	1
			sasafllas	83 katjes	1
			sulph: sodae	42 katjes	1
			althea wortel	21 katjes	1
			jalappa	42 katjes	1
			anijs drop	42 katjes	1
			arnica wortel	83 katjes	1
			arnica bloem	83 katjes	1
			radix colombo	83 katjes	1
			borax in 12 flesjes	10 katjes	1
			herba belladone	21 katjes	1
			herba hijosiamis	42 katjes	1
			herba menthe crispi	42 katjes	1
			lijnzaad	125 katjes	1
			kina zout in 40 flesjes	20 oncen	1
			lapis infornalis 1 flesje	1 once	1
			theriac	400 bossen	1
			Hofmans droppels in 100 flessen	83 katjes	1
			ipecacuanha in 25 flessen	21 katjes	1
			spir: nitre: dulcis in 100 flessen	83 katjes	1
			pepermentolij in 1 fles	2 katjes	1
			ossen gal in 100 flessen	42 katjes	1
			extr: cicutae in 50 flessen	21 katjes	1
			extr: hiosciame in 100 flessen	42 katjes	1
			extr: belladone in 12 flessen	$4\frac{8.0}{1.1}$ katjes	1
			chetas olumbi in 15 flessen	13 katjes	1
			ammandel olij in 16 flessen	7 katjes	1
			spritas salamiae in 20 flessen	$8\frac{1}{2}$ katjes	1
			pulv: doveri in 4 flesjes	$1\frac{1}{2}$ katjes	1
			salpolijchrest in 1 flesje	$3\frac{1}{2}$ katjes	1
			Venis: terpentijn	83 katjes	1
			crementars	83 katjes	1
			vitrioololij	20 katjes	1
			calomel	20 oncen	1
			olij crotone	10 oncen	1
			Kaaps alaes	83 katjes	1
			vlierbloem	42 katjes	1
			gentianwortel	42 katjes	1
			extracts van digitalis	25 flessen	1
			melissaolij	1 katje	1
			sago	20 flessen	1
			terpentijn olij	100 flessen	1

266　第2部　オランダ船の脇荷貿易

| Opgave | | | Aangifte・積荷目録 | | 見帳 |
| | | | | | (品目数) |
Goederen	Hoeveelheid	Gulden	商　　品	数　　量	
[33] ledige flesschen (provisien 内)	2 kisten	(10.00)	⎰ balsam copaha ledig, van de safraan	100 flessen 175 flessen	1 —
[34] stoffen (chitzen)	1,000 stukken	6,452.00	—	—	7
[35] bankkleedjes	2 kisten	499.00	—	—	6
[36] boeken	1 kist	467.87	—	—	—
[37] porcelein en liqueur zetjes	1 kist	164.00	—	—	—
[38] eau de cologne's zwart aardewerk	1 kist	87.00	—	—	—
[39] suiker / wit / liqueur, horologien en verrekijkers	1 kist	720.00	—	—	—
[40] scheeps chronometer	1	420.00	—	—	—
[41] medicijnen / pillen /	1 klein kistje	12.00	—	—	—
[42] provisien		757.80	—	—	—
		38,077.00 [37,899.96 »]			

出典・Opgave は、Opgave der Goederen bestemd voor de Japansche partikuliere handel van 1847 die de
　　 ondergeteekenden pachter voor den kambang handel, verzoekt te mogen medenemen, met schip 's
　　 Hertogenbosch kapitein Matthijsen, naar Japan. Ingekomen stukken 1847. MS. N.A. Japans Archief,
　　 nr. 1631 (Aanwinsten, 1910, I: No. 23). (Tōdai-Shiryō Microfilm: 6998-1-122-6).
　　・Aangifte・積荷目録は、「弘化三年午八月ヨリ　諸書留　御用方」(長崎歴史文化博物館収蔵)。
　　・見帳は、「未紅毛船脇荷見帳」(杏雨書屋所蔵村上家文書)・「未阿蘭陀船壱艘分見帳」(杏雨書屋所蔵村上家文書)。
註・本表では、各商品の品目は Aangifte に記されている順に並べた。
　・「Aangifte・積荷目録」欄の積荷目録については、＜＞を付けて記した。
　・オランダ側商品名各単語の表記については、その頭文字は、基本的には小文字とし、地名・人名は大文字で記した。
　・オランダ側商品名で用いられている dº、〃 (＝同)、日本側商品名で用いられている「同」は、それに相当する単
　　語を記した。
　・数字は基本的に算用数字で記した。
　・Opgave (「申告書」)には仕入値合計が 38,077.00 グルデンと記されているが、計算上では、37,899.96 グルデン
　　になる。

　なお、上記二史料を記す「弘化三年午八月ヨリ　諸書留　御用方」は、
阿蘭陀通詞(御用方)が作成した弘化3年8月～嘉永元年10月の「諸書留」
を掲載する史料。
③史料(日本側)：「未紅毛船脇荷見帳」(杏雨書屋所蔵村上家文書)と「未阿蘭陀
船壱艘分見帳」(杏雨書屋所蔵村上家文書)内の「品代り」の記事。
(解説)前者の史料は、本商人(三吉屋)が作成した脇荷物の取引結果を記し
た見帳。後者の史料は、本商人が作成した本方荷物と品代り荷物の取引結
果を記した見帳。両者共に、取引商品名と数量、商品の特徴、入札上位三
番札までの価格(入札最上位の札が落札価格となる)と商人名を記録している。
したがって、両史料により取引された各脇荷物(品代り荷物を含む)の詳細な
品名と数量、落札価格・落札商人名を知ることができる。

第5章 賃借人の脇荷貿易 III 267

　上記に紹介した①史料(オランダ側)と②③史料(日本側)を突き合わせて一覧表にしたものが表58である。なお，表58の「見帳」欄では，③史料(日本側)：「未紅毛船脇荷見帳」と「未阿蘭陀船壱艘分見帳」の内，Opgave，Aangifte，「積荷目録」に照合する品目数のみ記した。(10)

4　嘉永元年の脇荷物

。来航船：ヨゼフィーヌ・カタリーナ号 Jozefine Catharina
。賃借人：デルプラット J. C. Delprat
。使用史料：①史料(オランダ側)：未詳
　②史料(日本側)：「唐船紅毛差出控」(11)所収嘉永元年「脇荷物」「品代り商法」リスト。
　(解説)本史料は，オランダ船が長崎港に入津して後，日本側に提出された送り状コピー(提出送り状)の翻訳である「積荷目録」の写し。
　③史料(日本側)：「申紅毛本方并脇荷物品代り反物落札帳」(長崎歴史文化博物館収蔵)内の「申紅毛ワキニ」「品代り反物類」の記事。
　(解説)本史料は，本商人(松田屋)が作成した本方荷物・脇荷物・品代り荷物の取引結果を記した落札帳。取引商品名と数量，入札上位三番札までの価格(入札最上位の札が落札価格となる)と商人名を記録している。したがって，本史料により取引された各脇荷物(品代り荷物を含む)の詳細な品名と数量，落札価格・落札商人名を知ることができる。

　上記に紹介した②③史料(日本側)を突き合わせて一覧表にしたものが，後掲表59である。なお，表59の「落札帳」欄では，③史料(日本側)：「申紅毛本方并脇荷物品代り反物落札帳」の内，「積荷目録」に照合する品目数のみ記した。(12)

5　嘉永2年の脇荷物

。来航船：スタット・ドルドレヒト号 Stad Dordrecht
。賃借人：ウォルフ A. J. J. de Wolff

表59 嘉永元年(1848)オランダ船脇荷物

積荷目録 商品	数量	落札帳(品目数)		積荷目録 商品	数量	落札帳(品目数)
脇荷物				[43] ヘテトー葉	22斤	1
[1] 硝子器	47箱	119		[44] アルニヤウヲルトル	86斤	1
[2] 小間物類	10箱	51		[45] ヤラツパ	85斤	1
[3] 焼もの類	3箱	15		[46] ヒヨシヤムス葉	86斤	1
[4] 油薬類	2籠ト300びん	7		[47] メリタキスプ	22斤	1
[5] 薬油類	47箱	6		[48] 亜麻仁	122斤	1
[6] フレツキ板	12箱	1		[49] フリイセフルウム	44斤	1
[7] カハ類	260	1		[50] アルニヤークヲルール	86斤	1
[8] タマリンテ	5桶	1		[51] サツサハクイルラ	94斤	1
[9] サフラン	181斤	1		[52] ケニチヤニウヲルール	128斤	1
[10] 水牛角	9,500斤	1		[53] 細末ウエインステイン	86斤	1
[11] 同爪	1,200斤	1		[54] シキターリス	153斤	1
[12] 白檀	3,100斤	1		[55] セーアユイン	328斤	1
[13] 丸ト	66,900斤	1		[56] セメンシイナ	152斤	1
[14] サホン	334箱	10		[57] 芦會	127斤	1
[15] ラーヒスインフリナーリス	1びん	1		[58] 紺青	198斤	1
[16] 細末イヘカロアナ	49びん	1		[59] フロインステン	27斤	1
[17] 一ばんヲウセニカル	25びん	1		[60] 細末同	177斤	1
[18] 弐番同	50びん	1		[61] タマリンテ	1,900斤	1
[19] エキタライシキュータ	50びん	1		[62] 一サホン	317斤	1
[20] 同ヒヨシヤムス	12びん	1		[63] 二ばん同	430斤	1
[21] トフルスフトル	4びん	1		[64] 三ばん同	1,920斤	1
[22] ホールタシカルスト	12びん	1		[65] いサホン	397	1
[23] テリヤアカ	623びん	1		[66] ろ同	496	1
[24] 西国米	36瓶	1		[67] は同	547	1
[25] アルロウロト	6びん	-		[68] に同	231	1
[26] エイスランスモス	1,000斤	1		[69] ほ同	144	1
[27] 細末ホツタホー	1,468斤	1		[70] ヘサホン	70	1
[28] キナキナ	1,256斤	1		[71] と同	119	1
[29] ロウテキナキナ	43斤	1		〃		
[30] マク子シヤ	307斤	1				
[31] ヲクリカンキリ	420斤	1		品代り商法		
[32] サアレツプ	253斤	1		[72] 類違反物類	1,229反	13
[33] コムアンモニヤク	211斤	1		[73] 花毛せん	17まい	1
[34] マンナ	170斤	1		[74] かふり	170	1
[35] 阿ギ	338斤	1		[75] アラヒヤコム	1,340斤	1
[36] カミルレ	890斤	1		〃		
[37] カミナフラレテン	170斤	1				
[38] サルヘトール	17斤	1				
[39] サツサフラス	86斤	1				
[40] ミユルフストータ	43斤	1				
[41] アルチヤータナルール	22斤	1				
[42] ラーテキスコロンホー	120斤	1				

出典・積荷目録は、「唐船紅毛差出控」(某所所蔵)。
　・落札帳は、「申紅毛本方并脇荷物品代り反物落札帳」(長崎歴史文化博物館収蔵)。

。使用史料：①史料（オランダ側）：Factuur van goederen bestemd voor den Japanschen kambang handel voor het jaar 1849 per het schip de Stad Dordrecht kapitein J. van Nassaw.(13)（船長ナッサウ J. van Nassaw のスタット・ドルドレヒト号で〔輸送される〕1849年の日本のカンバン貿易〔脇荷貿易〕のための商品の送り状）

（解説）本史料は，1849年6月22日，バタヴィアにおいて作成された送り状。賃借人ウォルフ A. J. J. de Wolff の署名と，物産民間倉庫局長ルーチェンス Lutjens が輸出を承認した署名を持つ。なお，本項で使用する史料は写しであり，原本と同一の写しであることを証明した物産民間倉庫局事務局長ホーヘネール H. J. C. Hoogeneel の署名を持つ。

②史料（日本側）：「唐船紅毛差出控」所収嘉永2年「脇荷物」リスト。

（解説）本史料は，オランダ船が長崎港に入津して後，日本側に提出された送り状コピー（提出送り状）の翻訳である「積荷目録」の写しと考えられるが，薬品関係だけを記した抄出リストであることより，本項での考察からは除外しておく。

③史料（日本側）：「嘉永二年西八月　西四番割・同五番割　紅毛本方・品代荷物・脇荷物 見帳」（神戸市立博物館所蔵）内の「酉紅毛脇荷物」「品代荷物」「追脇荷」の記事。

（解説）本史料は，本商人（松田や）が作成した本方荷物・脇荷物・品代り荷物の取引結果を記した見帳。取引商品名と数量，商品の特徴，入札上位三番札までの価格（入札最上位の札が落札価格となる）と商人名を記録している。したがって，本史料により取引された各脇荷物（品代り荷物を含む）の詳細な品名と数量，落札価格・落札商人名を知ることができる。

　上記に紹介した①史料（オランダ側）Factuur（「送り状」）記載の商品名・数量に，従来の日本側商品名・数量（単位）を考慮しながら抄訳を付け一覧表にしたものが表60である。(14)　なお，表60の「見帳」欄では，③史料（日本側）：「嘉永二年西八月　西四番割・同五番割　紅毛本方・品代荷物・脇荷物 見帳」の内，Factuur，「積荷目録」に照合する品目数のみ記した。

270   第2部　オランダ船の脇荷貿易

表60　嘉永2年(1849)オランダ船脇荷物

	Factuur			積　荷　目　録		見帳
	Goederen	Hoeveelheid	Gulden	商　　品	数　　量	(品目数)
[1]	medicijnen	22 kisten	3,335.71	〔薬種類〕	〔22 箱〕	62
[2]	drogerijen	8 kisten	2,359.65	〔薬種類〕	〔8 箱〕	2
[3]	drogerijen	15 kisten	2,273.32	〔薬種類〕	〔15 箱〕	
[4]	glaswerk	28 kisten	2,746.99	〔硝子器〕	〔28 箱〕	113
[5]	ver(f)stoffen	2 kisten	375.60	〔染料〕	〔2 箱〕	1
[6]	kruidenierswaren	4 kisten	164.27	〔食料雑貨類〕	〔4 箱〕	－
[7]	kramerijen en horlogien	1 kist	1,774.40	〔小間物類、時計〕	〔1 箱〕	32
[8]	aardewerk	1 kist	88.50	〔焼物類〕	〔1 箱〕	64
[9]	instrumenten	1 kist	273.42	〔道具類〕	〔1 箱〕	2
[10]	saffraan	2 kisten	1,200.00	〔サフラン〕	〔2 箱〕	1
[11]	eenhoorn	2 kisten (weg. 179 n/lb.)	2,832.00	〔ウニコール〕	〔2 箱〕 〔(179 ネーデルランドポンド)〕	1
[12]	kaijoe poetie olie	1 kist	125.00	〔カヤプーテ油〕	〔1 箱〕	1
[13]	aardewerk	3 kisten	341.85	〔焼物類〕	〔3 箱〕	〔上掲[8]〕
[14]	kristalwerk	1 kist	220.00	〔硝子器〕	〔1 箱〕	〔上掲[4]〕
[15]	aardewerk	1 kist	107.00	〔焼物類〕	〔1 箱〕	〔上掲[8]〕
[16]	glasen lantaarns	1 kist	90.00	〔硝子燈籠〕	〔1 箱〕	1
[17]	aardewerk	4 kisten	180.00	〔焼物類〕	〔4 箱〕	〔上掲[8]〕
[18]	aardewerk	1 kist	40.00	〔焼物類〕	〔1 箱〕	〔上掲[8]〕
[19]	olieverfschilderijen	2 kisten	387.00	〔油絵〕	〔2 箱〕	3
[20]	eau de kologne en leder	1 kist	90.00	〔匂水、皮〕	〔1 箱〕	2
[21]	legmatjes en thelescoop	1 kist	240.00	〔敷物、遠目鏡〕	〔1 箱〕	4
[22]	likeuren	4 kisten	52.08	〔リキュル〕	〔4 箱〕	2
[23]	marmeren ornamenten	2 kisten	240.00	〔大理石の装飾品〕	〔2 箱〕	8
[24]	kristalwerk	1 kist	130.00	〔硝子器〕	〔1 箱〕	〔上掲[4]〕
[25]	glasen ruiten	12 kisten	168.00	〔硝子板〕	〔12 箱〕	29
[26]	blik in bladen	17 kisten	408.00	〔ブリツキ延板〕	〔17 箱〕	1
[27]	buffelhoeven	4 kisten	101.00	〔水牛爪〕	〔4 箱〕	1
[28]	medicij(n)en	1 kist	310.00	〔薬種類〕	〔1 箱〕	〔上掲[1]〕
[29]	barhometers	2 kisten	136.00	〔晴雨寒暖昇降〕	〔2 箱〕	3
[30]	sla olie	5 kisten	80.00	〔油菜類〕	〔5 箱〕	1
[31]	boeken	1 kist	520.00	〔書籍類〕	〔1 箱〕	－
[32]	pistool met 6 loopen	1	60.00	〔鉄砲〕	〔1〕	－
[33]	chronometers	2	693.66	〔船時計〕	〔2〕	－
[34]	buffelhoo(r)ns	75 pikols	1,032.18	〔水牛角〕	〔7,500 斤〕	1
[35]	sandelhout	50 pikols	950.00	〔白檀〕	〔5,000 斤〕	1
[36]	zeep	200 kisten	400.00	〔サボン〕	〔200 箱〕	1
[37]	rotting	610 pikols	3,050.00	〔藤〕	〔61,000 斤〕	1
[38]	goudleder	11 kisten		〔金唐皮〕	〔11 箱〕	17
[39]	goudleder	2 kisten en 1 baal	485.[ ]		〔2 箱と1 梱〕	
[40]	goudleder	4 kisten			〔4 箱〕	
[41]	lapjes merinos fluweelen dekens	1 kist	314.[ ]	〔毛布〕	〔1 箱〕	10
[42]	sitsen	1 kist (20 stuks en 86 lappen)	298.[ ]	〔更紗〕	〔1 箱〕 〔(20 反と 86 切)〕	7
[43]	sitsen	1 kist (45 stuks)	450.[ ]	〔更紗〕	〔1 箱 (45 反)〕	
[44]	sitsen	1 kist (50 stuks)	375.[ ]	〔更紗〕	〔1 箱 (50 反)〕	
[45]	sitsen	2 kisten (100 stuks)	900.[ ]	〔更紗〕	〔2 箱(100 反)〕	
[46]	sitsen	4 kisten (200 stuks)	1,800.[ ]	〔更紗〕	〔4 箱(200 反)〕	
[47]	sitsen	1 kist (50 stuks)	400.[ ]	〔更紗〕	〔1 箱 (50 反)〕	

| | Factuur | | | 積 荷 目 録 | | 見帳 |
	Goederen	Hoeveelheid	Gulden	商　品	数　量	(品目数)
[48]	sitsen	1 kist (50 stuks)	400.[ ]	〔更紗〕	〔1 箱 (50 反)〕	
[49]	sitsen	3 kisten (150 stuks)	1,236.[ ]	〔更紗〕	〔3 箱(150 反)〕	
			34,248.[ ]			

出典・Factuur は、Factuur van goederen bestemd voor den Japanschen kambang handel voor het jaar 1849
　　　per het schip de Stad Dordrecht kapitein J. van Nassaw. Ingekomen stukken 1849. MS. N.A. Japans
　　　Archief, nr. 1632 (Aanwinsten, 1910, I: No. 24).（Tōdai-Shiryō Microfilm: 6998-1-122-7）。
　　・見帳は、「嘉永二年酉八月　西四番割・同五番割　紅毛本方・品代荷物・脇荷物　見帳」（神戸市立博物館所蔵）。
註・Gulden 欄の [ ] 内は、史料不鮮明のため不読部分。
　・本表では、各商品の品目は Factuur（「送り状」）に記されている順に並べた。
　・オランダ側商品名各単語の表記については、その頭文字は小文字で記した。
　・オランダ側商品名で用いられている id.、〃（＝同）は、それに相当する単語を記した。
　・数字は基本的に算用数字で記した。

6　嘉永 3 年の脇荷物

○来航船：デルフト号 Delft

○賃借人：ウォルフ A. J. J. de Wolff

○史料：①史料(オランダ側)：Factuur van goederen bestemd voor den Japanschen kambang handel voor het jaar 1850 per het schip de Delft kapitein Mullen.[15]（船長ミュレン Mullen のデルフト号で〔輸送される〕1850 年の日本のカンバン貿易〔脇荷貿易〕のための商品の送り状）

(解説)本史料は，1850 年 6 月 7 日，バタヴィアにおいて作成された賃借人ウォルフ A. J. J. de Wolff の署名を持つ送り状。なお，本項で使用する史料は写しであり，原本と同一の写しであることを証明した物産民間倉庫局事務局長ホーヘネール H. J. C. Hoogeneel の署名を持つ。

②史料(日本側)：「唐船紅毛差出控」所収嘉永 3 年「脇荷物」リスト。

(解説)本史料は，オランダ船が長崎港に入津して後，日本側に提出された送り状コピー(提出送り状)の翻訳である「積荷目録」の写しと考えられるが，薬品関係だけを記した抄出リストであることより，本項での考察からは除外しておく。

　上記に紹介した①史料(オランダ側)Factuur(「送り状」)記載の商品名・数量に，従来の日本側商品名・数量(単位)を考慮しながら拙訳を付け一覧表にし

表 61 嘉永 3 年(1850)オランダ船脇荷物

		Factuur			積 荷 目 録	
		Goederen	Hoeveelheid	Gulden	商 品	数 量
[1]	medicijnen	9 kisten	609.60	〔薬種類〕	〔9 箱〕
[2]	drogerijen	16 kisten	3,179.88	〔薬種類〕	〔16 箱〕
[3]	verfwaren	1 kist	169.35	〔染料〕	〔1 箱〕
[4]	bruinsteen	2 vaatjes	34.03	〔マンガン鉱〕	〔2 樽〕
[5]	pernambukhout	2 kippen	271.36	〔赤色木材〕	〔2 束〕
[6]	kruidenierrijen	1 kist	45.71	〔食料雑貨物〕	〔1 箱〕
[7]	kruidenierrijen	2 kisten	99.96	〔食料雑貨物〕	〔2 箱〕
[8]	aardewerk	1 kist	88.50	〔焼物類〕	〔1 箱〕
[9]	lantaarns	2 kisten	74.25	〔燈籠〕	〔2 箱〕
[10]	drogerijen	4 kisten	1,759.10	〔薬種類〕	〔4 箱〕
[11]	stoffen en kramerijen	1 kist	359.83	〔反物と小間物類〕	〔1 箱〕
[12]	glaswerk	16 kisten	1,332.02	〔硝子器〕	〔16 箱〕
[13]	koek	1 kist	15.00	〔菓子〕	〔1 箱〕
[14]	drogerijen	1 kist	250.00	〔薬種類〕	〔1 箱〕
[15]	medicijnen	9 kisten	611.00	〔薬種類〕	〔9 箱〕
[16]	drogerijen	15 kisten	2,742.00	〔薬種類〕	〔15 箱〕
[17]	Berlijnsch blaauw	1 kist	163.00	〔紺青〕	〔1 箱〕
[18]	bruinsteen	2 vaatjes	34.00	〔マンガン鉱〕	〔2 樽〕
[19]	kruidenierrijen	1 kist	34.00	〔食料雑貨物〕	〔1 箱〕
[20]	zeep	2 kisten	103.00	〔サボン〕	〔2 箱〕
[21]	saffraan	2 kisten	2,054.00	〔サフラン〕	〔2 箱〕
[22]	instrumenten	1 kist	515.00	〔道具類〕	〔1 箱〕
[23]	barnsteen	1 kist	367.00	〔琥珀〕	〔1 箱〕
[24]	glaswerk	15 kisten	1,285.00	〔硝子器〕	〔15 箱〕
[25]	100 st: sitsen, 4 st: zeildoek, 9 tapijten	2 kisten	1,110.00	〔更紗 10 反、帆木綿 4 反、毛氈 9〕	〔2 箱〕
[26]	1 geweer met 4 loopen		260.00	〔ゲヴェール銃 1〕	
[27]	1 geweer met 2 loopen		110.00	〔ゲヴェール銃 1〕	
[28]	1 pr. pistolen met 8 loopen		180.00	〔拳銃 1 対〕	
[29]	1 pr. pistolen met 2 loopen	1 kist	100.00	〔拳銃 1 対〕	〔1 箱〕
[30]	1 stok geweer		175.00	〔ゲヴェール銃 1〕	
[31]	1 paar zakpistooltjes		50.00	〔短筒 1 対〕	
[32]	10 blikjes jagtkruit		20.00	〔火薬 10 鑵〕	
[33]	glaze lampjes en lantaarns	1 kist	36.00	〔硝子火燈と硝子燈籠〕	〔1 箱〕
[34]	glaze lampjes en lantaarns en legmatjes	1 kist	48.00	〔硝子火燈と硝子燈籠 と敷物〕	〔1 箱〕
[35]	glaze lampjes en lantaarns	1 kist	52.00	〔硝子火燈と硝子燈籠〕	〔1 箱〕
[36]	aardewerk	1 kist	18.00	〔焼物類〕	〔1 箱〕
[37]	aardewerk	1 kist	21.00	〔焼物類〕	〔1 箱〕
[38]	glazen ruiten	15 kisten	180.00	〔硝子板〕	〔15 箱〕
[39]	kaijoepoetie olie	1 kist	150.00	〔カヤプーテ油〕	〔1 箱〕
[40]	medicijnen	1 kist	110.00	〔薬種類〕	〔1 箱〕
[41]	buffelhoeven	6 kisten (5 picols)	50.00	〔水牛爪〕	6 箱 (500 斤)
[42]	buffelhoorns	(60 picols)	720.00	〔水牛角〕	(6,000 斤)
[43]	rotting	600 pic:	4,050.00	〔藤〕	〔60,000 斤〕
[44]	horlogien en kramerijen	1 kist	344.00	〔時計と小間物類〕	〔1 箱〕
[45]	zeep	200 kistjes	500.00	〔サボン〕	〔200 箱〕
[46]	mataf	1 kist (67 stuks)	408.70	〔又布鴨ヵ〕	〔1 箱(67 反)〕
[47]	katoenen stoffen	2 kisten (100 stuks)	725.00	〔木綿（織物）〕	〔2 箱(100 反)〕
[48]	katoenen stoffen	1 kist (70 stuks)	752.50	〔木綿（織物）〕	〔1 箱(70 反)〕
[49]	katoenen stoffen	1 kist (74 stuks)	703.00	〔木綿（織物）〕	〔1 箱(74 反)〕
[50]	katoenen stoffen	1 kist (84 stuks)	588.00	〔木綿（織物）〕	〔1 箱(84 反)〕
[51]	katoenen stoffen	2 kisten (200 stuks)	1,100.00	〔木綿（織物）〕	〔2 箱(200 反)〕
[52]	katoenen stoffen	1 kist (70 stuks)	612.50	〔木綿（織物）〕	〔1 箱(70 反)〕
[53]	katoenen stoffen	4 kist (200 stuks)	1,800.00	〔木綿（織物）〕	〔4 箱(200 反)〕

第5章　賃借人の脇荷貿易　III　　273

	Factuur			積　荷　目　録	
	Goederen	Hoeveelheid	Gulden	商　　品	数　　量
[54]	katoenen stoffen	2 kist (120 stuks)	1,020.00	〔木綿（織物）〕	〔2箱(120反)〕
[55]	cachenille	1 kist (25 lb.)	60.00	〔コーセニール〕	〔1箱(25ポンド)〕
[56]	sandelhout	60 picols	720.00	〔白檀〕	〔6,000斤〕
[57]	scheeps chronometer	1	240.00	〔船時計〕	〔1〕
[58]	spelende doos	1	56.00	〔ヲルゴル〕	〔1〕
[59]	pinangnoten	30 picols	150.00	〔檳榔子ヵ〕	〔3,000斤〕
			33,415.29 (33,416.29ヵ)		

出典・Factuur は、Factuur van goederen bestemd voor den Japanschen kambang handel voor het jaar 1850 per
　　　het schip de Delft kapitein Mullen. Ingekomen stukken 1850. MS. N.A. Japans Archief, nr. 1633
　　　(Aanwinsten, 1910, I: No. 25)。(Tōdai-Shiryō Microfilm: 6998·1·123·1)。
　註・本表では、各商品の品目は Factuur（「送り状」）に記されている順に並べた。
　　・オランダ側商品名各単語の表記については、その頭文字を原則として小文字とし、地名は大文字で記した。
　　・オランダ側商品名で用いられている id., 〃（＝同）は、それに相当する単語を記した。
　　・数字は基本的に算用数字で記した。
　　・Factuur（「送り状」）には仕入値合計が 33,415.29 グルデンと記されているが、計算上では 33,416.29 グルデン
　　　になる。

たものが表 61 である。(16)

7　嘉永4年の脇荷物

◦ 来航船：ヨアン号 Joan

◦ 賃借人：ウォルフ A. J. J. de Wolff

◦ 使用史料：①史料(オランダ側)：Factuur van goederen bestemd voor
den Japanschen kambang handel voor het jaar 1851, per het schip
Joan kapitein Van Assendelft de Cooningh.(17)（船長アッセンデルフト＝
デ・コーニング Van Assendelft de Cooningh のヨアン号で〔輸送される〕
1851 年の日本のカンバン貿易〔脇荷貿易〕のための商品の送り状）

(解説)本史料は，1851 年 6 月 20 日，バタヴィアにおいて作成された賃借
人ウォルフ A. J. J. de Wolff の署名を持つ送り状。なお，本項で使用する
史料は写しであり，原本と同一の写しであることを証明した物産民間倉庫
局事務局長ホーヘネール H. J. C. Hoogeneel の署名を持つ。

②史料(日本側)：「〔当亥年作割・来朝阿蘭陀船差越横文字書和解・風説
書〕」(真田宝物館所蔵)所収「脇荷」リスト。

(解説)本史料内のオランダ船に関する記事は，オランダ船が長崎港に入津
して後，日本側に提出された蘭船名・バタヴィア出港日等と風説書の翻訳，

274　第2部　オランダ船の脇荷貿易

表62　嘉永4年(1851)オランダ船脇荷物

	Factuur			積 荷 目 録		見 帳 (品目数)
	Goederen	Hoeveelheid	Gulden	商 品	数 量	
[1]	medicijnen	24 kisten	6,079.43	薬種油薬	40 箱	34
[2]	drogerijen	12 kisten	4,015.00	〔上掲：薬種油薬〕	〔上掲〕	〔上掲[1]〕
[3]	drogerijen	2 kisten	600.00	〔上掲〕	〔上掲〕	〔上掲[1]〕
[4]	verfwaren	2 kisten	350.20	品代り商法：フエルナム	500 斤程	1
[5]	Arabisch gom	2 kisten	560.00	品代り商法：アラヒアゴム	1,500 斤程	1
[6]	drogerijen	2 kisten	700.00	〔上掲：薬種油薬〕	〔上掲〕	〔上掲[1]〕
[7]	zeep	4 kisten	199.17	サボン	154 箱	2
[8]	glaswerk	14 kisten	1,650.65	硝子器	39 箱	79
[9]	boeken & diverse	2 kisten	1,016.75	―	―	―
[10]	fernambukhout	2 klippen	336.60	品代り商法：ヒユツクホート	―	―
[11]	instrumenten	1 kist	1,061.00	―	―	―
[12]	manufacturen	1 kist (verschillende lapjes)	203.00	品代り商法：反物類	11 箱	6
[13]	barnsteen	2 kisten	720.00	品代り商法：木ノ蝋白	900 斤程	1
[14]	sla-olie	19 kisten	81.22	〔上掲：薬種油薬〕	〔上掲〕	1
[15]	kaster olie	1 kist	42.00	〔上掲：薬種油薬〕	〔上掲〕	1
[16]	Haarlemmer olie	1 kist	34.56	〔上掲：薬種油薬〕	〔上掲〕	1
[17]	speeldozen	1 kist (2)	500.00	小間物類	10 箱	26
[18]	katoenen stoffen	10 kisten (554 stukken)	4,204.50	〔上掲 品代り商法：反物類〕	〔上掲〕	2
[19]	aarde- en glaswerk	7 kisten	1,640.00	焼物類、〔上掲：硝子器〕	7 箱、〔上掲〕	66、〔上掲[8]〕
[20]	rotting	550 pikols	3,712.50	藤	91,000 斤程	1
[21]	sandelhout	40 pikols	520.00	〔上掲：薬種油薬〕	〔上掲〕	―
[22]	zeep	150 kistjes	375.00	〔上掲：サボン〕	〔上掲〕	〔上掲[7]〕
[23]	blik	10 kistjes	270.00	―	―	1
[24]	glazen ruiten	15 kistjes	180.00	―	―	4
[25]	eenhoorn	1 kistje (181 lb. of 150 Japp: katt:)	1,086.00	品代り商法：ウンアール	160 斤程	1
[26]	chronometer	1	240.00	〔上掲：小間物類〕	〔上掲〕	―
[27]	pistolen	1 paar	15.00	―	―	―
[28]	theleskoopen	2	68.00	〔上掲：小間物類〕	〔上掲〕	7
	―			品代り商法：敷物	11 箱	1
			30,460.58			

出典・Factuur は、Factuur van goederen bestemd voor den Japanschen kambang handel voor het jaar 1851, per
　　het schip Joan kapitein Van Assendelft de Cooningh. Ingekomen stukken 1851. MS. N.A. Japans Archief, nr.
　　1634 (Aanwinsten, 1910, I: No. 26) . (Tōdai-Shiryō Microfilm: 6998·1·123·2) 。
　　・積荷目録は、「〔当亥年作割〕・来朝阿蘭陀船差越横文字書和解・風説書」(真田宝物館所蔵)。
　　・見帳は、「亥阿蘭陀舟本方・品代・脇荷見帳」(神戸市立博物館所蔵)。
註・本表では、各商品の品目は Factuur (「送り状」)に記されている順に並べた。
　　・オランダ側商品名各単語の表記については、その頭文字は原則として小文字とし、地名は大文字で記した。
　　・オランダ側商品名で用いられている id.、〃 (＝同)は、それに相当する単語を記した。
　　・数字は基本的に算用数字で記した。

送り状コピー(提出送り状)の翻訳である「積荷目録」の写しからなる。

③史料(日本側)：「亥阿蘭陀舟本方・品代・脇荷見帳」(神戸市立博物館所蔵)内
の「脇荷物」「品代」の記事。

(解説)本史料は，本商人(松田や)が作成した本方荷物・脇荷物・品代り荷
物の取引結果を記した見帳。取引商品名と数量，商品の特徴，商品の元値，

入札上位三番札までの価格（入札最上位の札が落札価格となる）と商人名を記録
している。したがって，本史料により取引された各脇荷荷物（品代り荷物を含
む）の詳細な品名と数量，元値・落札価格・落札商人名を知ることができ
る。

　上記に紹介した①史料（オランダ側）と②③史料（日本側）を突き合わせて一覧
表にしたものが表62である。なお，表62の「見帳」欄では，③史料（日本
側）：「亥阿蘭陀舟本方・品代・脇荷見帳」の内，Factuur,「積荷目録」に
照合する品目数のみ記した。

　　8　嘉永5年の脇荷物

◦来航船：コルネーリア・エン・ヘンリエッテ号 Cornelia en Henriette
◦賃借人：ウォルフ A. J. J. de Wolff
◦使用史料：①史料（オランダ側）：Factuur van goederen bestemd voor
den Japanschen kambang handel voor het jaar 1852 per het schip Cor-
nelia en Henriette kapitein F. Gellards.[18]（船長ヘラルツ F. Gellards の
コルネーリア・エン・ヘンリエッテ号で〔輸送される〕1852年の日本のカ
ンバン貿易〔脇荷貿易〕のための商品の送り状）
（解説）本史料は，1852年6月10日，バタヴィアにおいて作成された賃借
人ウォルフ A. J. J. de Wolff の署名を持つ送り状。なお，本項で使用する
史料は写しであり，原本と同一の写しであることを証明した物産民間倉庫
局事務局長ホーヘネール H. J. C. Hoogeneel の署名を持つ。
②史料（日本側）：「子年阿蘭陀積荷書」（東京大学史料編纂所所蔵島津家文書）内の
「脇荷物差出シ」リスト。
（解説）本史料は，オランダ船が長崎港に入津して後，日本側に提出された
送り状コピー（提出送り状）の翻訳である「積荷目録」の写し。
③史料（日本側）：「子四番割　子阿蘭陀船本方品代り脇荷物落札帳」（東京大
学史料編纂所所蔵島津家文書）内の「脇荷物」「追脇荷物」「品代り」の記事。
（解説）本史料は，本商人が作成した本方荷物・脇荷物・品代り荷物の取引

276　第2部　オランダ船の脇荷貿易

表63　嘉永5年(1852)オランダ船脇荷物

	Factuur			積荷目録		落札帳(品目数)
	Goederen	Hoeveelheid	Gulden	商品	数量	
[1]	medicijnen	11 kisten	1,064.00	薬種并油薬類	75 箱	37
				品代り荷物：アラビヤゴム	1,755 斤程	1
[2]	medicijnen	8 kisten	739.00	〔上掲：薬種并油薬類〕	〔上掲〕	〔上掲[1]〕
[3]	droogerijen	23 kisten	9,653.00	〔上掲：薬種并油薬類〕	〔上掲〕	〔上掲[1]〕
[4]	Haarlemmer olie	1 kist	36.60	〔上掲：薬種并油薬類〕	〔上掲〕	1
[5]	castor olie	1 kist	33.60	〔上掲：薬種并油薬類〕	〔上掲〕	1
[6]	glazen doosjes	2 kisten	96.00	硝子器	20 箱	67
[7]	verfwaren	2 kisten	431.00	品代り荷物：郡青	1 鑵	1
[8]	droogerijen	6 kisten	379.00	〔上掲：薬種并油薬類〕	〔上掲〕	〔上掲[1]〕
[9]	glaswerk	15 kisten	1,661.00	〔上掲：硝子器〕	〔上掲〕	〔上掲[6]〕
[10]	instrumenten	1 kist	618.00	－	－	－
[11]	droogerijen	4 ksiten	1,415.00	〔上掲：薬種并油薬類〕	〔上掲〕	〔上掲[1]〕
[12]	lantaarns	2 kisten	150.00	－	－	2
[13]	diverse	1 kist	1,207.00	－	－	－
[14]	eau de cologne en reuk zeep	1 kist	186.00	一、サボン	303 箱	7
[15]	eenhoorn	3 kisten (Jap. 389 katjes)	2,826.00	品代り荷物：ウニコール	389 斤程	2
[16]	kaijoe poetie olie	1 kist	150.00	〔上掲：薬種并油薬類〕	〔上掲〕	－
[17]	kramerijen en porcelein	2 kisten	123.00	小間物類、焼物類	3 箱、2 箱	54
[18]	hoofddoeken	1 kist	149.00	品代り荷物：かふり	1 箱	1
[19]	glasen pullen	3 kisten	35.25	〔上掲：硝子器〕	〔上掲〕	〔上掲[6]〕
[20]	sla olie	19 kisten	175.37	〔上掲：薬種并油薬類〕	〔上掲〕	1
[21]	buffelhoeven	9 maanden (7 pic:)	70.00	水牛爪	9 籠	1
[22]	blik	25 kistjes	550.00	ブリツキ延板	25 箱	1
[23]	sandelhout	58 $\frac{84}{100}$ pic.	463.00	白檀	6,300 斤程	1
[24]	zeep	300 kistjes	600.00	〔上掲：サボン〕	〔上掲〕	〔上掲[14]〕
[25]	rotting	700 pikols	4,900.00	藤	72,300 斤程	1
[26]	sitsen	11 kisten (710 stukken)	4,400.00	品代り荷物：更紗	11 箱	4
[27]	koek	1 kistje	14.00	－	－	－
	－	－	－	品代り荷物：小切類	1 箱	14
			32,424.82 [32,124.82 ル]			

出典・Factuur は、Factuur van goederen bestemd voor den Japanschen kambang handel voor het jaar 1852 per het schip Cornelia en Henriette kapitein F. Gellards. Ingekomen stukken 1852. MS. N.A. Japans Archief, nr. 1635 (Aanwinsten, 1910, I: No. 27). (Tōdai-Shiryō Microfilm: 6998-1-123-3).
・積荷目録は、「子年阿蘭陀積荷書」(東京大学史料編纂所所蔵島津家文書)。
・落札帳は、「子四番割　子阿蘭陀船本方品代り脇荷物落札帳」(東京大学史料編纂所所蔵島津家文書)。
註・本表では、各商品の品目は Factuur (「送り状」) に記されている順に並べた。
・オランダ側商品名各単語の表記については、その頭文字を原則として小文字とし、地名は大文字で記した。
・オランダ側商品名で用いられている id.、〃 (＝同) は、それに相当する単語を記した。
・数字は基本的に算用数字で記した。
・Factuur (「送り状」) には仕入値合計が 32,424.82 グルデンと記されているが、計算上では 32,124.82 グルデンになる。

　　結果を記した落札帳。取引商品名と数量，入札上位二番札までの価格(入

札最上位の札が落札価格となる)と商人名を記録している。したがって，本史

料により取引された各脇荷物(品代り荷物を含む)の詳細な品名と数量，落札

価格・落札商人名を知ることができる。

上記に紹介した①史料(オランダ側)と②③史料(日本側)を突き合わせて一覧表にしたものが表63である。なお，表63の「落札帳」欄では，③史料(日本側)：「子四番割　子阿蘭陀船本方品代り脇荷物落札帳」の内，Factuur，「積荷目録」に照合する品目数のみ記した。

9　嘉永6年の脇荷物

。来航船：ヘンドリカ号 Hendrika

。賃借人：ウォルフ A. J. J. de Wolff

。使用史料：①史料(オランダ側)：Factuur van goederen bestemd voor den Japanschen kambang handel voor het jaar 1853 per het schip Hendrika kapitein Admiraal.[19]（船長アトミラール Admiraal のヘンドリカ号で〔輸送される〕1853年の日本のカンバン貿易〔脇荷貿易〕のための商品の送り状）

(解説)本史料は，1853年6月20日，バタヴィアにおいて作成された送り状。賃借人ウォルフ A. J. J. de Wolff の署名と，物産民間倉庫局長デフェール Deveer が輸出を承認した署名を持つ。なお，本項で使用する史料は写しであり，原本と同一の写しであることを証明した物産民間倉庫局事務局長ファンデナール Vandenaar の署名を持つ。

②史料(日本側)：「唐舟阿蘭陀差出帳」所収「脇荷物差出し」リストと「嘉永癸丑五月　和蘭入津一条　持渡品物記」(彦根城博物館所蔵井伊家文書)所収「脇荷物差出し」リスト。

(解説)両史料は，オランダ船が長崎港に入津して後，日本側に提出された送り状コピー(提出送り状)の翻訳である「積荷目録」の写し。

③史料(日本側)：「嘉永六年　落札帳」(慶應義塾大学文学部古文書室所蔵永見家文書)内の「丑紅毛脇荷」「追脇荷」「品代」の記事。

(解説)本史料は，本商人(永見)が作成した本方荷物・脇荷物・品代り荷物の取引結果を記した落札帳。取引商品名と数量，入札上位三番札までの価格(入札最上位の札が落札価格となる)と商人名を記録している。したがって，本史料により取引された各脇荷物(品代り荷物を含む)の詳細な品名と数量，

278　第2部　オランダ船の脇荷貿易

表64　嘉永6年(1853)オランダ船脇荷物

	Factuur			積　荷　目　録		落札帳
	Goederen	Hoeveelheid	Gulden	商　　品	数　　量	(品目数)
[1]	medicijnen	9 kisten	819.00	薬種井ニ油薬るい	37箱	36
				此内 サフラン	250斤	1
				セメンシイナ	250斤	1
				琥珀	1,000斤	1
				<品物荷物：琥珀>	<1,000斤>	
				アラヒヤユン	1,305斤	1
				<品物荷物：アラヒヤゴム>	<1,350斤>	
				ウニカール>	105斤	1
				<品物荷物：ウニコール>	<105斤>	
[2]	drogerijen	7 kisten	727.00	〔上掲：薬種井ニ油薬るい〕	〔上掲〕	〔上掲[1]〕
[3]	drogerijen	10 kisten	3,918.00	〔上掲：薬種井ニ油薬るい〕	〔上掲〕	〔上掲[1]〕
[4]	medicijnen	10 kisten	3,845.00	〔上掲：薬種井ニ油薬るい〕	〔上掲〕	〔上掲[1]〕
[5]	verfwaren	2 kisten	395.00	紺青	209斤	1
					<120斤>	
[6]	drogerijen	4 kisten	1,040.00	〔上掲：薬種井ニ油薬るい〕	〔上掲〕	〔上掲[1]〕
[7]	drogerijen	3 kisten	182.00	〔上掲：薬種井ニ油薬るい〕	〔上掲〕	〔上掲[1]〕
[8]	glaswerk	8 kisten	908.00	硝子器	10箱	66
[9]	lantaarns	1 kist	75.00	－	－	1
[10]	instrumenten	2 kisten	788.00	－	－	－
[11]	drogerijen	4 kisten	2,035.00	〔上掲：薬種井ニ油薬るい〕	〔上掲〕	〔上掲[1]〕
[12]	glaswerk	10 kisten	1,329.00	〔上掲：硝子器〕	〔上掲〕	〔上掲[8]〕
[13]	boeken	1 kist	113.00	－	－	－
[14]	provisie	1 kist	14.00	－	－	－
[15]	sla olie	1 kist	84.00	〔上掲：薬種井ニ油薬るい〕	〔上掲〕	1
[16]	zeep	1 kist (1,000 lb.)	124.00	サボン	5箱	1
[17]	kaijoepoetie die 125 fl.	⎫ 1 kist	268.00	〔上掲：薬種井ニ油薬るい〕	〔上掲〕	－
[18]	& cochenille 65 lb.	⎬		〔上掲：薬種井ニ油薬るい〕	〔上掲〕	－
[19]	buffelhoeven 6 pls. &	⎬ 2 kisten	48.00	水牛爪	3箱	1
[20]	buffelleder 10 vellen	⎭				
[21]	medicijnen	1 kist	340.00	〔上掲：薬種井ニ油薬るい〕	〔上掲〕	〔上掲[1]〕
[22]	aardewerk	1 kist	43.00	焼物るい	11箱	54
[23]	jagtkruid	1 vaatje (25 blkª)	36.00	－	－	－
[24]	ultramarine	1 kist (100 lb.)	230.00	郡青	165斤	1
				<品物荷物：郡青>	<165斤>	
[25]	glazen ruiten	20 kisten	240.00	硝子板	20箱	11
[26]	chitzen	2 kisten (100 stuks)	463.00	反ものるい	2,300反	10
				<品物荷物：反もの類>	<1,330反>	
				<品物荷物：小切類>	<25切>	
[27]	blik	20 kisten	360.00	フレツキ延板	20箱	2
[28]	chitzen	2 kisten (200 stuks)	1,200.00	〔上掲：反ものるい〕	〔上掲〕	〔上掲[26]〕
[29]	chitzen	1 kist (80 stuks)	400.00	〔上掲：反ものるい〕	〔上掲〕	〔上掲[26]〕
[30]	chitzen	3 balen (294 stuks)	1,764.00	〔上掲：反ものるい〕	〔上掲〕	〔上掲[26]〕
[31]	chitzen	1 kist (51 stuks)	255.00	〔上掲：反ものるい〕	〔上掲〕	〔上掲[26]〕
[32]	chitzen	1 kist (50 stuks)	300.00	〔上掲：反ものるい〕	〔上掲〕	〔上掲[26]〕
[33]	chitzen	1 kist (100 stuks)	550.00	〔上掲：反ものるい〕	〔上掲〕	〔上掲[26]〕

第5章 賃借人の脇荷貿易 III 279

	Factuur			積 荷 目 録		落札帳
	Goederen	Hoeveelheid	Gulden	商 品	数 量	(品目数)
[34]	kramerijen	2 kisten	162.00	小間もの類	3 箱	52
[35]	gekleurd glaswerk	1 kist	122.00	〔上掲：硝子器〕	〔上掲〕	〔上掲[8]〕
[36]	aardewerk en	6 kisten	286.00	〔上掲：焼物るい〕	〔上掲〕	〔上掲[22]〕
[37]	cochenille 65 lb.			〔上掲：薬種ニ出集るい〕	〔上掲〕	－
[38]	gebroken glas	1 kist	7.30	〔上掲：硝子器〕	〔上掲〕	〔上掲[8]〕
[39]	model stoelen	2 kisten (3 stuks)	29.50	－	－	－
[40]	porcelein	1 kist	49.00	〔上掲：焼物るい〕	〔上掲〕	〔上掲[22]〕
[41]	1 schilderij & 1 pistool	1 kist	127.00			
[42]	sandelhout 40 pic.		360.00	白だん	135 斤 <4,400 斤>	1
[43]	aardewerk	5 kisten	921.00	〔上掲：焼物るい〕	〔上掲〕	〔上掲[22]〕
[44]	rotting 750 pic.		5,250.00	藤	70,000 斤	1
[45]	goud leder	5 kisten	200.00	金唐皮	5 箱	9
	－	－	－	小銀るい	25 銀	－
			30,406.80			

出典・Factuur は、Factuur van goederen bestemd voor den Japanschen kambang handel voor het jaar 1853 per
　　　het schip Hendrika kapitein Admiraal. Ingekomen stukken 1853. MS. N.A. Japans Archief, nr. 1636
　　　(Aanwinsten, 1910, I: No. 28). (Tōdai-Shiryō Microfilm: 6998·1·123·4)。
　　・積荷目録は、「唐舟阿蘭陀差出帳」(某所所蔵)。
　　・落札帳は、「嘉永六年 落札帳」(慶應義塾大学文学部古文書室所蔵永見家文書)。
註・<>内は、「嘉永癸丑五月 和蘭入津一条 持渡品物記」(彦根城博物館所蔵井伊家文書) によって補ったものである。
　・本表では、各商品の品目は Factuur (「送り状」) に記されている順に並べた。
　・オランダ側商品名各単語の表記については、その頭文字は小文字で記した。
　・オランダ側商品名で用いられている dº、〃 (＝同) は、それに相当する単語を記した。
　・数字は基本的に算用数字で記した。

落札価格・落札商人名を知ることができる。

　上記に紹介した①史料(オランダ側)と②③史料(日本側)を突き合わせて一覧
表にしたものが表64である(「嘉永癸丑五月 和蘭入津一条 持渡品物記」は補助的に
用いた)。なお, 表64の「落札帳」欄では, ③史料(日本側):「嘉永六年　落札
帳」の内, Factuur,「積荷目録」に照合する品目数のみ記した。

10　嘉永7年の脇荷物

◦ 来航船：サーラ・レイディア号 Sara Lijdia
◦ 賃借人：ランゲ J. R. Lange
◦ 使用史料：① 史料(オランダ側)：Factuur van goederen, bestemd voor
　den Japanschen kambanghandel voor het jaar 1854 per het schip Sara
　Lijdia, gezagvoerder B. van der Tak.[20] (船長タック B. van der Tak の
　サーラ・レイディア号で〔輸送される〕1854 年の日本のカンバン貿易〔脇荷

280　第2部　オランダ船の脇荷貿易

表65　嘉永7年(1854)オランダ船脇荷物

	Factuur			積荷目録	
	Goederen	Hoeveelheid	Gulden	商　品	数　量
[1]	medicijnen	16 kisten	1,008.00	〔薬種〕	−
[2]	drogerijen	23 kisten	8,031.00	〔薬種〕	−
[3]	verfwaren	5 kisten	709.00	−	−
[4]	verfwaren	4 vaatjes	70.00	−	−
[5]	drogerijen	7 kisten	1,300.00	〔薬種〕	−
[6]	drogerijen	7 kisten	2,807.00	〔薬種〕	−
[7]	glas en kristalwerk	19 kisten	2,460.00	硝子器	19箱
[8]	instrumenten	1 kist	1,130.00	−	−
[9]	blaauwe borden	9 kisten	450.00	焼物類	16箱
[10]	porcelein en aardewerk	4 kisten	200.00	〔上掲：焼物類〕	〔上掲〕
[11]	glas en kristalwerk	2 kisten	400.00	〔上掲：硝子器〕	〔上掲〕
[12]	genua olie	1 kist	70.00	ホルトカル	360瓶
[13]	galanterien en kramerijen	1 kist	300.00	小間物類	15箱
[14]	blaauw aardewerk	1 kist	46.00	〔上掲：焼物類〕	〔上掲〕
[15]	witte porceleinen borden	2 kisten	200.00	〔上掲：焼物類〕	〔上掲〕
[16]	witte porceleinen borden	2 kisten	300.00	〔上掲：焼物類〕	〔上掲〕
[17]	eenhoorn	1 kist inh: 121¼ lb.	727.50	品代り：ウニカウロ	100斤
[18]	⎧ div: chitsen en gingangs	8 kisten inhoudende 500 st.	3,000.00	⎫	
[19]	｜ gebl: katoen fluweel	10 st.	90.00	｜	
[20]	｜ ongebleekte drill	20 st.	100.00	｜	
[21]	｜ gebloemd damast	10 st.	150.00	｜品代り：反物類、	18箱
[22]	｜ blaauwe doeken	137 d.	274.00	｜ 冠り、小切るい	
[23]	⎩ stoffen	diverse lappen	76.00	｜	
[24]	jaconnetten	1 kist inh: 50	200.00	｜	
[25]	jaconnetten	2 kisten inh. 120	600.00	｜	
[26]	chits	2 balen inh. 200 stuks	1,100.00	⎭	
[27]	ijzer, koper en blikwerk	4 kisten	300.00	−	−
[28]	kramerijen	1 kist	40.00	〔上掲：小間物類〕	〔上掲〕
[29]	boeken	1 kist	60.00	−	−
[30]	verlakt, rood en goudleder	1 kist	80.00	−	−
[31]	boeken	1 kist	150.00	−	−
[32]	medicijnen ／bestelling／	2 kisten	500.00	〔薬種〕	−
[33]	kramerijen	1 kist	50.00	〔上掲：小間物類〕	〔上掲〕
[34]	vuursteenen	2 vaten 10/m	116.00	−	−
[35]	Samarangsche matten	2 pakken	40.00	−	−
[36]	1 jagtgeweer, 1 p. pistolen en div. kleinigheden	1 kist	175.00	−	−
[37]	cochenille	1 kist (150 lb.)	150.00	コーセニール	135斤
[38]	kaijoepoetie olie	2 kisten (150 fl.)	250.00	カヤフテ油	142硝子
[39]	glazenruiten	15 kisten	150.00	硝子板	15箱
[40]	buffelhoeven	3 kisten (9.69 picols)	96.60	−	−
[41]	kaneel	1 kist (50 lb.)	40.00	品代り：肉圭	40斤
[42]	sandelhout	40 picols	365.00	白旦	4,000斤
[43]	model stoombootje	1	1,225.00	別紙:蒸気船雛形但し諸品道具添	1艘
[44]	bindrotting	850 picols	5,950.00	藤	88,000斤
[45]	zeep	2 kisten	150.00	サボン	1,600斤
[46]	karbouw huiden	1 kist	75.00	−	−
			35,861.10 〔35,761.10カ〕		

出典・Factuur は、Factuur van goederen, bestemd voor den Japanschen kambanghandel voor het jaar 1854 per het schip Sara Lijdia, gezagvoerder B. van der Tak. Ingekomen stukken 1854. MS. N.A. Japans Archief, nr. 1637 (Aanwinsten, 1910, I: No. 29). (Tōdai-Shiryō Microfilm: 6998-1-123-5)。
　　　・積荷目録は、「嘉永七寅年　唐紅毛差出」(神戸市立博物館所蔵)。

第5章　賃借人の脇荷貿易　Ⅲ　281

註・Factuur（「送り状」）には仕入値合計が 35,861.10 グルデンと記されているが、計算上では 35,761.10 グルデン
　　になる。
　・Factuur には、上記商品の他に、下記の品々が価額抜きで記されている。
　　　1 kist beschadigde schutsels　　　　　　　　　　　　（1 箱　損傷した屏風）
　　　3 kisten beschadigde meubelen en andere lakwerken　（3 箱　損傷した家具とその他の漆器）
　　　1 kist modellen van meubelen　　　　　　　　　　　　（1 箱　家具の雛形）
　　　diverse kisten provisien en dranken　　　　　　　　　（様々な箱　飲食物）
　　　1 kist sigaren / in entrepôt /　　　　　　　　　　　　（1 箱　葉巻（保税倉庫内））
　　　Mijne klederen, bagagie enz:　　　　　　　　　　　　（私の衣服、手荷物、その他）
　・［薬種］については後掲表 66 参照。
　・本表では、各商品の品目は Factuur（「送り状」）に記されている順に並べた。
　・オランダ側商品名各単語の表記については、その頭文字を原則として小文字とし、地名は大文字で記した。
　・オランダ側商品名で用いられている id.、〃（＝同）は、それに相当する単語を記した。
　・数字は基本的に算用数字で記した。

表66　嘉永7年(1854)オランダ船脇荷物［薬種］

商　　品	数　　量	商　　品	数　　量
脇荷物		細末ホツクホト	1,300 斤
フロインステイン	325 斤	エースラントモス	840 斤
セアユイン	170 斤	セメンシナ	235 斤
マク子シヤ	255 斤	サフラン	250 斤
青黛	380 斤	スフリテスニツトルシス	100 びん
シキタリス	216 斤	ホフマン	100 瓶
センナフラーテン	208 斤	サルアルモニヤリ	50 瓶
イペカコアナ	35 斤	同精気	50 瓶
痰切	1,106 斤	キナソート	40 瓶
キナキナ	1,000 斤	アセタスフリユムヒー	50 瓶
ラーテキスコロンホー	170 斤	フラーリステイン	60 瓶
カミルレ	745 斤	ヱキスタラクトシキユタ	10 瓶
サツサパリルラ	80 斤	ヱキスタラクトヒヨシヤム	20 瓶
ホーラキス	68 斤	ヲツセカル	50 瓶
芦會	170 斤	ラーヒスインフリナーリス	20 瓶
テリヤアカ	432 鑵	テレメンテイ油	200 硝子
ヒヨシヤムス葉	135 斤		
亜麻仁	135 斤	品代り	
ケンムルタルタリ	135 斤	琥珀	985 斤
ヤラツハ	93 斤	アラヒヤコム	1,655 斤
ケンチヤンウヲルトル	208 斤	郡青	100 斤

貿易］のための商品の送り状）

（解説）本史料は、1854 年 6 月 10 日、バタヴィアにおいて作成された賃借
人ランゲ J. R. Lange の署名を持つ送り状。なお、本項で使用する史料は
写しであり、原本と同一の写しであることを証明した物産民間倉庫局事務
局長ファンデナール Vandenaar の署名を持つ。

②史料（日本側）：「嘉永七寅年　唐紅毛差出」（神戸市立博物館所蔵）所収嘉永七

年「脇荷」リスト。

(解説)本史料は，オランダ船が長崎港に入津して後，日本側に提出された送り状コピー(提出送り状)の翻訳である「積荷目録」の写し。

　上記に紹介した①史料(オランダ側)と②史料(日本側)を突き合わせて一覧表にしたものが表65である。なお，表65中の〔薬種〕の詳細については，表66に記した。

おわりに

　以上，弘化2年(1845)〜嘉永7年(1854)における賃借人の脇荷貿易について，契約書と持ち渡り商品(脇荷物)を中心に考察をおこなった。

　契約書については，1849年〜1852年度用の4年間のものが未詳であることより，十分な考察はできなかったが，1845年〜1848年度用の契約書と1853年〜1856年度用の契約書を比較した場合，特に注目されることは，賃借権料が前者では年17,000グルデンであったものが後者では年42,500グルデンに増額していることである。これは，脇荷貿易において，収益が増加したためではないかと考えられる。また，賃借人の政庁勘定への資金投入の条項が後者で削除されたことも同じ原因によるものではないかと推測される。

　上記契約書のもとにおこなわれた脇荷貿易における持ち渡り商品を記した史料は，年度によって残存例が異なるが，オランダ側史料のOpgaveやFactuur，日本側史料の「積荷目録」が大変簡略な記事(種類別)になっている。この点については，前章でも考察したところであるが，バタヴィアで作成されたOpgaveやFactuurは，おそらく仕入額を政庁の物産民間倉庫局長に知らせることを主眼においていたため，商品名が簡略(種類別)に記されているのであろう。1853年〜1856年度用の契約書の第4条では，

　　カンバン貿易の資金は，物産民間倉庫局長の裁量により，その年の送り状の仕入値で，合計年に50,000グルデン以上になってはならない。そして，賃借人により適切に品目別に分類した送り状の写しが彼〔局長〕に

提出されなければならない。

とあるように，仕入値が 50,000 グルデン以下であることが重要であり，「賃借人により適切に品目別に分類した送り状」が作成されたわけである。日本側史料の「積荷目録」すなわち阿蘭陀通詞作成の「脇荷」リストも「硝子器類」「硝子鏡類」「焼物類」「小間物類」「薬種類」「油類」「皮類」など種類別に訳されている品目が多くあり，商品リストとしては実質を欠いたものとなっている。このような傾向も前章で考察したように，当時オランダ側が日本側に提出した積荷リスト（提出送り状），およびそれを翻訳した日本側リスト（積荷目録）全般にいえることである。19 世紀も中期を迎えるに従って，輸入品も定例化してきており，従来よりおこなわれていたオランダ側からの積荷リストの提出とその翻訳は形式化し，それによって内容も簡略化されたものとなっていったからである。

　次に，日本側商人作成の「見帳」や「落札帳」により上記の「積荷目録」に記された「硝子器類」「小間物類」「薬種類」などの具体的な品名が解明されると共に，脇荷取引された品々の日本側商品名と数量，落札価格，落札商人名を確認することができる。また，Opgave や Factuur と「積荷目録」や「見帳」「落札帳」との照合作業によって，全ての商品が脇荷取引されていたわけではないことがわかる。これは，契約書に従って賃借人が持ち渡った品物の中には脇荷取引以外（buiten kambang）で販売されるものが含まれており，例えば，持ち渡り品の中に多くみられる boeken（書籍類：御用書籍となっていた）は全てそれに充てられたものと思われる。その他の品々についても全ての数量を脇荷取引とせず契約書第 7 条に従って「合意価格でカンバン〔脇荷取引〕以外で長崎会所に譲られる」品が含まれていたと考えられる。なお，「除き物」（「所望品など」）や「品代り荷物」がその中に含まれていたことは既に述べたところである（第 2 部第 2 章第 3 節，第 2 部第 4 章「おわりに」参照）。

　弘化・嘉永期における賃借人の商品仕入総額は表 55・57・58・60〜65 にみられるように 30,000 グルデン台であり，契約の 50,000 グルデン以下を十分に満たし，時代が下るに従ってその収益は増加していったと推測される。賃借人によって持ち渡られた脇荷物は，ガラス器や陶磁器といった食器類，

284 第2部 オランダ船の脇荷貿易

さらに薬品類が非常に多く，その他雑貨類や酒類および書籍類などであり，本方荷物にはみられない多岐にわたる品々が存在していた。これらの品々は，当時の蘭学興隆の面からみると文化史上，大変重要な意義を有していたといえよう。19世紀も中期を迎えるに従って日蘭貿易における脇荷取引，および脇荷取引以外で取引された品々は，その量と種類の多さより重要な取引商品となっていたことが理解されよう。

註

（1） Kontrakt onder nadere goedkeuring der Regering gesloten tusschen den Directeur der Producten en Civiele Magazijnen namens het Gouvernement en den Heer J. C. Delprat krachtens de autorisatie verleend bij besluit van den 19 April 1845 N°. 30. Ingekomen stukken 1845. MS. N.A. Japans Archief, nr. 1629（Aanwinsten, 1910, I: No. 21）.（Tōdai-Shiryō Microfilm: 6998-1-122-4）.

（2） Extract uit het Register der Besluiten van den Minister van Staat, Gouverneur Generaal van Nederlandsch Indië. Batavia, den 3 Julij 1849. Ingekomen stukken 1849. MS. N.A. Japans Archief, nr. 1632（Aanwinsten, 1910, I: No. 24）.（Tōdai-Shiryō Microfilm: 6998-1-122-7）.

（3） Contract naar aanleiding der missive van den Directeur der Produkten en Civiele Magazijnen van den 12 Maart 1852 N° 1899, gesloten tusschen den Resident van *Batavia* en den heer ALEXANDER JACOBUS JOHANNES DE WOLFF krachtens Gouvernements Apostillaire dispositie van den 24sten Februarij j. l. N° IV en 6 dezer N° VIII. J. A. van der Chijs, *Neêrlands streven tot openstelling van Japan voor den wereldhandel. — uit officieele, grootendeels onuitgegeven bescheiden toegelicht.* Te Amsterdam, bij Frederik Muller, 1867, pp. 407〜411. ファン・デル・シェイス著・小暮実徳訳『シェイス オランダ日本開国論』（雄松堂出版，平成16年）358〜366頁参照。

（4） Opgave van door den pachter der Kambanghandel op Japan mede te nemen goederen voor den jare 1845. Ingekomen stukken 1845. MS. N.A. Japans Archief, nr. 1629（Aanwinsten, 1910, I: No. 21）.（Tōdai-Shiryō Microfilm: 6998-1-122-4）.

（5） 「見帳」は，長崎会所において本商人が輸入品を入札（落札）したことを記した帳簿であるが，必ずしも最終的な取引結果を記したものではない。脇荷物の取引においては，本商人が落札した後，その落札値が低いことよりオランダ人が商品を日本側に売り渡すことを拒むこともあった。この問題に関しては，拙稿「シーボルト記

念館所蔵泉屋家文書「脇荷貿易品史料」について」(『鳴滝紀要』第30号, 令和2年)を参照されたい。

（6） Opgave van door den pachter der Kambanghandel op Japan mede te nemen goederen voor den jare 1846. Ingekomen stukken 1846. MS. N.A. Japans Archief, nr. 1630（Aanwinsten, 1910, I: No. 22）.（Tōdai-Shiryō Microfilm: 6998-1-122-5）.

（7） 「弘化雑記」第七冊(『内閣文庫所蔵史籍叢刊』第35巻, 汲古書院, 昭和58年), 255～256頁。

（8） 拙稿「幕末期における蘭船脇荷物輸入について―弘化3年（1846）を事例として―」(『鶴見大学紀要』第53号第4部, 平成28年, 16～23頁)において,「午紅毛船脇荷見帳」と「午紅毛船本方端物荒物見帳」によって得られた結果(脇荷取引と品代り取引された商品名と数量, ならびに落札価格と落札商人名)を作表し提示しているためあわせて参照されたい。

（9） Opgave der Goederen bestemd voor de Japansche partikuliere handel van 1847 die de ondergeteekenden pachter voor den kambang handel, verzoekt te mogen medenemen, met schip 's Hertogenbosch kapitein Matthijsen, naar Japan. Ingekomen stukken 1847. MS. N.A. Japans Archief, nr. 1631（Aanwinsten, 1910, I: No. 23）.（Tōdai-Shiryō Microfilm: 6998-1-122-6）.

（10） 拙稿「幕末期におけるオランダ船の脇荷物輸入について―弘化4年（1847）を事例として―」(『鶴見大学紀要』第52号第4部, 平成27年, 50～60頁)において,「未紅毛船脇荷見帳」と「未阿蘭陀船壱艘分見帳」によって得られた結果(脇荷取引と品代り取引された商品名と数量, ならびに落札価格と落札商人名)を作表し提示しているためあわせて参照されたい。

（11） 「唐船紅毛差出控」(某所所蔵)。所蔵者の希望により本章では「某所所蔵」と記しておく。

（12） 拙稿「幕末期におけるオランダ船脇荷物輸入の基礎的研究―嘉永元年（1848）を事例として―」(『鶴見大学紀要』第54号第4部, 平成29年, 82～86頁)において,「申紅毛本方并脇荷物品代り反物落札帳」によって得られた結果(脇荷取引された商品名と数量, ならびに落札価格と落札商人名)を作表し提示しているためあわせて参照されたい。

（13） Factuur van goederen bestemd voor den Japanschen kambang handel voor het jaar 1849 per het schip de Stad Dordrecht kapitein J. van Nassaw. Ingekomen stukken 1849. MS. N.A. Japans Archief, nr. 1632（Aanwinsten, 1910, I: No. 24）.（Tōdai-Shiryō Microfilm: 6998-1-122-7）.

（14） 「積荷目録」はオランダ側が「送り状」の中から品目を選んで提出される送り状

286　第2部　オランダ船の脇荷貿易

コピー(「提出送り状」)の翻訳であるため, 「送り状」全ての品目を提出したわけで
はないが, 本表ではひとまず全品目を抽訳し「積荷目録」として掲げておく。

(15) Factuur van goederen bestemd voor den Japanschen kambang handel voor het jaar 1850 per het schip de Delft kapitein Mullen. Ingekomen stukken 1850. MS. N.A. Japans Archief, nr. 1633 (Aanwinsten, 1910, I: No. 25). (Tōdai-Shiryō Microfilm: 6998-1-123-1).

(16) 註(14)参照。

(17) Factuur van goederen bestemd voor den Japanschen kambang handel voor het jaar 1851, per het schip Joan kapitein Van Assendelft de Cooningh. Ingekomen stukken 1851. MS. N.A. Japans Archief, nr. 1634 (Aanwinsten, 1910, I: No. 26). (Tōdai-Shiryō Microfilm: 6998-1-123-2).

(18) Factuur van goederen bestemd voor den Japanschen kambang handel voor het jaar 1852 per het schip Cornelia en Henriette kapitein F. Gellards. Ingekomen stukken 1852. MS. N.A. Japans Archief, nr. 1635 (Aanwinsten, 1910, I: No. 27). (Tōdai-Shiryō Microfilm: 6998-1-123-3).

(19) Factuur van goederen bestemd voor den Japanschen kambang handel voor het jaar 1853 per het schip Hendrika kapitein Admiraal. Ingekomen stukken 1853. MS. N.A. Japans Archief, nr. 1636 (Aanwinsten, 1910, I: No. 28). (Tōdai-Shiryō Microfilm: 6998-1-123-4).

(20) Factuur van goederen, bestemd voor den Japanschen kambanghandel voor het jaar 1854 per het schip Sara Lijdia, gezagvoerder B. van der Tak. Ingekomen stukken 1854. MS. N.A. Japans Archief, nr. 1637 (Aanwinsten, 1910, I: No. 29). (Tōdai-Shiryō Microfilm: 6998-1-123-5).

第6章　賃借人のウニコール輸入

は じ め に

　先に考察したように，賃借人による脇荷貿易は，政庁と賃借人との間で結ばれた契約(Kontrakt)に基づいておこなわれていた。このシステムがはじまった1835年(天保6)の取引のための契約書(以下，本章ではA契約書と記す)の第6条では，

　　通常，政庁〔の貿易〕，すなわちいわゆる会社貿易〔本方貿易〕で受け入れ
　　られる全ての品物は，カンバン貿易〔脇荷貿易〕になることはありえない。
　　さらにまた，貿易品であるウニコールは特にそうである。(1)

と規定されており，「会社貿易の品物」すなわち本方荷物と，「カンバン貿易の品物」すなわち脇荷物は明確に区別され，ウニコールについては，特記事項として脇荷物にはならないことが謳われている。

　このウニコール(unicornis ラテン語)は，オランダ側の品名でeenhoornと記され，日本側では，「ウニコール」や「ウニカウル」あるいは「一角」と訳されていた(本章では「ウニコール」に統一して記す)。ウニコールは，一角の牙から製した解毒薬であり，(2) 19世紀前半の日蘭貿易においては，大変高価な薬品で，主に誂物(＝注文品)として輸入されていた。

　誂物(＝注文品)(3) について，近世後期に焦点を絞ってみると，将軍をはじめとする幕府高官，長崎地役人等によって，オランダ船に注文されたものの持ち渡り品であった。天保期，誂物や脇荷物などの取引を担当した御内用方通詞楢林鐵之助の控である「御内用方諸書留」(4)(以下，本章では「諸書留」と記す)によれば，宝暦期(1751〜1764)には，19世紀前半にみられるような誂物システムの原形がはじまっていたようである。「諸書留」によれば，誂物は，オランダ側にとってみれば貿易に対しての「為御恩謝」の品々であり，それ

に対して，日本側の受取人より「相應之品々」が渡されていたのを，「文化
〔1804～1818〕之初頃」に「御品之分代銀」での支払いをオランダ側が希望
し，取引の形をとるようになった。日蘭双方共に，将軍の注文品である「御
用御誂」は本方勘定(Komp^s rekening)，老中以下幕府高官，長崎地役人等の
誂物は脇荷勘定(Kambang rekening)で処理されたが，「諸書留」が「素々御誂
物等者本方荷物之儀ニ御座候故」と記しているように本方荷物であったと考
えられる。(5)

　上記の1835年(天保6)時点において，ウニコールは，脇荷物ではなくこの
誂物(本方荷物)としてオランダ船によって持ち渡られていた。それが1836年
(天保7)～1838年(天保9)の脇荷貿易のための契約書(以下，本章ではB契約書と
記す)の第5条では，次のように変更された。

　　通常，政庁〔の貿易〕，すなわちいわゆる会社貿易〔本方貿易〕で受け入れ
　　られる全ての品物は，年に1ピコル賃借人が輸出できる貿易品である
　　ウニコールを除いて，カンバン貿易〔脇荷貿易〕になることはありえな
　　い。(6)

すなわち，A契約書で脇荷物として輸出が禁じられていたウニコールが，
1ピコル(＝120.875ポンド＝100斤)に限って賃借人に持ち渡りが許されたわけ
である。

　1836年(天保7)のオランダ史料で，日付けは明記されていないが，バタヴ
ィアでは，

　　日本でのカンバン貿易〔脇荷貿易〕の賃借人である我々下記署名者〔C. リ
　　スール〕は，閣下に下記商品をヨング D. A. de Jong 船長のメリー・エ
　　ン・ヒレゴンダ号に舶載し，日本へ輸送することの許しを乞う。(7)

との表題のもと，脇荷貿易品を簡略に記した後，わざわざ次の文章を添えて
いる。

　　下記署名者〔C. リスール〕は，薬種の名のもとにウニコールが30から
　　40ポンドだけ含まれていることを証言する。

すなわち，1836年に賃借人がウニコールを日本に輸出することは特記す
べきことであったわけである。

本章においては，この天保7年(1836)にはじまった賃借人のウニコール輸入とはどのようなものであったのか，その実態を明らかにすると共に，当時のバタヴィア政庁と賃借人との関係について言及していきたい。

第1節　天保7年・同8年のウニコールの取引

ウニコールは，上述のようにオランダ側で1836年(天保7)より賃借人に持ち渡りが許された品物であった。この賃借人のウニコール輸入について，天保7年の実態を考察する前に残存史料の良好な翌天保8年(1837)の状況から検討していきたい。

B契約書のもと，天保8年には127.5ポンド(仕入値1,976.25グルデン(=1,235.15625カンバンテール))[8]が持ち渡られた。1837年(天保8)のCalculatieve aantooning van het resultaat dat de Kambanghandel dit jaar voor den pachter opgeleverd heeft.[9]（今年カンバン貿易〔脇荷貿易〕が賃借人にもたらす成果の見積書）には，

> Provenu van eenhooren, onder de eischgoederen opgenomen, en hier in Kambanggeld aan den pachter uitbetaald ……… T. 6,771.00
> （注文品として引き受け，ここ〔日本〕でカンバン銀で賃借人に支払われたウニコールの売上金 ……………………… 6,771.00〔カンバン〕テール）

とあり，注文品(=誂物)として6,771.00カンバンテールの売上金を出しており，仕入値の約5.5倍$\left(\frac{6,771.00\,カンバンテール}{1,235.15625\,カンバンテール} \fallingdotseq 5.5\right)$の売上げ率を示している。B契約書第5条に記されているように，ウニコールは1ピコル(=120.875ポンド=100斤)の持ち渡りが許されていることより，若干量は多いがそれに近い数量を賃借人は持ち渡り，上記史料にみられるように誂物として販売したわけである。

天保8年にウニコールは，長崎奉行をはじめ長崎地役人等に誂物として合計272斤(=328.78ポンド)を日本側に渡しているが(表67参照)，この内の$\frac{1}{3}$強を賃借人が引き受けていたと考えられる。誂物を記した天保8年の送り状Factuur 1837[10]には，

290 第2部 オランダ船の脇荷貿易

表67 天保8年(1837)の誂物としてのウニコールの取引

積荷目録			Lijst der eisch goederen			
誂主・品名	数 量	品 名	数 量	価格 (テール)	価額 (テール)	
久世伊勢守広正（長崎奉行）の誂物						
ウ ニ コ ー ル	−	eenhoorn	19.775 k!	60 / 1 k!	1,186.50	
戸川播磨守安清（長崎奉行）の誂物						
ウ ニ コ ー ル	−	eenhoorn	20.7375 k!	60 / 1 k!	1,244.25	
高木作右衛門忠篤（長崎代官）の誂物						
ウ ニ コ ー ル	−	eenhoorn	19.7 k!	60 / 1 k!	1,182.00	
高木内藏丞忠升（鉄砲方）の誂物						
ウ ニ コ ー ル	−	eenhoorn	19.7 k!	60 / 1 k!	1,182.00	
福田安右衛門重裕 (町年寄・長崎会所調役) の誂物						
ウ ニ コ ー ル	−	eenhoorn	19.2 k!	60 / 1 k!	1,152.00	
久松喜兵衛忠豊 (町年寄・長崎会所調役) の誂物						
ウ ニ コ ー ル	−	eenhoorn	19.2 k!	60 / 1 k!	1,152.00	
後藤市之丞貞成（町年寄）の誂物						
ウ ニ コ ー ル	−	eenhoorn	19 k!	60 / 1 k!	1,140.00	
久松碩次郎定碩（町年寄）の誂物						
ウ ニ コ ー ル	−	eenhoorn	18.8 k!	60 / 1 k!	1,128.00	
高島四郎太夫茂敦（町年寄）の誂物						
ウ ニ コ ー ル	−	eenhoorn	19.6 k!	60 / 1 k!	1,176.00	
高島八郎兵衛永隆（町年寄）の誂物						
ウ ニ コ ー ル	−	eenhoorn	19.9 k!	60 / 1 k!	1,194.00	
福田源四郎（町年寄）の誂物						
ウ ニ コ ー ル	−	eenhoorn	18.5 k!	60 / 1 k!	1,110.00	
高木清右衛門忠豪（町年寄）の誂物						
ウ ニ コ ー ル	−	eenhoorn	19.7 k!	60 / 1 k!	1,182.00	
薬師寺宇右衛門種文（町年寄）の誂物						
ウ ニ コ ー ル	−	eenhoorn	22.4 k!	60 / 1 k!	1,344.00	
福田小太郎（町年寄見習）の誂物						
ウ ニ コ ー ル	−	eenhoorn	15.7875 k!	60 / 1 k!	947.25	
		合 計	272 k!		16,320.00	

出典・積荷目録は「崎陽齎来目録」六（早稲田大学図書館所蔵）。
・Lijst der eisch goederen は、Kambang Rekening Courant 1837. [Japan Portefeuille N? 35.
1837] MS. N.A. Japans Archief, nr. 1458 (K.A. 11811). (Tōdai-Shiryō Microfilm:
6998-1-86-23). 内の Lijst der eisch goederen van A? 1837.
註・k!.は、kattij (＝斤)。
・単位のテール (theil) は、カンバンテール (kambang theil) を示す。

100 Ned. lb.　Een hoorn　a f. 15.50 't $\frac{1}{2}$ lb.　f. 3,100

（100 ネーデルランセポンド　ウニコール　$\frac{1}{2}$〔ネーデルランセ〕ポンド
に付き 15.50 グルデン　　　　　　　　　　　　〔計〕3,100 グルデン）

とあり，この年，ウニコールは誂物として 100 ネーデルランセポンド（＝
202.40288 ポンド）の持ち渡りがあった。[11] したがって，賃借人が持ち渡った
127.5 ポンドと合わせると 329.90288 ポンドになり，天保 8 年の誂物合計
272 斤（＝328.78 ポンド）にほぼ一致する。すなわち，賃借人が持ち渡ったウニ
コールは，全て誂物として使用されるものであり，そのために持ち渡りが許
されていたわけである。

　賃借人による脇荷貿易が開始された天保 6 年（1835）時点においては，賃借
人のウニコールの持ち渡りは禁止されていた（前掲 A 契約書第 6 条）。したがっ
て，賃借人の輸入品の中にウニコールは存在せず，誂物を記した送り状
Factuur 1835[12]に，

143 Nederl. ponden　Eenhoorn　het $\frac{1}{2}$ N. lb. a 〔f.〕9　　〔f.〕2,574
　　　　　＊　　　　　　　　＊　　　　　　　＊

51 Nederl. ponden　Eenhoorn　　　　　　　　　〔f.〕1,020

（143 ネーデルランセポンド　ウニコール　$\frac{1}{2}$ ネーデルランセポンドに
付き 9 グルデン　　　　　　　　　　　　　　〔計〕2,574 グルデン

　　　　　　　　　　　　　（中略）

　51 ネーデルランセポンド　　ウニコール　　　　　〔計〕1,020 グルデン）

とあり，合計 194 ネーデルランセポンド（＝392.6616 ポンド）の輸入であった。
この年の誂物として使用されたウニコールの合計は 326 斤（＝394.0525 ポンド）
であり（表 68 参照），送り状の数量とほぼ一致する。すなわち，天保 6 年時に
は政庁側が持ち渡ったウニコールによって誂物は全てまかなわれていたので
ある。

　では，賃借人のウニコールの持ち渡りがはじめて許された天保 7 年はど
うであったのだろうか。この年，賃借人は $\frac{1}{2}$ ピコル（＝50 斤＝60.4375 ポンド）
を仕入値 650 グルデン（＝406.25 カンバンテール）で持ち渡っている（1 斤 8.125 カ
ンバンテールでの仕入値）。[13] そして，この年の誂物を記した送り状 Factuur

292　第2部　オランダ船の脇荷貿易

表68　天保6年(1835)の誂物としてのウニコールの取引

積　荷　目　録			Lijst der eisch goederen			
誂主・品名	数　量		品　名	数　量	価格 (テール)	価額 (テール)
牧野長門守成文（長崎奉行）の誂物 ウ　ニ　コ　ト　ル	－		eenhoorn	22.8 kʼ.	60／1 kʼ.	1,368.00
久世伊勢守広正（長崎奉行）の誂物 ウ　ニ　コ　ー　ル	－		eenhoorn	22.18 kʼ.	60／1 kʼ.	1,330.80
高木作右衛門忠篤（長崎代官）の誂物 ウ　ニ　コ　ー　ル	－		eenhoorn	23.45 kʼ.	60／1 kʼ.	1,407.00
高木内藏丞忠升（鉄砲方）の誂物 ウ　ニ　コ　ー　ル	－		eenhoorn	20.96 kʼ.	60／1 kʼ.	1,257.60
高島四郎兵衛茂紀 (町年寄・長崎会所調役) の誂物 ウ　ニ　コ　ー　ル	－		eenhoorn	21.2 kʼ.	60／1 kʼ.	1,272.00
㈱ 薬師寺久左衛門種義 (町年寄・長崎会所調役) の誂物 ウ　ニ　コ　ー　ル	－		eenhoorn	21.59 kʼ.	60／1 kʼ.	1,295.40
福田安右衛門重裕（町年寄）の誂物 ウ　ニ　コ　ー　ル	－		eenhoorn	19.5 kʼ.	60／1 kʼ.	1,170.00
久松喜兵衛忠豊（町年寄）の誂物 ウ　ニ　コ　ー　ル	－		eenhoorn	21.48 kʼ.	60／1 kʼ.	1,288.80
後藤市之丞貞成（町年寄）の誂物 ウ　ニ　コ　ー　ル	－		eenhoorn	21.05 kʼ.	60／1 kʼ.	1,263.00
久松碩次郎定碩（町年寄）の誂物 ウ　ニ　コ　ー　ル	－		eenhoorn	21.08 kʼ.	60／1 kʼ.	1,264.80
高島八郎兵衛永隆（町年寄）の誂物 ウ　ニ　コ　ー　ル	－		eenhoorn	22.33 kʼ.	60／1 kʼ.	1,339.80
高島四郎太夫茂敦（町年寄見習）の誂物 ウ　ニ　コ　ー　ル	－		eenhoorn	24.35 kʼ.	60／1 kʼ.	1,461.00
福田源四郎（町年寄）の誂物 ウ　ニ　コ　ー　ル	－		eenhoorn	22.6 kʼ.	60／1 kʼ.	1,356.00
高木清右衛門忠豪（町年寄）の誂物 ウ　ニ　コ　ー　ル	－		eenhoorn	20.45 kʼ	60／1 kʼ.	1,227.00
薬師寺宇右衛門種文（町年寄）の誂物 ウ　ニ　コ　ー　ル	－		eenhoorn	20.98 kʼ.	60／1 kʼ.	1,258.80
			合　計	326 kʼ		19,560.00

出典・積荷目録は「崎陽齎来目録」四（早稲田大学図書館所蔵）。
　　・Lijst der eisch goederen は、Kambang Rekening Courant 1835. [Japan Portefeuille Nº. 33.
　　　1835] MS. N.A. Japans Archief, nr. 1456（K.A. 11809）.（Tōdai-Shiryō Microfilm:
　　　6998-1-85-6）. 内の Lijst der eisch goederen van Aº. 1835.
註・kʼ.は、kattij（＝斤）。
　　・単位のテール (theil) は、カンバンテール (kambang theil) を示す。

1836⁽¹⁴⁾には,

　　49 Nederl. ponden　Eenhoorn　　　　〔f.〕1,960

　　(49 ネーデルランセポンド　ウニコール　　〔計〕1,960 グルデン)

とあり,また,日本に持ち渡ってからの計量(荷改)によって0.27 ネーデルラ
ンセポンドの重量増を記録していたことから,⁽¹⁵⁾ 合計49.27 ネーデルラン
セポンド(=99.7239 ポンド)の輸入であったことがわかる。

　天保7年の誂物としてのウニコールの使用量は179.75 斤(=217.2728 ポン
ド)であった(1斤60 カンバンテールでの販売)(表69 参照)。しかし,政庁側による
誂物としての輸入(99.7239 ポンド)と賃借人の輸入(60.4375 ポンド)の合計は
160.1614 ポンドであり,57.1114 ポンドの不足となる。この不足分につい
ては未詳といわざるを得ないが,考えられることとして,次の二点を挙げて
おきたい。まず一点目として,天保7年以前に出島にウニコールが残され,
それが使用されたと推測することである。二点目としては,オランダ側の脇
荷輸送リスト⁽¹⁶⁾に示したウニコールの輸入量は $\frac{1}{2}$ ピコルであったが,実際
には1ピコルの持ち渡りであったと推測することである。前掲B契約書第5
条では,「年に1ピコル」を許しているわけであるから,もし天保7年に $\frac{1}{2}$
ピコルではなく,1ピコルの輸入であったとすると,賃借人の持ち渡りは
120.875 ポンドの輸入となる。したがって,誂物の送り状の数量と合わせて
220.5989 ポンドとなり,天保7年に誂物として使用された数量(217.2728 ポ
ンド)にほぼ一致する。いずれにせよ,天保7年時においては,誂物を記し
た送り状の数量だけではウニコールの誂物はまかなえず,賃借人が持ち渡っ
たウニコールが誂物として使用されていることは間違いないであろう。

　前掲B契約書第5条にいう「通常,政庁〔の貿易〕,すなわちいわゆる会
社貿易〔本方貿易〕で受け入れられる全ての品物は,年に1ピコル賃借人が
輸出できる貿易品であるウニコールを除いて,カンバン貿易〔脇荷貿易〕にな
ることはありえない」ということは,ウニコールは賃借人が持ち渡る脇荷物
ではあるが,「会社貿易〔本方貿易〕で受け入れられる全ての品物」の中に位
置付けられる品物であり,天保7年・8年の事例が示すように,それが誂物
として使用されているのである。このことに関しては,次のB契約書第13

294 第2部 オランダ船の脇荷貿易

表69 天保7年(1836)の誂物としてのウニコールの取引

積　荷　目　録		Lijst der eisch goederen			
誂主・品名	数　量	品　名	数　量	価格 (テール)	価額 (テール)
牧野長門守成文（長崎奉行）の誂物 ウ　ニ　コ　ー　ル	－	eenhoorn	10 k!	60 / 1 k!	600.00
久世伊勢守広正（長崎奉行）の誂物 ウ　ニ　コ　ー　ル	－	eenhoorn	10.96 k!	60 / 1 k!	657.60
高木作右衛門忠篤（長崎代官）の誂物 ウ　ニ　コ　ー　ル	－	eenhoorn	12.868 k!	60 / 1 k!	772.08
高木内蔵丞忠升（鉄砲方）の誂物 ウ　ニ　コ　ー　ル	－	eenhoorn	12.056 k!	60 / 1 k!	723.36
高島四郎兵衛茂紀（町年寄・長崎会所調役）の誂物 ウ　ニ　コ　ー　ル	－	eenhoorn	13.15 k!	60 / 1 k!	789.00
福田安右衛門重裕（町年寄・長崎会所調役）の誂物 ウ　ニ　コ　ー　ル	－	eenhoorn	16.437 k!	60 / 1 k!	986.22
久松喜兵衛忠豊（町年寄）の誂物 ウ　ニ　コ　ー　ル	－	eenhoorn	13.168 k!	60 / 1 k!	790.08
後藤市之丞貞成（町年寄）の誂物 ウ　ニ　コ　ー　ル	－	eenhoorn	12.872 k!	60 / 1 k!	772.32
久松碩次郎定碩（町年寄）の誂物 ウ　ニ　コ　ー　ル	－	eenhoorn	11.809 k!	60 / 1 k!	708.54
高島八郎兵衛永隆（町年寄）の誂物 ウ　ニ　コ　ー　ル	－	eenhoorn	12.35 k!	60 / 1 k!	741.00
高島四郎太夫茂敦（町年寄見習）の誂物 ウ　ニ　コ　ー　ル	－	eenhoorn	12.665 k!	60 / 1 k!	759.90
福田源四郎（町年寄）の誂物 ウ　ニ　コ　ー　ル	－	eenhoorn	13.2 k!.	60 / 1 k!	792.00
高木清右衛門忠豪（町年寄）の誂物 ウ　ニ　コ　ー　ル	－	eenhoorn	13.965 k!	60 / 1 k!	837.90
薬師寺宇右衛門種文（町年寄）の誂物 ウ　ニ　コ　ー　ル	－	eenhoorn	14.25 k!	60 / 1 k!	855.00
		合　計	179.75 k!		10,785.00

出典・積荷目録は「崎陽齎来目録」五（早稲田大学図書館所蔵）。
　　・Lijst der eisch goederen は、Kambang Rekening Courant 1836. [Japan Portefeuille N°. 34.
　　　1836] MS. N.A. Japans Archief, nr. 1457 (K.A. 11810). (Tōdai-Shiryō Microfilm:
　　　6998-1-86-5). 内の Lijst der eisch goederen van A°. 1836.
註・k!. は、kattij (＝斤)。
　・単位のテール (theil) は、カンバンテール (kambang theil) を示す。

条に注目する必要がある。

　　　　第13条

　　　政庁は，それぞれの賃借年に，将軍や幕府高官や長崎の役人達の注文
　　に応じて，10,000グルデンを超えない購入金額の商品を会社貿易〔本方
　　貿易〕の商品とは別に，日本に送る権限を維持する。

　ここにあるように注文品（＝誂物）は政庁が「会社貿易〔本方貿易〕の商品と
は別に，日本に送る権限を維持する」問題とかかわっており，ウニコールは，
賃借人が持ち渡る脇荷物にして「会社貿易〔本方貿易〕で受け入れられる全て
の品物」(B契約書第5条)内で「会社貿易〔本方貿易〕の商品とは別」の品物，
すなわち誂物になる特別の商品であったといえよう。それ故，「はじめ
に」で述べたように，ウニコールは輸出に際してバタヴィアで特記すべき商
品であったわけである。そして，その売上げ率も天保7年は，価格にして
約7.4倍$\left(\frac{60\,カンバンテール}{8.125\,カンバンテール}\doteqdot 7.4\right)$，天保8年は，価額にして約5.5倍[17]と
いう高い率での取引となっていた。天保6年にはじまった賃借人の脇荷貿
易は，翌天保7年そして翌々天保8年には政庁側の取引の一部を担い，率
の高い収益が約束される取引をおこなっていたわけである。

　なお，誂物に賃借人の持ち渡り品が含まれていたことは，日本側に知られ
てはならないことであった。1837年(天保8)の商館長ニーマンのバタヴィア
政庁への報告(Verslag)では，ウニコールの売れ残りとして，政庁分$8\frac{1}{4}$斤，
賃借人分$10\frac{1}{2}$斤の返送について記されているが，その文末で，

　　　私は，閣下に後者の量〔賃借人のもの〕は，私がここ〔日本〕で疑いを防ぐ
　　ために政庁と同じ箱にウニコールを梱包したため，バタヴィアに到着し
　　たら賃借人に渡して頂きたい。[18]

と述べている。この文面より，誂物であるウニコールは政庁がもたらす輸入
品であり，そこに賃借人の持ち渡り品が含まれていることは日本側に悟られ
てはならなかったことがわかる。政庁は，収益率の高いウニコールの持ち渡
りを賃借人に許し，そして，商館長はそれを日本側に知られてはならないよ
うに工作しているのである。これらのことは，視点を変えてみれば，如何に
政庁側が賃借人を保護し，かつ優遇措置を施していたかということであろう。

第2節　天保9年のウニコールの取引

　B契約書の下での最終年の取引であった天保9年(1838)には，賃借人はウ
ニコールを130斤(仕入価額1,545.50グルデン)持ち渡った。[19] また，誂物を記
した送り状Factuur[20]によれば，200 halve Ned. lb. 4 oncen(＝100.4ネーデ
ルランセポンド＝203.2125ポンド＝168.118斤)(仕入価額1,807.20グルデン)の持ち渡
りがあり，合計で298.118斤のウニコール輸入であった。この天保9年に
は，オランダ側が日本側に提出したOpegegven Factuur[21](提出送り状)と
阿蘭陀通詞がそれを翻訳した積荷目録[22]が残っており，両史料の照合によ
って，久世伊勢守広正(長崎奉行)・戸川播磨守安清(長崎奉行)・高木作右衛門
忠篤(長崎代官)・高木内藏丞忠升(鉄砲方)・福田安右衛門重裕(町年寄・長崎会所
調役)・久松喜兵衛忠豊(町年寄・長崎会所調役)・後藤市之丞貞成(町年寄)・高島
四郎太夫茂敦(町年寄)・高島八郎兵衛永隆(町年寄)・福田源四郎(町年寄)・高
木清右衛門忠豪(町年寄)・薬師寺宇右衛門種文(町年寄)・久松新兵衛定益(町年
寄)の面々がウニコールを誂物として受け取ることになっていたことが確認
できる(なお，両史料には，商品名eenhoren「一角」のみで数量は空白になっている)。

　天保7年(1836)の段階でオランダ商館長は，長崎奉行から「今後は実際に
注文された品物以外は持ち渡ってはならない」in het vervolg geene ande-
re dan de werkelijk geeischte goederen mogen worden aangebragt[23]と
する通達を受けていたが，それにも拘わらず第1節でみたように天保8年
に，そして上述のように同9年に注文されていないウニコールの誂物とし
ての持ち渡りはつづいていた。

　ウニコールの収益は他の誂物の赤字分を補塡するものであり，オランダ側
にとってウニコールは黒字を生むための重要な商品であった。[24] 商館長ニ
ーマンは，1836年(天保7)，バタヴィア政庁への報告(Verslag)において，次
のように述べている。

　　1837年〔天保8年〕に持ってくるいわゆる注文品は，その中に150から
　　200ポンドのウニコールも含まれるであろうが，その場合，長崎奉行達

は私の期待通りではなく，それ〔注文品〕を部分的にしか受け取らない時には，それ〔注文品〕を全部そのまま〔バタヴィアへ〕返送することの権限を与えて欲しい。それは今後，この件を今と同じような有益なやり方にもどす唯一の手段だと思っているからである。(25)

　すなわち，商館長は日本側がウニコールの輸入を拒んだ場合には，誂物は全てバタヴィアへ返送するという強行手段を執ることを許して欲しいと述べており，ウニコールの輸入とその収益がオランダ側にとって如何に重要なものであるかを説いている。天保8年(1837)は第1節で考察したようにウニコールを含めて誂物の取引がおこなわれ，ウニコールも約5.5倍の売上げ率でほとんど取引されている。

　この天保8年に対して，翌天保9年には，日本側はウニコールを受け取らないとする強い姿勢にでている。「諸書留」には天保9年6月26日の記事として以下のことを記している。

　一高嶋四郎太夫殿方^江外御用向_ニ而石橋助十郎罷出候処，当年御誂之品
_ニ持渡候ウニコール之儀，御同人より御勘定方^江御談_ニ相成候処，右
者昨年茂厳敷被仰渡候儀_ニ付，積帰候様可申渡旨被　仰付候趣達_ニ相
成ル(後略)

　ここにみられるように，町年寄高嶋四郎太夫は長崎奉行所(勘定方)と相談の結果，ウニコールの「積帰」を命じることとなった。これに対して，商館長は数々の理由(後掲)を挙げた後，「来秋之儀者御誂_ニ不相成候品ミ決而持渡申間敷候之間，当節限り何分宜被為仰付被下候様」との願いを申し立てている。日本側は，これに対して，前年(天保8年)も同様のことを申し立て，やむなく受け取りを許したが，ウニコールは経済的負担が長崎会所にかかるため，当年(天保9年)持ち渡った際は「積帰」を命じることになっていたので，受け取るわけにはいかないとの姿勢を貫いた。

　これに対して，商館長ニーマンは下記のように町年寄・長崎会所調役・年番大通詞に宛てて願いを提出している。やや長文ではあるが，オランダ語原文とそれを阿蘭陀通詞が翻訳した日本側史料(「諸書留」内)が残っており，当時のウニコールをめぐってのオランダ側の言い分と阿蘭陀通詞の翻訳姿勢が

読み取れるため，原文の拙訳を含めて全文挙げておきたい。

（オランダ語原文）

Aan Burgemeesteren Commissarissen der geldkamer en opper-rapporteurs.

De ondergeteekende Nederlandsch opperhoofd, heeft ontvangen translaat van een schriftelijk bevel van den Heere Gouverneur van Nagasakie, van den 20^{en} dezer loopende maand Sitsigoeats, houdende bepaling dat het eenhoren dit jaar onder de eischgoederen aangebragt, en tegen den aanvoer van welk artikel in 1836 is gewaarschuwd, naar Batavia zal moeten worden teruggezonden.

De ondergeteekende neemt de vrijheid op te merken dat het eenhoren uit noodzakelijkheid is aangebragt, eensdeels om dat het tot de verzending herwaarts uit Holland was ontvangen, ten andere om uit de opbrengst van dat artikel het zeer aanzienlijk verlies te dekken dat op de andere zoogenaamde eischgoederen wordt geleden.

De Hooge Regering te Batavia heeft echter de mogelijkheid voorzien dat het eenhoren alhier zou worden afgewezen, en zij heeft voor dat geval den ondergeteekende gelast de eischgoederen in hun geheel te rug te zenden, omdat die goederen te Batavia zonder merkelijke schade kunnen worden van de hand gezet.

De ondergeteekende heeft de eer UwEd. Achtb. van deren last der Hooge Indische Regering kennis te geven, met verzoek dat, zoo het eenhoren onder de gegevene omstandigheden niet kan worden aangenomen, het geheel factuur van eischgoederen weder ongebroken naar Batavia moge worden afgescheept.

Hij heeft de eer &^{a}.

Desima, 23 Sitsigoeats (11 September) 1838.　　　　　　Niemann[26]

（拙訳）

町年寄，長崎会所調役ならびに年番大通詞に宛てて

第6章　賃借人のウニコール輸入　299

　署名者であるオランダ商館長は，今月7月20日付けの長崎奉行からの命令書の翻訳文を受け取りました。〔そこには，〕今年注文品として持ち渡ったウニコールについて，〔すでに〕1836年にその商品〔ウニコール〕の輸入に対して警告が出されており，バタヴィアに返送しなければならないとの取り決めが含まれていました。

　署名者は，失礼を顧みず次のことを申し上げます。〔すなわち〕ウニコールは必要から持ち渡られた物です。それは，一つには，こちら〔日本〕に送るためにオランダから受け取られたものだからです。また，一つには，この商品〔ウニコール〕の収益で他のいわゆる注文品が被る多分の損失を埋め合わせるためのものだからです。

　しかし，バタヴィアの政庁は，ここ〔日本〕でウニコールが拒まれる可能性もあるだろうと思っており，そして，その場合には署名者に注文品を全て〔バタヴィアへ〕返送するようにと命じています。それは，それらの品々がバタヴィアでたいした損失もなく売り払うことができるからです。

　署名者は，貴方様にこの東インド政庁の命令をお知らせします。現状でウニコールが受け入れられない時には，注文品〔としての持ち渡り品〕は全て荷解きをせずバタヴィアに向けて再び返送することをお願い致します。

敬　具

出島，1838年7月23日（〔西暦〕9月11日）　　　　　　　ニーマン

（「諸書留」内の阿蘭陀通詞訳）

去々申年，一角持渡申間敷旨被仰渡も御座候處，今般右品持渡候ニ付而者積返り候様此節御書取を以被仰渡奉畏候，然處当年右一角持渡候儀者第一者本國ゟ御当国心当として咬𠺕吧表迠差越，且又御誂之品々儀者都而多分之償も相立候間，右為補方不得止事例年差送候儀ニ御座候，若右一角御取入難被為成御儀ニ御座候ハ，前條之次第ニ御座候間，外御誂之品をも一同積返候様可致，左候ハ，於咬𠺕吧表如何様共取捌方出来可申

候間，積帰之儀御願可申上旨頭役共ゟ申付越候ニ付而者何分難任心底仕
合ニ奉存候，依之近頃恐多申上事ニ御座候得共，御憐愍之御沙汰を以可
然様被為　仰付被下度重畳奉願候

古かひたん

にゐまん

右之通横文字を以かひたん申出候ニ付和解差上申候，以上

　　　　　　　　　戌七月　　　　　　　西喜津太夫

　　　　　　　　　　　　　　　　　　　中山作三郎

　　　　　　　　　　　　　　　　　　　　　　　　　印

　　　　　　　　　　　　　　　　　　　楢林鐵之助

　　　　　　　　　　　　　　　　　　　石橋助十郎

　商館長ニーマンは，ウニコールは①日本に送るためオランダ本国より受け
取ったものであり，②他の誂物の損失分を補う品でもあることを訴え，もし，
日本側が受け取らなければ誂物として持ち渡った品物は全て返送するという
些か脅迫めいた嘆願書を提出している。これを翻訳した阿蘭陀通詞は商館長
の文意をくみ取って適訳をおこなった後，「依之近頃恐多申上事ニ御座候得
共，御憐愍之御沙汰を以可然様被為　仰付被下度重畳奉願候」と原文にはな
い丁重な願い文を末尾に加えて商館長の低姿勢な嘆願書に仕立てている。

　前掲の 1836 年(天保 7)の商館長ニーマンのバタヴィア政庁への報告(Ver-
slag)でみたように，「長崎奉行達は私の期待通りではなく，それ〔注文品〕を
部分的にしか受け取らない時には，それ〔注文品〕を全部そのまま〔バタヴィ
アへ〕返送することの権限を与えて欲しい」と記していたことが，翌々年に
実行されることになったわけである。1838 年(天保 9)の商館長のバタヴィア
政庁への Verslag(報告)には，

　　私は，今年，1838 年 6 月 12 日の政庁決議第 11 号のセクション p によ
　　り，私に与えられた権限に従って，注文品をバタヴィアに返送せざるを
　　得ないと思う。何故なら，私は，それらの注文品の中にあるウニコール
　　を受け取ることを長崎奉行に納得させることができなかったためであ
　　る。[27]

と記しており，ウニコールが受け取られなかったことにより，この年の誂物

は返送せざるを得ないとしている。(28)

　ウニコールは，天保7年(1836)以降持ち渡りが禁じられたにもかかわらず，誂物の赤字補填の必要性からもオランダ側の執拗な輸入がつづけられていたが，ここに至ってひとまず終止符が打たれることとなった。(29) そして，次節で述べるように，賃借人のウニコール輸入も政庁から条件付きで禁じられることになる。

第3節　天保10年〜嘉永元年のウニコールの取引

　天保9年(1838)，ウニコールが日本側に受け取られなかったことにより，この年の誂物取引は成立しなかった。この結果をふまえ，賃借人の日本へのウニコール輸入は翌年の決議により条件付きで禁止となる。1838年4月8日の決議によって，賃借人リスールとバタヴィア政庁の一部局である物産民間倉庫局長との間で結ばれた1839年度に向けての契約書の第15条では，次のようにウニコールはまだ賃借人の持ち渡り品からは除かれてはいなかった。

　　　第15条
　カンバン〔貿易〕，すなわち個人貿易から，次の品物は除かれる。〔ただしそれは〕日本政府がこのことに関して変更しない限りである。

　　　　　　　　　鼈甲
　　　　　　　　　広東人参
　　　　　　　　　甘草
　　　　　　　　　ミイラ
　　　　　　　　　梹榔子，そして
　　　　　　　　　太腹皮(30)

しかし，翌1839年(天保10)の決議では(5月14日の決議録抜粋)，
　日本での個人〔貿易〕すなわちいわゆるカンバン貿易〔脇荷貿易〕の経営権に関する賃借が，1840年と1841年という2年間，公に認められる。そして，それは，本年1839年に向けての1838年4月8日付けナンバー7

の決議と同じ条件で認められる。しかし，それは，その第15条の項目
に掲載されているカンバン〔貿易〕すなわち個人貿易において〔商売〕でき
ない品に，ウニコールという商品が〔今度は〕含まれるという一つの変更
をともなってのことである。(31)

とあるように，1840年・1841年に向けて，ウニコールが賃借人の日本への
持ち渡り品から除かれた。1839年については，賃借人の輸入品の中にウニ
コールが含まれていないことより，(32) 前年の状況をふまえて賃借人のウニ
コール輸入は控えられたのであろう。

　一方，バタヴィア政庁にとっては，収益の上がるウニコールの日本輸出は
重要事項であり，1839年6月17日の決議録抜粋で，

　　第三に，代理の〔出島〕商館長にさらに次のことを知らせる。ウニコー
　　ルに対する警告を，同じ方法〔政庁に損失を与えることなく，内々に阿
　　蘭陀通詞を使う方法〕であらゆる手段をつくし，その商品〔ウニコール〕
　　の輸入をさしあたってわずかな数量に限定して再び撤回するように。(33)

とあるように，政庁はウニコールを少しでもよいから日本へ持ち渡る手立て
を探るように指示を出している。1839年(天保10)の秋に作成された，長崎奉
行田口加賀守用の1840年向け注文リストに，

　　2 stuks eenhoorns, deze moeten klein, in de lenge meer dan 4 waaijer
　　zijn, en kunnen voor de wandelstok gebruikt worden. (34)

　　(2本　ウニコール，4ワーイエル(約1.5 m)より少し長く小さいもので杖
　　として使用できるもの)

との記事がみられるが，これは上記の政庁指示に対するひとつの成果のあら
われとも考えられる。しかし，この品物は，翌年持ち渡られることはなかっ
た。

　日本側商人の西洋薬に関する取引結果を記した「西洋薬寄」(35)の「ウニコ
ール」の項では，天保9年(1838)以降，同15年(1844)までウニコールの取引
はみられないが，(36) 弘化2年(1845)・同3年(1846)に「召上」の名目のもと
で取引されている。これはおそらく不正品(抜け荷類)が召し上げられ取引に
かけられたものと思われる。その後，嘉永元年(1848)までは取引はみられな

いが，次節で考察するように，翌嘉永2年(1849)以降はウニコールの取引が継続的に記されてくる。

第4節　嘉永2年～安政2年のウニコールの取引

　政庁と賃借人との間で結ばれた1840年(天保11)から1848年(嘉永元)までの契約(37)の第15条で，ウニコールは「日本政府が，このこと〔カンバン貿易から，決められた品物が除かれること〕に関して，変更しない限り」除外される貿易品とされていた。つづく1849年(嘉永2)～1852年(嘉永5)に向けての契約の全文は，管見の限り未詳であるが，1849年の決議に(7月3日の決議録抜粋)，

　　1849年，1850年，1851年，そして，1852年の間の日本での個人貿易，すなわち，いわゆるカンバン貿易〔脇荷貿易〕の経営に関して，1848年2月28日の決議ナンバー6に基づいて，ウォルフ A. J. J. de Wolff と結んだ契約の第15条，それによれば，この貿易〔カンバン貿易〕の中の貿易品ウニコールは，日本政府が，このことに関して，変更しない限り，除かれるとした〔条文〕を〔政庁は〕考慮した。(38)

とあるように，ここでもウニコールは，契約の第15条により「日本政府が，このことに関して，変更しない限り」除外される貿易品とされていた。

　オランダ側でこのような契約が結ばれている状況下で，日本側は嘉永元年(1848)に突如として，ウニコールの輸入を解禁し，賃借人にその持ち渡りを求めた。1849年11月18日付けの出島商館長からバタヴィア政庁の国務大臣 De Minister van Staat Gouv. Generaal van Neerlands Indie Batavia に宛てて送られた書翰には，

　　このこと〔下記事項〕について，私に全く知らせもなく，長崎会所は，前年〔1848年〕，1837年に出したウニコールの持ち渡りに対する禁止を撤回し，その品〔ウニコール〕をカンバン賃借人に求めた。しかし，それは，後にこの品〔ウニコール〕が，再び日本でかつてと同じやり方で長崎会所に十分な利益を生むように売り払えることが証明されたら，ウニコール

は再び政庁を通して注文するだろうという，単なる試験であると私に約
束するのである。⁽³⁹⁾

とあるように，出島商館長は驚きをもって記している。また，ここで注目し
たいことは，引用史料の後半部分である。長崎会所（日本側）は，今回，賃借
人にウニコールの持ち渡りを求めているが，このウニコールが長崎会所にと
って，かつてと同じやり方で十分な利益を生むように売り払えることが証明
されれば，「政庁を通して注文」，すなわち誂物（本方荷物）として注文するこ
とを約束しているのである。政庁（オランダ側）は収益の上がるウニコールの
本方荷物での輸入を以前より望んでおり，今回の機会を今後に向けて如何に
生かすかが課題となったのであろう。バタヴィア政庁では，日本へのウニコ
ール持ち渡りに関して，種々検討が重ねられ，先に引用した1849年の決議
（7月3日の決議録抜粋）で次のように記している。

　第一に，物産民間倉庫局長によって，日本のカンバン貿易〔脇荷貿易〕の
　経営権をもつ賃借人ウォルフ A. J. J. de Wolff に，国の倉庫から仕入値
　で179ネーデルランセポンドのウニコールが非公式に与えられる権利
　を，今回に限って〔政庁は〕承認する。

　　しかしながら，それは，賃借人と結ばれた契約の第15条に基づいた
　規定で，日本におけるカンバン貿易〔脇荷貿易〕，すなわち個人貿易では，
　そこ〔日本〕でのオランダ貿易の商館長の承諾と同意がある限りでしか，
　ウニコールを売ることは出来ない。

　すなわち，賃借人は179ネーデルランセポンドのウニコールを仕入値で
国の倉庫から得られることが承認され，日本では商館長の許可のもとに販売
することが許されたのである。賃借人が出島で商館長の意に従うことは，従
来より契約で決められていることで，1845年〜1848年の契約の第11条で
も「賃借人またはその代理人は，政庁の代理人として商館長をしかるべく承
認し，あらゆる場面で彼に従う義務を負う」⁽⁴⁰⁾と記されている。このことが，
賃借人の出島でのウニコール販売に適用されていたわけである。

　ところで，何故日本側は嘉永元年(1848)にウニコールの輸入を解禁し，賃
借人にそれを求めたのであろうか。先に引用した1849年の決議(7月3日の決

第6章　賃借人のウニコール輸入　305

議録抜粋)にその理由をみつけることができる。すなわち,

　　その商品〔ウニコール〕の持ち渡りが, 個人貿易, すなわち, いわゆるカ
　　ンバン貿易〔脇荷貿易〕で今回許されるなら, 日本人は, 彼らの目的が達
　　成されるだろう。何故なら, 日本人にとってその要望として, 銅の割り
　　当ての増加なしに, より低い価格で〔ウニコールを〕手に入れることがで
　　きるからである。

とあるように, 賃借人の輸入品であれば, 日本側はそれに見合った輸出品と
して割り当て以上の銅を渡さずにすみ, さらにウニコールを低価格で入手で
きるからである。また, 賃借人の輸入であれば賃借人の収益となり, 政庁に
とっては直接の収益につながらないことになる。したがって, 政庁側には当
然反対意見が出たが, 上述のように今回の機会を今後に生かす方向で賃借人
のウニコールの持ち渡りは許されることになったのであろう。

　さて, 1849 年の賃借人のウニコール輸入は, 179 ネーデルランセポンド
(仕入値 2,832 グルデン)であった(仕入価格 1 斤 5.9 カンバンテール(＝59 匁))。この
時に持ち渡られたウニコールは, 上掲の「西洋薬寄」の「嘉永二年　西四番
割」(嘉永 2 年の長崎会所での 4 回目の取引)で「紅毛品代り」の取引名目のもと,
300 斤(＝179 ネーデルランセポンド)が本商人「松本や」によって 1 斤に付 734
匁(＝73.4 カンバンテール)で落札された(表70 参照)。

　「紅毛品代り」(＝品代り)については, 第 2 部第 4 章「おわりに」で考察し
たが, 「品代り取引」ruilhandel (ruiling handel)の商品は賃借人が供給するも
のであり, それを長崎会所が購入し, その後, 同所において本商人に入札さ
せるものであった。また, 上記史料より推して, 「紅毛品代り」は日本側(長
崎会所)にとって, 誂物で入手するよりも「より低い価格で〔ウニコールを〕手
に入れる」形での取引であったと考えられる。一例として, 後述する嘉永 7
年(1854)時にはオランダ側は日本側(長崎会所)にウニコールを 1 斤に付(脇荷
銀)400 匁で販売している。先に考察した天保期の誂物時点では 1 斤に付(脇
荷銀)600 匁(表67～表69 参照)であったことを考えれば, 「より低い価格」であ
ったわけである。「品代り取引」は天保 7 年(1836)からはじまっていたと考
えられる。[41] したがって, 長崎会所は収益率の高いこの取引に着目し, 上

表70　嘉永2年(1849)～安政2年(1855)のウニコールの取引

	前年発注の注文量	賃借人の輸入量	番割	取引名目	落札量	落札価格(/斤)	落札商人
						西洋薬寄 ※6	
嘉永2(1849)	史料ナシ	179 n/lb.(=300斤)[仕入値2,832グルデン]※7 [仕入額59匁/斤]	酉四番割	紅毛品代り	300斤	734匁	松本や
			酉六番割	酉紅毛商賣荷物	5斤1合5勺6才	1貫131匁	安田や
嘉永3(1850)	記載ナシ※1		戌弐番割	調進残り	2斤2合8勺	1貫245匁	此(根)
嘉永4(1851)	史料ナシ	150 Jap: katt:(=150斤)[仕入額1,086グルデン]※8 [仕入額45匁2分5厘/斤]	亥四番割	亥紅毛品代り	160斤	1貫276匁	永井や
嘉永5(1852)	389 katt:※2	Jap. 389 katjes(=389斤)[仕入額2,826グルデン]※9 [仕入額45匁4分/斤]	子弐番割	調進残[調進内「紅毛品代り」]	4斤2合1勺8才	1貫419匁	長たや
			子四番割	紅毛品代り	い200斤	1貫259匁	長岡
			子四番割	同(紅毛品代り)	ろ189斤	1貫309匁1分	長岡
嘉永6(1853)	記載ナシ※3	105斤 ※10	丑参番割	[調進内「子紅毛品代り」]	(い)2斤3合7勺	1貫169匁	両国や
			丑四番割	紅毛品代り	105斤	1貫39匁	長ヲカ
			丑六番割	調進残	2斤1合4勺	1貫50匁	てつや
嘉永7(1854)	100 katt:※4	100斤 ※11	寅弐番割	寅紅毛品代り	100斤	859匁	長ヲカ
安政2(1855)	100 katt:※5	375斤 ※12	卯壱番割	鋼挽[調進内「品代り」]	2斤8合7勺	1貫	てつや
			卯三番割	卯紅毛品代り	371斤	792匁	松本や

出典・※1：De eisch van den Ruiling handel voor het aanstaande jaar 1850. Bijlagen verslag Japan 1849. MS. N.A. Japans Archief, nr. 1724 (Aanwinsten, 1910, I: No. 99). (Tōdai-Shiryō Microfilm: 6998·1·130·24).

・※2：De eisch van den Ruiling handel voor het aanstaande jaar 1852.〔Bijlagen verslag Japan 1851.〕MS. N.A. Japans Archief, nr. 1726 (Aanwinsten, 1910, I: No. 101). (Tōdai-Shiryō Microfilm: 6998·1·130·26).

・※3：De eisch van den Ruiling handel voor het aanstaande jaar 1853. Verslag A. Japan 1852. MS. N.A. Japans Archief, nr. 1728 (Aanwinsten, 1910, I: No. 88). (Tōdai-Shiryō Microfilm: 6998·1·130·13).

・※4：De eisch van den Ruiling handel voor het aanstaande jaar 1854. Bijlagen verslag Japan 1853. MS. N.A. Japans Archief, nr. 1729 (Aanwinsten, 1910, I: No. 103). (Tōdai-Shiryō Microfilm: 6998·1·131·2).

・※5：De eisch van den Ruiling handel voor het aanstaande jaar 1855. Bijlagen verslag Japan 1854. MS. N.A. Japans Archief, nr. 1730 (Aanwinsten, 1910, I: No. 100). (Tōdai-Shiryō Microfilm: 6998·1·131·3).

・※6：「天保七丙申歳ヨリ ラムウ印 西洋薬寄」(長崎歴史文化博物館収蔵)。

・※7：Factuur van goederen bestemd voor den Japanschen kambang handel voor het jaar 1849 per het schip de Stad Dordrecht kapitein J. van Nassaw. Ingekomen stukken 1849. MS. N.A. Japans Archief, nr. 1632 (Aanwinsten, 1910, I: No. 24). (Tōdai-Shiryō Microfilm: 6998·1·122·7).

・※8：Factuur van goederen bestemd voor den Japanschen kambang handel voor het jaar 1851, per het schip Joan kapitein van Assendelft de Cooningh. Ingekomen stukken 1851. MS. N.A. Japans Archief, nr. 1634 (Aanwinsten, 1910, I: No. 26). (Tōdai-Shiryō Microfilm: 6998·1·123·2).

・※9：Factuur van goederen bestemd voor den Japanschen kambang handel voor het jaar 1852 per het schip Cornelia en Henriette kapitein F. Gellards. Ingekomen stukken 1852. MS. N.A. Japans Archief, nr. 1635 (Aanwinsten, 1910, I: No. 27). (Tōdai-Shiryō Microfilm: 6998·1·123·3).

・※10～※12：「唐舟阿蘭陀差出帳」(某所所蔵)。

註：嘉永2年の「酉四番割」は、「嘉永二年 酉四番割・同五番割 紅毛本方・品代荷物・脇荷買見帳」(神戸市立博物館所蔵)によっても確認できる。
・嘉永4年の「亥四番割」は、「亥阿蘭陀舟本方・品代・脇荷見帳」(神戸市立博物館蔵)によっても確認できる。
・嘉永5年の「子四番割」は、「子四番割 子阿蘭陀船本方・品代り・脇荷物落札帳」(東京大学史料編纂所所蔵島津家文書)によっても確認できる。
・嘉永5年の「子弐番割」・「子四番割」は、「嘉永五年 落札帳」(慶応大学文学部古文書室所蔵永見家文書)によっても確認できる。
　なお、表中の嘉永5年「子弐番割」の取引名目の〔　〕内は本史料によって補った。
・嘉永6年の「丑四番割」は、「丑阿蘭陀船壱艘本方・品代り・脇荷落札記」(神戸市立博物館所蔵)によっても確認できる。
・嘉永6年の「丑参番割」・「丑四番割」・「丑六番割」は、「嘉永六年 落札帳」(慶応大学文学部古文書室所蔵永見家文書)によっても確認できる。なお、表中の嘉永6年「丑参番割」の取引名目の〔　〕内は本史料によって補った。
・安政2年の輸入は、政庁の貿易代理人 Gouvernements-handelsagent によるもの。
・安政2年の「卯壱番割」・「卯三番割」は、「安政二年 落札帳」(慶応大学文学部古文書室所蔵永見家文書)によっても確認できる。
　なお、表中の安政2年「卯壱番割」の取引名目の〔　〕内は本史料によって補った。
・落札価格の単位は脇荷銀。

掲のように1848年にウニコール輸入を解禁して，それを賃借人に求め，翌年「紅毛品代り」で取引させたのであろう。なお，表70に示したように，同年の「酉六番割」で「酉紅毛商賣荷物」として5斤1合5勺6才が取引されている。この点について詳細は未詳であるが，賃借人がこの年ウニコー

ルを 300 斤以上持ち渡っていたか，あるいは取引されたことになっている
300 斤が実際には全て取引されず，残品を出していてそれが取引されたもの
と推測される。

　嘉永 2 年(1849)に日本側から翌年(嘉永 3)に向けての「紅毛品代り」に関し
てウニコールは注文されなかった。しかし，嘉永 3 年には，日本で「調進
残り」として 2 斤 2 合 8 勺のウニコールが取引されている。これは前年の
「紅毛品代り」の残品の取引と考えられる。(42) この「調進残り」の取引はこ
の後，嘉永 5 年(1852)，同 6 年(1853)，安政 2 年(1855)にもおこなわれている
（表 70 参照）。

　嘉永 4 年(1851)に向けての「紅毛品代り」に関する注文書は管見の限り未
詳ではあるが，嘉永 4 年には，150 斤（仕入値 1,086 グルデン〔仕入価格 1 斤に付 45
匁 2 分 5 厘〕）の賃借人によるウニコール輸入があり，「紅毛品代り」として長
崎会所と取引され，その後，同所で 1 斤に付 1 貫 276 匁で本商人に落札さ
れている（なお，長崎会所が賃借人からウニコールをいくらで購入したかは未詳である。
また，日本側では取引量は 160 斤としている）。嘉永 5 年(1852)に向けての「紅毛
品代り」に関する注文では，389 斤の注文がされ，賃借人によって，その注文
量が仕入値 2,826 グルデン（仕入価格 1 斤に付 45 匁 4 分）で持ち渡られ，「紅毛
品代り」として長崎会所と取引され，その後，同所で 200 斤が 1 斤に付 1 貫
259 匁，189 斤が 1 斤に付 1 貫 309 匁 1 分で本商人に落札された。

　次に，1852 年 3 月 31 日に，バタヴィアで，政庁と賃借人との間で結ばれ
た 1853 年(嘉永 6)〜1856 年(安政 3)に向けての契約では，ウニコールは「政
庁の明確な同意なく，後述する商品を日本のカンバン貿易〔脇荷貿易〕や交換
貿易〔品代り取引〕のために輸出してはならない」(43)とする第 15 条の条文中
の「後述する商品」に含まれていた。

　嘉永 6 年(1853)に向けての「紅毛品代り」に関する注文では，ウニコール
は記されず，さらに日本側からの「警告」Waarschuwing(44)で，「ウニコー
ル　この品物は，注文するまで持ち渡ってはならない」Eenhoorn Dit arti-
kel mag niet aangebragt worden, tot dat men hetzelve eischt. と命じられ
ていた。しかし，1852 年 11 月 4 日付けでの出島商館長からバタヴィア総督

宛の書翰では,

　　〔我々が〕聞いたところによると, 来年のカンバン貿易〔脇荷貿易〕にはウ
　　ニコールは注文されません。そして, 賃借人がそれにも拘わらず, その
　　品〔ウニコール〕を〔日本に〕輸入したいと望めば, 私は総督に次のことを
　　伝えることが私の任務だと考えます。すなわち, 長崎会所に任命された
　　大小通詞が私に, 来年に向けてウニコールは注文されていないが, それ
　　は, 長崎会所にその担当者がいないからであり, そして, 賃借人に100
　　カティーの数量のウニコールを持ち渡ることに対して異論はないと伝え
　　てきました。

　　　このことを考慮して, とにかく, 〔現状では〕政庁によってウニコール
　　は持ってこさせられないので, 国のためにも次のことが望ましいと思わ
　　れます。すなわち, 閣下によって, カンバン賃借人に, もし, 彼がそれ
　　を求めるなら, 来年100斤の数量のウニコールをここ〔日本〕に持って
　　くることをお認めになられれば, 賃借人は良い結果をもたらすと私は考
　　えます。(45)

と記されている。商館長は, 来年に向けてウニコールの注文がされていない
ことを確認した上で, 賃借人の要望を仮定し, 阿蘭陀通詞からの情報——ウ
ニコールが注文されないのは, 長崎会所にその担当者がいないためであるこ
と, そして, 賃借人が100斤のウニコールを持ち渡ることに支障のないこ
と——を総督に知らせている。さらにその上で, 誂物(本方荷物)としてウ
ニコールを持ち渡ることが難しい現状をふまえ, 総督に賃借人のウニコール輸
入を認めるように勧めている。出島商館長は, 上述の契約に記す「政庁の明
確な同意なく」ウニコールを輸出してはならないとする条文を重んじ, バタ
ヴィア総督に賃借人のウニコール輸入を認めるように働きかけているわけで
あるが, この背後には, 将来, 誂物(本方荷物)としてのウニコール輸入再開
への期待が込められていたと推測できよう。

　上記のような商館長の意見の結果, 翌嘉永6年には賃借人により105斤
のウニコールの持ち渡りがあり, 「紅毛品代り」として長崎会所と取引され,
その後, 同所で1斤に付1貫39匁で本商人によって落札されている。つづ

く，嘉永 7 年(1854)には 100 斤が賃借人によって持ち渡られ，「紅毛品代り」として長崎会所と取引され，1 斤 40.0 カンバンテール(400 匁)で販売[46]，その後，同所で 1 斤に付 859 匁で本商人によって落札された。先述したように，この嘉永 7 年の事例よりウニコールは，天保期の誂物販売時点(1 斤に付 600 匁での販売)に比べて「低い価格」であった。しかし，賃借人にとっては仕入値の 8.83 倍$\left(\frac{40.00\,カンバンテール}{4.53\,カンバンテール}\right)$での取引であり悪い取引ではなかった。

政庁と賃借人との間で結ばれた契約の満期を迎える前年の 1855 年(安政 2)，国王の裁可をへて賃借人の脇荷貿易は解約され，政庁主導のもとで脇荷貿易がおこなわれることになる。しかし，1854 年に賃借人であったランゲ J. R. Lange が，政庁によって今までの業績が評価され，政庁の貿易代理人 Gouvernements-handelsagent として脇荷貿易を担当することになり，ウニコールに関しても 375 斤持ち渡られた。そして，その内の 371 斤が「紅毛品代り」として長崎会所と取引され，その後，同所で 1 斤に付 792 匁で本商人によって落札された(表 70 参照)。1856 年(安政 3)からは，全体で政庁貿易一本化になり，[47] 賃借人によるウニコール輸入も終止符が打たれたことになる。[48]

おわりに

以上，賃借人のウニコール輸入について考察をおこなってきた。

賃借人の活動の中で，ウニコールの輸入は前期と後期に分けてみることができよう。前期に相当する天保 7 年(1836)・同 8 年(1837)は，政庁と結んだ契約に基づいて，誂物の一部として 1 ピコル(100 斤)のウニコールの持ち渡りが賃借人に許され，売上げ率で 7.4 倍，5.5 倍という高い収益がもたらされていた。当時，賃借人の脇荷貿易は，日本での取引時点では赤字取引であったと考えられる(第 2 部第 2 章・第 3 章参照)。おそらく日本から持ち帰った輸出品を販売することによって収益を上げる構造であったと推測されるが，そのような状況において政庁側の保護と優遇措置のもと，高い収益が約束さ

れるウニコールを扱うことは賃借人にとって願ってもないことであったろう。しかし，日本側のウニコールの受け取りに対する拒絶姿勢により，天保9年(1838)はその輸入があったにも拘わらず取引は成立せず，同10年(1839)には，その輸入が控えられ，さらに同11年(1840)以降は，政庁との契約のもと賃借人のウニコール輸入は，「日本政府が」「変更しない限り」輸入品から除くという条件付きで禁止されることになる。

　その後，契約に基づいて，賃借人のウニコール輸入は実行されなかったが，後期に相当する嘉永元年(1848)，日本側がウニコールの輸入を解禁し，賃借人にその持ち渡りを求めた。それは，日本側にとって割り当て以上の銅を輸出せずにすみ，かつ低価格でウニコールを入手できる「紅毛品代り」に着目したことによるものと思われる。オランダ側は種々検討の結果，賃借人のウニコール持ち渡りを許し，嘉永2，4〜7年に，年100斤〜389斤が持ち渡られ，「紅毛品代り」で取引された(なお，安政2年は，政庁の貿易代理人としてのランゲ(旧賃借人)による持ち渡り品の取引であった)。

　賃借人による前期のウニコール輸入は，政庁の取引である誂物の一部を担う形であったが，後期のそれは賃借人がおこなう「紅毛品代り」の取引であった。賃借人の長崎での取引は，常に政庁と結ばれた契約に基づいておこなわれていたが，政庁側の思惑とすれば収益の上がるウニコールの取引は，政庁側が望んでいたことであろう。したがって，嘉永2年(1849)の商館長の国務大臣宛書翰から読み取れるように誂物(本方荷物)でのウニコール輸入の再開を期待していたことは間違いあるまい。さらに，嘉永5年(1852)の商館長のバタヴィア総督宛書翰から窺えるように，賃借人のウニコール輸入と，「紅毛品代り」の取引の推進により，将来におけるウニコールの誂物(本方荷物)での取引の再開，そして，それによって生じる政庁側の収益を画策していたのであろう。

　このようにみてくると，政庁が賃借人を保護し，優遇措置を施している一方，賃借人は，日本における赤字覚悟での取引や日本側の望む取引の継続から，政庁側に収益をもたらす導火線的な役割をも果たしていたといえる。本章で考察した賃借人のウニコール輸入を通して，政庁と賃借人はお互いに補

完しあう密接な関係性を維持していたことがわかる。[(49)] しかし，その関係性のより明らかな局面は，むしろ貿易を離れたところに存在していたのかもしれない。

註

（1）　Kontrakt onder nadere goedkeuring der Regering gesloten tusschen den Directeur van 's lands Producten en Civiele Magasijnen namens het Gouvernement en de Kooplieden S: van Basel Toelaer en C°. krachtens de autorisatie verleend bij Resolutie van den 23°. Meij 1835 N°. 1. [Japan Portefeuille N°. 33. 1835] MS. N.A. Japans Archief, nr. 456 (K.A. 11809). (Tōdai-Shiryō Microfilm: 6998-1-85-3).

（2）　宗田一「解説」（『六物新志・稿／一角纂考・稿』江戸科学古典叢書 32, 恒和出版, 昭和 55 年）3, 9〜10 頁参照。新井白石の自叙伝「折たく柴の記」（上）（享保元年 (1716) 起筆）にも，白石が七歳の時，疱瘡にかかって危篤状態に陥ったが，「ウンカフルをあたへられしに及びて，毒気忽に散じて」（新井白石著・松村明校注『折たく柴の記』岩波書店, 平成 11 年, 63 頁参照）と記されている。宗田氏によると「一角（ウニコール）は，北太平洋とくに北氷洋グリーンランド辺に住むクジラ目一角科の水棲動物 Mondon monoceyos L. の牡の門歯が異常に発育した歯牙で，通常左上顎の一本だけが発達し，角のようになる。まれに牡獣の左右とも長くなり，二角のようにみえるのもある。左巻きラセン状の細かい不規則な浅い溝がついているのが特長である。ただし，別に，古代のマンモスなどの哺乳動物の化石（竜骨）の牙の部分をも一角（fossil unicorn, 化石一角）と呼ぶので，これと区別するために，sea unicorn（海一角）と呼ぶこともある」（上掲，宗田一「解説」参照，10 頁）と述べられている。ウニコールは，本文後掲史料にみられるように杖などにも用いられたようである。また，宮下三郎氏によると，「立派なものは標本として退蔵され」たり，「食膳用の箸にも作られたようである」と述べられている（宮下三郎『長崎貿易と大阪―輸入から創薬へ―』清文堂出版, 平成 9 年, 9 頁参照）。

（3）　誂物の研究については，板沢武雄『日蘭文化交渉史の研究』（吉川弘文館, 昭和 34 年）・岩生成一「海外文書館所蔵の日蘭交渉史関係資料について」（『蘭学資料研究会研究報告』第 196 号, 昭和 42 年）・同『明治以前洋馬の輸入と増殖』江戸時代日蘭文化交流資料集（一）（日蘭学会, 昭和 55 年）・大森實「江戸時代に長崎出島オランダ商館に手交された注文書について―オランダ国立総合文書館所蔵史料の紹介を中心として―」（箭内健次編『鎖国日本と国際交流』下巻, 吉川弘文館, 昭和 63 年）・永積洋子「将軍家治が注文した紅毛服飾」（『日蘭学会会誌』第 19 巻第 2 号, 平成 7 年）・J. Mac Lean, "The Introduction of Books and Scientific Instruments

312 第2部 オランダ船の脇荷貿易

into Japan, 1712-1854." *Japanese Studies in the History of Science*, No. 13, Tokyo, 1975. Martha Chaiklin, *Cultural Commerce and Dutch Commercial Culture*, Leiden, 2003. 拙著『日蘭貿易の構造と展開』(吉川弘文館, 平成21年)・拙稿「近世後期におけるオランダ船の御用御誂物輸入について」(『鶴見大学紀要』第47号第4部, 平成22年)・同「御用御誂物としての染織輸入―「御用御誂物切本」の紹介を兼ねて―」(『鶴見大学紀要』第48号第4部, 平成23年)等を挙げることができる。

(4)　「御内用方諸書留」(長崎歴史文化博物館収蔵)。

(5)　拙著『日蘭貿易の構造と展開』参照, 101〜103頁。

(6)　Kontrakt onder nadere goedkeuring der Regering gesloten tusschen den directeur van 's Lands Producten en Civiele Magazijnen namens het Gouvernement en de kooplieden <u>Gevers en Van Braam</u>: krachtens de autorisatie verleend bij Resolutie van den 26 Junij 1835 N? 19. [Japan Portefeuille N? 34. 1836] MS. N.A. Japans Archief, nr. 457 (K.A. 11810). (Tōdai-Shiryō Microfilm: 6998-1-85-13).

(7)　[Japan Portefeuille N? 34. 1836] MS. N.A. Japans Archief, nr. 457 (K.A. 11810). (Tōdai-Shiryō Microfilm: 6998-1-85-13).

(8)　Opgave der onderstaande artikelen, welke door den Pachter van den kambang handel van dit jaar naar Japan verzonden worden. Ingekomen stukken 1837. [Japan Portefeuille N? 35. 1837] MS. N.A. Japans Archief, nr. 458 (K.A. 11811). (Tōdai-Shiryō Microfilm: 6998-1-86-13).

(9)　Calculatieve aantooning van het resultaat dat de Kambanghandel dit jaar voor den pachter opgeleverd heeft. [Japan Portefeuille N? 35. 1837] MS. N.A. Japans Archief, nr. 565 (K.A. 11811). (Tōdai-Shiryō Microfilm: 6998-1-86-12).

(10)　Factuur 1837. [Japan Portefeuille N? 35. 1837] MS. N.A. Japans Archief, nr. 1458(K.A. 11811). (Tōdai-Shiryō Microfilm: 6998-1-86-24).

(11)　本章においては, 当時の斤, ポンド(pond, lb.), ネーデルランセポンド(Ned. lb.)の換算を用いて, 100斤=120.875ポンド=59.72ネーデルランセポンドでおこなっている。なお, 本章でのポンドはアムステルダムポンド(Amst. lb.)をさす。

(12)　Factuur 1835. [Japan Portefeuille N? 33. 1835] MS. N.A. Japans Archief, nr. 1456 (K.A. 11809). (Tōdai-Shiryō Microfilm: 6998-1-85-10).

(13)　De ondergetekenden, pachters van den Japanschen particulieren handel, verklaren mitsdezen per het schip Marij en Hillegonda te hebben uitgevoerd de ondervolgende goederen. [Japan Portefeuille N? 34. 1836] MS. N.A. Japans Archief, nr. 457 (K.A. 11810). (Tōdai-Shiryō Microfilm: 6998-1-85-13).

(14) Factuur 1836.［Japan Portefeuille N°. 34. 1836］MS. N.A. Japans Archief, nr. 1457（K.A. 11810）.（Tōdai-Shiryō Microfilm: 6998-1-86-2）.

(15) Proces Verbaal.［Japan Portefeuille N°. 34. 1836］MS. N.A. Japans Archief, nr. 1457（K.A. 11810）.（Tōdai-Shiryō Microfilm: 6998-1-86-6）.

(16) 註(13)参照。

(17) 天保7年同様，価格で計算すると約5.1倍$\left(\dfrac{60\ \text{カンバンテール}}{11.7\ \text{カンバンテール}}≒5.1\right)$になるが，本文で記したように天保8年の場合は，賃借人に支払われた「ウニコールの売上金」がわかることより，価額での倍率を優先して示した。

(18) Verslag aan den Directeur van 's Lands Producten en Cive. Magazijnen 1837.［Japan Portefeuille N°. 35. 1837］MS. N.A. Japans Archief, nr. 711（K.A. 11811）.（Tōdai-Shiryō Microfilm: 6998-1-86-14）. 松井洋子『東インド会社の解散と出島商館文書の変容』(東京大学史料編纂所研究成果報告 2016-4，平成 29 年)100〜101 頁参照。

(19) Factuur lijst der goederen, welke dit jaar, p°. het Ned°. schip "Schoon Verbond" dit jaar naar Japan worden verzonden. Ingekomen stukken 1838.［Japan Portefeuille N°. 36. 1838］MS. N.A. Japans Archief, nr. 459（K.A. 11812）.（Tōdai-Shiryō Microfilm: 6998-1-87-2）. 規定では，ウニコールは1ピコル(100斤)の持ち渡りであったが(B 契約書第5条)，1838 年に賃借人は 130 斤持ち渡っている。30 斤のオーバーについては，ウニコールの中にいつも不良品が混ざっているとする賃借人の申し立てに対して，物産民間倉庫局長代理が許可したことによる(No. 3130 bijl. Batavia den 26 Junij 1838. Ingekomen stukken 1838.［Japan Portefeuille N°. 36. 1838］MS. N.A. Japans Archief, nr. 459（K.A. 11812）.（Tōdai-Shiryō Microfilm: 6998-1-87-2）.)。

(20) Factuur 1838.［Japan Portefeuille N°. 36. 1838］MS. N.A. Japans Archief, nr. 1459(K.A. 11812).（Tōdai-Shiryō Microfilm: 6998-1-87-15）.

(21) Factuur van Eischgoederen, 1838. Opgegeven Nieuws, Facturen en Monsterrol, 1838.［Japan Portefeuille N°. 36. 1838］MS. N.A. Japans Archief, nr. 1459（K.A. 11812）.（Tōdai-Shiryō Microfilm: 6998-1-87-7）. なお，提出送り状 Opgegeven Factuur は，オランダ船がバタヴィアから日本に持ち渡った積荷明細目録である送り状 Factuur から，商館長が商品名と数量のみを写し取った送り状コピーであった。

(22) 「崎陽齎来目録」七(早稲田大学図書館所蔵)。

(23) Verslag aan den Directeur van 's Lands Producten en Cive. Magazijnen 1836.［Japan Portefeuille N°. 34. 1836］MS. N.A. Japans Archief, nr. 710（K.A. 11810）.（Tōdai-Shiryō Microfilm: 6998-1-85-14）. 前掲『東インド会社の解散と出

314　第 2 部　オランダ船の脇荷貿易

島商館文書の変容』87 頁参照。

(24)　誂物において，薬品類，殊にウニコールはオランダ側にとって収益の上がる商品であった。文政 8 年 (1825) の例であるが，誂物の内，「食器類・反物類をはじめとして全体的に仕入値より安値で販売になっている。これに対して薬品類，殊にウニコールは 10 倍以上の高値を記録している」(拙著『日蘭貿易の構造と展開』参照，137 頁)。

(25)　Verslag aan den Directeur van 's Lands Producten en Civ.^e Magazijnen 1836. [Japan Portefeuille N.º 34. 1836] MS. N.A. Japans Archief, nr. 710 (K.A. 11810). (Tōdai-Shiryō Microfilm: 6998-1-85-14). 前掲『東インド会社の解散と出島商館文書の変容』88 頁参照。

(26)　Correspondentie 1838.[Japan Portefeuille N.º 36. 1838]MS. N.A. Japans Archief, nr. 459 (K.A.11812). (Tōdai-Shiryō Microfilm: 6998-1-87-1).

(27)　Verslag aan den Directeur van 's Lands Producten en Civ.^e Magazijnen 1838. [Japan Portefeuille N.º 36. 1838] MS. N.A. Japans Archief, nr. 712 (K.A. 11812). (Tōdai-Shiryō Microfilm: 6998-1-87-3). 前掲『東インド会社の解散と出島商館文書の変容』115 頁参照。

(28)　なお，荷倉役の依頼により「何冊かの書籍と，腐りやすい一部の食料品」は返送品から除外された(註(27)参照)。

(29)　なお，オランダ側史料より，1837 年 (天保 8)・1838 年 (天保 9) にウニコールの密輸がおこなわれていたことがわかっている(Verslag 1840. [Japan Portefeuille N.º 38. 1840] MS. N.A. Japans Archief, nr. 714 (K.A. 11814). (Tōdai-Shiryō Microfilm: 6998-1-88-17). 前掲『東インド会社の解散と出島商館文書の変容』151 頁参照)。

(30)　Kontrakt onder nadere goedkeuring der Regering gesloten tusschen den waarnemend Directeur der Producten en Civiele Magazijnen namens het Gouvernement, en den Heer C: Lissour krachtens de autorisatie verleend bij besluit van den 8 April 1838 N.º 7. [Japan Portefeuille N.º 36. 1838] MS. N.A. Japans Archief, nr. 459 (K.A. 11812). (Tōdai-Shiryō Microfilm: 6998-1-87-2).

(31)　Extract uit het Register der Besluiten van den Gouverneur Generaal van Nederlandsch Indië. Buitenzorg, den 14.^e Mei 1839. Ingekomen Stukken 1839. [Japan Portefeuille N.º 37. 1839] MS. N.A. Japans Archief, nr. 460 (K.A. 11813). (Tōdai-Shiryō Microfilm: 6998-1-87-17).

(32)　Opgave van het factuur, welke door den pachter van den kambang handel over het jaar 1839 aan boord van het schip Eendragt kapt. Gieseke wenschte te laden. Ingekomen stukken 1839. [Japan Portefeuille N.º 37. 1839] MS. N.A.

Japans Archief, nr. 460 (K.A. 11813). (Tōdai-Shiryō Microfilm: 6998-1-87-17).

(33) Extract uit het Register der Besluiten van den Gouverneur Generaal van Nederlandsch Indië. Buitenzorg, den 17ᵉⁿ Junij 1839. Ingekomen Stukken 1839. [Japan Portefeuille N°. 37. 1839] MS. N.A. Japans Archief, nr. 460 (K.A. 11813). (Tōdai-Shiryō Microfilm: 6998-1-87-17).

(34) De eisch van zijne Majesteit den Keizer voor het aanstaande jaar 1840. Verslag 1839. [Japan Portefeuille N°. 37. 1839] MS. N.A. Japans Archief, nr. 713 (K.A. 11813). (Tōdai-Shiryō Microfilm: 6998-1-87-18).

(35) 「天保丙申歳ヨリ ラムウ印 西洋薬寄」(長崎歴史文化博物館収蔵)。

(36) 「西洋薬寄」によれば，天保7年には「商賣荷物」8斤9合6勺，「会所受込」71斤5合，「同(＝会所受込)」96斤3合，天保8年には，「同(＝会所受込)」141斤8合，「同(＝会所受込)」83斤5合，「同(＝会所受込)」37斤5合の取引が記されている。これらは，誂物として持ち渡られたものが，さまざまな経緯を経て取引にかけられたものと考えられる。

また，1843年に発注された「1844年に向けて(職員ビッケルの)交換貿易〔品代り取引〕の注文」De eisch van Ruilinghandel (aan den ambtenaar Bicker) voor het aanstaande jaar 1844. の中に「ウニコール　70斤」70 katjes Eenhoorn の注文がされているが，1844年の「品代り」で取引された商品は全て染織品であり，ウニコールは取引されていない(Verslag, 1843. MS. N.A. Japans Archief, nr. 1718 (Aanwinsten, 1910, I: No. 78). (Tōdai-Shiryō Microfilm: 6998-1-130-3)。

(37) Kontrakt onder nadere goedkeuring der Regering gesloten tusschen den Directeur der Producten en Civiele Magazijnen namens het Gouvernement, en den Heer C. Lissour, krachtens de autorisatie, verleend bij besluit van den 15 Junij 1839 N°. 1. Ingekomen stukken 1839. [Japan Portefeuille N°. 37. 1839] MS. N.A. Japans Archief, nr. 460 (K.A. 11813). (Tōdai-Shiryō Microfilm: 6998-1-87-17). Kontrakt onder nadere goedkeuring der Regering gesloten tusschen den Directeur der Producten en Civiele Magazijnen, namens het Gouvernement en den Heer J. C. Delprat krachtens de autorisatie verleend bij besluit van den 19 April 1845 N°. 30. Ingekomen stukken 1845. MS. N.A. Japans Archief, nr. 1629 (Aanwinsten, 1910, I: No. 21). (Tōdai-Shiryō Microfilm: 6998-1-122-4). なお，上記の契約書は，1840年～1841年，および，1845年～1848年に向けてのものである。1842年・1843年・1844年は，若干の修正を加えてそれまでの契約が踏襲されており，ウニコールに関しては日本への持ち渡り品から除かれている(Extract uit het Register der Besluiten van den vice President Waarnemend Gouverneur Generaal van Nederlandsch Indië. Buitenzorg, den 6ᵉⁿ April 1841. [Japan Porte-

316　第2部　オランダ船の脇荷貿易

feuille N°. 39. 1841] MS. N.A. Japans Archief, nr. 462 (K.A. 11815). (Tō-dai-Shiryō Microfilm: 6998-1-89-1). Extract uit het Register der Besluiten van den Vice President Waarnemenden Gouverneur Generaal van Nederlandsch Indië. Buitenzorg, den 1ᵉⁿ Mei 1842. [Japan Portefeuille N°. 40. 1842] MS. N.A. Japans Archief, nr. 463 (K.A. 11816). (Tōdai-Shiryō Microfilm: 6998-1-89-11).)。

(38)　Extract uit het Register der Besluiten van den Minister van Staat, Gouverneur Generaal van Nederlandsch Indië. Batavia, den 3 Julij 1849. Ingekomen stukken 1849. MS. N.A. Japans Archief, nr. 1632 (Aanwinsten, 1910, I: No. 24). (Tōdai-Shiryō Microfilm: 6998-1-122-7).

(39)　No. 64. J. H. Levijssohn aan den Minister van Staat Gouv. Generaal van Neerlands Indie Batavia. Desima 18 Nov. 1849. Afgegane stukken 1849. MS. N.A. Japans Archief, nr. 1649 (Aanwinsten, 1910, I: No. 6). (Tōdai-Shiryō Microfilm: 6998-1-118-6).

(40)　Kontrakt onder nadere goedkeuring der Regering gesloten tusschen den Directeur der Producten en Civiele Magazijnen, namens het Gouvernement en den Heer J. C. Delprat krachtens de autorisatie verleend bij besluit van den 19 April 1845 N°. 30. Ingekomen stukken 1845. MS. N.A. Japans Archief, nr. 1629 (Aanwinsten, 1910, I: No. 21). (Tōdai-Shiryō Microfilm: 6998-1-122-4).

(41)　「唐蘭貿易定例覚書」(長崎歴史文化博物館収蔵)には,
　　　天保七申年ゟ始,同十三寅年迠六ヶ年平均
　　一,品代り反物持渡銀高七拾貫弐百七拾八匁程
　　　　此代り凡拾割償を以諸品相渡,尤来卯年ゟ反物相止,薬種可持渡注文寅年出帆相渡
　　　　　　　〆
とあることより,「品代り取引」は天保7年(1836)からはじまっていたとみることができる。しかし,「品代り」という用語は日本側の帳簿史料では,管見の限り天保11年(1840)から確認される(第2部第4章「おわりに」参照)。
　　なお,上記史料に「尤来卯年(=天保14年)ゟ反物相止」とあるが,「品代り取引」で反物が扱われなくなるのは安政3年(1856)からである(第3部第2章第3節参照)。

(42)　前年(嘉永2年)に賃借人が300斤以上持ち渡っていたか,あるいは,取引されたことになっている300斤が,実際には全て取引されず残品をだしていたかであろう。

(43)　Contract naar aanleiding der missive van den Directeur der Produkten en Civiele Magazijnen van den 12 Maart 1852 N° 1899, gesloten tusschen den Resident van *Batavia* en den heer ALEXANDER JACOBUS JOHANNES DE WOLFF krachtens Gouvernements Apostillaire dispositie van den 24sten Februarij j. 1. N° IV en 6 dezer N° VIII. J. A. van der Chijs, *Neêrlands streven tot openstelling van Japan voor den wereldhandel. — uit officieele, grootendeels on-uitgegeven bescheiden toegelicht.* Te Amsterdam, bij Frederik Muller, 1867, p. 410.

(44)　Waarschuwing. Verslag A. Japan 1852. MS. N.A. Japans Archief, nr. 1728 (Aanwinsten, 1910, I: No. 88). (Tōdai-Shiryō Microfilm: 6998-1-130-13).

(45)　No. 42. 〔J. H. Donker Curtius〕 aan den Gouverneur Generaal van Nederlandsch Indie. Desima den 4^{den} November 1852. Afgegane stukken 1852. MS. N.A. Japans Archief, nr. 1652 (Aanwinsten, 1910, I: No. 10). (Tōdai-Shiryō Microfilm: 6998-1-119-2).

(46)　Kambang rekening van den Pachter 1854. MS. N.A. Japans Archief, nr. 1871 (Aanwinsten, 1910, I: No. 291). (Tōdai-Shiryō Microfilm: 6998-1-135-40).

(47)　J. A. van der Chijs, *op. cit.*, pp. 403～413. ファン・デル・シェイス著・小暮実徳訳『シェイス　オランダ日本開国論』(雄松堂出版, 平成16年)354～369頁参照。横山伊徳「日本開港とロウ貿易—オランダ貿易会社を例に—」(明治維新史学会『明治維新と外交』講座明治維新6, 有志舎, 平成29年)194～195頁参照。

(48)　その後, ウニコールは安政3年・4年に政庁貿易として輸入され「紅毛品代り」として取引されている(註(35)参照)。

(49)　1854年に賃借人pachter(1855年に政庁の貿易代理人Gouvernements-handelsagent)であったランゲ J. R. Lange は, 1844年～1847年のオランダ側史料(Opgave「申告書」)に物産民間倉庫局事務局長 de Hoofd kommies bij de directie der Producten en Civiele Magazijnen として署名しており, 政庁側の人間であったことがわかる(第1部第1章第3節, 第2部第5章第2節参照)。政庁と賃借人との密接な関係性をあらわす一事例といえよう。

第3部　安政期の日蘭貿易

第1章　安政2年(1855)の日蘭貿易

は じ め に

　安政期における日蘭貿易は従来の形態を次第に変え，後に米・英・露・仏と共に自由貿易へと変遷していく時期であり，日本貿易史における重要な転換期といえる。[1]

　安政2年12月23日(1856年1月30日)に日蘭和親条約が調印され，貿易に関しては従来の「振合」によることとされた。その後，この条約が批准された安政4年8月29日(1857年10月16日)，同じ日付けで日蘭追加条約が調印され，貿易では従来の会所貿易の形態が温存された。しかし，具体的な取引においては，脇荷商法を拡大する形がとられた。すなわち，オランダ船の輸入品は長崎会所において直接商人が入札をおこない，その代料もしくは「代り品」は落札商人から会所に納めるというものであった。[2] 輸入品をオランダ人より長崎会所が値組の上で一括購入し，それを長崎会所が日本商人に入札で販売するという本方商法に比べて，この脇荷商法は，長崎会所のもとでの取引ではあるが，オランダ側にとっては貿易の自由化を進めるものであったといえる。[3]

　また，天保6年(1835)にはじまった賃借人による脇荷貿易は嘉永7年(1854)までつづいたが，政庁と賃借人との間で結ばれた契約の満期を迎える前年の安政2年(1855)，オランダ国王の裁可を経て賃借人の脇荷貿易は解約され，政庁主導のもとで脇荷貿易がおこなわれることになった。しかし，嘉永7年に賃借人であったランゲ J. R. Lange が，政庁によって今までの業績が評価され，政庁の貿易代理人 Gouvernements-handelsagent として脇荷貿易を担当することになった。そして，安政3年(1856)からは，全体で政庁貿易一本化になり，安政4年の日蘭追加条約を迎えることとなった。[4]

その後，安政5年7月10日（1858年8月18日），日蘭修好通商条約が調印され，翌安政6年6月5日（1859年7月4日）（実際は，6月2日（7月1日））(5) より同条約が施行されることで，日蘭貿易は自由貿易の時代を迎えることになる。(6)

第3部においては，この日蘭修好通商条約が施行され自由貿易となるまでの安政2年から同6年までの日蘭貿易の実態とその変遷について日蘭両史料を照合の上考察するものである。

まず本章においては，安政2年の日蘭貿易における本方荷物・誂物・脇荷物などオランダ船の主要な輸入品の取引の実態を，史料紹介を含めて明らかにしていきたい。また，安政2年には幸いにも，上記の品々の取引過程を解明できる年番阿蘭陀通詞作成の『安政二年　萬記帳』(7) が現存していることから，各取引史料の位置付けをも試みていきたい。

第1節　オランダ船輸入品の取引過程

安政2年には，オランダの「商売船」として6月19日（**8月1日**―以下，西暦の月日はゴシック体で記す）にヘンリエッテ・エン・コルネーリア号 Henriette en Cornelia と翌々日6月21日（**8月3日**）にネーデルラント号 Nederland が長崎港に入津している。(8) 長崎では，入津順にヘンリエッテ・エン・コルネーリア号を「(阿蘭陀)壱番船」，ネーデルラント号を「(阿蘭陀)弐番船」と称した。両船が持ち渡った輸入品の取引に関する記事を『安政二年　萬記帳』より抜粋・列挙し一覧表にしたものが表71である。鳥井裕美子氏によれば，「『安政二年　萬記帳』は，通詞会所の日録というべき史料で，正月元日から十二月二十九日までの年間行事・職務・異動（通詞の任命・昇進・退役等）が記されている。地役人の記録であり，事務的色彩が濃いが，この年の阿蘭陀通詞の動向や出島・長崎の状況を知る上で，貴重な第一級史料であることは間違いない」(9) と述べられている。したがって，日蘭貿易の取引の随所でかかわりを持ったこの阿蘭陀通詞の記録から安政2年のオランダ船

322　第3部　安政期の日蘭貿易

表71　安政2年(1855)長崎入港オランダ船の輸入品に関する取引過程

西暦 1855	和暦 安政2	事項	西暦 1855	和暦 安政2	事項
6·30	5·17	〔A「送り状」Factuur日付〕			「日本商館倉庫商品計算帳」付録文書に記載〕
7·1	5·18	〔2艘〕咬𠺕吧出船	8·29	7·17	弐番船荷揚
8·1	6·19	〔ヘンリエッテ・エン・コルネーリア号			御用御誂之品解出し会所渡し
		Henriette en Cornelia 入港〕			献上反物撰取疵改
		「ハルトマン(Hartman)船長の商船ヘンリエッテ・アン・コルネリア号が到着した。」※1			反物尺改銘書
					脇荷物解出し
8·3	6·21	〔ネーデルラント号 Nederland 入港〕	8·31	7·19	壱番船荷揚
		「P.ハイデコーベル(P. Huidekooper)船長の商船ネーデルラント(Nederland)号の到着。」※2			御用御誂之品解出会所渡
					献上反物撰取疵改
					脇荷物解出し
8·7	6·25	〔B「提出送り状」Opgegeven Factuur提出〕	9·1	7·20	献上反物撰取疵改并脇荷物解出し
		本方差出和解	9·3	7·22	弐番船荷揚
		本方井別段商法持渡御用御誂荷物差出和解			御用御誂之品解出シ会所渡し
		銀銭持渡高届書			献上反物撰取疵改
		品代り荷物持渡高届書			脇荷調子目利見分
		本方井別段脇荷物共差出和解	9·5	7·24	弐番船荷揚
		〔C1·2「積荷目録」作成〕			献上反物撰取疵改
8·8	6·26	両船荷揚			御用御誂之品解出シ会所渡シ
8·9	6·27	弐番船荷揚			脇荷調子目利見分
		銀銭〔三千五百〕(中略)会所役人江相渡	9·6	7·25	弐番船荷揚
		当年本方荷物之内赤金巾五拾反差出和解ニ			御用御誂之品解出し
		書落候届書			献上反物再分〔見エカ〕
8·10	6·28	弐番船荷揚			御代官并町年寄所望之品会所渡し
		脇荷物解出シ	9·9	7·28	脇荷調子目利見分
8·11	6·29	弐番船荷揚	9·11	8·1	献上反物再見分
8·12	6·30	壱番船荷揚			脇荷調子目利見分
		生類卸			御代官并町年寄所望之品会所渡
8·13	7·1	弐番船荷揚			御用御誂之品解出会所渡
		生類卸シ	9·12	8·2	献上反物再見分
8·14	7·2	弐番船荷揚			脇荷調子目利見分
8·15	7·3	品代り脇荷物解出シ			御用御誂之品解出会所渡
8·16	7·4	弐番船荷揚	9·13	8·3	弐番船荷揚
8·17	7·5	弐番船荷揚			献上端物再分
		品代り荷物解出し			脇荷調子目利見分
8·18	7·6	弐番船荷揚			御用御誂之品解出シ会所渡
		町年寄誂之塩硝御船蔵江御預ケ			町年寄所望之品会所渡
8·19	7·7	壱番船荷揚	9·16	8·6	御用御誂之品解出シ会所渡し
8·20	7·8	脇荷物解出し			品代反物尺改銘書并脇荷調子目利見分
		端物解出し	9·17	8·7	弐番船荷揚
		〔D1「切本帳」この日以降に作成〕			御用御誂之品会所渡
8·21	7·9	反物御用御誂之品并脇荷物解出し			品代反物尺改銘書并脇荷調子目利見分
8·24	7·12	弐番船荷揚	9·18	8·8	脇荷物覧之品下調子
		御用御誂之品解出会所渡シ			願請砂糖会所渡
		端物間打并脇荷解出し	9·21	8·11	本方荒物薬種目利見分并大改荷物下調子
8·25	7·13	壱番船荷揚			品代并脇荷物御覧之品御役所持参
		御用御誂之品解出并会所渡し			大改荷物御役所持参
		反物尺改銘書			町年寄所望之品会所渡
		脇荷物解出し	9·22	8·12	大改
8·27	7·15	〔E1 この日付で反物(本方荷物)の荷改結果を			

第1章　安政2年(1855)の日蘭貿易　323

西暦 1855	和暦 安政2	事　項
9·23	8·13	壱番船荷揚
		御代官并町年寄所望之品会所渡
9·25	8·15	壱番船荷揚
		御用御誂之品解出
		町年寄所望之品会所渡
9·26	8·16	両船荷揚
		御用御誂之品目利見分
9·27	8·17	壱番船荷揚
		御用御誂之品会所渡し并品代ウニコール目利見分
9·28	8·18	弐番船荷揚
		〔E_2この日付で秤量品目(本方荷物)の荷改結果を「日本商館倉庫商品計算帳」付録文書に記載〕
9·29	8·19	御用御誂之品会所渡し
		仕役凡日割
		脇荷物商人見セ　　　　　三日程
		本方并品代り反物商人見セ　四日程
		下直組　　　　　　　　　五日程
		風袋砂糖蔵圖引除風袋引
		本直組　　　　　　　　　一日程
		本方并品代り脇荷物会所撰取　三日程
		本方脇荷商人見直シ　　　二日程
		本方并脇荷物商人渡し　　十日程
9·30	8·20	御用御誂之品会所渡シ
10·5	8·25	壱番船荷揚終
		脇荷商人見せ
		<ワキニ荷見セ>※3
10·6	8·26	<ワキニ荷見セ>※4
10·7	8·27	弐番船荷揚終
10·8	8·28	品代并脇荷商人見せ
		〔D_2「切本帳」本来この日以前に作成〕
		〔D_3「切本帳」この日以前より作成〕
10·10	8·30	本方荷物商人見セ并年寄望之品会所渡
10·15	9·5	町年寄所望焔硝御船蔵へ御預相成居候ヲ出嶋江持入会所渡し
10·16	9·6	本方并品代注文帳相渡ス
		風袋砂糖蔵圖ニ付(中略)三番蔵ニ相当
10·18	9·8	御用御誂之品代銀帳弐冊長崎会所江(中略)差出ス
10·19	9·9	御用之鉄炮会所渡シ
10·22	9·12	風袋砂糖引除風袋引
10·23	9·13	砂糖風袋引
10·24	9·14	<〔脇荷〕拂看板>※5
10·26	9·16	長崎会所ニおいて脇荷物入札披〔卯三番割〕
		<〔脇荷〕入札>※6
10·28	9·18	御調并願請之品引分会所渡
		<〔脇荷入札〕　西上剋済>※7
		〔G_2「見帳」この日以降に完成〕

西暦 1855	和暦 安政2	事　項
10·30	9·20	本方并品代り荷物商人見直し
		<〔品代り〕拂看板見直し>※8
10·31	9·21	<〔品代り〕入札　午ノ刻済>※9
		〔この日付でF_1「本方荷物」の販売値段, F_2「御用御誂物」の販売値段, F_3「紅毛船追売」・「紅毛船臨時貰」の販売値段を「日本商館本方勘定帳」付録文書に記載〕
		〔この日付でF_4「別段商法」・「別段持渡り」の販売値段を「別段商法勘定帳」に記載〕
		〔この日付でF_5「新規の別段商法」の販売値段を「新規の別段商法の勘定帳」に記載〕
		〔この日付でF_6「御用御誂物」以外の「誂物」の販売値段を「日本商館脇荷勘定帳」付録文書に記載〕
		〔G_3「見帳」この日以降に完成〕
11·1	9·22	会所詰所ゟ脇荷商売印帳壱冊差出ス
		<〔卯四番割　本方〕入札　亥刻迄ニ相済>※10
		〔D_3「切本帳」この日以降に完成〕
11·3	9·24	品代り脇荷物商人渡シ
11·4	9·25	本方并品代脇荷物商人渡シ
		願請之品引分会所渡シ
		当年入津之阿蘭陀船并持渡書籍之分御用ニ付申上候半切弐通并書籍等御買入之儀ニ付申上候横文字壱通并和解帳壱冊添書半切弐通、御年番所江(中略)相渡ス
11·6	9·27	本方并脇荷物商人渡シ
		願請之品引分会所渡シ
11·7	9·28	本方并脇荷物商人渡
		願請之品引分会所渡シ
		錫会所渡
11·8	9·29	本方并品代脇荷物商人渡シ
		願請之品引分会所渡し
		錫会所渡し
		本方追売荷物蔵移
11·10	10·1	品代并脇荷物商人渡
		願請之品引分会所渡シ
		蔵預ケ相成居候錫水門出し
		両船湊出帆
11·11	10·2	脇荷物商人渡し
		願請之品引分会所渡シ
		会所注文之品会所渡し
		蔵ニ二相成居候錫水門出し
		献上反物蔵移
11·13	10·4	願請之砂糖会所渡シ
11·15	10·6	本方荷物商人渡
		願請之品引分会所渡シ
11·16	10·7	本方荷物商人渡し

324　第3部　安政期の日蘭貿易

西暦 1855	和暦 安政2	事　　項
		本方并品代荷品之内積帰り願竪紙弐通御年番所江（中略）差出ス
11・17	10・8	本方荷物商人渡
11・18	10・9	壱番船出帆
11・19	10・10	本方荷物商人渡
		当年阿蘭陀船ゟ持渡候書籍之内脇荷阿蘭陀人船頭共所持之分直段取調早々可申聞候
11・20	10・11	本方荷物商人渡
11・21	10・12	本方荷物商人渡シ
11・22	10・13	本方荷物商人渡シ
11・23	10・14	本方荷物商人渡シ
11・24	10・15	本方荷物商人渡シ
11・25	10・16	本方并脇荷物商人渡シ
12・11	11・3	本方決算引合
12・12	11・4	脇荷決算引合
12・14	11・6	町年寄所望之モルツト会所渡シ
12・15	11・7	阿蘭陀弐番船乗切
12・18	11・10	追売并臨時貢荷物商売被仰付度願（中略）長崎会所江（中略）持参
(1856) 1・3	11・26	本方追売荷物并臨時貢荷物目利見分并商人見セ
1・14	12・7	＜卯五番割〔卯紅毛船追売・卯紅毛船臨時貢・御用残り等〕拂看板＞※11

西暦 1856	和暦 安政2	事　　項
1・16	12・9	＜〔卯五番割〕入札＞※12
～18	～11	＜〔卯五番割　入札〕　未ノ中刻済＞※13
		〔G1「落札帳」この日以降に完成〕
		〔G4「見帳」この日以降に完成〕
1・20	12・13	本方追売荷物并臨時貢荷物商人渡
		献上反物二階卸シ
7・28	(安政3) 6・27	〔この日付で献上・進物品・進物残品の販売をH「贈り物と江戸売り帳」に記載〕

出典・『安政二年　萬記帳』（長崎県立長崎図書館、平成13年）。
註・※1・※2は、フォス美弥子編訳『幕末出島未公開文書
　　　－ドンケル＝クルチウス覚え書－』（新人物往来社、
　　　平成4年）157頁参照。
　・※3～※7は、「安政二卯三番割　卯紅毛船脇荷物見帳」
　　　（長崎大学附属図書館経済学部分館所蔵武藤文庫）。
　・※8・※9は、「安政二卯三番割　卯紅毛船品代荷物
　　　見帳」（長崎歴史文化博物館収蔵）。
　・※10は、「安政二年　落札帳」（慶応義塾大学文学部
　　　古文書室所蔵永見家文書）。
　・※11～※13は、「安政二年卯五番割　在留切壱番船
　　　追賣・卯紅毛船追賣・御用残り・献上残り・商賣荷物・
　　　會所かひ・會所請込・召上物并大坂京召上・會所請込
　　　鮫・琉球産物見帳」（長崎歴史文化博物館収蔵）。

の輸入品の取引を日を追って考察することができる。

　以下，表71に従ってオランダ船の輸入品の取引を考察し，その過程内において作成された現存する日蘭両取引関係史料(表71中のA～H)の紹介をしていきたい。

(1)　「送り状」Factuur の提出(差出和解)(A・B 参照)

　前述の如く，ヘンリエッテ・エン・コルネーリア号は，安政2年6月19日(1855年8月1日)に，ネーデルラント号は，6月21日(8月3日)に長崎港に入津し，同25日に「送り状」Factuur を日本側に提出した。提出された「送り状」は，出島のカピタン部屋において，長崎会所調役・同日付・同吟味役・同請払役・年番町年寄・出島乙名・阿蘭陀通詞目付・大小通詞・筆者等のもとに次のように「差出和解」(「送り状」の翻訳)がおこなわれた。

　(前略)かひたん差出候横文字一応直組方通詞ゟ御年番江御覧候上，か

ひたん開封いたし直ニへとる阿蘭陀人申口逸々直組方小通詞通弁いたし

　　候ニ付，会所請払役此方筆者写取ル(10)

　ここにあるように，オランダ商館長(かひたん)が提出した「横文字」を次
席商館長(へとる)が読み上げ，それを直組方小通詞が翻訳(通弁)し，会所請払
役や〔阿蘭陀通詞附〕筆者が写し取るというものであった。この「差出和解」
の際に提出された「かひたん差出候横文字」は入港船が持ち渡った「送り
状」(貨物を船積みして送付する際，貨物の受取人に宛てて作成された積荷明細目録)では
なく，商館長が前もって積荷の仕入値を抜かして写し取った「送り状」のコ
ピー(「提出送り状」)であった。(11)

　現存するヘンリエッテ・エン・コルネーリア号とネーデルラント号の「送
り状」Factuur(12)は，それぞれバタヴィアにおいて理事官 de resident van
Batavia より長崎出島のオランダ商館長に宛てて 1855 年 6 月 30 日(バタヴィ
ア)付けで作成されたものであり，品目名，数量，仕入価額等が記されてい
る(表71中の A 参照)。また本史料には本方荷物だけでなく，誂物や出島でオ
ランダ人が使用する遣捨品なども記されている。一方この 2 冊の「送り
状」から写し取られた「提出送り状」Opgegeven Factuur(13)(「かひたん差出
候横文字」)は，本方荷物(別段商法・別段持渡り・新規の別段商法の荷物を含む)の他，
誂物に関して品目名と数量のみを簡潔に記したリストとなっている(表71中
の B 参照)。

　なお，オランダ側史料の「送り状」には，上記の本方荷物・誂物・遣捨品
等を記した「送り状」の他に，脇荷物の「送り状」も存在していたと思われ
るが，現時点では未詳とせざるを得ない。

(2)　「積荷目録」(C 参照)

　安政 2 年にヘンリエッテ・エン・コルネーリア号とネーデルラント号が
持ち渡った輸入品を記す現存する日本側史料としては，「唐舟阿蘭陀差出
帳」(某所所蔵)と「嘉永七寅年　唐紅毛差出」(神戸市立博物館所蔵)の 2 点を挙げ
ることができる(表71中の C₁·₂参照)。

　前者の「唐舟阿蘭陀差出帳」(C₁)は，商人(近江屋嘉兵衛)が書き留めた 3 冊

からなる唐船と阿蘭陀船の差出帳(積荷目録)の記事を中心とする天保8年(1837)～万延2年(1861)の記録である。3冊目には,アメリカ船・イギリス船の積荷リストも記されており,また,2冊目には天保15年(1844)の阿蘭陀風説書もみられる。薬種を中心とする抄出リストが多いが,幕末開国期の貴重な輸入品リストといえる。安政2年のオランダ船の積荷目録は2冊目に収められている。なお,所蔵者の希望により「某所所蔵」と記しておく。また,後者の「嘉永七寅年　唐紅毛差出」(C_2)は,商人(備前屋吉兵衛)が書き留めた唐船と阿蘭陀船の差出帳(積荷目録)の記事を中心とする嘉永7年(1854)～安政5年(1858)の記録である。なお,記録の中には,落札価格やアメリカ船の積荷リストも記されている。前者の史料同様抄出リストが目立つが,幕末開国期の貴重な輸入品リストといえる。両史料共に安政2年の本方荷物,誂物,脇荷物,品代り荷物のリストを記しており,6月25日に出島のカピタン部屋において作成された「積荷目録」の写しと考えられる。[14]

　本章では,その記載内容より,本方荷物に関しては前者の史料を,誂物に関しては後者の史料を,脇荷物および品代り荷物に関しては両史料を並記して活用する。

　なお,表71に示したように,6月25日には,「本方并別段商法持渡」「御用御誂荷物」「脇荷物」のリスト(「差出和解」)が作成され,さらに本方荷物で持ち渡られた「銀銭持渡高」,および「品代り荷物持渡高」の「届書」が作成されている。上記の「提出送り状」は,「本方荷物」と「誂物」に関してのリストであったが,おそらく「脇荷物」のリストもこの時点で提出されていたものと推測される。

(3)　「反物切本帳」(D参照)

　6月25日に「差出和解」がおこなわれた翌日26日よりオランダ船からの荷揚が開始された(「両船荷揚」)。荷揚開始から数えて13日目の7月8日より反物の開封(「端物解出し」)がはじまり,つづいて反物目利による見分がおこなわれたものと思われる(「端物間打」「反物尺改銘書」「献上反物撰取疵改」「献上反物再見分」など)。江戸期,舶来染織に対する需要は高く,本方荷物の中には数

種類の反物が含まれており，19世紀には誂物や脇荷物・品代り荷物の中に
も反物類がみられるようになる。安政2年にも数多くの反物が輸入されて
いる。反物目利による輸入反物の見分の際には，反物目利によって「手本
取」がおこなわれ，後にその「手本取」した裂を貼り付けた「反物切本帳」
(以下「切本帳」と略記する)が作成された。現在，この「切本帳」に類する史料
が各所に残されている。長崎歴史文化博物館には「安政二　卯紅毛船持渡端
物切本帳　扣」と称する横帳の「切本帳」が収蔵されており，作成者の名前
は不明であるが，その形状より反物目利によって仕立てられたものと思われ
る。この「切本帳」には縦5cm程・横4cm程の長方形の裂が貼り付けて
あり，各裂の右上に反物名が明記されている。表紙に「卯七月」とあること
より7月8日以降，反物目利によって作成された本方荷物の「切本帳」で
あることは明らかである(表71中の D_1，図17参照)。

　また，鶴見大学図書館には「安政二年　卯紅毛船弐艘品代切本」と称する
縦帳の「切本帳」が所蔵されており，その表紙より反物目利の芦塚(真八，も
しくは孫三郎)によって作成されたことがわかる。「切本帳」には，縦13〜
3cm程・横15〜2cm程の長方形の裂が貼り付けてあり，各裂の右上に反
物名が明記されている。この「切本帳」は表紙に「卯九月」とあるが，8月
28日に「品代并脇荷商人見せ」がおこなわれていることより，本来，この
日以前に作成されるものであったと考えられる(表71中の D_2，図18参照)。

　「切本帳」は商人によっても作成されている。長崎歴史文化博物館には
「安政二　卯三四番割　卯阿蘭陀船本方・品代切本帳」と称する本商人(松田
ヤ)が作成した縦帳の「切本帳」が収蔵されている。この商人作成の「切本
帳」は，まず，反物目利によって「目利見分」の際に切り取られた反物の見
本裂の一部が帳面に貼り付けられ，「商人荷見せ」終了時までに，各反物名
と取引反数が裂の右側に，反物の寸法・特色などが裂の左側に記され，さら
にその後におこなわれた入札において入札上位三番札までの価格と入札商人
名が裂の左側に記入されたものである(表71中の D_3，図19参照)。見本裂は縦
11〜2cm程，横12〜2cm程で，上述の反物目利作成の「切本帳」と後述
する商人作成の取引帳簿である「見帳」を合わせた輸入反物に関する取引史

328　第3部　安政期の日蘭貿易

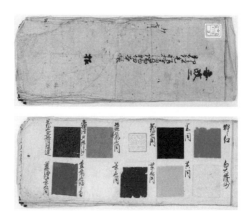

図17　「安政二　卯紅毛船持渡端物切本帳　扣」(長崎歴史文化博物館収蔵)

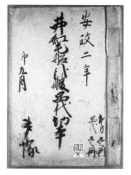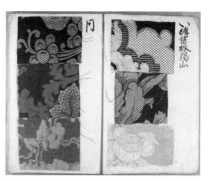

図18　「安政二年　卯紅毛船弐艘品代切本」(鶴見大学図書館所蔵)

図19　「安政二　卯三四番割　卯阿蘭陀船本方・品代切本帳」(長崎歴史文化博物館収蔵)

料として価値の高いものといえる。本史料は，8月28日の「品代并脇荷商人見せ」以前から作成が開始され，表紙に「卯九月拂」「卯三四番割」(＝卯年すなわち安政2年の長崎会所での3回目と4回目の取引(本商人の入札)を意味する)とあることより，9月22日の「〔卯四番割　本方〕入札」以降に完成したものと考えられる。

　また，安政2年の商人作成の「切本帳」の事例として，三井文庫所蔵の「差出目利帳」と京都工芸繊維大学美術工芸資料館所蔵の「卯紅毛本方切手本帳」「卯紅毛品代切手本帳」を挙げることができる。三井文庫所蔵の史料は，大坂の仲買仲間である小間物問屋小西平兵衛のもとに残されたものであり，嘉永5年(1852)～安政3年(1856)のオランダ船と唐船の差出帳・見帳・切本帳が合綴されたものである。(15)　この中には，安政2年の本方と品代りの切本帳が収録されている。しかし，上記の「安政二　卯三四番割　卯阿蘭陀船本方・品代切本帳」にみられるような入札価格や入札商人名は記されておらず，見本裂と商品名・取引反数の他，各裂の特色を記すに止まり，「商人荷見せ」段階までの記録となっている。また，京都工芸繊維大学美術工芸資料館所蔵の「切本帳」2冊は，商人の冨屋と金澤屋から同じく商人の中野と池田屋に送られたものと思われ，こちらも見本裂と商品名・取引反数の他，各裂の特色を記すに止まり，入札価格等は記されず，「商人荷見せ」段階までの記録となっている。

　なお，「切本帳」に関する詳細な考察は次章第3節でおこなうこととする。

(4)　荷改・値組(E・F参照)

　荷揚は，その開始の6月26日より数えてほぼ2ヵ月後の8月27日に終了している(「弐番船荷揚終」)。この荷揚の間に，輸入品の「解出シ」「献上反物撰取疵改」「目利見分」「御用御誂之品解出会所渡シ」「御代官并町年寄所望之品会所渡し」「町年寄所望之品会所渡」「願請砂糖会所渡」等がおこなわれ，さらに，8月12日には長崎奉行が輸入品の見本に一通り目を通す「大改」がおこなわれている。また，壱番船の荷揚が終了した8月25日より「脇荷商人見せ」がはじまっている。そして，9月6日より輸入砂糖の風袋

330　第3部　安政期の日蘭貿易

に関する手続きがはじまり，9月12日・13日にかけて「風袋引」の計量が
おこなわれた。

　オランダ商館では，荷改の結果の内，本方荷物内の反物類については，**8
月27日**(7月15日)の日付けで Pakhuis rekening Japan 1855.[16](日本商館倉庫
商品計算帳)の付録文書群 Bijlagen Pakhuis rekening Japan 1855.[17]に含ま
れている Bijlaag N? 3(付録文書3番)に記している(表71中の E_1 参照)。また，
suiker(砂糖)・sapanhout(蘇木)・peper(胡椒)等，本方荷物内の秤量品目につ
いては，同帳簿の Bijlaag N? 4(付録文書4番)に **9月28日**(8月18日)付けで記
され(表71中の E_2 参照)，その他，風袋の計量結果など詳細な数値を日付けを
改めて付録文書に記録作成している。なお，誂物や脇荷物・品代り荷物の荷
改に関する史料は未詳である。

　本方荷物の「直組」がいつおこなわれたのか『安政二年　萬記帳』には記
されていないが，少なくとも9月13日の「砂糖風袋引」以降で9月22日
の本方荷物の入札日以前であったことには間違いないであろう。この「直
組」によってオランダ商館と長崎会所との間で取引がおこなわれ，ヘンリエ
ッテ・エン・コルネーリア号とネーデルラント号が持ち渡った商品(本方荷物
の一部)が日本側に販売されたわけである。なお，オランダ側史料の Komps
rekening courant Japan 1855.[18](日本商館本方勘定帳)の付録文書群である
Bijlagen Komps rekening courant Japan 1855.[19]には，**10月31日**(9月21
日)の日付けで本方荷物(Bijlaag N? 3)(表71中の F_1 参照)・将軍の注文品「御用
御誂物」(Bijlaag N? 4)(表71中の F_2 参照)・紅毛船追売(Bijlaag N? 5)(表71中の F_3
参照)・同臨時貰(Bijlaag N? 5)(表71中の F_3 参照)等の商品名・販売量・価格・
価額がそれぞれ(　)内に示した付録文書に記されている。また，樟脳を対価
(輸出品)とする別段商法・別段持渡りおよび新規の別段商法の荷物に関して
は，それぞれ Rekening van den Aparten Handel 1855.[20](別段商法勘定帳)
(表71中の F_4 参照)と Rekening van den Nieuwen Aparten Handel 1855.[21]
(新規の別段商法の勘定帳)(表71中の F_5 参照)の借方に輸入商品名とその販売量・
価格・価額を，貸方には樟脳とその販売量・価格・価額を **10月31日**(9月
21日)の日付けで記している。さらに，Kambang rekening courant Japan

1855.[22]（日本商館脇荷勘定帳）の付録文書群である Bijlagen Kambang reke-ning Japan 1855.[23]内の Bijlaag N°. 9.（表71中の F_6 参照）には，**10月31日**（9月21日）の日付けで将軍の注文品「御用御誂物」以外の注文品について商品名・販売量・価格・価額が記されている。[24] なお，これらの取引の記帳日となっている **10月31日**（9月21日）は出島商館の帳簿期末日である。

　また，脇荷物に関する取引史料の一部とみられるものがあるが（F_7：Kam-bang rekening van den Gouvernement's Agent van den handel 1855.[25]（政庁の貿易代理人の脇荷勘定帳）（日付け無し）），詳細については第4節で考察する。

　上記した「御用御誂之品解出会所渡シ」は，7月12日から8月20日にかけて頻繁におこなわれており，御用御誂物が「解出」後，早急に長崎会所に運ばれていることがわかる。さらに，「御代官并町年寄所望之品会所渡し」「町年寄所望之品会所渡」が7月25日から8月30日にかけて，「願請砂糖会所渡」が8月8日にそれぞれおこなわれているが，これらのことについては，史料紹介を含めて後述していく。

(5)　入札・落札・荷渡（G参照）

　9月13日から22日の間に行われたと思われる「直組」によって，オランダ商館から長崎会所に販売された本方荷物や別段商法・別段持渡り・新規の別段商法の荷物は，9月22日に会所において日本商人（＝本商人，落札商人）による入札がおこなわれた（卯四番割）。脇荷物に関しては，それより前の9月16日から18日にかけて，品代り荷物に関しては，9月21日に入札がおこなわれた（卯三番割）。脇荷物や品代り荷物に関しては9月24日より，本方荷物に関しては，9月25日より順次，商人に荷渡され，10月16日には終了している。また，紅毛船追売や紅毛船臨時貰など「卯五番割」の入札は12月9日から11日にかけておこなわれ，商人への荷渡は13日におこなわれた。

　長崎会所において本商人が入札で購入した本方荷物・脇荷物・品代り荷物，紅毛船追売の荷物や紅毛船臨時貰の荷物等の取引を「商人荷見せ」から「入

札」終了(落札)まで記した取引帳簿として「見帳」と称する史料が現存している(表71中の$G_{2~4}$参照)。この「見帳」は商人側で作成されたものであり,荷見せ時点で取引される商品名と数量,商品の法量・特色などが記された。さらに,その後におこなわれた長崎会所と本商人との取引において入札がおこなわれ(なお,脇荷物に関してはオランダ人と本商人との取引),入札上位三番札までの価格と商人名がこの「見帳」に記入された。したがって,この「見帳」によって,本商人の内の誰が,どの商品をいくらで入札・落札したか知ることができるわけである。[26] また,「見帳」から商品の法量や特色などの記事を除き,取引された商品名と数量,入札上位三番札までの価格と商人名を記した「落札帳」も商人側で作成されている(表中71のG_1参照)。

安政2年の取引については,以下の史料が現存しており,本章では,その記載内容よりそれぞれ〔 〕内の取引結果の記録として活用する。

。「安政二年　落札帳」(慶応義塾大学文学部古文書室所蔵永見家文書):〔本方荷物の取引結果〕(表71中のG_1参照)

。「安政二卯三番割　卯紅毛船脇荷物見帳」(長崎大学附属図書館経済学部分館所蔵武藤文庫):〔脇荷物の取引結果〕(表71中のG_2参照)

。「安政二卯三番割　卯紅毛船品代り荷物見帳」(長崎歴史文化博物館収蔵):〔品代り荷物の取引結果〕(表71中のG_3参照)

。「安政二年卯五番割　在留卯壱番船追賣・卯紅毛船追賣・御用残り・献上残り・商賣荷物・會所かこひ・會所請込・召上物并大坂京召上・會所請込鮫・琉球産物見帳」(長崎歴史文化博物館収蔵):〔紅毛船追売・紅毛船臨時賈・御用残りの取引結果〕(表71中のG_4参照)

(6) 献上・進物品と進物残品の販売(H参照)

安政2年の日蘭貿易が一段落すると,オランダ商館では,翌年将軍に贈る献上品,老中以下幕府高官に贈る進物品の発送準備がはじめられた(12月13日「献上反物二階卸シ」)。本方荷物の中から「撰取」られた献上・進物品は全て反物類であった。この献上・進物反物は,既に荷揚の期間に「撰取疵改」がされ(7月17・19・20・22・24日),さらに「再見分」がすまされていた

（7月25日・8月1・2・3日）。

　周知の如く，オランダ商館長の江戸参府は，寛政2年(1790)の半減商売令にともなって4ヵ年目毎におこなうこととなり，安政3年(1856)は参府休年に当たっていた。参府休年には阿蘭陀通詞が献上・進物品を護送することになっており，この年は大通詞名村八右衛門と小通詞荒木熊八とが担当した。[27]

　両参府休年出府通詞は，安政3年1月に江戸へ向けて出立したと考えられる。参府休年出府通詞がオランダ人に代わって江戸へ持ち渡った献上・進物反物と，参府の帰路における進物反物の残品の販売を集計記録した史料として，1856年**7月28日**(出島)付けの Geschenken en Jedosche Verkoop Japan 1856.[28](贈り物と江戸売り帳)を挙げることができる(表71中の**H**参照)。この史料の日付けは，おそらく，参府休年出府通詞が長崎に帰りついた前後の日付けと推測される。

　以上，表71に従って安政2年のオランダ船輸入品の取引を中心に考察し，その過程内において作成された現存する日蘭両取引関係史料(**A~H**)を紹介してきた。次節より本方荷物・誂物・脇荷物に分けて，それぞれの取引の実態を本節で紹介した日蘭両取引関係史料を分析・整理・照合の上，考察していきたい。

第2節　本方荷物とその取引

　第1節で考察した日蘭貿易の取引過程内において作成された，本方荷物の取引に関する現存の史料としては，以下のものを挙げることができる。

A：「送り状」〈Factuur〉

B：「提出送り状」〈Opgegeven Factuur〉

C₁：「積荷目録」〈「唐舟阿蘭陀差出帳」(某所所蔵)〉

D₁：「本方荷物」(反物)〈「安政二　卯紅毛船持渡端物切本帳　扣」(長崎歴史文化博物館収蔵)〉

334 第3部 安政期の日蘭貿易

D₃：「本方荷物」(反物)の取引〈「安政二 卯三四番割 卯阿蘭陀船本方・品代切本帳」(長崎歴史文化博物館収蔵)〉

E₁：「本方荷物」(反物)の荷改結果〈Pakhuis rekening Japan 1855.(日本商館倉庫商品計算帳)の付録文書群 Bijlagen Pakhuis rekening Japan 1855. 内, Bijlaag N⁰. 3.(付録文書3番)〉

E₂：「本方荷物」(秤量品目)の荷改結果〈同帳簿内, Bijlaag N⁰. 4.(付録文書4番)〉

F₁：「本方荷物」の取引〈Komps rekening courant Japan 1855.(日本商館本方勘定帳)の付録文書群 Bijlagen Komps rekening courant Japan 1855. 内, Bijlaag N⁰. 3.(付録文書3番)〉

F₃：「紅毛船追売」「紅毛船臨時買」の販売〈同帳簿内, Bijlaag N⁰. 5.(付録文書5番)〉

F₄：「別段商法」「別段持渡り」の取引〈Rekening van den Aparten Handel 1855.(別段商法勘定帳)〉

F₅：「新規の別段商法」の取引〈Rekening van den Nieuwen Aparten Handel 1855.(新規の別段商法の勘定帳)〉

G₁：「本方荷物」の取引〈「安政二年 落札帳」(慶応義塾大学文学部古文書室所蔵永見家文書)〉

G₄：「紅毛船追売」「紅毛船臨時買」の取引〈「安政二年卯五番割 在留卯壱番船追賣・卯紅毛船追賣・御用残り・献上残り・商賣荷物・會所かこひ・會所請込・召上物并大坂京召上・會所請込鮫・琉球産物見帳」(長崎歴史文化博物館収蔵)〉

H：「献上・進物品」「進物残品」の販売〈Geschenken en Jedosche Verkoop Japan 1856.(贈り物と江戸売り帳)〉

　以下, 上記の史料を順次突き合わせ, 安政2年の本方荷物をめぐる取引の実態を明らかにしていきたい。(29)

(1)　「差出和解」「積荷目録」

　まず, 6月25日に「差出和解」がおこなわれ「積荷目録」が作成されるまでをみていきたい。本方荷物に限って, **A**：「送り状」Factuur, **B**：「提

出送り状」Opgegeven Factuur，C_1：「積荷目録」(「唐舟阿蘭陀差出帳」)を突き合わせたものが表 72 である。

　考察に入る前に表 72 について，次のことを注記事項として掲げておく。

• 本表では，各商品の品目は，B：「提出送り状」Opgegeven Factuur に記されている順に並べた。

• オランダ側商品名各単語の表記については，その頭文字は，地名は大文字とし，その他は小文字で記した。

• オランダ側史料で用いられている d°.，〃（＝同），日本側史料で用いられている「同」は，それに相当する単語を記した。

• 数字は基本的に算用数字で記した。

　表 72 作成によって注目される点として次のことを挙げておきたい。

◦ 本表作成によって，安政 2 年の本方取引の荷物としてオランダ側から提示された品々に関する日蘭の品目名と数量，ならびにバタヴィアでの仕入値が明らかになる。

◦ また，A：「送り状」に記された品物が全て本方取引の商品として提示された訳ではなく，選択の上，提出されていることがわかる。

◦〈9〉：A：「送り状」に 50 p̊ Turksche hamans，B：「提出送り状」に 50 〃（＝stukken）roode haman と記載されているが，C_1：「積荷目録」にはそれに相当する品目と数量が記されていない。これは，『安政二年　萬記帳』の 6 月 27 日の記事に，

　　一当年本方荷物之内赤金巾五拾反差出和解ニ書落候届書半切弐通長嵜会
　　所詰所江石橋庄次郎持参津田虎次江相渡ス[30]

とあることより，単純に記載ミスであったことがわかる。なお，この記載ミスは，オランダ側史料の B：「提出送り状」Opgegeven Factuur に，50 〃（＝stukken）roode haman の記事が後から追加されているようにみえることから，「書落」はオランダ側の問題であったかもしれない。

◦〈16〉：platlood uit de manufactuur kisten（反物用の箱から〔取った〕平たい鉛）は，日本側で「荷包鉛」と訳されるが，これは，染織品の包装に用いられた鉛が荷解きされた後に残ったものである。したがって，A：「送り状」

336 第3部 安政期の日蘭貿易

表72 安政2年(1855)オランダ船2艘(Henriette en Cornelia, Nederland)本方荷物の輸入

schip		goederen	hoeveelheid	換算	仕入價額(グルデン)	換算(テール)
			A : Factuur			
<1>	(H)	laken schairood	5 p.	5 反	1,169.10	876.825
		laken zwart	5 p.	5 反	1,037.00	777.750
	(N)	laken schairood	5 p.	5 反	1,172.475	879.356
		laken violet	4 p.	4 反	907.40	680.550
		laken wit	4 p.	4 反	846.30	634.725
		laken geel	6 p.	6 反	1,282.50	961.875
		laken groenolijf	4 p.	4 反	867.41	650.558
		laken lichtblaauw	4 p.	4 反	867.41	650.558
		laken aschgraauw	6 p.	6 反	1,336.675	1,002.506
		laken grijs	5 p.	5 反	1,055.625	791.719
		laken zwart	5 p.	5 反	1,037.00	777.750
	(N)	casimier & polimieten	3 p.	3 反		
<2>		⌈ aschgraauw	⌈ 1 p.	⌈ 1 反	154.35	115.763
<3>			lichtblaauw	1 p.	1 反	70.00	52.500
		⌊ groenolijf	⌊ 1 p.	⌊ 1 反	70.00	52.500
<4>	(N)	gewaterd grijn groenolijf	2 p.	2 反	116.96	87.720
		gewaterd grijn aschgraauw	2 p.	2 反	129.87	97.403
		gewaterd grijn lichtblaauw	2 p.	2 反	115.60	86.700
		gewaterd grijn olijfsensaai	2 p.	2 反	120.02	90.015
<5>	(H)	taffachelassen extra fijn	200 stukken	200 反	2,050.0	1,537.500
		taffachelassen verbeterde	200 stukken	200 反	1,660.0	1,245.000
		taffachelassen ordinair	200 stukken	200 反	1,480.0	1,110.000
	(N)	taffachelassen extra fijn	600 p.	600 反	6,150.0	4,612.500
		taffachelassen verbeterde	400 p.	400 反	3,320.0	2,490.000
		taffachelassen ordinair	200 p.	200 反	1,480.0	1,110.000
<6>	(H)	Patna chitzen	500 stukken	500 反	1,200.0	900.000
	(N)	Patna chitzen	1,000 p.	1,000 反	2,400.0	1,800.000
<7>	(H)	Bengaalsche chitzen	300 stukken	300 反	780.0	585.000
	(N)	Beng: chitzen	700 p.	700 反	1,820.0	1,365.000
<8>	(H)	Europ: chitzen	25 stukken	25 反	287.5	215.625
	(N)	Europ.en chitzen	75 p.	75 反	862.5	646.875
<9>	(N)	Turksche hamans	50 p.	50 反	725.0	543.750
<10>	(H)	oliphantstanten 1 s.	151 lb.	124.92 斤	708.70	531.525
		oliphantstanten 2 s.	154 lb.	127.40 斤	684.90	513.675
	(N)	olijphantstanden 1. soort	304.25 lb.	251.71 斤	1,427.85	1,070.888
		olijphantstanden 2 soort	302.5 lb.	250.26 斤	1,395.50	1,046.625
<11>	(H)	nagelen	2,000 lb.	1,654.60 斤	554.54	415.905
	(N)	nagelen	4,250 lb.	3,516.03 斤	1,178.40	883.800
<12>	(H)	peper	4,100 lb.	3,391.93 斤	615.00	461.250
	(N)	peper	8,264 lb.	6,836.81 斤	1,239.97	929.978
<13>	(H)	Bankas tin	37,500 lb.	31,023.78 斤	13,500.0	10,125.000
	(N)	Banka tin	84,375 lb.	69,803.52 斤	30,375.0	22,781.250
<14>	(H)	[sapanhout]	[96,500 lb.]	79,834.54 斤	—	—
	(N)	sappanhout	153,500 lb.	126,990.69 斤	2,050.91	1,538.183
<15>	(H)	suiker 1 s.	187,776 lb.	155,347.26 斤	15,022.12	11,266.590
	(N)	suiker 1. soort	471,082 lb.	389,726.58 斤	37,686.60	28,264.950
<16>		—	—	—	—	—
<17>	(N)	[Mexikaansche dollars]	[3,500]	3,500	—	—
<18>		〔上 掲〕	〔上 掲〕	〔上 掲〕	〔上 掲〕	〔上 掲〕

B : Opgegeven Factuur			C₁ : 積 荷 目 録	
goederen	hoeveelheid	換 算	商 品	数 量
lakens in soorten	53 stukken	53 反	色大らしや	53 反
casimier	1 stuk	1 反	色 ふ ら た	1 反
polimiet	2 stukken	2 反	色五路服連	2 反
gewaterd grein	8 stukken	8 反	色本織五路服連	8 反
taffachelassen	1,800 stukken	1,800 反	奥　　嶋	1,800 反
Patna chitsen	1,500 stukken	1,500 反	さ　ら　さ	1,500 反
Bengaalsche chitsen	1,000 stukken	1,000 反	弁柄さらさ	1,000 反
Europesche chitsen	100 stukken	100 反	尺 長 上 皿 紗	100 反
roode haman	50 stukken	50 反	〔 不 記 〕	〔 不 記 〕
olifantstanden 1ste. en 2de. soort	750 katties	750 斤	壱弐番象牙	750 斤
kruidnagelen	5,000 katties	5,000 斤	丁　　子	5,000 斤
peper	10,000 katties	10,000 斤	胡　　椒	10,000 斤
Banka tin [Banka tin(Voor den nieuwen aparten handel)]	30,000 katties 〔700 pikols〕	30,000 斤 〔70,000 斤〕	錫 〔 不 記 〕	30,000 斤 〔 不 記 〕
sapanhout 〔sapanhout (apart aangebragt)〕 〔spanhout (Voor den aparten handel)〕	118,000 katties 〔10,910 katties〕 〔75,000 katties〕	118,000 斤 〔10,910 斤〕 〔75,000 斤〕	蘇　　木 〔別段持渡り：蘇木〕 〔別段商法：蘇木〕	118,000 斤 〔10,910 斤〕 〔75,000 斤〕
suiker	542,000 katties	542,000 斤	砂　　糖	542,000 斤
platlood uit de manufactuur kisten	〔不 記〕	〔不 記〕	荷 包 鉛	〔不 記〕
Spaansche matten	3,500 stuks	3,500 個	銀　　銭	3,500
apart aangebragt sapanhout	10,910 katties	10,910 斤	別段持渡り 蘇　　木	10,910 斤

338　第3部　安政期の日蘭貿易

	schip	goederen	hoeveelheid	換　算	仕入価額(グルデン)	換算 (テール)
			A：Factuur			
<19>	(N)	kwik	607 lb.	502.17 斤	1,972.90	1,479.675
<20>	(H)	caliatoerhout	1,843 lb.	1,524.72 斤	132.02	99.015
	(N)	caliaturhout	4,334 lb.	3,585.52 斤	310.47	232.853
<21>	(H)	nooten 2 s!	218.5 lb.	180.77 斤	32.77	24.578
	(N)	noten 2 soort	531.5 lb.	439.71 斤	79.72	59.790
<22>		〔上　掲〕	〔上　掲〕	〔上　掲〕	〔上　掲〕	〔上　掲〕
<23>		〔上　掲〕	〔上　掲〕	〔上　掲〕	〔上　掲〕	〔上　掲〕

出典・A：Factuur は、Contracten, Facturen & Cognossementen Japan 1855. MS. N.A. Japans Archief,
　　　nr. 1748 (Aanwinsten, 1910, I: No. 117). (Tōdai-Shiryō Microfilm: 6998-1-131-16)。
　　・B：Opgegeven Factuur は、Opgegeven Nieuws, Facturen en Monsterrollen 1855. MS. N.A.
　　　Japans Archief, nr. 1758 (Aanwinsten, 1910, I: No. 127).(Tōdai-Shiryō Microfilm:
　　　6998-1-131-26)。
　　・C_1：「積荷目録」は「唐舟阿蘭陀差出帳」(某所所蔵)。

に記載はされず，**B**：「提出送り状」には商品名だけで数量は記されていないわけである。

○〈23〉：新規の別段商法(Voor den nieuwen aparten handel)の品物 700 pikols Banka tin は **B**：「提出送り状」には記されているが，C_1：「積荷目録」にはそれに相当する品目と数量が記されていない。この点については未詳であり後考を俟つこととしたい(なお，後掲するが，表75にみられるように，その後，本方取引では取引されている)。

○本方荷物の品物は，〈1〉〜〈9〉染織品(〈1〉〜〈4〉毛織物・〈5〉〜〈9〉綿織物)・〈10〉象牙・〈11〉丁子・〈12〉胡椒・〈13〉〈23〉錫・〈14〉〈18〉〈22〉蘇木・〈15〉砂糖・〈16〉荷包鉛・〈17〉銀銭・〈19〉水銀・〈20〉紫檀・〈21〉肉豆クであり，従来と特に変わった品目はみられない。

(2)　「荷改」

　6月25日に「差出和解」がおこなわれた翌日26日より荷揚が開始され，順次荷改がおこなわれたが，表72の **A**：「送り状」Factuur に示した本方荷物の荷改結果については，第1節で考察したように，反物類については，E_1：Pakhuis rekening Japan 1855.(日本商館倉庫商品計算帳)の付録文書群 Bijlagen Pakhuis rekening Japan 1855. 内の Bijlaag № 3.(付録文書3番)に，秤

B : Opgegeven Factuur			C₁：積　荷　目　録	
goederen	hoeveelheid	換　　算	商　　品	数　　量
Voor den aparten handel kwikzilver	500 katties	500 斤	別段商法 水　　　　銀	500 斤
kaliatoerhout	5,000 katties	5,000 斤	紫　　　　檀	5,000 斤
noten-muscaat	450 katties	450 斤	肉　豆　ク	450 斤
sapanhout	75,000 katties	75,000 斤	蘇　　　　木	75,000 斤
Voor den nieuwen aparten handel Banka tin	700 pikols	70,000 斤	〔　不　記　〕	〔　不　記　〕

註・(H)は、Henriette en Cornelia 号、(N)は Nederland 号の積荷を示す。
・〔 〕内は、Pakhuis rekening Japan 1855. MS. N.A. Japans Archief, nr. 1793 (Aanwinsten, 1910, I: No. 242). (Tōdai-Shiryō Microfilm: 6998-1-134-47)で補った。
・換算単位のテール (theil)はカンパニーテール (compagnie theil)を示す。

量品目については，E_2：同帳簿内の Bijlaag N̊ 4.(付録文書 4 番)によって確認することができる。

　毛織物類(表72の〈1〉〜〈4〉)では，荷改でそれぞれ若干寸法が短く記録されているが，反数には変更はなかった。また綿織物類(表72の〈5〉〜〈9〉)では，〈5〉 taffachelassen ordinair が A：「送り状」の合計では 400 反であったが，荷改で 500 反と記録され，その他は，A：「送り状」の記録通りの反数であった。

　秤量品目(表72の〈10〉〜〈23〉)について，A：「送り状」の数量は全て正味 (netto)で記されているが，荷改の記録は，品目によって正味(netto)で記される品と風袋込み(bruto)で記される品があり，必ずしも A：「送り状」の数量と一致しない。そこで，A：「送り状」の記録と共に，荷改の記録をあわせて示したものが表73である。この表73からわかるように，〈10〉(N) olij-phantstanden と〈12〉(H) peper が荷改によって若干量が多く記録された以外は減量となっていた。

(3)　「切本帳」

　荷揚や荷改などと並行して，輸入品は目利による見分がおこなわれたが，反物類に関しては，反物目利によって見分がおこなわれた。第1節で述べ

340　第3部　安政期の日蘭貿易

表73　秤量品目の荷改結果

		A : Factuur		E_2：荷改結果
	schip	goederen	hoeveelheid	
<10>	(H)	oliphantstanten 1 s!	(n)　151 lb.	(n)　304.6 lb.
		oliphantstanten 2 s!	(n)　154 lb.	
	(N)	olijphantstanden 1℃. soort	(n)　304.25 lb.	(n)　610.42 lb.
		olijphantstanden 2 soort	(n)　302.5 lb.	
<11>	(H)	nagelen	(n)　2,000 lb.	
			(b)　2,052 lb.	(b)　2,025.86 lb.
	(N)	nagelen	(n)　4,250 lb.	
			(b)　4,362 lb.	(b)　4,317.65 lb.
<12>	(H)	peper	(n)　4,100 lb.	
			(b)　4,184 lb.	(b)　4,216.12 lb.
	(N)	peper	(n)　8,264 lb.	
			(b)　8,430 lb.	(b)　8,427.4 lb.
<13>	(H)	Bankas tin	(n) 37,500 lb.*	
			(n) 40,625 lb.*	(n) 40,523.34 lb.
	(N)	Banka tin	(n) 84,375 lb.	(n) 84,017.79 lb.
<14>	(H)	[sapanhout]	(n)[96,500 lb.]	(n) 89,891 lb.
	(N)	sappanhout	(n)153,500 lb.	(n)152,213 lb.
<15>	(H)	suiker 1 s!	(n)187,776 lb.	
			(b)200,357 lb.	(b)199,413.53 lb.
	(N)	suiker 1℃. soort	(n)471,082 lb.	
			(b)501,422 lb.	(b)499,596.92 lb.
<16>		－	－	－
<17>	(N)	[Mexikaansche dollars]	[3,500]	－
<18>		〔上掲 : sappanhout〕	〔上　掲〕	－
<19>	(N)	kwik	(n)　607 lb.	
			(b)　719 lb.	(b)　708.33 lb.
<20>	(H)	caliatoerhout	(n)　1,843 lb.	(n)　1,827.63 lb.
	(N)	caliaturhout	(n)　4,334 lb.	(n)　4,293.48 lb.
<21>	(H)	nooten 2 s!	(n)　218.5 lb.	
			(b)　263 lb.	(b)　261.09 lb.
	(N)	noten 2 soort	(n)　531.5 lb.	
			(b)　652 lb.	(b)　639.43 lb.
<22>		〔上掲 : sappanhout〕	〔上　掲〕	－
<23>		〔上掲 : Banka tin〕	〔上　掲〕	－

出典・A : Factuur は、Contracten, Facturen & Cognossementen Japan 1855. MS. N.A. Japans Archief, nr. 1748 (Aanwinsten, 1910, I: No. 117). (Tōdai-Shiryō Microfilm: 6998·1·131·16)。
　　　・E₂:「荷改結果」は、Bijlaag N°. 4. Bijlagen Pakhuis rekening Japan 1855. MS. N.A. Japans Archief, nr. 1793 (Aanwinsten, 1910, I: No. 253). (Tōdai-Shiryō Microfilm: 6998·1·135·2).
　註・(H)は Henriette en Cornelia 号、(N)は Nederland 号の積荷を示す。
　　・〔 〕内は Pakhuis rekening Japan 1855. MS. N.A. Japans Archief, nr. 1793 (Aanwinsten, 1910, I: No. 242). (Tōdai-Shiryō Microfilm: 6998·1·134·47)で補った。
　　・(n)は netto（正味）、(b)は bruto（風袋込み）を示す。
　　・※印～ Henriette en Cornelia 号の「送り状」Factuur には、Bankas tin の正味を 37,500 lb.と記しているが、Bijlaag N°. 4 には、40,625 lb. としている。

たように，見分の際には反物から「手本取」がされ，その「手本取」された
裂を貼り付けて「切本帳」が作成された。安政2年の本方荷物の反物目利
作成「切本帳」は D_1：「安政二　卯紅毛船持渡端物切本帳　扣」である。ま
た，商人によって作成されたものが D_3：「安政二　卯三四番割　卯阿蘭陀船
本方・品代切本帳」であり，両切本帳の品目名を照合し，それに裂の貼付枚
数を示したものが表74である。なお，この表74では，後述するオランダ
側の販売記録である表75で示す F_1：「本方荷物」の取引〈Komps rekening
courant Japan 1855.（日本商館本方勘定帳）の付録文書群 Bijlagen Komps re-
kening courant Japan 1855. 内，Bijlaag N°. 3.（付録文書3番）〉の商品名を照
合して示している。

　後掲表74で「花色同（＝大羅紗）」が日本側に販売されていないが，この商
品は全て残品とされ，翌年の献上・進物品および，進物残品の販売に使用さ
れている。

(4)　「直組」「入札」

　本方取引される商品（本方荷物）については，荷揚・荷改・目利見分・大改
等がすまされた後，出島商館と長崎会所との間で取引がおこなわれ（「直組」），
長崎会所によって一括購入された。その後，長崎会所において本商人に対し
ての入札がおこなわれた。

　本方荷物に関して上記の F_1：Komps rekening courant Japan 1855.（日本
商館本方勘定帳）の付録文書群 Bijlagen Komps rekening courant Japan 1855.
内，Bijlaag N°. 3.（付録文書3番），F_4：Rekening van den Aparten Handel
1855.（別段商法勘定帳），F_5：Rekening van den Nieuwen Aparten Handel
1855.（新規の別段商法の勘定帳）と G_1：「安政二年　落札帳」を照合したものが
後掲表75である。表75について考察に入る前に，次のことを注記事項と
して掲げておく。

• 本表では，各商品の品目は G_1：「安政二年　落札帳」に記されている順に
　並べた。

• オランダ側商品名各単語の表記については，その頭文字は，地名は大文字

表74　安政2年(1855)オランダ船2艘(Henriette en Cornelia, Nederland)本方荷物(反物類)

	D₁: 切本帳(卯7月)		D₃: 切本帳(卯9月拂)		F₁: Komps verkoop (den 31st October 1855)
	品　　名	貼付枚数	品　　名	貼付枚数	
<1>	猩と紅	1	猩と緋	3	(1) laken schaairood
<1>	白大羅紗	1	白同(＝大羅紗)	2	(3) laken wit
<1>	黒同	1	黒大羅紗	2	(2) laken zwart
<1>	黄同	1	黄同	2	(5) laken geel
<1>	花色同	0	花色同	2	— —
<1>	紫色同	1	紫色同	2	(6) laken violet
<1>	藍鼠色同	1	藍鼠色大羅紗	2	(4) laken aschgraauw
<1>	茶色同	0	茶色大羅紗	2	(7) laken groen olijf
<1>	霜降大羅紗	1	霜降同	2	(8) laken grijs
<2>	藍鼠色婦らた	1	藍鼠色婦羅多	0	(9) casimier aschgraauw
<3>	花色呉羅服連	0	花色呉羅服連	1	(11) grein licht blaauw
<3>	藍海松茶色同	0	藍海松茶色ころふく連	1	(10) grein groen olijf
<4>	花色杢織呉羅服連	0	花色杢織呉羅服連	1	(15) gewaterd grein licht blaauw
<4>	藍海松茶色杢織同	1	藍海松茶色杢織同	1	(13) gewaterd grein aschgraauw
<4>	茶色同	1	茶色杢織同	1	(12) gewaterd grein groen olijf
<4>	薄鼠同	0	薄鼠色同	1	(14) gewaterd grein olijf sen saai
<5>	壱番上奥嶋(イ～ハ)	3	壱番上奥嶋	4	(17) taffachelassen verbeterde 1ste soort
<5>	弐番同(イ～ハ)	3	弐番同	3	(18) taffachelassen verbeterde 2de soort
<5>	壱番新織奥嶋(イ～7)	32	壱番新織奥島	32	(19) taffachelassen extra fijn 1ste soort
<5>	弐番新織奥島(イ～五拾五)	55	弐番新織奥島	45	(20) taffachelassen extra fijn 2de soort
<9>	尺長赤金巾	1	尺長赤金巾	2	(16) roode haman
<8>	壱番尺長上更紗(イ～ト)	16	壱番尺長さらさ	17	(21) Europesche chitsen 1ste soort
<8>	弐番同(イ～ニ)	4	弐番尺長更紗	6	(22) Europesche chitsen 2de soort
<7>	弁柄更紗(イ～ヲ)	12	弁柄さらさ	12	(23) Bengaalsche chitsen
<6>	更紗(イ～エ)	45	皿紗	45	(24) Patna chitsen

出典・D₁：切本帳は、「安政二　卯紅毛船持渡端物切本帳　扣」(長崎歴史文化博物館収蔵)。
　　・D₃：切本帳は、「安政二　卯三四番割　付阿蘭陀船本方・品代切本帳」(長崎歴史文化博物館収蔵)。
　　・F₁：Komps verkoop は、Bijlaag N°. 3. Bijlagen Komps rekening courant Japan 1855. MS. N.A. Japans Archief, nr. 1814 (Aanwinsten, 1910, I: No. 193). (Tōdai-Shiryō Microfilm: 6998·1·133·41)。

とし、その他は小文字で記した。

・オランダ側史料で用いられている id. 〃(＝同)、日本側史料で用いられている「同」は、それに相当する単語を記した。

・数字は基本的に算用数字で記した。

表75作成によって注目される点として次のことを挙げておきたい。

。本表作成によって、安政2年の本方荷物の取引の実態を解明することができる。すなわち、出島商館と長崎会所との間で取引された商品名と数量、価格・価額、および、その後、それらの商品を長崎会所で本商人のうち誰がいくらで落札したか、その価格と数量が明らかになる。

。各商品に関して、出島商館が長崎会所に販売した価格(α：販売価格)と長崎

会所において本商人が落札した価格(β：落札価格)がわかることより，長崎会所が各商品において単価にして何倍の収益を得ていたかが判明する$\left(\dfrac{\beta}{\alpha}\right)$。すなわち染織品では，毛織物が2.3〜6.1倍，綿織物が1.3〜4.4倍を示しており，秤量品目では，1.8倍の胡椒から27.6倍の弐番白砂糖まで各商品によってさまざまな倍率を示していることがわかる。各商品の落札価額を算出して出島商館側の販売価額を引けば長崎会所における商品ごとの収益を得られるかに思えるが，残念ながら史料上，出島商館側の販売数量と商人落札数量が若干異なることや，毛織物類(大羅紗・ふらた・呉路服連・杢織呉路服連)の落札価格が反ではなく長さ(「間」)で記されているため正確な計算をすることができない。

　しかし，「錫」が他の商品に比べて落札価額が非常に高く，4,000貫目以上の収益を出していることは確かであり，安政2年において，長崎会所にとって利鞘の大きい商品として位置付けることができる。

　視点をオランダ側に移し，出島商館が本方取引でどれくらいの収益を各商品から上げていたかについては，各商品の仕入値と長崎会所に販売した価格の差をみることによって，単価における倍率を確認することができる。Ａ：「送り状」より各商品の仕入値を算出して表75で得た販売価格と比較して示したのが後掲表76である。この表からわかるように比較できる33項目の中で，黒字が19項目，赤字が13項目，同価格が1項目である。11年前の天保15年(1844)時の事例では，ほとんどの商品が赤字販売であり，かろうじて1倍を超える品物が「色呉羅服連」「上奥嶋」「皿紗」「弁柄皿紗」「本国皿紗」「錫」「胡桝」「上品砂糖」であり，「丁子」が2.7倍を示している程度であったことに比べるとかなりの収益が見込まれていることがわかる(第1部第1章第2節参照)。

(5)　「紅毛船追売」「紅毛船臨時貰」

本方荷物の内，「卯五番割」(入札：12月9日〜11日，荷渡：13日)で取引された「紅毛船追売」「紅毛船臨時貰」について，日蘭の取引史料(F₃：Komps re-kening courant Japan 1855.（日本商館本方勘定帳)の付録文書群 Bijlagen Komps reke-

表75 安政2年(1855)オランダ船2艘(Henriette en Cornelia, Nederland)本方荷物の取引

	Goederen	Hoeveelheid	α：販売価格(テール)	販売価額(テール)
		F 1・4・5：Komps verkoop		
(1)	laken schaairood	96.46 ikjes	10.0 / ikje	964.6
(2)	laken zwart	83.75 ikjes	10.0 / ikje	837.5
	laken overige kleuren	198.06 ikjes	8.0 / ikje	1,584.48
(3)	※1 ⌐ wit	※1 ⌐ 67.39 ikjes		
(4)	｜ aschgraauw	｜ 17.70 ikjes		
(5)	｜ geel	46.38 ikjes		
(6)	｜ violet	17.37 ikjes		
(7)	｜ groen olijf	｜ 17.17 ikjes		
(8)	∟ grijs	∟ 32.05 ikjes		
	casimier diverse kleuren			
(9)	※1 aschgraauw	17.15 ikjes	5.0 / ikje	85.75
	grein licht blaauw & groen olijf	34.55 ikjes	4.3 / ikje	148.565
(10)	※1 ⌐ groen olijf	※1 ⌐ 17.35 ikjes		
(11)	∟ licht blaauw	∟ 17.20 ikjes		
(12)	gewaterd grein groen olijf	34.72 ikjes	2.0 / ikje	69.44
(13)	gewaterd grein aschgraauw	35.20 ikjes	1.8 / ikje	63.36
(14)	gewaterd grein olijf sen saai	35.61 ikjes	1.8 / ikje	64.098
(15)	gewaterd grein licht blaauw	34.19 ikjes	1.9 / ikje	64.961
(16)	roode haman	31 stukken	10.8 / stuk	334.8
(17)	taffachelassen verbeterde 1ste soort	23 stukken	10.5 / stuk	241.5
(18)	taffachelassen verbeterde 2de soort	28 stukken	6.7 / stuk	187.6
(19)	taffachelassen extra fijn 1ste soort	211 stukken	10.7 / stuk	2,257.7
(20)	taffachelassen extra fijn 2de soort	1,372 stukken	10.0 / stuk	13,720.0
(21)	Europesche chitsen 1ste soort	18 stukken	19.2 / stuk	345.6
(22)	Europesche chitsen 2de soort	20 stukken	15.6 / stuk	312.0
(23)	Bengaalsche chitsen	820 stukken	3.2 / stuk	2,624.0
(24)	Patna chitsen	1,106 stukken	2.25 / stuk	2,488.5
(25)	olifantstanden 1ste soort	449.8725 katties	2.5 / kattie	1,124.6812
(26)	olifantstanden 2de soort	304.2375 katties	2.0 / kattie	608.475
(27)	kruidnagelen	5,000 katties	1.5 / kattie	7,500.0 ⎫
	kruidnagelen het geeischte	25.94625 katties	1.25 / kattie	32.4328 ⎬
(28)	peper	9,895.469375 katties	0.15 / kattie	1,484.3204
(29)	tin	29,700.0 katties	0.25 / kattie	7,425.0 ⎫
	〈tin〉	〈72,264.06 katties〉	〈50.0 / picol〉	〈36,132.03〉 ⎬
(30)	[kaliatoerhout]	[5,004.45 katties]	[0.05 / kattie]	[250.2225]
(31)	[kwikzilver]	[227.691875 katties]	[1.0 / kattie]	[227.691875]
(32)	[notenmuscaat]	[300.0 katties]	[1.0 / kattie]	[300.0] ⎫
	[notenmuscaat]	[294.51 katties]	[0.6 / kattie]	[176.706] ⎬
(33)	sapanhout	97,287.963 katties	0.055 / kattie	5,350.838 ⎱
(34)	[sapanhout]	[73,552.356819 katties]	[0.055 / kattie]	[4,045.379625] ⎰
(35)				
(36)	suiker	397,327.4815 katties	0.07 / kattie	27,812.924 ⎫
(37)	suiker terug van de hofreis	22,295.065 katties	0.008 / kattie	178.36 ⎬
(38)	suiker voor de hofreis	36,668.065 katties	0.062 / kattie	2,273.42 ⎭
(39)	platlood	40 katties	0.08 / kattie	3.2
(40)	Mexicaansche dollars	3,498 wegende 2,513.48 t.	2.91394 / t.	7,324.1299112

出典・F 1・4・5：Komps verkoop の F 1 は、Bijlaag N° 3. Bijlagen Komps rekening courant Japan 1855. MS. N.A. Japans Archief, nr. 1814 (Aanwinsten, 1910, I: No. 193). (Tōdai-Shiryō Microfilm: 6998-1-133-41)。F 4 は、Rekening van den Aparten Handel 1855. MS. N.A. Japans Archief, nr. 1864 (Aanwinsten, 1910, I: No. 226). (Tōdai-Shiryō Microfilm: 6998-1-134-31)。なお、[ ]内に表記。F 5 は、Rekening van den Nieuwen Aparten Handel 1855. MS. N.A. Japans Archief, nr. 1868 (Aanwinsten, 1910, I: No. 230). (Tōdai-Shiryō Microfilm: 6998-1-134-35)。なお、〈 〉内に表記。

	G₁:落札帳			β/α
商　品	数　　量	β:落札価格(本方銀)	落札商人	
卯紅毛船本方				
猩　と　緋	5反ト1切	300匁/間	玉津や	3.0
黒　大　羅　紗	5反	269匁8分/間	菱や	2.7
白　大　羅　紗	4反	491匁/間	⑭	6.1
藍鼠色大羅紗	1反	353匁/間	玉津や	4.4
黄　大　羅　紗	2反ト1切	275匁7分/間	玉津や	3.4
紫色大羅紗	1反	235匁8分/間	吉更や	2.9
茶色大羅紗	1反	231匁/間	むら仁	2.9
霜降大羅紗	3反	284匁/間	むら仁	3.6
藍鼠色ふらた	1反	188匁8分/間	吉更や	3.8
藍海松茶色呉路服連	1反	100匁3分/間	天王寺や	2.3
華色呉路服連	1反	117匁/間	三よしや	2.7
茶色杢織呉路服連	2反	74匁/間	藤や・河内や	3.7
藍海松茶色杢織呉路服連	2反	76匁7分/間	玉津や	4.3
薄鼠色杢織呉路服連	2反	78匁4分/間	河内や	4.4
花色杢織呉路服連	2反	76匁6分/間	河内や	4.0
尺　長　赤　金　巾	34反	469匁/反	てつや	4.3
壱　番　上　奥　嶋	23反	375匁/反	春日や	3.6
弐　番　上　奥　嶋	40反	294匁/反	金沢や	4.4
壱　番　新　織　奥　嶋	240反	378匁1分/反	吉更や	3.5
弐　番　新　織　奥　嶋	1,372反	303匁/反	むら比・三よしや	3.0
壱　番　尺　長　上　皿　紗	22反	259匁1分/反	河内や	1.3
弐　番　尺　長　上　皿　紗	20反	222匁/反	河内や	1.4
弁　柄　皿　紗	820反	47匁1分/反	菱や	1.5
更　　番　　紗	1,115反	50匁/反	◇	2.2
壱　　番　　象　牙	459斤	81匁8分1厘/斤	福井や	3.3
弐　　番　　象　牙	313斤	77匁2分/斤	松田や	3.9
丁　　　　　子	5,077斤	29匁9分7厘/斤	此(永見)	2.0
				2.4
胡　　　　　椒	10,023斤	2匁6分9厘6毛/斤	吉更や	1.8
錫	103,033斤	43匁9分/斤	ヱサキ・園東や	17.6
				8.8
紫　　　　　檀	5,064斤	5匁2分6厘/斤	松田や	10.5
水　　　　　銀	246斤	97匁9分/斤	立見や	9.8
肉　　豆　　蔲	590斤	21匁9分/斤	永井や	2.3
				3.7
い　　蘇　　木	60,000斤	10匁3分/斤	むら藤・むら仁	18.7
ろ　　蘇　　木	60,000斤	9匁9分4厘/斤	此(永見)	18.1
は　　蘇　　木	74,000斤	10匁1分/斤	此(永見)・ⒷⒸ	18.4
壱　番　白　砂　糖	180,000斤	2匁9分　3毛/斤	の田や・人米や	4.1
弐　番　白　砂　糖	180,000斤	2匁2分　4毛/斤	中の・古更や	27.6
三　番　白　砂　糖	177,572斤	2匁2分4厘3毛/斤	豊嶋や・計	3.6
荷　　包　　鉛	40斤	4匁8分/斤	の田ヤ	6.0
一		—		—

・G₁:落札帳は、「安政二年　落札帳」(慶応義塾大学文学部古文書室所蔵永見家文書)。
註・※1の商品は、Pakhuis rekening Japan 1855. MS. N.A. Japans Archief, nr. 1793
　　(Aanwinsten, 1910, I: No. 242). (Todai-Shiryō Microfilm: 6998·1·134·47)による。
・単位のテール (theil) は、カンパニーテール (compagnie theil) を示す。
・1テール＝銀10匁
・落札商人の⑭は、村上、◇は松田や。

346　第3部　安政期の日蘭貿易

表76　安政2年(1855)オランダ船2艘(Henriette en Cornelia, Nederland)本方荷物の仕入値と販売価格

	Goederen	商　品	仕入値（テール）	販売価格（テール）
(1)	laken schaairood	猩　と　緋	9.25 / ikje	10.0 / ikje
(2)	laken zwart	黒　大　羅　紗	8.36 / ikje	10.0 / ikje
	laken overige kleuren		8.91 〜 8.50 / ikje	8.0 / ikje
(3)	wit	白　大　羅　紗		
(4)	aschgraauw	藍　鼠　色　大　羅　紗		
(5)	geel	黄　大　羅　紗		
(6)	violet	紫　色　大　羅　紗		
(7)	groen olijf	茶　色　大　羅　紗		
(8)	grijs	霜　降　大　羅　紗		
	casimier diverse kleuren			
(9)	aschgraauw	藍　鼠　色　ふ　ら　た	6.17 / ikje	5.0 / ikje
	grein licht blaauw & groen olijf		2.74 / ikje	4.3 / ikje
(10)	groen olijf	藍海松茶色呉路服連		
(11)	licht blaauw	華色呉路服連		
(12)	gewaterd grein groen olijf	茶色杢織呉路服連	2.33 / ikje	2.0 / ikje
(13)	gewaterd grein aschgraauw	藍海松茶色杢織呉路連	2.54/ ikje	1.8 / ikje
(14)	gewaterd grein olijf sen saai	薄鼠色杢織呉路服連	2.33 / ikje	1.8 / ikje
(15)	gewaterd grein licht blaauw	花色杢織呉路服連	2.33 / ikje	1.9 / ikje
(16)	roode haman	尺　長　赤　金　巾	10.88 / stuk	10.8 / stuk
(17)	taffachelassen verbeterde 1ste soort	壱　番　上　奥　嶋	6.23 / stuk	10.5 / stuk
(18)	taffachelassen verbeterde 2de soort	弐　番　上　奥　嶋	6.23 / stuk	6.7 / stuk
(19)	taffachelassen extra fijn 1ste soort	壱　番　新　織　奥　嶋	7.69 / stuk	10.7 / stuk
(20)	taffachelassen extra fijn 2de soort	弐　番　新　織　奥　嶋	7.69 / stuk	10.0 / stuk
(21)	Europesche chitsen 1ste soort	壱　番　尺　長　上　皿　紗	8.63 / stuk	19.2 / stuk
(22)	Europesche chitsen 2de soort	弐　番　尺　長　上　皿　紗	8.63 / stuk	15.6 / stuk
(23)	Bengaalsche chitsen	弁　柄　皿　紗	1.95 / stuk	3.2 / stuk
(24)	Patna chitsen	更　紗	1.80 / stuk	2.25 / stuk
(25)	olifantstanden 1ste soort	壱　番　象　牙	4.25 / kattie	2.5 / kattie
(26)	olifantstanden 2de soort	弐　番　象　牙	4.18 〜 4.03 / kattie	2.0 / kattie
(27)	kruidnagelen	丁　子	0.25 / kattie	1.5 / kattie
	kruidnagelen het geeischte			1.25 / kattie
(28)	peper	胡　椒	0.14 / kattie	0.15 / kattie
(29)	tin	錫	0.33 / kattie	0.25 / kattie
	tin		33.0/ picol	50.0 / picol
(30)	kaliatoerhout	紫　檀	0.065 / kattie	0.05 / kattie
(31)	kwikzilver	水　銀	2.95 / kattie	1.0 / kattie
(32)	notenmuscaat	肉　豆　蔲	0.14 / kattie	1.0 / kattie
	notenmuscaat		0.14 / kattie	0.6 / kattie
(33)	sapanhout	い　蘇　木	0.012 / kattie	0.055 / kattie
(34)	sapanhout	ろ　蘇　木	0.012 / kattie	0.055 / kattie
(35)		は　蘇　木		
(36)	suiker	壱　番　白　砂　糖	0.07 / kattie	0.07 / kattie
(37)	suiker terug van de hofreis	弐　番　白　砂　糖	－	0.008 / kattie
(38)	suiker voor de hofreis	三　番　白　砂　糖	0.07 / kattie	0.062 / kattie
(39)	platlood	荷　包　鉛	－	0.08 / kattie

註：単位のテール(theil)は、カンパニーテール(compagnie theil)を示す。

表 77 安政 2 年(1855)オランダ船 2 艘(Henriette en Cornelia, Nederland)本方荷物(粗悪品)の取引

	F₃ : Splinter rekening				G₄ : 見　帳			
	Goederen	Hoeveelheid	販売価額(テール)	販売額(テール)	商　品	数　量	落札価格(本方)	落札商人
[1]	suiker	2,067 katties	0.06 / kattie	124.02	卯紅毛船追賣 土交り砂糖	933 斤 3 合 3 勺 3 才 4	2 匁 1 分 9 厘 / 斤	立見や
					卯紅毛船臨時賣 取集砂糖	1,133 斤 3 合 3 勺 3 才 4	2 匁 2 分 7 厘 / 斤	松田や
[2]	sapanhout	7,600 katties	0.04 / kattie	304.0	卯紅毛船追賣 屑蘇木	6,600 斤	12 匁 3 分 6 厘 / 斤	三上や・松田や
					卯紅毛船臨時賣 屑蘇木	1,000 斤	13 匁 2 分 / 斤	吉更や
[3]	platlood	900 katties	0.08 / kattie	72.0	卯紅毛船追賣 荷包鉛	500 斤	4 匁 7 分 3 厘 / 斤	立見や
					卯紅毛船臨時賣 荷包鉛	400 斤	4 匁 8 分 1 厘 / 斤	関東や
				500.02 *				

出典・F₃ : Splinter rekening は，Bijlaag Nᵒ. 5. Bijlagen Komps rekening courant Japan 1855. MS. N.A. Japans Archief, nr. 1814
　　(Aanwinsten, 1910, I : No. 193)．(Tōdai-Shiryō Microfilm: 6998·1·133·41)．
　・G₄ : 見帳は，「安政二年卯五番割　在留卯老番船追賣・卯紅毛船臨時賣・御用残り・献上残り・商賣荷物・會所かこひ・會所請込・
　　召上物并大坂京召上・會所請込鮫・琉球産物見帳」(長崎歴史文化博物館収蔵)．
　註・日本側史料上，取引項目で用いられている「同」は，それに相当する単語を記した．
　・単位のテール (theil) はカンパニーテール (compagnie theil) を示す．
　・※印の販売価額 500.02 カンパニーテールの内，140.02 カンパニーテールは，140.02 カンパンテールとして，Kambang rekening
　　courant Japan 1855. (日本商館脇荷勘定帳) で処理されている．

表 78 安政 3 年(1856)の献上・進物品と進物残品の販売

品　　名	1855年度の残り	献上・進物品	進物残品の販売			持ち帰り	1855年度長崎売の販売価格(テール)
	長さ・反数	長さ・反数	長さ・反数	価格(テール)	価額(テール)	長さ・反数	
laken schaairood (猩々緋)	77.34 間	52.80 間	11.78 間	10.0 /間	117.8	12.00 間	10.0 /間
laken zwart (黒大羅紗)	84.47 間	54.50 間	17.21 間	10.0 /間	172.1	12.00 間	10.0 /間
laken diverse kleuren 〔色大羅紗〕	365.34 間	188.20 間	118.80 間	8.0 /間	950.4	55.70 間	8.0 /間
		お福引17件 4.16 間					
taffachelassen extra fijn 1ᵉ soort (壱番新織奥嶋)	120 反	60 反	45 反	11.0 /反	495.0	15 反	10.7 /反
taffachelassen verbeterde 1ᵉ soort (壱番上奥嶋)	17 反	12 反	—	—	—	5 反	10.5 /反
roode hamans (尺長赤金巾)	16 反	12 反	4 反	9.1 /反	36.4	—	[10.8 /反] *
Nederl. sitsen 1ᵉ soort (壱番尺長上皿紗)	58 反	45 反	4 反	19.2 /反	76.8	9 反	19.2 /反
Bengaalsche sitsen (弁柄皿紗)	180 反	100 反	47 反	3.2 /反	150.4	33 反	3.2 /反
Patna sitsen (皿紗)	385 反	276 反	48 反	2.3 /反	110.4	61 反	2.25 /反
合　計					2,109.3		

出典・Geschenken en Jedosche Verkoop Japan 1856. MS. N.A. Japans Archief, nr. 1829 (Aanwinsten, 1910, I :
　　No. 216). (Tōdai-Shiryō Microfilm: 6998·1·134·21)．
　註・※印は，表 75 の (16) roode haman の販売価格参照．
　・単位のテール (theil) は，カンパニーテール (compagnie theil) を示す．
　・進物残品の販売総額 2,109.3 カンパニーテールは，参府休年出府通訶の申告で 2,116.62 カンパニーテールとし
　　て Komps rekening courant Japan 1856. (日本商館本方勘定帳) に計上された．その後，1856 年の期末決算
　　で，Kambang rekening courant Japan 1856. (日本商館脇荷勘定帳) に，1,763.856307 カンパンテール
　　(≒ 2,116.62 カンパニーテール÷1.2) 振り替えられている．

348 第3部 安政期の日蘭貿易

ning courant Japan 1855. 内の Bijlaag № 5.(付録文書5番）と，G_4：「安政二年卯五番割
在留卯壱番船追賣・卯紅毛船追賣・御用残り・献上残り・商賣荷物・會所かこひ・會所請
込・召上物并大坂京召上・會所請込鮫・琉球産物見帳」）を照合すると表77のようで
ある。オランダ側史料より，これらの品は，Uitschot(粗悪品)と称されてい
る。確かに表75でみられる取引に比べてオランダ側は日本に対して suiker
(砂糖)，sapanhout(蘇木)の販売価格は低い(platlood(荷包鉛)に関しては，同価格
である)。しかし，長崎会所で本商人が落札した価格は，表75時点での価格
に比べて，砂糖と荷包鉛はほぼ同じであったが，蘇木に関しては，1.2〜1.3
倍で落札されている。Uitschot(粗悪品)であっても，日本市場では通常の商
品と同等もしくはそれ以上に扱われていたことがわかる。

(6) 「献上・進物品」「進物残品の販売」

　第1節で考察したように，安政2年の日蘭貿易が終了し，翌安政3年に
参府休年出府通詞によって江戸に持ち渡られた献上・進物品は，全て安政2
年にオランダ船が輸入した反物類であった。この献上・進物品と参府の帰路
に販売された進物残品の価格・価額について H：Geschenken en Jedosche
Verkoop Japan 1856.(贈り物と江戸売り帳)に従って示すと表78のようになる。
　この表で注意を要することは，進物残品の販売価格が，前年度，出島商館
が長崎会所に販売した価格に概ね基づいてはいるが，roode hamans(尺長赤
金巾)が0.84倍とやや安価になっていることである。参府帰路においてこの
反物に対する評価が長崎売りよりも低かったわけであるが，その理由について
は今後の課題としておきたい。

　以上，本方荷物の取引をみてきたが，本方荷物の内「銀銭」は，表71に
示したように荷揚の2日目にあたる6月27日に「銀銭〔三千五百〕(中略)会
所役人江相渡」とあるように，早々に長崎会所に渡されている。「銀銭」は
入札で商人に販売されるものではなく，オランダ商館の日常経費に充てるた
めに持ち渡られたものであった。なお，「銀銭」は日本で貨幣改鋳の素材と
された。(31)

第1章　安政2年(1855)の日蘭貿易　　349

　また，砂糖について，第1節で「風袋引」(9月6日・12日・13日)について
ふれたが，「風袋引」以前の8月8日に「願請砂糖会所渡」がおこなわれて
いる。「願請」は長崎地役人による優先的な購入といわれている。(32) 安政2
年の場合，日本側に供給される本方荷物の中の「除き物」(ligting)は砂糖の
24,500斤であり，これが「願請砂糖」に相当するものであった。なお，こ
の「願請砂糖」の販売代銀は「日本商館脇荷勘定帳」で処理されている。(33)

第3節　誂物とその取引

　「誂物」は，前年度に発注されたものが全て翌年持ち渡られるとは限らず，
持ち渡られるまで何度も注文が繰り返されることもあった。この「誂物」は，
個人的な要求に基づいていたとはいえ，当時の日本人の具体的な需要や好み
を知ることができ，また日蘭の需給関係の一端を知ることができる。なお，
先にも述べたように，当時の「誂物」は政庁がもたらす本方荷物であり，出
島商館では，将軍の誂物である「御用御誂物」の取引は本方勘定で処理され，
それ以外の幕府高官や長崎地役人等の「誂物」の取引は脇荷勘定で処理され
ていた(第2部第6章「はじめに」参照)。
　安政2年の誂物に関しても前年に発注されており，現存する前年度の阿
蘭陀通詞作成の注文書の内，将軍および長崎奉行や阿蘭陀通詞に向けてのも
のを拙訳を付して示すと表79のようである。「御用御誂物」(＝将軍の注文)は，
染織類(絹織物(海黄)と綿織物(更紗・奥島・金巾))と香(伽羅)・暦・天文学書から
なっており，長崎奉行の注文は，毛氈と短筒，阿蘭陀通詞の注文は，文房具
類である。また，長崎地役人向けの注文書も存在するが，安政2年時の
「誂物」の取引には記されていない(この長崎地役人の注文品に関しては後述する)。
この他に誂物としての注文書が存在していたかどうかは未詳であるが，後述
するように，安政2年には，Fidsen(鍋島肥前守直正ヵ)とSatsuma(島津薩摩守
斉彬ヵ)に宛てた誂物ももたらされていた。
　バタヴィアでは表79の注文書を受けて，翌年の日本向け「誂物」を用意
したと考えられる。安政2年の「誂物」の取引に関して，第1節で考察し

表 79 安政 2 年(1855)向け誂物の注文

原　　文	拙　　訳
De eisch van Z. M. den Keizer voor het aanstaande jaar 1855.※1	来たる 1855 年に向けての将軍の注文
500 stuks Gekleurde armozijn　(van verschillende kleur)	500 反　「色海黄」(種々の色の〔品〕)
500 〃　Gestreepte d°.　(　　d°.　　streep)	500 反　「島海黄」(種々の縞の〔品〕)
100 〃　Chitsen letter Lo.	100 反　「ろ更紗」
100 〃　Taffaselas extrafijn	100 反　「新織奥島」
100 〃　d°. ordinair	100 反　「黒手奥島」
100 〃　Witte hamans (beste soort)	100 反　「白金巾」(最上種)
20 〃　Klambak (van beste kwaliteit en per stuk wegende van omtrent 50 thailen tot 100 thailen)	20 本　「伽羅」(最上級の品質で 1 本につき約 50 テールから 100 テールの〔品〕)
44 〃　Gestreepte armozijn (in het jaar 1795 met monster lappjes geeischt)	44 反　「島海黄」(1795 年に見本切で注文した〔品〕)
Almanak van 7 planeten en de werken om almanak van den loop der planeten te maken (in het jaar 1794 geeischt)	七つの惑星の暦と惑星の進路の暦を作る書籍 (1794 年に注文した〔書籍〕)
20 〃　Taffaselas (in het jaar 1820 met monster lappies geeischt)	20 反　「奥島」(1820 年に見本切で注文した〔品〕)
Nieuw uitgegeven almanak en sterrekunde	新版の暦と天文学書
Indien er behalve deze werken eenige zijn die door oude beroemde sterrekundigen uitgegeven zijn, verlangt men aan te brengen (in het jaar 1840 geeischt)	もし、これらの書籍を除いて、昔の著名な天文学者によって発行されたものがあれば、(1840 年に注文した〔書籍〕で)何冊かもってくるように。
1　　Zeemans almanak (Engelsch druk)	1　「航海家暦」(英語版)
De eisch van den Wel Ed. Achtb. Heer Alao Iwami no kami sama Gouverneur van Nagasaki.※2	長崎奉行荒尾石見守様の注文
3　　Groote tapijt per stuk T. 300:-	3　1 反 300 テールの大きい「毛氈」
1 kist Pistool van zes loop met piston en al zijn toebehooren	1 箱　ピストンのついた 6 つの銃身の「短筒」と全ての付属品
Deze artikelen aangebragt zijnde, zal de betaling derzelven met kambang geld voldaan worden.	到着するこれらの品物の支払いはカンバン銀でおこなわれる。
De boven staande tapijten zullen zijn 2 ikjes en 2 waaijers in lengte, en 1½ikjes 2 waaijers in breedte.	上記の「毛氈」は長さ 2 間 2 ワーイエル (462cm)、幅 1½間 2 ワーイエル (365.75cm) となる。
Voor het tolken collegie ※3	阿蘭陀通詞用
2 riem Papier	2 連　「紙」
2 doosjes Stalen Pennen (beste soort)	2 箱　鉄ペン (最上種)
10 dozijn Potlood (beste soort)	10 ダース　「石筆」(最上種)
2 bosse Schachten	2 束　羽ペン
6 stuks Pennemes	6 本　「ハアカ」(「小刀」、ペンナイフ)
1 fles Inkt	1 瓶　インク

出典・※1 : De eisch van Z. M. den Keizer voor het aanstaande jaar 1855. Bijlagen verslag 1854. MS. N.A. Japans Archief, nr. 1730 (Aanwinsten, 1910, I: No. 104). (Tōdai-Shiryō Microfilm: 6998-1-131-3).

・※2 : De eisch van de Wel Ed. Achtb. Heer Alao Iwami no kami sama Gouverneur van Nagasaki voor het aanstaande jaar 1855. Bijlagen verslag 1854. MS. N.A. Japans Archief, nr. 1730 (Aanwinsten, 1910, I: No. 104). (Tōdai-Shiryō Microfilm: 6998-1-131-3).

・※3 : De eisch van het Tolken Collegie voor het aanstaande jaar 1855. Bijlagen verslag 1854. MS. N.A. Japans Archief, nr. 1730 (Aanwinsten, 1910, I: No. 104). (Tōdai-Shiryō Microfilm: 6998-1-131-3).

註・「 」内は、訳例のある品目。

た日蘭貿易の取引過程内において作成された現存の史料としては，以下のものを挙げることができる。

A：「送り状」〈Factuur〉

B：「提出送り状」〈Opgegeven Factuur〉

C₂：「積荷目録」〈「嘉永七寅年　唐紅毛差出」(神戸市立博物館所蔵)〉

F₂：「御用御誂物」の販売〈Komps rekening courant Japan 1855.(日本商館本方勘定帳)の付録文書群 Bijlagen Komps rekening courant Japan 1855. 内，Bijlaag N°. 4.(付録文書4番)〉

F₆：「御用御誂物」以外の「誂物」の販売〈Kambang rekening courant Japan 1855.(日本商館脇荷勘定帳)の付録文書群 Bijlagen Kambang rekening courant Japan 1855. 内，Bijlaag N°. 9.(付録文書9番)〉

G₄：「御用残り」の取引〈「安政二年卯五番割　在留卯壱番船追賣・卯紅毛船追賣・御用残り・献上残り・商賣荷物・會所かこひ・會所請込・召上物并大坂京召上・會所請込鮫・琉球産物見帳」(長崎歴史文化博物館収蔵)〉

当然，荷改もおこなわれていたと考えられるが，荷改結果を記す史料はいまのところ未詳である。なお，第1節で考察したように「御用御誂之品解出会所渡シ」が7月12日から8月20日にかけて頻繁におこなわれており，「御用御誂物」が「解出」後，早急に長崎会所に運ばれていた。

以下，上記の **A**〜**G₄** の史料を順次突き合わせ，安政2年の誂物をめぐる取引の実態を明らかにしていきたい。

まず，6月25日に「差出和解」がおこなわれて「積荷目録」が作成され，さらに販売されるまでをみていきたい。誂物に限って，**A**：「送り状」Factuur，**B**：「提出送り状」Opgegeven Factuur，**C₂**：「積荷目録」(「嘉永七寅年唐紅毛差出」)，**F₂.₆**：「売上計算書」Verkooprekening を突き合わせ一覧表にしたものが表80である。

考察に入る前に表80について，次のことを注記事項として掲げておく。

・本表では，各商品の品目は，**B**：「提出送り状」Opgegeven Factuur に記されている順に並べた。

・オランダ側商品名各単語の表記については，その頭文字は，地名は大文字

表80　安政2年(1855)オランダ船2艘(Henriette en Cornelia, Nederland)誂物の取引

schip	A：Factuur					B：Opgegeven Factuur	
	goederen	hoeveelheid	換算	仕入金額(グルデン)	価額(テール)	goederen	hoeveelheid
	Voor Z. M. den Keizer					Voor Z: M: den Keizer	
(N)	taffachelassen extra fijn	100 p.	100 反	–	–	taffachelassen extra·fijn	100 stuks
(N)	taffachelassen ordinair	100 p.	100 反	–	–	taffachelassen ordinaire	100 stuks
(H)	witte hamans of madapollams	50 p.	50 反	275.0	206.25	witte hamans / madapolams /	100 stuks
(N)	witte hamans of madapollams	50 p.	50 反	275.0	206.25		
(H)	armozijnen	30 p.	30 反	1,320.0	990.00	armozijnen	100 stuks
(N)	armozijnen	70 p.	70 反	3,080.0	2,310.00		
(N)	Bataviasche almanak 1854	1	1	–	–	Bataviasche almanak 1854	1
(N)	zeemans of nautical almanak 1856 / Eng: taal	1	1	–	–	zeemans almanak 1856 in de Engelsche taal	1
(N)	Nederl: magazijn 1854 en schatkamer	1	1	–	–	Nederlandsch magazijn 1854 en schatkamer	1
	Artillerie goederen						
(H)	geweren	960 stuks	960 丁	–	–	geweren met al deszelfs toebehooren	3,000 stuks
(N)	geweren	5,045 st:	5,045 丁	–	–	[Voor Z: H: den Landsheer van Fidsen : geweren met toebehooren]	[3,000 stuks]
(N)	slaghoedjes	6,000,000	6,000,000	–	–	slaghoedjes	3,000,000
						[Voor Z: H: den Landsheer van Fidsen : slaghoedjes]	[3,000,000]
(N)	veerhaken	25 stuks	25 個	–	–	veerhaken	13
						[Voor Z: H: den Landsheer van Fidsen : veerhaken]	[12]
						Voor Z: H: den Landsheer van Fidsen	
						geweren met toebehooren	3,000 stuks
						slaghoedjes	3,000,000
						veerhaken	12
						Voor Z: H: den Landsheer van Satsuma	
	–					anker ketting voor korvet	1
(N)	batterij kist	1	1	35.0	<21.875>	–	–
	Voor het tolken collegie						
(N)	potlooden	3 dozijn	3 ダース	–	–	–	–
(N)	zwart inkt	1 flesch	1 瓶	–	–	–	–
(N)	stalen pennen	2 doosjes	2 箱	–	–	–	–
(N)	pennen houders	5 stuks	5 本	–	–	–	–
(N)	best afgeneden velin papier	2 riem	2 連	–	–	–	–
(N)	best afgeneden propatria papier	1 riem	1 連	–	–	–	–
(N)	pennen / elk van 25 stuks	2 bossen	2 束	–	–	–	–

出典・A：Factuur は、Contracten, Facturen & Cognossementen Japan 1855. MS. N.A. Japans Archief, nr. 1748 (Aanwinsten, 1910, I: No. 117). (Tōdai-Shiryō Microfilm: 6998·1·131·16)。
　　・B：Opgegeven Factuur は、Opgegeven Nieuws, Facturen en Monsterrollen 1855. MS. N.A. Japans Archief, nr. 1758 (Aanwinsten, 1910, I: No. 127). (Tōdai-Shiryō Microfilm: 6998·1·131·26)。
　　・C：：積荷目録は「嘉永七寅年　唐紅毛差出」(神戸市立博物館所蔵)。

とし，その他は小文字で記した。

・オランダ側史料で用いられている idem, id., dito, 〃(＝同)，日本側史料で用いられている「同」は，それに相当する単語を記した。

・数字は基本的に算用数字で記した。

・B：「提出送り状」に記されている誂物の受取人は，以下のように考えられる。

　Z: M: den Keizer～十三代将軍徳川家定

　Z: H: den Landsheer van Fidsen～佐賀藩主鍋島肥前守直正ヵ

第1章　安政2年(1855)の日蘭貿易　353

C ₂：積 荷 目 録		F ₂.₆：Verkooprekening			
商　品	数　量	Goederen	Hoeveelheid	販売価格(テール)	販売額(テール)
御用御誂					
新 織 奥 し ま	100反	taffachelassen extra fijn 1ᵉ soort	199	10.7 / stuk	2,129.3
黒 手 奥 島	100反	taffachelassen 1ᵉ 1ᵉ	1	7.0 / stuk	7.0
白 金 巾	100反	witte hamans / madapolams /	100	4.9 / stuk	490.0
海　黄	100反	gekleurde armozijnen	34	5.6 / stuk	190.4
		gekleurde armozijnen / gevlekt /	9	4.2 / stuk	37.8
		gestreepte armozijnen	10	5.0 / stuk	50.0
		gestreepte armozijnen / gevlekt /	7	4.0 / stuk	28.0
		gestreepte armozijnen lang soort	21	5.6 / stuk	117.6
		gestreepte armozijnen lang soort / gevlekt /	19	4.2 / stuk	79.8
咬 嚼 吧 暦	1冊	Bataviasche almanak 1855	1	3.0 / exemplaar	3.0
航 海 家 暦	1冊	zeemans almanak 1856 in de Engelsche taal	1	15.0 / exemplaar	15.0
ﾈﾄﾄﾞﾙﾗﾝｽﾏｶｾｲﾝ	1冊	Nederlandsch magazijn 1854 met schatkamer	1	15.0 / exemplaar	15.0
				totaal komps	3,162.9
鉧付筒 但し小道具類添	6,000 丁	percussie geweren met toebehooren	6,000 stuks	<28.0>/ stuk	<168,000.0>
ピ ス ト ン	6,000,000	slaghoedjes	6,000,000 stuks	<5.0>/1,000 stuks	<30,000.0>
鉄 炮 萬 力	13	veerhaken	25 stuks	<0.5>/ stuk	<12.5>
[上掲：鉧付筒 但し小道具類添]	[上掲：6,000 丁]				
[上 掲：ピストン]	[上 掲：6,000,000]				
萬　　　力	12				
碇 鎖 り	1筋	anker ketting voor korvet	1	—	<2,000.0>
	—	batterij kist	1	—	<50.0>
				totaal theil	<200,062.5>
—	—	—	—	—	—
—	—	—	—	—	—
—	—	—	—	—	—
—	—	—	—	—	—
—	—	—	—	—	—
—	—	—	—	—	—

・F ₂.₆：Verkooprekening の taffachelassen から Nederlandsch magazijn は、Bijlaag Nᵒ. 4. Bijlagen Komps rekening courant Japan 1855. MS. N.A. Japans Archief, nr. 1814 (Aanwinsten, 1910, I: No. 193). (Tōdai-Shiryō Microfilm: 6998·1·133·41)。percussie geweren から batterij kist は、Bijlaag Nᵒ. 9. Bijlagen Kambang rekening Japan 1855. MS. N.A. Japans Archief, nr. 1889 (Aanwinsten, 1910, I: No. 282). (Tōdai-Shiryō Microfilm: 6998·1·135·31)。
註・(H)は、Henriette en Cornelia 号、(N)は Nederland 号の積荷を示す。
・< >内の単位は、カンバンテール (kambang theil)、その他のテール (theil)は、カンパニーテール (compagnie theil)を示す。

Z: H: den Landsheer van Satsuma〜薩摩藩主島津薩摩守斉彬ヵ

表80作成によって注目される点として次のことを挙げておきたい。

○ 表79で示した前年度の注文品に対して，「御用御誂物」については，染織類では更紗の持ち渡りはなかったが，その他の綿織物(奥島・金巾)や絹織物(海黄)の持ち渡りがみられる。また，「伽羅」や「天文学書」などの持ち渡りはなかったが，「暦」や「雑誌」の持ち渡りがあった。

○ 長崎奉行の荒尾石見守(成允)の「毛氈」と「短筒」の注文に対して，表80には記さなかったが，「毛氈」に関しては次のことがいえる。すなわち，

「日本商館脇荷勘定帳」の付録文書10番(1855年10月31日付け)には，出島商館のためにもたらされたtapijt(毛氈)1枚が，阿蘭陀通詞の依頼で長崎奉行のために180カンバンテールで売り渡されたことが記されており，これが荒尾の注文品に相当するものと考えられる。(34) なお，「短筒」に関する記録はみられない。

・阿蘭陀通詞の注文に対しては，ほぼ満たされている。

・仕入値に対する売値の割合については，仕入値がわかる「白金巾」，「海黄」，batterij kist(備砲箱)の3品目に限られるが，「白金巾」1.19倍，「海黄」0.15倍，batterij kist(備砲箱)2.29倍である。この内，「海黄」が非常に安く取引されているが，「海黄」は，当時，日本側の需要に応えるための特別な品物であり，出島商館にとっては赤字覚悟の持ち渡り品であった。(35)

・11年前の天保15年(1844)の事例では，「釵付筒」が1丁14.9カンバンテール(50丁)の販売で，仕入値に対して売値が62.61倍を示していた(第1部第1章第4節参照)。このことから考えて，おそらく安政2年の「釵付筒」(1丁28.0カンバンテール，6,000丁)によってもかなりの収益が得られていたと推測される。

・誂物の品目としては，染織類・暦・雑誌・武器と武器関係の道具類などからなっているが(阿蘭陀通詞の誂物は文房具類)，数量としては，武器関係の品が圧倒的に多いことが注目される。天保15年時の誂物では，軍事関係の書籍や武器，および武器関係の道具や部品などが持ち渡られており，アヘン戦争の詳報を受けて幕閣が洋式砲術採用に取り組んだあらわれであったと考えられるが(第1部第1章第4節参照)，開国後の安政2年時においても，「釵付筒　六千丁　但し小道具類添」に象徴されるように，軍備の強化が進められていたことがわかる。特に，釵付筒6,000丁の内，3,000丁が佐賀藩主鍋島正直の購入によるものであったことは長崎警備の増強を物語るものであろう。(36)

・阿蘭陀通詞が前年に注文した品目はA：「送り状」より持ち渡られていることが確認されるが，B：「提出送り状」・C_2：「積荷目録」・$F_{2・6}$「売上計

算書」等には一切記されていない。通詞という日蘭双方の間に立って通訳官兼商務官という特権より「誂物」という取引を通して利益を得ていたと考えられる。(37) なお，前年の阿蘭陀通詞の注文書の表紙 De eisch van het Tolken Collegie voor het aanstaande jaar 1855. の De eisch と van の間に別筆(おそらくオランダ人であろう)で in geschenk と記されている。これを訳すと「来たる 1855 年に向けての通詞仲間の贈り物としての注文」(下線は著者)となり，通詞への「誂物」は取引商品ではなくオランダ人からの贈り物であった可能性が高い。

　次に，上述したように近世後期の誂物は将軍をはじめとする幕府高官，長崎地役人等によってオランダ船に注文されたものの持ち渡り品であった。管見の限り，天保 13 年(1842)までは「誂物」の取引に町年寄等長崎地役人の名前は記されている。(38) 天保 14 年については，「誂物」に関するオランダ側史料は残されていないが，日本側史料の「雑記」(国文学研究資料館所蔵常陸国土浦土屋家文書)には，「積荷目録」の誂物リストと脇荷リストの間に，「年寄誂之品心當テ」として「釟付筒　二百挺」「火打石　三千」「袂時計　壱組」が記されている。「心當テ」は「見計らい〔品〕」といった意味合いと考えられることから，この時点において，「年寄誂之品」は「誂物」取引の枠を外れたのであろう。そして，天保 15 年には，長崎地役人の「誂物」の取引は阿蘭陀通詞を除いて一切記されていない。上記の注目点でも記したように，おそらくこの時期(幕末期)になると，「誂物」の取引枠を使って幕府が軍事関係の品々を入手することに努めるようになったためと考えられる。(39)

　『安政二年　萬記帳』の 6 月 29 日の記事には，年番通詞が御検使に対して「町年寄誂」の「塩硝壱桶」の取り扱いについて記しているが，その中で次のように説明している。

　　(前略)右(＝塩硝壱桶)者先年咬𠺕吧役所ゟ町年寄誂之品差越候節者差出和
　　解之節一同認差出申候得共，天保之末ゟ右之義相止其後者脇荷掛り筆者
　　阿蘭陀人請持年々持渡申候様相成脇荷物之内江詰込持渡別段御届者不申
　　上候間(後略)(40)

356　第3部　安政期の日蘭貿易

　ここにあるように「町年寄誂」の「塩硝」は，以前はバタヴィア政庁から
もたらされる「誂物」として「差出和解」の際に積荷目録に記されて提出され
ていたが，「天保之末」よりそれが中止となり，「脇荷掛り筆者阿蘭陀人」
(pachter，賃借人)がそれを受け持ち，脇荷物の中に入れて持ち渡ったため，
特別に届け出る必要はなくなったということである。すなわち，町年寄の
「誂物」は「天保之末」に中止となりその分は賃借人が受け持ち，脇荷物の
中に組み込まれることになったのである。ここでいっている「天保之末」と
は，天保14年をさすのであろう。『安政二年　萬記帳』には，後日(9月5
日)この塩硝について，「町年寄所望之焔硝」と表記している。「町年寄誂」
の「塩硝」は「誂物」ではなく「所望品」扱いとなっている。また，表71
からわかるように，「御代官并町年寄所望之品会所渡し」や「町年寄所望之
品会所渡し」が7月25日から8月15日にかけて頻繁におこなわれており，
地役人の注文が，「所望品」として扱われていることがわかる。すなわち，
天保14年より町年寄等長崎地役人の「誂物」は中止となり，その多くが脇
荷物の中の「所望品」の枠で取引されることとなったわけである。(41)

　安政2年の前年には，長崎地役人等の注文書として De eisch van de Wel
Edel Heeren Rentemeester, Kommissaris der Geldkamer en Opperbur-
gemeesters voor het aanstaande jaar 1855.(42)(来たる1855年に向けての代官，
長崎会所調役，町年寄の注文)が作成されており，この中には，「代官　高木作右
衛門様用」10品目，「長崎会所調役　福田猶之進様用」24品目，「長崎会所
調役　久松土岐太郎様用」14品目，「町年寄　高嶋作兵衛様用」30品目，
「町年寄　後藤道太郎様用」9品目，「町年寄　久松善兵衛様用」23品目の
注文がされているが，これらは全て「誂物」ではなく「所望品」としてオラ
ンダ側に発注し，賃借人によって脇荷物の中に持ち渡られることを期待して
いたわけである。注文書の表紙には，オランダ人の筆跡と思われる綴りで，
1 exemplaar aan den pachter afgegeven.「賃借人に1部を手渡す」とあり，
上記のことを裏付けるものといえよう。

　なお，「所望品」については，次節で考察していく。

第1章　安政2年(1855)の日蘭貿易　　357

表81　安政2年(1855)御用残りの取引

F₂ : Verkooprekening		G₄ : 見　帳			
Goederen	販売価格(テール)	商　　品	数　量	落札価格(本方銀)	落札商人
gestreepte armozijnen	5.0 / stuk	いターレス嶋	2 端	92 匁 / 端	ヒシや
gestreepte armozijnen / gevlekt /	4.0 / stuk	ろターレス嶋	19 端	83 匁 9 分 / 端	天佐
gestreepte armozijnen lang soort	5.6 / stuk	い　嶋　海　黄	1 端	103 匁 / 端	豊安
gestreepte armozijnen lang soort / gevlekt /	4.2 / stuk	ろ　嶋　海　黄	7 端	80 匁 6 分 / 端	珧・人ﾏﾔ
gekleurde armozijnen	5.6 / stuk	い　色　海　黄	4 端	109 匁 / 端	てつや
gekleurde armozijnen / gevlekt /	4.2 / stuk	ろ　色　海　黄	9 端	81 匁 9 分 / 端	關秋・てつや
taffachelassen 1. 1.	7.0 / stuk	奥　　　嶋	1 端	297 匁 / 端	松田や
taffachelassen extra fijn 1. soort	10.7 / stuk	新　織　奥　嶋	61 端	348 匁 4 分 / 端	吉更や
witte hamans / madapolams /	4.9 / stuk	巾廣白金巾	34 端	172 匁 9 分 / 端	田原や
―	―	更　　　紗	17 端	52 匁 / 端	吉更や

出典・F₂ : Verkooprekening は、Bijlaag N°. 4. Bijlagen Komps rekening courant Japan 1855. MS. N.A. Japans
　　Archief, nr. 1814 (Aanwinsten, 1910, I: No. 193). (Tōdai-Shiryō Microfilm: 6998-1-133-41)。
　・G₄ : 見帳は、「安政二年卯五番割　在留卯壱番船追賣・卯紅毛船追賣・御用残り・献上残り・商賣荷物・
　　會所かこひ・會所請込・召上物并大坂京召上・會所請込鮫・琉球産物見帳」(長崎歴史文化博物館収蔵)。
註・日本側商品名で用いられている「同」は、それに相当する単語を記した。
　・単位のテール (theil)は、カンパニーテール (compagnie theil)を示す。
　・1 テール＝ 10 匁。

　本節の最後の課題として，「御用残り」の取引について記しておきたい。
この「御用残り」すなわち「御用御誂物」の中から長崎会所で売りにだされ
たものの取引については，G₄：「安政二年卯五番割　在留卯壱番船追賣・卯
紅毛船追賣・御用残り・献上残り・商賣荷物・會所かこひ・會所請込・召上
物并大坂京召上・會所請込鮫・琉球産物見帳」の「御用残り」の記事によっ
てわかる。ここでは，上記の F₂：Komps rekening courant Japan 1855.（日
本商館本方勘定帳）の付録文書群 Bijlagen Komps rekening courant Japan
1855. 内の Bijlaag N°. 4.(付録文書4番)に照合する形で表81 として示しておく。

　この表81 からわかるように，「海黄」「奥嶋」「金巾」では，「御用御誂
物」になったものの 16〜42% が売りに出されている。また，「御用御誂
物」として購入された価格に対して，「御用残り」としての売りは，「海黄」
で1.8〜2.1倍，「奥嶋」で3.3〜4.2倍，「金巾」で3.5倍であったことがわ
かる。なお，「御用残り」として「更紗」が 17 端売りに出されているが，
このことについては未詳である。

358 第3部 安政期の日蘭貿易

第4節 脇荷物とその取引

「はじめに」で述べたように，賃借人による脇荷貿易は1854年（嘉永7）までつづいたが，政庁と賃借人との間で結ばれた契約の満期を迎える前年の1855年（安政2），オランダ国王の裁可を経て賃借人の脇荷貿易は解約され，政庁主導のもとで脇荷貿易がおこなわれることになった。しかし，1854年に賃借人であったランゲ J. R. Lange が，政庁によって今までの業績が評価され，政庁の貿易代理人 Gouvernements-handelsagent として脇荷貿易を担当することになった。

このような経緯を経て安政2年（1855）の脇荷貿易はおこなわれた。

安政2年の脇荷貿易に関しては，まず前年嘉永7年（1854）に日本側からオランダ側に発注された阿蘭陀通詞作成の注文書 De eisch van de Kambang goederen voor het aanstaande jaar 1855.[43]（来たる1855年に向けてのカンバン荷物〔脇荷物〕の注文）を挙げることができる。本史料を拙訳を付して示すと表82のようである。ここにみられるように，日本側は，ガラス器・陶磁器・絵画・遠目鏡・時計・皮等を注文しているのみである。後掲（表88）の安政2年に取引された脇荷物のリストから推して，この注文書は，日本側にとって特に要望の強い品物について記したものではないかと考えられる。また，薬品類に関しては，表83に示したように，「警告」書 Waarschuwing[44] の中で「持ち渡る薬品」を提示している。

安政2年に政庁の貿易代理人ランゲが持ち渡った脇荷物は，従来と同様，脇荷取引の品と脇荷取引以外の取引の品からなっていた。脇荷取引以外の取引の品の中には，第3節で考察した長崎地役人等の「所望品」も含まれていた。また，「品代り」と称する荷物も含まれていたが，この取引はオランダ側で ruilhandel，ruiling handel（交換貿易）と呼ばれ，賃借人（1855年は政庁の貿易代理人）が持ち渡った品物を日本側（長崎会所）が銀建てで購入し，対価となる商品を日本側（長崎会所）が賃借人に渡した取引であった。すなわち，本方荷物と同じように長崎会所が賃借人より「直組」の上で購入し，それを会

表82 安政2年(1855)向け脇荷物の注文

原　文	拙　訳
De eisch van de Kambang goederen voor het aanstaande jaar 1855.	来たる1855年に向けてのカンバン荷物〔脇荷物〕の注文
Kristalle groote deksel kommen	大きい「硝子蓋物」
d.º　d.º　borden	大きい「硝子鉢」
d.º　langwerpige borden	細長い「硝子鉢」
d.º　borden en schoteltjes	「硝子鉢」と「硝子皿」
d.º　vierkante schotels	四角形の「硝子皿」
Vergulde groote en middelmatige borden	「金縁の」大・中の「鉢」
Gemeene groote medicijn flessen	並の大きな「薬瓶」
Blaauwe gebloemde kopjes	青色の花模様の「こつふ」
d.º　d.º　langwerpige borden	青色の花模様の細長い「鉢」
d.º　d.º　schotels (beste soort)	青色の花模様の「皿」（最上種）
Oude Indische aardewerk	古いインド製の陶器（「焼物類」）
Schilderij	絵画
Verrekijker op voet (groot, middelmatig en klein)	「臺付遠目鏡」（大、中、小）
Dikke groote glazen lengte van 3 waaijers tot 5 waaijers	長さ3ワーイエル〔115.5cm〕から5ワーイエル〔192.5cm〕の厚く大きなガラス板
Zak horlogies	「袂時計」
Verlakte leder	エナメル皮
Persiaansche leder	ペルシア皮（「はるしや皮」）
Deze artikelen voor de kambang goederen geeischt, moeten beste soort uitgezocht, in het aanstaande jaar 1855 volstrekt aangebragt worden.	注文されたこれらのカンバン荷物〔脇荷物〕の品品は、来たる1855年に選り抜きの最上種を無条件でもってこなければならない。

出典・De eisch van de Kambang goederen voor het aanstaande jaar 1855. Bijlagen verslag 1854. MS. N.A. Japans Archief, nr. 1730 (Aanwinsten, 1910, I: No. 104). (Tōdai-Shiryō Microfilm: 6998-1-131-3).
註・「　」内は、訳例のある品目。

表83 安政2年(1855)に向けての警告

原　文	拙　訳
Waarschuwing	警告
De goederen voor den eisch van komps mogen niet onder den ruiling noch kambang handel aangebragt worden.	会社〔貿易〕〔本方貿易〕の注文の品物は、交換貿易〔品代り取引〕やさらにカンバン貿易〔脇荷貿易〕で持ち渡ってはならない。
De medicijnen, die onder den kambang handel mogen aangebragt worden, zijn de volgende:	カンバン貿易〔脇荷貿易〕のもとに持ち渡る薬品は次のものである。
Berlijnsch blaauw	「紺青」
Indigo	「藍」
galnoot	「没食子」
Aloë	「アロエ」
Duivelsdrek	「阿魏」
Volgelnest	「燕巣」
rotting	「藤」
Sanderhout	「白檀」
Ebbenhout	「黒檀」
Lijnzaad	「亜麻仁」
Buffelshoorn	「水牛角」
d.º　hoeven	「水牛爪」
Sago	サゴ
Klapper	「椰子油」
Behalve de bovengemelden mogen geene medicijnen van Chineesche karakter in het vervolg ook onder den Kambang handel aangebragt worden.	上記の〔薬品〕以外、今後もカンバン貿易〔脇荷貿易〕では「漢字薬種」は持ち渡ってはならない。

出典・Waarschuwing. Bijlagen verslag 1854. MS. N.A. Japans Archief, nr. 1730 (Aanwinsten, 1910, I: No. 104). (Tōdai-Shiryō Microfilm: 6998-1-131-3).
註・「　」内は、訳例のある品目。

所が本商人に入札販売したものと考えられる（第2部第4章「おわりに」参照）。

安政2年の「品代り荷物」に関しても，前年に阿蘭陀通詞によって注文書 De eisch van den Ruiling handel voor het aanstaande jaar 1855.[(45)]（来たる1855年に向けての交換貿易〔品代り取引〕の注文）が作成されている。本史料を拙訳を付して示すと表84のようである。ここにみられるように，日本側は，染織品と薬品類を非常に詳細に注文していることがわかる。また，「琥珀」barnsteen については，表85に示したように，「警告」書 Waarschuwing[(46)] を出し持ち渡りを禁じている。しかし，後述するように安政2年には「品代り荷物」として「琥珀」は持ち渡られ取引されている（表86・88参照）。

バタヴィアでは，ランゲを中心に表82〜85の注文書および警告書を受けて，安政2年の日本向け「脇荷物」を用意したと考えられる。安政2年の脇荷物の取引に関して，第1節で考察した日蘭貿易の取引過程内において作成された現存の史料としては，以下のものを挙げることができる。

C_1：「積荷目録」〈「唐舟阿蘭陀差出帳」（某所所蔵）〉

C_2：「積荷目録」〈「嘉永七寅年　唐紅毛差出」（神戸市立博物館所蔵）〉

D_2：「品代り荷物」（反物）〈「安政二年　卯紅毛船弐艘品代切本」（鶴見大学図書館所蔵）〉

D_3：「品代り荷物」（反物）の取引〈「安政二　卯三四番割　卯阿蘭陀船本方・品代切本帳」（長崎歴史文化博物館収蔵）〉

G_2：「脇荷物」の取引〈「安政二卯三番割　卯紅毛船脇荷物見帳」（長崎大学附属図書館経済学部分館所蔵武藤文庫）〉

G_3：「品代り荷物」の取引〈「安政二卯三番割　卯紅毛船品代り荷物見帳」（長崎歴史文化博物館収蔵）〉

F_7：「政庁の貿易代理人の脇荷勘定帳」〈Kambang rekening van den Gouvernement's Agent voor den handel 1855.（政庁の貿易代理人の脇荷勘定帳）〉

安政2年にランゲが日本へ持ち渡る脇荷物に関して，バタヴィアで作成されたと思われる「申告書」Opgave や「送り状」Factuur 等は残念ながら未詳である。しかし，6月25日に「差出和解」がおこなわれ「積荷目録」が作成されたが，この時の脇荷物の「積荷目録」の写しとして，C_1：「唐舟

第1章　安政2年(1855)の日蘭貿易　　361

表84　安政2年(1855)向け品代り取引の注文

原　　文	拙　　訳
De eisch van den Ruiling handel voor het aanstaande jaar 1855.	来たる 1855 年に向けての交換貿易〔品代り取引〕の注文
10 stuks　Gedrukte gerein (andere soort) 　　　De breedte 2 waaijers 2 â 3 duimen, de lengte 17 ikjes. 　　　Deze moet van dezelfde kwalieteit zijn, als die van de in het jaar 1844 aangebragte, en van klein druk zijn.	10 反　「形付ころふくれん」(別種) 　　　幅2ワーイエル2、3ダイム〔84.7〜88.55cm〕、長さ17間〔3,272.5cm〕。 　　　これは、1844 年に持ち渡られたものと同じ品質のものでなければならない。そして、形付きの模様は小さいものでなければならない。
300 stuks　Taffaselas (lang en andere soort) 　　　De breedte 3 waaijers 5 â 6 duimen, de lengte 71 â 72 waaijers.	300 反　「奥島」(長く、別種) 　　　幅3ワーイエル5、6ダイム〔134.75〜138.6cm〕、長さ71、72ワーイエル〔2,733.5〜2,772.0cm〕。
50　〃　Gestreepte hamans (andere soort) 　　　De breedte 2 waaijers 6 â 7 duimen, de lengte 71 â 72 waaijers. 　　　Deze moet van dezelfde kwaliteit zijn, als die van de in het jaar 1848 aangebragte L'. I.	50 反　「島金巾」(別種) 　　　幅2ワーイエル6、7ダイム〔100.1〜103.95cm〕、長さ71、72ワーイエル〔2,733.5〜2,772.0cm〕。 　　　これは、1848 年に持ち渡った符号いのものと同じ品質のものでなければならない。
150 stuks　Gekeperde hamans wit (dimet) 　　　De breedte 3 waaijers 4 â 5 duimen, de lengte 35 â 36 waaijers.	150 反　白綾金巾 (意味不明) 　　　幅3ワーイエル4、5ダイム〔130.9〜134.75cm〕、長さ35、36ワーイエル〔1,347.5〜1,386.0cm〕
150 stuks　Roode hamans (lang en andere soort) 　　　De breedte 2 waaijers 5 duimen 5 streep, de lengte 72 â 73 waaijers. 　　　Deze moet nog meer hoogrood zijn, dan die van de in het jaar 1840 in den Ruiling handel aangebragte.	150 反　「赤金巾」(長く、別種) 　　　幅2ワーイエル5ダイム5ストレープ〔98.175cm〕、長さ72、73ワーイエル〔2,772.0〜2,810.5cm〕。 　　　これは、1840 年に交換貿易〔品代り取引〕で持ち渡ったものよりもさらに深紅色のものでなければならない。
100 stuks　Lange chits rood (andere soort) 　　　De breedte 3 waaijers 1 â 2 duimen; de lengte 81 â 82 waaijers. 　　　Deze moet van dezelfde kwaliteit zijn, als die van de in het jaar 1847 in den Ruiling handel aangebragte L'. I.	100 反　長い赤更紗 (別種) 　　　幅3ワーイエル1、2ダイム〔119.35〜123.2cm〕、長さ81、82ワーイエル〔3,118.5〜3,157.0cm〕 　　　これは、1847 年に交換貿易〔品代り取引〕で持ち渡った符号いと同じ品質のものでなければならない。
100 stuks　Lang chits (andere soort) 　　　De breedte 3 waaijers 1 â 2 duimen; de lengte 81 â 82 waaijers. 　　　Deze moet van dezelfde kwaliteit zijn, als die van de in het jaar 1846 in den Ruiling handel aangebragte L'. I, en zoo als monster zijn, die in het jaar 1848 gegeven is.	100 反　長い更紗 (別種) 　　　幅3ワーイエル1、2ダイム〔119.35〜123.2cm〕、長さ81、82ワーイエル〔3,118.5〜3,157.0cm〕 　　　これは、1846 年に交換貿易〔品代り取引〕で持ち渡った符号いと同じ品質のもので、1848 年に与えられた見本品と同じ品質のものでなければならない。
500 katt.　Linoseershoorn 　　　van dit artikel is de kwalieteit ongelijk, dus zal het naar zijne kwalieteit in gekocht worden.	500 斤　犀の角 　　　この品は不揃いの品質なので、その品質に応じて購入されるだろう。
100 katt.　Blaauwsel of ultra marin 　　　Als deze niet zoo als in dit jaar aangebragte is, zal met verminderden prijs ingekocht worden.	100 斤　ブラウセル(「郡青」)もしくはウルトラマリン(「郡青」) 　　　もし、これが今年もたらされたもののようでなければ、低価格で購入されるだろう。
50 katt.　　Vogelnest 1,000　〃　Vischlijm 1,000　〃　Kaneel 　　　Als deze laatste twee artikelen zoo als monster zijn, die in het jaar 1848 gegeven is, zullen zij met verminderden prijs ingekocht worden.	50 斤　「燕巣」 1,000 斤　ゼラチン (にべ) 1,000 斤　シナモン 　　　もし、この最後の2品が1848 年に与えられた見本のようであれば、低価格で購入されるだろう。

362　第3部　安政期の日蘭貿易

原　文	拙　訳
5,000 katt.　Pienangschaal 10,000 〃　　Chineesche wortel 　　Deze moet zoo als monster zijn, die in het jaar 1848 gegeven is. 2,000 katt.　Kinabast 100 〃　　Een hoorn 　　Als deze tegen den Eisch meer gebragt is, zal met verminderden prijs ingekocht worden. 2,000 katt.　Arabiesche gom 300 〃　　Buffelshoorn (groote soort) 　　Deze moet langer dan 3 waaijers 8 duimen en zwart zijn, de witte en blaauwachtige zullen met verminderden prijs ingekocht worden. 3,200 katt.　Buffelshoorn (middel soort) 　　Deze moet langel dan 2 waaijers 9 duimen en zwart zijn. 660 katt.　Buffelshoorn (kleine zoort) 　　Deze moet langer dan 1 waaijers 9 duimen en zwart zijn. 100 katt.　Saffraan 100 〃　　Seminchinae 1,000 katt.　Buffelshoorn 　　Dewijl er eenige zullen zijn, die moeijelijk te krijgen zijn, zoo worden de artikelen meerder geeischt, zoo als boven staan, derhalve zal men de goederen als stoffen voor som van T. 2,000; en als medicijn voor som van T. 8,000; hier aanbrengen. De goederen meer dan die voor som van T. 10,000 aangebragt zijnde, zal men, schoon de van geldkamer afgeleverd wordende goederen somtijds minder komen, zulks echter als ongevoeglijkheid en onredelijkheid niet kunnen beschouwen. Wat den prijs aangaat, deze zal naar de kwaliteit meer of minder gemaakt worden, zoo zal men beste kwaliteit uitgezocht aanbrengen.	5,000 斤　「大服皮」 10,000 斤　中国の人参 　　これは、1848 年に与えられた見本のようでな ければならない。 2,000 斤　「キナキナ」 100 斤　「ウニコール」 　　もし、これが注文に対して多く持ち渡られたら、 低価格で購入されるだろう。 2,000 斤　「アラビヤゴム」 300 斤　「水牛角」(大きい種類) 　　これは、3 ワーイエル 8 ダイム〔146.3cm〕以 上で黒くなければならない。白と青で八角形のも のは低価格で購入されるだろう。 3,200 斤　「水牛角」(中位の種類) 　　これは、2 ワーイエル 9 ダイム〔111.65cm〕 以上で黒くなければならない。 660 斤　「水牛角」(小さい種類) 　　これは、1 ワーイエル 9 ダイム〔73.15cm〕以 上で黒くなければならない。 100 斤　「サフラン」 100 斤　「セメンシーナ」 1,000 斤　「水牛角」 　　上記の品物の中には手に入りにくいものもあるだ ろうから、〔その代わりに〕上記の品物を注文され た量よりも多く注文する。合計 2,000 テールの反物 と合計 8,000 テールの薬品といった品々の半分はこ こに持ち渡られるだろう。合計 10,000 テール以上 の品が持ち渡られれば、長崎会所はそれを理性に欠 けたものとは見なさず、冷淡にしばしば、より少な く品を渡すことになる。〔したがって〕価格に関し ては、品質の善し悪しに応じて決められるので、選 り抜きの最上品質のものを持ち渡ることになるだろ う。

出典・De eisch van den Ruiling Handel voor het aanstaande jaar 1855. Bijlagen verslag 1854. MS. N.A.
　　Japans Archief, nr. 1730 (Aanwinsten, 1910, I: No. 104). (Tōdai-Shiryō Microfilm: 6998·1·131·3).
　　註・「　」内は、訳例のある品目。

表85　安政2年(1855)の品代り取引に対する警告

原　文	拙　訳
Waarschuwing	警告
Barnsteen (1ª. en 2ª. soort) 　　Dit artikel mag niet aangebragt worden, tot dat men het zelve eischt. 　　De goederen, die onder den ruiling handel aangebragt zijn, mogen niet in den kambang en andere gebragt worden.	「琥珀」(1 種と 2 種) 　　この品物は、注文するまで持ち渡ってはならない。 　　交換貿易〔品代り取引〕のもとで持ち渡る品物は、 カンバン〔取引〕やその他〔の取引〕で持ち渡って はならない。

出典・Waarschuwing voor den Ruiling Handel. Bijlagen verslag 1854. MS. N.A. Japans Archief, nr. 1730
　　(Aanwinsten, 1910, I: No. 104). (Tōdai-Shiryō Microfilm: 6998·1·131·3).
　　註・「　」内は、訳例のある品目。

表86 安政2年(1855)脇荷物の積荷目録

C₁：積荷目録		C₂：積荷目録	
商　品	数　量	商　品	数　量
脇荷物差出し		同(=㐧阿蘭陀船)脇荷物	
硝子器	18箱	硝子器	18箱
小間物類	5箱	細ものるい	5箱
焼物類	8箱	焼物類	8箱
薬種類	50箱	薬種類	50箱(ママ)
		サフン　セメン	200斤
		キナキナ	1,015斤
硝子板	15箱	硝子板	15箱
皮類	2箱	皮るい	2箱
白檀	214本	白旦	214本
水牛角	3箱	水牛角	3本
藤	83,000斤	藤	83,000斤
〃		〃	
セメン	200斤		
サフラン	200斤		
〃			
		品代り	
琥珀	985斤	琥珀	985斤
アラヒヤ	1,365斤	アラヒヤコム	1,365斤
ウニカウル	375斤	ウニカウル	371斤
郡青	109斤	郡青	109斤
反物　小切　かぶり	22箱	反もの　小切るい　かふり	20箱
〃		〆六月廿五日	
脇荷物		紅毛脇荷物	
テレメンテイン油	200硝子	テレメンテ油	200硝子
ホツクホート	2,732斤	ホツクホート	2,733斤
セーアユイン	375斤	セーアユイン	375斤
サルアルモニヤク	150瓶	サルアルモニヤク	150瓶
ハルサンユツハイハ	128瓶	ハルサムコツハイハ	128瓶
スフリーテスニワトルトユシス	100瓶	スフリーテスニツトルトルシス	100瓶
ホフマン	100瓶	ホフマン	100瓶
マク子シヤ	255斤	マク子シヤ	255斤
ヲツセンカル	100瓶	ヲツセカル	100瓶
エキスタラクトシキユータ	100瓶	エキスタフクトシキユタ	20瓶
同ヒヨシヤムス	200瓶	エキスタフクトヒヨシヤムス	100瓶
ラーヒスインフリナーリス	2瓶	ラーヒスインフリナーリス	2瓶
アセタスフリユムヒー	50瓶	アヤタスフリユムヒー	50瓶
サルアルモニヤシ精気	50瓶	サルアルモニヤシ精気	50瓶
ブラークウエインステーン	60瓶	ブラークウインステイン	60瓶
キナソート	40瓶	キナソート	40瓶
ローテキナキナ	10斤	ローテキナキナ	10斤
テリヤアカ	500錐	ヘネシヤテリヤカ	140錐
キナキナ	1,000斤	キナキナ	1,000斤
エイスランスモス	1,050斤	エスラントモス	1,050斤
疲切	1,240斤	ヲーリル疲切	1,204斤
セメンシーナ	270斤	セメンシナ	207斤
イヘカユアナ	84斤	イヘカコアナ	84斤
ヤラツハ	105斤	ヤラツハ	105斤
シキターリス	187斤	シキタリス	184斤
カミルレ	830斤	カシルレ	830斤
ケンチヤンウヲルトル	249斤	ケンチヤンウヲルトル	249斤
センナ	207斤	センナフラーテ	207斤
ヒヨシヤムス薬	107斤	ヒヨシヤムス薬	207斤
サツサバリルレ	207斤	サツサハリルフ	207斤
ケレムルタルタル	83斤	ケルムルタルタリー	83斤
亜麻仁	123斤	亜麻仁	123斤
芦會	166斤	芦會	146斤
アルニカフルウム	124斤	アルニカフルーム	124斤
ラアテキスコロンホヽ	166斤	ラアニキスコロンホー	166斤
阿魏	330斤	阿魏	330斤
フリイルフルーム	42斤	フリイルブルーム	48斤
サフラン	207斤	サフラン	207斤
カヤフテ油	100硝子	カヤフテ油	100硝子
白檀	200本		
藤	83,000斤		
紺青	205斤	紺青	205斤
ホツトカル油	2瓶	ホルトカル油	200瓶
ヲクリカンキリ	125斤	ヲクリカンキリ	125斤
		〆六月廿六日	

出典・C₁：「唐舟阿蘭陀差出帳」(某所所蔵)。
　　・C₂：「嘉永七寅年　唐紅毛差出」(神戸市立博物館所蔵)。

阿蘭陀差出帳」内の安政2年の「脇荷物差出し」「脇荷物」のリスト、およびC_2：「嘉永七寅年　唐紅毛差出」内の安政2年の「同（＝卯阿蘭陀船）脇荷物」「品代り」「紅毛脇荷物」のリストを挙げることができる。両史料を一覧表にして示すと表86のようであるが、両史料共に写しであり、商品項目数と数量に若干の相違がみられる。なお、C_1・C_2共に後半のリスト（C_1では「脇荷物」のリスト、C_2では「紅毛脇荷物」のリスト）が薬種類であることより、前半のリスト（C_1では「脇荷物差出し」のリスト、C_2では「同脇荷物」のリスト）内の「薬種類」50箱の内訳ではないかと考えられる。

　従来の脇荷物の取引が踏襲されていたとすれば、日本に来航したランゲは、全ての脇荷物を長崎会所に知らせ、脇荷取引の品と脇荷取引以外の品とに分ける交渉に入ったものと考えられる。

　脇荷物の中の脇荷取引以外の品に含まれる「品代り荷物」には反物類が多く含まれており、C_2：「嘉永七寅年　唐紅毛差出」には、「反もの　小切るい　かふり　廿箱」（C_1：「唐舟阿蘭陀差出帳」では、22箱と記す）が記されていた。反物目利によって作成された「切本帳」としては、D_2：「安政二年　卯紅毛船弐艘品代切本」を挙げることができる。また、商人によって作成されたものとしては、D_3：「安政二　卯三四番割　卯阿蘭陀船本方・品代切本帳」があり、両「切本帳」の品目名を照合し、それに裂の貼付枚数を示したものが表87である。なお、この表87では、後述する「品代り荷物」の取引記録である表88で示す商品名を照合して示しておく。

　脇荷取引は、本方取引と違いオランダ人が持ち渡った商品（脇荷物）を長崎会所において本商人が直接入札する取引であるが、安政2年の脇荷取引の結果を記した日本側史料としてはG_2：「安政二卯三番割　卯紅毛船脇荷物見帳」を挙げることができる。第1節で考察したように、本史料には取引商品名と数量ならびに落札価格と落札商人名を記しており、安政2年の脇荷取引の実態をみるのに最も詳細な現存史料といえる。また、上記したように「品代り荷物」の取引（9月21日入札）に関しては、G_3：「安政二卯三番割　卯紅毛船品代り荷物見帳」（反物の取引に限っては、D_3：「安政二　卯三四番割　卯阿蘭陀船本方・品代切本帳」もある）が取引商品名と数量ならびに落札価格と落札商

表87　安政2年(1855)オランダ船2艘(Henriette en Cornelia, Nederland)品代り荷物(反物類)

| D₂：切本帳(卯9月) | | D₃：切本帳(卯9月拂) | | G₃：見　帳(卯8月) | |
品　　　名	貼付枚数	品　　　名	貼付枚数		品　　　名
い尺長上皿紗	14	い尺長上皿紗	14	(309)	い尺長上更紗
ろ尺長上皿紗	7	ろ尺長上さらさ	13	(310)	ろ尺長上更紗
は尺長上皿紗	0	は尺長上更紗	17	(311)	は同
－	－	に尺長上さらさ	38	(312)	に尺長上更紗
い壱番類違尺長奥嶋	5	い壱番類違尺長奥嶋	5	(313)	い壱番類違尺長奥縞
い弐番類違同	3	い弐番同	3	(314)	い弐番類違尺長奥縞
ろ類違同	5	ろ類違尺長奥島	5	(315)	ろ同
は類違同	5	は同	5	(316)	は弐番類違尺長奥縞
又布嶋	9	又布嶋	8	(317)	又布縞
い緯替紋羯山	6	い緯替紋羯山	6	(318)	い緯替り紋羯山
ろ緯替紋羯山	2	ろ同	2	(319)	ろ緯替り紋羯山
い綿二彩	1	い綿二彩	1	(320)	い綿タビイ
ろ同	3	ろ同	3	(321)	ろ同
色紋羯山	2	色紋羯山	2	(322)	色紋羯山
薄手紫鳶色婦良多	1	薄手紫飛色ふらた	1	(323)	薄手紫飛色婦ら多
鳶色サアイ	1	鳶色サアイ	1	(324)	飛色サアイ
類違形附呉羅服連	5	類違形付呉羅服連	5	(325)	類違形付呉羅服連
類違嶋呉羅服連	3	類違同	3	(326)	同嶋同
類違色呉羅服連	3	類違色同	3	(327)	類違色同
類違嶋海黄	1	類違嶋海黄	1	(328)	類違嶋海黄
類違色海黄	1	類違色海黄	1	(329)	類違色海黄
－	－	冠嶋木めん	0	(330)	冠り嶋木綿

出典・D₂：切本帳は、「安政二年　卯紅毛船弐艘品代切本」(鶴見大学図書館所蔵)。
　　・D₃：切本帳は、「安政二　卯三四番割　卯阿蘭陀船本方・品代切本帳」(長崎歴史文化博物館収蔵)。
　　・G₃：見帳は、「安政二卯三番割　卯紅毛船品代り荷物見帳」(長崎歴史文化博物館収蔵)。

人名を記録している。したがって，本節では，G_2・G_3の史料によって得られた結果を作表し提示しておきたい(表88)。表86と表88を照合することにより表86の「積荷目録」に記された「硝子器」「小間物類」「焼物類」「薬種類」「皮類」などの具体的な日本側商品名を確認できる。表86・88をみる限り，安政2年の脇荷物の種類は基本的に従来と変わりはなく，薬品類，ガラス器・陶磁器などの食器類，時計など，雑貨・小間物類，さらに染織類(「品代り荷物」)などからなっている。なお，表88の「数量」欄に記されてい

366　第3部　安政期の日蘭貿易

表88　安政2年(1855)オランダ船脇荷物の取引

	商　　　品	数　　量	落札価格　(脇荷銀)	落札商人
	卯紅毛脇荷			
(1)	切子銘酒器	1箱	430匁	ふしや
(2)	壱番切子菓子鉢	1枚	360匁	天佐
		外ニ1枚別段持渡り		
(3)	弐番同	2枚	300匁	豊安
(4)	三番切子菓子鉢	1枚	158匁	天佐
		外ニ3枚別段持渡り		
(5)	切子弐ツ入子とんふり	1組	416匁	天佐
		外ニ2組占同断		
(6)	壱番切子鉢	4枚	118匁	松田や
(7)	弐番同	4枚	112匁	天佐
(8)	切子長皿	4枚	40匁5分	福井や
		外ニ20枚別段持渡り		
(9)	切子茶入	12	35匁	村仁
(10)	切子小花生	5ツ	42匁3分	玉つや
(11)	切子蠟燭立	11	24匁3分	ふしや
(12)	壱番切子匂ひ瓶	8ツ	40匁	天佐
(13)	弐番同	4ツ	34匁	天佐
(14)	切子塩入	21	7匁5分	竹のや
(15)	色切子菓子鉢	1枚	544匁	竹のや
		外ニ2枚別段持渡り		
(16)	色切子小形菓子入	2ツ	148匁	天佐
(17)	色硝子盆付銘酒器	2揃	250匁	竹のや
(18)	玉手盆付ポンス器	3揃	234匁	永井や
(19)	壱番玉手金縁絵入花生	20	31匁7分	玉つや
		外ニ4ツ別段持渡り		
(20)	弐番同	23	27匁3分	玉つや
(21)	壱番切子銘酒ひん	4ツ	120匁	三吉や
(22)	弐番同	4ツ	106匁	松田や
(23)	三番切子銘酒ひん	6ツ	98匁6分	村仁
(24)	四番同	20	77匁5分	村仁
		外ニ4ツ別段持渡り		
(25)	五番切子銘酒ひん	2ツ	63匁4分	玉つや
		外ニ2ツ別段持渡り		
(26)	六番同	25	54匁8分	天佐
		外ニ20別段持渡り		
(27)	七番切子銘酒ひん	6ツ	48匁6分	天佐
(28)	八番同	76	45匁6分	天佐
		外ニ60別段持渡り		
(29)	九番同	36	45匁9分	ヱサキ
				ヒシや
				天佐
(30)	拾番同	48	43匁9分	天佐
		外ニ60別段持渡り		
(31)	拾壱番切子銘酒ひん	50	40匁8分	天佐
		外ニ40別段持渡り		
(32)	壱番銘酒ひん	20	51匁7分	永井や
		外ニ30別段持渡り		
(33)	弐番銘酒ひん	24	52匁8分	天佐
(34)	三番同	36	45匁7分	村仁
(35)	四番同	24	41匁9分	立見や
(36)	壱番無地銘酒ひん	5ツ	30匁8分	天佐
		外ニ6ツ別段持渡り		
(37)	弐番無地銘酒ひん	6ツ	27匁5分	竹のや

第1章　安政2年(1855)の日蘭貿易　　367

	商　　　品	数　　量	落札価格 (鼠荷瓶)	落札商人
(38)	三番同	6 ツ 外ニ 6 ツ別段持渡り	25 匁 3 分	天佐
(39)	四番同	6 ツ	20 匁	天佐
(40)	五番無地銘酒ひん	6 ツ	36 匁 9 分	天佐
(41)	色硝子キヤマン銘酒瓶	2 ツ	86 匁 9 分	天佐
(42)	金縁金絵銘酒ひん	10 ヲ	35 匁 8 分	ヒシヤ
(43)	壱番金縁金絵角瓶	16 外ニ 20 別段持渡り	26 匁 8 分	ヒシヤ
(44)	弐番同	46	19 匁 9 分	竹のや
(45)	三番同	98	14 匁 3 分	永井や
(46)	四番金縁金絵角ひん	114 ヲ 外ニ 40 別段持渡り	13 匁 5 分	てつや
(47)	金縁金絵小形盆付銘酒器	10 揃	52 匁	三吉や
(48)	金縁金絵長鉢	10 枚	31 匁 8 分	ヱサキ
(49)	金縁金絵ちよくこつふ	40	5 匁 6 分	天佐
(50)	金縁金絵墓こつぷ	86 外ニ 20 別段持渡り	7 匁 6 分 3 厘	天佐
(51)	キヤマン盆	24 枚	11 匁 4 分	松田や
(52)	壱番切子角ひん	34 外ニ 25 右同断	37 匁	三吉や
(53)	弐番切子角ひん	12 外ニ 12 別段持渡り	36 匁 6 分	てつや
(54)	壱番角墓こつふ	690	5 匁 8 分 7 厘	松田や
(55)	弐番同	530	6 匁 4 分 3 厘	松田や
(56)	三番同	145 外ニ 150 別段持渡り	7 匁 4 分	豊安
(57)	壱番墓こつふ	720	5 匁 1 分 9 厘	ふしや
(58)	弐番同	393	5 匁 8 分 2 厘	豊安
(59)	三番同	149 外ニ 750 別段持渡り	6 匁 8 分 3 厘	天佐
(60)	壱番色硝子ちよく咻	10 ヲ 外ニ 14 別段持渡り	21 匁	永井や
(61)	弐番同	10 ヲ 外ニ 14 右同断	19 匁	立見や
(62)	三番同	10 ヲ 外ニ 14 右同断	19 匁	ひしや
(63)	切子長こつふ	5 外ニ 16 別段持渡り	31 匁	てつや
(64)	手付猪口こつふ	34	4 匁 3 分 5 厘	永井や
(65)	壱番猪口咻	16	6 匁 3 分	松田や
(66)	弐番猪口こつふ	33	5 匁 1 分	永井や
(67)	無地ちよく咻	35	3 匁	ふしや
(68)	無地手付水入	11	5 匁 6 分	村仁
(69)	壱番無地漏斗	8 ツ	10 匁 9 分	永井や ふしや
(70)	弐番無地漏斗	14	6 匁 9 分 2 厘	永井や
(71)	色硝子手付皿	83	5 匁 7 分	永井や
(72)	不残二付 切子器	7 品	290 匁	三吉や
(73)	不残二付 硝子器	4 品	65 匁	竹のや
(74)	壱番角形薬瓶	295	8 匁 3 分 2 厘	松田や
(75)	弐番同	89	7 匁 6 分 6 厘	松田や
(76)	三番同	335	6 匁 9 分	永井や
(77)	四番同	440 外ニ 100 別段持渡り	5 匁　　9 厘	てつや
(78)	五番角形薬ひん	245	4 匁 5 分 7 厘	永井や
(79)	六番同	245	4 匁 3 分 5 厘	永井や

368　第3部　安政期の日蘭貿易

	商　品	数　量	落札価格 (脇前額)	落札商人
(80)	七番同	245	7匁7分9厘	永井や
(81)	八番同	170	6匁9分	てつや
(82)	九番角形薬ひん	415	7匁1分	河作
(83)	拾番同	20	5匁5分	永井や
(84)	拾壱番同	249	5匁1分8厘	春日や
		外ニ49 別段持渡り		
(85)	拾弐番同	146	5匁　3厘	永井や
(86)	拾三番角形薬ひん	125	5匁　3厘	永井や
(87)	壱番無地薬ひん	100	14匁8分	豊安
		外ニ96 別段持渡り		
(88)	弐番同	100	7匁3分	てつや
		外ニ41 同断		
(89)	三番同	100	5匁3分9厘	竹のや
		外ニ42 同断		
(90)	四番無地薬ひん	250	4匁3分2厘	永井や
(91)	五番同	240	3匁6分6厘	田原や
(92)	六番同	245	3匁	永井や
(93)	七番同	143	3匁　2厘	田原や
(94)	八番無地薬ひん	125	2匁8分7厘	永井や
(95)	九番同	190	4匁6分9厘	てつや
(96)	拾番同	145	4匁2分7厘	松田や
		外ニ50 別段持渡り		
(97)	拾壱番同	150	3匁1分6厘	松田や
		外ニ50 別段持渡り		
(98)	拾弐番無地薬瓶	200	2匁9分5厘	松田や
(99)	拾三番同	100	2匁9分	松田や
(100)	十四番同	90	2匁9分6厘	永井や
(101)	無地薬ひん	128	4匁3分8厘	天佐
(102)	壱番廣口薬ひん	246	36匁4分	松田や
(103)	二番同	59	34匁7分	松田や
(104)	三番同　サフラン入	204ツ	22匁	永井や
(105)	厚手硝子板	2枚	550匁	ヒシや
(106)	繪鏡	4面	45匁8分	村仁
(107)	硝子板	1,600枚	3匁6分9厘5毛	永井や
(108)	疵同	37枚	3匁	永井や
(109)	壱番白焼金縁金繪長皿	5枚	22匁	立見や
(110)	弐番白焼金縁金繪長皿	4枚	20匁6分	村仁
(111)	白焼金縁絵入菓子鉢	1枚	80匁	天佐
		外ニ1枚同断		
(112)	不残二付　壱番白焼金縁絵入長皿	2枚	42匁5分	竹のや
(113)	弐番白焼金縁絵入長皿	4枚	22匁3分	天佐
(114)	白焼金縁絵入角形皿	2枚	26匁7分	永井や
		外ニ2 枚別段持渡り		
(115)	白焼金縁絵入六寸鉢	26枚	9匁1分	松田や
(116)	白焼金縁入四寸皿	40枚	5匁5分5厘	ヱサキ
(117)	錦手四寸皿	20枚	6匁1分8厘	天佐
(118)	白焼金縁金繪茶キ	2揃	238匁	天佐
(119)	同金縁金繪小形六ツ組茶キ	2揃	35匁	天佐
(120)	白焼金縁金絵小形四ツ組茶器	2揃	38匁	てつや
(121)	白焼金縁金絵小形盆付皿付猪口	4揃	18匁6分	天佐
(122)	同金縁繪入茶キ	1揃	370匁1分	田原や
(123)	同金縁繪入小形茶キ	2揃	80匁	てつや
(124)	白焼金縁繪入皿附ふた物	4揃	27匁5分	松田や
(125)	白焼絵入金縁四寸皿	40枚	－	－
		外ニ20 枚別段持渡り		
(126)	白焼金縁絵入ふた物	4ツ	35匁3分	松田や

第1章　安政2年(1855)の日蘭貿易　　369

	商　　品	数　量	落札価格　(駘竔)	落札商人
(127)	壱番白焼金縁絵入ふた物	5ツ 外ニ3ツ別段持渡り	18匁9分	河内や
(128)	弐番同	2ツ 外ニ2ツ同断	15匁6分	天佐
(129)	白焼金縁絵入皿付ふた物	4揃	－	－
(130)	壱番白焼金縁菓子鉢	2枚	67匁8分	ふしや
(131)	弐番同	2枚 外ニ2枚別段持渡り	63匁9分	天佐
(132)	三番同	4枚	73匁	天佐
(133)	白焼金縁柄付菓子入	2ツ	100匁8分	玉つや
(134)	白焼金縁角形皿	3枚 外ニ3枚別段持渡り	39匁3分	田原や
(135)	白焼金縁貝形長皿	6枚	20匁	天佐
(136)	白焼金縁四枚入子長鉢	2組	146匁	豊安
(137)	白焼金縁基付小形菓子入	4ツ	28匁	天佐
(138)	白焼金縁小形菓子入	8ツ	27匁	田原や
(139)	白焼金縁猪口焼付小蓋物	6ツ	28匁8分	村仁
(140)	壱番白焼金縁四寸皿	13枚	6匁2分	豊安
(141)	弐番同	28枚	4匁2分3厘	豊安
(142)	白焼金縁三寸皿	24枚	4匁8分	永井や
(143)	壱番白焼金縁金絵花生	12	43匁	天佐
(144)	弐番白焼金縁金絵花生	12	39匁4分	村仁
(145)	三番同	16	32匁	立見や
(146)	四番同	19	36匁3分	ふしや
(147)	五番同	12	23匁9分	村仁
(148)	六番白焼金縁金繪花生	11	23匁9分	てつや
(149)	七番同	12	31匁8分	豊安
(150)	八番同	4ツ	25匁9分	ふしや
(151)	壱番錦手小花生	4ツ	15匁1分	竹のや
(152)	弐番錦手小花生	4ツ	13匁2分	竹のや
(153)	壱番錦手茶出し	3ツ	14匁6分	ヒシや
(154)	弐番同	10ヲ	12匁6分	ヒシや エサキ
(155)	素焼四ツ組茶器	6揃	59匁7分	松田や
(156)	不残ニ付 素焼器物	17品	269匁	ふしや
(157)	壱番白焼弐ツ入子絵具摺	2揃	27匁9分	金沢や
(158)	弐番同	2揃	25匁7分	竹のや
(159)	三番白焼弐ツ入子絵具摺	3揃	27匁	河内や
(160)	壱番染付鉢付ふた物	7揃	63匁9分	ふしや
(161)	弐番同	1揃	59匁7分	竹のや
(162)	壱番染付皿付ふた物	31揃	18匁6分	竹のや
(163)	弐番同	18揃	23匁9分1厘	玉津や
(164)	三番同	16揃	14匁1分	竹のや
(165)	染付ふた物	41	25匁8分1厘	玉津や
(166)	壱番染付基付菓子入	18	25匁7分	松田や
(167)	弐番同	11	23匁9分	天さ
(168)	染付菓子入	22	29匁8分	松田や
(169)	染付長皿	34枚	17匁8分	天さ
(170)	染付皿付水次	17	10匁6分	竹のや
(171)	染付基付小皿	36	3匁7分	村仁
(172)	壱番染付長鉢	5枚	60匁	天さ ヒシや
(173)	弐番同	5枚	56匁3分	天さ
(174)	三番同	8枚	33匁3分	天さ
(175)	四番染付長鉢	10枚	30匁1分	ヒシや
(176)	五番同	35枚	18匁6分	天さ

370　第3部　安政期の日蘭貿易

	商　　品	数　量	落札価格　(鷂前鷂)	落札商人
(177)	六番同	34 枚	14 匁 5 分	永井や
(178)	壱番染付巣桁付鉢	3 枚	48 匁 7 分	村仁
(179)	弐番染付巣桁付鉢	6 枚	40 匁 3 分	竹のや
(180)	壱番染付鉢	8 枚	45 匁 8 分	ヒシや
(181)	弐番同	8 枚	36 匁 4 分	天佐
(182)	染付深手八寸鉢	116 枚	6 匁 5 分 6 厘	村仁
(183)	染付八寸鉢	207 枚	6 匁 5 分 7 厘	豊安
(184)	染付七寸鉢	78 枚	5 匁 4 分 9 厘	天佐
(185)	染付五寸皿	20 枚	5 匁 1 分 6 厘	天佐
(186)	不残二付　焼物器	23 品	106 匁	三吉や
(187)	酒瓶	10 ヲ	20 匁　　2 厘	ヒシや
(188)	錫茶出し	12	47 匁	立見や
(189)	フリツキ手燭	18	26 匁 9 分	田原や
(190)	壱番匂ひ瓶	36	10 匁 9 分	てつや
(191)	弐番同	36	11 匁 5 分	永井や
(192)	三番同	84	8 匁 5 分	永井や
(193)	四番匂ひ瓶	6 ツ	18 匁	豊安
(194)	壱番指輪	155	2 匁	豊安
(195)	弐番同	144	3 分	田原や
(196)	耳飾り付留針	28 箱	12 匁 7 分	立見や
(197)	帯〆	9 筋	8 匁 3 分 1 厘	河作
(198)	繪鏡	4 面	－	－
(199)	足〆	6 揃	18 匁 9 分	てつや
(200)	不残二付　革火吹	2 ツ	93 匁	ふしや
(201)	壱番口抜	3 ツ	25 匁	永井や
(202)	弐番同	5 ツ	22 匁 9 分	永井や
(203)	四ツ折尺さし	4 本	60 匁	永井や
(204)	硝子スホイト	36	16 匁 9 分 2 厘	ふしや
(205)	金入レ	12	14 匁 6 分	ヱサキ
(206)	時計硝子	135	1 匁 1 分 9 厘 3 毛	竹のや
(207)	石筆	238 本	1 匁　　6 厘	ヱサキ
(208)	時計紐	47 筋	3 匁	立見や
(209)	壱番小形遠目鏡	10 本	91 匁 5 分	金沢や
(210)	弐番同	8 本	43 匁 9 分	金沢や
(211)	壱番龍口	12 本	17 匁 6 分	永井や
(212)	弐番同	12 本	13 匁 1 分	永井や
(213)	三番龍口	18 本	8 匁 1 分	永井や
(214)	壱番牡丹	6 ツ	3 匁 7 分	ヱサキ
(215)	弐番同	12	2 匁 2 分	ヱサキ
(216)	三番同	24	1 匁 7 分	ヱサキ
(217)	壱番笄	6 本	8 匁 9 分	関東や
(218)	弐番同	2 本	6 匁	関東や
(219)	三番同	28 本	7 分 4 厘	ヱサキ
(220)	四番同	116 本	4 分 6 厘	ヱサキ
(221)	五番かんさし	72 本	9 厘	立見や
(222)	壱番留針	150 本	3 匁 3 分	立見や
(223)	弐番同	30 本	4 分	金沢や 立見や
(224)	三番同	75 本	1 匁 8 分	豊安
(225)	不残二付　四番留針	3 本	50 匁	ふじや
(226)	壱番腕〆	3 ツ	15 匁	豊安
(227)	弐番腕〆	12 箱	3 匁 4 分	豊安
(228)	不残二付　腕〆	9 ツ	151 匁	ふじや
(229)	不残二付　薫陸玉	14	32 匁 7 分	永井や
(230)	珊瑚玉	1 貫キ	1 貫 120 匁	玉津や
(231)	壱番目覚し	1 ツ	143 匁	ふじや

第1章　安政2年(1855)の日蘭貿易　　371

	商　　品	数　量	落札価格　(鑑前組)	落札商人
(232)	弐番同	2ツ	113匁	竹のや
(233)	小形袂時計	1ツ	1貫970匁	松田や
(234)	明〆付方針	2ツ	86匁	永井や
(235)	壱番小形袂時計	1ツ	1貫320匁	松田や
(236)	弐番同	2ツ	1貫280匁	三吉や
(237)	壱番押打袂時計	1ツ	905匁	永井や
(238)	二番同	1ツ	789匁	竹のや
(239)	塗革	1枚 外ニ4枚別段持渡り	―	―
(240)	壱番硝子竿	4本	17匁8分	関東や
(241)	弐番同	8本	9匁6分	天さ
(242)	塗革	1枚	238匁	豊安
(243)	類違色はるしや皮	84枚 外ニ12枚別段持渡り	38匁9分	竹のや
(244)	羊毛皮	3枚 外ニ3枚同断	84匁	田原や
(245)	諸滑磨鹿皮	19枚 外ニ42枚別段持渡り	40匁	天佐
(246)	いサルアルモニヤシ	117瓶	163匁	竹のや
(247)	ろ同	35斤	89匁7分	竹のや
(248)	ヲツセンカル	80瓶 外ニ20瓶同断	61匁7分	立見や
(249)	アセタスフリユムヒイ	50瓶	22匁7分	金沢や
(250)	エキスタラクトヒヨシヤムス	60瓶	201匁	河内や
(251)	エキスタラクトシキユータ	10瓶 外ニ10瓶別段持渡り	147匁	蒔ヱや
(252)	ラーヒスインプリナーリス	2瓶	136匁8分	吉更や
(253)	ブラークウエインステーン	60瓶	32匁	金沢や
(254)	キナソート	40瓶	400匁	永見
(255)	サルペートルシユルヒスメット	32瓶	25匁2分	金沢や
(256)	カロメル	19瓶	13匁9分	天佐
(257)	ヤラツハハルスト	2鑵	170匁	永井や
(258)	テリヤアカ	491鑵 外ニ12鑵別段持渡り	4匁2分9厘	永井や
(259)	ヲクリカンキリ	83斤5合 外ニ41斤7合1篇	178匁	てつや
(260)	フリイルフルーウム	21斤 外ニ21斤別段持渡り	33匁9分	ふしや
(261)	ケレモルタルタリー	62斤5合 外ニ20斤7合5勺同断	72匁9分	てつや
(262)	サツサハリルラ	83斤5合 外ニ20斤8合同断	22匁	永井や
(263)	イヘカコアナ	84斤	75匁8分	関東や
(264)	コロンホー	166斤	76匁4分	永井や
(265)	エイスランスモス	1,050斤	18匁5分	ヱサキ 関東や
(266)	細末ホツクホウト	2,733斤	3匁9分4厘	田原や
(267)	セアユイン	375斤	32匁9分1厘	河内や
(268)	マク子シヤ	255斤	32匁5分	永井や
(269)	ローデキナキナ	8斤 外ニ2斤別段持渡り	210匁	ふしや
(270)	カミルレ	789斤 外ニ40斤同断	18匁4分	ヒシや
(271)	ヤラツパ	105斤	101匁	ヒシや
(272)	シキターリス	104斤	210匁	永見
(273)	ケンチヤンウヲルトル	249斤	9匁	てつや

372　第3部　安政期の日蘭貿易

	商　　品	数　量	落札価格　(脇荷組)	落札商人
(274)	亜麻仁	124 斤	7 匁 5 分	福井や
(275)	阿魏	330 斤	41 匁	豊安
(276)	芦會	166 斤	48 匁 8 分 3 厘	吉更や
(277)	ヒヨシヤムス	124 斤	110 匁	てつや
		外ニ 83 斤別段持渡り		
(278)	アルニカフルウム	124 斤	23 匁 8 分	春日や
				てつや
(279)	ベラトーナ	50 斤	3 匁 8 分	てつや
(280)	センナ	207 斤	73 匁	河内や
(281)	いサポン	21 斤	10 匁 9 分	吉更や
(282)	ろ同	835 斤	−	−
(283)	キナキナ	785 斤	163 匁 9 分	天佐
		外ニ 455 斤別段持渡り		竹のや
(284)	ラタアニア	8 斤 5 合	79 匁 4 分	天佐
(285)	ホフマン	100 瓶	61 匁 7 分	松田や
(286)	スフリーテスニツトルトロシス	100 瓶	48 匁 9 分	ふしや
(287)	サルアルモニヤシ精気	50 瓶	43 匁 9 分 3 厘	永井や
(288)	ラウタニユム	56 瓶	8 匁 9 分	吉更や
(289)	アマントル	415 斤	20 匁	三吉や
(290)	紺青	205 斤	78 匁	てつや
(291)	セメンシーナ	100 斤	1 貫 870 匁	立見や
		外ニ 107 斤別段持渡り		福井や
(292)	サフラン	170 斤	1 貫 300 匁	永見
		外ニ 37 斤別段持渡り		
(293)	薄荷油	65 瓶	14 匁 2 分	豊安
(294)	セ子ーフル油	80 瓶	6 匁 8 分	永井や
(295)	ハアルレム油	893 瓶	2 匁 6 分 4 厘	永井や
(296)	カヤフーテ油	95 ふらすこ	73 匁 8 分	てつや
(297)	テレメンテイン油	200 硝子	18 匁 8 分	河内や
(298)	ホルトカル油	198 硝子	37 匁 8 分	ふしや
(299)	タンキリ	1,240 斤	14 匁 5 分	松田や
(300)	水牛爪	1,060 斤	14 匁	松田や
(301)	白檀	5,160 斤	10 匁 7 分	菱や
(302)	藤	83,000 斤	4 匁 3 分 7 厘	村藤
				村仁
	追ワキニ			
(303)	羅紗着物	3 ツ	100 匁	てつや
(304)	石筆	161 本	1 匁 4 分	豊安
(305)	折ハアカ	3 本	7 匁	ヱサキ
(306)	匂ひ水	6 ひん	8 匁 2 分	金沢や
(307)	サポン	41	3 匁 5 分	関東や
(308)	鹿角	12 斤	5 分 6 厘 7 毛	関東や
	卯紅毛品代り			
(309)	い尺長上更紗	100 端	517 匁	布や
(310)	ろ尺長上更紗	170 端	191 匁 8 分	吉更や
(311)	は同	60 端	185 匁 9 分	松田や
(312)	に尺長上更紗	434 反	144 匁 1 分	布や
(313)	い壱番類違尺長奥縞	192 端	235 匁	ヒシや
(314)	い弐番類違尺長奥縞	107 端	226 匁	布や
(315)	ろ同	66 端	182 匁	吉更や
(316)	は弐番類違尺長奥縞	79 端	136 匁	吉更や
(317)	又布縞	60 端	161 匁 8 分	てつや
(318)	い緯替り紋羯山	6 切	342 匁	ヒシや
(319)	ろ緯替り紋羯山	2 切	163 匁	玉つや

第1章　安政2年(1855)の日蘭貿易　　373

	商　　　　品	数　量	落札価格　(脇荷帳)	落札商人
(320)	い綿タビイ	1切	44匁	河内や
(321)	ろ同	5切レ	20匁8分	玉つや
(322)	色紋羯山	3切	200匁	ふしや
(323)	薄手紫飛色婦ら多	1切	21匁9分	ふしや
(324)	飛色サアイ	1切	6匁8分2厘	金沢や
(325)	類違形付呉羅服連	6切	10匁1分	ふしや
(326)	同嶋同	3切	18匁	ふしや
(327)	類違色同	4切	5匁5分	ふしや
(328)	類違嶋海黄	1切	—	—
(329)	類違色海黄	1切	—	—
(330)	冠り嶋木綿	2,400	4匁8分2厘	三吉や
(331)	アラビヤゴム	1,365斤	33匁9分	春日や
(332)	琥珀	995斤	48匁9分	豊安
(333)	郡青	109斤	67匁5分	金沢や
(334)	ウニコール	371斤	792匁	松本や
(335)	太服皮	40斤	27匁	松のや

出典・「卯紅毛脇荷」((1)〜(302))と「追ワキニ」((303)〜(308))は，G₂:「安政二卯三番割　卯紅毛船
　　脇荷物見帳」(長崎大学附属図書館経済学部分館所蔵武藤文庫)。「卯紅毛品代り」((309)〜(335))は，
　　G₃:「安政二卯三番割　卯紅毛船品代り荷物見帳」(長崎歴史文化博物館収蔵)。
　註・品目頭註の数字は便宜上著者が付したものである。
　　・朱文字は斜体で表記した。
　　・「不残ニ付」は総額を意味すると考えられる。

る「外ニ1枚別段持渡り」など「別段持渡り」の表記は，後述する「除き
物」としての数量を示しているものと考えられる。[47]

　現存する F₇:「政庁の貿易代理人の脇荷勘定帳」Kambang rekening van
den Gouvernement's Agent voor den handel 1855.(日付け無し)には，脇荷
取引以外の取引の品に相当する Algemeene Ligting(除き物)のリスト(商品
名・数量・価格・価額を記す)と脇荷物に対する輸出品のリスト(日本商人別に商品
名・数量・価格・価額を記す)，さらに，交換貿易(「品代り荷物」の取引)のリスト
(商品名・取引価格・商人〔購入〕価格・35% 控除後の価格を記す)からなっているが，
残念ながら脇荷物の取引に関して全容を知ることはできない。

　それに対して，前年の嘉永7年(1854)の Kambang rekening van den
Pachter 1854.[48](賃借人の脇荷勘定帳)には，Kambang Rekening(脇荷勘定帳)
と Ruilhandel Rekening(交換貿易勘定帳)を巻頭に記し，その後に，前者の勘
定帳の内訳として Algemeene Ligting(除き物)のリスト(商品名・数量・価格・
価額を記す)と脇荷物に対する輸出品のリスト(日本商人別に商品名・数量・価格・
価額を記す)を記している。このことから考えて，おそらく，安政2年(1855)
の F₇:「政庁の貿易代理人の脇荷勘定帳」Kambang rekening van den

Gouvernement's Agent voor den handel 1855. は，Kambang Rekening（脇荷勘定帳）と Ruilhandel Rekening（交換貿易勘定帳）を作成する前段階の史料と考えられ，未完成のものと思われる。

そこで，本節では，嘉永7年(1854)の「賃借人の脇荷勘定帳」を分析することにより，安政2年(1855)の脇荷物の取引を推測することにしたい。Kambang rekening van den Pachter 1854.（賃借人の脇荷勘定帳）によれば，嘉永7年(1854)の脇荷取引は，83,229.814 カンバンテール，脇荷取引以外の取引では，Algemeene Ligting（除き物）の取引で 24,280.68 カンバンテール，阿蘭陀通詞小川慶右衛門（除き物）の取引 10 カンバンテール，阿蘭陀通詞北村元助（除き物）の取引 71 カンバンテール，書籍類の取引 3,541 カンバンテール（内．30 カンバンテールは阿蘭陀通詞品川藤兵衛の取引），「品代り荷物」の取引 29,933.878 カンバンテールがあり，合計 141,066.372 カンバンテールが嘉永7年の脇荷物に関する取引規模であった。したがって，賃借人が持ち渡った脇荷物の内，脇荷取引は，全体の59%をしめ，残りの41%が脇荷取引以外の取引であったといえる。

単純に比較することは控えなければならないが，安政2年の Algemeene Ligting（除き物）の取引が 47,918.4329 カンバンテールあり，前年度のほぼ2倍であることから脇荷物に関して，全体の取引規模が前年より増加していた可能性は高いであろう。

次に，「品代り荷物」の取引についてみていきたい。

嘉永7年(1854)の Ruilhandel Rekenig（交換貿易勘定帳）を示すと，後掲史料3のようである。「品代り荷物」として染織類と薬品類が取引され，日本側（長崎会所）からは，白蠟と密蠟を主要商品として渡していることがわかる。「品代り荷物」の染織品の単価は，長崎歴史文化博物館収蔵の「嘉永七　寅阿蘭陀舟本方・品代切本」に記されている会所の仕入値と一致することより，先にも述べたように，「品代り荷物」が長崎会所によって購入されたものであり，脇荷取引のように日本側商人が直接入札購入したものではなかったことがわかる。

上記に対して，安政2年の交換貿易に関する史料を示すと，後掲史料4

のようであり，史料3のように貸借対照表形式ではない。また，空白欄も
みられ，未完成の記録と判断される。この史料4には，各商品ごとに「品
代り荷物の取引価格」「商人〔購入〕価格」「35％控除後の価格」をカンバン
テールとグルデンで記している。「品代り荷物の取引価格」は，政庁の貿易
代理人ランゲが長崎会所に販売した価格である。また，「商人〔購入〕価格」
は，長崎会所から本商人が落札購入した価格であり，その落札購入価格から
本商人が35％の税を長崎会所に納めた後の価格が「35％控除後の価格」で
ある。この史料4より，「品代り荷物」に関しても，脇荷取引と同じように
本商人は落札価額から35％を税という形で長崎会所に納めることになって
いたことがわかる。また，オランダ側が「品代り荷物」の本商人落札価格だ
けでなく，「35％控除後の価格」まで書き留めていることは，それぞれの
「品代り荷物」の日本市場での商品価値を調査していたあらわれであり，自
由貿易に向けての準備とも読み取れよう。

　上述したように安政2年の「政庁の貿易代理人の脇荷勘定帳」は，不完
全なためその全容を確認することはできないが，前年の取引から考えて，脇
荷物には，書籍類も含まれていたことは間違いない。表71にも示したよう
に，9月25日には，
　　　一当年入津之阿蘭陀船ゟ持渡書籍之分御用ニ付申上候半切弐通幷書籍等
　　　御取入之儀ニ付申上候横文字壱通幷和解帳壱冊添書半切弐通，御年番
　　　所江(中略)相渡ス(49)
とあることより，書籍が御用として取り扱われていたことがわかる。先にも
引用した「弘化元年甲辰七月調」(天保十五年)を下限とする「唐紅毛交易大意」(「力石雑
記」三十五(北海道大学附属図書館北方資料室所蔵))よりわかるように，脇荷物とし
て持ち渡られた「書籍」は，脇荷取引はされず，「御用書籍」として注文の
上，持ち渡られることになっていたものである(第1部第1章第3節参照)。
　また，書籍に関しては，表71の10月10日に，
　　　当年阿蘭陀船ゟ持渡候書籍之内脇荷阿蘭陀人船頭共所持之分直段取調
　　　早々可申聞候(50)

史料3〈翻刻版〉

1854 　　　　　　　　　　　　　　Ruilhandel Rekening

Aan					à	T.		T.	
Aan	50 st. chits	L. I			à	T. 15.0	T.	750.0	
〃	361 〃 〃	Lo			〃	〃 12.0	〃	4,332.0	
〃	195 〃 〃	Ha			〃	〃 12.0	〃	2,340.0	
〃	59 〃 〃	Ni			〃	〃 10.0	〃	590.0	
〃	165 lappen				〃	〃 2.0	〃	330.0	
〃	25 st. chits	L. I			〃	〃 7.0	〃	175.0	
〃	50 〃 〃	Lo			〃	〃 5.8	〃	290.0	
〃	150 〃 〃	Ha			〃	〃 5.2	〃	780.0	
〃	19 〃 222 ikjes gebl. fluweel				〃	〃 1.7	〃	378.59	
〃	2 〃 wit tafelgoed				〃	〃 5.2	〃	10.4	
〃	3 〃 〃 broekenstof streep				〃	〃 13.4	〃	40.2	
〃	2 〃 〃 id ruiten				〃	〃 13.4	〃	26.8	
〃	3 〃 gebl. grein 14.8 ikjes				〃	〃 1.5	〃	22.2	
〃	1 〃 〃 damas 5.08 id				〃	〃 7.0	〃	35.56	
〃	2 〃 〃 id 24.29 id				〃	〃 6.0	〃	145.74	
〃	5 〃 〃 id 66.83 id				〃	〃 3.6	〃	240.588	
〃	5 〃 〃 id 65.7 id				〃	〃 3.4	〃	223.38	
〃	110 〃 japie				〃	〃 6.0	〃	660.0	
〃	20 〃 dunne hamans				〃	5.6	〃	112.0	
〃	24 〃 witte drills				〃	7.0	〃	168.0	
〃	49 〃 taffachelas	L. I			〃	13.0	〃	637.0	
〃	118 〃 id	Lo			〃	10.0	〃	1,180.0	
〃	30 〃 id	andere soort			〃	4.5	〃	135.0	
〃	102 〃 Bengaalsch linnen				〃	5.0	〃	510.0	
〃	49 〃 gestreept	id	L. I		〃	6.2	〃	303.8	
〃	50 〃 id	id	Lo		〃	4.4	〃	220.0	
〃	1,642 〃 bl. doeken				〃	0.34	〃	558.28	
〃	1,729.7 katjes Arabisch gom				〃	1.0	〃	1,729.7	
〃	988.9 id barnsteen				〃	2.4	〃	2,373.84	
〃	94.0 id ultra marin				〃	1.4	〃	131.6	
〃	46.5 id kaneel				〃	0.4	〃	18.6	
〃	99.64 id eenhoorn				〃	40.0	〃	3,985.6	

T. 23,433.878

Per	300 kisten witte was		à	T. 24.0	T.	7,200.0	
	400 〃 〃 〃		〃	〃 30.0	〃	12,000.0	
	400 katjes gedroogde oesters		〃	〃 0.4	〃	160.0	
	3,500 〃 soermé		〃	〃 0.22	〃	770.0	
	1,200 〃 tarwe		〃	〃 0.033	〃	39.6	
	3,796.733 〃 bijenwas		〃	〃 0.68	〃	2,581.778	
	700 kisten voor de was		〃	〃 0.975	〃	682.5	

T. 23,433.878

Nog ontvangen voor een stoombootje
180,057 katjes witte was in 181 kisten
de pikol tegen T. 35 ····· T. 6,320.0
180 kisten 〃 〃 1 ····· 〃 180.0 〃 6,500.0

T. 29,933.878

出典：Kambang rekening van den Pachter 1854. MS. N.A. Japans Archief, nr. 1871 (Aanwinsten, 1910, I: No. 291).
（Tōdai-Shiryō Microfilm: 6998·1·135·40)。

史料3〈抽訳版〉

1854　　　　交換貿易〔品代り〕勘定

貸方			∥値	〔総額〕	借方			∥値	〔総額〕
50反		い尺長上更紗	15.0テール	750.0テール	300箱		〔白蠟〕	24.0テール	7,200.0テール
∥ 361∥		ろ尺長上更紗	∥12.0∥	4,332.0∥	∥ 400∥			∥30.0∥	12,000.0∥
∥ 195∥		は尺長上更紗	∥12.0∥	2,340.0∥	∥ 400斤		〔干し蠟〕	∥0.4∥	160.0∥
∥ 59∥		に尺長上更紗	∥10.0∥	590.0∥	3,500∥		〔鯣〕	∥0.22∥	770.0∥
∥ 165切		更紗	∥2.0∥	330.0∥	1,200∥		〔小麦〕	∥0.033∥	39.6∥
∥ 25反		い尺長更紗	∥7.0∥	175.0∥	3,796.733∥		〔密蠟〕	∥0.68∥	2,581.778∥
∥ 50∥		ろ尺長更紗	∥5.8∥	290.0∥	700箱		〔蠟用の箱〕	∥0.975∥	682.5∥
∥ 150∥		は尺長更紗	∥5.2∥	780.0∥					
∥ 19∥	222匁	形付綿天鵞絨	∥1.7∥	378.59∥					
∥ 2∥		尺長白紋金巾	∥5.2∥	10.4∥					
∥ 3∥		浮織嶋金巾	∥13.4∥	40.2∥					
∥ 2∥		白畝金巾	∥13.4∥	26.8∥					
∥ 3∥	14.8匁		∥1.5∥	22.2∥					
∥ 1∥	5.08∥		∥7.0∥	35.56∥					
∥ 2∥	24.29∥		∥6.0∥	145.74∥					
∥ 5∥	66.83∥		∥3.6∥	240.588∥					
∥ 5∥	65.7∥		∥3.4∥	223.38∥					
∥ 110∥		薄手綿二彩	∥6.0∥	660.0∥					
∥ 20∥		薄手緯替金巾	∥5.6∥	112.0∥					
∥ 24∥		幅廣白綾木綿	∥7.0∥	168.0∥					
∥ 49∥		い類違尺長奥嶋	∥13.0∥	637.0∥					
∥ 118∥		ろ類違尺長奥嶋	∥10.0∥	1,180.0∥					
∥ 30∥		類違奥嶋	∥4.5∥	135.0∥					
∥ 102∥		弁柄嶋木綿	∥5.0∥	510.0∥					
∥ 49∥		い嶋木綿	∥6.2∥	303.8∥					
∥ 50∥		ろ嶋木綿	∥4.4∥	220.0∥					
∥ 1,642∥		弁柄嶋冠り	∥0.34∥	558.28∥					
∥ 1,729.7斤		〔アラビアゴム〕	∥1.0∥	1,729.7∥					
∥ 988.9∥		〔琥珀〕	∥2.4∥	2,373.84∥					
∥ 94.0∥		〔郡青〕	∥1.4∥	131.6∥					
∥ 46.5∥		〔肉桂〕	∥0.4∥	18.6∥					
∥ 99.64∥		〔ウニコール〕	∥40.0∥	3,985.6∥					
				23,433.878テール					23,433.878テール

さらに、蒸気船用として、181箱に入った
白蠟180,057斤を受け取る
　　　1ピコルに付き35テール ‥‥‥　6,320.0テール
　　　180箱 ∥値 1テール ‥‥‥　　 180.0テール　6,500.0テール
　　　　　　　　　　　　　　　　　〔合計〕　29,933.878テール

註・染織品の訳は史料3と「嘉永七　寅阿蘭陀舟本方・品代切本」（長崎歴史文化博物館収蔵）を照合してつけている。
　・単位のテール(theil)は、カンバンテール(kambang theil)を示す。

378　第3部　安政期の日蘭貿易

史料4〈翻刻版〉

Artikelen (Japansche sortering)	per	1855 in ruilhandel	1855 koopmans prijs	prijs na korting van 35 %	ruilh.	koopmans prijs	af 35 %
chitsen L. I	stuk	T. 18.0	T. 51.7	T. 33.605	28.80	82.72	53.76
′ L. Lo	′	′ 12.0	′ 19.8	′ 12.87	19.20	31.68	20.59
′ L. Ha	′	′ 11.6	′ 18.9	′ 12.285	18.56	30.24	19.65
′ L. Ni	′	′ 10.5	′ 14.41	′ 9.3665	16.80	23.05	14.98
nagemaakte taffachelassen L. I 1ste s.	′	′ 13.0	′ 23.5	′ 15.275	20.80	37.60	24.44
id.　　　I 2de s.	′	′ 11.0	′ 22.6	′ 14.69	17.60	36.16	23.50
id.　　　Lo	′	′ 10.6	′ 18.2	′ 11.83	16.96	29.12	18.92
id.　　　Ha	′	′ 10.0	′ 13.6	′ 8.84	16.0	21.76	14.14
kasimier purper	waaijer of	′ 0.8	′ 2.19	′ 1.4235	1.28	3.50	2.27
pinangschalen	0.38 A. el						
verder eenige damast	′	′ 0.1					
fluweel							
gestreept en gedrukt katoen							
Arabische gom	kattie	′ 1.0	′ 3.39	′ 2.2035	1.60	5.42	3.52
barnsteen	′	′ 2.7	′ 4.89	′ 3.1785	4.32	7.82	5.08
ultra marin	′	′ 1.4	′ 6.75	′ 4.3875	2.24	10.80	7.02
eenhoorn	150 k.	′ 40.0	′ 79.2	′ 51.48	64.0	126.72	82.36
id.	221 ′	′ 30.0	′ 79.2	′ 51.48			

出典・F 7：Kambang rekening van den Gouvernement's Agent van den handel 1855. MS. N.A. Japans Archief, nr. 1871 (Aanwinsten, 1910, I: No. 291). (Tōdai-Shiryō Microfilm: 6998-1-135-41).

史料4〈拙訳版〉

品　目 (日本の分類)	付〔単価〕	1855 交換貿易 [払い荷物の割引]	1855 商人〔購入〕価格	35 %控除後の価格	交換貿易 [払い荷物の割引] [単位:グルデン]	商人〔購入〕価格 [単位:グルデン]	35 %控除後の価格 [単位:グルデン]
い尺長上更紗	1反に付	18.0テール	51.7テール	33.605テール	28.80	82.72	53.76
ろ尺長上更紗	′	12.0 ′	19.8 ′	12.87 ′	19.20	31.68	20.59
は尺長上更紗	′	11.6 ′	18.9 ′	12.285 ′	18.56	30.24	19.65
に尺長上更紗	′	10.5 ′	14.41 ′	9.3665 ′	16.80	23.05	14.98
い壱番類違尺長奥縞	′	13.0 ′	23.5 ′	15.275 ′	20.80	37.60	24.44
い弐番類違尺長奥縞	′	11.0 ′	22.6 ′	14.69 ′	17.60	36.16	23.50
ろ壱番類違尺長奥縞	′	10.6 ′	18.2 ′	11.83 ′	16.96	29.12	18.92
は弐番類違尺長奥縞	′	10.0 ′	13.6 ′	8.84 ′	16.0	21.76	14.14
〔薄手紫飛色ふらたか〕	1尺に付	0.8 ′	2.19 ′	1.4235 ′	1.28	3.50	2.27
〔未詳〕							
さらにいくつかの〔紋綢山か〕	′	0.1 ′					
〔綿タビイか〕							
〔又布縞か〕							
アラビヤゴム	1斤に付	1.0 ′	3.39 ′	2.2035 ′	1.60	5.42	3.52
琥珀	′	2.7 ′	4.89 ′	3.1785 ′	4.32	7.82	5.08
郡青	′	1.4 ′	6.75 ′	4.3875 ′	2.24	10.80	7.02
ウニコール　　150 斤	′	40.0 ′	79.2 ′	51.48 ′	64.0	126.72	82.36
ウニコール　　221 ′	′	30.0 ′	79.2 ′	51.48 ′			

註・単位のテール (theil)は、カンバンテール (kambang theil)を示す。

とあり，「脇荷阿蘭陀人」(ここでは政庁の貿易代理人ランゲをさす)や「船頭」(船長)等のいわゆる「遣捨品」として持ち渡られた書籍類も取引にかけられていたと考えられる。「日本商館脇荷勘定帳」Kambang rekening courant Japan 1855. の Bijlaag № 5.(付録文書5番)には，出島商館の図書室から書籍(boek werken)や海図(zeekaarten)が将軍や幕府高官等のために，1,483.50 カンバンテールで譲られていることを記しており，また，同勘定帳の Baijlaag № 6.(付録文書6番)には，阿蘭陀通詞がヤコプ・スワルト Jacob Swart の航海術の書籍類を8カンバンテールで譲られていることを記している。[51] これらの記録は，オランダ人の「遣捨品」としての書籍類が日本側に販売されたことを示すものと思われる。

　第3節で考察した長崎地役人等の「所望品」は脇荷物の中の「除き物」として扱われていたと考えられる。長崎歴史文化博物館収蔵の「御内用方諸書留」の天保7年(1836)の記事には，賃借人が持ち渡った脇荷物について記しているところがあるが，その中で次のように述べている。

　　(前略)昨年ゟ右掛り之者(＝賃借人)咬𠺕吧表ゟ差越，尤脇荷持渡高凡三歩
　　之分脇荷商賣ニ差出，相残候壱歩通者御所望ニ差出候心得ニ而荷物相
　　増別段持渡申候(後略)

ここにあるように，脇荷物の $\frac{1}{3}$ は「御所望」扱いにすることが記されている。この脇荷取引と「御所望」(脇荷取引以外の取引)の割合の規程は，天保10年(1839)になくなるが(第2部第4章第1節参照)，脇荷取引以外の取引の中で，天保14年(1843)より地役人等の「所望品」が扱われ，それは，Algemeene Ligting(除き物)に含まれていたとみることができる。

　また，安政2年の脇荷物の取引以外の取引となった「除き物」の評価基準に関しては，全ての商品で確認することは難しいが，semen Chinae(セメンシーナ)や，saffraan(サフラン)，hijossiamus(ヒヨシヤムス)，digitalis(シキターリス)，camillen(カミルレ)といった薬品類をみる限り，その取引値段は，もれなく脇荷取引時の6割5分になっている。[52] 脇荷取引では，上述の如く，商人落札価額から，その3割5分は長崎会所に納められることになっ

ていたが，その 3 割 5 分を引いた残りの 6 割 5 分が「除き物」の取引値段とされていたのである。すなわち，オランダ人にとっては，同じ品物で同じ収益が得られ，「除き物」で購入する特権階級の日本人にとっては，本商人より 3 割 5 分安値で入手することができたわけである。

　表 71 にみられるように，脇荷物の入札(9 月 16 日～18 日)終了前に，「御代官并町年寄所望之品会所渡」(7 月 25 日・8 月 1・13 日)・「町年寄所望之品会所渡」(8 月 3・11・15・30 日)・「御調并願請之品引分会所渡」(9 月 18 日)などがおこなわれており，「除き物」の取引では，品物そのものは早々に決められていたものがあったが，その取引値段については，脇荷取引がおこなわれた後に決められたと考えられる。

おわりに

　以上，安政 2 年(1855)の日蘭貿易における本方荷物・誂物・脇荷物などオランダ船の主要な輸入品の取引について，史料紹介を含めて明らかにしてきた。

　本方荷物に関しては，別段商法と新規の別段商法を含めて安政 2 年の取引額は，136,644.2653 カンパニーテール(182,192.3537 グルデン)であり，天保 15 年(1844)以降では最高額を記録している(第 3 部第 3 章表 119 参照)。

　また，誂物においては，染織類・暦・雑誌・武器と武器関係の道具類などからなっていたが，数量としては，武器関係の品が圧倒的に多く，開国後の安政 2 年時においても，幕府の軍備の強化が進められていたことがわかる。この年の取引額は，324,317.24 グルデン(243,237.93 カンパニーテール)で，本方取引の 1.78 倍を記録し，天保 15 年以降でみても桁違いの額である(表 89 参照)。「誂物」という取引枠を使って幕府が軍備関係の品々を入手していたわけであるが，従来「誂物」の取引に加わっていた町年寄等長崎地役人はその取引枠から排除され，既に天保 14 年よりその多くが脇荷物の中の「所望品」の枠で取引されるようになっていた。

　脇荷物に関しては，第 4 節で考察したように，安政 2 年は，「除き物」の

第1章　安政2年(1855)の日蘭貿易　　381

表 89　天保 15 年(1844)〜安政 3 年(1856)誂物の取引規模

年　　代	蘭船	御用御誂物 (単位:カンパ ニーテール)	御用御誂物 (単位:グルデン)	その他の誂物 (単位:カンバンテール)	その他の誂物 (単位:グルデン)	合　　計 (単位:グルデン)
1844 (天保 15)	1艘	3,766.74	5,022.32	2,153.7275	3,445.96	8,468.28
1845 (弘化 2)	1艘	4,230.278125	5,640.37	2,863.575	4,581.72	10,222.09
1846 (弘化 3)	1艘	11,320.27625	15,093.85	3,878.712	6,205.112	21,298.962
1847 (弘化 4)	1艘	3,076.0	4,101.4	5,282.75	8,452.48	12,553.88
1848 (嘉永元)	1艘	2,805.1	3,740.15	678.0	1,084.96	4,825.11
1849 (嘉永 2)	1艘	2,918.8	3,891.87	5,505.5	8,808.96	12,700.83
1850 (嘉永 3)	1艘	2,990.6	3,987.55	1,018.0	1,628.96	5,616.51
1851 (嘉永 4)	1艘	3,159.6	4,212.96	6,087.5	9,740.0	13,952.96
1852 (嘉永 5)	1艘	3,136.4	4,181.103	7,319.0	11,710.48	15,891.583
1853 (嘉永 6)	1艘	3,100.8	4,134.48	―	―	4,134.48
1854 (嘉永 7)	1艘	3,102.2	4,136.31	―	―	4,136.31
1855 (安政 2)	2艘	3,162.9	4,217.24	200,062.5	320,100.0	324,317.24
1856 (安政 3)	2艘	868.8	1,158.48	―	―	1,158.48

出典・御用御誂物〜 Komp. rekening courant Japan 1844 〜 1856. MS. N.A. Japans Archief,
　　　　nr. 1803 〜 1815 (Aanwinsten, 1910, I: No. 170 〜 182). (Tōdai-Shiryō Microfilm:
　　　　6998-1-133-18 〜 30).
　　・その他の誂物〜 Kambang rekening courant 1844 〜 1856. MS. N.A. Japans Archief,
　　　　nr. 1878 〜 1890 (Aanwinsten, 1910, I: No. 256 〜 268). (Tōdai-Shiryō Microfilm:
　　　　6998-1-135-5 〜 17).
　　註・「蘭船」はオランダ商売船.
　　・各年のカンパニーテール、カンバンテール、グルデンの数値は史料に従って記している.

取引額(47,918.4329 カンバンテール)を除いて,脇荷物の取引の全容を知ること
ができない.そこで,史料の整っている前年の嘉永 7 年(1854)の脇荷物の取
引についてまとめると,脇荷取引は,83,229.814 カンバンテールであり,
脇荷取引以外の取引は,57,836.558 カンバンテール(その内,「除き物」は,
24,361.68 カンバンテール)で,合計 141,066.372 カンバンテールとなる.嘉永
7 年を参考に,安政 2 年の脇荷物の内の「除き物」の取引額(47,918.4329 カン
バンテール)から安政 2 年の脇荷物の全ての取引額を割り出せば,嘉永 7 年の
およそ 2 倍の取引額となる.

　以上のことより,安政 2 年の日蘭貿易は,天保 15 年(1844)以降でみた場
合,従来を上回る取引額である.これは,安政 2 年に賃借人の脇荷貿易が
解約され,本方貿易と共に脇荷貿易が政庁主導のもとでおこなわれたひとつ
のあらわれといえよう.

382 第3部 安政期の日蘭貿易

註

（1） 安政期の日蘭貿易について，具体的な取引商品や数量をともなった実態面においては，長崎貿易全体からみた小山幸伸『幕末維新期長崎の市場構造』（御茶の水書房，平成18年）や，横山伊徳「日本開港とロウ貿易―オランダ貿易会社を例に―」（明治維新史学会編『明治維新と外交』講座明治維新6，有志舎，平成29年）が注目される。

（2） 石井孝『日本開国史』（吉川弘文館，昭和47年）198頁参照。『幕末外国関係文書』17（東京大学出版会，昭和47年）399頁参照。

（3） 横山伊徳「日蘭和親条約副章について」（『東京大学史料編纂所所報』第22号，昭和63年）22頁参照。

（4） J. A. van der Chijs, *Neêrlands streven tot openstelling van Japan voor den wereldhandel.* Te Amsterdam, bij Frederik Muller, 1867, pp. 403〜413. J. A. ファン・デル・シェイス著・小暮実徳訳『シェイス　オランダ日本開国論』（雄松堂出版，平成16年）354〜369頁参照。横山伊徳「日本開港とロウ貿易―オランダ貿易会社を例に―」194〜195頁参照。

（5） 日蘭修好通商条約では，第11条に「右條約の趣ハ，来未六月五日（即千八百五十九年七月四日）より執行ふへし」（『幕末外国関係文書』20，727頁参照）とあるが，実際に執行されたのは6月2日（西暦7月1日）であった。

（6） 日蘭修好通商条約施行以前の日蘭貿易は，長崎会所が貿易業務をつかさどっていたが，自由貿易開始により，貿易取引は国内外の商人による相対取引となり，幕府は関税徴収をはじめとする開港場における外交関係の事務全般を扱う機関として港会所と大浦番所（後の運上所）を機能させていく。なお，日中貿易に関しては従来通り会所貿易が温存された（吉岡誠也『幕末対外関係と長崎』吉川弘文館，平成30年，第1部第1章・第2章参照）。

（7） 『安政二年　萬記帳』長崎県立長崎図書館郷土史料叢書〔一〕（長崎県立長崎図書館，平成13年）。

（8） これより先，オランダ船としては，安政2年6月9日（1855年**7月22日**）蒸気艦スンビン号Soembingとへデー号Gedehが長崎に来航している。スンビン号はオランダ国王より将軍に献上され，観光丸と改名。長崎海軍伝習所の練習船として活用された。なお，へデー号はスンビン号の僚艦。

（9） 註（7）参照，595頁。

（10） 註（7）参照，228頁。

（11） G .F. Meijlan, *Geschiedkundig Overzigt van den Handel der Europezen op Japan,* 1833, pp. 356〜357. 拙稿「近世日蘭貿易品の基礎的研究―正徳2年（1712）を事例として―」（『長崎談叢』第69輯，昭和59年）110〜113頁参照。

第1章 安政2年(1855)の日蘭貿易 383

(12) Factuur 1855. Contracten, Facturen & Cognossementen Japan 1855. MS. N.A. Japans Archief, nr. 1748 (Aanwinsten, 1910, I: No. 117). (Tōdai-Shiryō Microfilm: 6998-1-131-16).

(13) Opgegeven Factuur 1855. Opgegeven Nieuws, Facturen en Monsterrollen 1855. MS. N.A. Japans Archief, nr. 1758 (Aanwinsten, 1910, I: No. 127). (Tōdai-Shiryō Microfilm: 6998-1-131-26).

(14)「嘉永七寅年　唐紅毛差出」(神戸市立博物館所蔵)の安政2年の「本方」荷物・「誂物」リストの末尾に「六月廿五日巳上刻留ル」,「脇荷物」・「品代り」リストの末尾に「〆六月廿五日」とあり, 6月25日に作成された「積荷目録」の写しと考えられる。

(15) 拙稿「幕末期における輸入染織史料」(『三井文庫史料　私の一点』三井文庫論叢第50号別冊, 平成29年)16～17頁参照。なお,「差出目利帳」には, 安政2年のオランダ船の「差出帳」と「見帳」は収録されていない。

(16) Pakhuis rekening Japan 1855. MS. N.A. Japans Archief, nr. 1793 (Aanwinsten, 1910, I: No. 242). (Tōdai-Shiryō Microfilm: 6998-1-134-47).

(17) Bijlagen Pakhuis rekening Japan 1855. MS. N.A. Japans Archief, nr. 1793 (Aanwinsten, 1910, I: No. 253). (Tōdai-Shiryō Microfilm: 6998-1-135-2).

(18) Komps rekening courant Japan 1855. MS. N.A. Japans Archief, nr. 1814 (Aanwinsten, 1910, I: No. 181). (Tōdai-Shiryō Microfilm: 6998-1-133-29).

(19) Bijlagen Komps rekening courant Japan 1855. MS. N.A. Japans Archief, nr. 1814 (Aanwinsten, 1910, I: No. 193). (Tōdai-Shiryō Microfilm: 6998-1-133-41).

(20) Rekening van den Aparten Handel 1855. MS. N.A. Japans Archief, nr. 1864 (Aanwinsten, 1910, I: No. 226). (Tōdai-Shiryō Microfilm: 6998-1-134-31).

(21) Rekening van den Nieuwen Aparten Handel 1855. MS. N.A. Japans Archief, nr. 1868 (Aanwinsten, 1910, I: No. 230). (Tōdai-Shiryō Microfilm: 6998-1-134-35).

(22) Kambang rekening courant Japan 1855. MS. N.A. Japans Archief, nr. 1889 (Aanwinsten, 1910, I: No. 267). (Tōdai-Shiryō Microfilm: 6998-1-135-16).

(23) Bijlagen Kambang rekening Japan 1855. MS. N.A. Japans Archief, nr. 1889 (Aanwinsten, 1910, I: No. 282). (Tōdai-Shiryō Microfilm: 6998-1-135-31).

(24) 政庁の貿易品である本方荷物をめぐっての取引に関しては, Komps rekening courant Japan.(日本商館本方勘定帳)と Kambang rekening courant Japan.(日本商館脇荷勘定帳)があり, 脇荷物の取引については, 独立した別の帳簿が作成されていた。例えば, 本章で後述する Kambang rekening van den Pachter 1854.(賃借人の脇荷勘定帳)や Kambang rekening van den Gouvernement's Agent van

den handel 1855.（政庁の貿易代理人の脇荷勘定帳）がそれに相当する。脇荷物の取引が「日本商館脇荷勘定帳」で処理されるようになるのは，脇荷物が賃借人に代わって政庁主導のもとで取引されるようになって2年目の1856年からである。

　なお，帳簿類で使用されるカンパニーテール compagnie theil は，日本側で本方銀，カンバンテール kambang theil は，日本側で脇荷銀と称された。本章で使用するカンパニーテール compagnie theil，カンバンテール kambang theil，グルデン gulden の換算は以下の通りである。1カンパニーテール＝$1\frac{1}{3}$グルデン，1カンバンテール＝1.6グルデン，1カンバンテール＝1.2カンパニーテール。

(25)　Kambang rekening van den Gouvernement's Agent van den handel 1855. MS. N.A. Japans Archief, nr. 1871（Aanwinsten, 1910, I: No. 291）.（Tōdai-Shiryō Microfilm: 6998-1-135-41）.

(26)　「見帳」は，長崎会所において本商人が輸入品を入札（落札）したことを記した帳簿であるが，必ずしも最終的な取引結果を記したものではない。脇荷物の取引においては，本商人が落札した後，その落札値が低いことよりオランダ人が商品を日本側に売り渡すことを拒むこともあった。この問題に関しては，拙稿「シーボルト記念館所蔵泉屋家文書「脇荷貿易品史料」について」（『鳴滝紀要』第30号，令和2年）を参照されたい。

(27)　片桐一男『阿蘭陀通詞の研究』（吉川弘文館，昭和60年）260頁参照。

(28)　Geschenken en Jedosche Verkoop Japan 1856. MS. N.A. Japans Archief, nr. 1829（Aanwinsten, 1910, I: No. 216）.（Tōdai-Shiryō Microfilm: 6998-1-134-21）.

(29)　前年，嘉永7年（1854）には，阿蘭陀通詞によって，Notitie van de Koopmanschappen voor het aanstaande jaar 1855.（来たる1855年に向けての商品の注目事項）が作成され，オランダ側に渡されていた。この「商品の注目事項」には，数量・商品名・価格が記され，つづいて注目事項の内容が明記されている。一例として冒頭に記されている Laken Schairood （猩々緋）についてみると次の如くである。

　　10 stuks Laken Schairood　　　　　　　　　　　per ikje T. 10:-

　　　Van dit artikel is de kwaliteit niet zelden onvolkomen; zoo moet de kleur hoogrood en glanzig en de rand zwart ruig en breed zijn.

　　（猩々緋　10反　　　　　　　　　　　　　　　1間に付，10テール

　　　この商品は，不完全な品質であることはまれではない。そのため，色合いは深紅色でつやがあり，縁取りは黒く，ざらついて幅広のものでなければならない）

　このように「商品の注目事項」には，オランダ船の持ち渡り商品に対する日本側の要求事項が書かれており，本史料には上記の「猩々緋」をはじめとして55品目にわたって記されている。ここに記された価格と後掲の表75に示した各商品の販

第 1 章　安政 2 年 (1855) の日蘭貿易　　385

売価格の多くが一致していることより，如何に当時の日蘭貿易(本方取引)が定例化した取引であったか窺い知ることができよう(出典：Notitie van de Koopmanschappen voor het aanstaande jaar 1855. Bijlagen verslag 1854. MS. N.A. Japans Archief, nr. 1730 (Aanwinsten, 1910, I: No. 104). (Tōdai-Shiryō Microfilm: 6998-1-131-3).)。

(30)　註(7)参照，235 頁。

(31)　山脇悌二郎「スタト・ティール号の積荷─江戸時代後期における出島貿易品の研究─」(『長崎談叢』第 49 輯，昭和 45 年)16 頁参照。

(32)　中村質「オランダ通詞の私商売─楢林家「諸書留」を中心に─」(中村質編『開国と近代化』吉川弘文館，平成 9 年)83 頁参照。

(33)　註(22)参照。なお，本方荷物として持ち渡られた砂糖 suiker は，本方取引や「紅毛船追売」「紅毛船臨時賣」での取引，願請砂糖(除き物 ligting)になった他，オランダ人の遣捨や贈り物，参府経費等々に使用された(註(16)参照)。

(34)　註(23)参照。なお，ネーデルラント号の「送り状」(註(12)参照)には，1 ordinair tapijt(並の毛氈　1 枚)f. 180(180 グルデン = 112.5 カンバンテール)が記されており，本品が最終的に荒尾のものになった可能性が高い。

(35)　拙著『日蘭貿易の史的研究』(吉川弘文館，平成 16 年)の「第 7 章　オランダ船の海黄輸入」参照。

(36)　例年作成された「注文書」Eisch が全て現存していないため明らかなことはいえないが，少なくとも De eisch van de Rijksgrooten voor het aanstaande jaar 1850.(来たる 1850 年に向けての幕府高官の注文)には，1,000 丁のゲベール銃が注文されている。そして，その後，嘉永 4 年(1851)に 250 丁，さらに同 5 年(1852)に 250 丁誂物として持ち渡られており，その次は本章で考察している安政 2 年(1855)の 6,000 丁の輸入であった(出典：De eisch van de Rijksgrooten voor het aanstaande jaar 1850. Verslag 1849. MS. N.A. Japans Archief, nr. 1724 (Aanwinsten, 1910, I: No. 99).(Tōdai-Shiryō Microfilm: 6998-1-130-24). Bijlagen Kambang rekening Japan 1851. MS. N.A. Japans Archief, nr. 1885 (Aanwinsten, 1910, I: No. 278). (Tōdai-Shiryō Microfilm: 6998-1-135-27). Bijlagen Kambang rekening Japan 1852. MS. N.A. Japans Archief, nr. 1886 (Aanwinsten, 1910, I: No. 279). (Tōdai-Shiryō Microfilm: 6998-1-135-28).)。

(37)　拙著『日蘭貿易の構造と展開』(吉川弘文館，平成 21 年)138 頁参照。

(38)　同上，334〜338 頁参照。

(39)　「誂物」の取引枠はオランダ側の仕入額から推測することができる。例えば，賃借人とバタヴィア政庁との間で結ばれた 1835 年度用の契約書の第 14 条には，

政庁は，この賃借年に，将軍や幕府高官や長崎の役人達の注文に応じて，

386　第3部　安政期の日蘭貿易

　　　10,000グルデンを超えない購入金額の商品を会社貿易の商品とは別に，日本
　　　に送る権限を維持する。

とあり，オランダ側の誂物の仕入額は，10,000グルデン以下であった(第2部第2
章第2節参照)。なお，この契約書の文言は，1835年(天保6)から1848年(嘉永
元)まで確認することができる(第2部第3章～第5章参照)。

(40)　註(7)参照，241頁。

(41)　1845年向け，1846年向け，1850年向け，1853年向け～1857年向けの長崎地役
　　　人の注文品を記した注文書は現存している。しかし，1845年～1857年の誂物(注
　　　文品)を記した「送り状」には長崎地役人(阿蘭陀通詞は除く)の注文品の記事は見
　　　当たらない。

(42)　De eisch van de Wel Edel Heeren Rentemeester, Kommissaris der Geldka-
　　　mer en Opperburgemeesters voor het aanstaande jaar 1855. Bijlagen verslag
　　　1854. MS. N.A. Japans Archief, nr. 1730 (Aanwinsten, 1910, I: No. 104). (Tō-
　　　dai-Shiryō Microfilm: 6998-1-131-3).

(43)　De eisch van de Kambang goederen voor het aanstaande jaar 1855. Bijlagen
　　　verslag 1854. MS. N.A. Japans Archief, nr. 1730 (Aanwinsten, 1910, I: No. 104).
　　　(Tōdai-Shiryō Microfilm: 6998-1-131-3).

(44)　Waarschuwing. Bijlagen verslag 1854. MS. N.A. Japans Archief, nr. 1730
　　　(Aanwinsten, 1910, I: No. 104). (Tōdai-Shiryō Microfilm: 6998-1-131-3).

(45)　De eisch van den Ruiling Handel voor het aanstaande jaar 1855. Bijlagen
　　　verslag 1854. MS. N.A. Japans Archief, nr. 1730 (Aanwinsten, 1910, I: No. 104).
　　　(Tōdai-Shiryō Microfilm: 6998-1-131-3).

(46)　Waarschuwing voor den Ruiling Handel. Bijlagen verslag 1854. MS. N.A. Ja-
　　　pans Archief, nr. 1730 (Aanwinsten, 1910, I: No. 104). (Tōdai-Shiryō Microfilm:
　　　6998-1-131-3).

(47)　「安政二卯三番割　卯紅毛船脇荷物見帳」作成時点における「除き物」の数量と
　　　考えられる。なお，註(25)に記されているAlgemeene Ligting(除き物)のリスト
　　　との照合によるが，全て一致するものではない。

(48)　Kambang rekening van den Pachter 1854. MS. N.A. Japans Archief, nr. 1871
　　　(Aanwinsten, 1910, I: No. 291). (Tōdai-Shiryō Microfilm: 6998-1-135-40).

(49)　註(7)参照，404頁。

(50)　註(7)参照，438頁。

(51)　註(23)参照。

(52)　例えば，セメンシーナは，脇荷取引では，1斤に付き1貫870匁で落札されてい
　　　る。それに対して，Algemeene Ligting(除き物)では，semen Chinae は1斤

121.55 カンバンテール(＝1 貫 215 匁 5 分)で取引されている。すなわち, Alge-
meene Ligting(除き物)の取引価格は, 落札価格の 6 割 5 分(1 貫 870 匁×0.65＝1
貫 215 匁 5 分)であることがわかる(表 88 の(291), 註(25)参照)。

第2章　安政3年(1856)の日蘭貿易

は じ め に

　本章では，日蘭貿易において「脇荷商法を拡大する」時期を迎える直前の安政3年(1856)に焦点を絞り，本商人によって落札された本方荷物と脇荷物に限定して，それぞれどのような品物が取引されたのか具体的に明らかにしていきたい。また，幸いにも安政3年には，本方荷物・脇荷物として取引された反物類に関する史料(反物切本帳)が数冊現存していることより，反物切本帳の紹介もあわせておこなうこととする。

第1節　本方荷物・脇荷物の取引に関する史料

　安政3年には，「阿蘭陀商賣船」として7月20日(西暦8月20日)にファルパライソ号 Valparaiso，翌日7月21日(西暦8月21日)にレシデント・ファン・ソン号 Resident van Son が長崎港に入津している。[1]
　以下，安政3年，オランダ船2艘によって持ち渡られた本方荷物と脇荷物の取引を解明しうる日蘭両史料について紹介していきたい。
　まず，本方荷物の取引史料についてみていく。本方荷物の取引はオランダ人が持ち渡った商品を長崎会所が値組の上で一括購入し，それを長崎会所が本商人に入札で販売するものであった。安政3年の場合，具体的に本方荷物の取引を記すオランダ側史料としては，Bijlaag N?. 3. Kompsverkoop in 1856.[2](付録文書3　1856年の本方販売)を挙げることができる。本史料は，Komps rekening courant A?. 1856.(日本商館本方勘定帳)の付録文書群 Bijlagen Komps rekening courant Japan 1856. に含まれているものであり，本方荷物として日本側(長崎会所)に販売された商品名，数量，価格，価額を記

している。さらに，本方貿易では通常「別段商法」として扱われる追加の取引商品を記した Rekening van den Aparten Handel 1856.[3] と Rekening van den Nieuwen Aparten Handel 1856.[4] の両史料もこの年の本方荷物の取引史料といえる。

本方荷物の取引を記す日本側史料としては，管見の限り「〔落札帳〕〔安政三年〕辰一番割至七番割」[5]を挙げることができる。本史料は，本商人の村上[6]によって作成されたものであり，安政3年に長崎会所において本商人に対しておこなわれた1回目から7回目までの入札取引を記したものである。本史料には，商品名，数量，入札上位三番札までの価格と商人名を記録している。なお，本方荷物の取引は，「辰五番割」(十月七日ヵ入札)でおこなわれた。[7]

次に，脇荷物の取引史料についてみていく。前章で考察したように，安政3年の脇荷貿易は本方貿易同様，政庁がおこなっていたものである。これは，日蘭貿易において「脇荷商法を拡大する形」でおこなう貿易取引の前段階とみることができ，オランダ側が既に日本との自由貿易に向けて布石を打っている時期のあらわれといえる。

脇荷物の取引は本方荷物の取引と異なり，オランダ人が持ち渡った商品を長崎会所において本商人が直接入札する取引であった(なお，「品代り取引」については，本方荷物の取引と同じ取引方法であった)。安政3年の場合，具体的に脇荷物の取引を記すオランダ側史料としては，Bijlaag N°. 6. Kambang Handel. Kambang verkoop in 1856.[8](付録文書6　脇荷貿易　1856年の脇荷販売)を挙げることができる。本史料は，Kambang rekening courant 1856.(日本商館脇荷勘定帳)の付録文書群 Bijlagen Kambang-rekening Japan 1856. に含まれているものであり，脇荷物として日本商人に販売された商品名，数量，価格，価額を記している。また，「品代リ」荷物の取引結果については，安政3年になると Bijlaag N°. 7. Kambang-handel. Verkooprekening van onder's hands verkochte goederen. 1856.[9] (付録文書7　脇荷貿易　1856年の相対取引の商品の売上計算書)の中で処理されるようになる。本史料も「付録文書6」同様，日本商人に販売された商品名，数量，価格，価額を記している(な

お，相対取引については，次章において考察する)。

　脇荷物の取引を記す日本側史料としては，管見の限り，本方荷物同様「〔落札帳〕〔安政三年〕辰一番割至七番割」を挙げることができる。脇荷物の取引は，「辰四番割」(十月二日〆入札，四日未刻済)でおこなわれた。なお，「辰紅毛船追脇荷」「辰紅毛品代リ」も同様「辰四番割」で取引されている。また，この「辰四番割」だけを記した「〔辰紅毛脇荷見帳〕〔安政三辰四番割〕」[10]が現存しており本章では補助的に使用する。[11]

第2節　本方荷物・脇荷物の取引一覧表

　第1節において紹介したオランダ側史料と日本側史料を突き合わせて一覧表にしたものが後掲表90・91である。

　表90においては次のことを注記事項として掲げておく。

- 本表では，各商品の品目は「落札帳」に記されている順に並べた。
- オランダ側商品名各単語の表記については，その頭文字は，地名は大文字とし，その他は小文字で記した。
- オランダ側史料で用いられている idem，〃(＝同)，日本側史料で用いられている「同」は，それに相当する単語を記した。
- 数字は基本的に算用数字で記した。
- 「―」は，史料に記載のないことを示す。
- 100 katties＝1 picol。

　同様に表91においては次のことを注記事項として掲げておく。

- 本表では，各商品の品目は「落札帳」に記されている順に並べた。
- オランダ側商品名各単語の表記については，その頭文字は，地名・人名は大文字とし，その他は小文字で記した。
- オランダ側史料で用いられている idem，〃(＝同)，日本側史料で用いられている「同」は，それに相当する単語を記した。
- 数字は基本的に算用数字で記した。
- 「―」は，史料に記載のないことを示す。

・＊印で記した商品・数量・価格については，オランダ側史料と日本側史料とを1品ずつ照合することが困難なため，日本側史料の商品に照合すると考えられるオランダ側商品を後掲表92にまとめて掲げておく。

第3節　反物切本帳について

　オランダ船の輸入品は，各種の手続きを経た後，日本側の役人である目利によって鑑定・評価され，国内市場にもたらされた。輸入反物に関しては，反物目利とよばれる役人によってその職務が果たされた。この反物目利および商人によって輸入反物の裂を貼り込んだ「反物切本帳」(以下「切本帳」と略記する)と称する史料が作成され，現在各所に所蔵されている。[12] 本史料は，端切れではあるが，近世の輸入反物の実物を確認できる貴重な史料といえる。[13] 管見の限り現存する安政3年のオランダ船輸入反物に関する「切本帳」としては，次のものを挙げることができる。

・A「安政三　辰年紅毛船弐艘本方端物切本帳」(京都工芸繊維大学美術工芸資料館所蔵)(図20参照)
・B「辰紅毛船持渡端物切本帳」(東京大学史料編纂所所蔵)(図22参照)
・C「安政三　辰四五番割　辰紅毛船本方脇荷切本帳」(長崎歴史文化博物館収蔵)(図24参照)
・a「安政三年　辰紅毛船弐艘脇荷切本」(鶴見大学図書館所蔵)(図21参照)
・b「辰紅毛船脇荷端物切本帳」(東京大学史料編纂所所蔵)(図23参照)

　上記史料の内，AaBbは反物目利が作成した「切本帳」である。反物目利によって作成された「切本帳」は，輸入反物の荷改の際に，後の覚えとして作成されたものであり，それは，まず，「直組」すなわち価格評価のためであり，その他，商人見せ，荷渡等の際に現物と照合するためのものであったと考えられる。また，「切本帳」の中には，裂の剝ぎ取られた部分に「注文帳之節取之」と記されているものがあり，注文見本としても「切本帳」の裂が使用されたことがわかる。さらに，「切本帳」はその残存形態からして，後年の参考として作成・保管する意味合いもあったと推測される。[14]

表90　安政3年(1856)オランダ船2艘(Valparaiso, Resident van Son)本方荷物の取引

	Kompsverkoop			
	Goederen	Hoeveelheid	販売価格 (テール)	販売価額 (テール)
(1)	laken zwart	84.12 ikjes	10.0 / ikje	841.20
	laken overige kleuren	153.18 ikjes	8.0 / ikje	1,225.44
(2)	⌐ wit			
(3)	aschgraauw			
(4)	lichtblaauw			
(5)	groen olijf			
(6)	⌐ grijs			
	casimier diverse kleuren	101.63 ikjes	5.0 / ikje	508.15
(7)	⌐ zwart			
(8)	aschgraauw			
(9)	⌐ groen olijf			
(10)	grein schaairood	10.10 ikjes	4.5 / ikje	45.45
	grein overige kleuren	34.60 ikjes	4.3 / ikje	148.78
(11)	⌐ groen olijf			
(12)	olijf			
(13)	wit			
(14)	zwart			
(15)	⌐ lichtblaauw			
	gedrukte trijp diverse kleuren	108.0 ikjes	5.0 / ikje	540.0
(16)	⌐ schaairood			
(17)	violet			
(18)	⌐ olijfsensaai			
(19)	roode hamans	24 stuks	10.8 / stuk	259.2
(20)	taffachelassen verbeterde	22 stuks	10.5 / stuk	231.0
(21)	taffachelassen extra fijn 1ᵉ soort	309 stuks	10.7 / stuk	3,306.3
(22)	taffachelassen extra fijn 2ᵉ soort	800 stuks	10.0 / stuk	8,000.0
(23)	Europesche sitsen 1ᵉ soort	43 stuks	19.2 / stuk	825.6
(24)	Europesche sitsen 2ᵉ soort	25 stuks	15.6 / stuk	390.0
(25)	Bengaalsche sitsen	560 stuks	3.2 / stuk	1,792.0
(26)	Patna sitsen	682 stuks	2.25 / stuk	1,534.5
(27)	olifants tanden 1ᵉ. soort	408.975 katties	2.5 / kattie	1,022.4375
(28)	olifants tanden 2ᵉ. soort	221.445 katties	2.0 / kattie	442.89
(29)	[olifants tanden 3ᵉ. soort]	[423.9375 katties]	[1.0 / kattie]	[423.9375]
(30)	kruidnagelen	3,205.31 katties	1.5 / kattie	4,807.965
(31)	peper	6,294.56 katties	0.15 / kattie	944.184
(32)	tin	29,700.0 katties	0.25 / kattie	7,425.0
(33)	⟨tin⟩	⟨60,243.48 katties⟩	⟨50.0 / picol⟩	⟨30,121.74⟩
(34)	[kaliatoerhout]	[3,110.3 katties]	[0.05 / kattie]	[155.515]
(35)	[kwikzilver]	[153.11625 katties]	[1.0 / kattie]	[153.11625]
(36)	[notenmuscaat]	[300.0 katties]	[1.0 / kattie]	[300.0]
(37)	[notenmuscaat]	[121.9425 katties]	[0.6 / kattie]	[73.1655]
(38)	sapanhout	51,039.338 katties	0.055 / kattie	2,807.16359
(39)	[sapanhout]	[70,804.83183 katties]	[0.055 / kattie]	[3,894.26575]
(40)				
(41)	suiker	45,542.071 katties	0.07 / kattie	3,187.944970
(42)	suiker terug van de hofreis	22,295.909 katties	0.008 / kattie	178.36
	suiker voor de hofreis	14,372.156 katties	0.062 / kattie	891.073672

落札帳

商品	数量	落札価格 (本方匁)	落札商人
辰阿蘭陀船本方			
黒　大　羅　紗	5端	260匁9分	永井ヤ
白　大　羅　紗	1端	480匁9分	立見ヤ
藍鼠色大羅紗	2端	329匁	立見ヤ
花　色　大　羅　紗	1端	286匁9分	永井ヤ
茶　色　大　羅　紗	4端	228匁	豊嶋ヤ
霜　降　大　羅　紗	1端	284匁	豊嶋ヤ
黒　ふ　ら　た	2端	130匁	松田ヤ
藍鼠色ふらた	2端	173匁	福井ヤ
茶　色　ふ　ら　た	2端	117匁3分	豊嶋ヤ
緋　呉　羅　服　連	1切	111匁6分	竹のヤ
藍海松茶色呉羅服連	1端	113匁	春日ヤ
茶　色　呉　羅　服　連	1端	108匁9分	立見ヤ
—	—	—	—
—	—	—	—
—	—	—	—
緋　テ　レ　フ	2端	183匁	豊嶋ヤ
桔　梗　色　テ　レ　フ	2端	217匁	天さ
藍海松茶色テレフ	2端	140匁	松田ヤ
尺　長　赤　金　巾	28端	392匁	河内ヤ
上　　奥　　嶋	22端	363匁	金沢ヤ
壱　番　新　織　奥　嶋	357反	389匁	豊嶋ヤ
弐　番　新　織　奥　嶋	800反	292匁	中ノ
壱　番　尺　長　上　皿　紗	43端	235匁2分	永井ヤ
弐　番　尺　長　上　皿　紗	25端	190匁	豊嶋ヤ
弁　柄　皿　紗	560端	49匁2分	松田ヤ
皿	689端 [439反]	51匁	玉林ヤ・計ヤ
壱　番　象　牙	399斤5合	120匁	入来ヤ
弐　番　象　牙	219斤	119匁1分	春日ヤ
三　番　象　牙	420斤5合	116匁3分	松田ヤ・吉更ヤ
丁　　　　子	3,300斤	22匁9分8厘	吉更ヤ
胡　　　　椒	6,349斤	2匁8分5厘	松田ヤ
｛ い　　錫	55,000斤	10匁6分9厘3毛	冨ヤ
｛ ろ　　錫	35,590斤	11匁2分	桔梗ヤ・親見
紫　　　檀	3,040斤	5匁7分9厘	の田ヤ
水　　　銀	163斤	43匁6分9厘	の田ヤ
肉　　豆　　蔲	424斤	21匁9分	永井ヤ
｛ い　　蘇　木	45,000斤	13匁7分5厘	松本ヤ
｛ ろ　　蘇　木	45,000斤	14匁2分	桔梗ヤ・桃ヤ
｛ は　　蘇　木	48,000斤	14匁9分5厘	桔梗ヤ・親見
｛ 壱　番　白　砂　糖	80,000斤	2匁7分9厘7毛	入来ヤ・の田ヤ
｛ 弐　番　白　砂　糖	82,320斤	2匁7分6毛	玉林ヤ・計ヤ

394   第3部　安政期の日蘭貿易

| | | Kompsverkoop | | |
	Goederen	Hoeveelheid	販売価格 (テール)	販売価額 (テール)
(43)	platlood	92.07 katties	0.08 / kattie	7.3656
(44)	laken schaairood	17.38 ikjes	10.0 / ikje	173.80
(45)	Spaansche matten	3,500 wegende 2,516.22 t.	2.91394 / t.	7,332.1141068

出典・Kompsverkoop は、Bijlagen Komps rekening courant Japan 1856. MS. N.A. Japans Archief,
　　　　nr. 1815 (Aanwinsten, 1910, I: No. 194). (Tōdai-Shiryō Microfilm: 6998-1-133-42)。
　　　・落札帳は、「〔落札帳〕〔安政三年〕辰一番割至七番割」(杏雨書屋所蔵村上家文書)。
註・〔 〕内は、Rekening van den Aparten Handel 1856. MS. N.A. Japans Archief,
　　　　nr. 1865 (Aanwinsten, 1910, I: No. 227). (Tōdai-Shiryō Microfilm: 6998-1-134-32)。

第2章　安政3年(1856)の日蘭貿易　　395

落　　札　　帳			
商　　品	数　　量	落札価格 (本匁)	落札商人
荷　　包　　鉛	95斤	5匁	豊安
－	－	－	－
－	－	－	－

・〈 〉内は、Rekening van den Nieuwen Aparten Handel 1856. MS. N.A. Japans Archief, nr. 1869 (Aanwinsten, 1910, I: No. 231)．(Tōdai-Shiryō Microfilm: 6998-1-134-36)。
・〔 〕内は、「安政三　辰四五番割　辰紅毛船本方脇荷切本帳」(長崎歴史文化博物館所蔵)。
・単位のテール(theil)はカンパニーテール(compagnie theil)を示す。

396　第3部　安政期の日蘭貿易

表91　安政3年(1856)オランダ船2艘(Valparaiso, Resident van Son)脇荷

	Kambang goederen		商　品
	Goederen	Hoeveelheid	
			辰紅毛船脇荷
<1>	gekleurde flesschen	18 stuks	色硝子切子銘酒瓶
<2>	likeur karaffen 1ste soort	12 stuks	壱番切子銘酒瓶
<3>	likeur karaffen 2de soort	12 stuks	弐番切子銘酒瓶
<4>	likeur karaffen 3de soort	11 stuks	三番切子銘酒瓶
<5>	likeur karaffen 4de soort	24 stuks	四番切子銘酒瓶
<6>	gekleurde bierglazen	18 stuks	色硝子切子水呑
<7>			金縁繪入水呑
<8>	likeur flesschen 1ste soort	80 stuks	壱番金縁金絵角瓶
<9>	likeur flesschen 2de soort	79 stuks	弐番金縁金絵角瓶
<10>	glazen 〇 v. 1ste soort	810 stuks	壱番角臺こつふ
<11>	glazen 〇 v. 2de soort	599 stuks	弐番角臺こつふ
<12>	glazen 〇 v. 3de soort	203 stuks	三番角臺こつふ
<13>	glazen 〇 v. 1ste soort	314 stuks	壱番臺こつふ
<14>	glazen 〇 v. 2de soort	194 stuks	弐番臺こつふ
<15>	glazen 〇 v. 3de soort	606 stuks	三番臺こつふ
<16>	glazen 〇 v. 4de soort	86 stuks	四番臺こつふ
<17>	〇 stopflesschen 1ste soort	214 stuks	壱番角形薬瓶
<18>	〇 stopflesschen 2de soort	464 stuks	弐番角形薬瓶
<19>	〇 stopflesschen 3de soort	246 stuks	三番角形薬瓶
<20>	〇 stopflesschen 4de soort	197 stuks	四番角形薬瓶
<21>	〇 stopflesschen 5de soort	127 stuks	五番角形薬瓶
<22>	〇 stopflesschen 6de soort	77 stuks	六番角形薬瓶
<23>	〇 stopflesschen 1ste soort	193 stuks	壱番無地薬瓶
<24>	〇 stopflesschen 2de soort	5 stuks	不残二付　弐番無地薬瓶
<25>	〇 stopflesschen 3de soort	77 stuks	三番無地薬瓶
<26>	〇 stopflesschen 4de soort	100 stuks	四番無地薬瓶
<27>	〇 stopflesschen 5de soort	97 stuks	五番無地薬瓶
<28>	〇 stopflesschen 6de soort	175 stuks	六番無地薬瓶
<29>	〇 stopflesschen 7de soort	189 stuks	七番無地薬瓶
<30>	〇 stopflesschen 8ste soort	195 stuks	八番無地薬瓶
<31>	〇 stopflesschen 9de soort	88 stuks	九番無地薬瓶
<32>	porceleine broodmanden	2 stuks	壱番白焼金縁金絵長鉢
<33>	＊	＊	弐番白焼金縁金絵長鉢
<34>	＊	＊	三番白焼金縁金絵長鉢
<35>	＊	＊	壱番白焼金縁絵入長鉢
<36>	＊	＊	弐番白焼金縁絵入長鉢
<37>	＊	＊	三番白焼金縁絵入長鉢
<38>	＊	＊	四番白焼金縁絵入長鉢
<39>	＊	＊	五番白焼金縁絵入長鉢
<40>	＊	＊	不残二付　壱番白焼金縁繪入皿付ふた物
<41>	＊	＊	弐番白焼金縁繪入皿付ふた物
<42>	＊	＊	白焼金縁繪入七寸鉢
<43>	＊	＊	白焼金縁繪入四寸皿
<44>	＊	＊	壱番白焼金繪鉢付茶器
<45>	＊	＊	弐番白焼金繪鉢付茶器
<46>	＊	＊	壱番白焼金縁繪仕切菓子入
<47>	＊	＊	弐番白焼金縁繪仕切菓子入

物の取引

落札帳			
数　　量	落札価格 (脇荷帳)	落札価格 (オランダ史料) (テール)	落札商人
18	138 匁	13.8 / stuk	原田
12	45 匁 3 分	4.53 / stuk	松田ヤ
12	41 匁 5 分	4.15 / stuk	村仁
12	33 匁	3.3 / stuk	村仁
14	43 匁 2 分	4.32 / stuk	玉津ヤ
16	46 匁	78.78 / 18 stuks	玉津ヤ
2 ツ	25 匁 9 分		吉十
60	14 匁	1.4 / stuk	艶嶋ヤ [豊安]
59	12 匁	1.2 / stuk	松田ヤ
618	5 匁 8 分 9 厘	0.589 / stuk	ふしヤ
400	6 匁 5 分 8 厘	0.658 / stuk	松田ヤ
154	7 匁	0.7 / stuk	松田ヤ
314	5 匁 2 分 3 厘	0.523 / stuk	艶嶋ヤ [豊安]
100	6 匁 4 分 2 厘	0.642 / stuk	玉津ヤ
306 ツ	6 匁 9 分	0.69 / stuk	豊嶋ヤ
87	7 匁 4 分 8 厘	0.748 / stuk	玉津ヤ
190	9 匁 1 分	0.91 / stuk	豊安
475	8 匁 6 分	0.86 / stuk	村仁
220	6 匁 3 分	0.63 / stuk	豊嶋ヤ
200	5 匁 3 分	0.53 / stuk	豊嶋ヤ
105 ツ	4 匁 5 分 8 厘	0.458 / stuk	豊嶋ヤ
43	4 匁 2 分 7 厘	0.427 / stuk	豊嶋ヤ
188	14 匁 3 分 6 厘	1.436 / stuk	玉津ヤ
5 ツ	46 匁 8 分	4.68 / 5 stuks	ひしヤ
80	5 匁 7 分	0.57 / stuk	松田ヤ
100	4 匁 7 分	0.47 / stuk	艶嶋ヤ [豊安]
98	4 匁 2 分 1 厘	0.421 / stuk	艶嶋ヤ [豊安]
177	4 匁 1 分 3 厘	0.413 / stuk	松田ヤ
192	3 匁 1 分 6 厘	0.316 / stuk	艶嶋ヤ [豊安]
196	3 匁	0.3 / stuk	艶嶋ヤ [豊安]
89	2 匁 7 分 9 厘	0.279 / stuk	ふしヤ
2 枚	110 匁	11.0 / stuk	松田ヤ
4 枚	65 匁 2 分	＊	松田ヤ
4 枚	85 匁	＊	松田ヤ
2 枚	65 匁 7 分	＊	松田ヤ
2 枚	54 匁	＊	松田ヤ
4 枚	45 匁	＊	ふしヤ
4 枚	25 匁 9 分	＊	ふしヤ
1 枚	43 匁 8 分	＊	松田ヤ
2 揃	115 匁	＊	福井ヤ
2 揃	40 匁	＊	天さ
12 枚	12 匁 1 分	＊	松田ヤ
56 枚	5 匁 5 分 1 厘	＊	松田ヤ
1 揃	450 匁	＊	松田ヤ・天さ
1 揃	206 匁	＊	松田ヤ
4 ツ	92 匁 8 分	＊	松田ヤ
4 ツ	72 匁	＊	三よしヤ

	Kambang goederen		
	Goederen	Hoeveelheid	商　品
<48>	*	*	白焼金縁繪入仕切菓子入
<49>	*	*	白焼金縁仕切菓子入
<50>	gekleurde bloemvazen	12 stuks	壱番白焼金縁繪入花生
<51>			弐番白焼金縁繪入花生
<52>	*	*	三番白焼金縁繪入花生
<53>	*	*	壱番白焼金縁繪入卓下花生
<54>	*	*	弐番白焼金縁繪入卓下花生
<55>	*	*	三番白焼金縁繪入卓下花生
<56>	*	*	白焼金縁臺付菓子入
<57>	dejeuner 1ste soort	1 stel	白焼金縁繪入茶器
<58>	dejeuner 2de soort	1 stel	
<59>	*	*	白焼金縁繪入小形茶器
<60>	*	*	白焼金縁金繪皿付茶器
<61>	*	*	白焼金縁金繪小形茶器
<62>	*	*	白焼金縁小形茶器
<63>	*	*	白焼金縁小形卓子道具
<64>	*	*	壱番白焼卓子道具
<65>	*	*	弐番白焼卓子道具
<66>	borden	84 stuks	白焼八寸鉢
<67>	soepborden	36 stuks	
<68>	kleine borden	36 stuks	白焼七寸鉢
<69>	*	*	白焼金縁四寸皿
<70>	*	*	不殘二付　壱番焼物器
<71>	*	*	不殘二付　弐番焼物器
<72>	*	*	白焼金縁置物
<73>	*	*	壱番白焼繪具摺
<74>	*	*	弐番白焼繪具摺
<75>	*	*	三番白焼繪具摺
<76>	*	*	四番白焼繪具摺
<77>	*	*	五番白焼繪具摺
<78>	glasruiten 1ste soort	446 stuks	壱番硝子板
<79>	glasruiten 2de soort	188 stuks	弐番硝子板
<80>	glasruiten 3de soort	250 stuks	三番硝子板
<81>	glasruiten 4de soort	446 stuks	四番硝子板
<82>	glasruiten gebroken 1ste soort	222 katties	壱番屑硝子板
<83>	glasruiten gebroken 2de soort	270 katties	弐番屑硝子板
<84>	blik, dubbeld	790 bladen	壱番フリツキ延板
<85>	blik, enkeld	2,000 bladen	弐番フリツキ延板
<86>	brillen	30 stuks	鼻　目　鏡
<87>	chirurgicale instrumenten	5 stellen	外　科　道　具
<88>	horologie / gouden /	1 stuk	鎖リ付袂時計
<89>	〔barometer〕	—	晴　雨　昇　降
<90>	〔thermometer〕	—	寒暖晴雨昇降
<91>	botte knippen	345 stuks	鼠　　取
<92>	〔brandspuit met toebehooren, kleinste soort〕	—	竜　吐　水
<93>	blikken trommels	13 stuks	不殘二付　壱番フリツキ箱
<94>	blik uit pak kisten	162 katties	弐番フリツキ箱
<95>	acetas plumbi	24 flesschen van 1 pond	アセタスプリュムヒイ

落　札　帳

数　　量	落札価格 (脇荷銀)	落札価格 (オランダ史料) (テール)	落札商人
4 ツ	73 匁 1 分	＊	松田ヤ
3 ツ	46 匁	＊	ヱサキ
8 ツ	30 匁	28.8 / 12 stuks	天さ・梳
4 ツ	24 匁		天さ
24	18 匁	＊	松田ヤ
2 ツ	61 匁	＊	松田ヤ
2 ツ	17 匁 8 分	＊	天さ
8 ツ	16 匁 3 分	＊	三よしヤ
8 ツ	30 匁	＊	ふしヤ
1 揃	265 匁	26.5 / 2 stellen	藤ヤ
4 揃	45 匁 9 分	＊	てつや
1 揃	40 匁	＊	藤ヤ
1 揃	126 匁	＊	松田ヤ
1 揃	63 匁 9 分 [62 匁 9 分]	＊	松田ヤ
1 揃	139 匁	＊	醞鯔ヤ [豊安]
1 揃	332 匁	＊	ヱサキ
1 揃	374 匁	＊	三吉ヤ
80 枚	11 匁 5 分	1.15 / stuk	春日ヤ
		1.15 / stuk	
26 枚	8 匁 1 分	0.81 / stuk	春日ヤ
24 枚	5 匁 1 分	＊	梳・松田ヤ
20 品	518 匁	＊	三吉ヤ
16 品	253 匁	＊	松田ヤ
2 ツ	21 匁 9 分	＊	ふしヤ
1 ツ	30 匁	＊	醞鯔ヤ [西蕃]
3 ツ	21 匁 9 分	＊	醞鯔ヤ [西蕃]
2 ツ	21 匁	＊	醞鯔ヤ [豊安]
4 ツ	20 匁 8 分	＊	醞鯔ヤ [豊安]
4 ツ	20 匁 1 分	＊	村仁
500 枚	27 匁 2 分	2.72 / stuk	松田ヤ
200 枚	10 匁 2 分	1.02 / stuk	松田ヤ
300 枚	9 匁 8 分 4 厘	0.984 / stuk	松田ヤ
500 枚	7 匁 1 分 9 厘	0.719 / stuk	ふしヤ
150 斤	8 匁	0.8 / kattie	松のヤ
150 斤	7 匁	0.7 / kattie	松のヤ
290 枚	6 匁 4 分 1 厘	0.641 / blad	ふしヤ
2,000 枚	3 匁 7 分 8 厘	0.378 / blad	松田ヤ
29	36 匁 7 分	3.67 / stuk	玉津ヤ
5 揃	245 匁	24.5 / stel	ひしヤ
1 揃	1 貫 130 匁	113.0 / stuk	ふしヤ
1 ツ	800 匁	－	天さ
1 ツ	900 匁	－	醞鯔ヤ [豊安]
340	8 匁 8 分 9 厘	0.889 / stuk	村仁
1 揃	3 貫 330 匁	－	吉田ヤ
13	407 匁	40.7 / 13 stuks	藤ヤ
121 斤	5 匁 7 分 2 厘	0.572 / kattie	てつや
24 瓶	28 匁 7 分	2.87 / fleschje van 1 pond	松のヤ

400　第3部　安政期の日蘭貿易

Kambang goederen		
Goederen	Hoeveelheid	商　　品
<96> borax	30 fleschjes van 1/2 pond	ボ ー ラ キ ス
<97> braak wijnsteen	19 fleschjes van 1/4 pond	ブ ラ ー ク ウ エ イ ン ス テ ー ン
<98> sal-ammoniac	22 flesschen van 2 pond	サ ル ア ル モ ニ ヤ シ
<99> extract cicutae	5 fleschjes van 1/2 pond	エ キ ス タ ラ ク ト シ キ ユ ー タ
<100> extract hijosciamus	30 fleschjes van 1/2 pond	エ キ ス タ ラ ク ト ヒ ヨ シ ヤ ム ス
<101> verdikte ossengal	30 fleschjes van 1/2 pond	ヲ ッ セ ン カ ル
<102> lapis infernalis	1 fleschje van 3 once	ラ ー ピ ス イ ン フ リ ナ ー リ ス
<103> semencinae (wormenkruid)	84 katties	セ メ ン シ ー ナ
<104> Venetiaansche theriac	215 busjes	テ リ ヤ ア カ
<105> Berlijnsch blaauw	99 katties	紺　　　　　青
<106> kreeftsoogen	39.1 katties	ヲ ク リ カ ン キ リ
<107> jalappe	44.7 katties	ヤ ラ ツ パ
<108> radix columbo	41 katties	コ ロ ン ボ ー
<109> cremortart	41 katties	ケ レ ム ル タ ル タ リ ー
<110> IJslandsche mos	240 katties	エ イ ス ラ ン ス モ ス
<111> pokhoutzaagsel	950 katties	細 末 ポ ツ ク ホ ウ ト
<112> herba hijosciamus	17 katties	ヒ ヨ シ ヤ ム ス
<113> kamillen bloemen	227 katties	カ ミ ル レ
<114> senna bladen	58 katties	セ ン ナ
<115> gentiaan wortel	55.5 katties	ケ ン チ ヤ ン ウ ヲ ル ト ル
<116> herba digitalis	50.25 katties	ジ キ タ ー リ ス
<117> arnica bloemen	36 katties	ア ル ニ カ ブ ル ー ム
<118> magnesia	83 katties	マ ク 子 シ ヤ
<119> cortex chinae	317 katties	キ ナ キ ナ
<120> lijnzaad	62 katties	亜 麻 仁
<121> zee ajuin	163 katties	セ ア ユ イ ン
<122> Kaapsche aloë	41 katties	芦　　　　　薈
<123> zeep / 80 kistjes /	815 katties	サ ポ ン
<124> bruinsteen	160 katties	ブ ロ イ ン ス テ ー ン
<125> Hoffmanns droppels	49.5 fleschjes van 1 pond	ホ フ マ ン
<126> spiritus nitri daleis	50 fleschjes van 1 pond	スブ リ ー テ ス ツ ト ル ト ル シ ス
<127> spiritus sal-ammoniac	20 fleschjes van 1/2 pond	サ ル ア ル モ ニ ヤ シ 精 気
<128> koffij in blikken	164 blik int 1/5 Jav. picol	い コ ー ヒ ー 豆
<129> koffij in zakken	18 Jav. picols	ろ コ ー ヒ ー 豆
<130> saffraan	82 katties	サ フ ラ ン
<131> drop	650 katties	痰　　　　　切
<132> terpentijn olie	80 flesschen	テ レ メ ン テ イ ン 油
<133> balsem copaivae	25 flesschen	バ ル サ ム コ ツ ハ イ ハ
<134> kajapoetie olie	44 flesschen	カ ヤ フ ー テ 油
<135> Genua olie	120 flesschen	ホ ル ト カ ル 油
<136> buffel hoeven / witte /	225 katties	水　牛　爪

第2章　安政3年(1856)の日蘭貿易

落札帳

数量	落札価格 (鋳何銀)	落札価格 (オランダ史料) (テール)	落札商人
30瓶	28匁9分	2.89 / fleschje van 1/2 pond	永井ヤ
17瓶	43匁9分	4.39 / fleschje van 1/4 pond	てつヤ
20瓶	171匁9分	17.19 / fleschje van 2 pond	竹のヤ・天さ
4瓶	252匁	25.2 / fleschje van 1/2 pond	立見ヤ
15瓶	330匁	33.0 / fleschje van 1/2 pond	松のヤ
15瓶	118匁	11.8 / fleschje van 1/2 pond	藤ヤ
1瓶	142匁	14.2 / fleschje van 3 once	松のヤ
42斤〔42斤 25瓶〕	3貫50匁	305.0 / kattie	松田ヤ〔春日ヤ〕・の田ヤ
191鑵	6匁2分9厘	0.629 / busje	永井ヤ
97斤	86匁4分	8.64 / kattie	吉更ヤ
41斤	300匁	30.0 / kattie	てつヤ
41斤	132匁8分	13.28 / kattie	てつヤ
41斤	140匁9分	14.09 / kattie	永井ヤ
40斤	136匁9分	13.69 / kattie	てつヤ
251斤	22匁	2.2 / kattie	てつヤ
1,060斤	4匁5分3厘	0.453 / kattie	永井ヤ
21斤	232匁	23.2 / kattie	松田ヤ〔春日ヤ〕
190斤	26匁1分	2.61 / kattie	福井ヤ
65斤	145匁9分	14.59 / kattie	立見ヤ
62斤	13匁6分	1.36 / kattie	松のヤ
41斤	393匁8分	39.38 / kattie	立見ヤ
41斤	38匁9分	3.89 / kattie	立見ヤ
84斤	42匁6分	4.16 / kattie	吉田ヤ
165斤	238匁6分	23.86 / kattie	松のヤ
63斤	8匁8分8厘	0.888 / kattie	てつヤ
165斤	55匁8分	5.58 / kattie	永見
42斤	86匁5分	8.65 / kattie	松のヤ
650斤	18匁9分3厘	1.893 / kattie	立見ヤ
160斤	13匁9分	1.39 / kattie	永井ヤ
45瓶	89匁	8.9 / fleschje van 1 pond	てつヤ
50瓶	64匁	6.4 / fleschje van 1 pond	川内ヤ
20瓶	68匁5分	6.85 / fleschje van 1/2 pond	醋ヤ〔酉ヤ〕
160鑵	32匁9分	3.29 / blik int 1/5 Jav. picol	藤ヤ
25袋	66匁	6.6 / Jav. picol	金沢ヤ
54斤〔54斤 65瓶〕	2貫目	200.0 / kattie	松本ヤ
331斤	21匁2分	2.12 / kattie	松田ヤ
80ふらすこ	20匁4分	2.04 / flesch	松田ヤ
10ふらすこ	126匁	12.6 / flesch	てつヤ
24ふらすこ	91匁5分	9.15 / flesch	松のヤ
120ふらすこ	39匁	3.9 / flesch	てつヤ
200斤	15匁9分1厘	1.591 / kattie	川内ヤ

402　第3部　安政期の日蘭貿易

	Kambang goederen		商　品
	Goederen	Hoeveelheid	
<137>	bindrotting	40,325 katties	藤
<138>	zink uit eene pak kist	35 katties	荷　　包　　鉛　　鉗
<139>	flanel, lang 76 1/2 el	1 stuk	い類違薄手嶋羅紗
<140>	flanel, lang 83 el	1 stuk	ろ類違薄手嶋羅紗
<141>	flanel, lang 77 el	1 stuk	は類違薄手縞羅紗
<142>	flanel, lang 52 3/4 el	1 stuk	に類違薄手縞羅紗
<143>	geenlumineerde chitsen	200 stuks	尺　長　上　更　紗
<144>	foulard chitsen fantaisie	200 stuks	い　尺　長　更　紗
<145>	zwart op rood gedrukte chitsen	200 stuks	ろ　尺　長　更　紗
<146>	veel kleurige chitsen	200 stuks	は　尺　長　更　紗
<147>	leminios, bruine	100 stuks	に　尺　長　更　紗
<148>	leminios blaauwe	49 stuks	ほ　尺　長　更　紗
<149>	leminios drie kleurige	100 stuks	へ　尺　長　更　紗
<150>	meubel chitsen	100 stuks	と　尺　長　更　紗
<151>	mignonette rose en paarsche	200 stuks	ち　尺　長　更　紗
<152>	donker paarsche chitsen	200 stuks	り　尺　長　更　紗
<153>	wit geruite chitsen	100 stuks	ぬ　尺　長　更　紗
<154>	cambrics, Adrianopel rood	100 stuks	幅　廣　赤　紋　金　巾
<155>	effen rood katoen 7/4	100 stuks	い　幅　廣　赤　金　巾
<156>	effen rood katoen 6/4	100 stuks	ろ　幅　廣　赤　金　巾
<157>	effen rood katoen 5/4	100 stuks	は　幅　廣　赤　金　巾
<158>	wit, katoen	49 stuks	幅　廣　白　金　巾
<159>	witte jeans	100 stuks	幅　廣　白　綾　金　巾
<160>	ruwe jeans	100 stuks	幅　廣　白　綾　木　綿
<161>	taffachelassen 6/4	164 1/2 stuks	い　類違尺長奥縞
<162>	taffachelassen 5/4	240 stuks	ろ　類違尺長奥縞
<163>	cotonnetten 6/4	400 stuks	い　又　布　嶋
<164>	cotonnetten 5/4	200 stuks	ろ　又　布　嶋
<165>	blaauw gestreepte nikanias	1,000 stuks	幅　廣　嶋　木　綿
			辰紅毛船追脇荷
<166>	aard en hemelglobe met toebehooren	1 stel	天　　地　　球
<167>	avondmicroskoop / defect /	1 stuk	ミコラスコーフ
<168>	luchtpomp / defect /	1 stuk	リクトポンプ
			辰紅毛船品代リ
<169>	[Arabische gom]	[992 stuks]	アラヒヤコム
<170>	[ultra marin]	[48 katties]	郡　　　　青
<171>	[eenhoorn]	[123.5 katties]	ウ　ニ　カ　ー　ル
<172>	—	—	〔　鉛　丹　〕

出典・Kambang goederen は、Bijlagen Kambang-rekening Japan 1856. MS. N.A.
　　　Japans Archief, nr. 1890 (Aanwinsten, 1910, I: No. 283). (Tōdai-Shiryō Microfilm:
　　　6998-1-135-32)。
　　・落札帳は、「〔落札帳〕〔安政三年〕辰一番割至七番割」(杏雨書屋所蔵村上家文書)。
註・( )内は、Aantooning der in het jaar 1856 voor den kambang handel naar Japan
　　te verzenden goederen. MS. N.A. Japans Archief, nr. 1639 (Aanwinsten, 1910,
　　I: No. 31). (Tōdai-Shiryō Microfilm: 6998-1-125-1)。

落 札 帳			
数　　　量	落札価格 (臨荷銀)	落札価格 (オランダ史料) (テール)	落札商人
40,700 斤〔40,700 斤 1,742 把〕	5 匁 8 分　　　4 毛	0.5804 / kattie	永見
35 斤	14 匁 1 分	1.41 / kattie	川内ヤ
1 反	1 貫 89 匁	108.9 / stuk	松のヤ
1 反	1 貫 200 匁	120.0 / stuk	ひしヤ
1 反〔1 反 但 2 切〕	1 貫 100 匁	110.0 / stuk	長ヲカ・艶嶋ヤ〔豊安〕
1 反	958 匁	95.8 / stuk	竹のヤ
200 反	352 匁 1 分	35.21 / stuk	吉更ヤ
198 反	296 匁	29.6 / stuk	竹のヤ
200 反	184 匁	18.4 / stuk	村仁
200 反	170 匁 9 分	17.09 / stuk	松のヤ
79 反	248 匁	24.8 / stuk	ひしヤ
49 反	226 匁	22.6 / stuk	玉津ヤ
96 反	251 匁	25.1 / stuk	ふしヤ
100 反	180 匁	18.0 / stuk	福井ヤ
200 反	165 匁	16.5 / stuk	ひしヤ
200 反	130 匁	13.0 / stuk	永見
100 端	102 匁 1 分	10.21 / stuk	吉更ヤ
94 反	323 匁 9 分	32.39 / stuk	永井ヤ
100 反	359 匁 7 分	35.97 / stuk	竹のヤ
78 反	340 匁	34.0 / stuk	ひしヤ
100 反	300 匁	30.0 / stuk	ひしヤ
37 反	268 匁	26.8 / stuk	福井ヤ
95 反	169 匁	16.9 / stuk	竹のヤ
100 反	191 匁	19.1 / stuk	ふしヤ
165 反	176 匁	17.6 / stuk	永見
218 反〔216 反〕	154 匁 5 分	15.45 / stuk	村仁
376 反	158 匁	15.8 / stuk	布ヤ
200 反	138 匁	13.8 / stuk	艶嶋ヤ〔豊安〕
1,000 端	35 匁 7 分 3 厘	3.573 / stuk	村仁
1 揃	1 貫 250 匁	125.0 / stel	吉田ヤ
1 ツ	750 匁	75.0 / stuk	ひしヤ
1 揃〔1 ツ〕	1 貫 500 匁	150.0 / stuk	天サ
500 斤	36 匁 1 分	(1.5 / stuk)	松田ヤ
48 斤	81 匁 9 分	(2.1 / kattie)	永井ヤ
124 斤	980 匁 9 分	(45.0 / kattie)	竹のヤ・天さ
〔35 斤〕	—	—	—

・〔 〕内は、Kambang-handel. Verkooprekening van onder's hands verkochte goederen. Bijlagen Kambang rekening Japan 1856. MS. N.A. Japans Archief, nr. 1890 (Aanwinsten, 1910, I: No. 283) . (Tōdai-Shiryō Microfilm: 6998-1-135-32) 。
・〔 〕内は、「〔辰紅毛脇荷見帳〕〔安政三辰四番割〕」(杏雨書屋所蔵村上家文書)。
・( )内は、長崎会所購入価格。
・＊印は、下表 (表 92) 参照。
・「不残ニ付」は、総額を意味すると考えられる。
・単位のテール (theil) はカンバンテール (kambang theil) を示す。

404　第3部　安政期の日蘭貿易

表92　表91の＊印の商品名と数量，落札価額

Goederen	Hoeveelheid	落札価額 (テール)
dejeuners, compleet	2 stuks	
schaaltjes, gouden rand	8 stuks	
bordjes, kleine	120 stuks	
gebak manden	3 stuks	
kinder dejeunersen servies	8 stuks	
servies, groot / thee /	1 stuk	
broodbakken	6 stuks	510.74
zuurschaaltjes	16 stuks	
vierkante schaaltjes	6 stuks	
bekers in soorten	40 stuks	
witte mortieren in soorten	16 stuks	
corbeilles	8 stuks	
vogels	2 stuks	
verschillende schaaltjes	20 stuks	
zuurschaaltjes	8 stuks	37.4
saus kommen	4 stuks	
gekleurde vrucht schalen	32 stuks	197.7

註・単位のテール (theil) はカンバンテール (kambang theil) を示す。

　切本帳A(図20参照)は，安政3年8月，反物目利の篠﨑(15)によって作成された，オランダ船本方荷物として輸入された反物の「切本帳」である。表紙に「品代切無，当節ゟ脇荷与銘代ル」とあるが，これは以前「品代」名目として取引されていた反物類はなくなり，それに代わって，安政3年より脇荷取引の品として反物類が扱われるようになったことを意味する。なお，表91でわかるように「品代」名目の反物はなくなったが，「品代」名目の取引がなくなったわけではない。

　本帳には表93の切本帳Aに示した品名と枚数の裂が貼付されている。後述の切本帳B・Cとの相違点として(11)(12)(14)(15)の反物裂および反物名がないが，この点については未詳である。

　切本帳a(図21参照)は，安政3年8月，反物目利の芦塚(16)によって作成された，オランダ船脇荷物としての反物の「切本帳」である。表紙に「弐冊之

第2章 安政3年(1856)の日蘭貿易　　405

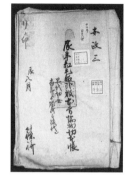

図20 「安政三　辰年紅毛船弐艘本方端物切本帳」(京都工芸繊維大学美術工芸資料館所蔵，AN.90-12)

図21 「安政三年　辰紅毛船弐艘脇荷切本」(鶴見大学図書館所蔵)

図22 「辰紅毛船持渡端物切本帳」(東京大学史料編纂所所蔵)

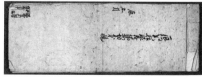

図23 「辰紅毛船脇荷端物切本帳」(東京大学史料編纂所所蔵)

406 第3部 安政期の日蘭貿易

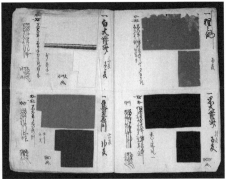
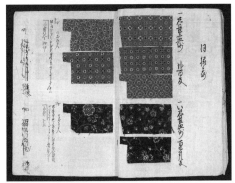

図24 「安政三 辰四五番割 辰紅毛船本方脇荷切本帳」(長崎歴史文化博物館収蔵)

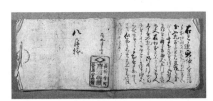

図25 「安政三年 辰穐新渡り反物類切手本帳」(神戸市立博物館所蔵)

表93　安政3年(1856)オランダ船2艘(Valparaiso, Resident van Son)本方荷物(反物類)

	切本帳A (8月)		切本帳B (8月)		切本帳C (10月)	
	品　　名	貼付枚数	品　　名	貼付枚数	品　　名	貼付枚数
(44)	猩　　と　　緋	0	猩　　と　　紅	1	猩　　と　　緋	2
(2)	白　大　羅　紗	0	白　大　羅　紗	1	白　大　羅　紗	2
(1)	黒　　　　　同	0	黒　　　　　同	1	黒　大　羅　紗	2
(4)	花　　色　　同	0	花　　色　　同	1	花　色　大　羅　紗	1
(3)	藍鼠色大羅紗	0	藍　鼠　色　同	2	藍　鼠　色　同	2
(5)	茶　　色　　同	0	茶　　色　　同	1	茶　　色　　同	3
(6)	霜　降　大　羅　紗	0	霜　降　大　羅　紗	1	霜　　降　　同	1
(7)	黒　婦　良　多	0	黒　婦　良　多	1	黒　婦　羅　多	1
(9)	茶　　色　　同	0	茶　　色　　同	1	茶　　色　　同	1
(8)	藍　鼠　色　同	0	藍　鼠　色　同	1	藍鼠色婦良多	1
(10)	紅　呉　羅　服　連	1	紅　呉　羅　服　連	1	緋　呉　路　服　連	1
(13)	白　　　　　同	1	白	1	白　　　　　同	1
(11)			藍海松茶色同	1	藍海松茶色同	1
(14)			黒　　　　　同	1	黒　呉　路　服　連	2
(12)			茶　　色　　同	1	茶　　色　　同	1
(15)			花　　色　　同	1	花　　色　　同	1
(16)	紅同 (＝テレフ)	0	紅　テ　レ　フ	1	緋　テ　レ　フ	1
(17)	桔梗色テレフ	1	桔　梗　色　同	1	桔　梗　色　同	1
(18)	藍海松茶色テレフ	1	藍海松茶色同	1	藍海松茶色同	1
(19)	尺　長　赤　金　巾	1	尺　長　赤　金　巾	1	尺　長　赤　金　巾	3
(23)	壱番尺長上更紗	8	壱番尺長上皿紗(イ〜ヘ)	6	壱番尺長上皿紗	9
(24)	弐　番　　同	3	弐番同 (イ・ロ)	2	弐番尺長上皿紗	2
(25)	弁　柄　更　紗	14	弁柄皿紗(イ〜ワ)	13	弁　柄　皿　紗	14
(26)	更　　　　紗	14	皿紗(イ〜ヲ)	11	皿　　　　紗	15
(20)	上　　奥　　嶋	2	上奥嶋(イ・ロ)	2	上　　奥　　島	4
(21)	壱番新織奥嶋	29	壱番新織奥嶋(イ〜ヲ)	36	壱番新織奥嶋	38
(22)	弐番新織奥嶋	52	弐番新織奥嶋(イ〜ス)	47	弐番新織奥嶋	54

出典・切本帳Aは、「安政三 辰年紅毛船弐艘本方端物切本帳」(京都工芸繊維大学美術工芸
　　　　資料館所蔵)。
　　　・切本帳Bは、「辰紅毛船持渡端物切本帳」(東京大学史料編纂所所蔵)。
　　　・切本帳Cは、「安政三 辰四五番割 紅毛船本方脇荷切本帳」(長崎歴史文化博物館収蔵)。

内」とあるが，もう一冊は本方荷物としての反物の「切本帳」であったと考
えられる。本帳には表94の切本帳aに示した品名と枚数の裂が貼付されて
いる。しかし，後述する切本帳b・Cとの照合より「尺長上更紗」「い尺長
皿紗」「ろ尺長更紗」「は尺長更紗」「に尺長皿紗」「ほ尺長更紗」には，品名
とは違う更紗裂が貼付されているので注記しておきたい。

　切本帳B(図22参照)は，安政3年8月，「端物目利頭取・同助・端物目

408　第3部　安政期の日蘭貿易

表94　安政3年(1856)オランダ船2艘(Valparaiso, Resident van Son)脇荷物(反物類)

	切本帳a (8月)		切本帳b (9月)		切本帳C (10月)	
	品　　名	貼付枚数	品　　名	貼付枚数	品　　名	貼付枚数
<139>	い類違薄手嶋羅紗	1	い類違薄手嶋羅紗	0	い類違薄手嶋羅紗	1
<140>	ろ　　　　同	1	ろ　　　　同	0	ろ　　　　同	1
<141>	は　　　　同	1	は　　　　同	0	は　　　　同	1
<142>	に　　　　同	1	に　　　　同	0	に　　　　同	1
<163>	い　又　布　嶋	12	い　又布嶋(イ〜ヲ)	12	い　又　布　嶋	12
<164>	ろ　又　布　嶋	11	ろ　同　(イ〜ヌ)	10	ろ　又　布　島	10
<161>	い類違尺長おく嶋	6	い類違尺長奥嶋(イ〜ヘ)	6	い類違尺長奥島	6
<162>	ろ　　　　同	7	ろ　同　(イ〜ト)	7	ろ　　　　同	7
<165>	幅廣嶋木綿	2	幅廣嶋木綿	1	巾廣島木めん	2
<160>	幅廣白綾木綿	2	幅廣白綾木綿	1	巾廣白綾木綿	2
<158>	幅廣白金巾	1	幅廣白金巾	1	巾廣白金巾	3
<159>	幅廣白綾金巾	1	幅廣白綾金巾	1	同　白綾金巾	1
<154>	幅廣赤紋金巾	4	幅廣赤紋金巾(イ〜ヘ)	6	同　赤紋金巾	6
<155>	い幅廣赤金巾	1	い幅廣赤金巾	1	い巾廣赤金巾	3
<156>	ろ　　　同	1	ろ　　　同	1	ろ　　　同	2
<157>	は　　　同	1	は　　　同	1	は　　　同	2
<143>	尺　長　上　更　紗	2	尺長上更紗(イ〜ホ)	5	尺　長　上　皿　紗	5
<144>	い　尺　長　皿　紗	3	い尺長皿紗(イ〜ハ)	3	い　尺　長　皿　紗	3
<145>	ろ　尺　長　更　紗	3	ろ　同　(イ〜ニ)	4	ろ　尺　長　皿　紗	4
<146>	は　尺　長　皿　紗	5	は　同　(イ〜ホ)	5	は　　　　同	6
<147>	に　尺　長　皿　紗	4	に　同　(イ〜ニ)	4	に　尺　長　更　紗	3
<148>	ほ　尺　長　更　紗	10	ほ　同　(イ〜ハ)	3	ほ　　　　同	3
<149>	へ　尺　長　更　紗	4	へ　同　(イ〜ニ)	4	へ　　　　同	4
<150>	と　尺　長　皿　紗	4	と　同　(イ・ロ)	2	と　　　　同	2
<151>	ち　尺　長　更　紗	4	ち尺長皿紗(イ〜ホ)	5	ち尺長さらさ	4
<152>	り　尺　長　皿　紗	10	り　同　(イ〜ヌ)	10	り　　　　同	10
<153>	ぬ　尺　長　更　紗	3	ぬ　同　(イ〜ハ)	3	ぬ　尺　長　更　紗	3

出典・切本帳aは、「安政三年 辰紅毛船弐艘脇荷切本」（鶴見大学図書館所蔵）。
　　・切本帳bは、「辰紅毛船脇荷端物切本帳」（東京大学史料編纂所所蔵）。
　　・切本帳Cは、「安政三 辰四五番割 辰紅毛船本方脇荷切本帳」（長崎歴史文化博物館収蔵）。
　註・切本帳aには、裂名称を記さない6枚の裂が貼付されているが、本表には特に記していない。

利」によって作成された，オランダ船本方荷物としての反物の「切本帳」である。

　切本帳b(図23参照)は，安政3年9月，「端物目利頭取・同助・端物目利」によって作成された，オランダ船脇荷物としての反物の「切本帳」である。

　切本帳B・bには表93・94の切本帳Bおよび切本帳bに示した品名と枚

数の裂が貼付されている。この切本帳B・bは，現在，東京大学史料編纂所の遣米副使村垣淡路守用人野々村忠実関係史料の中に所蔵されている史料である。安政3年，野々村市之進忠実は長崎奉行川村対馬守修就(安政2年5月から同4年1月まで在任)の家臣として勤務していた。(17) このことから考えて，この2冊の「切本帳」は「端物目利頭取・同助・端物目利」より長崎奉行所，もしくは野々村個人に贈られたものではないかと推測される。上述の如く，「切本帳」は貿易取引において活用されるものではあるが，この2冊は，見本帳としての意味合いが強いものといえよう。

　切本帳C(図24参照)は商人が作成した「切本帳」である。商人作成の「切本帳」は「商人荷見せ」以前から作成されはじめ，入札・落札・荷渡を通して使用され取引の過程ごとに書き加えられていった，商人側の取引のために作成された原史料ということができる。また，その残存形態から後年の取引の参考のために商人等によって保管されてきたものと推測される。(18)

　この切本帳Cは，安政3年，オランダ船本方荷物・脇荷物として輸入された反物の「切本帳」であり，「辰四五番割」すなわち，安政3年の4回目(脇荷物の取引)と5回目(本方荷物の取引)に長崎会所において，本商人に対しておこなわれた入札取引にかけられた反物類を貼り込んだものである。この切本帳は「辰四五番割」に加わった本商人によって作成されたものであり，表紙左下に店印が記されていたが，現在は墨で塗りつぶされている。この切本帳により取引名目・反物名・反数・落札価格・落札商人名を知ることができる。先に紹介した「〔落札帳〕」とこの「切本帳」との照合の結果，「切本帳」の入札商人「此」に相当する部分が全て「松田ヤ」であることよりこの「切本帳」の作成者は本商人の「松田ヤ」であることが判明する。「松田ヤ」の店印が◈であることより先述した表紙の墨で塗りつぶされている部分が解明される。なお，本方荷物・脇荷物の取引が上述したように安政3年10月におこなわれたことより，この「切本帳」の表紙には「辰十月拂」と記されている。この切本帳Cには表93・94の切本帳Cに示した品名と枚数の裂が貼付されている。

　上掲の表93・94では，本方荷物としての反物の裂を貼付した切本帳A・

410 第3部 安政期の日蘭貿易

B・Cと，脇荷物としての反物の裂を貼付した切本帳a・b・Cのそれぞれの
反物名を照合して掲げている。なお，頭注の番号は表90・91の品目と照合
している。[19]

第4節　本方荷物について

次に，日蘭両史料の照合によって得られた安政3年の本方荷物の日蘭商
品名より，各商品が一体いかなる品物であったのか考察していきたい。以下，
商品番号は，表90に従って記したものであり，品目名は日本側商品名にオ
ランダ側商品名を突き合わせる形で表記していく。

(1)黒大羅紗　→　laken zwart

(2)白大羅紗，(3)藍鼠色大羅紗，(4)花色大羅紗，(5)茶色大羅紗，(6)霜降
大羅紗　→　laken overige kleuren（wit, aschgraauw, lichtblaauw, groen olijf,
grijs）

羅紗はポルトガル語のraxaの転じた語である。[20] laken は「ラシャ」の
意。近世初頭にポルトガル船が持ち渡ったraxaをラシャとよんだのがはじ
まりで，後にオランダ船が持ち渡ったlaken を今までどおりにラシャとよん
だのであろう。羊毛で地が厚く，織（平織）の組織がわからないほど毛羽立た
せた毛織物である。原産地はヨーロッパ。オランダ産であろう。

(7)黒ふらた，(8)藍鼠色ふらた，(9)茶色ふらた　→　casimier diverse
kleuren（zwart, aschgraauw, groen olijf）

casimier は本来，インドのカシミール地方およびチベット原産のカシミ
ア山羊の軟毛を用いて綾織に織った織物である。刺繍や縫取りを施して精妙
な伝統的文様を表す。後にはカシミア山羊の毛と羊毛の混紡糸を用いても織
られるようになった。[21] 本来「ふらた」の原語は bourat。近世初中期に輸
入された「ふらた」は，帳簿上，この bourat が記されている。ラテン語の
burra（毛深い粗毛の動物の毛皮の意）が語源のようである。[22] 本品は綾織の羊毛
織物である。原産地はヨーロッパ。オランダ産であろう。

(10)緋呉羅服連　→　grein schaairood

(11)藍海松茶色呉羅服連, (12)茶色呉羅服連, (13)—, (14)—, (15)—
→ grein overige kleuren (groen olijf, olijf, wit, zwart, lichtblaauw)

grein は字義上は「表面のざらついた」という意。もとはヤギや駱駝の毛で織ったが, 後に羊毛や生糸をまぜて織るようになった。(23) 本品は羊毛だけで織った「呉羅服連」。経緯の糸込みが 22 本前後(1 cm 間)のかなり均一な平織の毛織物である。「呉羅服連」はオランダ品目名 grofgrein の音訳である。grof は「粗い」という意。原産地はヨーロッパ。オランダ産であろう。なお, (13)(14)(15)は献上・進物品として全て使用されたため落札帳には記されていない。

(16)緋テレフ, (17)桔梗色テレフ, (18)藍海松茶色テレフ → gedrukte trijp diverse kleuren (schaairood, violet, olijfsensaai)

gedrukte は「捺染した」, trijp はモケット(ビロード組織の毛羽のある織物)のこと。本品は綿ビロードの一種であり, 捺染で文様を施したものである。原産地はヨーロッパと考えられる。

(19)尺長赤金巾 → roode hamans

roode は「赤い」, hamans は堅い厚地の金巾のこと。(24) 金巾はポルトガル語で canequim の転じた語。(25) なお, 日本側品目名の「尺長」とは定尺より長いことを意味する。本品は赤地の緻密な平織金巾。ヨーロッパで加工されて持ち渡られたものと考えられる。

(20)上奥嶋 → taffachelassen verbeterde
(21)壱番新織奥嶋 → taffachelassen extra fijn 1.^{e} soort
(22)弐番新織奥嶋 → taffachelassen extra fijn 2.^{e} soort

taffachelas (-sen)は縦縞の絹織物, 交織または綿織物といわれるが, 19 世紀における taffachelas (-sen)の表記は縞柄の綿織物と考えられる。奥嶋の「奥」とは日本から遠く離れた漠然とインドあたりをさすものと考えられる。嶋は現在の「縞」を意味するが, 本来は海外からの持ち渡り(島渡り)の反物に縞柄のものが多かったことより, 嶋が現在の縞を意味するようになった。したがって, 奥嶋の意味はインドあたりから持ち渡られた今でいう縞文様の織物ということになる。

412　第3部　安政期の日蘭貿易

「新織」とは従来輸入されたものとは違うニュータイプの染織を意味するのであろう。また，「壱番」「弐番」は品質の等級を示す。オランダ品目名の内，verbeterde は「改良された」，extra は「特別上等の」，fijn は「すばらしい，（織り目の）細かい」，soort は「種類」の意である。

近世において，ヨーロッパ船の持ち渡る縞木綿は，本来インド産のものであり，インドのコロマンデル産である「棧留嶋」とよばれる染織は経糸・緯糸共に二本ずつ引き揃えの双糸を用いて平織にした縞柄の綿織物であった。近世の日本側貿易史料では通常，この綿織物の縦縞を「奥嶋」，碁盤縞を「算崩嶋」と訳している。安政3年輸入の「奥嶋」は，綿糸が非常に細く，前述のように二本の糸を引き揃えて経緯に用いた斜子織とよばれるものである。このような綿糸はとうていわが国では紡出できるものではなかった。ところが，18世紀後半にはイギリスを中心としてヨーロッパでは紡績技術の飛躍的進歩によって綿業が発達し，taffachelas 奥嶋の模造品が作成されるようになった。文政年間(1818〜1830)には既にヨーロッパ産の奥嶋が日本に輸入されていることが判明している。安政3年輸入の奥嶋は，毛羽の立ち方とアリザリンレッドやクロムイエローのようなあざやかな色彩が用いられた派手な縞がきわだっている点などからみて，全てヨーロッパ産とみてよいであろう。[26]

(23)壱番尺長上皿紗　→　Europesche sitsen 1.^{e} soort

(24)弐番尺長上皿紗　→　Europesche sitsen 2.^{e} soort

(25)弁柄皿紗　→　Bengaalsche sitsen

(26)皿紗　→　Patna sitsen

sits (-en)は「さらさ」の意。sits は「染め分けの，まだらの」という意味の梵語 citrá に由来するとされ，綿布を花鳥・人物・幾何学文様等，さまざまな文様に染めわけたものである。

Europesche sitsen の Europesche は「ヨーロッパ(産)の」の意。したがって，ヨーロッパ産の更紗。更紗は本来インドで生まれた染織と考えられるが，その技法がヨーロッパに伝わり，そこで生まれた更紗である。このヨーロッパ更紗はインド更紗とは違ったヨーロッパ独自の意匠によってアリザリ

第2章　安政3年(1856)の日蘭貿易　　413

ンレッドやクロムイエローなどを用いた花柄や幾何学文様等のあでやかなプリント更紗である。

　Patna sitsen の Patna とは「パトナ」のこと。パトナはベンガルに隣接するビハール州の州都。パトナで仕入れた更紗を意味する。しかし，「切本帳」に貼り込まれている「更紗」Patna sitsen は，ヨーロッパ産のプリント更紗である。これは，パトナ更紗の模造品であり，藍抜きの更紗をわざわざ真似て上質の木綿にプリントされた二色更紗である。この手のものは，文政期より輸入されはじめ，天保・弘化期には大量に輸入されていた。

　Bengaalsche sitsen の Bengaalsche は「ベンガル(産)の」の意。したがって，ベンガル産更紗ということになるが，パトナ更紗同様「切本帳」にはベンガル更紗の模造品である二色のプリント更紗が貼り込まれている。この手のものも，天保・弘化期に大量に輸入されている。したがって，安政3年の更紗は全てヨーロッパ産の更紗である。[27]

(27)壱番象牙　→　olifants tanden 1.^e soort

(28)弐番象牙　→　olifants tanden 2.^e soort

(29)三番象牙　→　olifants tanden 3.^e soort

　olifants は「象の」，tand (-en)は「牙」の意。象牙。日本において象牙は，主に印材とされ，根付，三味線の撥，置物などにも珍重された。[28] 原産地はインド。

(30)丁子　→　kruidnagelen

　kruid は「食用[薬用・香料]植物」，nagel (-en) は「釘，(丁子)」の意。てんにん科の常緑喬木。その蕾は釘の形をした小鱗の集合体。蕾を蒸留して油を採取する。果実からも油をとる。丁子油は，鎮痙・鎮痛・覚醒・健胃の要薬とされた。[29] 原産地はモルッカ諸島アンボイナ。

(31)胡椒　→　peper

　peper は「胡椒」の意。オランダ船が輸入する胡椒は主に黒胡椒であった。黒胡椒は胡椒の実の赤く熟しかけたのを採取し，果皮が黒色に変わるまで数日放置するか，またはいったん熱湯に入れたのち日に干した黒色または黒褐色のもの。特異の芳香と強い辛味がある。[30] 日本ではどのように使用され

414 第3部 安政期の日蘭貿易

ていたか必ずしも明らかでない。薬剤として諸薬に配合したことはあったが主薬ではなかった。胡椒は主として対馬藩で買い入れて朝鮮貿易に利用していたものといわれている(対州除胡椒)。[31] 原産地はジャワ島。

(32)い錫, (33)ろ錫 → tin

tin は「錫」。日本において錫は真鍮および真鍮銭鋳造に用いられた。[32] 原産地はバンカ島。

(34)紫檀 → kaliatoerhout

kaliatoer はインドの都市 Caliatour (=Kistanapatnam)に由来する。hout は「木」の意。樹皮は生木では赤く，伐採後は紫に変わる。材は暗赤色で質堅く，インドでは染料にもしたが，日本では主として扇子の骨，手箱，机などの調度品の材としたようである。[33] 原産地はインド。

(35)水銀 → kwikzilver

kwikzilver は「水銀」のこと。辰砂(水銀と硫黄との化合物)を焼いてつくる。金の精錬，銀器・鏡など金属の研磨，朱墨，漆器，雷汞(雷管式小銃に用いる起爆剤)，甘汞などの製造に用いる。甘汞の粉末を汞粉といい，疥癬・瘡瘍・黴毒などの要薬とした。[34]

(36) (37)肉豆蔲 → notenmuscaat

noot (noten)は「堅果」の意。muscaat はナツメグ(肉豆蔲)。日本では搾油または蒸留油をとり，神経痛，健胃，矯臭などの薬剤とした。[35] 原産地はモルッカ諸島バンダ。

(38)い蘇木, (39)ろ蘇木, (40)は蘇木 → sapanhout

sapanhout は「蘇芳木」のこと。また，sapang は古代ジャワ語で「赤い」の意。[36] hout はオランダ語で「木」の意。マメ科の落葉小喬木で植物染料の一つ。日本において蘇芳木は生糸・絹織物の染色に不可欠のものであった。[37] 原産地はスンバワ島。

(41)壱番白砂糖, (42)弐番白砂糖 → suiker, suiker terug van de hofreis, suiker voor de hofreis

suiker は「砂糖」の意。原産地はジャワ島。suiker terug van de hofreis は，「江戸参府から戻ってきた砂糖」という意であるが，これは，江戸参府

第2章　安政3年(1856)の日蘭貿易　415

の経費に充てられ残った砂糖のことであろう。(38) また，suiker voor de hofreis は，「江戸参府用の砂糖」という意であるが，これは江戸参府の経費に充てられるものであろう。(39)

(43)荷包鉛　→　platlood

plat は「平らな」，lood は「鉛」の意。染織品の包装に用いた鉛が荷解き後に残ったもの。鉛は主として金・銀貨幣の改鋳，銅銭鋳造に用いられた。(40)

(44)—　→　laken schaairood

laken は上述「ラシャ」の意。schaairood は「緋色」の意。緋色の大羅紗は特に「猩々緋」とよばれ珍重された。原産地はヨーロッパ。オランダ産であろう。なお，本品は，長崎会所と本商人との間で取引が成立しなかったため落札帳には記されていない。

(45)—　→　Spaansche matten

スペイン銀貨。「銀銭」と訳された。日本では貨幣改鋳の素材とされた。(41) これは取引用のためではなく，オランダ商館の日常経費に充てるために持ち渡られたものである。(42)

　上記本方荷物の品目の内，染織類と象牙・紫檀・水銀はオランダ本国より出荷され，バタヴィア経由で長崎に持ち渡られた品々である。(43)

第5節　脇荷物について

　つづいて，日蘭両史料の照合によって得られた安政3年の脇荷物の日蘭商品名より，各商品が一体いかなる品物であったのか考察していきたい。以下，商品番号は，表91 に従って記したものであり，品目名は日本側商品名にオランダ側商品名を突き合わせる形で表記していく。なお，既に第2部第1章「オランダ船の脇荷物輸入—文政9年(1826)を事例として—」の第3節で考察した商品については，「第2部第1章第3節参照」と記しておく。

〈1〉色硝子切子銘酒瓶　→　gekleurde flesschen

416　第3部　安政期の日蘭貿易

gekleurde は「色のついた」, fles (-schen)は「瓶」の意。色のついた瓶。ガラス製と考えられる。

〈2〉壱番切子銘酒瓶　→　likeur karaffen 1ste soort

〈3〉弐番切子銘酒瓶　→　likeur karaffen 2de soort

〈4〉三番切子銘酒瓶　→　likeur karaffen 3de soort

〈5〉四番切子銘酒瓶　→　likeur karaffen 4de soort

　likeur は「リキュール」, karaf (-fen)は「デカンタ」, soort は「種類」の意。リキュール用デカンタ第1種～第4種。ガラス製と考えられる。

〈6〉色硝子切子水呑, 〈7〉金縁繪入水呑　→　gekleurde bierglazen

　gekleurde は上述。bierglas (bierglazen)は「ビール用のグラス」の意。色のついたビールグラス。

〈8〉壱番金縁金絵角瓶　→　likeur flesschen 1ste soort

〈9〉弐番金縁金絵角瓶　→　likeur flesschen 2de soort

　likeur, fles (-schen)は上述。リキュール用の瓶第1種・第2種。

〈10〉壱番角臺こつふ　→　glazen □ v. 1ste soort

〈11〉弐番角臺こつふ　→　glazen □ v. 2de soort

〈12〉三番角臺こつふ　→　glazen □ v. 3de soort

〈13〉壱番臺こつふ　→　glazen ○ v. 1ste soort

〈14〉弐番臺こつふ　→　glazen ○ v. 2de soort

〈15〉三番臺こつふ　→　glazen ○ v. 3de soort

〈16〉四番臺こつふ　→　glazen ○ v. 4de soort

　glas (glazen)は「グラス」, v. (=voet)は「足, 脚」の意。soort は上述。四角い脚(□)の付いたグラス第1種～第3種。丸い脚(○)の付いたグラス第1種～第4種。

〈17〉壱番角形薬瓶　→　□ stopflesschen 1ste soort

〈18〉弐番角形薬瓶　→　□ stopflesschen 2de soort

〈19〉三番角形薬瓶　→　□ stopflesschen 3de soort

〈20〉四番角形薬瓶　→　□ stopflesschen 4de soort

〈21〉五番角形薬瓶　→　□ stopflesschen 5de soort

〈22〉六番角形薬瓶　→　▢ stopflesschen 6[de] soort

〈23〉壱番無地薬瓶　→　◯ stopflesschen 1[ste] soort

〈24〉弐番無地薬瓶　→　◯ stopflesschen 2[de] soort

〈25〉三番無地薬瓶　→　◯ stopflesschen 3[de] soort

〈26〉四番無地薬瓶　→　◯ stopflesschen 4[de] soort

〈27〉五番無地薬瓶　→　◯ stopflesschen 5[de] soort

〈28〉六番無地薬瓶　→　◯ stopflesschen 6[de] soort

〈29〉七番無地薬瓶　→　◯ stopflesschen 7[de] soort

〈30〉八番無地薬瓶　→　◯ stopflesschen 8[ste] soort

〈31〉九番無地薬瓶　→　◯ stopflesschen 9[de] soort

stopfles (-schen)は「栓をした瓶」の意。角形(▢)の栓をした瓶第1種〜第6種。丸形(◯)の栓をした瓶第1種〜第9種。

〈32〉壱番白焼金縁金絵長鉢　→　porceleine broodmanden

porceleine は「磁器」，broodmand (-en)は「パンかご」の意。磁器製のパンかご。

〈50〉壱番白焼金縁繪入花生，〈51〉弐番白焼金縁繪入花生　→　gekleurde bloemvazen

gekleurde は上述。bloemvaas (-vazen)は「花瓶」の意。色のついた花瓶。磁器製と考えられる。

〈57〉〈58〉白焼金縁繪入茶器　→　dejeuner 1[ste] soort, dejeuner 2[de] soort

dejeuner は「朝食用の茶器セット」の意。soort は上述。朝食用茶器セット第1種・第2種。磁器製と考えられる。

〈66〉〈67〉白焼八寸鉢　→　borden, soepborden

bord (-en)は「皿」，soepbord (-en)は「スープ皿」の意。磁器製と考えられる。

〈68〉白焼七寸鉢　→　kleine borden

kleine は「小さい」の意。bord (-en)は上述。小皿。磁器製と考えられる。

〈78〉壱番硝子板　→　glasruiten 1[ste] soort

〈79〉弐番硝子板　→　glasruiten 2[de] soort

〈80〉三番硝子板　→　glasruiten 3de soort

〈81〉四番硝子板　→　glasruiten 4de soort

　glasruit (-en)は「窓ガラス」の意。soort は上述。窓ガラス第1種〜第4種。

〈82〉壱番屑硝子板　→　glasruiten gebroken 1ste soort

〈83〉弐番屑硝子板　→　glasruiten gebroken 2de soort

　glasruit (-en)，soort は上述。gebroken は「壊れた」の意。日本側では「屑」としている。破損した窓ガラス第1種・第2種。

〈84〉壱番フリツキ延板　→　blik, dubbeld

〈85〉弐番フリツキ延板　→　blik, enkeld

　blik は「ブリキ板」，dubbeld は「二重の」，enkeld は「一重の」の意。blik, dubbeld は厚いブリキ板，blik, enkeld は薄いブリキ板と考えられる。

〈86〉鼻目鏡　→　brillen

　bril (-len)は「眼鏡」の意。

〈87〉外科道具　→　chirurgicale instrumenten

　chirurgicale は「外科(用)の」，instrument (-en)は「道具」の意。外科用の道具。

〈88〉鎖リ付袂時計　→　horologie / gouden /

　horologie は「時計」，gouden は「金の」の意。金時計。懐中時計。

〈89〉晴雨昇降　→　barometer

　barometer は「気圧計」の意。

〈90〉寒暖晴雨昇降　→　thermometer

　thermometer は「温度計」の意。

〈91〉鼠取　→　botte knippen

　botte は「なまくらな」，knip (-pen)は「(鳥獣を捕らえる)わな」の意。先端のとがっていないわな。捕らえるのに鋭利ではなくなまくらな刃のついた鼠取りであろう。

〈92〉竜吐水　→　brandspuit met toebehooren, kleinste soort

　brandspuit は「消火ポンプ」，met toebehooren は「付属品つきの」，

kleinste soort は「最小種」の意。付属品つきの最小種の消火ポンプ。

〈93〉壱番フリツキ箱　→　blikken trommels

　blikken は「ブリキ製の」, trommel (-s)は「(ブリキの)箱」。ブリキの箱。

〈94〉弐番フリツキ箱　→　blik uit pak kisten

　blik は「ブリキ板」, pak kist (-en)は「荷造り用の箱」の意。荷造り用の箱に使われていたブリキ板。

〈95〉アセタスプリユムヒイ　→　acetas plumbi

　酢酸鉛。収斂性止血薬に用いる。[44]

〈96〉ボーラキス　→　borax

　硼砂。ガラスの原料, 釉(うわぐすり)・ろうづけ助剤などとして用いられたと考えられる。[45]

〈97〉ブラークウエインステーン　→　braak wijnsteen

　braak は「未開拓の」, wijnsteen は「酒石」(ワイン醸造樽の底に沈殿する物質)の意。粗酒石。酒石英, 酒石酸などをつくるのに用いる。[46]

〈98〉サルアルモニヤシ　→　sal-ammoniac

　第2部第1章第3節参照。

〈99〉ヱキスタラクトシキユータ　→　extract cicutae

　extract はラテン語で「エキス剤」, cicutae は同じくラテン語で「ドクニンジン」の意。成分としてアルカロイド Coniine を含む。ギリシアの哲人ソクラテスが自殺のさい使用したという。[47]

〈100〉エキスタラクトヒヨシヤムス　→　extract hijosciamus

　extract は上述「エキス剤」の意。はしりどころ類の有毒草ひよす hyoscyamus niger から抽出するアルカロイド。瞳孔散大剤, 神経鎮静剤に用いる。[48]

〈101〉ヲスセンカル　→　verdikte ossengal

　verdikte は「凝結した」, ossengal は「牛胆」の意。牛の胆嚢。健胃・駆風剤に用いる。[49]

〈102〉ラーピスインフリナーリス　→　lapis infernalis

　lapis はラテン語で「石」, infernalis は同じくラテン語で「地獄の」の意。

硝酸銀棒。オランダ語で helse steen（地獄石）。幕末期に地獄石と訳し，明治初期に硝酸銀桿としている。腐食薬。疣・痣・胝，手術後の皮膚の隆起などを焼き取るのに用いた。[50]

〈103〉セメンシーナ　→　semencinae（wormenkruid）

semencinae はラテン語で「シナの種子」の意。きく科のよもぎ類に属する小灌木。オランダ語で wormenkruid。シリア・ペルシア地方では，原野，水辺に自生する。蕾はサントニンの含有が多い。乾燥した蕾または果実を細末とし，あるいは水煎して小児の回虫・蟯虫駆除の聖薬とする。シリアのアレッポ産を名品とした。[51]

〈104〉テリヤアカ　→　Venetiaansche theriac

第2部第1章第3節参照。

〈105〉紺青　→　Berlijnsch blaauw

第2部第1章第3節参照。

〈106〉ヲクリカンキリ　→　kreeftsoogen

第2部第1章第3節参照。

〈107〉ヤラツパ　→　jalappe

ヤラッパはヒルガオ科の蔓草。その球形の根から瀉下の良剤を得る。回虫・条虫を駆除する作用もあり，上述のセメンシーナに加えて用いた。ヤラッパは南米メキシコ東部の都市ヤラッパにちなむ。[52]

〈108〉コロンボー　→　radix columbo

ツヅラフジ科の多年生蔓草。セイロン（現，スリランカ）のコロンボ産という。根を散剤またはエキス剤とし，消化不良・慢性下痢に用いた。[53]

〈109〉ケレムルタルタリー　→　cremortart

重酒石酸カリウム。酒石酸水素カリウム。利尿瀉下薬に用いる。[54]

〈110〉エイスランスモス　→　IJslandsche mos

IJslandsche mos は「アイスランドの苔」の意。滋養，強壮の効あるものとされ，肺病の要薬とされた。[55]

〈111〉細末ポツクホウト　→　pokhoutzaagsel

pok は「瘡」，hout は「木」，zaagsel は「おがくず」の意。（こまかい粉

を意味するのであろう）ラテン語名グアイアクム guaiacum。西インド諸島，南アメリカに自生するハマビシ科の低木。阿蘭陀通詞は「癒瘡木」と訳している。ヨーロッパでは16世紀に20年代から梅毒・痛風の要薬として大いに用いられた。[56]

〈112〉ヒヨシヤムス → herba hijosciamus

はしりどころ類の有毒草ひよす hyoscyamus niger の葉。ひよす葉。これから抽出するアルカロイドは神経鎮静剤となる。[57] 上述〈100〉参照。

〈113〉カミルレ → kamillen bloemen

カミルレは，キク科の1・2年草カモミルラ chamomilla Romana の花 (bloem (-en)) を乾燥したもので，発汗・解熱薬とされた。オランダ人はこの草を kamille といった。[58]

〈114〉センナ → senna bladen

senna は熱帯産のまめ科の灌木。blad (-en) は「葉」の意。センナ葉。葉は水煎して緩下剤とする。ペルシアのイスパハンで多く集散していた。[59]

〈115〉ケンチヤンウヲルトル → gentiaan wortel

gentiaan は「りんどう」，wortel は「根」の意。りんどう科 Gentiana lutea L. の根と根茎。健胃剤となる。[60]

〈116〉ジキターリス → herba digitalis

ジキターリスはゴマノハグサ科の多年草。その葉から強心薬ジキターリスを抽出する。ただし，『名物考』には未だ強心効験の記載はなく，利尿薬としている。[61]

〈117〉アルニカブルーム → arnica bloemen

アルニカの花。アルニカはキク科の多年草。乾燥して浸剤（振出薬）とし，神経虚脱症に用いた。すなわち覚醒薬。[62]

〈118〉マク子シヤ → magnesia

酸化マグネシウム。magnesia alba をつくるのに用いる。マグネシア・アルバは制酸・緩下剤として使用され，腰部・脇腹などの疼痛をおさえるのに偉効があるとされた。また瀉利塩（硫酸マグネシア。発汗・緩下剤）をつくるのに用いた。[63]

422 第3部 安政期の日蘭貿易

〈119〉キナキナ　→　cortex chinae

第2部第1章第3節参照。なお，chinae は「キナ皮，キナの木」，cortex
はラテン語で「樹皮」の意。

〈120〉亜麻仁　→　lijnzaad

lijnzaad はアマ科のあまの種子。「仁」は種子の意。これから搾油して緩
下剤とする。灌腸にも用い，水銃(スポイト)で肛門に注入する。(64)

〈121〉セアユイン　→　zee ajuin

海葱(海ねぎ)。ゆり科の多年生草本。地中海沿岸に多く野生するが，オラ
ンダでは栽培していた。その玉ねぎ状の球根は利尿に奇効がある。痰切また
は吐剤ともした。(65)

〈122〉芦薈　→　Kaapsche aloë

第2部第1章第3節参照。なお，Kaapsche は「喜望峰の」の意。喜望峰
から出荷されたアロエ。

〈123〉サポン　→　zeep

石鹸。『名物考』によると，アルカリ塩とオリーブ油，亜麻仁油を合わせ，
煮て作るもので，羅紗，毛布，フラスコの洗濯に必須であり，褥瘡膏薬の材
料にもするとしている。(66)

〈124〉ブロインステーン　→　bruinsteen

酸化マンガン。(67)

〈125〉ホフマン　→　Hoffmanns droppels

第2部第1章第3節参照。

〈126〉スブリーテスニツトルトルシス　→　spiritus nitri daleis

第2部第1章第3節参照。

〈127〉サルアルモニヤシ精氣　→　spiritus sal-ammoniac

塩化アンモニア。礦砂。牛馬・駱駝などの動物の尿を凝固したものに海塩，
煙煤を加え，水溶液を濾過，蒸散して固めたもの。止痢・去痰に用いる。石
灰精を加えて発汗・解熱にも用いた。(68)

〈128〉いコーヒー豆　→　koffij in blikken

〈129〉ろコーヒー豆　→　koffij in zakken

koffij は「コーヒー豆」, in blik (-ken)は「缶に入った」, in zak (-ken)は「袋に入った」の意。江戸時代, コーヒーは嗜好飲料ではなく薬であった。『厚生新編』では精神を快活清爽にし, 食後に飲めば消化を助けるとする。緒方洪庵も揮発衝動剤の一つの薬として挙げている。(69)

〈130〉サフラン　→　saffraan

第２部第１章第３節参照。

〈131〉痰切　→　drop

第２部第１章第３節参照。

〈132〉テレメンテイン油　→　terpentijn olie

第２部第１章第３節参照。

〈133〉バルサムコツハイハ　→　balsem copaivae

第２部第１章第３節参照。

〈134〉カヤフーテ油　→　kajapoetie olie

第２部第１章第３節参照。

〈135〉ホルトカル油　→　Genua olie

第２部第１章第３節参照。なお, Genua は「ジェノバ(イタリア北西部の都市)」, olie は「油」の意。オリーブ油。

〈136〉水牛爪　→　buffel hoeven / witte /

buffel は「水牛」, hoef (hoeven)は「ひづめ」, witte は「白」の意。水牛角 buffel hoorn よりも粘質で, 製品に光沢がある。主として印材とする。(70)

〈137〉藤　→　bindrotting

第２部第１章第３節参照。なお, bindrotting は「縛るための籐」の意。

〈138〉荷包鉒錏　→　zink uit eene pak kist

zink は「トタン板」の意。eene pak kist は荷造り用の箱。荷造り用の箱に使われていたトタン板。

〈139〉い類違薄手嶋羅紗　→　flanel, lang 76 1/2 el

〈140〉ろ類違薄手嶋羅紗　→　flanel, lang 83 el

〈141〉は類違薄手縞羅紗　→　flanel, lang 77 el

〈142〉に類違薄手縞羅紗　→　flanel, lang 52 3/4 el

flanel はフランネル。フランネルは，平織あるいは綾織で，両面に軽く起毛している薄地の毛織物。[71]「切本帳」よりこの時の輸入品が平織であることがわかる。lang は反物の長さを示す。

〈143〉尺長上更紗　→　geenlumineerde chitsen

geenlumineerde は「着色した」の意。chits (-en)は上述更紗。「切本帳」より赤地に小花文様の更紗であることが確認できる。

〈144〉い尺長更紗　→　foulard chitsen fantaisie

foulard はフランス語でフーラード（ネクタイ・ネッカチーフなどに用いる薄地の綾絹）。fantaisie は「意匠をこらした，変わり模様の」の意。chits (-en)は上述更紗。「切本帳」より黒地に花柄文様の更紗であることが確認できる。なお，本品は平織である。

〈145〉ろ尺長更紗　→　zwart op rood gedrukte chitsen

zwart は「黒い」，rood は「赤い」，gedrukte は「プリントした」の意。chits (-en)は上述更紗。「切本帳」より赤地に黒色で幾何学文様や花柄文様をプリントした更紗であることが確認できる。

〈146〉は尺長更紗　→　veel kleurige chitsen

veel は「大変」，kleurige は「色彩に富んだ」の意。chits (-en)は上述更紗。「切本帳」より緑地・黄地・白地に花柄文様の更紗であることが確認できる。

〈147〉に尺長更紗　→　leminios, bruine
〈148〉ほ尺長更紗　→　leminios blaauwe
〈149〉へ尺長更紗　→　leminios drie kleurige

leminios は未詳。bruine は「茶色の」，blaauwe は「青い」，drie kleurige は「三色の色彩に富んだ」の意。「切本帳」より〈147〉は茶地に幾何学文様，〈148〉は青地に幾何学文様，〈149〉は茶・赤・白三色からなる格子柄に幾何学文様の更紗であることが確認できる。

〈150〉と尺長更紗　→　meubel chitsen

meubel chits (-en)は家具用の更紗。「切本帳」より太い縦縞に花柄文様の更紗であることが確認できる。

第2章　安政3年(1856)の日蘭貿易　　425

〈151〉ち尺長更紗　→　mignonette rose en paarsche

　mignonette はフランス語で「小さくかわいらしい」の意，rose は「バラ色の」，paarsche は「紫色の」の意。「切本帳」より紫地に小花文様と薄い茶色地に花柄文様の更紗であることが確認できる。

〈152〉り尺長更紗　→　donker paarsche chitsen

　donker paarsche は「濃い紫色の」の意。chits (-en)は上述更紗。「切本帳」より白地に小紋や花柄の更紗であることが確認でき，濃い紫色の意匠のものもあるが，その他赤色や青色のものも含まれている。

〈153〉ぬ尺長更紗　→　wit geruite chitsen

　wit は「白い」，geruite は「格子縞の」。chits (-en)は上述更紗。「切本帳」より白地に小花文様の更紗であることが確認できる。

〈154〉幅廣赤紋金巾　→　cambrics, Adrianopel rood

　cambric (-s)は上質かなきん，Adrianopel はアドリアノープル(トルコの都市，エディルネの旧称)のこと。rood は「赤い」の意。「切本帳」より地紋で幾何学文様をあらわした赤金巾であることが確認できる。

〈155〉い幅廣赤金巾　→　effen rood katoen 7/4
〈156〉ろ幅廣赤金巾　→　effen rood katoen 6/4
〈157〉は幅廣赤金巾　→　effen rood katoen 5/4

　effen は「無地の」，rood は「赤い」，katoen は「綿布」の意。無地の赤金巾。

〈158〉幅廣白金巾　→　wit, katoen

　wit は「白い」，katoen は上述「綿布」。白金巾。

〈159〉幅廣白綾金巾　→　witte jeans
〈160〉幅廣白綾木綿　→　ruwe jeans

　jeans は丈夫な綾織の綿布。ruwe は「加工していない」の意。「切本帳」より綾織の金巾・綿布であることが確認できる。

〈161〉い類違尺長奥縞　→　taffachelassen 6/4
〈162〉ろ類違尺長奥縞　→　taffachelassen 5/4

　taffachelas (-sen)は上述。

426　第3部　安政期の日蘭貿易

〈163〉い又布嶋　→　cotonnetten 6/4

〈164〉ろ又布嶋　→　cotonnetten 5/4

　cotonnetten は，絹，絹と綿の交織，もしくは亜麻布といわれる。(72)「切本帳」より紺地に白や青の各種格子縞の綿織物であることが確認できる。

〈165〉幅廣嶋木綿　→　blaauw gestreepte nikanias

　blaauw は「青い」，gestreepte は「縞文様」の意。nikanias はコロマンデル産の青と白の縞文様の綿織物。(73)「切本帳」より紺と白の縞文様の綿織物であることが確認できる。

〈166〉天地球　→　aard en hemelglobe met toebehooren

　付属品付きの地球儀と天球儀。

〈167〉ミコラスコーフ　→　avondmicroskoop / defect /

　欠陥のある顕微鏡。

〈168〉リクトポンプ　→　luchtpomp / defect /

　欠陥のある空気ポンプ。

〈169〉アラヒヤコム　→　Arabische gom

　第2部第1章第3節参照。

〈170〉郡青　→　ultra marin

　ウルトラマリン。紺青（プルシアンブルー）と共に代表的な青色無機顔料。硫黄を含むアルミノシリケート錯体の微粒子。光，熱，溶媒，アルカリに対して強いが，紺青と対照的に酸に対して弱く分解退色する。(74)

〈171〉ウニカール　→　eenhoorn

　eenhoorn は「一角獣」の意。これを日本側はウニカール（ウニコール）と訳している。ウニコール（unicornis ラテン語）は一角の牙から製した解毒薬である（第2部第6章参照）。

〈172〉釷丹　→　―

　釷丹は通常 spiaulter（トタン）。

〈33〉〜〈49〉，〈52〉〜〈56〉，〈59〉〜〈65〉，〈69〉〜〈77〉，（表91の＊印に相当する商品，表92参照）

〈33〉弐番白焼金縁金絵長鉢，〈34〉三番白焼金縁金絵長鉢，〈35〉壱番白焼金縁絵入長鉢，〈36〉弐番白焼金縁絵入長鉢，〈37〉三番白焼金縁絵入長鉢，〈38〉四番白焼金縁絵入長鉢，〈39〉五番白焼金縁絵入長鉢，〈40〉壱番白焼金縁繪入皿付ふた物，〈41〉弐番白焼金縁繪入皿付ふた物，〈42〉白焼金縁繪入七寸盆，〈43〉白焼金縁繪入四寸皿，〈44〉壱番白焼金縁金繪鉢付茶器，〈45〉弐番白焼金縁金繪鉢付茶器，〈46〉壱番白焼金縁金繪仕切菓子入，〈47〉弐番白焼金縁金繪仕切菓子入，〈48〉白焼金縁繪入仕切菓子入，〈49〉白焼金縁仕切菓子入，〈52〉三番白焼金縁繪入花生，〈53〉壱番白焼金縁繪入卓下花生，〈54〉弐番白焼金縁繪入卓下花生，〈55〉三番白焼金縁繪入卓下花生，〈56〉白焼金縁臺付菓子入，〈59〉白焼金縁繪入小形茶器，〈60〉白焼金縁金繪皿付茶器，〈61〉白焼金縁金繪小形茶器，〈62〉白焼金縁小形茶器，〈63〉白焼金縁小形卓子道具，〈64〉壱番白焼卓子道具，〈65〉弐番白焼卓子道具，〈69〉白焼金縁四寸皿，〈70〉壱番焼物器，〈71〉弐番焼物器，〈72〉白焼金縁置物，〈73〉壱番白焼繪具摺，〈74〉弐番白焼繪具摺，〈75〉三番白焼繪具摺，〈76〉四番白焼繪具摺，〈77〉五番白焼繪具摺

↓

dejeuners, compleet ～ すべて揃った茶器セット。

schaaltjes, gouden rand ～ 金縁飾りの小皿。

bordjes, kleine ～ 小皿。

gebak manden ～ 菓子入れのかご。

kinder dejeunersen servies ～ 子供用茶器セット。

servies, groot / thee / ～ たくさんの茶器セット。

broodbakken ～ パンかご。

zuurschaaltjes ～ 酢づけ用の小皿。

vierkante schaaltjes ～ 四角形の小皿。

bekers in soorten ～ さまざまなマグカップ。

witte mortieren in soorten ～ さまざまな白色のすり鉢。〈73〉～〈77〉の「白焼繪具摺」であろう。

corbeilles ～ 陶器のかごヵ。

vogels ～ 陶器の鳥の置物ヵ。

verschillende schaaltjes ～ 種々の小皿。

zuurschaaltjes ～ 上掲，酢づけ用の小皿。

saus kommen ～ ソース入れ。

gekleurde vrucht schalen ～ 色のついた果物を盛る皿。

お わ り に

　以上，本章においては，安政3年(1856)に本商人によって落札された本方荷物と脇荷物について考察をおこなってきた。本方荷物の取引と脇荷物の取引に関する取引規模については，次章で検討することとして，ここでは本方荷物と脇荷物の取引におけるオランダ側の収益について考察を加えておきたい。

　本方荷物に関して，Project van naar Japan te verzonden kompsgoederen in het jaar 1856.[75] (1856年に日本に向けて発送する会社荷物〔本方荷物〕の企画) より仕入価格を計算し，日本側(長崎会所)への販売価格(表90)と照合して示すと表95のようになる。olifants tanden(象牙)において，やや大きい損失を出しているが，全体としては，若干の収益を出しているようにみえる。しかし，ヨーロッパからバタヴィアまで持ち渡られ本方荷物になった品々(染織品・象牙・紫檀・水銀等)にかかった経費が5,675.59グルデンあり，さらに未詳ではあるがバタヴィアから長崎までの輸送経費を考えれば多額の損出を出していることは間違いあるまい。

　また，脇荷物に関しては，1856年10月30日(出島)付けのKambang Handel. Rekening van winst en verlies op de lijnwaden, alhier in 1856 aangebragt.[76] (脇荷貿易　1856年に輸入された染織品に関する損益の勘定)および，1856年11月2日(出島)付けのKambang-handel. Behaalde prijzen van de ondervolgende in openbare veiling verkochte goederen in 1856 alhier aangebragt.[77] (脇荷貿易　1856年日本に輸入され入札販売された下記商品の値段)によって，収益率をみることができる。それによると染織品に関しては，

表 95 安政 3 年 (1856) オランダ船 2 艘 (Valparaiso, Resident van Son) 本方荷物の仕入値と販売価格

	Goederen	商　品	仕入値 (テール)	販売価格 (テール)
(1)	laken zwart	黒　大　羅　紗	8.36 / ikje	10.0 / ikje
	laken overige kleuren		8.50 〜 8.57 / ikje	8.0 / ikje
(2)	⌐ wit	白　大　羅　紗		
(3)	｜ aschgraauw	藍鼠色大羅紗		
(4)	｜ lichtblaauw	花　色　大　羅　紗		
(5)	｜ groen olijf	茶　色　大　羅　紗		
(6)	∟ grijs	霜　降　大　羅　紗		
	casimier diverse kleuren		5.48 〜 5.73 / ikje	5.0 / ikje
(7)	⌐ zwart	黒　ふ　ら　た		
(8)	｜ aschgraauw	藍鼠色ふらた		
(9)	∟ groen olijf	茶　色　ふ　ら　た		
(10)	grein schaairood	緋　呉　羅　服　連	2.88 / ikje	4.5 / ikje
	grein overige kleuren		2.47 〜 2.74 / ikje	4.3 / ikje
(11)	⌐ groen olijf	藍海松茶色呉羅服連		
(12)	｜ olijf	茶色呉羅服連		
(13)	｜ wit	－		
(14)	｜ zwart	－		
(15)	∟ lichtblaauw	－		
	gedrukte trijp diverse kleuren		3.77 〜 4.39 / ikje	5.0 / ikje
(16)	⌐ schaairood	緋　テ　レ　フ		
(17)	｜ violet	桔梗色テレフ		
(18)	∟ olijfsensaai	藍海松茶色テレフ		
(19)	roode hamans	尺　長　赤　金　巾	10.88 / stuk	10.8 / stuk
(20)	taffachelassen verbeterde	上　奥　嶋	8.25 / stuk	10.5 / stuk
(21)	taffachelassen extra fijn 1ª. soort	壱番新織奥嶋	7.69 / stuk	10.7 / stuk
(22)	taffachelassen extra fijn 2ª. soort	弐番新織奥嶋	7.69 / stuk	10.0 / stuk
(23)	Europesche sitsen 1ª. soort	壱番尺長上皿紗	8.63 / stuk	19.2 / stuk
(24)	Europesche sitsen 2ª. soort	弐番尺長上皿紗	8.63 / stuk	15.6 / stuk
(25)	Bengaalsche sitsen	弁　柄　皿　紗	1.95 / stuk	3.2 / stuk
(26)	Patna sitsen	皿　　　紗	1.80 / stuk	2.25 / stuk
(27)	olifants tanden 1ª. soort	壱　番　象　牙	4.14 / kattie	2.5 / kattie
(28)	olifants tanden 2ª. soort	弐　番　象　牙	4.14 / kattie	2.0 / kattie
(29)	olifants tanden 3ª. soort	三　番　象　牙	3.92 / kattie	1.0 / kattie
(30)	kruidnagelen	丁　　　子	1.50 / kattie	1.5 / kattie
(31)	peper	胡　　　椒	0.15 / kattie	0.15 / kattie
(32)	tin	⎫ い　　　錫	0.25 / kattie	0.25 / kattie
(33)	tin	⎬ ろ　　　錫	25.00 / picol	50.0 / picol
(34)	kaliatoerhout	紫　　　檀	0.07 / kattie	0.05 / kattie
(35)	kwikzilver	水　　　銀	1.35 / kattie	1.0 / kattie
(36)	notenmuscaat	⎫ 肉　豆　蔲 ⎰	1.00 / kattie	1.0 / kattie
(37)	notenmuscaat	⎬	1.00 / kattie	0.6 / kattie
(38)	sapanhout	い　蘇　木 ⎱	0.055 / kattie	0.055 / kattie
(39)	sapanhout	⎬ ろ　蘇　木 ⎰		
(40)		は　蘇　木		
(41)	suiker	⎫ 壱番白砂糖 ⎰	0.07/ kattie	0.07 / kattie
(42)	suiker terug van de hofreis	弐番白砂糖		0.008 / kattie
	suiker voor de hofreis	⎭	0.07/ kattie	0.062 / kattie
(43)	platlood	荷　包　鉛	－	0.08 / kattie
(44)	laken schaairood	－	9.25 / ikje	10.0 / ikje

註・単位のテール (theil) はカンパニーテール (compagnie theil) を示す。

430 　第 3 部 　安政期の日蘭貿易

〈165〉blaauw gestreepte nikanias「幅廣嶋木綿」が仕入値の $\frac{1}{5}$ 程度でしか売れず損を出しているが，他の商品は仕入値の 1.83 倍〜3.26 倍で売れている。また，その他の品々では 1.2 倍〜395.5 倍で売れている。特に高値で売れているのは，〈103〉semencinae (wormenkruid)「セメンシーナ」395.5 倍であり，つづいて〈116〉herba digitalis「ジキターリス」77.69 倍，〈127〉spiritus sal-ammoniac「サルアルモニヤシ精氣」59.57 倍であり，薬品の高収益率を読み取ることができる。

　以上のように，安政 3 年時において，オランダ側にとっては日本への輸入品という側面からみれば，本方荷物よりも脇荷物の方が収益を上げやすく，延いては「脇荷商法」が収益につながる状態にあったことが読み取れよう。

　註
（1）　安政 3 年には，「阿蘭陀商賣船」 2 艘の他 7 月 8 日（西暦 8 月 8 日）に貿易を本務としない「阿蘭陀蒸気船」メデュサ号 Medusa が入津している。
（2）　Bijlaag №. 3. Kompsverkoop in 1856. Bijlagen Komps rekening courant Japan 1856. MS. N.A. Japans Archief, nr. 1815（Aanwinsten, 1910, I: No. 194）.（Tō-dai-Shiryō Microfilm: 6998-1-133-42）.
（3）　Rekening van den Aparten Handel 1856. MS. N.A. Japans Archief, nr. 1865（Aanwinsten, 1910, I: No. 227）.（Tōdai-Shiryō Microfilm: 6998-1-134-32）.
（4）　Rekening van den Nieuwen Aparten Handel 1856. MS. N.A. Japans Archief, nr. 1869（Aanwinsten, 1910, I: No. 231）.（Tōdai-Shiryō Microfilm: 6998-1-134-36）.
（5）　「〔落札帳〕〔安政三年〕辰一番割至七番割」（杏雨書屋所蔵村上家文書）。
（6）　村上家は，江戸時代，長崎の本博多町に店舗をかまえ，貿易業と両替業ならびに銀貸しを兼営していた家である。村上家の文書は昭和初年頃まで同家に一括所蔵されていたようであるが，現在は長崎歴史文化博物館・長崎大学附属図書館経済学部分館・神戸市立博物館・大阪商工会議所・杏雨書屋・個人などに分蔵されている。村上家文書は近世の貿易文書としてまとまった史料群の一つであり，また近世の両替商，輸入工芸品などの研究にとっても貴重な基礎資料といわれている（神戸市立博物館編『神戸市立博物館館蔵品目録』美術の部 11，平成 6 年， 2 頁参照）。
（7）　本章では，日本での取引を中心とする史料に注目しているが，オランダ船が本方荷物として持ち渡ることになっていた品物を記すリストとして 1856 年 7 月 14 日のオランダ東インド総督の決議によって承認された Project van naar Japan te

第2章　安政3年(1856)の日蘭貿易　431

verzonden kompsgoederen in het jaar 1856.(1856年に日本に向けて発送する会社荷物〔本方荷物〕の企画)がある。また，阿蘭陀通詞が作成した「積荷目録」(オランダ側が提出した送り状を翻訳したリスト)としては，「唐舟阿蘭陀差出帳」(某所所蔵)を挙げることができるが，本史料は，薬種・荒物を抽出したリストであり，本方荷物全体をみることは残念ながらできない。

（8）　Bijlaag N°. 6. Kambang Handel. Kambang verkoop in 1856. Bijlagen Kambang-rekening Japan 1856. MS. N.A. Japans Archief, nr. 1890（Aanwinsten, 1910, I: No. 283).（Tōdai-Shiryō Microfilm: 6998-1-135-32).

（9）　Bijlaag N°. 7. Kambang-handel. Verkooprekening van onder's hands verkochte goederen. 1856. Bijlagen Kambang rekening Japan 1856. MS. N.A. Japans Archief, nr. 1890（Aanwinsten, 1910, I: No. 283).（Tōdai-Shiryō Microfilm: 6998-1-135-32).

（10）　「〔辰紅毛脇荷見帳〕〔安政三辰四番割〕」(杏雨書屋所蔵村上家文書)。

（11）　本章では，日本での取引を中心とする史料に注目しているが，オランダ船が脇荷物として持ち渡ることになっていた品物を記すリストとしては，1856年7月11日付けの物産民間倉庫局長の書翰に属する Aantooning der in het jaar 1856 voor den kambang handel naar Japan te verzenden goederen.(1856年に脇荷貿易のために日本に向けて発送する商品の証明)がある。また，阿蘭陀通詞が作成した「積荷目録」(オランダ側が提出した送り状を翻訳したリスト)としては，「唐舟阿蘭陀差出帳」(某所所蔵)を挙げることができるが，本方荷物同様，本史料は，薬種・荒物を抽出したリストであり，脇荷物全体をみることは残念ながらできない。

（12）　「切本帳」は現在，東京国立博物館をはじめ，長崎歴史文化博物館・長崎市教育委員会・九州国立博物館・九州大学記録資料館九州文化資料部門・神戸市立博物館・関西大学図書館・杏雨書屋・京都工芸繊維大学美術工芸資料館・鶴見大学図書館・鶴見大学文学部文化財学科・東京大学史料編纂所・国立歴史民俗博物館等に所蔵されており，この他，個人蔵を含めて各所に散在していると考えられる。

（13）　拙著『日蘭貿易の史的研究』(吉川弘文館，平成16年)(以下，『史的研究』と略記)87頁参照。

（14）　『史的研究』110頁参照。

（15）　篠﨑家は，長崎地役人として反物目利がはじまった寛文11年(1671)に任命された家柄であり，本帳の作成者は11代篠﨑犀次郎と考えられる。

（16）　芦塚家は，註(15)の篠﨑家同様，長崎地役人として反物目利がはじまった寛文11年(1671)に任命された家柄であり，本帳の作成者は9代芦塚孫三郎と考えられる。

（17）　宮地正人「幕末期旗本用人の生活とその機能」(『白山史学』第28号，平成4年)

7頁参照。

(18)　『史的研究』111頁参照。

(19)　安政3年のオランダ船の輸入反物に関する「切本帳」には以上5冊の他に，特殊な「切本帳」として「安政三年　辰穐新渡り反物類切手本帳」(神戸市立博物館所蔵)(図25参照)が現存している。本史料は「辰九月十七日」に「長崎今町　唐端物類　菱屋安兵衛」から「八尾様」に送られた「切本帳」である。本史料の巻末に，

右之通新渡之分荒増手本切附直段相記差上置申候，尤入札前ニ御座候間，直段之義少し之高下ハ御座候得ば御注文被仰付候時分相成丈直引等可仕候，尚又右切本差上候而茂前文申上候通入札前ニ付御用引ヶ何歟御座候事も相分不申候得共成丈心配仕，もし手本通り之品無之候共，似寄之品ニ而も差上仕候間此段御断申上置候，以上

とあることより，この「切本帳」は，菱屋安兵衛が得意先である「八尾様」に対して，入札前に販売予想値段を示し，販売促進を計る目的のものであったと考えられる。

(20)　『日本国語大辞典』第2版第13巻(小学館，平成14年)，773頁参照。岡田章雄「羅紗」(『南蛮随想』岡田章雄著作集Ⅵ，思文閣出版，昭和59年)参照。

(21)　『日本国語大辞典』第2版第3巻，601頁参照。

(22)　山脇悌二郎「スタト・ティール号の積荷―江戸時代後期における出島貿易品の研究―」(『長崎談叢』第49輯，昭和45年)(以下，『スタト』と略記)9～10頁参照。Pieter van Dam, *Beschrijvinge van de Oostindische Compagnie*, 2de boek, deel I, 's-Gravenhage, 1927, p. 815. bourat.

(23)　Pieter van Dam, *op. cit.*, 2de boek, deel I, p. 821. greyn.

(24)　Pieter van Dam, *op. cit.*, 2de boek, deel II, p. 454. hammans.

(25)　『日本国語大辞典』第2版第3巻，861頁参照。

(26)　『史的研究』「第5章　奥島考―オランダ船の輸入綿織物―」参照。

(27)　『史的研究』「第6章　オランダ船の更紗輸入」参照。

(28)　『スタト』15頁参照。

(29)　山脇悌二郎『近世日本の医薬文化』(平凡社，平成7年)(以下，『医薬文化』と略記)117頁参照。

(30)　『日本国語大辞典』第2版第4巻，1125頁参照。

(31)　山脇悌二郎『長崎のオランダ商館』(中央公論社，昭和55年)(以下，『オランダ商館』と略記)71頁参照。「長崎会所五冊物」(『長崎県史』史料編第4，吉川弘文館，昭和40年，所収)(以下，『五冊物』と略記)160～161頁参照。『医薬文化』128頁参照。

(32)　『オランダ商館』86頁参照。

(33)　『スタト』15 頁参照。

(34)　『スタト』15 頁参照。

(35)　『スタト』15 頁参照。

(36)　Pieter van Dam, *op. cit.*, 2de boek, deel II, p. 461. sappanhout.

(37)　『オランダ商館』76 頁参照。

(38)　『五冊物』153〜158 頁参照。

(39)　『五冊物』153〜158 頁参照。

(40)　『オランダ商館』83 頁参照。

(41)　『スタト』16 頁参照。

(42)　『史的研究』38 頁参照。

(43)　Project van naar Japan te verzonden kompsgoederen in het jaar 1856. 1856. Ingekomen stukken. MS. N.A. Japans Archief, nr. 1639（Aanwinsten, 1910, I: No. 31）.（Tōdai-Shiryō Microfilm: 6998-1-125-1）. なお，インド産の象牙や紫檀が何故オランダ本国より出荷され，バタヴィア経由で長崎に持ち渡られたかについては，拙著『日蘭貿易の構造と展開』(吉川弘文館，平成 21 年)「第 1 部第 3 章　幕末期の日蘭貿易―嘉永 6 年(1853)の輸入品を事例として―」を参照。

(44)　宮下三郎『長崎貿易と大阪―輸入から創薬へ―』(清文堂出版，平成 9 年)(以下，『輸入から創薬へ』と略記)274 頁参照。

(45)　『日本国語大辞典』第 2 版第 11 巻，1411 頁参照。

(46)　『スタト』18 頁参照。

(47)　『輸入から創薬へ』277 頁参照。

(48)　『スタト』23 頁参照。

(49)　『スタト』23 頁参照。

(50)　『医薬文化』155 頁参照。

(51)　『スタト』18 頁参照。『医薬文化』139 頁参照。

(52)　『スタト』21 頁参照。『医薬文化』140 頁参照。

(53)　『スタト』21 頁参照。『医薬文化』154 頁参照。

(54)　『輸入から創薬へ』284 頁参照。「遠西醫方名物考」(〈原文篇〉『近世歴史資料集成』第 V 期，科学書院，平成 20 年)(以下，『名物考』と略記)652〜657 頁参照。

(55)　『スタト』16 頁参照。『医薬文化』152 頁参照。

(56)　『医薬文化』24 頁参照。

(57)　『スタト』23 頁参照。『医薬文化』154 頁参照。

(58)　『スタト』19 頁参照。『医薬文化』108・145 頁参照。『名物考』163〜165 頁参照。

(59)　『スタト』19 頁参照。『医薬文化』153 頁参照。

(60)　『輸入から創薬へ』284 頁参照。

434　第3部　安政期の日蘭貿易

(61) 『医薬文化』152 頁参照。『名物考』1046 頁参照。

(62) 『医薬文化』154 頁参照。

(63) 『スタト』17 頁参照。

(64) 『スタト』22 頁参照。『医薬文化』155 頁参照。

(65) 『スタト』18 頁参照。『医薬文化』145・152 頁参照。

(66) 『医薬文化』156 頁参照。『名物考』832〜842 頁参照。

(67) 『輸入から創薬へ』306 頁参照。

(68) 『医薬文化』145〜146 頁参照。

(69) 『医薬文化』198〜201 頁参照。『厚生新編』2(恒和出版, 昭和 53 年)401 頁参照。

(70) 『スタト』24〜25 頁参照。

(71) 『増補版　服装大百科事典』下巻(文化出版局, 平成 2 年), 241 頁参照。

(72) H. Yule & A. C. Burnell, *Hobson-Jobson. A Glossary of Colloquial Anglo-Indian Words and Phrases, and of Kindred Terms, Etymological, Historical, Geographical and Discursive,* London, 1969, p. 289. cuttanee.

(73) Pieter van Dam, *op. cit.*, 2de boek, deel I, p. 826. niquanias

(74) 『世界大百科事典』3(平凡社, 平成元年), 383 頁参照。

(75) Project van naar Japan te verzonden kompsgoederen in het jaar 1856. 1856. Ingekomen stukken. MS. N.A. Japans Archief, nr. 1639 (Aanwinsten, 1910, I: No. 31).(Tōdai-Shiryō Microfilm: 6998-1-125-1).

(76) Kambang Handel. Rekening van winst en verlies op de lijnwaden, alhier in 1856 aangebragt. Afgegane stukken 1856. MS. N.A. Japans Archief, nr. 1656 (Aanwinsten, 1910, I: No. 14). (Tōdai-Shiryō Microfilm: 6998-1-120-2).

(77) Kambang-handel. Behaalde prijzen van de ondervolgende in openbare veiling verkochte goederen in 1856 alhier aangebragt. Afgegane stukken 1856. MS. N.A. Japans Archief, nr. 1656. (Aanwinsten, 1910, I: No. 14). (Tōdai-Shiryō Microfilm: 6998-1-120-2).

第3章 安政4年(1857)の日蘭貿易

はじめに

安政4年は，同年8月29日(1857年10月16日)に調印された日蘭追加条約に基づいて長崎会所のもとに脇荷商法での取引が全面的に開始された年である。そのため，同日調印の「條約添書」「第一條」では，「向後本方商賣相止」[1]と謳われ，長年にわたっておこなわれ日蘭貿易における中核の取引であった「本方商賣」(=本方貿易)に終止符が打たれた年でもある。

そこで本章では，まず，安政4年におこなわれた最後の「本方商賣」の実態を日蘭の取引史料を照合して明らかにし，つづいて，オランダ側の帳簿史料にみられる Kambang Handel(カンバン貿易，脇荷貿易)に視点をおいて脇荷貿易を考察し，さらに，日蘭追加条約が調印された8月29日以降に長崎港に入津したオランダ船ヘンリエッテ・エン・コルネーリア号の積荷物に関する脇荷商法に基づいた取引について考察を加え，この年の日蘭貿易の経緯と特色を示していきたい。

第1節 「本方商賣」に関する史料

安政4年(1857)には，「阿蘭陀商賣船」として以下の6艘が長崎港に入津している(本章では，以下，西暦の月日をゴシック体で表記する)。

- 1月29日(**2月23日**)入津，ウイレミナ・エン・クラーラ号 Willemina en Clara
- 6月3日(**7月23日**)入津，ヤン・ダニエル号 Jan Daniel
- 6月4日(**7月24日**)入津，アンナ・ディグナ号 Anna Digna
- 6月5日(**7月25日**)入津，カタリーナ・エン・テレーシア号 Catharina en

Theresia

○ 7月7日(8月26日)入津，ラミナー・エリサベット号 Lammina Elisabeth

○ 9月5日(10月22日)入津，ヘンリエッテ・エン・コルネーリア号 Henriët-
te en Cornelia(2)

上記の内，ウイレミナ・エン・クラーラ号は，前年に長崎港に入津するは
ずであったサーラ・ヨハンナ号 Sara Johanna が来航の途中で難波したため，
その代わりとして来航した「商賣船」であった。(3) したがって，日本側で
はこのウイレミナ・エン・クラーラ号を除いて，入津順にヤン・ダニエル号
を「壱番船」，アンナ・ディグナ号を「弐番船」，カタリーナ・エン・テレー
シア号を「三番船」，ラミナー・エリサベット号を「四番船」，ヘンリエッ
テ・エン・コルネーリア号を「五番船」としている。(4)

「五番船」ヘンリエッテ・エン・コルネーリア号は日蘭追加条約が調印さ
れた8月29日以降の入津であり，その積荷は「本方商賣」されていない。
したがって，「四番船」のラミナー・エリサベット号までの積荷が「本方商
賣」の対象であったと考えられる。

以下，本節においては，本章で使用する安政4年における「本方商賣」
に関する史料を紹介していきたい。

まずはじめに，1月29日(2月23日)に長崎港に入津したウイレミナ・エ
ン・クラーラ号が持ち渡った本方荷物をめぐっての取引史料についてみてい
く。安政4年にウイレミナ・エン・クラーラ号が持ち渡った本方荷物を記
す積荷明細目録である Factuur(送り状)は管見の限りみつけることはできな
いが，それに代わるものとして前年1856年12月にバタヴィアで作成され
た Algemeene Staat der per Willemina en Clara naar Japan verzondene
goederen。(5)(日本に向けてウイレミナ・エン・クラーラ号によって送られる品物の概略
リスト)を挙げることができる。本リストは，Factuur に相当するものと思わ
れ，本史料の表紙には Voor het Opperhoofd「〔日本〕商館長宛」と記され
ている。本リストには，本方荷物・脇荷物・誂物・遣捨品等，各品名とその
数量・仕入価格・仕入価額等が記されている。

ウイレミナ・エン・クラーラ号が長崎港に入津すると，同船が持ち渡った

表96 安政4年(1857)オランダ船1艘(Willemina en Clara)本方荷物

	Goederen	Hoeveelheid	換算	仕入価額(グルデン)	仕入価格(グルデン)	a:換算 仕入価格(テール)	商品	数量
							紅毛船壱番本方	
(1)	sapanhout	4,500 lb.	3,722斤9合	60.00	0.013 / lb.	0.012 / kattie	蘇木	56,000斤
		111,257 lb.	92,043斤	5,445.23	0.049 / lb.	0.044 / kattie		
(2)	noten 2°. soort	213 lb.	176斤2合	31.114	0.146 / lb.	0.132 / kattie	肉豆ク	190斤
		1 heele aam	1桶					1桶
(3)	garioffel nagelen	31 dubbele Holl: goeniezakken	31袋				丁子	31袋
		2,290 lb.	1,894斤5合	634.114	0.277 / lb.	0.251 / kattie		凡2,000斤
(4)	olifants tanden 1°. soort	190½ lb.	157斤8合	895.44	4.694 / lb.	4.256 / kattie	象牙 壱番	160斤
		6 p°.	6本					
(5)	olifants tanden 2°. soort	104½ lb.	86斤1合	465.90	4.474 / lb.	4.058 / kattie	弐番	90斤
		6 p°.	6本					
(6)	olifants tanden 3°. soort	250½ lb.	207斤1合	1,113.90	4.449 / lb.	4.034 / kattie	三番	208斤
		25 p°.	25本					
(7)	peper	4,584 lb.	3,792斤3合	1,026.81	0.224 / lb.	0.203 / kattie	胡枡	46袋
								凡4,000斤
(8)	Banka tin	800 pikols	80,000斤	36,000.00	45.000 / pikol	0.338 / kattie	錫	84,000斤

出典・Algemeene Staat は、Algemeene Staat der per Willemina en Clara naar Japan verzondene goederen. MS. N.A. Japans Archief, nr. 1640 (Aanwinsten, 1910, I: No. 32) (Tōdai-Shiryō Microfilm: 6998-1-125-2)。
・「積荷目録」は「唐舟阿蘭陀差出帳」(某所所蔵)。
註・lb. = Amsterdamsche ponden。100斤= 120+lb.。
・単位のテール(theil)はカンパニーテール(compagnie theil)を示す。1 theil (テール) = 1+gulden (グルデン)。
・1 pikol = 100 kattie、kattie = 斤。
・オランダ側史料で用いられている id. (=同) は、それに相当する単語を記した。

積荷物のリストの中から商館長が前もって仕入値等を抜かして写し取った「送り状」のコピー(「提出送り状」)が日本側に差し出されたと思われる。この内,本方荷物のリストを日本側(阿蘭陀通詞)が翻訳したリスト,すなわち「積荷目録」は,「唐舟阿蘭陀差出帳」(某所所蔵)内の「安政四巳二月拾日 紅毛船壱番本方」の記録によって確認することができる。この「積荷目録」に照合する形で,上記の Algemeene Staat(概略リスト)から本方荷物と考えられる商品とその数量・仕入価格・仕入価額を抽出して列記したものが表96である。前年来航するはずであったサーラ・ヨハンナ号の代わりに来航したウイレミナ・エン・クラーラ号の本方荷物には染織類はなく秤量品目ばかりであることがわかる。なお,オランダ側史料と日本側史料との数量に若干の相違が生じているのは,日本側史料に「凡四千斤」などの記事に象徴されるように,「積荷目録」作成が「荷改」前の形式的な手続きであった可能性が考えられるためと思われる。

本方荷物の販売に関しては,Handels verslag van de expeditie per "Wilemina en Clara". Japan 1857.[6](「ウイレミナ・エン・クラーラ号」発送の貿易報告

書，日本，1857年)内に収められている**4月5日**(出島)付けのNotitie der komps en koopmansprijzen van de artikelen per het schip "Willemina en Clara" in 1857 aangebragt.(1857年に「ウイレミナ・エン・クラーラ号」によってもたらされた商品の商館〔販売〕価格と〔日本〕商人〔購入〕価格に関する注目事項)によって，各商品の日本側(長崎会所)への販売価格を知ることができる(なお，「〔日本〕商人〔購入〕価格」は未記入となっている)。さらに，この時の日本側への本方荷物の販売の詳細に関しては，1857年**5月1日**(出島)付けのKomps verkoop 1857.[7](1857年の本方荷物売上計算書)によって確認できる。本史料は，同日付けのKomps rekening courant 1857.[8](1857年の日本商館本方勘定帳)の付録文書であり，本方荷物として日本側(長崎会所)に販売された商品名・数量・価格・価額を記している。また，「本方商賣」では，追加の取引を記した1857年**5月1日**(出島)付けのRekening van den Nieuwen Aparten Handel 1857.[9](1857年の新規の別段商法の勘定帳)もこの年の本方荷物の取引史料といえる。

　ウイレミナ・エン・クラーラ号の本方荷物の取引を記す日本側史料としては，「安政四丁巳壱番割　巳阿蘭陀船本方・脇荷・品代り　記」(杏雨書屋所蔵村上家文書)を挙げることができる。本史料は，本商人(落札商人)の村上によって作成されたものであり，安政4年，長崎会所において本商人に対しておこなわれた1回目の入札取引(「壱番割」)を記したものであり，通常「見帳」とよばれる史料である。本史料には，「本方商賣」・脇荷取引・品代り取引の商品名・数量・商品の特徴・入札上位三番札までの価格と商人名が記されており，一番札が落札ということになる。なお，本史料によってこの時の入札が，3月7日(4月1日)におこなわれたことがわかる。

　本方荷物の取引に関して，上記のNotitie(注目事項)，Komps verkoop(本方荷物売上計算書)，Rekening van den Nieuwen Aparten Handel(新規の別段商法の勘定帳)，「見帳」を照合したものが後掲表97である。この表97作成によって，安政4年にウイレミナ・エン・クラーラ号が持ち渡った本方荷物の取引の実態が解明される。すなわち，取引された日蘭の商品名・数量と共に各商品を購入した日本商人まで明らかになる。また，この時のウイレミナ・エン・クラーラ号の「本方商賣」の内，正規の本方取引は，17,264.65

第3章　安政4年(1857)の日蘭貿易　439

テールで，新規の別段商法が，23,878.26 テールであったことがわかる(なお,
第1節から第3節で考察する本方貿易におけるテールは，カンパニーテールであることを
断っておく)。

　次に，ヤン・ダニエル号以下の「商賣船」が持ち渡った本方荷物をめぐっ
ての取引史料についてみていく。

　ヤン・ダニエル号，アンナ・ディグナ号，カタリーナ・エン・テレーシア
号，ラミナー・エリサベット号が持ち渡った Factuur[10](送り状)には，数多
くの品名とその数量・仕入価格・仕入価額等が記されているが，後述する
Komps verkoop in 1857.(1857年の本方荷物売上計算書)のリスト，ならびに
Rekening van den Aparten Handel Japan 1857. (1857年の別段商法勘定帳)に
記された販売商品リストと照合することによって，ヤン・ダニエル号とアン
ナ・ディグナ号に本方荷物が積まれていたことがわかる。[11]

　この時の本方荷物のオランダ側リスト(「提出送り状」)を日本側(阿蘭陀通詞)が
翻訳したリスト(「積荷目録」)は，「唐舟阿蘭陀差出帳」内の「六月廿日　巳紅
毛三艘分仕出し」の記録によって知ることができるが，この「積荷目録」は,
秤量品目のみを記したものとなっている。後述する Komps verkoop in
1857. (1857年の本方荷物売上計算書)のリストならびに Rekening van den
Aparten Handel Japan 1857. (1857年の別段商法勘定帳)に記された販売商品リ
ストと照合して摘出した Factuur(送り状)内の本方荷物と「積荷目録」を照
合したものが後掲表98である。この表からわかるように，ほとんどの本方
荷物は，アンナ・ディグナ号の積荷で，その他はヤン・ダニエル号の積荷が
2品目あるのみである。なお，ウイレミナ・エン・クラーラ号の積荷が2品
目あるが，詳細については後述する。

　本方荷物の販売に関しては，1857年 11 月 15 日(出島)付けの Notitie der
komps prijzen in 1857.[12](1857年の商館〔販売〕価格に関する注目事項)によって
各商品の日本側(長崎会所)への販売価格を知ることができ，さらに，1858年
1 月 22 日(出島)付けの Komps verkoop in 1857.[13](1857年の本方荷物売上計算
書)のリストによってその詳細を知ることができる。両史料は，1858年 1 月

440 第3部 安政期の日蘭貿易

表97 安政4年(1857)オランダ船1艘(Willemina en Clara)本方荷物の取引(壱番割)

	Notitie (4月5日)		Komps verkoop (5月1日)		
	Goederen	販売価格 (テール)	Goederen	Hoeveelheid	β:販売価格 (テール)
(1)	sapanhout	0.055 / kattie	sapanhout	89,496.00 katties	0.055 / kattie
(2)	notenmuscaat	1.0 / kattie	–	–	–
(3)	garioffelnagelen	1.5 / kattie	kruidnagelen	1,868.81 katties	1.5 / kattie
(4)	olifantstanden 1ᵉ soort	2.5 / kattie	olifantstanden 1ᵉ s!	134.66 katties	2.5 / kattie
(5)	olifantstanden 2ᵈᵉ soort	2.0 / kattie	olifantstanden 2ᵈᵉ s!	36.90 katties	2.0 / kattie
(6)	olifantstanden 3ᵈᵉ soort	1.0 / kattie	–	–	–
(7)	peper	0.15 / kattie	peper	3,682.80 katties	0.15 / kattie
(8)	tin	0.25 / kattie	⟨tin⟩	⟨47,756.52 katties⟩	⟨0.50 / kattie⟩
			tin	34,305.57 katties	0.25 / kattie

出典・Notitie は、Handels verslag van de expeditie per "Willemina en Clara". Japan 1857.
　　　MS. N.A. Japans Archief, nr. 1733 (Aanwinsten, 1910, I: No. 94) . (Tōdai-Shiryō Microfilm: 6998-1-130-20) 。
　　・Komps verkoop は、Komps rekening courant afgesloten 1! Mei 1857. MS. N.A. Japans Archief, nr. 1816 (Aanwinsten, 1910, I: No. 183) . (Tōdai-Shiryō Microfilm: 6998-1-133-31) 。
　　・⟨ ⟩内は、Rekening van den Nieuwen Aparten Handel 1857. MS. N.A. Japans Archief, nr. 1870 (Aanwinsten, 1910, I: No. 232) . (Tōdai-Shiryō Microfilm: 6998-1-134-37) 。

販売価額 (テール)	商 品	数 量	γ：落札価格 (本方欄)	落札商人	β/α	γ/β
		見　帳　3月7日（4月1日）入札				
4,922.28	巳　紅毛船本方　い　蘇　木	50,000 斤	6匁4分7厘／斤	長岡・竹のや	4.58	11.76
	ろ　蘇　木	41,380 斤	6匁3分2厘1毛／斤	吉更や・原田	1.25	11.49
－	肉　豆　蔲	177 斤	20匁1分／斤	入来や	(7.58)	(2.01)
2,803.21	丁　　子	1,876 斤 31袋	21匁6分／斤	常半	5.98	1.44
336.65	壱　番　象　牙	135 斤 5本	107匁9分／斤	豊安	0.59	4.32
73.80	弐　番　象　牙	38 斤 2本	103匁8分／斤	吉十	0.49	5.19
－	三　番　象　牙	275 斤 30本	98匁9分／斤	吉十・てつや	(0.25)	(9.89)
552.42	胡　　椒	3,640 斤	2匁3分2厘／斤	入来や	0.74	1.55
〈23,878.26〉	い　　錫	45,000 斤	10匁　6厘／斤	八荷や・冨や	1.48	2.01
8,576.39	ろ　　錫	37,740 斤	9匁3分／斤	立見や	0.74	3.72
17,264.65 〈23,878.26〉						

・見帳は、「安政四丁巳壱番割 巳阿蘭陀船本方・脇荷・品代り 記」(杏雨書屋所蔵村上家文書)。
註・単位のテール (theil) はカンパニーテール (compagnie theil) を示す。1テール＝(銀) 10匁。
・αは、表96の仕入価格の「換算」欄の数値。
・オランダ側史料で用いられている idem (＝同)、日本側史料で用いられている「同」は、それに相当する単語を記した。
・Komps verkoop に記した正規の本方取引の合計販売価額は17,264.75テールになるが、ここでは史料に従って17,264.65テールとしておく。

表 98　安政 4 年(1857)オランダ船本方荷物

	schip	goederen	hoeveelheid	換算		仕入値額(グルデン)	仕入価格(グルデン)
				Factuur (1857年6月22日・28日・30日・7月3日)			
<1>	(A)	laken rood	10 p.̇	(352.10 N. el)	10 反 (178.05 間)	2,376.675	6.75 / N. el
<2>	(A)	laken zwart	10 p.̇	(342.10 N. el)	10 反 (173.00 間)	2,121.02	6.20 / N. el
<3>	(A)	laken violet	6 p.̇	(205.25 N. el)	6 反 (103.79 間)	1,303.34	6.35 / N. el
<4>	(A)	laken wit	6 p.̇	(200.30 N. el)	6 反 (101.29 間)	1,241.86	6.20 / N. el
<5>	(A)	laken geel	6 p.̇	(206.45 N. el)	6 反 (104.40 間)	1,290.31	6.25 / N. el
<6>	(A)	laken lichtblaauw	6 p.̇	(200.60 N. el)	6 反 (101.44 間)	1,273.81	6.35 / N. el
<7>	(A)	laken groenolijf	6 p.̇	(205.05 N. el)	6 反 (103.69 間)	1,281.56	6.25 / N. el
<8>	(A)	laken aschgraauw	6 p.̇	(205.20 N. el)	6 反 (103.77 間)	1,282.50	6.25 / N. el
<9>	(A)	laken grijs	6 p.̇	(205.00 N. el)	6 反 (103.67 間)	1,301.75	6.35 / N. el
<10>	(A)	casimier rood	3 p.̇	(100.80 N. el)	3 反 (50.97 間)	458.64	4.55 / N. el
<11>	(A)	casimier wit	3 p.̇	(104.00 N. el)	3 反 (52.59 間)	457.60	4.40 / N. el
<12>	(A)	casimier lichtblaauw	2 p.̇	(67.40 N. el)	2 反 (34.08 間)	289.82	4.30 / N. el
<13>	(A)	casimier groenolijf	2 p.̇	(65.20 N. el)	2 反 (32.97 間)	293.40	4.50 / N. el
<14>	(A)	casimier aschgraauw	3 p.̇	(102.20 N. el)	3 反 (51.68 間)	459.90	4.50 / N. el
<15>	(A)	casimier zwart	3 p.̇	(101.60 N. el)	3 反 (51.38 間)	436.88	4.30 / N. el
<16>	(A)	polimieten rood	2 p.̇	(68.40 N. el)	2 反 (34.59 間)	150.48	2.20 / N. el
<17>	(A)	polimieten wit	2 p.̇	(70.00 N. el)	2 反 (35.40 間)	136.50	1.95 / N. el
<18>	(A)	polimieten lichtblaauw	2 p.̇	(68.40 N. el)	2 反 (34.59 間)	143.64	2.10 / N. el
<19>	(A)	polimieten groenolijf	2 p.̇	(68.40 N. el)	2 反 (34.59 間)	143.64	2.10 / N. el
<20>	(A)	polimieten zwart	2 p.̇	(68.40 N. el)	2 反 (34.59 間)	129.96	1.90 / N. el
<21>	(A)	gewaterd grijn rood	2 p.̇	(68.40 N. el)	2 反 (34.59 間)	136.80	2.00 / N. el
<22>	(A)	gewaterd grijn lichtblaauw	2 p.̇	(69.20 N. el)	2 反 (34.99 間)	124.56	1.80 / N. el
<23>	(A)	gewaterd grijn groenolijf	2 p.̇	(68.40 N. el)	2 反 (34.59 間)	123.12	1.80 / N. el
<24>	(A)	gewaterd grijn olijfsensaai	2 p.̇	(68.40 N. el)	2 反 (34.59 間)	123.12	1.80 / N. el
<25>	(A)	gewaterd grijn grijs	2 p.̇	(69.20 N. el)	2 反 (34.99 間)	124.56	1.80 / N. el
<26>	(A)	gedrukte trijp rood	2 p.̇	(74.00 N. el)	2 反 (37.42 間)	236.80	3.20 / N. el
<27>	(A)	gedrukte trijp violet	2 p.̇	(70.50 N. el)	2 反 (35.65 間)	218.55	3.10 / N. el
<28>	(A)	gedrukte trijp olijfsensaai	2 p.̇	(68.00 N. el)	2 反 (34.39 間)	204.00	3.00 / N. el
<29>	(A)	roode hamans	50 pees		50 反	725.00	14.50 / pees
<30>	(A)	taffachelassen verbeterde	600 stukken		600 反	4,920.00	8.20 / stuk
<31>	(A)	taffachelassen extra fijn	1,000 stukken		1,000 反	10,250.00	10.25 / stuk
<32>	(A)	taffachelassen ordinair	600 stukken		600 反	4,200.00	7.00 / stuk
<33>	(A)	Europ. chitzen	200 pees		200 反	2,100.00	10.50 / pees
<34>	(A)	Beng. chitzen	1,000 pees		1,000 反	2,600.00	2.60 / pees
<35>	(A)	Patna chitzen	1,500 pees		1,500 反	3,600.00	2.40 / pees
<36>	(A)	olijphantstanden 1.̇ soort	19 p.̇	(327.5 N. lb.)	19 本 (548.39 斤)	3,275.00	10.00 / N. lb.
<37>	(A)	olijphantstanden 2.̇ soort	29 p.̇	(299 N. lb.)	29 本 (500.67 斤)	2,990.00	10.00 / N. lb.
<38>	(A)	olijphantstanden 3.̇ soort	72 p.̇	(426.5 N. lb.)	72 本 (714.17 斤)	4,051.75	9.50 / N. lb.
(6)	(W)	olifants tanden 3.̇ soort	25 p.̇	(250¾ lb.)	25 本 (207.14 斤)	1,113.90	4.449 / lb.
<39>	(A)	garioffel nagelen	50 zakken (3,750 lb.)		50 袋 (3,102.38 斤)	1,039.775	0.28 / lb.
<40>	(A)	peper	84 zakken (8,071 lb.)		84 袋 (6,677.15 斤)	1,210.655	0.15 / lb.

α:換算 (テール)	商　品	数　量
10.01 / ikje	—	—
9.20 / ikje	—	—
9.42 / ikje	—	—
9.20 / ikje	—	—
9.27 / ikje	—	—
9.42 / ikje	—	—
9.27 / ikje	—	—
9.27 / ikje	—	—
9.42 / ikje	—	—
6.75 / ikje	—	—
6.53 / ikje	—	—
6.38 / ikje	—	—
6.67 / ikje	—	—
6.67 / ikje	—	—
6.38 / ikje	—	—
3.26 / ikje	—	—
2.89 / ikje	—	—
3.11 / ikje	—	—
3.11 / ikje	—	—
2.82 / ikje	—	—
2.97 / ikje	—	—
2.67 / ikje	—	—
2.67 / ikje	—	—
2.67 / ikje	—	—
2.67 / ikje	—	—
4.74 / ikje	—	—
4.60 / ikje	—	—
4.45 / ikje	—	—
10.88 / pees	—	—
6.15 / stuk	—	—
7.69 / stuk	—	—
5.25 / stuk	—	—
7.88 / pees	—	—
1.95 / pees	—	—
1.80 / pees		—
4.48 / kattie	壱ばん / 弐ばん　象牙	1,070 斤
4.48 / kattie		
4.26 / kattie	三ばん象牙 (別段持渡り)	716 斤
4.033 / kattie	—	—
0.25 / kattie	丁子	3,090 斤
0.136 / kattie	胡升	6,760 斤

444 第3部 安政期の日蘭貿易

schip		goederen	hoeveelheid	換　算	仕入価額(グルデン)	仕入価格(グルデン)
				Factuur (1857年6月22日・28日・30日・7月3日)		
<41>	(A)	tin	566 schuitjes (36,250 lb.)	566 個 (29,989.66 斤)	13,050.00	0.36 / lb.
<42>	(A)	caillatourhout	5,920 lb.	4,897.62 斤	497.42	0.084 / lb.
<43>	(J)	kwikzilver	9 kruiken (310.3 N. lb.)	9 瓶 (519.59 斤)	2,603.15	8.389 / N. lb.
<44>	(A)	sappanhout	21,000 lb.	17,373.32 斤	280.00	0.013 / lb.
<45>	(J)	sapanhout	53,980 lb.	44,657.70 斤	719.88	0.013 / lb.
<46>	(A)	suiker	750,707.50 lb.	621,061.01 斤	60,056.74	0.08 / lb.
<47>	(A)	Mexicaansche dollars	1,000 stuks	数 1,000	7,650.00	7.65 / stuk
			500 stuks	数 500	1,275.00	2.55 / stuk
(2)	(W)	noten 2! soort	1 heele aam (213 lb.)	1 桶 (176.22 斤)	31.114	0.146 / lb.

出典・Factuur の内、(A)：Anna Digna、(J)：Jan Daniel は、それぞれの Cognossement Factuur. MS. N.A. Japans Archief, nr. 1640 (Aanwinsten, 1910, I: No. 32)．(Tōdai-Shiryō Microfilm: 6998-1-126-1)。(W)：Willemina en Clara は、Algemeene Staat der per Willemina en Clara naar Japan verzonden goederen. MS. N.A. Japans Archief, nr. 1640 (Aanwinsten, 1910, I: No. 32)．(Tōdai-Shiryō Microfilm: 6998-1-125-2)。
　　・「積荷目録」は「唐舟阿蘭陀差出帳」（某所所蔵）。
註・schip 欄の (A) は、アンナ・ディグナ号 Anna Digna、(J) は、ヤン・ダニエル号 Jan Daniel、(W) は、ウイレミ
　　ナ・エン・クラーラ号 Willemina en Clara を示す。
　　・N. el=Nederlandsche el を示す。なお、1 ikje=1.9775 N. el。
　　・N. lb.=Nederlandsche lb.を示す。なお、100 斤=59.72 N. lb.。
　　・lb.=Amsterdamsche lb. を示す。なお、100 斤=120⅞ lb.。
　　・ikje ＝間。kattie ＝斤。
　　・単位のテール (theil) はカンパニーテール (compagnie theil) を示す。1 theil（テール）＝ 1½ gulden（グルデン）。
　　・Factuur 欄の日付では、ウイレミナ・エン・クラーラ号の史料の日付は除いている。
　　・オランダ側史料で用いられている id.、〃（＝同）は、それに相当する単語を記した。

α:換算(テール)	商　品	数　量
	積　荷　目　録 6月20日 (8月9日)	
0.326 / kattie	錫	30,520 斤
0.076 / kattie	紫担(別段持渡り)	5,000 斤
3.757 / kattie	水銀(別段持渡り)	500 斤
0.012 / kattie	蘇木(別段持渡り)	10,910 斤
0.012 / kattie	蘇木(別段持渡り)	60,000 斤
0.07 / kattie	白砂糖	678,000 斤
	白砂糖 (別段持渡り)(ママ)	25 籠 凡 10,000 斤
5.74 / stuk	－	－
1.91 / stuk	－	－
0.132 / kattie	－	－

446 第3部 安政期の日蘭貿易

表99 安政4年(1857)オランダ船本方荷物の取引(五番割)

	Notitie (11月15日)		Komps verkoop (1858年1月22日)	
	Goederen	販売価格 (テール)	Goederen	Hoeveelheid
<1>	laken, schaairood	10.0 / ikje	laken, schaairood	98.61 ikjes
<2>	laken, zwart	10.0 / ikje	laken, zwart	83.92 ikjes
<4>	laken, overige kleuren	8.0 / ikje	laken, diverse kleuren	399.83 ikjes
<5>				
<3>				
<6>				
<7>				
<8>				
<9>				
<10>	casimier, diverse kleuren	5.0 / ikje	casimier, diverse kleuren	169.01 ikjes
<11>				
<12>				
<14>				
<13>				
<20>	polimiet, zwart	4.50 / ikje	polimiet, zwart	15.67 ikjes
<17>	polimiet, wit	4.30 / ikje	polimiet, wit	35.30 ikjes
<18>	−	−	−	−
<19>	−	−	−	−
<21>	gewaterd grijn, schaairood	2.10 / ikje	gewaterd grijn, schaairood	34.32 ikjes
<22>	gewaterd grijn, lichtblaauw	1.90 / ikje	gewaterd grijn, lichtblaauw	34.76 ikjes
<23>	gewaterd grijn, groenolijf	2.00 / ikje	gewaterd grijn, groenolijf	33.80 ikjes
<25>	gewaterd grijn, grijs	1.80 / ikje	gewaterd grijn, grijs	35.13 ikjes
<24>	gewaterd grijn, olijfsensaai	1.80 / ikje	gewaterd grijn, olijfsensaai	34.34 ikjes
<26>	gedrukte trijp, diverse kleuren	5.0 / ikje	gedrukte trijp, diverse kleuren	108.45 ikjes
<28>				
<27>				
<27>				
<29>	roode hamans	10.80 / stuk	roode hamans	48 stuks
<30>	taffachelassen verbeterde 1e. soort	10.50 / stuk	taffachelassen verbeterde 1e. soort	45 stuks
<30>	taffachelassen verbeterde 2e. soort	6.70 / stuk	taffachelassen verbeterde 2e. soort	8 stuks
<31>	taffachelassen extra fijn 1e. soort	10.70 / stuk	taffachelassen extra fijn 1e. soort	490 stuks
<31>	taffachelassen extra fijn 2e. soort	10.00 / stuk	taffachelassen extra fijn 2e. soort	1,292 stuks
<33>	Europesche sitsen 1e. soort	19.20 / stuk	Europesche sitsen 1e. soort	103 stuks
<33>	Europesche sitsen 2e. soort	15.60 / stuk	Europesche sitsen 2e. soort	40 stuks
<34>	Bengaalsche sitsen	3.20 / stuk	Bengaalsche sitsen	885 stuks
<35>	Patna sitsen	2.25 / stuk	Patna sitsen	1,266 stuks
<36>	olifantstanden 1e. soort	2.50 / kattie	olifantstanden 1e. soort	552.60 katties
<37>	olifantstanden 2e. soort	2.0 / kattie	olifantstanden 2e. soort	430.90 katties
<38>	−	−	[olifantstanden 3de. soort]	[787.00 katties]
(6)			[olifantstanden 3de. soort] [*1]	[276.30 katties]
<39>	kruidnagelen	1.50 / kattie	kruidnagelen	2,981.60 kattie
<40>	peper	0.15 / kattie	peper	6,451.10 kattie
<41>	tin	0.25 / kattie	tin	29,579.20 kattie
<42>	−	−	[kaliatoerhout]	[4,413.40 katties]
<43>	−	−	[kwikzilver 1ste. soort]	[155.10 katties]
<43>	−	−	[kwikzilver 2de. soort]	[351.10 katties]
<44・45>	−	−	[sapanhout]	[33,231.67 katties]
<46>	suiker	0.07 / kattie	suiker	481,268.50 kattie
<46>	−	−	suiker voor de Hofreis	14,372.15 kattie
<46>				
<46>				

		見 帳 10月3日（11月19日）入札				$\dfrac{\beta}{\alpha}$	$\dfrac{\gamma}{\beta}$
β:販売価格 (テール)	販売価額 (テール)	商 品	数 量	γ:落札価格 (本方帳)	落札商人		
		巳紅毛船本方					
10.0 / ikje	986.10	猩々緋	5反ト1切	288匁 / 間	日の国・杣	1.00	2.88
10.0 / ikje	839.20	黒大羅紗	5反	272匁 / 間	豊安	1.09	2.72
8.0 / ikje	3,198.64	白大羅紗	3反	519匁 / 間	豊安	0.87	6.49
		黄大羅紗	3反	249匁3分 / 間	永井や	0.86	3.12
		紫色大羅紗	3反	191匁 / 間	豊安	0.85	2.39
		花色大羅紗	3反ト1切	286匁1分 / 間	原田	0.85	3.58
		茶色大羅紗	6反	200匁 / 間	エサキ	0.86	2.50
		藍鼠色大らしや	1反	321匁6分 / 間	村仁	0.86	4.02
		霜降大らしや	4反	287匁 / 間	松田や	0.85	3.59
5.0 / ikje	845.05	緋ふらた	2反	136匁4分 / 間	松田や	0.74	2.73
		白ふらた	3反	281匁 / 間	曽柳	0.77	5.62
		花色ふらた	1反	130匁8分 / 間	松田や	0.78	2.62
		藍鼡色ふらた	2反	168匁4分 / 間	松田や	0.75	3.37
		茶色ふらた	2反	100匁 / 間	豊安	0.75	2.00
4.50 / ikje	70.51	黒呉路ふくれん	1反	114匁 / 間	日の七	1.60	2.53
4.30 / ikje	151.79	−	−	−	−	1.49	−
−	−	花色呉路服連	1反	−	−	−	−
−	−	藍海松茶色呉路服連	1反	−	−	−	−
2.10 / ikje	72.07	緋杢織呉路ふくれん	2反	80匁9分 / 間	ふしや	0.71	3.85
1.90 / ikje	66.04	花色杢織呉路ふくれん	2反	71匁9分 / 間	ふしや・てつや	0.71	3.78
2.00 / ikje	67.60	茶色杢織呉路ふくれん	2反	67匁 / 間	てつや	0.75	3.35
1.80 / ikje	63.23	ウス鼡色杢織呉路ふくれん	2反	63匁2分 / 間	福井や	0.67	3.51
1.80 / ikje	61.81	藍海松茶色杢織呉路れん	2反	78匁 / 間	豊安	0.67	4.33
5.0 / ikje	542.25	緋テレブ	2反	163匁 / 間	立見や	1.05	3.26
		藍海松茶色テレブ	2反	130匁 / 間	村仁	1.12	2.62
		桔梗色テレブ	1反	191匁 / 間	玉つや	1.09	3.82
		紫飛色テレフ	1反	150匁 / 間	松田や	1.09	3.00
10.80 / stuk	518.40	尺長赤金巾	50反	240匁8分 / 反	日の国・ひし安	0.99	2.23
10.50 / stuk	472.50	壱番上奥嶋	45反	385匁 / 反	永見	1.71	3.67
6.70 / stuk	53.60	弐番上奥嶋	8反	283匁 / 反	エサキ	1.09	4.22
10.70 / stuk	5,243.00	壱番新織奥嶋	539反	389匁6分 / 反	布や	1.39	3.64
10.00 / stuk	12,920.00	弐番新織奥嶋	1,292反	270匁9分 / 反	松田や	1.30	2.71
19.20 / stuk	1,977.60	壱番尺長上更紗	103反	210匁7分 / 反	原田	2.44	1.10
15.60 / stuk	624.00	弐番尺長上更紗	40	162匁 / 反	三吉や	1.98	1.04
3.20 / stuk	2,832.00	弁柄更紗	889反	46匁8分 / 反	豊安・ふしや	1.64	1.46
2.25 / stuk	2,848.50	更紗	1,267反	45匁1分 / 反	永見	1.25	2.00
2.50 / kattie	1,381.50	壱番象牙	542斤	112匁6分 / 斤	八荷や	0.56	4.50
2.0 / kattie	861.80	弐番象牙	439斤	110匁3分 / 斤	立見や	0.45	5.52
[1.0 / kattie]	[787.00]	三番象牙	770斤	101匁 / 斤	松本や	0.23	10.10
[1.0 / kattie]	[276.30]	−	−	−	−	(0.25)	(9.89)
1.50 / kattie	4,472.40	丁子	3,149斤	17匁6分3厘 / 斤	吉更や	6.00	1.18
0.15 / katiie	967.66	胡椒	6,688斤	2匁2分5厘2毛 / 斤	玉つや	1.10	1.50
0.25 / kattie	7,394.80	錫	29,774斤	14匁8分9厘 / 斤	立見や	0.77	5.96
[0.03 / kattie]	[132.40]	紫檀	4,540斤	3匁5分3厘 / 斤	てつや	0.39	11.77
[1.0 / kattie]	[155.10]	水銀	165斤	44匁 / 斤	三吉や	0.27	4.40
[0.80 / kattie]	[280.88]	弐番水銀	331斤	42匁 / 斤	松のや	0.21	5.25
[0.055 / kattie]	[1,827.74]	蘇木	52,300斤	10匁4分2厘 / 斤	松本や・トミや	4.53	18.95
0.07 / kattie	33,688.79	壱番白砂糖	160,000斤	1匁7分2厘3毛 / 斤	福井や・入栄や	1.00 0.89	2.46 2.78
0.062 /kattie	891.07	弐番白砂唐	160,000斤	1匁7分3厘2毛 / 斤	原田・竹のや	1.00 0.89	2.47 2.79
		三番白砂唐	160,000斤	1匁7分4厘 / 斤	春田や・豊安	1.00 0.89	2.49 2.81
		四番白砂唐	156,390斤	1匁7分3厘 / 斤	親見・朴ト	1.00 0.89	2.47 2.79

448　第3部　安政期の日蘭貿易

	Notitie (11月15日)			Komps verkoop (1858年1月22日)
	Goederen	販売価格 (テール)	Goederen	Hoeveelheid
○	platlood uit de manufactuur kisten	0.08 / kattie	platlood uit de manufactuur kisten	480.0 kattie
<47>	Mexikaansche dollars	2.91394 / theil	Mexikaansche dollars	2,515.2 theil 3,500 stuks
(2)	—	—	[notenmuscaat] ※2	[168.50 katties]

出典・Notitie、および Komps verkoop は、Komps rekening courant Japan 6 Mei 1858, 1857. Bijlagen. MS. N.A.
　　　Japans Archief, nr. 1818（Aanwinsten, 1910, I: No. 195）.（Tōdai-Shiryō Microfilm: 6998-1-133-43）。
　　・[ ]内は、Rekening van den Aparten Handel Japan 1857. MS. N.A. Japans Archief, nr. 1866（Aanwinsten,
　　　1910, I: No. 228）.（Tōdai-Shiryō Microfilm: 6998-1-134-33）。
　　・見帳は、「安政四巳五番割　巳阿蘭陀船本方見帳」（長崎歴史文化博物館収蔵）。

25日（出島）付けの Komps rekening courant 1857.[14]（1857年の日本商館本方勘
定帳）の付録文書であり，後者の史料は，本方荷物として日本側（長崎会所）に
販売された商品名・数量・価格・価額を記している。また，「本方商賣」で
は，この年，日本側で「別段持渡り」として扱われている追加の取引商品を
記した1858年**1月10日**（出島）付けの Rekening van den Aparten Handel
Japan 1857.[15]（1857年の別段商法勘定帳）もこの年の本方荷物の取引史料とい
える。

　この時の本方荷物の取引を記す日本側史料としては，「安政四巳五番割
巳阿蘭陀船本方見帳」（長崎歴史文化博物館収蔵）を挙げることができる。本史料
は，本商人の村上によって作成されたものであり，安政4年，長崎会所に
おいて本商人に対しておこなわれた5回目の入札取引（「五番割」）を記したも
のである。本史料には，取引商品名・数量・商品の特徴・入札上位三番札ま
での価格と商人名が記されており，一番札が落札ということになる。なお，
本史料によってこの時の商人への「荷見せ」が8月15日（**10月2日**）からお
こなわれ，入札が10月3日（**11月19日**）におこなわれたことがわかる。また，
この時の染織品の取引に関しては，他に「安政四年　巳阿蘭陀船本方・ワキ
ニ物端物切本帳」（神戸市立博物館所蔵）が現存している。この切本帳には，「本

		見　　　帳 10月3日（11月19日）入札				$\dfrac{\beta}{\alpha}$	$\dfrac{\gamma}{\beta}$
β：販売価格（テール）	販売額（テール）	商　品	数　量	γ：落札価格（本方額）	落札商人		
0.08 / kattie	38.40	荷包鉛	450斤	4匁7分1厘 / 斤	ふしや	−	5.89
2.91394 / theil	7,329.14	−	−	−	−	0.36	−
2.094 / stuk						1.10	−
[1.0 / kattie]	[168.50]	−	−	−	−	(7.58)	(2.01)
本方取引　91,479.45 toegift（付け足し）　3,000.00 合計　94,479.45							
別段商法　[3,627.92] toegift（付け足し）　[3,627.92] 合計　[7,255.84]							

注・※1は表97の(6)、※2は表97の(2)に相当する。
・単位のテール (theil) はカンパニーテール (compagnie theil) を示す。1テール＝（銀）10匁。
・ikje＝間。kattie＝斤。
・αは、表98の仕入価格の「換算」欄の数値。
・オランダ側史料で用いられている id.、〃 (＝同)、日本側史料で用いられている「同」は、それに相当する単語を記した。

方商賣」と脇荷取引での見本裂が貼付され，染織名とその取引反数，特徴，入札上位三番札までの価格と商人名が記されており，「見帳」内の染織取引に見本裂が貼付されたものとみてよい。

　本方荷物の取引に関して，上記の Notitie（注目事項），Komps verkoop（本方荷物売上計算書），Rekening van den Aparten Handel Japan 1857.（1857年の別段商法勘定帳），「見帳」を照合したものが表99である。この表99作成によって，安政4年にアンナ・ディグナ号とヤン・ダニエル号が持ち渡った本方荷物の取引の実態が解明される。すなわち，取引された日蘭の商品名・数量と共に各商品を購入した日本商人まで明らかになる。また，この時の「本方商賣」の内，正規の本方取引は，91,479.45 テールで，toegift（付け足し）3,000 テールが加わり 94,479.45 テール，別段商法（「別段持渡り」）が，3,627.92 テールで，toegift（付け足し）3,627.92 テールが加わり 7,255.84 テールであったことがわかる。

第2節 「本方商賣」で取引された商品(本方荷物) について

本方荷物の品目(表96～表99参照)の内, 染織類と象牙・紫檀・水銀はオランダ本国より出荷され, バタヴィア経由で長崎に持ち渡られた品々と考えられる。[16]

また, (2)notenmuscaat(肉豆蔻)と(6)olifantstanden 3de soort(三番象牙)は, ウイレミナ・エン・クラーラ号の積荷であり, 1857年4月5日(出島)付けのNotitie der komps en koopmansprijzen van de artikelen per het schip "Willemina en Clara" in 1857 aangebragt.(1857年に「ウイレミナ・エン・クラーラ号」によってもたらされた商品の商館〔販売〕価格と〔日本〕商人〔購入〕価格に関する注目事項)より, それぞれ, 1斤に付1テールで日本側(長崎会所)に販売されたことがわかる。しかし, 1857年5月1日(出島)付けのKomps verkoop 1857.(1857年の本方荷物売上計算書)には記されず, 残品とされた。[17] それに対して, 日本側の記録「安政四丁巳壱番割 巳阿蘭陀船本方・脇荷・品代り 記」(4月1日入札)では, 入札販売されている。(2)notenmuscaat(肉豆蔻)と(6)olifantstanden 3de soort(三番象牙)は, オランダ側史料の1858年1月10日(出島)付けのRekening van den Aparten Handel Japan 1857.(1857年の別段商法勘定帳)で日本側にそれぞれ1斤に付1テールで販売されたことを記している。そして, 日本側の記録「安政四巳五番割 巳阿蘭陀船本方見帳」(11月19日入札)には一切取引の記録は記されていない(表97・99参照)。

これはどういうことであろうか。ウイレミナ・エン・クラーラ号が持ち渡った(2)notenmuscaat(肉豆蔻)と(6)olifantstanden 3de soort(三番象牙)は, 同船が持ち渡った他の本方荷物と一緒に日本側に4月1日以前の段階で一括販売されたものと思われる。しかし, オランダ側は帳簿上1857年の取引の別段商法(Aparten Handel)として計上するために5月1日付けの販売には記さず, 1858年1月10日(出島)付けの別段商法(Aparten Handel)で処理することになったのであろう。これは, 「本方商賣」における正規の本方取引と別

段商法における輸出品にかかわる問題と考えられる。正規の本方取引の輸出品は銅であり，別段商法の輸出品は樟脳であった。したがって，(2)notenmuscaat(肉豆蔻)と(6)olifantstanden 3de soort(三番象牙)を帳簿上，別段商法(Aparten Handel)の取引とすることにより，樟脳の購入費にまわしたことになる。おそらく，輸出品となる銅と樟脳の規定量を確保するためにおこなわれた操作と推測される。このことに関しては，当然，日本側との交渉によって決められたものと考えられる。

　安政4年における「本方商賣」で取引された商品(本方荷物)は，⟨1⟩～⟨35⟩染織品(⟨1⟩～⟨25⟩毛織物・⟨26⟩～⟨35⟩綿織物)・(4)(5)(6)⟨36⟩⟨37⟩⟨38⟩象牙・(3)⟨39⟩丁子・(7)⟨40⟩胡枡・(8)⟨41⟩錫・⟨42⟩紫檀・⟨43⟩水銀・(1)⟨44⟩⟨45⟩蘇木・⟨46⟩白砂糖・⟨47⟩Mexicaansche dollars〔銀銭〕・(2)肉豆蔻・○荷包鉛であり，従来と特に変わった品目はみられない。これらの本方荷物がオランダ側(オランダ商館)より日本側(長崎会所)に価格にして何倍で販売されたのか，ここで考察を加えておきたい(表97・99の$\frac{\beta}{\alpha}$参照)。染織類では，毛織物が0.67～1.6倍で，ほとんどが赤字販売，綿織物は0.99～2.44倍で，ほとんどの商品が1倍前後，秤量品目は，0.21～7.58倍で，(2)肉豆蔻の7.58倍(145テール強の収益)，⟨39⟩丁子の6倍(3,700テール弱の収益)，(3)丁子の5.98倍(2,300テール強の収益)，(1)蘇木の4.58倍(830テール弱の収益)，⟨44⟩⟨45⟩蘇木の4.53倍(1,000テール強の収益)を除いては，ほとんどが赤字販売であった。この倍率をみる限り，出島商館は本方荷物全体では収益を上げておらず，かなりの赤字を出していることがわかる。さらに，オランダ本国からバタヴィアまで，またバタヴィアから長崎までの輸送経費を考えれば多額の損失を出していることは間違いあるまい。これは，既に第1部第1章第2節で考察したように，当時の定高貿易と称する取引システムによって生じた現象である。江戸時代後期の日蘭貿易においては，日本側・オランダ側双方共に取引の品物の評価を元値より低くすることによって，「取引の総額(御定高)」での取引量を多くしていた。そして，オランダ側は日本で仕入れた物資(後述する銅や樟脳)をバタヴィアを中心とするその通商圏において販売することによって収益を上げることができ，日本側すなわち長崎会所は国内商人

に出島商館から仕入れた各商品を数倍で販売することによって，収益を上げ，その差額(出銀)で輸出品の差額を補い(出銀償)，長崎地下配分，幕府への上納金等を納め，会所の運営をおこなっていたのである。

次に，長崎会所がオランダ側(オランダ商館)より購入した各商品を価格にして何倍で日本商人(本商人)に販売したのか考察を加えておきたい(表97・99の $\frac{\gamma}{\beta}$ 参照)。染織類では，毛織物が2.00〜6.49倍，綿織物が1.04〜4.22倍を示しており，秤量品目では，1.18倍の丁子から18.95倍の蘇木まで各商品によってさまざまな倍率を示していることがわかる。各商品の落札価額を算出して出島商館側の販売価額を引けば長崎会所における商品ごとの収益を得られるかに思えるが，残念ながら史料上，出島商館側の販売数量と商人落札数量が若干異なることや，染織類(大羅紗・ふらた・呉路服連・杢織呉路服連・テレプ)の落札価格が反ではなく長さ(ikje「間」)で記されているため正確な計算をすることができない。そのような中で〈46〉白砂糖(750貫目強の収益)と(1)蘇木(530貫目強の収益)，〈44〉〈45〉蘇木(520貫目強の収益)が他の商品に比べて落札価額が高く，安政4年における長崎会所にとって利鞘の大きい商品であったことがわかる。

第3節　「本方商賣」における輸出品と勘定帳

安政4年の「本方商賣」における輸出品をまとめると表100のようである。

本節においては，この表100に示した品々がどのような商品であったのか明らかにし，また帳簿上それぞれどのように処理されていたのか，「本方商賣」の勘定帳の収支内容を明らかにすることによって，輸出品の位置付けをしておきたい。

《1》《2》koper(銅)

19世紀初頭にオランダ商館長を勤めたヘンドリック・ドゥフ Hendrik Doeff は，その著書『日本回想録』の「二　一七九九年から一八一七年まで日本のオランダ商館の職員，商館長だった筆者の予期せぬ体験と，日本のオ

第3章 安政4年(1857)の日蘭貿易 453

表100 安政4年(1857)本方商賣における輸出品

		オランダ史料			抽　訳			
	goederen	hoeveelheid	仕入額(テール)	仕入額(テール)	商　品	数　量	仕入価格(本方銀)	仕入価額(本方銀)
(1)	koper	3,000 pikols	12.35 / pikol	37,050.00	銅	300,000斤	1匁2分3厘5毛/斤	370貫500匁
(2)	koper	3,000 pikols	12.35 / pikol	37,050.00	銅	300,000斤	1匁2分3厘5毛/斤	370貫500匁
(3)	Satsumasche Kamfer	24,186.1 katties	0.30 / kattie	7,255.84	薩摩産樟脳	24,186斤1合	3匁/斤	72貫558匁4分
(4)	witte boom was in 1856 naar Batavia versonden	88,438 katties	0.27 / kattie	23,878.26	1856年にバタヴィアに送った白色の蝋(白蝋)	88,438斤	2匁7分/斤	238貫782匁6分

出典・(1)～ Komps rekening courant 1857. MS. N.A. Japans Archief, nr. 1816 (Aanwinsten, 1910, I: No. 183) .(Tōdai-Shiryō Microfilm: 6998·1·133·31) .
　・(2)～ Komps rekening courant 1857. MS. N.A. Japans Archief, nr. 1817 (Aanwinsten, 1910, I: No. 184) .(Tōdai-Shiryō Microfilm: 6998·1·133·32) .
　・(3)～ Rekening van den Aparten Handel Japan 1857. MS. N.A. Japans Archief, nr. 1866 (Aanwinsten, 1910, I: No. 228) .(Tōdai-Shiryō Microfilm: 6998·1·134·33) .
　・(4)～ Rekening van den Nieuwen Aparten Handel 1857. MS. N.A. Japans Archief, nr. 1870 (Aanwinsten, 1910, I: No. 232) .(Tōdai-Shiryō Microfilm: 6998·1·134·37) .
　註・単位のテール(theil)はカンパニーテール(compagnie　theil)を示す。

ランダ貿易に関する報告」の中で,

〔銅は,〕私が日本に到着した後, 現在に至るまで, 実質的に利益をあげる唯一の商品である。日本貿易の利益は, 〔バタヴィアへ持ち帰った〕銅を売り, 鋳造し直してはじめてあがるのである。(18) (〔 〕内は著者が補った)

と述べている。当時, オランダ側にとって, 日本貿易における最大の目的は最終的に最も利益の上がるこの日本銅の獲得であった。輸出された銅は主に貨幣鋳造の材料にもちいられ, その他には, 船底包板や大砲の鋳造材料とされていた。(19)

表100の《1》銅300,000斤(仕入価額37,050.00テール)の購入記録は, 1857年5月1日(出島)付けのKomps rekening courant 1857.(1857年の日本商館本方勘定帳)によるものである。本帳では,

①ウイレミナ・エン・クラーラ号が持ち渡った本方荷物の売上金(Provenu van den Komps verkoop)17,264.65テール

②将軍の注文品の売上金(Provenu van Keizerlijke eischgoederen)30テール

を収入とし,

③ウイレミナ・エン・クラーラ号が持ち渡った荷物の積み卸しと引き渡し, その他, 諸々の経費(Diverse ongelden op het lossen, laden en afleveren der goederen aangebragt per "Willemina en Clara" enz.)1,335.74テール

そして,

④銅3,000ピコル, 1ピコル12.35テールでの購入(Inkoop van 3,000 pikols

koper à T. 12. 35 de pikol）37, 050. 00 テール

を支出としている。さらに，この他に 1856 年 **10 月 31 日**時点における赤字
が 20, 020. 71 テールあることより，1857 年 **5 月 1 日**時点において，
41, 111. 80 テールの赤字を算出している。

　表 100 の《2》銅 300, 000 斤（仕入価額 37, 050. 00 テール）の購入記録は，1858 年
1 月 25 日（出島）付けの Komps rekening courant 1857.（1857 年の日本商館本方
勘定帳）によるものである。本帳では，

①表 99 に示したヤン・ダニエル号とアンナ・ディグナ号が持ち渡った本方
　荷物，さらにウイレミナ・エン・クラーラ号が持ち渡った肉豆蔲と三番象
　牙の販売（Komps verkoop）94, 479. 45 テール

②将軍の注文品の売上金（Provenu der Keizerlijke eischgoederen）3, 208. 80 テー
　ル

③江戸参府関係の収入（Provenu van den Jedoschen verkoop）2, 109. 15 テール，
　（Provenu van uit Jedo teruggebragte geschenken）1, 191. 90 テール，（Werkelijk
　restant in 1856 voor de Hofreis van 1857）5, 086. 68 テール，（Terugkomend
　Hofreisgeld）663. 29 テール

④「本方追賣・臨時貰」の売上金（Splinters）360. 02 テール

を収入とし，

⑤クーリーへの支払い不足分（Te min betaald voor de koelies van het koper）30
　テール

⑥江戸参府関係の支出（Hofreis ongelden in 1857）3, 098. 77 テール，（Terugko-
　mend hofreisgeld）663. 29 テール，（Terugkomend in Kambang T. 1,103）
　1, 324. 62 テール，（Bij de Kambang rekening verantwoord voor den Jedoschen
　verkoop）2, 109. 15 テール

⑦出島家賃銀や日本側役人への支出，八朔の祝い等，固定支出（Vaste lasten）
　10, 696. 44 テール

⑧「あんへら」代（vloermatten）145. 43 テール

⑨料理人や使用人への給料（Gagien aan koks en dienaren）713. 40 テール

⑩荷物の積み卸しと引き渡しに関する諸々の経費（Diverse ongelden op het lossen, laden en afleveren der goederen) 1,503.36 テール

⑪来年の江戸参府のために残しておく高 (Restant gehouden voor de Hofreis in 1858) 5,086.68 テール

そして，

⑫銅 3,000 ピコル，1 ピコル 12.35 テールでの購入 (Inkoop van 3,000 pikols koper à T. 12.35 de pikol) 37,050.00 テール

を支出としている。さらに，上に掲げた 1857 年 5 月 1 日時点における赤字，41,111.80 テールがあり，これを支出とすることにより最終的に利益残高 (Voordeeling saldo op heden) 3,566.35 テールを算出している。

　先にも記したようにオランダ側にとっては，日本貿易における最大の目的は日本銅を獲得することにあった。2 冊の Komps rekening courant 1857.(1857 年の日本商館本方勘定帳)は，オランダ船が，安政 4 年に従来同様の本方荷物や将軍への注文品(誂物)[20]などを持ち渡り，目的の銅 600,000 斤を獲得したことを物語っている。その他の諸々の経費や滞在費，慣例となっている江戸参府関係の費用等は，上記のことを達成するために副次的に存在しているといってよいであろう。

《3》Satsumasche Kamfer (薩摩産樟脳)

　長崎商館が輸出する樟脳は，薩摩産であった。樟脳は，主に羊毛・毛織物などの防虫や薬剤に使用された。皮膚の痒み，吹き出ものに使用する樟脳軟膏や，神経痛・筋肉痛に効果がある樟脳丁幾ᵁᴷᵁᴷなどを作ったといわれる。[21]この樟脳は，オランダが求めた銅の生産と輸出が 18 世紀後半に減少したことにより，それを補う形で増加した輸出品であった。[22]

　ドゥフの『日本回想録』では，上記の引用文につづけて次のように述べている。

　　樟脳は以前はコロマンデル，ベンガル，ヨーロッパに送られたが，今はバタヴィアで売却するために，送られる。現在銅と樟脳は，政府の勘定で輸出される，僅かに二つの商品で，政府は日本貿易で少なからぬ利益をあげていると，私は確信している。[23]

　ドゥフが記すように，銅と樟脳は，日本からの二大輸出品であり，「本方

商賣」は，当時この輸出品を獲得するためにつづけられていたといってよい
であろう。

表100の《3》薩摩産樟脳24,186.1斤（仕入価額7,255.84テール）は，1858年1
月10日（出島）付けの Rekening van den Aparten Handel Japan 1857.（1857
年の別段商法勘定帳）によるものである。本帳では，第2節で考察した，

(2) notenmuscaat（肉豆蔲）168.50斤，168.50テール

(6) olifantstanden 3de soort（三番象牙）276.30斤，276.30テール

〈38〉 olifantstanden 3de soort（三番象牙）787.00斤，787.00テール

〈42〉 kaliatoerhout（紫檀）4,413.40斤，132.40テール

〈43〉 kwikzilver 1ste soort（水銀）155.10斤，155.10テール

〈43〉 kwikzilver 2de soort（弐番水銀）351.10斤，280.88テール

〈44〉・〈45〉 sapanhout（蘇木）33,231.67斤，1,827.74テール

を日本側に販売することにより対価として購入している（なお，この別段商法で
は toegift（付け足し）3,627.92テールが収入に加えられる）。

別段商法は，このように，非常に明瞭であり，オランダ側が樟脳を獲得す
るために，肉豆蔲・象牙・紫檀・水銀・蘇木が持ち渡られていたことがわか
る。

《4》witte boomwas（白色の木蠟（白蠟））

木蠟は，ハゼノキの果皮から採った脂肪で，採取したままのものを生蠟（きろう），
漂白・脱色したものを晒（さら）し蠟という。witte boomwas（白色の木蠟）は晒し蠟。
主に蠟燭に用いられた。

表100の《4》白色の木蠟（白蠟）88,438斤（仕入価額23,878.26テール）は，1857
年5月1日（出島）付けの Rekening van den Nieuwen Aparten Handel
1857.（1857年の新規の別段商法の勘定帳）によるものである。本帳では，第2節
で考察した，(8)tin（錫）47,756.52斤を23,878.26テールで販売することに
よりその対価として購入している。ただし，「1856年にバタヴィアに送った
白色の木蠟（白蠟）88,438.00斤の購入」Inkoop van 88,438.00 Japansche
katties witte boomwas in 1856 naar Batavia verzonden に対する支払いで
あった。

第3章　安政4年(1857)の日蘭貿易　　457

　新規の別段商法(Nieuwen Aparten Handel)は，1854年にはじまり1857年に終了しており，全て「錫」を販売することによって取引がおこなわれていた。1854年と1855年のこの商法での輸出品は，別段商法(Aparten Handel)と同様「樟脳」であったが，1856年には，「1855年に前貸しで受け取り，バタヴィアへ送られた蠟(白蠟)111,562斤の購入」Inkoop van 111,562 katties was in 1855 in voorschot ontvangen en naar Batavia verzonden に対する支払いで，(24) 1857年は上記の通りである。すなわち，新規の別段商法(Nieuwen Aparten Handel)で白蠟が扱われたのは2年だけであり，その支払いは，借金の返済という形でおこなわれていた。

　新規の別段商法も上記の別段商法同様，非常に明瞭な取引であり，前年の白蠟購入の借金返済のために錫が持ち渡られたことがわかる。

　なお，白蠟は，安政2年(1855)より本格的に輸出が開始された商品であったが，「本方商賣」よりも後述する脇荷貿易の輸出品として多く扱われた。(25)

第4節　ウイレミナ・エン・クラーラ号の脇荷貿易

　本節においては，安政4年(1857)におけるウイレミナ・エン・クラーラ号 Willemina en Clara の脇荷貿易(Kambang Handel)について史料紹介を含めてその実態を考察していきたい。

①脇荷取引

　まず，脇荷貿易における中核の取引である脇荷取引についてみていきたい。
　安政4年1月29日(2月23日)に長崎港に入津したウイレミナ・エン・クラーラ号が持ち渡った脇荷物を記す積荷明細目録である Factuur(送り状)は管見の限りみつけることはできない。しかし，それに代わるものとして前年1856年12月にバタヴィアで作成された前掲の Algemeene Staat der per Willemina en Clara naar Japan verzondene goederen.(日本に向けてウイレミナ・エン・クラーラ号によって送られる品物の概略リスト)を挙げることができる。

458　第3部　安政期の日蘭貿易

　ウイレミナ・エン・クラーラ号が長崎港に入津すると，同船が持ち渡った積荷物のリストの中から商館長が前もって仕入値等を抜かして写し取った「送り状」のコピー（「提出送り状」）が日本側に差し出されたと考えられる。この内，脇荷取引の商品のリストを日本側（阿蘭陀通詞）が翻訳したリスト，すなわち「積荷目録」は，「唐舟阿蘭陀差出帳」内の安政4年2月10日付け「脇荷」の記録によって確認することができる。この「積荷目録」に照合する形で，上記の Algemeene Staat（概略リスト）から脇荷物と考えられる商品とその数量・仕入価格・仕入価額を抽出して列記したものが表101である。なお，各商品の冒頭の番号は，後掲の表102の番号に照合して付けたものである。

　脇荷取引の商品のオランダ側から日本側への販売の詳細に関しては，1857年5月1日（出島）付けの Kambang verkoop in 1857 van goederen aangebragt per "Willemina en Clara".（「ウイレミナ・エン・クラーラ号」によってもたらされた品物〔脇荷物〕の1857年の脇荷物売上計算書）によって確認できる。本史料は，同日付けの Kambang rekening courant 1857.[26]（1857年の日本商館脇荷勘定帳）の付録文書（№. 1.）であり，脇荷取引の商品として日本側（本商人）に販売された商品名・数量・価格・価額を記している。

　ウイレミナ・エン・クラーラ号の脇荷物の取引を記す日本側史料としては，前掲の「安政四丁巳壱番割　巳阿蘭陀船本方・脇荷・品代り　記」（杏雨書屋所蔵村上家文書）を挙げることができる。本史料は，通常「見帳」とよばれる史料であり，ここには，本方取引・脇荷取引・品代り取引の商品名・数量・商品の特徴・入札上位三番札までの価格と商人名が記されている。なお，本史料によってこの時の入札が，3月7日（4月1日）におこなわれたことがわかる。

　脇荷取引に関して，上記の Kambang verkoop（脇荷物売上計算書）と「見帳」を照合したものが表102である。この表102によって，安政4年にウイレミナ・エン・クラーラ号が持ち渡った脇荷物の取引の実態が解明される。すなわち，脇荷取引された日蘭の商品名・数量と共に各商品を購入した日本商人まで明らかになる。また，Kambang verkoop（脇荷物売上計算書）より，

表101　安政4年(1857)オランダ船1艘(Willemina en Clara)脇荷物

	Goederen	Hoeveelheid	換算	仕入金額(グルデン)	仕入価格(グルデン)	α欄 仕入価格(テール)	商品	数量
(10)	bindrotting	73,551 lb.	60,848 斤8合	6,472.49	0.088 / lb.	0.066 / kattie	脇荷 藤	63,000 斤
		1,449 lb.	1,198 斤8合	75.30	0.052 / lb.	0.039 / kattie		
(7)	koffij	36 enk: Holl: goeniezakken	36 袋	900.00	25.00 / goeniezak	15.625 / goeniezak	コーヒー豆	36 袋
		36 pikols	3,600 斤		[25.00 / pikol]	[15.625 / pikol]		
(9)	kajoepoetie olie	100 fl.	100 瓶	135.00	1.35 / fl.	0.844 / fl.	カヤフテ油	100 びん
(5)	koffij branders	12	12	144.00	12.00 / -	7.5 / -	コーヒー煎	12
(6)	koffij molens	12	12	18.00	1.50 / -	0.938 / -	コーヒー臼	12
○	mawo	2 pikols	200 斤	173.15	0.866 / kattie	0.541 / kattie	大黄	200 斤
(4)	gebrokene glasruiten	15 kisten	15 箱	-	-	-	肩硝子	15 箱
(8)	geslepen glaswerk	-	-	-	-	-	タンキリ	300 斤
○		1 kist	1 箱	140.00	140.00 / kist	87.5 / kist	硝子器	1 箱
○	wit lederwerk	3 houten kisten	3 箱				皮	3 箱
		287 stellen	287 揃	1,377.60	4.80 / stel	3.0 / stel		

出典・Algemeene Staat は、Algemeene Staat der per Willemina en Clara naar Japan verzondene goederen. MS. N.A. Japans Archief, nr. 1640 (Aanwinsten, 1910, I: No. 32) . (Tōdai-Shiryō Microfilm: 6998·1·125·2) 。
・「積荷目録」は「唐舟阿蘭陀差出帳」(某所所蔵) 。
註・lb.= Amsterdamsche ponden。100 斤= 120 ½ lb.。
・1 pikol = 100 kattie。kattie =斤。
・単位のテール (theil) はカンバンテール (kambang theil) を示す。1 kambang theil(カンバンテール) = 1.6 gulden(グルデン)。
・オランダ側史料で用いられている id. (=同)、日本側史料で用いられている「同」は、それに相当する単語を記した。
・オランダ側商品名各単語の頭文字は小文字で記した。

表102　安政4年(1857)オランダ船1艘(Willemina en Clara)脇荷貿易における脇荷取引(壱番割)

	Goederen	Hoeveelheid	β 落札価格(テール)	原価価格(テール)	商品	数量	γ 落札価格(銀匁額)	落札商人	β/α	γ/β
(1)	polijorama panoptijque	1 stuk	28 / stuk	28.00	異(=已医毛虫)脇 壱番眼目鏡	1 ツ	280 匁 / ツ	の田や	-	1.00
(2)	stereoscoop	1 stuk	25 / stuk	25.00	二番眼目鏡	1 ツ	250 匁 / ツ	の田や	-	1.00
(3)	accordeon	1 stuk	6.80 / stuk	6.80	風琴	1 ツ	68 匁 / ツ	てつや	-	1.00
(4)	glasruiten / gebroken /	2,975 katties	0.289 / kattie	859.77	肩硝子板	3,250 斤	2 匁8分9厘 / 斤	てつや	-	1.00
(5)	koffij branders	12 stuks	3.7 / stuk	44.40	コーヒー煎	12	37 匁 / [ツ]	の田や	0.49	1.00
(6)	koffij molens	11 stuks	2.09 / stuk	22.99	コーヒー臼	11	20 匁9分 / [ツ]	の田や	2.23	1.00
(7)	koffij in zakken	36 pikols	4.12 / pikol	148.32	コーヒー豆	35 袋	41 匁2分 / 袋	金沢や	0.26	1.00
(8)	-	-	-	-	痰切	300 斤	18 匁5分7厘 / 斤	永井や	-	-
(9)	kajapoetie olie	97 wijn flesschen	6.65 / flesch	645.05	カヤフテ油	98 硝子	66 匁5分 / 硝子	西善	7.88	1.00
(10)	bindrotting	61,809 katties	0.478 / kattie	29,544.70	藤	61,430 斤 / 2,462 把	4 匁7分2厘 / 斤	西善・金沢や	7.24 / 12.26	0.99

totaal (合計)	31,325.03
35% belasting aan de Keizerlijke Geldkamer (長崎会所へ35%の税金)	10,963.75
rest (残り)	20,361.28

出典・Kambang verkoop は、Kambang rekening courant afgesloten 1°.Mei 1857. Japan. (Bijlaag N°. 1.) MS. N.A. Japans Archief, nr. 1891 (Aanwinsten, 1910, I: No. 269) . (Tōdai-Shiryō Microfilm: 6998·1·135·18) 。
・見帳は、「安政四丁巳壱番割 巳阿蘭陀船本方・脇荷・品代り 記」(杏雨書屋所蔵村上家文書)。
註・単位のテール (theil) はカンバンテール (kambang theil) を示す。1 テール= (銀) 10 匁。kattie =斤。
・αは、表101の仕入価格の「換算」欄の数値。
・オランダ側史料で用いられている idem (=同)、日本側史料で用いられている「同」は、それに相当する単語を記した。
・オランダ側商品名各単語の頭文字は小文字で記した。

460 第3部 安政期の日蘭貿易

ウイレミナ・エン・クラーラ号の脇荷取引は，販売価額から長崎会所への
35％の税金を引いて，合計で20,361.28テールであったことがわかる（なお，
第4節・第5節で考察する脇荷貿易におけるテールは，カンバンテールであることを断っ
ておく）。

　表101で示した各商品の仕入価格(α)と表102で示した各商品の販売価格
(β)を比較することにより，オランダ側（オランダ商館）より日本側（本商人）に各
商品が価格にして何倍で販売されたかがわかる（$\frac{\beta}{\alpha}$）。数値が全て明らかでな
いため全体的傾向を示すことはできないが，薬品（(9)「カヤフーテ油」kajapoetie
olie(7.88倍)）や(10)「藤」bindrotting(7.24倍，12.26倍)に関しては高値を記録
していることが判明する。また，脇荷商法のため，取引商品はオランダ商館
から日本商人に直接販売されており，表102に示した各商品の販売価格(β)
と日本商人の各商品の落札価格(γ)は一致している。(10)に関してのみ6厘
の差がみられるが，オランダ側史料もしくは日本側史料の誤記，ないしはオ
ランダ側によって後日値上げして販売されたのではないかと推測される。[27]

　また，「積荷目録」に(8)「タンキリ」300斤とあり，表102の「見帳」に
(8)「痰切」300斤が本商人「永井や」によって1斤に付き18匁5分7厘で
落札されている。しかし，Kambang verkoop（脇荷物売上計算書）に記されて
いないことより，この(8)「痰切」300斤は「壱番割」では取引が成立しなか
ったのではないかと考えられる。

②相対取引

　ウイレミナ・エン・クラーラ号の脇荷貿易では，入札でおこなわれた①脇
荷取引の他に，相対での取引がおこなわれていた。この相対取引の詳細につ
いては，1857年5月1日（出島）付けのVerkooprekening van onder's
hands verkochte goederen.（相対での販売品の売上計算書）によって確認できる。
本史料は，前掲のKambang rekening courant 1857.（1857年の日本商館脇荷勘
定帳）の付録文書（№2.）であり，脇荷物として日本側に相対で販売された商品
名・数量・価格・価額を記している。このVerkooprekening（売上計算書）に
照合する形で，上記のAlgemeene Staat（概略リスト）からこの相対で販売さ

第3章　安政4年(1857)の日蘭貿易　461

れたと考えられる商品とその数量・仕入価格・仕入価額を抽出して列記した
ものが表103である。(28)

　表103で示した各商品の仕入価格(α)と販売価格(β)を比較することにより，
オランダ側より日本側に各商品が価格にして何倍で販売されたかがわかる
$\left(\frac{\beta}{\alpha}\right)$。数値が全て明らかでないため全体的傾向を示すことはできないが，判
明しているもので0.37〜4.57倍を示している。この内，〈5〉「白砂糖」sui-
ker は本方貿易では，この数値が0.89〜1.00倍であったが(表99参照)，脇荷
貿易では0.37倍と非常に低くなっていることがわかる。すなわち，「白砂
糖」は，安政4年の日蘭貿易においてオランダ側の収益につながる商品で
はなかったが，脇荷貿易においては率においてより多くの赤字を出す持ち渡
り品であったことがわかる。また，商品の中の〈12〉「1856年に日本の蒸気船
「観光丸」用に運ばれた海事用品の清算〔額〕」は，前年に日本側が購入した
「観光丸」用の銅製蒸気ボイラー管(koperen vlampijpen)購入をめぐっての不
足金清算額を示す。

　表103に示したVerkooprekening(売上計算書)より，この時の相対取引の
合計は，2,664.8テールであったことがわかる。

　なお，2月10日付けの積荷目録には「品代り　アラヒヤコン　五百斤」
とあり，「安政四丁巳壱番割　巳阿蘭陀船本方・脇荷・品代り　記」には，
「同(＝巳紅毛船)品代り」として「アラヒヤコム　五百斤」が1斤に付き35
匁2分で本商人「松田や」によって落札されている。しかし，上記のオラ
ンダ側史料Kambang rekening courant 1857.(1857年の日本商館脇荷勘定帳)な
らびにその付録文書には一切記されていない。このことより，この時の「品
代り取引」は最終的に成立しなかったのではないかと考えられる。(29)

③輸出品の取引

　次に，ウイレミナ・エン・クラーラ号の脇荷貿易における輸出品の取引に
ついてみておきたい。輸出品の取引については，1857年5月1日(出島)付け
の Specifieke opgaaf van de door de Keizerlijke Geldkamer geleverde ar-

462 第3部 安政期の日蘭貿易

表103 安政4年(1857)オランダ船1艘(Willemina en Clara)脇荷貿易における相対取引

	Goederen	Hoeveelheid	換算	仕入額(グルデン)	仕入価格(グルデン)	α:換算:仕入価格(テール)
			Algemeene Staat (1856年12月)			
<1>	zilveren horologies	3	3	180.00	60.00 / –	37.50 / stuk
<2>	roodewijn	50 fl:	50 瓶	45.00	0.90 / fl:	0.56 / flessch
<3>	likeuren	24 fl:	24 瓶	40.00	1.67 / fl:	1.04 / flessch
<4>	Haantjes bier	4 dozijn	4 ダース	32.00	8.00 / dozijn	0.42 / flessch
<5>	suiker	210 lb.	173 斤 7 合	63.00	0.30 / lb.	0.23 / kattie
<6>	candijsuiker	+ pikol	50 斤	20.00	0.4 / kattie	0.25 / kattie
<7>	achromatische telescopen, ieder op eenen koperen voet met verticale schroefbeweging, zeven venlavies, enz.	2	2	1,410.00	705.00 / –	440.63 / stuk
<8>	scheeps verrekijkers met voorwerp glazen van 3.5 d". diameter	2	2	63.00	31.50 / –	19.69 / stuk
<9>	sijmpisometer	1	1	50.00	50.00 /	31.25 / stuk
<10>	scheeps barometer	1	1	60.00	60.00 / –	37.50 / stuk
<11>	scheeps-chermometer met verdeeling van Fahrenheit & Celeires	1	1	3.50	3.50 / –	2.19 / stuk
<12>	–					
<13>	salamoniac	3 N. lb.	5 斤	4.53	0.91 / kattie	0.57 / kattie
<14>	–	–	–	–	–	–
<15>	–	–	–	–	–	–
<16>	–	–	–	–	–	–
<17>	–	–	–	–	–	–
<18>	–	–	–	–	–	–

出典・Algemeene Staat は、Algemeene Staat der per Willemina en Clara naar Japan verzonden goederen. MS.
N.A. Japans Archief, nr. 1640 (Aanwinsten, 1910, I: No. 32) . (Tōdai-Shiryō Microfilm: 6998-1-125-2) 。
　　・Verkooprekening は、Kambang rekening courant afgesloten 1. Mei 1857. Japan. (Bijlaag N°. 2.) MS. N.A.
Japans Archief, nr. 1891 (Aanwinsten, 1910, I: No. 269) . (Tōdai-Shiryō Microfilm: 6998-1-135-18) 。
註・lb.= Amsterdamsche ponden。100 斤＝120 + lb.。1 pikol = 100 kattie。kattie ＝斤。
　　・N. lb.=Nederlandsche lb.を示す。100 斤=59.72 N. lb.。

tikelen.(長崎会所により提供された品物の明細報告書)によって確認できる。本史
料は，前掲の Kambang rekening courant 1857.(1857 年の日本商館脇荷勘定帳)
の付録文書(N°. 4.)であり，脇荷貿易における輸出品として日本側(長崎会所)か
らオランダ側(オランダ商館)に販売された商品名・数量・価格・価額を記して
いる。本史料に拙訳をつけて作表したものが表 104 である。

　輸出品の内，合計額の 98% を《1》「白蠟」500,000 斤がしめている。安政 4
年の本方貿易の輸出品としては，前年(安政 3 年)輸出された「白蠟 88,438

第3章　安政4年(1857)の日蘭貿易　　463

Verkooprekening (1857年5月1日)						$\dfrac{\beta}{\alpha}$
Goederen	商 品 名（訳）	Hoeveelheid	換　算	販売価額(テール)	β：販売価格(テール)	
horologie / zilveren /	「銀袂時計」	1 stuk	1 ツ	60.00	60.00 / stuk	1.60
roode wijn	「ローイウエイン」〔赤ワイン〕	50 flesschen	50 瓶	30.00	0.60 / flessch	1.07
likeur	「銘酒」〔リキュール〕	24 flesschen	24 瓶	30.00	1.25 / flessch	1.20
Haantjes bier	〔ハーンチェスビール〕	48 flesschen	48 瓶	25.00	0.52 / flessch	1.24
suiker	「白砂糖」	210 lb.	173 斤 7 合	15.00	0.086 / kattie	0.37
kandij suiker	「氷砂糖」	¼ pikol	50 斤	18.00	0.36 / kattie	1.44
acromatische telescopen met toebehooren	「星目鏡」〔天体望遠鏡一式〕	2 stuks	2 本	1,700.00	850.00 / stuk	1.93
scheep's verrekijkers	「遠目鏡」〔船の望遠鏡〕	2 stuks	2 本	120.00	60.00 / stuk	3.05
sijmpisometer	〔シンピソメーター、気圧計〕	1 stuk	1 ツ	65.00	65.00 / stuk	2.08
scheep's barometer	「晴雨昇降」〔船の気圧計〕	1 stuk	1 ツ	100.00	100.00 / stuk	2.67
scheep's thermometer	「寒暖昇降」〔船の温度計〕	1 stuk	1 ツ	10.00	10.00 / stuk	4.57
Verrekening van in 1856 afgeleverde Marine voorwerpen aangebragt voor het Japansch stoomschip "Kwangkomar" zie geannexeerde bijlaag	〔1856 年に日本の蒸気船「観光丸」用に運ばれた海事用品の清算〔額〕、付録参照〕	-	-	126.80	-	-
salammoniak	「サルアルモニヤシ」	6 lb.	5 斤			
braakwijnsteen	「ブラークウエインステーン」	¼ lb.	2 合			
acetas plumbi	「アセタスブリユムヒイ」	½ lb.	6 合	40.00	-	-
stopfleschjes in ondersch. grootten	「薬瓶」〔様々な大きさの栓をした瓶〕	113 stuks	113 ツ			
vijzel kleinite soort	「乳鉢」〔小型の乳鉢〕	1 stuk	1 ツ			
jol met toebehooren	〔小型ボート一式〕	1 stuk	1 隻	325.00	325.00 / stuk	-
			totaal（合計）	2,664.8		

・単位のテール (theil) は、カンバンテール (kambang theil) を示す。1 テール＝（銀）10 匁。
・1 kambang theil（カンバンテール）＝ 1.6 gulden（グルデン）。
・オランダ側史料で用いられている id.（＝同）は、それに相当する単語を記した。
・「商品名（訳）」の「　」内は、従来訳例のある商品名、〔　〕内は批訳を示す。
・オランダ側商品名各単語の頭文字は、固有名詞は大文字とし、その他は小文字で記した。

斤」が計上されているが，この時は1斤に付き本方銀で2匁7分であった（表100参照）。それに対して，脇荷物として輸出された「白蠟」は1斤に付き脇荷銀で3匁1分(本方銀にして3匁7分2厘)であり，本方貿易より脇荷貿易の輸出において「白蠟」は，価格が高く量も5倍以上になっていたことがわかる。この「白蠟」は安政2年(1855)から本格的に輸出が開始された商品であるが，2年後の安政4年(1857)にその輸出量が増大した注目すべき輸出品であった。

表104　安政4年(1857)オランダ船1艘(Willemina en Clara)脇荷貿易における輸出品

	Specifieke opgaaf (1857年5月1日)				抄　訳			
	Goederen	Hoeveelheid	仕入単価(テール)	仕入総額(テール)	商　品	数　量	仕入価格(脇荷銀)	仕入価額(脇荷銀)
(1)	witte boomwas	5,000 pikols	31.00 / pikol	155,000.00	「白蠟」	500,000 斤	3匁1分 / 斤	1,550 貫
(2)	olen	3 pikols	119.00 / pikol	357.00	(油)	300 斤	11匁9分 / 斤	3 貫 570 匁
(3)	tarwe	180.6 pikols	4.30 / pikol	776.58	(小麦)	18,060 斤	4分3厘 / 斤	7 貫 765 匁 8 分
(4)	steenkolen geleverd voor Z. M. stoomschip "Medusa"	4,416 pikols	1.05 / pikol	4,636.80	〔国王陛下の蒸気船「メデ」サ号「に供給された石炭〕	441,600 斤	1分　5毛 / 斤	46 貫 368 匁
(5)	was kisten het verleden jaar niet voldaan	505 stuks	1.00 / stuk	505.00	〔昨年未払いの白蠟用の箱(の代金)〕	505 箱	10匁 / 箱	5 貫 50 匁
		totaal		161,275.38			合計	1,612 貫 753 匁 8 分

出典・Specifieke opgaafは、Kambang rekening courant afgesloten 1° Mei 1857. Japan. (Bijlaag N° 4.) MS. N.A. Japans Archief, nr. 1891 (Aanwinsten, 1910, I: No. 269).(Todai-Shiryo Microfilm: 6998·1·135·18)。
註・単位のテール(theil)はカンパンテール(kambang)を示す。1テール=(銀)10匁。
　・「商品」欄の「　」内は、従来訳例のある商品名。〔　〕内は抄訳を示す。
　・オランダ側商品名各単語の頭文字は、称号と船名は大文字とし、その他は小文字で記した。

　輸出品の取引に関する上記史料より、この時の輸出品の取引合計額は、161,275.38テールであった。

　以上のことより、ウイレミナ・エン・クラーラ号の脇荷貿易(Kambang Handel)における日本への輸入額は、23,026.08テール(①20,361.28テール+②2,664.8テール)、輸出額は、③161,275.38テールであり、輸入額に比べて7倍の輸出額であったことがわかる。

第5節　ヤン・ダニエル号，アンナ・ディグナ号，カタリーナ・エン・テレーシア号，ラミナー・エリサベット号の脇荷貿易

　本節では、安政4年における「壱番船」ヤン・ダニエル号 Jan Daniel，「弐番船」アンナ・ディグナ号 Anna Digna，「三番船」カタリーナ・エン・テレーシア号 Catharina en Theresia，「四番船」ラミナー・エリサベット号 Lammina Elisabeth の脇荷貿易(Kambang Handel)について史料紹介を含めてその実態を考察していきたい。

①脇荷取引

　第4節同様、脇荷貿易における中核の取引である脇荷取引からみていき

第3章　安政4年(1857)の日蘭貿易　　465

たい。

　6月3日(7月23日)から7月7日(8月26日)にかけて長崎港に入津したヤン・ダニエル号，アンナ・ディグナ号，カタリーナ・エン・テレーシア号，ラミナー・エリサベット号の4艘が持ち渡ったそれぞれの Factuur[30](送り状)には，数々の品名とその数量・仕入価格・仕入価額等が記されているが，後述する Kambang verkoop in 1857.(1857年の脇荷物売上計算書)のリストに記された脇荷取引の販売リストと照合することによって，4艘全てに脇荷物が積まれていたことがわかる。

　脇荷取引の商品に関してオランダ側から提出されたリスト(「提出送り状」)を日本側(阿蘭陀通詞)が翻訳したリスト(「積荷目録」)は，「唐舟阿蘭陀差出帳」内の6月20日付け「同(＝巳紅毛三艘分)脇荷」の記録によって知ることができる。しかし，この「積荷目録」は，「壱番船」から「三番船」の一部の薬品類を抄出したリストと思われ，4艘の脇荷取引の全ての商品については記していない。

　脇荷取引の商品の販売に関しては，1858年1月28日(出島)付けの Kambang verkoop in 1857.[31](1857年の脇荷物売上計算書)のリストによってその詳細を知ることができる。本史料は，1858年2月6日(出島)付けの Kambang rekening courant 1 Mei 1857 - 6 Februarij 1858.[32](1857年5月1日〜1858年2月6日の日本商館脇荷勘定帳)の付録文書(№ 6.)であり，脇荷取引の商品として日本側(本商人)に販売された商品名・数量・価格・価額を記している。

　上記オランダ船4艘の脇荷取引を記す日本側史料としては，「安政四巳三番割　巳紅毛船脇荷物見帳」(鶴見大学図書館所蔵)を挙げることができる。本史料は，本商人(落札商人)によって作成されたものであり，安政4年，長崎会所において本商人に対しておこなわれた3回目の入札取引(「三番割」)を記したものである。本史料には，取引商品名・数量・商品の特徴・入札上位三番札までの価格と商人名が記されており，一番札が落札ということになる。なお，本史料によってこの時の商人への「荷見セ」が8月25日(10月12日)からおこなわれ，入札が9月8日(10月25日)からおこなわれたことがわかる。また，この時の染織品の取引に関しては，前掲の「安政四年　巳阿蘭陀船本

466　第3部　安政期の日蘭貿易

方・ワキニ物端物切本帳」(神戸市立博物館所蔵)が現存している。この切本帳には，安政4年の本方取引(「五番割」)と脇荷取引(「三番割」)での染織品の見本裂が貼付され，染織名とその取引反数，特徴，入札上位三番札までの価格と商人名が記されており，「見帳」内の染織品の取引に見本裂が貼付されたものとみてよい。

　脇荷取引に関して，上記のFactuur(送り状)，Kambang verkoop(脇荷物売上計算書)，「見帳」を照合したものが後掲表105である(表記については，「見帳」の記載順に従った)。この表105によって，安政4年にヤン・ダニエル号，アンナ・ディグナ号，カタリーナ・エン・テレーシア号，ラミナー・エリサベット号の4艘が持ち渡った脇荷物の取引の実態が解明される。すなわち，脇荷取引された日蘭の商品名・数量と共に各商品を購入した日本商人まで明らかになる。取引されたほとんどの脇荷物は，アンナ・ディグナ号の積荷で，その他はヤン・ダニエル号の積荷が2品目，カタリーナ・エン・テレーシア号の積荷が1品目，ラミナー・エリサベット号の積荷が3品目あるのみである。また，Kambang verkoop(脇荷物売上計算書)により，この4艘の脇荷取引は，販売価額から長崎会所への35％の税金を引いて，合計で172,436.80テールであったことがわかる。なお，「見帳」に記されている「追ワキニ」の商品については，Kambang verkoop(脇荷物売上計算書)には記されておらず，オランダ側では脇荷貿易(Kambang Handel)の取引商品以外の商品(脇荷物)として扱われていたと考えられる(「追ワキニ」の(160)以降の商品については，表106に示した)。

　表105で示した各商品の仕入価格(α)と販売価格(β)を比較することにより，オランダ側(オランダ商館)より日本側(本商人)に各商品が価格にして何倍で販売されたかがわかる$\left(\dfrac{\beta}{\alpha}\right)$。数値が全て明らかでないため全体的傾向を示すことはできないが，薬品類が高値を記録しており，中でも(113)「セメンシナ」semen cinäe(97.03倍)，(63)「ジキターリス」herba digitalis(59.91倍)が大変高いことがわかる。なお，ここでの取引は脇荷商法のため，取引商品はオランダ商館から日本商人に直接販売されており，表105に示した各商品の販売価格(β)と日本商人の各商品の落札価格(γ)は一致するはずであるが，わか

第3章　安政4年(1857)の日蘭貿易　　467

るだけでも 31 品目で相違がみられる。31 品目中 30 品目がオランダ側の価格が高く，さらにその内の 28 品目が薬品であることより，「三番割」での商人落札後，オランダ側が商品の売り渡しを拒み，後日，オランダ側が価格を上げて販売した可能性が高いと思われる。

②相対取引

　上記オランダ船 4 艘の脇荷貿易においても，第 4 節同様，入札でおこなわれた①脇荷取引の他に相対での取引がおこなわれていた。この取引の詳細については，1858 年 1 月 29 日(出島)付けの Verkooprekening van onder's hands verkochte goederen. 1857.(1857 年の相対での販売品の売上計算書)によって確認できる。本史料は，前掲の Kambang rekening courant 1 Mei 1857 - 6 Februarij 1858.(1857 年 5 月 1 日～1858 年 2 月 6 日の日本商館脇荷勘定帳)の付録文書(№ 7.)であり，脇荷物として日本側に販売された商品名・数量・価格・価額を記している。この Verkooprekening(売上計算書)に照合する形で，上記の Factuur(送り状)から相対で販売されたと考えられる商品とその数量・仕入価格・仕入価額を抽出して列記したものが表 107 である。

　この表 107 の内，〈2〉「麻黄」mawo は，ウイレミナ・エン・クラーラ号が持ち渡った商品であり，[33] 同船の脇荷貿易の段階では取引されず，この表 107 の段階で相対での販売品として取引されている。その他，〈3〉以降の品々は，アンナ・ディグナ号の持ち渡り品であった。また，〈3〉「コーセニール」corterl cascarillae は，表 105 の(126)に相当する商品であり，「見帳」によれば「三番割」で脇荷取引されているが，オランダ側では相対での販売品として処理されている。

　この相対取引の中で，〈2〉「麻黄」mawo,〈5〉「アラビアゴム」Arabische gom,〈15〉〈16〉「ウニコール」een hoorn の 3 品目は「品代り取引」の商品であったと考えられる。この「品代り取引」は，脇荷物の中から日本側(長崎会所)が本方荷物と同じように「直組」で購入し，それを長崎会所が日本商人に入札販売するものであった。この取引における対価は，オランダ側が望む品物を長崎会所が渡す取引であり，「脇荷貿易の中の脇荷取引以外の取

表105 安政4年(1857)オランダ船4艘脇荷貿易における脇荷取引 (三番割)

schip	Goederen	Hoeveelheid	仕入価額 (グルデン)	a:見算 仕入価額 (テール)	Goederen	Hoeveelheid
		Factuur (1857年6月30日, 7月2日, 7月3日, 7月23日)			Kambang verkoop (1858年1月28日)	
(A)	foulard chits	22 stukken	–	–	foulard chitsen	12 stuks
(A)	zwart of rood gedr. chits 5/4	200 stukken	–	–	zwart op rood gedrukte chitsen	195 stuks
(A)	veelkleurige chits	100 stukken	–	–	veelkleurige chitsen	95 stuks
(A)	veelkleurige chits	100 stukken	–	–	veelkleurige chitsen	100 stuks
(A)	veelkleurige chits	200 stukken	–	–	veelkleurige chitsen	200 stuks
(A)	geenlum⁴. chits 5/4	400 stukken	–	–	geenlumineerde chitsen 5/4	392 stuks
(A)	roode gedrukte chits 5/4	100 stukken	–	–	chitsen, nieuwe patronen N: 1	93 stuks
(A)	rood lemeniassen	200 stukken	–	–	roode lemenias	195 stuks
(A)	donker paarsch chits	400 stukken	–	–	chitsen, donker paarsche	395 stuks
(A)	bruine lemeniassen	200 stukken	–	–	bruine lemenias	192 stuks
(A)	blaauw lemeniassen	100 stukken	–	–	blaauwe lemenias	95 stuks
(A)	geenleem⁴ chits 5/4	100 stukken	–	–	chitsen, nieuwe patronen N: 3	100 stuks
(A)	rosse en paarsche mignonetten 5/4	300 stukken	–	–	mignanetten, rose en paarsche	300 stuks
(A)	witte grand chits	200 stukken	–	–	chitsen, witte grond	195 stuks
(A)	gestreepte meubel chits	200 stukken	–	–	chitsen, gestr. meubel	195 stuks
(A)	tweekleenige chits 5/4	100 stukken	–	–	chitsen, nieuwe patronen N: 2	100 stuks
(A)	roode cambrics 5/4	200 stukken	–	–	roode cambrics	190 stuks
(A)	effen rood katoen 7/4	200 stukken	–	–	effen rood katoen 7/4	190 stuks
(A)	effen rood katoen 6/4	200 stukken	–	–	effen rood katoen 6/4	200 stuks
(A)	effen rood katoen 5/4	200 stukken	–	–	effen rood katoen 5/4	199 stuks
(A)	witte jeans 9/8	100 stukken	–	–	witte jeans 9/8	100 stuks
(A)	witte drills 8/9	100 stukken	–	–	witte drillings	95 stuks
(A)	witte shirtings 6/4	100 stukken	–	–	witte shirtings 6/4	98 stuks
(A)	witte shirtings 5/4	200 stukken	–	–	witte shirtings 5/4	200 stuks
(A)	madapollams 7/4	100 stukken	–	–	madapollams 7/4	100 stuks
(A)	madapollams 6/4	100 stukken	–	–	madapollams 6/4	100 stuks
(A)	madapollams 5/4	100 stukken	–	–	madapollams 5/4	99 stuks
(A)	ruwe drills 4/4	160 stukken	–	–	ruwe drillings	160 stuks
(A)	blaauw drill	100 stukken	–	–	blaauwe drillings	100 stuks
(A)	blaauw nicanias 5/4	86 stukken	–	–	blaauwe nikanias 5/4	86 stuks
(A)	blaauw gest. catonetten 6/4	100 stukken	–	–	blaauw gestr. cotonnetten 6/4	87 stuks
(A)	blaauw gest. catonetten 5/4	200 stukken	–	–	blaauw gestr. cotonnetten 5/4	200 stuks
(A)	rood katoen 5/4	150 stukken	–	–	roode cotonnetten	145 stuks
(A)	tafachelassen 6/4	100 stukken	–	–	taffachelassen 6/4	90 stuks
(A)	tafachelassen 5/4	390 stukken	–	–	taffachelassen 5/4	390 stuks
(A)	katoenen zeildoek	110 stukken	–	–	zeildoek	97 stuks
(A)	colletas	60 stukken	–	–	colletas	60 stuks
(A)	blaauw en zwart laken	10 stukken	–	–	laken, zwart laken, donkerblaauw	2 stuks 2 stuks
(A)	flanel en katoen fluweel	10 stukken	–	–	flanes fluweel, rose fluweel, groen fluweel, donkerblaauw fluweel, zwart	5 stuks 1 stuk 1 stuk 1 stuk 1 stuk
(A)	wollen dekens	10 stukken	–	–	wollen dekens	9 stuks
(A)	molton dekens	20 stukken	–	–	molton dekens	19 stuks
(A)	Kaapsche aloe	200 N. lb.	216.00	0.40 / kattie	Kaapsche aloë	320 katties
(A)	costel peruvianus	1,000 N. lb.	2,876.00	1.07 / kattie	corter peruvian	1,614.50 katties
(A)	costel calisaja	50 N. lb.	305.20	2.28 / kattie	corter calisäija	80 katties
(A)	flores arimcue	50 N. lb.	35.60	0.27 / kattie	flores arnica	84 katties
(A)	flores chamonill valg	500 N. lb.	336.00	0.25 / kattie	flores camille	825 katties
(A)	folia sennae	200 N. lb.	242.40	0.45 / kattie	senna bladen	314 katties
(A)	duivels drek	200 N. lb.	324.00	0.60 / kattie	duivels drek	320 katties
(A)	herba belladonnae	25 N. lb.	25.30	0.38 / kattie	herba belladonna	37 katties
(A)	herba cicutae	25 N. lb.	20.00	0.30 / kattie	herba cicutäe	35 katties
(A)	herba digetalis purper	200 N. lb.	122.40	0.23 / kattie	herba digitalis	284 katties
(A)	herba hijoscijami	150 N. lb.	181.80	0.45 / kattie	herba hijosciamus	208 katties
(A)	IJslandsche mos	880 N. lb.	308.00	0.13 / kattie	IJslandsche mos	1,350 katties
(A)	pokhoutzaagsel	930 N. lb.	186.00	0.07 / kattie	pokhoutzaagsel	1,450 katties

| | 見　帳 | | | | | | | |
| | (安政4年9月8日(10月25日)より入札) | | | | | | | |
換　算	β：販売価格 (テール)	販売価格 (テール)	商　　品	数　　量	γ：落札価格 (脇荷銀)	落札商人	β/α	γ/β
			〔一日目〕					
			巳　紅毛ワキニ					
12 反	23.5 / stuk	282.00	(1) い尺長上更紗	12 反	235 匁	蒔ヱや	-	1.00
195 反	15.0 / stuk	2,925.00	(2) ろ尺長上更紗	192 反	150 匁	日の国・ひしや	-	1.00
95 反	13.39 / stuk	1,272.05	(3) は同	95 反	133 匁 9 分	ひしや・日の国	-	1.00
100 反	11.70 / stuk	1,170.00	(4) に同	100 反	117 匁	永井や・豊安	-	1.00
200 反	11.89 / stuk	2,378.00	(5) ほ尺長上更紗	200 反	118 匁 9 分	蒔ヱや	-	1.00
392 反	26.12 / stuk	10,239.04	(6) へ同	392 反	261 匁 2 分	入来や	-	1.00
93 反	28.70 / stuk	2,669.10	(7) と尺長上更紗	93 反	287 匁	紅ヱ・豊安	-	1.00
195 反	12.50 / stuk	2,437.50	(8) ち同	195 反	125 匁	松本や	-	1.00
395 反	14.23 / stuk	5,620.85	(9) り尺長上更紗	395 反	142 匁 3 分	天さ	-	1.00
192 反	16.46 / stuk	3,160.32	(10) ぬ同	192 反	164 匁 6 分	永井や	-	1.00
95 反	17.58 / stuk	1,670.10	(11) る尺長上更紗	95 反	175 匁 8 分	松田や	-	1.00
100 反	13.74 / stuk	1,374.00	(12) を同	100 反	137 匁 4 分	天さ	-	1.00
300 反	11.00 / stuk	3,300.00	(13) わ尺長上さらさ	298 反	110 匁	日の国	-	1.00
195 反	8.90 / stuk	1,735.50	(14) か同	195 反	89 匁	豊安	-	1.00
195 反	11.83 / stuk	2,306.85	(15) よ尺長上さらさ	195 反	118 匁 3 分	松田や	-	1.00
100 反	14.50 / stuk	1,450.00	(16) 尺長さらさ	100 反	145 匁	ひしや・日の国	-	1.00
190 反	17.80 / stuk	3,382.00	(17) 幅廣赤浮紋金巾	190 反	178 匁	天さ	-	1.00
190 反	24.80 / stuk	4,712.00	(18) い幅廣赤金巾	190 反	248 匁	天さ	-	1.00
200 反	21.50 / stuk	4,300.00	(19) ろ同	200 反	215 匁	入来や	-	1.00
199 反	17.50 / stuk	3,482.50	(20) は幅廣赤金巾	199 反	175 匁	ひしや・日の国	-	1.00
100 反	13.80 / stuk	1,380.00	(21) い幅廣白綾金巾	99 反	138 匁	原田	-	1.00
95 反	11.82 / stuk	1,122.90	(22) ろ同	95 反	118 匁 2 分	曽柳	-	1.00
98 反	21.80 / stuk	2,136.40	(23) い幅廣白金巾	95 反	218 匁	松田や	-	1.00
200 反	17.50 / stuk	3,500.00	(24) ろ同	200 反	175 匁	ひしや・日の国	-	1.00
100 反	12.00 / stuk	1,200.00	(25) は同	100 反	120 匁	蒔ヱや	-	1.00
100 反	11.00 / stuk	1,100.00	(26) に幅廣白金巾	100 反	110 匁	永見	-	1.00
99 反	8.71 / stuk	862.29	(27) ほ同	99 反	87 匁 1 分	入来や	-	1.00
160 反	15.23 / stuk	2,436.80	(28) 幅廣白綾木綿	160 反	152 匁 3 分	原田	-	1.00
100 反	12.50 / stuk	1,250.00	(29) 幅廣花色綾木綿	100 反	125 匁	永見	-	1.00
86 反	4.38 / stuk	376.68	(30) 同縞木綿	86 反	43 匁 8 分	永見	-	1.00
87 反	14.89 / stuk	1,295.43	(31) い又布縞	83 反	148 匁 9 分	永見	-	1.00
200 反	13.07 / stuk	2,614.00	(32) ろ又布縞	200 反	130 匁 7 分	野田や	-	1.00
145 反	14.09 / stuk	2,043.50	(33) 同	145 反	140 匁 9 分	ひしや・日の国	-	1.00
90 反	31.90 / stuk	2,871.00	(34) い幅廣縞綾木綿	90 反	319 匁	田原や	-	1.00
390 反	23.00 / stuk	9,005.10	(35) ろ幅廣綾木綿	257 反	275 匁	の田や・田原や	-	1.20
			(36) 類違尺長奥縞	130 反	144 匁	松本や	-	0.63
97 反	41.00 / stuk	3,977.00	(37) い帆木綿	97 反	410 匁	豊安	-	1.00
60 反	42.00 / stuk	2,520.00	(38) ろ同	60 反	420 匁	永井や	-	1.00
			二日目					
2 反	250.00 / stuk	500.00	(39) 黒羅紗	2 端	2 貫 500 匁	豊安		1.00
2 反	192.00 / stuk	384.00	(40) 花色羅紗	2 反	1 貫 920 匁	松田や		1.00
5 反	58.50 / stuk	292.50	(41) 類違小幅白羅紗	5 反	585 匁	入来や		1.00
1 反	40.00 / stuk	40.00	(42) 桃色綿天鵞絨	1 反	400 匁	豊安		1.00
1 反	62.80 / stuk	62.80	(43) 藍海松茶色綿天鵞絨	1 反	628 匁	ひしや		1.00
1 反	62.80 / stuk	62.80	(44) 花色同	1 反	628 匁	原田		1.00
1 反	48.00 / stuk	48.00	(45) 黒綿天鵞絨	1 反	480 匁	ひしや		1.00
9 切	7.81 / stuk	70.29	(46) 羊毛織	8 切	78 匁 1 分	原田		1.00
19 切	5.63 / stuk	106.97	(47) 紋羽	18 切	56 匁 3 分	原田		1.00
			追ワキニ					
			(48) い花毛氈	1 枚	2 貫 380 匁	の田や		1.00
			(49) ろ同	2 枚	1 貫 280 匁	の田や		1.00
			(50) は同	2 枚	360 匁	の田や		1.00
			(51) 形付羅紗	1 切	300 匁	日の国		1.00
			(52) い帆木綿	18 反	-			
			(53) ろ同	7 反	-			
			紅毛ワキニ					
320 斤	4.73 / kattie	1,513.60	(54) 芦薈	336 斤	47 匁 3 分	入来や	11.83	1.00
			三日目					
1,614.50 斤	9.49 / kattie	15,321.60	(55) キナキナ	1,680 斤	94 匁 9 分	田原や・金沢や	8.87	1.00
80 斤	11.00 / kattie	880.00	(56) コーニングスキーナ	84 斤	110 匁	永井や・立来や	4.82	1.00
84 斤	1.50 / kattie	126.00	(57) アルニカブルーム	84 斤	12 匁 5 分	永見	5.56	0.83
825 斤	1.10 / kattie	907.50	(58) カミルレ	840 斤	10 匁 3 分	永見	4.40	0.94
314 斤	3.88 / kattie	1,218.32	(59) センナ	336 斤	38 匁 8 分	松本や	8.62	1.00
320 斤	2.084 / kattie	666.88	(60) 阿魏	336 斤	20 匁 8 分 4 厘	三吉や	3.47	1.00
37 斤	0.60 / kattie	22.20	(61) ベラトーナ葉	42 斤	2 匁	永見	1.58	0.33
35 斤	0.80 / kattie	28.00	(62) ジキユーダ葉	41 斤	3 匁	永井や	2.67	0.38
284 斤	13.09 / kattie	3,717.56	(63) ジキタリス	336 斤	130 匁 9 分	永見	59.91	1.00
208 斤	5.68 / kattie	1,181.44	(64) ヒヨシヤムス葉	252 斤	56 匁 8 分	入来や	12.62	1.00
1,350 斤	0.78 / kattie	1,053.00	(65) エイランスモス	1,500 斤	7 匁 8 分	永見	6.00	1.00
1,450 斤	0.30 / kattie	435.00	(66) 細末ホツクホウト	1,660 斤	1 匁 6 分 3 厘	曽柳	4.29	0.54

		Factuur (1857年6月30日, 7月2日, 7月3日, 7月23日)			Kambang verkoop (1858年1月28日)	
schip	Goederen	Hoeveelheid	仕入価額 (グルデン)	α : 員数 仕入価額 (テール)	Goederen	Hoeveelheid
(A)	beste manna	100 N. lb.	233.00	0.87 / kattie	manna	160 katties
(A)	kreeftsoogen	250 N. lb.	1,384.00	2.07 / kattie	kreeftsoogen	400 katties
(A)	Engel wortel	25 N. lb.	24.80	0.37 / kattie	Engel wortel	30 katties
(A)	radix columbo	100 N. lb.	107.60	0.40 / kattie	radix columbo	161 katties
(A)	gentiaan wortel	300 N. lb.	128.40	0.16 / kattie	gentiaan wortel	485 katties
(A)	jalappa wortel	30 N. lb.	116.40	1.45 / kattie	jalappa wortel	49.50 katties
(A)	radix ipecacuanha	25 N. lb.	262.10	3.91 / kattie	radix ipecacuhanna	40 katties
(A)	radix sarsaparillae	150 N. lb.	379.20	0.94 / kattie	radix sarsaparilla	240 katties
(A)	gedroogde zee ajuin	150 N. lb.	131.40	0.33 / kattie	zee ajuin	212 katties
(A)	lijnzaud	200 N. lb.	106.00	0.20 / kattie	lijn zaad	330 katties
(A)	Spaansche drop	1,000 N. lb.	1,120.00	0.42 / kattie	drop	30 katties
						1,583 katties
(A)	cremortartari	100 N. lb.	180.00	0.67 / kattie	cremor tartari	160 katties
(A)	magnesia	165 N. lb.	138.00	0.31 / kattie	magnesia	260 katties
(A)	Venetiaansche teriak	400 busjes	80.90	0.13 / busje	Venetiaansche theriac	399 busjes
(A)	gumme resina guajaci	10 N. lb.	26.40	0.41 / flesje	gumma resina guajaci	38 fleschje van 1/2 lb.
(A)	castoreum electum	6 oncen	42.00	1.09 / flesje	castorum electum	24 fleschjes van 2 drachmen
(A)	sulphas chiniae	1 N. lb.	178.40	3.45 / flesje	salphus chinine	32 fleschjes van 1 once
(A)	acetas plumbicus	25 N. lb.	33.00	0.41 / flesje	acetas plumbi	50 fleschjes van 1 lb.
(A)	calomel	15 N. lb.	139.60	0.36 / flesje	calomel	128 fleschjes van 2 oncen
				0.18 / flesje	calomel	224 fleschjes van 1 once
(A)	extractum belladonnae	3 N. lb.	29.76	0.76 / flesje	extractum belladonna	12 fleschjes van 4 oncen
				0.38 / flesje	extractum belladonna	24 fleschjes van 2 oncen
(A)	extractum cicutae	5 N. lb.	34.00	1.05 / flesje	extractum cicutae	20 fleschjes van 1/2 lb.
(A)	extractum hijoscijami	50 N. lb.	426.00	2.63 / flesje	extractum hijosciami	91 fleschjes van 1 lb.
(A)	ossegal	25 N. lb.	113.00	1.40 / flesje	ossegal	50 fleschjes van 1 lb.
(A)	kermis mineraal	1 N. lb.	25.60	0.25 / flesje	kermis mineraal	64 fleschjes van 1/2 once
(A)	lapis infernalis	1/4 N. lb.	25.60	0.90 / busje	lapis infernalis	16 buisjes van 1/2 once
(A)	laudanum	5 N. lb.	91.66	2.10 / flesje	laudanum	10 fleschjes van 6 oncen
				1.40 / flesje	laudanum	13 fleschjes van 4 oncen
				0.70 / flesje	laudanum	24 fleschjes van 2 oncen
(A)	sal amoniacus	200 N. lb.	244.00	0.75 / flesje	sal-ammoniak	198 flesch van 2 lb.
(A)	Hoffman droppels	50 N. lb.	173.20	0.54 / flesje	Hoffman's droppels	100 fleschjes van 8 oncen
				0.33 / flesje	Hoffman's droppels	156 fleschjes van 5 oncen
(A)	spiritus mindereri	6 N. lb.	11.76	0.30 / flesje	spiritus minderer	12 fleschjes van 8 oncen
				0.15 / flesje	spiritus minderer	24 fleschjes van 4 oncen
(A)	spiritus nitridulcus	50 N. lb.	146.00	0.90 / flesje	spiritus nitri dulcis	49 fleschjes van 1 lb.
				0.45 / flesje	spiritus nitri dulcis	97 fleschjes van 8 oncen
(A)	spiritus salis amorriaci	25 N. lb.	35.00	0.43 / flesje	spiritus sal ammoniak	48 fleschen van 1 lb.
(A)	zwavelzuur potasch	25 N. lb.	33.00	0.41 / flesje	zwavelzuur potasch	49 fleschen van 1 lb.
(A)	salphus sodae	50 N. lb.	27.00	0.17 / flesje	sulphus sodäe	19 fleschen van 5 lb.
(A)	salphus magnesia	50 N. lb.	27.00	0.17 / flesje	sulphus magnesia	18 fleschen van 5 lb.
(A)	braakwijnsteen	10 N. lb.	88.00	0.68 / flesje	braak wijnsteen	40 fleschjes van 4 oncen
				0.34 / flesje	braak wijnsteen	40 fleschjes van 2 oncen
				0.17 / flesje	braak wijnsteen	80 fleschjes van 1 once
(A)	molaris amandelen	250 N. lb.	246.22	0.37 / kattie	molaris amandelen	400 katties
(A)	reanger koffij	12,500 A. lb.	2,500.00	0.15 / kattie	koffij	1 stuk
(A)	semencanaelu	300 N. lb.	510.00	0.64 / kattie	semen cinäe	491.35 katties
(A)	Spaansche saffraan	150 N. lb.	5,027.25	12.51 / kattie	saffraan	247.50 katties
(A)	copaiva balsem	50 N. lb.	120.00	0.74 / flesje	copaiva balsem	99 fleschjes van 1 lb.
(A)	peruvian balsem	10 N. lb.	89.00	2.76 / flesje	peruvian balsem	20 fleschjes van 1 lb.
(A)	pepermunt olie	5 N. lb.	122.40	0.47 / flesje	pepermunt olie	80 fleschjes van 1 once
				0.94 / flesje	pepermunt olie	40 fleschjes van 2 oncen
(A)	Haarlemmer olie	1,000 flesjes	52.00	0.03 / flesje	Haarlemmer olie	999 fleschjes
(A)	kaijoe poetie olie	200 fl.	550.00	1.72 / flesje	kajapoeti olie	187 flesschen
(A)	terpentijn olie	200 fl.	95.00	0.30 / flesje	terpentijn olie	199 flesschen
(A)	olijf olie	200 flesschen	220.00	0.69 / flesle	olijf olie	199 flesschen
< (A) reuk zeep >		< 36 stuks >	–	–	reuk zeep	36 stuks
(J)	sandelhout	11,549 A. lb.	3,695.82	0.24 / kattie	sandelhout	9,440 katties
(J)	bindrotting	62,500 A. lb.	6,125.00	0.07 / kattie	rotting	500 katties
(J)	bindrotting	75,000 A. lb.	7,350.00	0.07 / kattie		403,730 katties
(A)	bindrotting	25,000 A. lb.	2,450.00	0.07 / kattie		
(A)	bindrotting	37,500 A. lb.	2,250.00	0.05 / kattie		
(A)	bindrotting	75,000 A. lb.	3,675.00	0.04 / kattie		
(C)	bindrotting	24,281 A. lb.	2,379.53	0.07 / kattie		
(C)	bindrotting	75,000 A. lb.	3,675.00	0.04 / kattie		
(L)	bindrotting	125,000 A. lb.	12,250.00	0.07 / kattie		
(A)	cortel cascarillae	100 N. lb.	78.00	0.29 / kattie	–	–
< (A) kristallen kroonsteentjes >		< 38 dozijn >	–	–	kristal kroonsteentjes	38 dozijn
< (A) gegoten spiegel glas >		< 1 stuk >	–	–	met 3 monsters spiegel glas	
< (A) geslepen spiegel glas >		< 2 stuks >	–	–		
< (A) buiten, geslepen diamanten enz. >		< 7.5 grossen >	–	–	valsche edel gesteenten	7.50 grossen
< (A) horologie glazen >		< 9 dozijn >	–	–	horologie glazen	–
< (A) horologie sleutels >		< 9 dozijn >	–	–	horologie sleutels	–

換算	β:販売価額(テール)	販売価額(テール)		商　品	数　量	γ：落札価格(脇荷銀)	落札商人	β/α	γ/β
				見　帳（安政4年9月8日(10月25日)より入札）					
160 斤	1.80 / kattie	288.00	(67)	マンナ	166 斤	10匁9分	てつや	2.07	0.61
400 斤	8.00 / kattie	3,200.00	(68)	オクリカンキリ	415 斤	78匁	加田や・福井や	3.86	0.98
30 斤	0.70 / kattie	21.00	(69)	エンゲルウオルトル	42 斤	4匁3分	永井や	1.89	0.61
161 斤	4.10 / kattie	660.10	(70)	コロンボー	168 斤	41匁	てつや	10.25	1.00
485 斤	0.40 / kattie	194.00	(71)	ゲンチヤンウヲルトル	504 斤	3匁	永見	2.50	0.75
49.50 斤	6.10 / kattie	301.95	(72)	ヤラツパ	63 斤	61匁	松のや	4.21	1.00
40 斤	6.00 / kattie	240.00	(73)	イペカコアナ	42 斤	32匁8分	立見や	1.53	0.55
240 斤	2.30 / kattie	552.00	(74)	サスサバリルラ	252 斤	15匁	永井や	2.45	0.65
212 斤	1.92 / kattie	407.04	(75)	セアユイン	252 斤	19匁2分	松田や	5.82	1.00
330 斤	0.50 / kattie	165.00	(76)	亜麻仁	336 斤	3匁2分	てつや	2.50	0.64
30 斤	1.50 / kattie	45.00	(77)	タンキリ	1,680 斤	8匁4分1厘	三吉や・松田や	3.57	0.56
1,583 斤	1.00 / kattie	1,583.00						2.38	0.84
160 斤	4.50 / kattie	720.00	(78)	ケレムルタルタリー	168 斤	45匁	永井や	6.72	1.00
260 斤	1.85 / kattie	481.00	(79)	マク子シヤ	274 斤	18匁5分	村仁	5.97	1.00
399 鑵	0.285 / busje	113.71	(80)	テリヤアカ	399 鑵	2匁8分5厘	金沢や・ひし宗	2.19	1.00
38 瓶	1.60 / fleschje	60.80	(81)	キユヤツクハルスト	38 瓶	15匁	永井や	3.90	0.94
24 瓶	6.30/ fleschje	151.20	(82)	カストルムエレテユム	24 瓶	62匁8分4厘	松田や	5.78	0.997
32 瓶	35.80 / fleschje	1,145.60	(83)	キナソウト	30 瓶	358匁	入来や	10.38	1.00
50 瓶	1.50 / fleschje	75.00	(84)	アセタスフリユムビー	50 瓶	10匁5分	てつや	3.66	0.70
128 瓶	1.00 / fleschje	128.00	(85)	いカロメル	128 瓶	8匁	松本や	2.78	0.80
224 瓶	0.50 / fleschje	112.00	(86)	ろ同	224 瓶	4匁9分2厘	金沢や	2.78	0.98
12 瓶	3.00 / fleschje	36.00	(87)	いエキスタラクトベラトーナ	12 瓶	25匁3分	永井や	3.95	0.84
24 瓶	1.50 / fleschje	36.00	(88)	ろエキスタラクトヘラトーナ	24 瓶	11匁5分	ひし宗	3.95	0.77
20 瓶	7.80 / fleschje	156.00	(89)	エキスタラクトシキユーダ	20 瓶	78匁	松のや	7.43	1.00
91 瓶	10.60 / fleschje	964.60	(90)	エキスタラクトヒヨシヤムス	91 瓶	106匁	松本や	4.03	1.00
50 瓶	5.39 / fleschje	269.50	(91)	ヲスセンガル	50 瓶	53匁9分	てつや	3.85	1.00
64 瓶	0.50 / fleschje	32.00	(92)	ケルミスミ子ラール	64 瓶	3匁4分	永井や	2.00	0.68
16 鑵	2.68 / buisje	42.88	(93)	ラービスインフリナーリス	16 瓶	26匁8分	入来や	2.98	1.00
10 瓶	3.10 / fleschje	31.00	(94)	ラウダニイム	10 瓶	20匁3分	永井や	1.48	0.65
13 瓶	2.10 / fleschje	27.30	(95)	ろラウタニユム	13 瓶	13匁9分	永井や	1.50	0.66
24 瓶	1.10 / fleschje	26.40	(96)	は同	24 瓶	8匁	松田や・永井や	1.57	0.73
				四日目					
198 瓶	3.59 / flesch	710.82	(97)	細末サルアルモニヤシ	198 瓶	35匁9分	永井や	4.79	1.00
100 瓶	1.90 / fleschje	190.00	(98)	いホフマン	100 瓶	19匁	永見・入来や	3.52	1.00
156 瓶	1.18 / fleschje	184.08	(99)	ろホフマン	156 瓶	11匁8分	てつや	3.58	1.00
12 瓶	2.00 / fleschje	24.00	(100)	いスプリーテスミンデルーリー	12 瓶	20匁	永見・入来や	6.67	1.00
24 瓶	1.20 / fleschje	28.80	(101)	ろ同	24 瓶	12匁	永見	8.00	1.00
49 瓶	2.70 / fleschje	132.30	(102)	いスプリーテスニッド゜ルトルシス	49 瓶	27匁	松のや	3.00	1.00
97 瓶	1.88 / fleschje	182.36	(103)	ろ同	97 瓶	18匁8分	松のや	4.12	1.00
48 瓶	4.03 / flesch	193.44	(104)	サルアルモニヤシ精気	48 瓶	40匁3分	松のや	9.37	1.00
49 瓶	1.04 / flesch	50.96	(105)	ス゜リーフ゜ス ヱュール゜ アヒトリス	49 瓶	10匁4分	の田や	2.54	1.00
19 瓶	3.18 / flesch	60.42	(106)	シルプスソーダ	19 瓶	31匁8分	の田や	3.74	1.00
18 瓶	3.54 / flesch	63.72	(107)	シルプスマク子シヤ	18 瓶	35匁4分	三吉や	4.16	1.00
40 瓶	2.50 / fleschje	100.00	(108)	いブラークウエインステーン	40 瓶	25匁	松のや	3.68	1.00
40 瓶	1.01 / fleschje	40.40	(109)	ろ同	40 瓶	10匁1分	入来や	2.97	1.00
80 瓶	0.61 / fleschje	48.80	(110)	はフラークウエインステーン	80 瓶	6匁1分	松のや	3.59	1.00
400 斤	0.72 / kattie	288.00	(111)	アマンドル	413 斤	7匁2分	永見	1.95	1.00
1	6.60 /	6.60	(112)	コーヒイ豆	90 袋	10匁　3厘	永見・豊安	–	–
491.35 斤	62.10 / kattie	30,512.83	(113)	セメンシナ	491 斤5合	621匁	田原や・豊安	97.03	1.00
247.50 斤	64.00 / kattie	15,840.00	(114)	サフラン	247 斤5合	640匁	朴・錦や	5.12	1.00
99 瓶	3.29 / fleschje	325.71	(115)	バルサムコツパイハ	99 瓶	32匁9分	松のや	4.45	1.00
20 瓶	6.00 / fleschje	120.00	(116)	ハルサムベイリユ	20 瓶	32匁5分	永井や	2.17	0.54
80 瓶	1.00 / fleschje	80.00	(117)	い薄荷油	80 瓶	4匁3分	松田や	2.13	0.43
40 瓶	2.00 / fleschje	80.00	(118)	ろ同	40 瓶	6匁	松田や	2.13	0.30
999 瓶	0.10 / fleschje	99.90	(119)	ハールレム油	999 瓶	1匁	松のや	3.33	1.00
187 瓶	3.08 / flesch	575.96	(120)	カヤフーテ油	187 硝子	30匁8分	松田や	1.79	1.00
199 瓶	0.98 / flesch	195.01	(121)	テレメンテイン油	199 硝子	9匁8分	松のや	3.27	1.00
199 瓶	1.75 / flessche	348.25	(122)	オレイフ油	199 硝子	17匁5分	ひし宗	2.54	1.00
36 個	–	6.00	(123)	硫酸゜ サボン	31	60匁	松田や	–	1.00
9,440 斤	1.25 / kattie	11,800.00	(124)	白檀	10,000 斤	12匁5分	杷・朴	5.21	1.00
500 斤	0.25 / kattie	125.00	(125)	藤	420,000 斤	4分7厘5毛	田原や・竹のや	3.57	0.19
403,730 斤	0.15 / kattie	60,559.50						6.25	0.32
								2.14	
								3.75	
–	–	–	(126)	コーセニール	175 斤	16匁　4厘	豊安	–	–
38 ダース	–	41.50	(127)	硫二付 壱番切子玉	9 箱	415匁	永井や		1.00
7.5 グロス	–	65.20	(128)	硫二付 二番同	12 箱	652匁	日の国	–	1.00
	–	29.21	(129)	時計硝子	136	2匁1分8厘	西善		1.00
	–	20.70	(130)	不硫二付 時計鎖	12 包	207匁	原田		1.00

472　第3部　安政期の日蘭貿易

schip	Goederen	Hoeveelheid	仕入額 (グルデン)	a:単価 仕入額 (テール)	Goederen	Hoeveelheid
	< (A) porceleine vazen in soorten >	< 35 stuks >	–	–	} porceleine vazen, borden, enz.	46 stuks
	< (A) porceleine borden in soorten >	< 14 stuks >	–	–		
	< (A) lampen met toebehooren >	< 6 stuks >	–	–	lampen met toebehooren	6 stuks
	< (A) brons werk in soorten >	< 26 stuks >	–	–	brons werk	24 stuks
	glas, kristal en aardewerk < (A) verschillende voorwerpen >	< 162 stuks >	–	–	glas kristal en aardewerk	145 stuks
	kristal werk < (A) schalen, enz.>	< 24 stuks >	–	–	gegoten en oud Hollandsch	46 stuks
	< (A) kandelaars >	< 4 stuks >	–	–	kristalwerk	
	< (A) verschillende voorwerpen van oud Hollandsch kristal >	< 20 stuks >	–	–		
	< (A) biscuit en diverse artikelen >	< 7 stuks >	–	–	biscuit en diverse aardewerk	6 stuks
	gekleurd en met verguld brons versierd kristalwerk < (A) vazen >	< 9 stuks >	–	–	gekleurd en met verguld brons	39 stuks
	< (A) flacons >	< 8 stuks >	–	–	versierd kristalwerk	
	< (A) kandelaar >	< 1 stuk >	–	–		
	< (A) schalen >	< 8 stuks >	–	–		
	< (A) ringendoosjes >	< 4 stuks >	–	–		
	< (A) schulpen >	< 2 stuks >	–	–		
	< (A) mandjes >	< 8 stuks >	–	–		
	< (A) blakers >	< 2 stuks >	–	–		
	< (A) verschillende voorwerpen >	< 6 stuks >	–	–		
	< (A) knoopen >	< 5 dozijn >	–	–	pleet zilveren knoopen	60 stuks
	(L) tinnen thee bussen	3 stuks	80.00	16.67 / stuk	tinnen theebussen	3 stuks
	(L) tinnen thee keteltjes	10 stuks	24.00	1.50 / stuk	tinnen theeketeltjes	10 stuks
	< (A) goudleder >	< 54 vellen >	–	–	goudleder	54 vellen
	< (A) reuk olie >	< 24 fleschjes >	–	–	reuk olie	21 fleschjes
	< (A) hangklokjes >	< 1 dozijn >	–	–	hangklokjes	11 stuks
	< (A) blik afkomsting uit de pakkisten >	< 530 katties >	–	–	blik afkomstig uit de pakkisten	530 katties
	< (A) boekjes over de koepokinenting >	–	–	–	boekjes over de koepokinenting	98 stuks

35% belasting aan de Keizerlijke

出典・Factuur は、Cognossement Factuur. MS. N.A. Japans Archief, nr. 1640 (Aanwinsten, 1910, I: No. 32 ～ 33). (Tōdai-Shiryō Microfilm: 6998·1·126·1 ～ 2)。
・Kambang verkoop は、Kambang rekening courant Japan. 1. Mei 1857 t/m 6. Februarij 1858. Bijlagen. (N° 6.) MS. N.A. Japans Archief, nr. 1892 (Aanwinsten, 1910, I: No. 284). (Tōdai-Shiryō Microfilm: 6998·1·135·33).
・「見帳」は、「安政四巳三番割　巳紅毛船脇荷物見帳」(鶴見大学図書館所蔵)。
・＜　＞内は、Kambang-handel Pakhuis boek rekening No. 1 ～ 4. Japan 1857. MS. N.A. Japans Archief, nr. 1874 (Aanwinsten, 1910, I: No. 296 ～ 297). (Tōdai-Shiryō Microfilm: 6998·1·136·5 ～ 9)。

第3章　安政4年(1857)の日蘭貿易　　473

見　帳
(安政4年9月8日(10月25日)より入札)

換　算	β:新売価格(テール)	新売価格(テール)		商　　品	数　量	γ：落札価格(脇荷銀)	落札商人	β/α	γ/β
46品	-	186.40	(131)	壱番白焼金絵花生	10 ヲ	81匁5分	松本や	-	-
			(132)	高二付 弐番同	9つ	454匁	松本や	-	-
			(133)	高二付 三番白焼金絵花生	17	425匁	松本や	-	-
			(134)	同 四番同	10 ヲ	150匁	てつや	-	-
6つ	-	51.50	(135)	同 焼物火燈し	6つ	515匁	てつや	-	1.00
24個	-	35.90	(136)	同 唐金器	24	359匁	の田や	-	1.00
145品	-	317.89	(137)	切子鉢付銘酒器	1 揃	368匁	豊安	-	-
46品	-	148.00	(138)	高二付 切子銘酒瓶	6つ	605匁	入来や	-	-
			(139)	同 切子蓋付蓋物	4 揃	375匁	入来や	-	-
			(140)	高二付 切子蓋付ふた物	5つ	276匁	ひしや	-	-
			(141)	高二付 切子ふた物	2つ	130匁	の田や	-	-
			(142)	不残二付 切子器	23品	680匁	松田や	-	-
6品	-	4.00	(143)	切子長皿	23枚	21匁3分	松本や	-	-
			(144)	高二付 硝子取集もの	7品	143匁	松本や	-	-
39品	-	325.00	(145)	高二付 こつふ類	15品	112匁	ヱサキ	-	-
			(146)	壱番廣口薬瓶	250	27匁	松田や	-	-
			(147)	弐番同	220	18匁1分	脇荷や・の田や	-	-
			(148)	同 色切子器	3品	1貫390匁	入来や	-	-
			(149)	同 玉手硝子器	51品	1貫900匁	ヱサキ	-	-
			(150)	焼物茶器	5揃	80匁	村仁	-	-
			(151)	高二付 焼物鉢皿類	97品	850匁	の田や	-	-
			(152)	高二付 焼物器	16品	230匁	の田や	-	-
60個	-	12.00	(153)	不残二付 牡丹	4箱	120匁	の田や	-	1.00
3つ	27.90 / stuk	83.70	(154)	錫茶入	3つ	279匁	日の国	1.67	1.00
10個	3.60 / stuk	36.00	(155)	同茶出し	10 ヲ	36匁	の田や	2.40	1.00
54枚	2.696 / vel	145.58	(156)	金唐皮	54枚	26匁9分6厘	立見や	-	1.00
21瓶	-	25.50	(157)	同 匂ひ水	21瓶	255匁	金沢や	-	1.00
11個	-	90.00	(158)	同 掛時計	11	900匁	の田や	-	1.00
530斤	0.386 / kattie	204.58	(159)	フリツキ延板	550斤	3匁8分6厘	日の七	-	1.00
98冊	0.30 / stuk	29.40	-	-	-	-	-	-	-

totaal (合計)	265,287.37	
Geldkamer (長崎会所へ35%の税金)	92,850.57	
rest (残り)	172,436.80	

註・schip欄の(J)はヤン・ダニエル号 Jan Daniel、(A)はアンナ・ディグナ号 Anna Digna、(C)はカタリーナ・エン・テレーシア号 Catharina en Theresia、
　　(L)はラミナー・エリサベット号 Lammina Elisabeth を示す。
　・A. lb.および lb. は、Amsterdamsche lb. を示す。なお、100 斤=120＋lb.。N. lb. は、Nederlandsche lb. を示す。なお、100 斤＝59.72 N. lb.。
　・1 A. lb.＝16 oncen、1 once ＝ 8 drachmen。1 kattie＝1 斤。
　・単位のテール (theil) はカンバンテール (kambang theil) を示す。1 kambang theil(カンバンテール) ＝ 1.6 gulden (グルデン)。
　・オランダ側史料で用いられている idem, id.、〃 (＝同) は、それに相当する単語を記した。
　・オランダ側商品名各単語の頭文字は、地名・人名は大文字とし、その他は小文字で記した。
　・「見帳」内の「不残二付」「高二付」は総額を意味すると考えられる。

表106　安政4年(1857)オランダ船脇荷物(追ワキニ)の取引(三番割)

	商　　品	数　量	落札価格 (脇荷帳)	落札商人
	追ワキニ			
(160)	壱番尺長針丹延板	19 枚	430 匁	曽柳
(161)	弐番同	85 枚	130 匁	西善
(162)	轆轤盤	1	160 匁 5 分	西善
(163)	車磨石	1	52 匁	松田や
(164)	鉄砧	1	49 匁	ヱサキ
	五日目			
(165)	不残二付 壱番鉄棹	25 本	1 貫 500 匁	玉つや
(166)	不残二付 弐番同	39 本	850 匁	曽柳
(167)	不残二付 三番鉄棹	11 本	610 匁	豊安
(168)	不残二付 取捻	2 つ	680 匁	ひしや
(169)	高二付 鉄具	11	209 匁	豊安
(170)	硝子車	1 對	400 匁	の田や
(171)	高二付 硝子棹	7 本	100 匁	ヱサキ
(172)	壱番真鍮火燈し	1 つ	260 匁	てつや
(173)	弐番同	6 つ	170 匁	てつや
(174)	高二付 基付焼物火燈し	2 揃	930 匁	ひし宗
(175)	壱番硝子火燈し	1 つ	106 匁	玉つや
(176)	弐番同	1 つ	70 匁	の田や
(177)	壱番切子引提	1 揃	500 匁	の田や
(178)	弐番同	1 揃	160 匁	の田や
(179)	三番同	1 揃	90 匁 5 分	松本や
(180)	高二付 玉手硝子花生	4 つ	150 匁	立見や
(181)	硝子花生	10 ヲ	25 匁	松田や
(182)	高二付 壱番硝子覆	6 つ	232 匁	ひしや
(183)	不残二付 弐番同	4 つ	180 匁	ひしや
(184)	切子銘酒瓶	1 つ	56 匁	日の七
(185)	高二付 壱番硝子漏計	6 つ	250 匁	ひしや
(186)	同断 弐番同	4 つ	100 匁	ひし安
(187)	同断 三番同	4 つ	156 匁	立見や
(188)	高二付 四番硝子漏計	2 つ	80 匁	永井や
(189)	同断 五番同	4 つ	60 匁	松田や
(190)	六番同	1 つ	151 匁	の田や
(191)	高二付 七番同	6 つ	48 匁	松本や
(192)	高二付 蘭引	11	587 匁	原田
(193)	同断 壱番無地瓶	9 つ	109 匁	てつや
(194)	同断 弐番同	5 つ	85 匁	の田や
(195)	三番同	1 つ	20 匁 9 分	の田や
(196)	不残二付 四番無地ひん	6 つ	186 匁	原田
(197)	白焼四ツ入子繪具摺	1 組	88 匁	醍善・ひしや
(198)	高二付 壱番硝子薬量	20	300 匁	の田や
(199)	同断 弐番同	5 つ	107 匁	原田
(200)	高二付 硝子器	8 品	170 匁	の田や
(201)	同断 硝子水薬量	4 つ	650 匁	の田や
(202)	同断 壱番硝子管	6 本	167 匁	松田や
(203)	高二付 弐番硝子管	4 本	100 匁	松田や
(204)	同断 三番同	5 本	95 匁	松田や
(205)	同断 四番同	18 本	500 匁	玉津や
(206)	高二付 硝子菓子入	7 つ	69 匁	ヱサキ
(207)	金焼付水呑	1 つ	75 匁	松田や
(208)	硝子筒	1 つ	20 匁	の田や
(209)	フリツキ見盛り	1 つ	150 匁	玉津や
(210)	ガスボールトル	1 つ	420 匁	菱安

| | 見　　帳 | | | |
| | (安政4年9月8日(10月25日)より入札) | | | |
	商　　　品	数　　量	落札価格　(脇荷館)	落札商人
(211)	高二付 鑓	13挺	203匁	ひし安
(212)	掛時計	1つ	138匁	玉つや
(213)	流金置時計	1つ	1貫800匁	玉つや
(214)	ホリトアスメートル	1箱	382匁	菱安
(215)	壱番エレキトル	1箱	1貫200匁	の田や・原田
(216)	弐番同	1箱	2貫450匁	竹のや
(217)	リクトポンプ	1揃	4貫	豊安
(218)	テレメンテインワートル	1瓶	35匁4分	松本や
(219)	サルペートルシユール	1瓶	50匁	の田や
(220)	ソウトシユール	1瓶	80匁	の田や
(221)	スタントオーリイ	1瓶	30匁	の田や・松本や
(222)	レインオーリー	1瓶	48匁6分	永井や
(223)	マステイキヘルニス	1瓶	65匁	ひしや
(224)	スワーフルシユール	5ツ	338匁	玉つや
(225)	サボン	100斤	12匁	日の七
(226)	高二付 絵具類	8瓶	550匁	原田
(227)	ろ壱番切子引提	1揃	559匁	ひし宗
(228)	ろ弐番同	1揃	325匁	永井や
(229)	高二付 ろ切子銘酒瓶	3つ	225匁8分	永井や
(230)	高二付 ろ墓こつふ	36	310匁	豊安
(231)	瑕 ろ切子器	5品	102匁	エサキ
(232)	ろ硝子火燈し	1つ	450匁	の田や
(233)	ろ白銅手燭	1對	250匁	の田や
(234)	ろ白焼五寸皿	12枚	4匁8分	曽柳
	六日目 (こ欠カ)			
(235)	ろ白焼皿付大ちよ	12揃	6匁	松田や
(236)	高二付 ろ焼物器	5品	160匁	てつや
(237)	瑕 ろ素焼茶器	5品	140匁	の田や
(238)	ろフレツキ墓付茶出し	1つ	88匁8分	てつや
(239)	ろ鉄鑵子	1つ	43匁	ひしや
(240)	高二付 ろ食事道具	44本	1貫	豊安
(241)	ろ木縁鏡	1面	318匁	豊安
(242)	ろ墓付焼もの火燈し	1つ	507匁	の田や
(243)	フアルレイフ	1揃	182匁	ひしや
(244)	笛	1管	137匁	原田
(245)	壱番銀袂時計	1つ	680匁	ひしや
(246)	弐番同	1つ	680匁	ひしや
(247)	三番同	1つ	204匁	エサキ
(248)	セキスタント	1箱	－	－
	追ワキニ			
(249)	細末ヤラツハ	1瓶	190匁	松のや
(250)	ケソイフルテテカムフル	1瓶	36匁8分	永井や
(251)	ケノラレテアロイン	1瓶	35匁7分	永井や
(252)	フリユフケアムニヤツクキリスタル	1瓶	85匁	永井や
(253)	ホーリーシヤリスト	1瓶	43匁9分	立見や
(254)	スワーフルシウレリータ	1瓶	41匁7分	永井や
(255)	スワーセフリーフ	1瓶	115匁	永井や
(256)	ハルノート	1瓶	110匁	永井や
(257)	サルヘトル	1瓶	26匁6分	永井や
(258)	ロートウ井ツト	1瓶	40匁	西善
(259)	メイルラ	1瓶	33匁9分	永井や
(260)	ホーラキス	1ひん	26匁	てつや
(261)	カロメル	1瓶	75匁	西善

| | 見　帳
(安政4年9月8日(10月25日)より入札) | | |
	商　　品	数　量	落札価格　(騰荷銀)	落札商人
(262)	テユツベルゴロームシウレホットコム	1瓶	175匁	西善
(263)	フルートローフソウト	1瓶	−	会所受込
(264)	アヘン	1瓶	−	−
(265)	アセタスフリユムピー	1瓶	5匁5分	立見や
(266)	ヘイテンテホットアス	1瓶	50匁9分	西善
(267)	キーナソウト	4瓶	1貫110匁	醋醋・松本や
(268)	キリスタリセールデオーピユム	4瓶	68匁6分	両国や
	七日目			
(269)	アキ	1瓶	12匁8分	立見や
(270)	ステレフニーナ	2瓶	82匁6分	永井や
(271)	利二付 テイターニユム	大小 2瓶	81匁	永井や
(272)	ラクミユス	1瓶	137匁	原田
(273)	ボックホートハルスト	1瓶	58匁3分	原田
(274)	エキスタラクトシキユーダ	5瓶	49匁3分	立見や
(275)	エキスタラクトヒヨシヤムス	5瓶	57匁	松本や
(276)	芦會	1瓶	15匁1分	永井や
(277)	麝香	1瓶	248匁	西善
(278)	弐番同	1瓶	143匁	エサキ
(279)	ラーヒスインプリナーリス	1瓶	150匁	入来や
(280)	ゲブリシピテールデクイツキ	1瓶	36匁9分	西善
(281)	サルペートルシユーレヒスミユツト	1瓶	92匁	松本や
(282)	アレツホアモニユム	1瓶	21匁3分	永井や
(283)	ブラクウヲルトル	1瓶	12匁	西善
(284)	ベイテンデクウイツキ	1瓶	30匁	西善
(285)	ブラークウエインステーン	1瓶	25匁	松のや
(286)	ヒスミユツート	1斤5合	−	−
(287)	利二付 スワーフルシユール	2瓶	43匁9分	永井や
(288)	ホスホーリユム	1瓶	275匁	永井や
(289)	アロマチイセシユールテンキテユール	1瓶	45匁	永井や
(290)	スフリーテスニツトルシス	1瓶	29匁	永見
(291)	ゲレヲソート	1ひん	300匁	入来や
(292)	シルフルヲサフロウシング インフルウド ローク゛リウト	1瓶	158匁	豊安
(293)	ゴ ウトヲサフロウシング インフルウド ローク゛リウト	1瓶	213匁	永井や
(294)	利二付 ソウトシユール	2瓶	80匁9分	の田や
(295)	ガロウサルフ	1瓶	46匁	永井や
(296)	クイツキサルフ	1瓶	32匁9分	西善
(297)	利二付 ハルサムコツハイハ	1瓶2曲	60匁1分	エサキ
(298)	薄荷油	1瓶	15匁8分	永井や
(299)	フイニンヤーンセテルヘンテイン	1瓶	30匁	永井や
(300)	カストール油	4ふらすこ	35匁7分	西善
(301)	ボトカラヒーセツーステル	1揃	−	−
(302)	石判	2揃	−	−
(303)	カスツースケル	1揃	759匁	永井や
(304)	高二付 壱番製茶器	26品	−	−
(305)	高二付 弐番製茶器	17品	−	−
(306)	同 三番同	23品	−	−
(307)	高二付 四番製茶器	2品	311匁	玉つや
(308)	同 五番同	11品	−	−
(309)	高二付 六番製茶器	5品	129匁	立見や
(310)	同 七番同	2組	151匁	原田
(311)	八番同	1	−	−
(312)	高二付 九番同	2	57匁3分	原田
(313)	拾番製茶器	1ツ	670匁	菱安
(314)	高二付 拾壱番同	4ツ	800匁	ひし安

商　品	数　量	落札価格 (脇値段)	落札商人
見　帳 (安政4年9月8日(10月25日)より入札)			
(315) 十二番同	1揃	ー	
(316) 十三番同	1箱	ー	
(317) 壱番方針	1箱	310匁	菱や
(318) 二番同	1ツ	200匁9分	の田や
(319) 三番同	1ツ	110匁	菱宗
(320) 壱番外科道具	1揃	430匁	松田や
(321) 弐番外科道具	1揃	430匁	松田や
(322) 高二付 三番同	6品	ー	ー
(323) 同 四番同	1箱ト5品	ー	ー
(324) 五番外科道具	1箱	ー	ー
(325) 六番同	1箱	ー	ー
(326) 七番同	1箱	ー	ー
(327) 八番同	1箱	ー	ー
(328) 高二付 九番外科道具	4箱ト2ツ	ー	ー
(329) 拾番同	1箱	ー	ー
(330) 十壱番同	1ツ	ー	ー
(331) 高二付 拾弐番外科道具	4ツ	ー	ー
(332) 同 十三番同	4ツ	263匁	原田
(333) 同 天科	2ツ	ー	ー
(334) 虫目鏡	1箱	ー	ー
(335) 高二付 古掛時計	2ツ	201匁	西善
(336) フリツキ置時計	1ツ	163匁	豊安
(337) 珍石類	1箱	ー	ー
(338) 高二付 寒暖昇降	4ツ	808匁	松本や
(339) 真鍮水積	1つ	ー	ー
(340) 方針	1つ	ー	ー
(341) ハスメートル	1	ー	
(342) 壱番晴雨昇降	1つ	ー	ー
(343) 二番同	1箱	790匁	江崎
(344) 高二付 錫箔	8枚	80匁	ヒシヤ
(345) 壱番覗目鏡	1つ	ー	ー
(346) 高二付 弐番覗目鏡	3ツ	756匁	原田
(347) 壱番ガルフブ イニセフラテイナバ ツテレイ	1揃	ー	ー
(348) 二番同	1揃	ー	ー
(349) 高二付 三番同	3揃	1貫280匁	ひし安
(350) プレイト茶器	1揃	410匁	豊安
(351) 高二付 硝子底火燈し	3ツ	265匁	の田や
(352) カフヘル	1揃	ー	ー
(353) 鉄管	1本	68匁	ひし安
(354) 臺付昼夜目鏡	1つ	ー	ー
(355) 測量器	1ツ	ー	ー
(356) 高二付 エレキトル器	60品	ー	ー
(357) 高二付 い製薬器	24品	ー	ー
(358) 高二付 ろ製薬器	4本	ー	ー
(359) 針丹延板	300斤程	15匁6分	曽柳
(360) 目覚附銀袱時計	1つ	1貫61匁	菱安
(361) ろ壱番銀袱時計	1ツ	380匁	ひし安
(362) ろ弐番同	1ツ	350匁	てつや
(363) 丸薬製器	1ツ	80匁	の田や
(364) 真鍮乳鉢	1揃	60匁	の田や
(365) 庖丁	12本	15匁9分	両国や
(366) インドンペリングスハテレイ	1箱	308匁	竹のや
(367) 大工道具	1箱	490匁	江崎

出典・「安政四巳三番割　巳紅毛船脇荷物見帳」(鶴見大学図書館所蔵)。
　　註・「不残ニ付」「高ニ付」は総額を意味すると考えられる。

478　第3部　安政期の日蘭貿易

表107　安政4年(1857)オランダ船4艘脇荷貿易における相対取引

schip	Goederen	Hoeveelheid	換　算	仕入価額(グルデン)	仕入価格(グルデン)	α：換算：仕入価格(テール)
<1>	–	–	–	–	–	–
<2>	(W) mawo	2 pikols	200 斤	173.15	0.87 / kattie	0.54 / kattie
<3>	(A) corterl cascarillae	100 N. lb.	167.45 斤	78.00	0.78 / N. lb.	0.49 / N. lb.
<4>	(A) vlierbloemen	25 N. lb.	41.96 斤	45.30	1.81 / N. lb.	1.13 / N. lb.
<5>	(A) Arabische gom	1,000 N. lb.	1,674.48 斤	1,148.00	1.148 / N. lb.	0.43 / kattie
<6>	(A) gumme jalappai	1 N. lb.	1.67 斤	45.28	45.28 / N. lb.	28.30 / N. lb.
<7>	(A) duizend gulden kruid	10 N. lb	16.74 斤	7.15	0.72 / N. lb	0.45 / N. lb.
<8>	(A) quaspe hout	20 N. lb.	33.49 斤	10.40	0.52 / N. lb.	0.33 / N. lb.
<9>	(A) genever olie	3 N. lb	5.02 斤	20.04	6.68 / N. lb	4.18 / N. lb
<10>	(A) radix bathaniae	20 N. lb.	33.49 斤	46.80	2.34 / N. lb.	1.46 / N. lb.
<11>	(A) radix serpentariae	10 N. lb	16.74 斤	33.05	3.31 / N. lb.	2.07 / N. lb
<12>	(A) radix salip	20 N. lb.	33.49 斤	68.40	3.42 / N. lb.	2.14 / N. lb.
<13>	(A) laurier kerswater	5 N. lb.	8.37 斤	9.00	1.80 / N. lb.	1.13 / N. lb.
<14>	(A) salpeterzuur besmuth	3 N. lb.	5.02 斤	46.20	15.40 / N. lb.	9.63 / N. lb.
<15>	(A) een hoorn	408 A. lb.	337.54 斤	2,401.50	7.11 / kattie	4.45 / kattie
<16>						
<17>	(A) 〈verwen om mede op porcelein te schilderen〉	〈–〉	〈–〉	〈–〉	〈–〉	〈–〉
<18>	(A) kantoor lampen met kousjes en galazen	5	5	50.00	10.00 / stuk	6.25 / stuk
<19>	(A) 〈schrijf en teekengereedschappen〉	〈1〉	〈1〉	〈–〉	〈–〉	〈–〉
<20>	(A) 〈passerdoozen〉	〈6〉	〈6〉	〈–〉	〈–〉	〈–〉
<21>	(A) 〈acromatische verrekijker〉	〈1〉	〈1〉	〈–〉	〈–〉	〈–〉
<22>	(A) 〈stereoscoop〉	〈1〉	〈1〉	〈–〉	〈–〉	〈–〉
<23>	(A) 〈microscopen〉	〈4〉	〈4〉	〈–〉	〈–〉	〈–〉
<24>	(A) 〈jagtgeweer〉	〈4〉	〈4〉	〈–〉	〈–〉	〈–〉
<25>						
<26>						
<27>						
<28>	(A) 〈kogelbuks met toebehooren〉	〈1〉	〈1〉	〈–〉	〈–〉	〈–〉
<29>	(A) 〈pistolen〉	〈5 paar〉	〈5 組〉	〈–〉	〈–〉	〈–〉
<30>						
<31>						
<32>						
<33>						

出典・Factuur の内、(A)：Anna Digna は、Cognossement Factuur. MS. N.A. Japans Archief, nr. 1640 (Aanwinsten, 1910, I: No. 32). (Tōdai-Shiryō Microfilm: 6998-1-126-1)。(W)：Willemina en Clara は、Algemeene Staat der per Willemina en Clara naar Japan verzondene goederen. MS. N.A. Japans Archief, nr. 1640 (Aanwinsten, 1910, I: No. 32). (Tōdai-Shiryō Microfilm: 6998-1-125-2)。
・Verkooprekening は、Kambang rekening courant Japan. 1. Mei 1857 t/m 6. Februarij 1858. Bijlagen. (N° 7.) MS. N.A. Japans Archief, nr. 1892 (Aanwinsten, 1910, I: No. 284). (Tōdai-Shiryō Microfilm: 6998-1-135-33)。
・( )内は、Kambang-handel Pakhuis boek rekening No. 1 ～ 4. Japan 1857. MS. N.A. Japans Archief, nr. 1874 (Aanwinsten, 1910, I: No. 297). (Tōdai-Shiryō Microfilm: 6998-1-136-5 ～ 9)。

	Verkooprekening (1858年1月29日)					$\frac{\beta}{\alpha}$
Goederen	商 品 名（訳）	Hoeveelheid	換　算	販売価額(テール)	β:販売価格(テール)	
kopieer boek	〔信用控帳〕	1 stuk	1 冊	5.00	5.00 / stuk	-
mawo	「麻黄」	181 katties	180 斤	181.00	1.00 / kattie (4.00 s)	1.85
cortex cascarilla	「コーセニール」	100 N. lb.	167.45 斤	400.00	7.50 / N. lb.	8.16
vlierbloemen	「フリイルフルーウム」	25 N. lb.	41.86 斤	150.00	6.00 / N. lb.	5.31
Arabische gom	「アラビアゴム」	1,690 katties	1,690 斤	2,535.00	1.50 / kattie	3.49
gumma jalappae	「ヤラツパ」	1 N. lb.	1.67 斤	100.00	100.00 / N. lb.	3.53
duizend gulden kruid	〔ハーブ〕	10 N. lb.	16.74 斤	25.00	2.50 / N. lb.	5.56
kwassie hout	〔クワッシーの木〕	20 N. lb.	33.49 斤	20.00	1.00 / N. lb.	3.03
genever olie	「セ子ーフル油」	3 N. lb	5.02 斤	36.00	12.00 / N. lb.	2.87
radix rathania	〔未詳〕	20 N. lb.	33.49 斤	60.00	3.00 / N. lb.	2.05
radix serpentaria	〔未詳〕	10 N. lb.	16.74 斤	30.00	3.00 / N. lb.	1.45
radix salep	「サーレップ」	20 N. lb.	33.49 斤	240.00	12.00 / N. lb.	5.61
laurier kerswater	〔桜の種でできたリキュール〕	5 N. lb.	8.37 斤	30.00	6.00 / N. lb.	5.31
salpeterzure bismuth	「サルペートルシユールビ゜ユスシユウト」	3 N. lb.	5.02 斤	150.00	50.00 / N. lb.	5.19
een hoorn	「ウニコール」	150 katties	150 斤	6,750.00	45.00 / kattie	10.11
een hoorn	「ウニコール」	177.50 katties	177.50 斤	5,857.50	33.00 / kattie	7.42
verwen om mede op porcelein te schilderen	〔陶器に描く絵の具〕	-	-	31.00	-	-
kantoor lampen	「火燈」	5 stuks	5 ツ	75.00	15.00 / stuk	2.40
schrijf en teekengereed-schappen	〔筆記用具と製図器具〕	-	-	30.00	-	-
passerdoozen	〔製図道具ケース〕	6 stuks	6 ツ	12.00	2.00 / -	-
acromatische verrekijker	「昼夜遠目鏡」	1 stuk	1 本	75.00	75.00 / -	-
stereoscoop	「立体鏡」	1 stuk	1 本	15.00	15.00 / -	-
microscopen	「虫目鏡」	4 stuk	4 ツ	48.00	12.00 / -	-
jagtgeweer met twee loopen	「弐挺込鉄炮」	1 stuk	1 挺	30.00	30.00 / stuk	-
jagtgeweer	「鉄炮」	1 stuk	1 挺	25.00	25.00 / stuk	-
jagtgeweer met een loop	「鉄炮」	1 stuk	1 挺	8.00	8.00 / stuk	-
jagtgeweer met een loop	「鉄炮」	1 stuk	1 挺	10.00	10.00 / stuk	-
kogelbuks met toebehooren	〔小銃〕一式	1 stuk	1 挺	30.00	30.00 / stuk	-
pistolen met toebehooren	〔小形鉄炮〕一式	1 paar	1 組	10.00	10.00 / stuk	-
pistolen met toebehooren	〔小形鉄炮〕一式	1 paar	1 組	12.00	12.00 / stuk	-
zakpistolen met kogelvorm	〔短筒〕玉鋳型付き	1 paar	1 組	4.00	4.00 / stuk	-
zakpistolen met kogelvorm	〔短筒〕玉鋳型付き	1 paar	1 組	6.00	6.00 / stuk	-
zakpistolen met kogelvorm	〔短筒〕玉鋳型付き	1 paar	1 組	8.00	8.00 / stuk	-
				16,998.50		

註・schip 欄の (A) はアンナ・ディグナ号 Anna Digna、(W) はウイレミナ・エン・クラーラ号 Willemina en Clara を示す。
・A. lb.は、Amsterdamsche lb. を示す。なお、100 斤=120⅔ A. lb.。
・N. lb.は、Nederlandsche lb.を示す。なお、100 斤=59.72 N. lb.。
・単位のテール (theil) はカンバンテール (kambang theil) を示す。1 テール＝（銀）10 匁。
・1 kambang theil（カンバンテール）＝ 1.6 gulden（グルデン）。
・オランダ側史料で用いられている idem（＝同上）は、それに相当する単語を記した。
・「商品名（訳）」の「　」内は、従来訳例のある商品名を示す。
・オランダ側商品名各単語の頭文字は、地名は大文字とし、その他は小文字で記した。
・Factuur 欄の日付では、ウイレミナ・エン・クラーラ号の史料の日付は除いている。

480　第3部　安政期の日蘭貿易

表108　安政4年(1857)オランダ船の「品代り」取引(五番割)

見　　帳 (安政4年10月3日(11月19日)入札)				
	商　　　品	数　　量	落札価格　(脇荷銀)	落札商人
<1>	品代り ウニコール	340斤	770匁	永見・村ト
<2>	アラヒヤコム	1,680斤	31匁2分	立見や・藤や
<3>	麻黄	200斤	29匁3分	立見や・吉更や

出典・「安政四巳五番割　巳阿蘭陀船本方見帳」(長崎歴史文化博物館収蔵)。

引」であった[34](第2部第4章「おわりに」参照)。日本側において「品代り取引」の商品は本方荷物の取引と同じ番割で取引されることが多く，安政4年時においても本方取引がおこなわれた「五番割」(10月3日(11月19日)に入札)において上記3品が「品代り」として取引されている。[35] この時の取引を表にして示すと表108のようである。表107に示した上記3品の販売価格と表108に示した落札価格を比較すると，長崎会所は，価格において，〈2〉「麻黄」mawo で2.93倍，〈5〉「アラビアゴム」Arabische gom で2.08倍，〈15〉「ウニコール」een hoorn で1.71倍，〈16〉「ウニコール」een hoorn で2.33倍の収益を得ていたことがわかる。

　さて，表107で示した各商品の仕入価格(α)と販売価格(β)を比較することにより，オランダ側より日本側に各商品が価格にして何倍で販売されたかがわかる$\left(\frac{\beta}{\alpha}\right)$。数値が全て明らかでないため全体的傾向をみることはできないが，判明しているもので1.45～10.11倍を示しており，この中で特に，「品代り」で取引された〈15〉〈16〉「ウニコール」een hoorn の高値が注目されよう。先述した如くウニコールは，一角の牙から製した解毒薬であり，19世紀前半の日蘭貿易においては，大変高価な薬品で主に誂物(注文品)として輸入されていたが，嘉永2年(1849)からは「品代り」として輸入されるようになっていた。なお，ウニコールの日本への販売価格は誂物の時よりも「品代り」になってからは低価格となっていたが，仕入値が下がったことにより，オランダ側にとっては収益率は上昇していた(第2部第6章第4節参照)。

　なお，表107の Verkooprekenig(売上計算書)より，この時のオランダ商館

第3章　安政4年(1857)の日蘭貿易　481

の売上げが16,998.50テールであったことがわかる。

③誂物(注文品)の取引

　上記オランダ船4艘の脇荷貿易においては，誂物(注文品)の取引がおこなわれていた。誂物(注文品)の取引の詳細については，1858年1月29日(出島)付けの Verkooprekening van Eischgoederen in 1857 voor den Keizer en andere Rijks grooten aangebragt.(1857年の将軍と他の幕府高官等のために持ち渡った注文品〔誂物〕の売上計算書)によって確認できる。本史料は，前掲の Kambang rekening courant 1 Mei 1857 - 6 Februarij 1858.(1857年5月1日〜1858年2月6日の日本商館脇荷勘定帳)の付録文書(№ 8.)であり，脇荷貿易として日本側(将軍と幕府高官等)に販売された商品名・数量・価格・価額を記している。本史料を表にして示したものが表109である。

　この表109からわかるように，この時の誂物は，機器類が多く幕末において幕府が西洋化に向けて進みつつあることを如実に示すものといえよう。なお，「1857年の将軍と他の幕府高官等のために持ち渡った注文品〔誂物〕の売上計算書」より，この時のオランダ商館の最終的な売上げ額が513,746.61テールであり，脇荷取引(表105)の3倍の額を示している。

　また，脇荷貿易における誂物(注文品)の取引については，上記の他に，1858年1月30日(出島)付けの付録文書(№ 33.)と同年2月2日(出島)付けの付録文書(№ 37.)，同年2月3日(出島)付けの付録文書(№ 40.)によっておこなわれていたことがわかる。付録文書(№ 33.)は，Verkooprekening van Eischgoederen dit jaar voor den Landsheer van Fizen aangebragt.(肥前の領主〔佐賀藩主〕のために，今年，持ち渡った注文品〔誂物〕の売上計算書)，付録文書(№ 37.)は，Verkooprekening van Eischgoederen in 1857 aangebragt.(1857年に持ち渡った注文品〔誂物〕の売上計算書)，付録文書(№ 40.)は，Verkooprekening van Eischgoederen alhier in 1857 aangebragt.(1857年にここ〔日本〕に持ち渡った注文品〔誂物〕の売上計算書)である。これらの史料によって取引された誂物(注文品)を表にして示したものが，表110である。表109で考察した将軍と幕府高官等への「誂物」の他に，佐賀藩主をはじめとして日本側に各種の品々

482　第3部　安政期の日蘭貿易

表109　安政4年(1857)オランダ船4艘脇荷貿易における誂物(注文品)の取引(その1)

	schip	Goederen	商　品　名　(訳)	Hoeveelheid	販売価格(テール)	販売総額(テール)
			Verkooprekening van Eischgoederen in 1857 (1858年1月29日)			
<1>	(A)	twee daagsche tijdmeters	「船時計」〔2日間のｸﾛﾉﾒｰﾀｰ〕	3 stuks	540 / stuk	1,620.00
<2>	(J) (A)	sextanten	〔六分儀〕	6 stuks	150 / stuk	900.00
<3>	(A)	octanten	「オクタント」〔八分儀〕	3 stuks	54 / stuk	162.00
<4>	(J) (A)	patent kompassen, enz.	〔上等なコンパス（羅針盤）、その他〕	6 stuks	38 / stuk	288.00
<5>	(A)	kaarten, per stel 8 stuks	〔1セットに付き8枚の地図（海図）〕	3 stellen	92.8 / stel	278.40
<6>	(A)	azimuth kompassen, enz.	〔方位コンパス、その他〕	2 stuks	90 / stuk	180.00
<7>	(A)	peilkompas	〔方位磁針〕	1 stuk	–	16.00
<8>	(A)	log glazen	〔ロググラス（測量器のガラス）〕	3 stuks	1.5 / stuk	4.50
<9>	(A)	log rollen met lijnen	〔線付きログロール〕	3 stuks	8.8 / stuk	26.40
<10>	(A)	dieplooden met lijnen	〔線付き測鉛（測深錘）〕	3 stuks	–	82.00
<11>	(A)	zandloopers	〔砂時計〕	3 stuks	2.5 / stuk	7.50
<12>	(A)	zeebarometers	〔海気圧計〕	3 stuks	65 / stuk	195.00
<13>	(A)	thermometers	〔温度計（寒暖計）〕	3 stuks	12 / stuk	36.00
<14>	(A)	verrekijkers	〔望遠鏡〕	3 stuks	–	67.50
<15>	(A)	duikershelm en toebehooren	〔潜水用ヘルメット一式〕	1 stuk	–	1,075.00
<16>	(J)	electriseermachine en toebehooren	〔充電機械装置一式〕	1 stuk	–	366.00
<17>	(A)	gouden zakhorologien m/t	「金袂時計」	2 stuks	233.5 / stuk	467.00
<18>	(L)	zilveren cijlinder horologie	〔銀のゼンマイ時計〕	1 stuk	–	65.00
<19>	(L)	horologie veeren	〔時計のゼンマイ〕	12 stuks	–	4.00
<20>	(J) (C) (L)	slaggeweren met toebehooren en lederwerk	〔ゲヴェール銃一式と革製品〕	6,105 stuks	28 / stuk	170,940.00
<21>	(J) (C)	slag hoedjes	〔小さい帽子（戦闘帽）〕	5,825,000 stuks	5 / 1,000 stuks	29,125.00
<22>	(J) (C)	veerhaken	〔スプリングフック〕	500 stuks	0.5 / stuk	250.00
<23>	(C)	benoodigdheden voor de lithographische pers	〔石版印刷機用小道具〕	1 stuk	–	3,165.00
<24>	(C)	benoodigdheden voor de lithographische pers	〔石版印刷機用小道具〕	1 stuk	–	766.00
<25>	(L)	groote lange verrekijkers	〔長大望遠鏡〕	4 stuks	–	164.00
<26>	(L)	kleine verrekijker op voet	「遠目鏡」〔小さい足付き望遠鏡〕	1 stuk	–	37.00
<27>	(L)	groot verrekijker	「遠目鏡」〔大きい望遠鏡〕	3 stuks	–	75.00
<28>	(L)	middensoort verrekijker	「遠目鏡」〔中型の望遠鏡〕	2 stuks	–	30.00
<29>	(L)	gewone kleine verrekijker	「遠目鏡」〔普通の小さい望遠鏡〕	4 stuks	–	48.00
<30>	(L)	octant	「オクタント」〔八分儀〕	1 stuk	–	30.00
<31>	(L)	microskoop	「虫目鏡」	1 stuk	–	90.00
<32>	(L)	microskoop	「虫目鏡」	1 stuk	–	60.00
<33>	(L)	brillen	「鼻目鏡」	19 stuks	–	38.00
<34>	(L)	toneelkijkers	「遠目鏡」	2 stuks	–	28.00
<35>	(L)	tweedaags chronometers	「船時計」〔2日間のクロノメーター〕	3 stuks	–	1,650.00
<36>	(J)	handboekdrukpers met toebehooren	〔手動活版印刷機一式〕	1 stuk	–	550.00
<37>	(J)	snelpers of drukmachine met toebehooren	〔敏速な印刷機一式〕	1 stuk	–	3,440.00
<38>	(J)	model grofsmederij	〔鍛冶場の雛形〕	1 stuk	–	6,203.00
<39>	(J)	drillings machine	〔ドリル（穿孔機）〕	1 stuk	–	650.00
<40>	(J)	schaaf machine	〔平削り機〕	1 stuk	–	2,630.00
<41>	(J)	slotting machine	〔締め具機〕	1 stuk	–	3,250.00
<42>	(J)	shaping machine	〔鋭利にする器具〕	1 stuk	–	1,700.00
<43>	(J)	boor machine	〔ドリル（穿孔機）〕	1 stuk	–	1,160.00
<44>	(J)	boor machine	〔ドリル（穿孔機）〕	1 stuk	–	1,700.00
<45>	(J)	draai bank	〔旋盤〕	1 stuk	–	3,560.00
<46>	(J)	draai bank	〔旋盤〕	1 stuk	–	3,100.00
<47>	(J)	draai bank	〔旋盤〕	1 stuk	–	1,860.00
<48>	(J)	draai bank	〔旋盤〕	1 stuk	–	700.00
<49>	(J)	draai bank	〔旋盤〕	1 stuk	–	6,580.00
<50>	(J)	kopbank	〔ベッドベンチ〕（旋盤の一種）	1 stuk	–	2,480.00
<51>	(J)	bank met 3/voudige beweging	〔ベンチ〕（旋盤の一種）	1 stuk	–	1,630.00
<52>	(J)	zelfwerkende bank	〔自動式ベンチ〕（自動式旋盤の一種）	1 stuk	–	850.00
<53>	(J)	drilling machine	〔ドリル（穿孔機）〕	1 stuk	–	780.00
<54>	(J)	shaping machine	〔鋭利にする器具〕	1 stuk	–	1,080.00
<55>	(J)	aborusons patent staanshamer	〔未詳〕	1 stuk	–	6,150.00
<56>	(J)	model van het gebouw waarin boven genoemde werktuigen moeten worden gesteld	〔上記の器具を置くための建物の雛形〕	1 stuk	–	654.00
<57>	(J)	model eener hoog of gloei oven	〔高炉の雛形〕	1 stuk	–	268.00

		Verkooprekening van Eischgoederen in 1857 (1858年1月29日)				
	schip	Goederen	商品名(訳)	Hoeveelheid	航型価格(テール)	航型価額(テール)
<58>	(J)	model eener pudaling oven	〔未詳〕	1 stuk	–	252.00
<59>	(J)	wielen tot pudaling oven	〔未詳〕	2 stuks	–	1,120.00
<60>	(J)	ijzeren kolommen tot pudaling oven	〔未詳〕	12 stuks	–	2,220.00
<61>	(J)	leer of wandmerken tot pudaling oven	〔未詳〕	4 stuks	–	1,600.00
<62>	(J)	drijfassen	〔駆動軸〕	9 stuks	–	2,550.00
<63>	(J)	verdere toebehooren als trommels, enz.	〔ドラム缶一式〕	121 stuks	–	3,289.00
<64>	(J)	drij friemen	〔駆動ベルト〕	8 stuks	–	1,994.00
<65>	(J)	staal tot het maken der benoodigdheden ten dienste van het bovenstaande	〔上記用の小道具の製造のための鋼鉄〕	164 stuks	–	952.00
<66>	(J)	hulpvoeding machine	〔未詳〕	1 stuk	–	720.00
<67>	(J)	appendages ten behoeve van den stoomhamer als rooster ijzers, enz.	〔格子鉄スチームハンマーの付属品〕	48 stuks	–	686.00
<68>	(J)	mijn werker's gereedschappen als kettingen, enz.	〔鉱山労働者の道具袋、その他〕	262 stuks	–	8,170.00
<69>	(J)	opwending's toestel, als glazen ijzeren as, enz.	〔未詳〕	28 stuks	–	1,330.00
<70>	(J)	eikenwagens en een toestel om de wagen op en neder te laten	〔車を置くオーク材の車と器具〕	3 stuks	–	425.00
<71>	(J)	draaibanken	〔旋盤〕	2 stuks	–	3,000.00
<72>	(J)	gereedschappen voor eenen te Japan opterigten vuur en bankwerker's winkel	〔日本で設置する火砲と工具の作業場での器具〕	50 collies	–	30,374.00
<73>	(C)	kardoes saai	〔サアイ〕	50 stuks	–	1,809.00
<74>	(C)	vlag gedoek / rood /	〔赤帆布〕	15 stuks	24 / stuk	360.00
<75>	(C)	vlag gedoek / wit /	〔白帆布〕	35 stuks	21 / stuk	735.00
<76>	(C)	zeildoek N. 1	〔帆布 N. 1〕	5 stuks	38 / stuk	190.00
<77>	(C)	koperen distilleerketel met toebehooren	〔銅製蒸留器一式〕	1 stuk	–	225.00
<78>	(C)	hoornen lantaarns	〔角型ランタン〕	120 stuks	1.75 / stuk	210.00
<79>	(C)	hoornen bladen	〔角型盆〕	100 stuks	0.25 / stuk	25.00
<80>	(C)	zeemleder	〔セーム革〕	12 stuks	–	15.00
<81>	(C)	vette vellen	〔油の多い革〕	10 stuks	–	14.00
<82>	(C)	schapen vachten	〔羊の毛皮〕	3 stuks	–	13.00
<83>	(C)	lam's vachten	〔子羊の毛皮〕	3 stuks	–	4.80
<84>	(C)	inlandsche twijfelaars	〔国産のセミダブルベッド〕	6 stuks	–	139.00
<85>	(C)	wit runderen vellen	〔白く鞣した革〕	2 stuks	–	7.00
<86>	(C)	Deensche vellen	〔デンマークの革〕	8 stuks	–	6.00
<87>	(C)	geiten zeemleder	〔山羊のセーム革〕	48 stuks	–	64.00
<88>	(C)	vuursteenen	〔火打ち石〕	1,000 stuks	–	30.00
<89>	(C)	revolver geweeren met toebehooren	〔リボルバー(回転式連発拳銃)、ゲヴェール銃一式〕	2 stuks	102 / stuk	204.00
<90>	(C)	marine trommen	〔海軍のドラム〕	14 stuks	31.20 / stuk	436.80
<91>	(C)	militaire trommen	〔軍隊のドラム〕	3 stuks	31.20 / stuk	93.60
<92>	(C)	slag karabijnen en toebehooren	〔カービン銃一式〕	5 stuks	21.90 / stuk	109.50
<93>	(C)	slag pistolen en toebehooren	〔銃一式〕	5 stuks	15.90 / stuk	79.50
<94>	(C)	slag karabijnen en toebehooren	〔カービン銃一式〕	3 stuks	21.30 / stuk	63.90
<95>	(C)	slag donderbuksen en toebehooren	〔ラッパ銃一式〕	3 stuks	55 / stuk	165.00
<96>	(C)	slag geweren kavallerie en toebehooren	〔ゲヴェール銃一式〕	3 stuks	33.30 / stuk	99.90
<97>	(C)	slag konbuksen en toebehooren	〔未詳〕	334 stuks	30.30 / stuk	10,120.20
<98>	(C)	vervoerbare dubbele stoompomp met toebehooren	〔運搬出来るスチームポンプ一式〕	2 stuks	–	18,970.00
<99>	(C)	dubbele metalen excentric ringen en toebehooren	〔風変わりの円形の物一式〕	2 stuks		
<100>	(C)	gesmeed ijzeren afgewerkte excentric ringen en toebehooren	〔鉄を鍛造して仕上げた風変わりな円形の物一式〕	4 stuks		1,649.00

	schip	Goederen	商品名（訳）	Hoeveelheid	販売価格(テール)	販売総額(テール)
		Verkooprekening van Eischgoederen in 1857 (1858年1月29日)				
<101>	(C)	gesmeed ijzeren scharen en toebehooren	〔鍛造した鉄製はさみ一式〕	2 stuks		
<102>	(C)	stalen stoomschuifstangen en toebehooren	〔蒸気（爐の送気管の）節気弁（ダンパー）の棒一式〕	2 stuks		
<103>	(C)	gesmeed ijzeren handel	〔鍛造した鉄製の取っ手〕	1 stuk		
<104>	(C)	gesmeed ijzeren gedraaide as	〔鍛造した鉄製回転軸〕	1 stuk		
<105>	(C)	armen met trekstangen	〔未詳〕	2 stuks		
<106>	(C)	staelen	〔握り柄〕	2 stuks		
<107>	(C)	rood koperen buizen en toebehooren	〔赤銅管一式〕	5 stuks	−	1,535.00
<108>	(C)	stoomwerktuig van 6 paarden kracht en toebehooren	〔6馬力の蒸気器具一式〕	1 stuk	┃ ………	5,900.00
<109>	(C)	volledige stand voedingspomp en toebehooren	〔未詳〕	1 stuk	┛	
<110>	(C)	stoommachine van 15 paarden kracht en toebehooren	〔15馬力の蒸気機械一式〕	1 stuk	−	8,650.00
<111>	(C)	dubbeld zelfwerkende draaibankje	〔二重自動旋盤〕	1 stuk	−	855.00
<112>	(C)	vervoerbare punching machine met toebehooren	〔運搬できる穿孔機一式〕	1 stuk	−	955.00
<113>	(C)	machine tot het buigen van 7 voetsplaten en hoekijzer	〔7フットの板や鉄板を曲げる機械〕	1 stuk	−	2,580.00
<114>	(C)	houten model op 1/10 der ware grootte tot verduidelijking van het metselwerk der ketels, enz.	〔ボイラーなどの煉瓦の建物を説明するための1/10の大きさの木製雛形〕	1 stuk	−	200.00
<115>	(C)	geslagen ijzeren schoorsteen	〔打ち伸ばされた鉄製煙突〕	1 stuk	−	680.00
<116>	(L)	diamant boor	〔ダイヤモンドドリル〕	1 stuk	−	7.00
<117>	(L)	lampen met toebehooren	〔ランプ一式〕	2 stuks	−	50.00
<118>	(L)	matrozen messen	〔マドロスのナイフ〕	2 stuks	−	2.00
<119>	(L)	duimstokken	〔折り尺〕	8 stuks	−	12.00
<120>	(L)	vijlen	〔やすり〕	20 stuks	−	8.60
<121>	(L)	tapijten	〔毛氈〕	6 stuks	−	525.00
<122>	(L)	flanel	〔フランネル〕	2 stuks	−	120.00
<123>	(L)	flanellen hemden	〔フランネルの肌着〕	12 stuks	−	48.00
<124>	(L)	flanellen broeken	〔フランネルのズボン〕	12 stuks	−	54.00
<125>	(L)	borstels voor drukkerij	〔印刷工場用ブラシ〕	10 stuks	−	26.00
<126>	(L)	scheeps patent glazen	〔船の上等なガラス〕	40 stuks	−	60.00
<127>	(L)	kruidproefzeven met toebehooren	〔火薬の篩と付属品〕	2 stuks	−	34.00
<128>	(L)	ketelplaten	〔蒸気ボイラー板〕	203 stuks	−	5,836.00
<129>	(L)	staven	〔棒（スタッフ）〕	224 stuks	−	2,054.00
<130>	(L)	klinknagels	〔リベット（鋲）〕	1,000 N. lb.	−	580.00
<131>	(L)	stoomketels met toebehooren	〔蒸気ボイラー一式〕	2 stuks	−	27,000.00
<132>	(L)	stalen pennen	〔鉄ペン〕	20 doosjes	1.25 / doosje	25.00
<133>	(L)	pennen houders	〔ペンホルダー〕	36 stuks	−	7.00
<134>	(L)	potlooden	「石筆」〔鉛筆〕	14 dozijn	0.75 / dozijn	10.50
<135>	(L)	carton papier	〔ボール紙〕	20 vellen	−	2.00
<136>	(L)	propatria papier	〔プロパトリア社の紙〕	1 riem	−	5.00

totaal（合計）	415,652.60
voor onkosten enz. 20%（経費他20%）	83,130.52
	498,783.12
3% assurantie penningen（保険料3%）	14,963.49
totaal（合計）	513,746.61

出典・Kambang rekening courant Japan. 1. Mei 1857 t/m 6. Februarij 1858. Bijlagen. (N°. 8.) MS. N.A. Japans Archief, nr. 1892
(Aanwinsten, 1910, I: No. 284). (Tōdai-Shiryō Microfilm: 6998·1·135·33).

註・schip 欄の(J)はヤン・ダニエル号 Jan Daniel、(A)はアンナ・ディグナ号 Anna Digna、(C)はカタリーナ・エン・テレーシ
ア号 Catharina en Theresia、(L)はラミンナ・エリサベット号 Lammina Elisabeth を示す。
　・単位のテール(theil)はカンバンテール(kambang theil)を示す。
　・オランダ側史料で用いられている idem、id.、〃（＝同）は、それに相当する単語を記した。
　・「商品名（訳）」の「　」内は、従来訳例のある商品名、〔　〕内は拙訳を示す。
　・オランダ側商品名各単語の頭文字は、地名は大文字とし、その他は小文字で記した。

第3章 安政4年(1857)の日蘭貿易　485

表110　安政4年(1857)オランダ船4艘脇荷貿易における誂物(注文品)の取引(その2)

	Goederen	商　品　(訳)	Verkooprekening (1858年1月30日, 2月2日, 2月3日)		
			Hoeveelheid	換　算	販売価額(テール)
<1>	ijzeren vlampijpen	〔鉄管〕	300 stuks	300 本	2,246.00
		voor onkosten, enz. 20 %(経費他 20%)			449.20
		3% assurantie penningen(保険料 3%)			2,695.20 80.85
		totaal(合計)			2,776.05
<2>	een model houtzaagmolen	〔製材所模型〕	1	1	1,520.00
		voor onkosten, enz. 20 %(経費他 20%)			304.00
		assurantie penningen 3%(保険料 3%)			1,824.00 54.72
		totaal(合計)			1,878.72
<3>	clarinetten	〔クラリネット〕	3 stuks	3 本	36.00
<4>	pikolo	〔ピッコロ〕	1 stuk	1 本	6.50
<5>	cornethoorn	〔コルネット〕	1 stuk	1 本	24.00
<6>	althoorn	〔アルトホルン〕	1 stuk	1 本	34.00
<7>	tenorhoorn	〔テノールホルン〕	1 stuk	1 本	32.00
<8>	bashoorn	〔バスホルン〕	1 stuk	1 本	50.00
<9>	muzijkstukken / onbruikbaar voor Japanners /	〔楽曲(楽譜)/日 本人には無用の物/〕	1 rol	1 巻	0.60
		voor onkosten, enz. 20 %(経費他 20%)			183.10 36.62
		3% assurantie penningen(保険料 3%)			219.72 6.59
		totaal(合計)			226.31

出典・Verkooprekening の内、<1>の商品は、Kambang rekening courant Japan. 1. Mei 1857 t/m 6.
　　Februarij 1858. Bijlagen. (№. 33.) MS. N.A. Japans Archief, nr. 1892 (Aanwinsten, 1910, I:
　　No. 284). (Tōdai-Shiryō Microfilm: 6998-1-135-33)。同じく<2>の商品は、同史料内の(№. 37.)。
　　同じく<3>～<9>の商品は、同史料内の(№. 40.)。
　　註・「商品名(訳)」の〔　〕内は拙訳を示す。
　　・オランダ側商品名各単語の頭文字は、Japanners(日本人)は大文字とし、その他は小文字で記した。
　　・単位のテール(theil)はカンバンテール(kambang theil)を示す。

が「誂物」として持ち渡られていたことがわかる。表110に示した価額を合計すると4,881.08テールとなる。[(36)]

　以上のように，安政4年の誂物は，本方勘定内での取引3,208.80カンパニーテール（ウイレミナ・エン・クラーラ号の取引30カンパニーテールは除く）の他に，表109・110にみられるような合計518,627.69カンバンテールの取引が脇荷貿易としておこなわれ，安政2年の誂物取引合計(324,317.24グルデン)（表89参照）をはるかに超える取引(834,082.70グルデン)であった。これは，日蘭貿易(本方貿易・脇荷貿易)の全てが政庁によっておこなわれた最終年度のあらわれとみることができよう。

④「除き物」の取引

　上記オランダ船4艘の脇荷貿易における「除き物」ligting[(37)]の取引についてみておきたい。前掲のKambang rekening courant 1 Mei 1857 - 6 Februarij 1858.(1857年5月1日～1858年2月6日の日本商館脇荷勘定帳)の内，1857年11月25日(出島)付けの付録文書(Nº 3.)と，1858年2月3日(出島)付けの付録文書(Nº 50.)より，「除き物」ligtingの取引がおこなわれていることがわかる(表111参照)。付録文書(Nº 3.)は，Verantwoording van artikelen geligt ten behoeve van ambtenaren en het alhier achtergebleven Detachement der Nederlandsche Marine.(〔オランダの〕職員とオランダ海軍の残留派遣隊のために取り出した品々〔除き物〕の証明書)であり，付録文書(Nº 50.)は，Verantwoording van artikelen geligt ten behoeve van het alhier achtergebleven Detachement der Nederlandsche Marine.(オランダ海軍の残留派遣隊のために取り出した品々〔除き物〕の証明書)である。上記の2史料に記されている「オランダ海軍の残留派遣隊」Het alhier achtergebleven Detachement der Nederlandsche Marineとは，長崎海軍伝習所で日本人に伝習をおこなったオランダ人をさすが，オランダ人が消耗品として受け取った表111に記した品々の支払いが日本側によっておこなわれ，それが脇荷貿易(脇荷勘定)内で処理されていることがわかる。

　なお，表111の合計額は649.92テールになる。

第3章　安政4年(1857)の日蘭貿易　487

表111　安政4年(1857)オランダ船4艘脇荷貿易における「除き物」の取引

	Goederen	商　品　(訳)	Verantwoording (1857年11月25日, 1858年2月3日)				
			Hoeveelheid	換　算	販売価格(グルデン)	販売価額(グルデン)	販売価額(テール)
<1>	koffij molen	＜コーヒー臼＞	1 stuk	1 個	1.88	1.88	1.19
<2>	roode cambrics 5/4	「幅廣赤浮紋金巾」	5 stuks	5 反	15.00	75.00	46.90
<3>	witte shirtings 6/4	「い幅廣白金巾」	2 stuks	2 反	22.50	45.00	28.12
<4>	bruine lemenias	「ぬ尺長上更紗」	3 stuks	3 反	10.00	30.00	18.75
<5>	bl. gestr. cotonnetten 6/4	「い又布嶋」	3 stuks	3 反	11.88	35.64	22.28
<6>	chitsen nieuwe patronen N° 1	「と尺長上更紗」	2 stuks	2 反	22.50	45.00	28.12
<7>	geenlumineerde chitsen	「へ尺長上更紗」	3 stuks	3 反	18.75	56.25	35.15
<8>	effen rood katoen 7/4	「い幅廣赤金巾」	5 stuks	5 反	20.00	100.00	62.50
<9>	madapollams 5/4	「ほ幅廣白金巾」	1 stuk	1 反	5.75	5.75	3.59
<10>	effen rood katoen 5/4	「は幅廣赤金巾」	1 stuk	1 反	15.67	15.67	9.79
<11>	wollen dekens	「羊毛織」	1 stuk	1 反	8.75	8.75	5.46
<12>	molton dekens	「紋羽」	1 stuk	1 反	2.82	2.82	1.76
<13>	hangklokje	「掛時計」	1 stuk	1 反	3.75	3.75	2.34
<14>	sigaren 1/4	〔紙巻タバコ〕	21 kistjes	21 箱	–	105.16	65.73
<15>	zeep	＜サボン＞	204 katties	204 斤	0.512	104.44	65.27
<16>	koffij	「コーヒイ豆」	5 pikols	500 斤	40.76	203.80	127.37
<17>	jenever	〔ジュネバ・ジン〕	40 flesschen	40 瓶	–	25.60	16.00
<18>	horologie / zilveren /	＜銀袋時計＞	1 stuk	1 個	75.00	75.00	46.87
					totaal(合計)	939.51	587.19
<19>	koffij	「コーヒイ豆」	2 pikols	200 斤	40.76	81.52	50.95
<20>	suiker	＜白砂糖＞	115 katties	115 斤	(ママ) 0.1025	18.84	11.78
					totaal(合計)	100.36	62.73

出典・Verantwoording の内、<1>～<18>の商品は、Kambang rekening courant Japan. 1. Mei 1857 t/m 6.
　　Februarij 1858. Bijlagen. (N° 3.) MS. N.A. Japans Archief, nr. 1892 (Aanwinsten, 1910, I: No. 284).
　　(Tōdai-Shiryō Microfilm: 6998·1·135·33) 。同じく<19><20>の商品は、同史料内の (N°.50.) 。
註・「商品名 (訳)」の「　」内は、表105に訳例のある商品名、＜　＞内は、従来訳例のある商品名、
　　〔　〕内は拙訳を示す。
　・オランダ側商品名各単語の頭文字は小文字で記した。
　・単位のテール (theil) はカンバンテール (kambang theil) を示す。

表112　安政4年(1857)オランダ船4艘脇荷貿易(脇荷貿易における日本
　　　　人の労働に対する支払い)

	支　払　先	拙　　訳	Uitbetaling (1858年1月18日, 1857年12月1日) 支払額(テール)
<1>	tolken kambang kommissarissen	〔阿蘭陀通詞　脇荷掛〕	360.00
<2>	schrijvers van ottona's en tolken	〔乙名と阿蘭陀通詞の書記 (筆者)〕	155.00
		totaal(合計)	515.00
<3>	's opperhoofd's dienaren	〔オランダ商館長の使用人〕	300.00

出典・Uitbetaling の<1><2>の商品は、Kambang rekening courant Japan. 1. Mei 1857 t/m
　　6. Februarij 1858. Bijlagen. (N° 23.) MS. N.A. Japans Archief, nr. 1892 (Aanwinsten,
　　1910, I: No. 284) . (Tōdai-Shiryō Microfilm: 6998·1·135·33) 。同じく<3>の商品は、
　　同史料内の (N° 24.) 。
註・オランダ側商品名各単語の頭文字は小文字で記した。
　・単位のテール (theil) はカンバンテール (kambang theil) を示す。

⑤脇荷貿易における日本人の労働に対する支払い

次に，脇荷貿易における支出項目として，前掲の Kambang rekening courant 1 Mei 1857 - 6 Februarij 1858.(1857年5月1日～1858年2月6日の日本商館脇荷勘定帳)の1858年1月18日(出島)付け付録文書(№ 23.)，および，1857年12月1日(出島)付け付録文書(№ 24.)より，オランダ商館より脇荷貿易における日本人の労働に対する支払いがおこなわれていたことがわかる(表112参照)。付録文書(№ 23.)は，tolken kambang kommissarissen(阿蘭陀通詞 脇荷掛)と schrijvers van ottona's en tolken(乙名と阿蘭陀通詞の書記〔筆者〕)の脇荷貿易における職務に対して，付録文書(№ 24.)は，'s opperhoofd's dienaren(オランダ商館長の使用人)の脇荷貿易における職務に対しての支払いを記している。合計額は815テールである。

⑥輸出品の取引

上記オランダ船4艘の脇荷貿易における輸出品の取引については，1858年2月2日(出島)付け Specifieke opgaaf van de door de Keizerlijke Geldkamer geleverde artikelen.(長崎会所によって提供された品々〔輸出品〕の明細報告書)によって確認できる。本史料は前掲の Kambang rekening courant 1 Mei 1857 - 6 Februarij 1858.(1857年5月1日～1858年2月6日の日本商館脇荷勘定帳)の付録文書(№ 31.)であり，脇荷物の輸出品として日本側(長崎会所)からオランダ側(オランダ商館)に販売された商品名・数量・価格・価額を記している。本史料に拙訳をつけて作表したものが表113である。輸出品の内，合計額の76.8%を《3》《16》「白蠟」600,000斤がしめている。表104で示したと同じ価格(1斤に付き脇荷銀で3匁1分)であり，本方貿易で輸出されている「白蠟」より価格が高く量も6.8倍となっており，前述の如く当時輸出量が増大した注目すべき商品といえる。「白蠟」に次いで仕入額が大きい《14》「樟脳」93,751.12斤は輸出合計額の14%をしめている。「樟脳」は先述した如く，本方貿易の輸出品としてオランダ側が求めた銅の生産と輸出が18世紀後半に減少したことより，それを補う形で増加した輸出品であった。安政4年の本方貿易の輸出品としては，24,186斤1合が充てられているが，

表113　安政4年（1857）オランダ船4艘脇荷貿易における輸出品

	Specifieke opgaaf (1858年2月2日)				拙訳			
	Goederen	Hoeveelheid	仕入額(テール)	仕入額(テール)	商品	数量	仕入価格 (脇荷銀)	仕入額 (脇荷銀)
(1)	rijst	100,238 katties	0.045	4,510.71	〔米〕	100,238 斤	4分5厘 / 斤	45貫107匁1分
(2)	tarwe	220,374 katties	0.043	9,476.08	〔小麦〕	220,374 斤	4分3厘 / 斤	94貫760匁8分
(3)	witte boomwas	5,000 pikols	31.00	155,000.00	〔白蠟〕	500,000 斤	3匁1分 / 斤	1,550 貫目
(4)	gedroogde schulpvisch / jtaragaij/	200 katties	0.70	140.00	〔干し貝 / いたら貝 /〕	200 斤	7匁 / 斤	1貫400匁
(5)	soerumé	160 pikols	25.00	4,000.00	〔スルメ〕	16,000 斤	2匁5分 / 斤	40貫目
(6)	olen	10 pikols	119.00	1,190.00	〔油〕	1,000 斤	11匁9分 / 斤	11貫900匁
(7)	genzing 1ste soort	31 katties	21.00	651.00	〔人参〕〔第1種〕	31斤	21匁 / 斤	6貫510匁
(8)	genzing 2de soort	31 katties	16.95	525.45	〔人参〕〔第2種〕	31斤	169匁5分 / 斤	5貫254匁5分
(9)	genzing 3de soort	31 katties	14.20	440.20	〔人参〕〔第3種〕	31斤	142匁 / 斤	4貫402匁
(10)	genzing 4de soort	31 katties	13.50	418.50	〔人参〕〔第4種〕	31斤	135匁 / 斤	4貫185匁
(11)	genzing 5de soort	31 katties	8.00	248.00	〔人参〕〔第5種〕	31斤	80匁 / 斤	2貫480匁
(12)	genzing 6de soort	31 katties	6.50	201.50	〔人参〕〔第6種〕	31斤	65匁 / 斤	2貫 15匁
(13)	vierkante steenen	1,000 stuks	0.32	320.00	〔四角形の石〕	1,000 個	3匁2分 / 個	3貫200匁
(14)	Satsumasche kamfer	93,751.12 katties	0.36	33,750.40	〔樟脳〕〔薩摩産〕	93,751.12 斤	3匁6分 / 斤	337貫504匁
(15)	arrowroot	1,000 katties	0.22	220.00	〔くず粉〕	1,000 斤	2匁2分 / 斤	2貫200匁
(16)	witte boomwas	100,000 katties	0.31	31,000.00	〔白蠟〕	100,000 斤	3匁1分 / 斤	310貫目
			totaal	242,091.84			合計	2,420貫918匁4分

出典・Specifieke opgaaf は、Kambang rekening courant Japan. 1. Mei 1857 t/m 6. Februarij 1858. Bijlagen. (Nº 31.)
MS. N.A. Japans Archief, nr. 1892 (Aanwinsten, 1910, I: No. 284). (Tōdai-Shiryō Microfilm: 6998-1-135-33)。
註・オランダ史料の id. (＝同) は、それに相当する単語を記した。
・「商品」欄の「 」内は、従来訳例のある商品名、〔 〕内は拙訳を示す。
・オランダ側商品名各単語の頭文字は、地名名は大文字とし、その他は小文字で記した。
・単位のテール (theil) はカンバンテール (kambang theil) を示す。

表114　安政4年（1857）オランダ船4艘脇荷貿易における輸出品に対する支払い

	Uitbetaling (1858年1月31日)		
	支払先	拙訳	支払額(テール)
(1)	Zirota / lakleverancier /	〔ジロウタ / 漆器納入業者 /〕	9,070.70
(2)	Sionoske / lakleverancier /	〔シオノスケ / 漆器納入業者 /〕	4,178.80
(3)	Canoija / lakleverancier /	〔カノウヤ / 漆器納入業者 /〕	723.00
(4)	Johé / lakleverancier en porceleinleverancier /	〔ヨヘイ / 漆器納入業者兼磁器納入業者 /〕	9,925.50
(5)	Nikitsero / porceleinleverancier /	〔ニキチロウ / 磁器納入業者 /〕	6,894.50
(6)	a contant gekocht in de winkels te Nagasakij	〔長崎の商店での現金購入〕	10,841.70
(7)	compradoors / algemeene leveranciers /	〔仲買人 / 一般の納入業者 /〕	61,716.81
(8)	5 lakleveranciers	〔5人の漆器納入業者〕	38,490.40
(9)	Sasaija / lakleverancier /	〔ササヤ / 漆器納入業者 /〕	10,740.50
(10)	Monjuro / bronsleverancier /	〔モンジュウロウ / 青銅製品納入業者 /〕	534.00
(11)	Hakaeija / stofleverancier /	〔ハカエヤ / 織物納入業者 /〕	44,451.60
(12)	Jesiro / porceleinleverancier /	〔イエシロウ / 磁器納入業者 /〕	8,265.00
(13)	Magoské / porceleinleverancier /	〔マゴスケ / 磁器納入業者 /〕	5,365.00
(14)	Soijemon / porceleinleverancier /	〔ソウエモン / 磁器納入業者 /〕	15,618.90
		totaal（合計）	226,816.41

出典・Uitbetaling は、Kambang rekening courant Japan. 1. Mei 1857 t/m 6. Februarij 1858. Bijlagen. (Nº 25.) MS. N.A. Japans Archief, nr. 1892 (Aanwinsten, 1910, I: No. 284). (Tōdai-Shiryō Microfilm: 6998-1-135-33)。
註・オランダ史料の id. (＝同) は、それに相当する単語を記した。
・オランダ語の各単語の頭文字は、人名・店名・地名は大文字とし、その他は小文字で記した。
・単位のテール (theil) はカンバンテール (kambang theil) を示す。

490　第3部　安政期の日蘭貿易

この時は1斤に付き本方銀で3匁であった。それに対して脇荷物として輸出された「樟脳」は，1斤に付き3匁6分(本方銀にして4匁3分2厘)であり，本方貿易より脇荷貿易の輸出において「樟脳」も価格が高く量も3.9倍近くになっていることがわかる。輸出品に関する上記史料より，この時の輸出品の取引合計額は，242,091.84テールであった。

　また，脇荷貿易における輸出品の取引については，長崎会所によって提供された表113の品々の他に，各種納入業者からの品々や長崎の商店での購入品があった。前掲の Kambang rekening courant 1 Mei 1857 - 6 Februarij 1858.(1857年5月1日～1858年2月6日の日本商館脇荷勘定帳)の1858年1月31日(出島)付け付録文書(№ 25.)は，出島オランダ商館より，漆器や磁器などの納入業者，および，オランダ人の長崎の町での購入に対する支払いを記したものである。本史料に拙訳をつけて表にしたものが表114である。ここでの合計額は，226,816.41テールである。

　以上のことより，「壱番船」ヤン・ダニエル号，「弐番船」アンナ・ディグナ号，「三番船」カタリーナ・エン・テレーシア号，「四番船」ラミナー・エリサベット号の脇荷貿易(Kambang Handel)における日本への輸入品取引額は，708,712.91テール(① 172,436.80テール + ② 16,998.50テール + ③(513,746.61テール + 4,881.08テール) + ④ 649.92テール)，輸出品取引額は，468,908.25テール⑥(242,091.84テール + 226,816.41テール)で，その他，脇荷貿易における日本人の労働に対する支払い⑤ 815テールが支出されていた。

第6節　ヘンリエッテ・エン・コルネーリア号の
積荷物の取引

　本節では，9月5日(10月22日)に長崎港に入津した「五番船」ヘンリエッテ・エン・コルネーリア号 Henriëtte en Cornelia の積荷物の取引について史料紹介を含めてその実態を考察したい。なお，ヘンリエッテ・エン・コルネーリア号の積荷物の取引は，後述する如く，上記オランダ船4艘がおこ

第 3 章　安政 4 年 (1857) の日蘭貿易　　491

なった脇荷貿易 (Kambang Handel) とは性格の異なる取引と考えられるため，本節では脇荷貿易とせず積荷物の取引として考察を進める。

　先述したように，「五番船」ヘンリエッテ・エン・コルネーリア号は日蘭追加条約が調印された 8 月 29 日 (10 月 16 日) 以降の入津であり，その積荷物は「本方商賣」はされず「脇荷商法」での取引であったと考えられる。「オランダ商館日記」の 1857 年 10 月 23 日の記事には，

　　ファン・ザメレン船長のオランダ商船ヘンリエッテ・エン・コルネーリア号の到着。すなわち，それ〔本船〕は，〔日蘭〕追加条約添書第 2 条に従って，〔手続きなしに〕直接〔長崎の〕町の前に投錨した。[38]

とあり，日蘭追加条約のもとで入津していることがわかる。また，当時，出島の第二補助官 (Assistent der 2de klasse bij den Nederlandschen handel op Japan) であったポルスブルック Dirk de Graeff van Polsbroek (後のオランダ総領事) によると，1857 年の記事として，

　　十月二十二日にファン・ザメレン船長のヘンリエッテ・コルネリア号 Henriette Cornelia が長崎入港。これが自費で自分の責任において貿易をしに来た最初の船であった。荷主はハーヘン氏とスフールマン氏，そして積荷上乗り人〔船荷など貨物の管理者のこと〕のファン・スペングラー氏であった。[39]

と記されており，この時のヘンリエッテ・エン・コルネーリア号は私的な貿易船であった。そのため，その積荷物の取引に関する史料はオランダ側の日本関係文書 (Japans Archief) にはみつけることができない。[40] したがって，本節では，日本側に現存している史料の紹介にとどめざるをえない。

　「積荷目録」に関しては，管見の限り未詳であるが，長崎会所において，オランダ側と日本側 (本商人) との間でおこなわれたヘンリエッテ・エン・コルネーリア号の積荷物に関する取引結果を記す「安政四巳六番割　巳紅毛五番船落札帳」(神戸市立博物館所蔵) が現存している。本史料により，この時の取引は，安政 4 年の長崎会所における 6 回目の取引であり，11 月 5 日 (12 月 20 日) に入札がおこなわれたことがわかる。本史料によって判明する取引商品名・数量・落札価格・落札商人名を表にして示したものが表 115 である。

492　第3部　安政期の日蘭貿易

表115　安政4年(1857)オランダ船ヘンリエッテ・エン・コルネーリア号の積
荷物の取引(六番割)

	商　　品	数　　量	落札価格	落札商人
	〔巳六番割〕 巳紅毛五番船荷物			
(1)	い更紗	400反	102匁	入来や
(2)	ろ同	400反	78匁6分	永見
(3)	は同	497反	115匁9分	原田
(4)	に同	200反	80匁	松本や
(5)	ほ同	200反	106匁	の田や
(6)	へ同	100反	96匁9分	新や
(7)	と同	60反	92匁9分	菱安
(8)	ち同	500反	113匁	新や
(9)	り同	300反	108匁8分	村仁
(10)	ぬ更紗	900反	72匁6分	村藤
(11)	る同	60反	153匁	菱安
(12)	を同	200反	76匁9分	松本や
(13)	わ同	50反	83匁	三吉や
(14)	か同	50反	100匁	の田や
(15)	よ同	100反	144匁	三吉や
(16)	た同	180反	126匁	玉津や
(17)	れ同	50反	125匁3分	松のや
(18)	そ同	100反	105匁8分	曽柳
(19)	つ同	49反	332匁	菱や・松本や
(20)	ね更紗	50反	240匁	曽柳
(21)	な同	50反	263匁	の田や
(22)	ら同	100反	366匁	松本や・銀沢や
(23)	む同	60反	119匁	春日や
(24)	類違更紗	100反	103匁	銀や・菱や
(25)	い嶋綾木綿	80反	136匁	の田や
(26)	ろ同	60反	176匁	てつや
(27)	い類違奥縞	160反	118匁	酉善・てつや
(28)	ろ同	80反	176匁	福井や
(29)	い白金巾	100反	131匁8分	蒔絵や
(30)	ろ白金巾	300反	68匁5分	吉更や
(31)	は同	120反	59匁3分	てつや
(32)	に同	200反	68匁5分	吉更や
(33)	冠り更紗	260トセイン※1	166匁	銀や・田原や
(34)	嶋木綿	50反	80匁	松田や
(35)	薄手更紗	178切	69匁6分	三吉や
(36)	いマルトンテーケンス	84	36匁	松本や
(37)	ろ同	150	28匁5分	松田や
(38)	白木綿	100反	153匁	原田
(39)	帆木綿	10反	430匁	江崎
(40)	不残二付　色羅紗	16反	35貫700匁	八荷や
(41)	同断　類違羅紗	24切	11貫160匁	てつや
(42)	黒バーイ	24反	520匁	菱や・松田や
(43)	砂糖	20,318斤	2匁3分9厘	松田や
(44)	コーヒー	2,000斤	1分8厘	冨や
(45)	黒胡桝	1,000斤	2匁3分2厘	玉つや
(46)	蘇木	83,078斤	8匁4分6厘	立見や
(47)	藤	41,450斤	1匁1分8厘	てつや・耕牛や
(48)	ウニコール	80斤	776匁	竹のや

出典・「安政四巳六番割　巳紅毛五番船落札帳」(神戸市立博物館所蔵)。
　註・「十一月四日夜拂看板、五日ゟ入札、同日申ノ下刻済」。・※1「トセイン」はダース(dozijn)のこと。
　　・「不残二付」は総額を意味すると考えられる。

第 3 章　安政 4 年 (1857) の日蘭貿易　　493

この表より，(44)コーヒー，(47)藤，(48)ウニコールを除いて，ほとんど
の商品が従来，本方商法で取引された種類の品々であったことがわかる。ま
た，この時の染織品の取引に関しては，本商人「松田や」が作成した「安政
四年巳六番割　巳阿蘭陀五番船切本帳」(個人所蔵)が現存している。この切本
帳には，六番割で取引された染織品の見本裂が貼付され，その染織名と取引
反数，特徴，入札上位三番札までの価格と商人名が記されている。
　また，本商人の「村上」が作成した「安政五戊午壹番割　巳阿蘭陀五番船
荷物見帳」(鶴見大学図書館所蔵)は，長崎会所において，オランダ側と日本側
(本商人)との間でおこなわれたヘンリエッテ・エン・コルネーリア号の積荷
物に関する取引を記した「見帳」と考えられる。ここに記されているものは，
安政 5 年 (1858) の取引ではあるが，前年の入津船の積荷物による取引である
ことより本章の考察対象としておきたい。本史料は，安政 5 年の長崎会所
における 1 回目の取引であり，2 月 10 日(3 月 24 日)から 12 日(26 日)にかけ
て入札がおこなわれている。本史料によって判明する取引商品名・数量・落
札価格・落札商人名を表にして示したものが表 116 である。この表より，
ほとんどの商品が従来，脇荷商法で取引された種類の品々であったことがわ
かる。これらのことより，ヘンリエッテ・エン・コルネーリア号の積荷物の
取引は，従来の本方取引，脇荷取引を踏襲して 2 回に分けておこなわれて
いたものと推測される。なお，表 115・116 で示した商品は「脇荷商法」で
取引されたものであることより，落札価格の単位は脇荷銀と思われるが，現
段階において確証がえられないため今後の課題としておきたい。なお，落札
商人からの支払いについては，「十月十九日長崎奉行達　手附へ　和蘭商法
改革につき心得方の件」に，
　　　入札商人共，落札銀高之分，正銀ニ而會所江納候共，又者蘭人と談判次
　　　第，代り品ニ而，出嶋江持入候共勝手次第たるへき事，(41)
とあるように，「正銀」すなわち現金で長崎会所へ支払うか，または品物で
オランダ商館に持参することになっていた。(42)
　ヘンリエッテ・エン・コルネーリア号の積荷物も，上述した入札での取引
の他，相対で取引されていた。日蘭追加条約の第 6 条には，

494　第3部　安政期の日蘭貿易

表116　安政4年(1857)オランダ船ヘンリエッテ・エン・コルネーリア号の積荷物の取引(安政五年壹番割)

	商　　品	数　量	落札価格	落札商人
	〔一日目〕			
(1)	色羅紗	12反	931匁	西善
(2)	花紋天鵞絨	1反	2貫100匁	原田
(3)	フラ子ル	2反	350匁	松田や
(4)	イールスリン子ン	5反	146匁	原田
(5)	マルトンテーケン	2反	54匁6分	松本や
(6)	金巾肌着	48	23匁4分	常半
(7)	色サアイ	3反	518匁	ふしや
(8)	色メリヤス肌着	276	20匁7分	永見
(9)	毛織敷物	34	31匁9分	豊安
(10)	い皿さ	50反	89匁	原田
(11)	ろ皿さ	50反	81匁	松田や
(12)	は同	50反	72匁	松のや
(13)	に同	21反	110匁5分	永見
(14)	ほ同	16反	97匁8分	吉更や
(15)	へ皿さ	30反	95匁	松のや
(16)	と同	11反	110匁9分	の田や
(17)	ち同	5反	150匁	豊安
(18)	り同	3反	57匁	松本や
(19)	い嶋木めん	5反	110匁	ひし安
(20)	ろ同	3反	80匁	松田や
(21)	は同	2反	60匁	松のや
(22)	白金巾	4反	187匁	永見
(23)	赤金巾	12反	146匁	八荷や
(24)	ウス手皿さ	10反	32匁4分	村仁
(25)	色天鵞絨	4反	456匁	曽柳
(26)	色緞子卓子覆	10ヲ	250匁	の田や
(27)	いフラ子ル	3反	453匁	松田や
(28)	ろ同	2反	290匁	松田や
(29)	は同	1反	240匁	松本や
(30)	象牙	125斤	80匁8分	松のや
(31)	水銀	33斤	42匁7分	村ト
(32)	黒塗皮	24枚	61匁	豊安
(33)	明薬入	155	17匁8分	ひしや
(34)	革むじ入	35	33匁9分	ひし安
(35)	杖	9本	25匁3分	原田
(36)	車付腰掛	3ツ	535匁	ひし宗
(37)	金縁硝子鏡	7面	351匁	豊安
(38)	木縁同	12面	268匁	の田や
(39)	硝子火燈	6ツ	56匁2分	の田や
(40)	カントールランプ	17揃	132匁	松本や
(41)	真鍮手燭	42	4匁5分	村仁
(42)	壱番硝子銘酒瓶	30	62匁3分	ひし宗
(43)	弐番切子銘酒瓶	20	45匁1分	松本や
(44)	三番同	12	55匁5分	ふしや
(45)	四番同	16	35匁	松田や
(46)	五番同	18	－	－
(47)	六番切子銘酒瓶	22	56匁3分	三吉や
(48)	七番同	22	43匁4分	三吉や
(49)	壱番切子基付ふた物	5揃	124匁	三吉や
(50)	弐番切子基付ふた物	8揃	45匁8分	松本や
(51)	壱番切子蓋物	8つ	53匁	てつや
(52)	二番同	4ツ	38匁	村仁
(53)	三番同	23	17匁	村仁

第3章　安政4年(1857)の日蘭貿易　　495

	商　　　品	数　量	落札価格	落札商人
(54)	一番碁附くわし入	7 ツ	80 匁 8 分	松本や
(55)	弐番同	24	14 匁	豊安
(56)	一番切子とんふり	8 ツ	92 匁	松田や
(57)	二番同	4 ツ	80 匁	松田や
(58)	三番同	4 つ	73 匁	八荷や
(59)	四番同	3 つ	63 匁	竹のや
(60)	壱番深手長皿	12 枚	105 匁	八荷や
(61)	弐番同	12 枚	72 匁	八荷や
(62)	三番同	12 枚	28 匁 5 分	村仁
(63)	四番同	12 枚	24 匁	ひし安
(64)	壱番切子皿	12 枚	68 匁 9 分	日の国
(65)	弐番同	8 枚	57 匁 9 分	日の国
(66)	三番同	56 枚	19 匁 4 分	松田や
(67)	四番同	53 枚	18 匁	ふしや
(68)	五番切子皿	8 枚	20 匁 8 分	立見や
(69)	壱番廣口薬瓶	33	52 匁 8 分	ひしや
(70)	弐番同	86	45 匁 9 分	永井や
(71)	三番同	48	31 匁 8 分	永井や
(72)	四番廣口薬瓶	160	21 匁 6 分	竹のや
(73)	五番同	560	16 匁 3 分	豊安
(74)	六番同	438	12 匁 1 分 6 厘	竹のや
(75)	七番同	238	10 匁 3 分	菱安
(76)	壱番切子三ツ組引提	1 揃	329 匁	てつや
(77)	弐番同	2 揃	305 匁	福井や
(78)	三番同	3 揃	280 匁	ふしや
(79)	切子七ツ組引提	3 揃	279 匁	原田
(80)	切子弐ツ組同	6 揃	81 匁	松田や
(81)	切子盆付銘酒器	1 揃	130 匁	ふしや・松田や
(82)	金縁金絵盆付銘酒器	1 揃	187 匁 9 分	ふしや
(83)	色硝子盆付同	1 揃	350 匁	原田
(84)	積二付・高二付 色硝子水呑こつふ	24 品	1 貫 560 匁	原田
(85)	壱番金縁水呑同	46	20 匁 9 分	ふしや
(86)	弐番同	60	14 匁 5 分	ふしや
(87)	三番同	36	10 匁 3 分	永見
(88)	金縁銘酒瓶	6 つ	53 匁 1 分	原田
(89)	金縁水呑付瓶	12	16 匁 2 分	三吉や
(90)	金縁百合形鉢	10 枚	55 匁 7 分	永見
(91)	同六寸鉢	7 枚	38 匁	永見
(92)	金縁五寸皿	16 枚	25 匁	永見
(93)	硝子六寸鉢	10 枚	20 匁	ふしや
(94)	硝子銘酒瓶	6 つ	43 匁 8 分	萬や
(95)	色切子同	1 對	194 匁	松田や
(96)	色硝子花生	1 對	156 匁	原田
(97)	色硝子皿付水呑附瓶	1 對	300 匁	永見
(98)	積二付・高二付 玉手硝子水入	5 つ	200 匁	てつや
(99)	高二付 玉手硝子水呑付瓶	6 つ	250 匁	菱安
(100)	贈 色硝子水呑付瓶	32	926 匁	三吉や
(101)	玉手水呑こつふ	27	6 匁 8 分 1 厘	村仁
(102)	高二付 小形銘酒瓶	8 つ	252 匁	原田
(103)	積二付 色硝子碁付菓子入	9 つ	230 匁	曽柳
(104)	積二付 白銅碁付同	5 つ	300 匁	八荷や
(105)	白銅菓子入	12	16 匁 9 分	てつや
(106)	積二付 白銅香爐	8 つ	450 匁	菱安
(107)	壱番白銅長盆	2 枚	210 匁	ひし安
(108)	弐番同	2 枚	160 匁	西せん

	商　　品	数　量	落札価格	落札商人
(109)	三番同	3 枚	120 匁	永見
(110)	四番同	2 枚	121 匁	鉄や
(111)	五番白銅長盆	4 枚	68 匁 7 分	松太
	二日目			
(112)	高二付 白銅器	8 品	349 匁	西善
(113)	白銅鈴	4 つ	108 匁	三吉や
(114)	硝子鈴	1	35 匁	豊安
(115)	壱番白焼金縁長鉢	2 枚	58 匁 6 分	立見や
(116)	二番同	2 枚	53 匁 8 分	立見や
(117)	三番白焼金縁長鉢	6 枚	29 匁 6 分	永見
(118)	四番同	1 枚	56 匁	永見
(119)	白焼金縁深手八寸鉢	24 枚	9 匁 3 分 6 厘	豊安
(120)	同金縁八寸鉢	76 枚	8 匁 9 分 1 厘	三吉や
(121)	白焼六寸鉢	24 枚	7 匁 2 分	立見や
(122)	同五寸皿	25 枚	6 匁 3 分	福井や
(123)	同金縁鉢	2 枚	19 匁 5 分	松田や
(124)	同金縁皿付水次	4 つ	9 匁 3 分	松田や
(125)	白焼金縁貝形皿	6 枚	13 匁 2 分	松田や
(126)	壱番白焼金縁基付ふた物	2 つ	48 匁 1 分	村仁
(127)	弐番同	6 つ	35 匁 3 分	松田や
(128)	高二付 壱番白焼金縁基付菓子入	2 つ	83 匁 4 分	松田や
(129)	弐番同	3 つ	23 匁 4 分	原田
(130)	三番同	2 つ	27 匁 1 分	原田
(131)	壱番白焼金縁どんふり	2 つ	42 匁 9 分	日の国
(132)	弐番同	2 つ	37 匁 8 分	日の国
(133)	白焼金縁基付くわし入	2 揃	100 匁	永見
(134)	銅基付茶出し	6 つ	56 匁 9 分	原田
(135)	高二付 壱番白焼金縁鶏手皿付ちよく	6 揃	185 匁	村仁
(136)	同断 弐番同	53 揃	1 貫 100 匁	村仁
(137)	高二付 白焼金縁金絵皿付ちよく	38 揃	500 匁	松田や
(138)	高二付 白焼金縁皿付ちよく	35 揃	365 匁	曽柳
(139)	壱番白焼錦手卓子道具	1 揃	525 匁	松田や
(140)	弐番白焼錦手卓子道具	1 揃	315 匁	松田や
(141)	三番白焼錦手卓子道具	1 揃	415 匁	常半
(142)	壱番白焼金縁卓子道具	1 揃	320 匁	常半
(143)	弐番白焼金縁卓子道具	1 揃	269 匁	立見や
(144)	高二付 白焼食事道具	20 揃	700 匁	吉十
(145)	壱番白焼金縁金繍鶏手食事道具	1 揃	275 匁	原田
(146)	不残二付 弐番白焼金縁金繍手食事道具	2 揃	253 匁	松田や
(147)	高二付 壱番白焼金縁食事道具	2 揃	180 匁	松田や
(148)	不残二付 弐番	10 揃	1 貫 100 匁	永見
(149)	不残二付 白焼金縁食事道具	12 品	170 匁	吉十
(150)	高二付 焼物人物置もの	33 品	639 匁	原田
(151)	同 焼物ふた付人置物	9 品	210 匁	細田・計
(152)	高二付 焼物筆洗	7 ツ	140 匁	吉十
(153)	同 同水入	3 ツ	21 匁	原田
(154)	白焼金縁金絵花生	2 つ	21 匁	村仁
(155)	高二付 焼物筆立	5 ツ	73 匁	原田
(156)	壱番切子茶入	3 ツ入 1 箱	351 匁	原田
(157)	高二付 弐番同	3 箱	388 匁	てつや
(158)	三番同	4 箱	191 匁	てつや
(159)	鼻目鏡	36	27 匁	入来や
(160)	壱番丸形両面鏡	3 面	50 匁 8 分	菱安
(161)	弐番同	4 面	43 匁	菱安
(162)	三番同	4 面	27 匁 9 分	河内や

第3章　安政4年(1857)の日蘭貿易　　497

	商　品	数　量	落札価格	落札商人
(163)	大工道具	小 8筒	30匁3分	三吉や
(164)	硝子玉腕餝り	480鎖り	5分9厘	三吉や
(165)	錠	1挺95宛3鈇	460匁	松本や・てつや
(166)	壱番掛時計	6つ	350匁	曽柳
(167)	弐番掛時計	6つ	100匁	西脇や
(168)	置時計	5つ	200匁	西善
(169)	壱番掛火燈し	4つ	238匁	松本や
(170)	弐番掛火燈し	5つ	100匁8分	吉十
(171)	墓付火燈し	6つ	223匁	松本や
(172)	壱番繪鏡	2枚	740匁	三吉や
(173)	弐番同	4枚	285匁	入来や
(174)	三番繪鏡	4枚	200匁3分	永見
(175)	四番同	3枚	280匁	豊安
(176)	五番同	4枚	157匁	豊安
(177)	六番同	8枚	79匁	松田や
(178)	七番繪鏡	8枚	115匁	松田や
(179)	八番同	8枚	60匁	豊安
(180)	壱番ヲールユル付置物	1つ	1貫580匁	原田
(181)	弐番同	2つ	379匁	原田
(182)	壱番ヲルコル	1	3貫600匁	三吉や
(183)	弐番同	1	2貫890匁	永見
(184)	三番同	1	1貫260匁	原田
(185)	四番同	1	752匁	松田や
(186)	五番ヲルコル	1	930匁	吉十
(187)	六番同	1	800匁	三吉や
(188)	七番同	1	750匁	藤や
(189)	八番同	1	670匁9分	藤や
(190)	巻煙草入	12	23匁9分	日の国
(191)	髭サボン	144	7匁1分	ひし宗
(192)	色天鷲絨金入	6つ	38匁9分	中の
(193)	虫目鏡	1箱	171匁	三吉や
(194)	明ふらすこ	4,650	1匁4分6厘8毛	てつや・竹のや
(195)	匂ひサボン	3,600	1匁8分2厘	菱安
(196)	壱番匂ひ水	282瓶	4匁8分6厘	三吉や
(197)	弐番同	60瓶	10匁5分5厘	てつや
(198)	三番匂ひ水	120瓶	3匁7分	松本や・てつや
(199)	色硝子暖簾玉	250斤	2匁8分9厘	河内や
(200)	真鍮針金	500斤	6匁1分8厘	吉更や
(201)	庖丁	大小 120本	23匁	豊安
(202)	折ハアカ	大小 1,600本	3匁9分6厘	三吉や
(203)	鋏	大小 668挺	3匁4分	三吉や
(204)	斧	21本	6匁5分	村仁
(205)	錠	大小 96	6匁5分9厘	日の国
(206)	掛かね	146	6匁1分	松本や・てつや
(207)	鉛	1,100斤	3匁6分	入来や
(208)	鉛むじ	30袋	110匁	菱や
(209)	ブリツキ延板	230枚	3匁5分	松田や
(210)	ヲレイフ油	564瓶	27匁7分	吉半・菱際
(211)	壱番シヤンパンヤウエイン	384瓶	11匁9分3厘	永見
(212)	弐番同	720瓶	7匁	村藤
(213)	三番同	240瓶	6匁	永見
(214)	四番シヤンパンヤウエイン	36瓶	5匁	ひし宗
(215)	壱番リキユール	288瓶	15匁	永見
(216)	弐番同	200瓶	12匁3分	永見
(217)	三番同	47瓶	8匁5分	村仁

	商　　　品	数　　量	落札価格	落札商人
(218)	四番リキユール	84 瓶	4 匁 7 分	日の国
(219)	ゼ子ーフル	150 瓶	7 匁 1 分	てつや・竹のや
(220)	アラキ	1,350 瓶	4 匁 3 分 7 厘	永見
(221)	レインウエイン	240 瓶	9 匁 5 分	てつや・竹のや
(222)	種二付 干菓物	312 瓶	6 貫 500 匁	てつや
(223)	蠟燭	2,880 本	8 分 6 厘 9 毛	日の国・豊や
(224)	壱番毛拂	33 本	1 匁 8 分	豊安
(225)	弐番同	9 本	1 匁 8 分	豊安
(226)	革筋り	2 ツ入 24 箱	7 匁	豊安
(227)	壱番牡丹	96	5 匁 5 分	松本や
(228)	弐番同	144	1 匁 2 分	松本や
(229)	革筋附留針	7 箱	21 匁	豊安
(230)	切子玉入腕筋り	8 つ	35 匁	ひし宗
(231)	留針	33	12 匁 5 分	中の
(232)	かんさし	8 本	5 匁	豊安
(233)	色硝子指輪	65	2 分 8 厘	豊安
(234)	金笹縁	10 丈 7 尺	11 匁 4 分	中の
(235)	壱番銀同	10 丈 7 尺	6 匁	ひし宗
(236)	弐番同	16 丈 3 尺 3 寸	2 匁 4 分 3 厘	中の
(237)	本金糸	16 把	5 匁	村仁
(238)	本銀糸	16 把	3 匁	菱安
(239)	金糸	16 把	2 匁	村仁
(240)	銀糸	16 把	2 匁 3 分 9 厘	中の
(241)	覗	1	250 匁	中の
(242)	切子玉入留針	68	23 匁	村仁
(243)	種二付 壱番金腕筋り	3 つ	300 匁	立見や
(244)	弐番同	7 つ	20 匁	立見や
(245)	腕筋り	7 つ	6 匁 5 分	村仁
	三日目			
(246)	高二付 壱番玉入かんさし	29 本	111 匁	村仁
(247)	同 弐番同	6 本	6 匁	豊安
(248)	同 三番同	18 本	34 匁 6 分	松田や
(249)	牡丹	4 ツ入 9 箱	11 匁 2 分	常半
(250)	切子玉入留針	2 ツ入 24 箱	36 匁 6 分	松本や
(251)	同玉入指輪	13 箱	24 匁	福井や
(252)	壱番切子玉入革筋り	48 箱	20 匁 5 分	永見
(253)	弐番同	2 ツ入 8 箱	13 匁 2 分	永見
(254)	切子玉入牡丹	3 ツ入 2 箱	17 匁	永見
(255)	種二付 壱番匂ひ瓶	144 改 12	68 匁	ひし安
(256)	弐番同	47	3 匁 5 分 1 厘	松田や
(257)	三番同	113	3 匁 2 分	松田や
(258)	指輪	1 箱 144 入 76 箱	38 匁 9 分	菱安
(259)	牡丹	3,096	1 分 6 厘 3 毛	松本や
(260)	い留針	1,080 本	2 分 1 厘	松田や
(261)	ろ留針	1,728 本	1 分 3 厘	村仁
(262)	は同	1,008 本	1 分 5 厘 8 毛	菱安
(263)	い切子玉入牡丹	720	1 匁 2 分 9 厘	松田や
(264)	壱番金笹縁	16 丈 5 尺	12 匁	原田
(265)	弐番同	16 丈 5 尺	6 匁 3 分	原田
(266)	い本金糸	64 把	5 匁 9 分	松田や
(267)	金箱	1	1 貫 320 匁	中の
(268)	壱番方針付地球	2 つ	358 匁	松本や
(269)	弐番同	5 つ	203 匁	常半
(270)	壱番地球	1	380 匁	菱安
(271)	弐番同	1	167 匁	中の

第3章　安政4年(1857)の日蘭貿易　　499

	商　　品	数　　量	落札価格	落札商人
(272)	三番地球	1	210匁	永見
(273)	天球	1	－	－
(274)	方針	小 10 箱	4匁3分	松田や
(275)	遠目鏡	10 本	23匁	常半
(276)	い視	11	136匁	中の
(277)	剃刀	24 挺	13匁9分	野田や
(278)	壱番ヒ鉾	20 揃	21匁	豊安
(279)	弐番ヒ鉾	24 揃	21匁5分	松本や・てつや
(280)	さし	60	9匁	松本や・てつや
(281)	オクタント	1 箱	280匁	松田や
(282)	セキスタント	1 箱	1貫270匁	中の
(283)	帆綿糸	16 斤	4匁6分9厘	中の
(284)	キナソート	449 瓶	130匁9分	竹のや・野田や
(285)	細末大黄	36 瓶	12匁9分	中の
(286)	アラヒヤコム	71 瓶	14匁7分6厘	立見や
(287)	アラヒヤコム	167 斤	31匁6分	松田や
(288)	ベニセアーンセテルペンテイン	50 瓶	6匁3分	立見や
(289)	カヤフーテ油	56 ふらすこ	43匁9分	永見
(290)	キナソート	50 鑵	132匁8分	てつや
(291)	1 ヲンス付 キナソーウト	1 瓶	135匁	てつや
(292)	ハーレム油	小 228 瓶	1匁3分	てつや・松本や
(293)	フエーストフアシンドル	50 瓶	3匁5分	菱宗
(294)	ラウタニユム	35 瓶	4匁6分	永井や
(295)	ろカヤフーテ油	30 ふらすこ	22匁8分	松田や
(296)	薄荷油	90 瓶	3匁3分	松本や
(297)	テレペンテイン油	28 ふらすこ	15匁3分	立見や
(298)	バルサムコツパイハ	50 ふらすこ	6匁1分	永井や
(299)	壱番遠目鏡	1 本	561匁	日の七
(300)	弐番同	3 本	356匁	日の七
(301)	三番同	3 本	298匁	ひし宗
(302)	四番同	3 本	240匁	永見
(303)	七重籠 壱番白焼金縁長鉢	2 枚	60匁	立見や
(304)	弐番同	2 枚	51匁	福井や
(305)	三番同	4 枚	32匁8分	立見や
(306)	四番同	4 枚	27匁	立見や
(307)	五番白焼金縁長鉢	8 枚	22匁8分	入来や
(308)	六番同	2 枚	50匁	入来や
(309)	壱番白焼金縁鉢	2 枚	48匁6分	入来や
(310)	弐番同	4 枚	34匁	入来や
(311)	三番白焼金縁鉢	8 本	17匁8分	松田や
(312)	白焼金縁深手八寸鉢	56 枚	9匁4分	三吉や
(313)	白焼金縁八寸鉢	132 枚	9匁	ひし宗
(314)	同七寸鉢	72 枚	7匁8分	村仁
(315)	白焼金縁蓋付ふた物	2 つ	52匁9分	松田や
(316)	白焼蓋付小ふた物	4 つ	20匁7分	入来や
(317)	白焼金縁ふた物	12	42匁7分	松田や
(318)	高二付 壱番白焼金縁蓋付菓子入	6 つ	266匁	原田
(319)	高二付 弐番白焼金縁蓋付菓子入	12	198匁	入来や
(320)	三番同	8 つ	12匁5分	村仁
(321)	白焼金縁水次	4 つ	9匁3分2厘	松田や
(322)	白焼金縁皿付小ふた物	4 つ	15匁8分	松田や
(323)	白焼金縁とんぶり	2 つ	48匁2分	三吉や
(324)	染付汁溜附長鉢	6 枚	41匁	入来や
(325)	染付巣桁附長鉢	4 枚	37匁	永見
(326)	壱番染付長鉢	10 枚	26匁	豊安

500　第3部　安政期の日蘭貿易

	商　　品	数　　量	落札価格	落札商人
(327)	貳番染付長鉢	14枚	19匁8分	松田や
(328)	三番同	16枚	14匁7分	松田や
(329)	四番同	24枚	9匁8分	立見や
(330)	五番同	20枚	9匁1分	松田や
(331)	壹番染付深手長鉢	7枚	13匁9分	松田や
(332)	弐番同	8枚	9匁8分	松田や
(333)	染付八寸鉢	300枚	5匁8分1厘	福井や
(334)	同七寸鉢	149枚	5匁	永見
(335)	染付五寸皿	91枚	4匁5分	福井や
(336)	同深手八寸鉢	124枚	6匁2分	冨や
(337)	染付蒸し鉢	21枚	23匁7分	冨や
(338)	高付 染付鉢付ふた物	8揃	416匁	入来や
(339)	高付 染付皿付小ふた物	26揃	273匁	三吉や
(340)	同ふた物	22	23匁6分	入来や
(341)	同蓋付どんふり	7つ	131匁	村仁
(342)	高付 同小ふた物	34	315匁	日の国
(343)	染付とんふり	10ヲ	32匁1分	福井や
(344)	同手附水入	19	24匁5分	㊉
(345)	同水次	19	20匁1分	福井や
(346)	大工道具	5箱	―	―

出典・「安政五戊午番割壹番割　巳阿蘭陀五番船荷物見帳」（鶴見大学図書館所蔵）。
　　註・「午二月朔日ゟ荷見セ」「午二月八日夕拂看板、十日ゟ入札、十二日迠済」。
　　　・落札商人の㊉は、村仁（村上仁十郎）。
　　　・「不残ニ付」「高ニ付」は総額を意味すると考えられる。

　　一商船持渡の品，入札拂幷相對拂之分とも，荷物惣代銀之内より三割五
　　歩差出すへし，尤會所ゟて直組買上ケの品は，此限り尓あらさる
　　事，(43)

とあり，相対取引が公に認められていたことがわかる。ヘンリエッテ・エ
ン・コルネーリア号の積荷物の相対取引の全貌を今のところ解明すること は
できないが，鶴見大学図書館が所蔵する安政4年の同船の積荷物による相
対取引に関する史料として，「安政四戊午正月改　相對買之品銀高覚帳」を
挙げることができる（図26参照）。本史料は，当時，出島番所勤めであった唐
人番の城（元之進もしくは倅の左七郎）が控えとして安政5年1月22日から10
月25日までの日蘭における取引（「相對買之品銀高」）を記した覚帳である。本
史料に記されているヘンリエッテ・エン・コルネーリア号の積荷物の相対取
引の記事である荷主・商品名・数量・取引銀高・買入商人・日付，出島より
商品の持出日を表にして示すと，後掲表117のようになる。荷主のスペン
クレル（スペングレル，スヘンクレル）は，上掲のポルスブルックの記事にみられ

第3章　安政4年(1857)の日蘭貿易　501

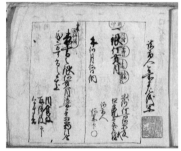

図26　「安政四戊午正月改　相對買之品銀高覚帳」(鶴見大学図書館所蔵)
　　　　　(五ヵ)

図27　「〔会所差紙　巳阿蘭陀五番船〕」(鶴見大学図書館所蔵)

表 117　安政 4 年(1857)オランダ船(ヘンリエッテ・エン・コルネーリア号)積荷物の相対取引(その 1)

荷　主	商　品	数　量	銀　高	合　計　銀　高	買　入　商　人	日　付	出島より持出日
スペンクレル	水呑	637		5貫700目	袋町　笹屋勝次	午正月22日	同23日
スペンクレル	鈴 フラ子ル 硝子器 同板 デーグルフフアン 船雛形 書籍	1ツ 1反 18 36箱 - 1 4部	10貫550目 950匁	11貫500目	酒屋町　鮫屋卯八	午正月22日	同24日
スペンクレル	両眼遠目鏡 赤金巾 白金巾 皿紗 羊皮 メリヤス肌着	8筒 1反 同 同 3枚 12	- 250目 120目 300目 640目 540目	10貫300目	-	午正月27日	同28日
スペンクレル	天球 地球	- -	350匁 300目	650目	長崎商人　豊嶋屋安兵衛	午2月2日	同10日
スペンクレル	石筆 書籍 方針	20束 127部 1ツ		26貫227匁7分	今鍛地屋町　吉川屋登五郎	午正月29日	2月9日
スペンクレル	シヤンパンヤウエイン	783瓶 但33匁		7貫503匁7分	西濱町　伊万里屋参次郎	午3月13日	同15日
スペンクレル	色羅紗	12反		16貫800目	長崎商人　西嶌屋善蔵	午3月17日	同18日
スペンクレル	地球	2ツ		1貫400目	入来屋長兵衛		午3月20日
スペンクレル	真鍮手燭 白焼鉢 カヤフーテ油 染付鉢	4ツ 20 20ふらた 54枚		1貫387匁9分4厘	石灰町　齊藤屋嘉兵衛	午3月20日	同21日
スペンクレル	硯	11組		2貫300目	銅座跡　八代屋茂三郎	午4月20日	21日
スペンクレル	留針	33本		495匁	今石灰町　伊万里屋丈右衛門	午4月20日	21日
スペングレル	ヲルコル 指輪	1ツ 72箱	3貫目 7貫500目	10貫500目	東濱町　財田屋惣右衛門 銅座跡　八代屋茂三郎	午4月24日	
スペングレル	スベールトース	1ツ		1貫800目	八代屋茂三郎	午6月8日	午6月8日
スペングレル	スベールトース	1ツ		2貫500目	東濱町　江戸屋万吉	午6月17日	同18日
スペングレル	セメンシナ テーヒスインフリナーリス セキスタント 水呑こつふ 瓶 絵	小4瓶 5本 1ツ 3ドセイン 32 10		3貫950目	今鍛冶屋町　吉川屋登五郎	午6月18日	
スペングレル	大工道具	5箱		5貫目	原田茂吉	午7月3日	午7月4日
スペンクレル	セーアユイン	150ホント		3貫600目	鉄屋右一郎	午9月11日	

出典・「安政四戊午正月改　相對買之品銀高覚帳」(鶴見大学図書館所蔵)。

表 118　安政 4 年(1857)オランダ船(ヘンリエッテ・エン・コルネーリア号)積荷物の相対取引(その 2)

荷　主	商　品	数　量	価　格	銀　高	合　計　銀　高	買　入　商　人	日　付
イアゲハスレイ	疲切	30斤	15匁/斤		450目	酒屋町　鮫屋卯八 銅座跡　八代屋茂三郎	巳11月7日
イアゲバスレイ	藤	403,730斤	1匁5分/斤		605貫595匁	東久平、伊万里屋與兵衛	巳12月4日
イアゲバスレイ	ヘラトーナ葉 ジキユーダ葉 マンナ エンタクゥオルトル イヘカコアナ サッサハリルラ エキスタラクトヘラトーナ 同 ラウタニユム 同 同 書籍	37斤 35斤 160斤 30斤 40斤 240斤 24瓶 12瓶 10瓶 13瓶 24瓶 小98冊	6匁/斤 8匁/斤 18匁/斤 7匁/斤 60目/斤 23匁/斤 15匁/瓶 30匁/瓶 31匁/瓶 21匁/瓶 11匁/瓶 3匁/冊	222匁 280目 2貫880目 210匁 2貫400目 5貫520匁 360目 360目 310匁 273匁 264匁 294匁	13貫373匁	京商人　野田屋喜次郎	巳12月9日

出典・「〔会所差紙〕」(鶴見大学図書館所蔵)。

　　　　　　　　　　　　　　　　　第3章　安政4年(1857)の日蘭貿易　　503

る「積荷上乗り人」のスペングレル Spengler と考えられる。取引商品は，
薬品類・ガラス器・陶磁器・染織品・書籍・絵画・雑貨・小間物類などあら
ゆる商品が対象であった。取引銀の単位は，脇荷銀と考えられるが，上掲
「十月十九日長崎奉行達　手附へ　和蘭商法改革につき心得方の件」に，「品
物代料者正銀ニ而會所江相納」(44)とあることより，買入商人は品物の代銀を
現金で長崎会所へ納めることになっていた。また，同史料に，

　　　但，相對拂之品引請候者者，代り品ニ而蘭人江相渡候儀，一切不相成事，

とあるように，商人からオランダ人の荷主に品物を直接渡すことは禁じられ
ていた。
　「安政四戊午正月改　相對買之品銀高覚帳」をみる限りヘンリエッテ・エ
ン・コルネーリア号の積荷物の相対取引は9月にまで及んでいたことがわ
かる。
　「安政四戊午正月改　相對買之品銀高覚帳」の冒頭には会所差紙(商品切手)
の雛形が記されている(図26参照)。この雛形を忠実に守って作成された差紙
が鶴見大学図書館に数枚所蔵されている。その中の安政4年作成の差紙の1
枚を示すと図27のようである。本差紙(「巳十一月七日」付け)は，巳阿蘭陀五
番船すなわち安政4年に阿蘭陀船として5番目に入港した船(ヘンリエッテ・
エン・コルネーリア号)が輸入した痰切(drop)の取引に関するものである。荷主
のオランダ人イアゲハスレイの痰切30斤を，長崎市中の酒屋町鮫屋卯八と
銅座跡八代屋茂三郎が連名で銀450目(1斤に付15匁)で買い入れており，長
崎会所の役人がその売買を確かなものにする裏書き(保証)をしている。
　鶴見大学図書館には「巳阿蘭陀五番船」の差紙が上記のものを含めて3
枚所蔵されており，それらの史料より，荷主・商品名・数量・取引銀高・買
入商人，日付を表にして示したものが表118である。荷主のイアゲハスレ
イ(イアゲバスレイ)は，出島オランダ商館の荷蔵役兼簿記役兼筆者頭(Pakhuis-
meester, Boekhouder en Scriba bij de Nederlandsche factorij te Desima)のバスレー
I. A. G. A. L. Basslé であったと考えられる。(45)取引商品は，薬品類と藤と
書籍であり，上掲表117で示した史料を補う原史料といえよう。

504　第3部　安政期の日蘭貿易

お わ り に

　以上，安政4年(1857)の日蘭貿易における本方貿易(=「本方商賣」)と脇荷貿易について史料紹介を含めてその実態を明らかにしてきた。なお，「五番船」ヘンリエッテ・エン・コルネーリア号の積荷物に関しては，脇荷商法での日本側取引史料の紹介にとどまった。「おわりに」においては，まず，安政4年におこなわれた「本方商賣」が安政期においていかなる位置付けができるか検討を加え，つづいて脇荷貿易については，政庁貿易一本化がはじまった前年安政3年と比較しながら検討を加えて，安政3年・4年両年の政庁による脇荷貿易の位置付けを試みていきたい。

　天保15年(1844)から，本章で考察した安政4年(1857)までの「本方商賣」について，正規の本方取引と別段商法・新規の別段商法の取引規模を示すと表119のようである(ここでは，本方勘定内の「誂物」は除く)。

　表119に示した安政4年①は，ウイレミナ・エン・クラーラ号が持ち渡った本方荷物をめぐっての取引規模であるが，本船は，前年に長崎港に入津するはずであったサーラ・ヨハンナ号の代わりとして来航した「商賣船」であった。したがって，日本側では「番」のつけられない船であった。オランダ側でも「壱番船」ヤン・ダニエル号以下の取引と分けられ，取引帳簿類も別立てであった。これらのことより，本船の取引およびその取引額(合計41,142.91カンパニーテール)は，前年安政3年のものとみた方がよいであろう。

　表119の安政4年②は，「壱番船」ヤン・ダニエル号と「弐番船」アンナ・ディグナ号が持ち渡った本方荷物(ウイレミナ・エン・クラーラ号の2品目の取引を含む)をめぐっての取引規模である。この取引が安政4年本来の「本方商賣」として位置付けられよう。したがって，その取引合計額101,735.29カンパニーテールは，天保15年以降でみた場合，「本方商賣」のほぼ平均値の取引を示しているといえる。

　安政2年，安政3年(安政4年①を含む)の「本方商賣」の取引額は天保15年以降でみた場合，他年度に比べて多く130,000カンパニーテールを超え

第3章 安政4年(1857)の日蘭貿易 505

表119 天保15年(1844)〜安政4年(1857)本方商賣の取引規模 (単位:カンパニーテール)

年　代	蘭船	本方取引[※1]	別段商法[※2]	新規の別段商法[※3]	合　計
1844 (天保15)	1艘	77,663.1493167	9,365.655		87,028.8043167
1845 (弘化2)	1艘	86,551.590684093	7,865.7019		94,417.292584093
1846 (弘化3)	1艘	117,921.59156	10,000.00		127,921.59156
1847 (弘化4)	1艘	100,162.72	10,000.00		110,162.72
1848 (嘉永元)	1艘	102,416.36	10,000.00		112,416.36
1849 (嘉永2)	1艘	112,800.51	8,767.14		121,567.65
1850 (嘉永3)	1艘	86,384.75	9,020.8810		95,405.631
1851 (嘉永4)	1艘	99,522.68	史料ナシ(a)		99,522.68 + a
1852 (嘉永5)	1艘	83,934.34	10,000.00		93,934.34
1853 (嘉永6)	1艘	102,356.62	9,943.52		112,300.14
1854 (嘉永7)	1艘	87,977.404	10,000.00	24,723.27	122,700.674
1855 (安政2)	2艘	90,512.2353	10,000.00	36,132.03	136,644.2653
1856 (安政3)	2艘	51,867.9194478	10,000.00	30,121.74	91,989.6594478
1857 (安政4)①	1艘	17,264.65[※4]		23,878.26[※5]	41,142.91
1857 (安政4)②	4艘	94,479.45[※6]	7,255.84[※7]		101,735.29

出典・※1〜 Komps rekening courant Japan 1844〜1857. MS. N.A. Japans Archief, nr. 1803〜
　　　 1817 (Aanwinsten, 1910, I: No. 170〜184). (Tōdai-Shiryō Microfilm: 6998·1·133·18〜32).
　　・※2〜 Rekening van den Aparten Handel 1847〜1857. MS. N.A. Japans Archief, nr. 1857〜
　　　 1866 (Aanwinsten, 1910, I: No. 219〜228). (Tōdai-Shiryō Microfilm: 6998·1·134·24〜33).
　　・※3〜 Rekening van den Nieuwen Aparten Handel 1854〜1857. MS. N.A. Japans Archief,
　　　 nr. 1867〜1870 (Aanwinsten, 1910, I: No. 229〜232). (Tōdai-Shiryō Microfilm:
　　　 6998·1·134·34〜37).
　　註・※4は、1857年5月1日付けの Komps rekening courant 1857.による。
　　・※5は、1857年5月1日付けの Rekening van den Nieuwen Aparten Handel 1857.による。
　　・※6は、1858年1月25日付けの Komps rekening courant 1857.による。
　　・※7は、1858年1月10日付けの Rekening van den Aparten Handel 1857.による。
　　・「蘭船」はオランダ商売船。

ている。これは，嘉永7年にはじまる追加取引である「新規の別段商法」
によるところが大きい。このようにみてくると，日蘭貿易は，安政4年に
おける「本方商賣」の終了を前に，数年間，新規の追加取引が許され，そし
て安政4年においては，旧来の取引と取引額を踏襲して最後の「本方商
賣」がおこなわれたことがわかる。

　つづいて，脇荷貿易についてみた場合，前述のように，ウイレミナ・エ
ン・クラーラ号は前年安政3年の取引とみた方がよいであろう。また，第6
節で考察した「五番船」ヘンリエッテ・エン・コルネーリア号は，日蘭追加
条約調印後に来航した私的な貿易船であり，その取引は脇荷商法によるもの
であったと考えられるが，安政3年，および安政4年の「四番船」までが
おこなっていた脇荷貿易とは性格を異にした取引であった。[46] したがって，

506　第3部　安政期の日蘭貿易

表120　安政3年(1856)・同4年(1857)の脇荷貿易の取引額

(単位：カンパンテール)

取引項目	安政3年	安政4年	合　計
脇荷取引	113,166.40 20,361.28 ※	172,436.80	
相対取引	62,828.58 2,664.80 ※	16,998.50	
除き物の取引	616.77	649.92	
誂物の取引	－	518,627.69	
輸入品取引合計額	199,637.83	708,712.91	908,350.74
輸出品の取引	228,715.28 161,275.38 ※	468,908.25	
輸出品取引合計額	389,990.66	468,908.25	858,898.91
脇荷貿易における労働への支払い	815.00	815.00	

出典・Bijlagen. Kambang rekening Japan. MS. N.A. Japans
　　　Archief, nr. 1890 (Aanwinsten, 1910, I: No. 283). (Tōdai-
　　　Shiryō Microfilm: 6998-1-135-32).
　　・Kambang rekening courant afgesloten 1°. Mei 1857. Japan.
　　　MS. N.A. Japans Archief, nr. 1891 (Aanwinsten, 1910,
　　　I: No. 269). (Tōdai-Shiryō Microfilm: 6998-1-135-18).
　　・Kambang rekening courant Japan. 1. Mei 1857 t/m 6.
　　　Februarij 1858. Bijlagen. MS. N.A. Japans Archief, nr.
　　　1892 (Aanwinsten, 1910, I: No. 284). (Tōdai-Shiryō
　　　Microfilm: 6998-1-135-33).
　　註・※印は、ウイレミナ・エン・クラーラ号の取引額。

　第5節で考察した「壱番船」ヤン・ダニエル号以下4艘による取引が政庁
によっておこなわれた安政4年の脇荷貿易とみることができよう。
　前年安政3年の脇荷貿易と本章で考察した安政4年の脇荷貿易における
取引額を比較したものが表120である。安政3年の取引は，オランダ船3
艘によるものであった(安政4年来航のウイレミナ・エン・クラーラ号の取引を含む)。
それに対して安政4年は，オランダ船4艘によるものであった。そのため，
1年度における取引規模に相違がみられる。安政3年の輸入品取引額

(199,637.83 カンバンテール)に比べて，安政4年のそれは約3.5倍になっている(708,712.91 カンバンテール)。主な要因は安政3年にはなかった誂物(注文品)の取引が安政4年に 518,627.69 カンバンテールおこなわれていることである。安政3年には輸入品の取引額に比べて，輸出品の取引額が2倍近くあり，輸出超過になっていた。その輸出超過分を安政4年には，誂物(注文品)の取引で埋め合わせる形を取っているといえよう。そのため，安政4年は輸入超過となっているのである。しかし，安政3年・4年の輸入品取引額の合計(908,350.74 カンバンテール)と輸出品取引額の合計(858,898.91 カンバンテール)は，50,000 カンバンテール弱の輸入超過になっている程度で，2年間でほぼ均衡を保つ取引をおこなっていたといえよう。本来，私的貿易品の取引であった脇荷貿易が，安政3年・4年にわたって，政庁により合計 900,000 カンバンテール規模でおこなわれていたわけである。なお，安政4年の誂物の取引は 834,082.704 グルデン[47]あり，それまで天保15年以降最高額であった安政2年の 324,317.24 グルデン(表89参照)をはるかに超える2.5倍の取引額であった。これらは日蘭貿易(本方貿易・脇荷貿易)の全てが政庁によっておこなわれた最終年度のあらわれとみることができよう。そして，安政4年の「壱番船」～「四番船」の積荷物の取引をもって本方貿易は終了し，脇荷貿易もその構造的な取引は終わりを告げ，「五番船」より脇荷貿易の取引形態を残した脇荷商法による取引へと移行していったのである。

註
(1) 『幕末外国関係文書』17(東京大学出版会，昭和47年)，424頁参照。
(2) この他に，オランダ船としては，ヤパン号 Japan が8月4日(9月21日)に長崎港に入津している。ヤパン号は，江戸幕府の注文でオランダで建造された蒸気軍艦であった。翌年，ヤパン号は咸臨丸と改名された。本船は，万延元年(1860)日米条約批准交換の際，木村摂津守を提督，勝安房守を艦長として日本最初の太平洋横断を果たした。
(3) 『和蘭風説書集成』下巻(日蘭学会，昭和54年)，259～262頁参照。
(4) 「年々阿蘭陀船入津控・年々外船入津控」(長崎歴史文化博物館収蔵)。
(5) Algemeene Staat der per Willemina en Clara naar Japan verzondene goederen. MS. N.A. Japans Archief, nr. 1640 (Aanwinsten, 1910, I: No. 32). (Tō-

508　第 3 部　安政期の日蘭貿易

dai-Shiryō Microfilm: 6998-1-125-2).

(6)　Handels verslag van de expeditie per "Willemina en Clara". Japan 1857. MS. N.A. Japans Archief, nr. 1733（Aanwinsten, 1910, I: No. 94）.（Tōdai-Shiryō Microfilm: 6998-1-130-20).

(7)　Komps verkoop 1857. Komps rekening courant afgesloten 1ᵉ Mei 1857. MS. N.A. Japans Archief, nr. 1816（Aanwinsten, 1910, I: No. 183）.（Tōdai-Shiryō Microfilm: 6998-1-133-31).

(8)　Komps rekening courant 1857. MS. N.A. Japans Archief, nr. 1816（Aanwinsten, 1910, I: No. 183）.（Tōdai-Shiryō Microfilm: 6998-1-133-31）.

(9)　Rekening van den Nieuwen Aparten Handel 1857. MS. N.A. Japans Archief, nr. 1870（Aanwinsten, 1910, I: No. 232）.（Tōdai-Shiryō Microfilm: 6998-1-134-37).

(10)　Cognossement Factuur. MS. N.A. Japans Archief, nr. 1640（Aanwinsten, 1910, I: No. 32）.（Tōdai-Shiryō Microfilm: 6998-1-126-1).

(11)　本方荷物は，ヤン・ダニエル号とアンナ・ディグナ号の 2 艘の積荷の中から取引されたが，後述する脇荷物が 4 艘（ヤン・ダニエル号，アンナ・ディグナ号，カタリーナ・エン・テレーシア号，ラミナー・エリサベット号）の積荷の中から取引されていることより，この 4 艘が本方商賣の対象になっていたと考えられる。

(12)　Notitie der komps prijzen in 1857. Komps rekening courant Japan 6 Mei 1858, 1857. Bijlagen. MS. N.A. Japans Archief, nr. 1818（Aanwinsten, 1910, I: No. 195）.（Tōdai-Shiryō Microfilm: 6998-1-133-43）.

(13)　Komps verkoop in 1857. Komps rekening courant Japan 6 Mei 1858, 1857. Bijlagen. MS. N.A. Japans Archief, nr. 1818（Aanwinsten, 1910, I: No. 195）.（Tōdai-Shiryō Microfilm: 6998-1-133-43).

(14)　Komps rekening courant 1857. MS. N.A. Japans Archief, nr. 1817（Aanwinsten, 1910, I: No. 184）.（Tōdai-Shiryō Microfilm: 6998-1-133-32).

(15)　Rekening van den Aparten Handel Japan 1857. MS. N.A. Japans Archief, nr. 1866（Aanwinsten, 1910, I: No. 228）.（Tōdai-Shiryō Microfilm: 6998-1-134-33).

(16)　Lᵃ N. Handel op Japan. Aantooning waarop gegrond is de eisch van artikelen welke voor 1859 uit Nederland benoodgid zijn voor Nederlandsch Indie. Project van naar Japan te zenden handels goederen in het jaar 1857. Ingekomen Stukken. 1857. MS. N.A. Japans Archief, nr. 1640（Aanwinsten, 1910, I: No. 32）.（Tōdai-Shiryō Microfilm: 6998-1-126-1). なお，インド産の象牙や紫檀が何故オランダ本国より出荷され，バタヴィア経由で長崎に持ち渡られたかについては，拙著『日蘭貿易の構造と展開』（吉川弘文館，平成 21 年）「第 1 部第 3 章　幕末期の日蘭

第3章 安政4年(1857)の日蘭貿易 509

貿易─嘉永6年(1853)の輸入品を事例として─」を参照。

(17) Komps handel pakhuis rekening Japan afgesloten 1ᵉ Mei 1857. MS. N.A. Japans Archief, nr. 1795 (Aanwinsten, 1910, I: No. 244). (Tōdai-Shiryō Microfilm: 6998-1-134-49).

(18) 永積洋子訳『ドゥーフ日本回想録』(雄松堂出版, 平成15年)50頁参照。

(19) 山脇悌二郎『長崎のオランダ商館』(中央公論社, 昭和55年)6頁参照。

(20) 1857年5月1日付けの将軍への注文品(誂物)販売リスト(合計30テール)では, 「航海家暦 1冊」zeemans almanak 1857 in de Engelsche taal, 「子トドランスマカセイン 1冊」Nederlandsch magazijn 1856 met schatkamer が, 1857年11月16日付けの将軍への注文品(誂物)販売リスト(合計3,208.80テール)では, 「海黄 100反」armozijnen, 「白金巾 100反」witte hamans / madapollams /, 「奥島 200反」taffachelassen, 「子トドランスマカセイン 1冊」Nederlandsch magazijn en schatkamer, 「航海家暦 1冊」Engelsche zee almanak 185 ^(ママ), 「咬𠺕吧暦 1冊」Bataviasche almanak 1857 が売られており, 従来同様の品々であることがわかる(出典：Verkooprekening van de eischgoederen, dit jaar voor den Keizer anngebragt. Komps rekening courant afgesloten 1ᵉ Mei 1857. MS. N.A. Japans Archief, nr. 1816 (Aanwinsten, 1910, I: No. 183). (Tōdai-Shiryō Microfilm: 6998-1-133-31). Verkooprekening van de eischgoederen dit jaar voor den Keizer aangebragt. Komps rekening courant Japan 6 Mei 1858, 1857. Bijlagen. MS. N.A. Japans Archief, nr. 1818 (Aanwinsten, 1910, I: No. 195). (Tōdai-Shiryō Microfilm: 6998-1-133-43).)(「 」内の日本側訳名は, 安政2年の事例を参照している。第3部第1章第3節参照)。

(21) 註(19)参照, 24～25頁。

(22) 註(19)参照, 25頁。

(23) 註(18)参照。

(24) Rekening van den nieuwen aparten handel 1856. MS. N.A. Japans Archief, nr. 1869 (Aanwinsten, 1910, I: No. 231). (Tōdai-Shiryō Microfilm: 6998-1-134-36).

(25) 横山伊徳「日本開港とロウ貿易─オランダ貿易会社を例に─」(明治維新史学会編『明治維新と外交』講座明治維新6, 有志舎, 平成29年)191～194頁参照。

(26) Kambang rekening courant afgesloten 1ᵉ Mei 1857. Japan. MS. N.A. Japans Archief, nr. 1891 (Aanwinsten, 1910, I: No. 269). (Tōdai-Shiryō Microfilm: 6998-1-135-18).

(27) 「見帳」は, 長崎会所において本商人が輸入品を入札(落札)したことを記した史料であるが, 必ずしも最終的な取引結果を記したものではない。脇荷物の取引にお

510　第3部　安政期の日蘭貿易

いては，本商人が落札した後，その落札値が低いことよりオランダ人が商品を日本
側に売り渡すことを拒むこともあった。この問題に関しては，拙稿「シーボルト記
念館所蔵泉屋家文書「脇荷貿易品史料」について」(『鳴滝紀要』第30号，令和2
年)を参照されたい。

(28)　なお，onder's hands verkochte goederen(相対での販売品)の取引は，賃借人に
代わって政庁によって脇荷貿易が本格的に開始された1856年(安政3)より帳簿の
上では登場する(Verkooprekening van onder's hands verkochte goederen. 1856.
Bijlagen Kambang-rekening Japan 1856. (№ 7.) MS. N.A. Japans Archief, nr.
1890(Aanwinsten, 1910, I: No. 283). (Tōdai-Shiryō Microfilm: 6998-1-135-32).)。

(29)　また，取引はされていないが，ウイレミナ・エン・クラーラ号が持ち渡った品
物(脇荷物かは不明)の中から阿蘭陀通詞へ贈り物とされた品々については，1857
年3月8日(出島)付けのVerantwoordnig der goederen in 1857 te Desima aan-
gebragt, per het schip "Willemina en Clara" ter voldoening aan particuliere Ja-
pansche Eischen.(個人的な日本人の注文を満たすために「ウイレミナ・エン・ク
ラーラ号」によって，1857年出島にもたらされた品々の証明書)によって明らかに
なる。本史料にAlgemeene Staat(概略リスト)から照合する商品とその数量・仕
入価格・仕入価額を抽出して列記したものが表121である。

(30)　ヤン・ダニエル号，アンナ・ディグナ号，カタリーナ・エン・テレーシア号の
Factuur(送り状)は，Cognossement Factuur. MS. N.A. Japans Archief, nr. 1640
(Aanwinsten, 1910, I: No. 32). (Tōdai-Shiryō Microfilm: 6998-1-126-1)。ラミナ
ー・エリサベット号のFactuur(送り状)は，Cognossement Factuur. MS. N.A.
Japans Archief, nr. 1640 (Aanwinsten, 1910, I: No. 33). (Tōdai-Shiryō Microfilm:
6998-1-126-2)。

(31)　Kambang rekening courant Japan. 1. Mei 1857 t/m 6. Februarij 1858. Bijla-
gen.(№ 6.) MS. N.A. Japans Archief, nr. 1892 (Aanwinsten, 1910, I: No. 284).
(Tōdai-Shiryō Microfilm: 6998-1-135-33).

(32)　Kambang rekening courant 1 Mei 1857 - 6 Februarij 1858. MS. N.A. Japans
Archief, nr. 1892 (Aanwinsten, 1910, I: No. 270). (Tōdai-Shiryō Microfilm: 6998-
1-135-19).

(33)　Kambang handel Pakhuis boek rekening № 1. Japan 1857. MS. N.A. Japans
Archief, nr. 1874 (Aanwinsten, 1910, I: No. 297).(Tōdai-Shiryō Microfilm: 6998-
1-136-5).によって「麻黄」mawoがウイレミナ・エン・クラーラ号の持ち渡り品
だとわかる。

(34)　オランダ側は，「麻黄」mawo,「アラビアゴム」Arabische gom,「ウニコール」
een hoornの3品目を長崎会所に「直組」で販売していることより，帳簿上では

第3章　安政4年(1857)の日蘭貿易　　511

表121　安政4年(1857)ウイレミナ・エン・クラーラ号より阿蘭陀通詞への贈り物

	Algemeene Staat (1856年12月)				Verantwoording (1857年3月8日)	
	Goederen	Hoeveelheid	仕入価格 (グルデン)	仕入額 (グルデン)	Goederen	Hoeveelheid
[1]	potlooden (「石筆」〔鉛筆〕)	4 dozijn (4ダース)	2.70 / dozijn	10.80	potlooden (「石筆」〔鉛筆〕)	4 dozijn (4ダース)
[2]	stalen pennen (〔スチールペン〕)	2 doozen (2箱)	2.70 / doos	5.40	stalen pennen (〔スチールペン〕)	2 doozen (2箱)
[3]	pennenhouders (〔ペンホルダー〕)	5 (5)	0.18 / -	0.90	pennenhouders (〔ペンホルダー〕)	5 (5)
[4]	velin papier (〔上質皮紙〕)	3 riem (3連)	9.90 / riem	29.70	velijn papier (〔上質皮紙〕)	3 riemen (3連)
[5]	afgesneden Holl: papier (〔購したオランダの紙〕)	1 riem (1連)	9.90 / riem	9.90	pro patria papier (〔プロ・パ゚トリア社の紙〕)	1 riem (1連)
[6]	pennenschachten (〔羽ペン〕)	3 bossen (3束)	0.90 / bos	2.70	pennenschachten (〔羽ペン〕)	3 bossen (3束)

出典・Algemeene Staat は、Algemeene Staat der per Willemina en Clara naar Japan verzondene
　　goederen. MS. N.A. Japans Archief, nr. 1640 (Aanwinsten, 1910, I: No. 32). (Tōdai-Shiryō
　　Microfilm: 6998-1-125-2)。
　　・Verantwoording は、Verantwoording der goederen in 1857 te Desima aangebragt, per het schip
　　"Willemina en Clara" ter voldoening aan particuliere Japansche Eischen. 1857. MS. N.A. Japans
　　Archief, nr. 1854 (Aanwinsten, 1910, I: No. 341). (Tōdai-Shiryō Microfilm: 6998-1-136-53)。
　　註・「　」内は、従来訳例のある商品名、〔　〕内は拙訳を示す。
　　・オランダ側商品名各単語の頭文字は、国名は大文字とし、その他は小文字で記した。

表122　安政4年(1857)アンナ・ディグナ号より阿蘭陀通詞への贈り物

	Factuur (1857年7月3日)				Verantwoording (1857年8月28日)	
	Goederen	Hoeveelheid	仕入価格 (グルデン)	仕入額(グルデン)	Goederen	Hoeveelheid
[1]	potlooden (「石筆」〔鉛筆〕)	4 dozijn (4ダース)	3.50 / dozijn	14.00	potlooden (「石筆」〔鉛筆〕)	4 dozijn (4ダース)
[2]	stalen pennen (〔スチールペン〕)	2 doosjes (2箱)	3.00 / doosje	6.00	stalen pennen (〔スチールペン〕)	2 doosjes (2箱)
[3]	zwart inkt (〔黒インク〕)	1 fl. (1瓶)	2.00 / fl.	2.00	zwarte inkt (〔黒インク〕)	1 flesch (1瓶)
[4]	pennenhouders (〔ペンホルダー〕)	6 stuks (6個)	0.25 / stuk	1.50	pennenhouders (〔ペンホルダー〕)	6 stuks (6個)
[5]	pennenschachten (〔羽ペン〕)	3 bossen (3束)	0.83 / bos	2.50	pennenschachten (〔羽ペン〕)	3 bossen (3束)
[6]	velin papier (〔上質皮紙〕)	2 riem (2連)	10.00 / riem	20.00	velijn papier (〔上質皮紙〕)	2 riemen (2連)
[7]	Holl: papier (〔オランダの紙〕)	2 riem (2連)	10.00 / riem	20.00	Hollandsch papier (〔オランダの紙〕)	2 riemen (2連)

出典・Factuur は、Cognossement Factuur. MS. N.A. Japans Archief, nr. 1640 (Aanwinsten, 1910,
　　I: No. 32). (Tōdai-Shiryō Microfilm: 6998-1-126-1)。
　　・Verantwoording は、Verantwoording der goederen in 1857 te Desima aangebragt, per het
　　schip "Anna Digna" ter voldoening aan particuliere Eischen. MS. N.A. Japans Archief, nr.
　　1855 (Aanwinsten, 1910, I: No. 342). (Tōdai-Shiryō Microfilm: 6998-1-136-54)。
　　註・オランダ史料の id.、〃 (=同) は、それに相当する単語を記した。
　　・「　」内は、従来訳例のある商品名、〔　〕内は拙訳を示す。
　　・オランダ側商品名各単語の頭文字は、国名は大文字とし、その他は小文字で記した。

512　第3部　安政期の日蘭貿易

「品代り取引」を「相対取引」で処理しているのであろう。なお，賃借人が脇荷貿易をおこなっていた時は，「品代り取引」は Ruiling Handel（交換貿易）として帳簿に記載していた。

(35)　「安政四巳五番割　巳阿蘭陀船本方見帳」（長崎歴史文化博物館収蔵）。

(36)　また，取引はされていないが，アンナ・ディグナ号が持ち渡った品物（脇荷物かは不明）の中から阿蘭陀通詞へ贈り物とされた品々については，1857 年 **8 月 28 日**（出島）付けの Verantwoording der goederen in 1857 te Desima aangebragt, per het schip "Anna Digna" ter voldoening aan particuliere Eischen.（個人的な注文を満たすために「アンナ・ディグナ号」によって，1857 年出島にもたらされた品々の証明書）によって明らかになる。本史料にアンナ・ディグナ号の Factuur（送り状）から照合する商品とその数量・仕入価格・仕入価額を抽出して列記したものが表 122 である。

(37)　「除き物」ligting は，脇荷貿易においては，脇荷取引以外の取引であり，本来日本側役人による輸入品からの優先的購入であった。

(38)　Dagelijksche aanteekeningen van den Nederlandschen Kommissaris in Japan van af 29 November 1854 tot den 27 Junij 1856 en van 27 Junij 1856 t/m 30 Nov. 1857. MS. N.A. Japans Archief, nr. 1620 (Aanwinsten, 1910, I: No. 71). (Tōdai-Shiryō Microfilm: 6998-1-129-35). 本史料は，当時のオランダ商館長ドンケル゠クルチウス J. H. Donker Curtius（1852 年（嘉永 5）に就任）が，1855 年（安政 2）8 月に駐日オランダ領事官 Nederlandschen Kommissaris in Japan を兼ねることになったため，上記史料名のようになっているが，本章では『オランダ商館日記』と表記しておく。

　　なお，日蘭追加条約添書の第 2 条は次のようである。

　　　一條約第六條第八條第九條幷第二十四條之規定相止ル間，向後直様是迄之繋り場江碇卸し致すへき事，（出典：註(1)参照，424〜425 頁参照。）

(39)　ヘルマン・ムースハルト編著・生熊文訳『ポルスブルック日本報告(1857-1870)——オランダ領事の見た幕末事情——』（雄松堂出版，平成 7 年）53 頁参照。

(40)　ここでは，日本関係文書（Japans Archief）の目録として，M. P. H. Roessingh, *Het Archief van de Nederlandse Factorij in Japan*, 's Gravenhage, 1964. と『東京大学史料編纂所日本関係海外史料目録』1〜5（東京大学，昭和 38〜41 年）を挙げておく。なお，Kambang rekening courant 1 Mei 1857 - 6 Februarij 1858.（1857 年 5 月 1 日〜1858 年 2 月 6 日の日本商館脇荷勘定帳）の付録文書（№ 29.）には，スペングレルへの出島施設貸し渡し料金として 162 テール（259.24 グルデン）がオランダ商館の収入になっていることを記している。

(41)　『幕末外国関係文書』18（東京大学出版会，昭和 47 年），64 頁参照。

第3章　安政4年(1857)の日蘭貿易　　513

(42)　なお，商人が品物をオランダ商館に持参する際は，事前に長崎会所に「品立書」を提出し，会所が了承した上で持参することになっていた。

(43)　註(1)参照，398頁参照。

(44)　註(41)参照，65頁。

(45)　I. A. G. A. L. Basslé, Pakhuismeester, Boekhouder en Scriba bij de Nederlandsche factorij te Desima.(Traktements rekeningen Japan van af 1e December 1857 tot en met September 1858. MS. N.A. Japans Archief, nr. 1920（Aanwinsten, 1910, I: No. 370). (Tōdai-Shiryō Microfilm: 6998-1-137-14).)

(46)　現存する日本側史料から以下のことがいえよう。脇荷貿易がおこなわれていた時の日本側取引史料の表題は，「安政四巳三番割　巳紅毛船脇荷物見帳」や「安政四年　巳阿蘭陀船本方・ワキニ物端物切本帳」のように，「脇荷物」「ワキニ物」と記されるのが通例であった。しかし，安政4年の「五番船」の積荷物の取引史料の表題は，「安政四巳六番割　巳紅毛五番船落札帳」「安政四年巳六番割　巳阿蘭陀五番船切本帳」「安政五戊午壹番割　巳阿蘭陀五番船荷物見帳」とあるように，「五番船」の積荷物であることを記し，「脇荷」「脇荷物」とは記していない。これは，安政5年のオランダ「一番船」の積荷物の取引史料の表題でも同様であり，「午阿蘭陀一番船荷物見帳」(杏雨書屋所蔵村上家文書)と記している。したがって，日蘭追加条約調印以降の日蘭貿易において，少なくとも日本側は，脇荷物の取引ではなく，積荷物の取引としておこなわれていたわけである。すなわち，本方貿易が終了した時点で，本方荷物・脇荷物の区別はなくなり，あわせて本方貿易も脇荷貿易もなく，オランダ船の積荷物の取引として日蘭貿易が継続されていったものと考えられる。

(47)　安政4年の誂物取引834,082.704グルデンは，将軍への誂物3,208.80カンパニーテール(4,278.4グルデン)と脇荷貿易内の誂物518,627.69カンバンテール(829,804.304グルデン)の合計額。

第4章　安政5年(1858)・同6年(1859)の日蘭貿易

はじめに

　本章においては，安政6年6月2日(1859年7月1日)日蘭修好通商条約が施行され自由貿易となるまでの安政5年・6年の日蘭貿易，特に長崎会所における入札取引と相対取引の実態について考察していきたい。

第1節　安政5年の日蘭貿易における入札取引と相対取引

1　入札取引

　「年々阿蘭陀船入津控・年々外船入津控」(長崎歴史文化博物館収蔵)によると，安政5年(1858)には，「阿蘭陀商賣船」として8艘(壱番船〜八番船)が長崎港に入津している。「オランダ商館日記」[1](以下，「商館日記」と記す)に記されているこの8艘のオランダ船名を日本側でいう「壱番船」〜「八番船」に照合して掲げると下記のようである。入津等の日付けは「商館日記」によるものである(本章では，以下，西暦の日付けはゴシック体で表記する)。

◦壱番船：5月27日(**7月7日**)入津，ゼーファールト号 Zeevaart
◦弐番船(後に三番船に変更)：6月28日(**8月7日**)中ノ嶋ニ而難船，キャトサンドリア号 Cadsandria
◦三番船(後に弐番船に変更)：7月27日(**9月4日**)入津，コルネーリア・ヘンリエッテ号 Cornelia Henriëtte
◦四番船：10月23日(**11月28日**)入津，オルデンバルネフェルト号 Oldenbarneveld

◦五番船：12 月 7 日(1859 年 1 月 10 日)入津，ヘルデルラント号 Gelderland

◦六番船：12 月 8 日(1859 年 1 月 11 日)入津，アンナ・エン・ヤコプ号 Anna en Jacob

◦七番船：12 月 20 日(1859 年 1 月 23 日)入津，アリダ・マリア号 Alida Maria

◦八番船：12 月 24 日(1859 年 1 月 27 日)入津，ヤン・ファン・ブラーケル号 Jan van Brakel[2]

　なお，詳細は後述するが，上記 8 艘の内，キャトサンドリア号ははじめ弐番船であったが「難船」(難破船)となったため後に三番船に変更された。そして，三番船として入津したコルネーリア・ヘンリエッテ号は弐番船に変更されている。

　安政 5 年における日蘭貿易において，上記 8 艘の内，何番船までの積荷が長崎会所の管理下で入札取引されたのであろうか。同年の長崎会所の正式な勘定帳と同一視できる「安政五午年　長崎會所勘定帳」[3]には，

　　　一，銀七百五拾七貫九百四拾七匁四分弐厘壱毛弐弗　　巳午阿蘭陀船三艘
　　　　　　　　　　　　　　　　　　　　　　　　　　　　　荷物拂代銀

　　　　二，但三歩銀并五歩銀相掛候分

　　　　　三，此訳

　　　小銀四百九拾弐貫六百六拾五匁八分弐厘三毛七弗八

　　　　四，是者巳五番午壱番弐番船〆三艘荷物元代之分

　　　　銀弐百六拾五貫弐百八拾壱匁五分九厘七毛四弗弐

　　　　一，是者右拂立候出銀平均五割三歩八厘余之分

　　　一，銀百五拾七貫目　一，午阿蘭陀破船并荷物拂代銀

　　　　二，但五歩銀相掛不申候

　　　　三，是者午阿蘭陀破船并荷物拂立代銀を以阿蘭陀人江渡方相成候ニ
　　　　　　付，元代出銀之仕分無之分

とあり，安政 5 年における長崎会所の管理下でのオランダ船積荷物の入札取引の結果が記されている。この記事より入札取引は「巳午阿蘭陀船三艘荷物」(＝「巳五番午壱番弐番船〆三艘荷物」)および「午阿蘭陀破船并荷物」が対象で

516　第3部　安政期の日蘭貿易

あったことがわかる。この内，「巳五番」船とは，前年の安政4年9月5日（1857年10月22日）に長崎港に入津した五番船ヘンリエッテ・エン・コルネーリア号 Henriëtte en Cornelia のことである。本船の積荷物は，日蘭追加条約のもとではじめて取引されたものであり，長崎会所における「巳六番割」（安政4年11月5日（12月20日））と「午壹番割」（安政5年2月10日〜12日（3月24日〜26日））での入札にかけられている。したがって，「安政五午年　長崎會所勘定帳」に記されている「巳五番」船の銀高は「午壹番割」での取引結果の銀高である。なお，本取引の詳細については，第3部第3章第6節で考察しているため本章では省略する。

　上記勘定帳でいっている「午壱番」船はゼーファールト号，「弐番船」はコルネーリア・ヘンリエッテ号，「午阿蘭陀破船」はキャトサンドリア号と考えられる。したがって，安政5年時の来航船における入札取引は上記3艘であったことがわかる。

　以下，本節では長崎会所の管理下でおこなわれた，壱番船ゼーファールト号から三番船（後に弐番船に変更）コルネーリア・ヘンリエッテ号までの積荷の入札取引について考察していきたい。

〈1〉　壱番船ゼーファールト号の積荷の入札取引

　先に考察したように安政4年8月29日（10月16日）に調印された日蘭追加条約により，同年9月5日（10月22日）に入津した五番船ヘンリエッテ・エン・コルネーリア号の積荷からは「本方商賣」はされず「脇荷商法」での取引であった（第3部第3章第6節参照）。

　安政5年5月27日（7月7日）に入津した壱番船ゼーファールト号が日本側に提出したと思われる Opgegeven Factuur（提出送り状）およびその元となる Factuur（送り状）は未詳であるが，「提出送り状」を和解（翻訳）したと考えられる「積荷目録」は，「安政五年　午阿蘭陀壱番船相對拂看板帳・弐番船於中ノ嶋難船ス沈積侭入札・三番船相對拂」（神戸市立博物館所蔵）（以下，「安政五年神戸史料」と略記する）に収められている「壱番船荷物」のリストと思われる。上掲史料は，「午阿蘭陀壱番船」ゼーファールト号の相対取引のリストや取

表123　安政5年(1858)オランダ壱番船(Zeevaart)積荷物の取引

	積荷目録 商品	数量	落札帳 商品	数量	落札価格	落札商人
	壱番船荷物		午三番割 午紅毛壱番船	テードルランク1ポント 1斤6合7勺余		
(1)	キナキナ	1,000 ホント	キナキナ	1,000 ホント	105匁6分	樋・竹や
(2)	サツサバリルラ	125 ホント	サツサハリルラ	126 ホント	24匁7分4厘	春日や
(3)	コーニングスキナキナ	50 ホント	コーニングスキナキナ	50 ホント	109匁	紅・松井や
(4)	カスカリルラ	100 ホント	カスカリルラ	100 ホント	82匁5分	春日や
(5)	ゼアユイン	150 ホント	セアユイン	150 ホント	18匁1分1厘	永井や
(6)	痰切	500 ホント	タンキリ	500 ホント	10匁5分6厘	春日や
(7)	カシヤボーム	20 ホント	カシヤボーム	20 ホント	83匁9分	藤や
(8)	アラビヤゴム	1,000 ホント外ニ5鑵	アラヒヤコム	1,000 ホント	33匁	樋・鮮
(9)	マグ子シヤ	150 ホント	マクシヤ	150 ホント	19匁8分	永井や
(10)	ゲンチヤンウヲルトル	150 ホント	ケンチヤンウヲルトル	150 ホント	4匁9分5厘	常半
(11)	ラーデキスコロンボー	100 ホント	ラーテキスコロンホー	100 ホント	90匁8分	常半
(12)	オクリカンキリ	150 ホント	ヲクリカンキリ	150 ホント	79匁2分	村仁
(13)	ハールレム油	小1,000瓶	ハーレム油	1,000瓶	5分	村仁
(14)	レインサート	100 ホント	レインサート	100 ホント	3匁3分	東や
(15)	ラーデキスラタニヤ	25 ホント	ラーテキスラタニヤ	25 ホント	49匁5分	入来や
(16)	同イペカコアナ	25 ホント	同イヘカコアナ	25 ホント	52匁8分	春日や
(17)	同ヤラツパ	25 ホント	同ヤラツハ	25 ホント	74匁3分	永井や
(18)	エンゲルウヲルトル	25 ホント	エンケルウヲルトル	25 ホント	8匁3分	立見や
(19)	スランガウヲルトル	10 ホント	スランカ同	10 ホント	87匁	永井や
(20)	ケレルルタルタリ	100 ホント	ケレムルタルタリ	100 ホント	52匁8分	長岡
(21)	サフラン	50 ホント	サフラン	50 ホント	1貫237匁5分	部や・松
(22)	壱番ラウタニユム	6瓶	壱番ラウタニユム	6瓶	20匁2分	立見や
(23)	二番同	9瓶	二番同	9	26匁2分	立見や
(24)	三番同	12瓶	三番同	12	16匁2分	立見や
(25)	壱番スプリーテスシンデリー	12瓶	壱番スフリーテスシンデリー	22	30匁2分	新や
(26)	二番同	24瓶	二番同	24 ひん	18匁3分	新や
(27)	ラーデキスサアレツプ	12 ホント半	ラーテキサアレツプ	12 ホント半	59匁4分	ひし宗
	右いつれも子ートルラントポントなり					
(28)	シユルブスソータ	17瓶	シユルフスリーダ	17瓶	48匁6分	立見や
(29)	壱番サルベートルシユールビスミツト	24瓶	壱番サルペートルシユルビスメツト	24瓶	32匁	入来や
(30)	二番同	48瓶	二番同	47ひん	15匁	村藤
(31)	壱番薄荷油	40瓶	壱番薄荷油	40ひん	11匁3分	新や
(32)	二番同	80瓶	二番同	80瓶	7匁1分	新や
(33)	エキスタラクトシキユータ	20瓶	エキスタラクトシキユータ	20瓶	40匁	立見や
(34)	テリヤアカ	400鑵	テリヤアカ	400鑵	4匁3分	合
(35)	ラーピスインブリナリス	16瓶	ラアヒスインフリナリス	16ひん	33匁	合
(36)	壱番スプリーテスニツトルトルシス	50瓶	壱番スフリーテスニツトルトルシス	50瓶	28匁	鉄や
(37)	二番同	100瓶	二番同	100瓶	14匁5分	原田
(38)	壱番ホフマン	70瓶	壱番ホフマン	70瓶	35匁	立見や
(39)	二番同	70瓶	二番同	70瓶	17匁5分	立見や
(40)	アゼインシユールロードオクセイタ	50瓶	アゼインシユールロートヲクセイダ	59瓶	15匁	ひしや
(41)	エキスタラクトシヨシヤムス	99瓶	エキスタラクトヒヨシヤム	99瓶	93匁	菱宗
(42)	壱番ゼフル油	24瓶	壱番セ子ーフル油	24瓶	6匁5分	立見や
(43)	二番同	48瓶	弐番セ子ーフル油	48瓶	2匁2分	松井や
(44)	バルサムコツハイハ	50瓶	ハルサムコツハイハ	小50瓶	36匁	入来や
(45)	ズワーフルシユールポツトアス	50瓶	スワーフルシユールホツアス	50瓶	5匁	常半
(46)	壱番ブラークウエインステーン	20瓶	壱番ブラークウエインステーン	20ひん	15匁	常半
(47)	二番同	60瓶	二番同	60ひん	7匁	常半
(48)	三番同	80瓶	三番同	80ひん	3匁	入来や
(49)	壱番カロメル	128瓶	壱番カロメル	128ひん	8匁　　3厘	モリや
(50)	二番同	224瓶	二番同	224ひん	4匁	曽根や
(51)	バルサムベイリウ	9瓶	ハルサンヘーリユ	9瓶	55匁3分	立見や
(52)	ヤラツパハルスト	8瓶	ヤラツハハルスト	8ひん	110匁	松のや
(53)	カストールムエレキテユム	23瓶	カストールムエレキテユム	23ひん	43匁	入来や
(54)	壱番エキスタラクトベラトーナ	12瓶	壱番エキスタラクトベラトーナ	12瓶	5匁	モリや
(55)	二番同	24瓶	二番同	24瓶	8匁	入来や
(56)	壱番ケルシス三子ラール	16瓶	壱番ケルミス三子ラール	16ひん	13匁2分	立見や
(57)	二番同	32瓶	二番同	32ひん	7匁1分	立見や
(58)	キヤツクハルスト	40瓶	キユヤツクハルスト	40ひん	12匁	森や
(59)	キナソート	32瓶	キナソート	32ひん	160匁	常半
(60)	サルアルモニヤシ精気	50瓶	サルアルモニヤシ精気	50ひん	40匁	東や
(61)	ラウリールオーリイ	4瓶	ラウリールヲーリー	4ひん	42匁3分	竹のや
(62)	シユルブスマグ子シヤ	19瓶	シユルフスマク子シヤ	19ひん	56匁9分	西嶋や
(63)	オツセンカル	23瓶	ヲツセンカル	23ひん	45匁	入来や
(64)	ヘルハジキターリス	200 ホント	ヘルハシキターリス	200 ホント	156匁8分	合・タ
(65)	アルニカブルーム	50 ホント	アルニカブルーム	50 ホント	19匁8分	菱宗
(66)	フリイルフルーム	25 ホント	フリイルフルーム	25 ホント	16匁5分	菱ソ
(67)	ヘルバベラトーナ	25 ホント	ヘルバベラトーナ	25 ホント	9匁5分	ふしや
(68)	ヘルバヒヨシヤムス	100 ホント	ヘルバヒヨシヤム	100 ホント	74匁3分	村藤
(69)	カミルレ	325 ホント	カミルレ	325 ホント	14匁8分	入来や
(70)	センナブラーテン	200 ホント	センナフラーテン	200 ホント	37匁9分5厘	合

		積　荷　目　録		落　札　帳			
		商　品	数　量	商　品	数　量	落札価格	落札商人
(71)		ヘルハシキユータ	12 鑵	ヘルハシユータ	12 鑵	45 匁 9 分	永見
(72)		セメンシナ	300 ホント	セメンシーナ	300 ホント	462 匁	永見
(73)		芦會	125 ホント	芦會	125 ホント	29 匁 7 分	村藤
(74)		エイスランスモス	凡 400 ホント	エイスランスモス	400 ホント	8 匁 2 分 5 厘	村仁
(75)		細末ポックホウト	凡 560 ホント	細末ホックホート	560 ホント	2 匁 9 分 7 厘	村仁
(76)		アキ	200 ホント	アキ	200 ホント	26 匁 4 分	中の
(77)		セメンシナ	50 ホント	イノ印　セメンシーナ	50 ホント	478 匁 5 分	永見
(78)		キナキナ	25 ホント	同　キナキナ	25 ホント	107 匁 2 分 5 厘	竹のや・檜
(79)		キナソート	30 瓶	同　キナソート	30 ひん	168 匁	常半
(80)		カミルレ	207 ホント	同　カミルレ	207 ホント	15 匁	入来や
(81)		キナソート	406 瓶	同　キナソート	406 ひん	168 匁	⊕・夕
(82)		同	188 瓶	同　同	188 ひん	163 匁	曽根や
(83)		同	50 鑵	同　同	小 50 鑵	80 匁 7 分	常半
(84)		同	大 1 瓶	同　同	大 1 ひん	100 匁	常半
(85)		細末大黄	56 瓶	同　細末大黄	56 ひん	13 匁 5 分	入来や
(86)		アラヒヤコム	71 瓶	同　アラヒヤコム	71 ひん	3 匁	檜・群羊
(87)		同	250 斤	同　同	250 斤	20 匁	檜・群羊
(88)		テレメンテイン油	50 硝子	―	―	―	―
(89)		ゲーストフアンミンドル	50 ふらすこ	ゲーストフアンミントル	50 硝子	4 匁 6 分 2 厘	竹のや
(90)		ラウダニユム	50 瓶	ラータニユル	50 ひん	10 匁 9 分	立見や
(91)		カヤプーテ油	30 硝子	カヤフーテ油	30 硝子	13 匁	ひし宗
(92)		薄荷油	90 瓶	薄荷油	90 ひん	4 匁 3 分	八藤や
(93)		バルサムコツバイハ	50 硝子	ハルサンコツバイハ	小 50 ひん	7 匁　　4 厘	玉津や
(94)		テレメンテイン油	200 硝子	テレメンテイン油	200 硝子	10 匁	長岡
(95)		サルアルモニヤシ	200 瓶	サルアルモニヤシ	200 ひん	24 匁 5 分	入来や
		右いつれも子ードルランドポントなり					
(96)		いさらさ	140 反	い皿紗	140 反	239 匁 6 分	竹のや
(97)		ろ同	120 反	ろ同	120 反	330 匁 9 分	西セン
(98)		は	60 反	は同	60 反	204 匁 3 分	西セン
(99)		に	40 反	に同	40 反	60 匁	豊嶋や
(100)		ほ	100 反	ほ同	100 反	110 匁 5 分	日の国
(101)		へ	250 反	へ同	250 反	28 匁 8 分	ひしや
(102)		と	50 反	と皿紗	50 反	119 匁	ひし宗
(103)		薄手白金巾	120 反	薄手白金巾	120 反	85 匁 9 分	原田
(104)		ガーセン	100 反	ガーセン	100 反	48 匁 5 分	村藤
(105)		同卓子覆	25	同卓子覆	25	16 匁	村藤
(106)		形付天鵞絨	30 反	形付天	30 反	358 匁	豊嶋や
(107)		壱番蘇木	10,000 斤程	壱番蘇木	10,000 斤	5 匁　　2 厘	藤永・永井や
(108)		二番同	50,000 斤程	弐番同	50,000 斤	4 匁 2 分 6 厘	藤や・柁
(109)		藤	10,000 斤程	藤	10,000 斤	1 匁 8 分 1 厘	冨や・松本や
(110)		錫	4,000 斤程	錫	4,000 斤	10 匁 3 分	松のや
(111)		水牛皮	25 枚	水牛皮	25 枚	206 匁 9 分	西セン
(112)		滑水牛皮	25 枚	滑革	25 枚	160 匁	西番
(113)		壱番コーゼニイル	82 斤	壱番カーセニイル	82 斤	21 匁 7 分	村藤
(114)		二番同	82 斤	二番同	82 斤	22 匁 7 分	藤や
(115)		三番同	82 斤	三番同	82 斤	23 匁 8 分	立見や
(116)		四番同	82 斤	四番同	82 斤	21 匁 9 分	原田
(117)		五番同	82 斤	五番同	82 斤	20 匁 9 分	ふしや
(118)		六番同	82 斤	六番同	82 斤	20 匁 6 分	⾦
(119)		七番同	82 斤	七番同	82 斤	20 匁 6 分	西嶋や
(120)		八番同	70 斤	八番同	70 斤	23 匁 2 分	村藤
(121)		九番同	80 斤	九番同	80 斤	22 匁 9 分	村藤
(122)		十番同	82 斤	十番同	82 斤	21 匁 9 分 1 厘	原田
(123)		十一番同	82 斤	十一番同	82 斤	20 匁 3 分	原田
(124)		十二番同	82 斤	十二番同	82 斤	20 匁 9 分	西嶋や
(125)		十三番同	50 斤	アノ印　十三番同	50 斤	25 匁 3 分	立見や
(126)		いコーセニイル	1 鑵　但半斤	いの	1 鑵　但半斤入	18 匁 1 分	永井や
(127)		ろ同	1 鑵　但半斤	ろ同	1 鑵　同断	18 匁 5 分	永井や
(128)		は同	1 鑵　但半斤	は同	1 鑵　同断	17 匁 9 分	原田
(129)		に同	1 鑵　但半斤	に同	1 鑵　同断	18 匁 5 分	永井や
(130)		琥珀	1 回	琥珀	1 回	36 匁 7 分	松井や
(131)		壱番ワニルラ	1 抱	壱番ワニルラ	1 抱	38 匁	永井や
(132)		二番同	1 抱	二番同	1 抱	29 匁	永井や
(133)		三番同	1 抱	三番同	1 抱	22 匁	永井や
		右之通有之候得共、過不足等難取極段蘭人		八月十一日　相済			
		申出候事					
		午七月					

出典・「積荷目録」は、「安政五年　午阿蘭陀壱番船相拂看板帳・弐番船於中ノ嶋難船沈積荷假入札・三番船相對拂」（神戸市立博物館所蔵）。
　　　　「落札帳」は、「安政五年九月吉日　落札帳」（長崎歴史文化博物館収蔵）。
註・卍：豊嶋屋、 ⌒：松本屋、⾦：永見、夕：長田屋、⊕：村藤（村上藤兵衛）、⾦：永井屋。

第4章　安政5年(1858)・同6年(1859)の日蘭貿易　　519

引結果，および入札取引のリスト，中ノ嶋で難破した弐番船(後に三番船に変更)キャトサンドリア号の積荷リストと取引結果，さらに三番船(後に弐番船に変更)コルネーリア・ヘンリエッテ号の相対取引について記したものである。なお，本史料は，本商人の村上が作成したものであり，村上がかかわった取引の範囲での記録と思われ，壱番船・弐番船・三番船の取引の全てを記したものではない。

　長崎会所においてオランダ側と日本側(本商人)との間でおこなわれたゼーファールト号の積荷物に関する「脇荷商法」での入札取引の結果については，「安政五午九月吉日　落札帳」(長崎歴史文化博物館収蔵)によって解明される。なお，本史料より，この時の取引は，安政5年の長崎会所における3回目の取引(「午三番割」)⁽⁴⁾であり，8月11日に終了している。

　上記の「壱番船荷物」のリストと「落札帳」を照合して取引商品・数量，および落札価格・落札商人名を表にして示すと表123のようである。この表からわかるように，「積荷目録」に記されている(88)「テレメンテイン油　五拾硝子」以外の商品は全て取引にかけられている。また，取引商品には薬品類が多いものの，染織品や蘇木・錫などもあり，表123にはかつての本方荷物と脇荷物が混在しており，安政4年の五番船ヘンリエッテ・エン・コルネーリア号の積荷が旧来の本方荷物と脇荷物を分けて入札をおこなっていたのとは様相が異なってきている(第3部第3章第6節参照)。

〈2〉　弐番船(後に三番船に変更)キャトサンドリア号の積荷の入札取引

　「商館日記」の1858年8月7日(安政5年6月28日)の記事によると，キャトサンドリア号は，前日に伊王島の内側(binnen de Cavallos)に錨をおろした(長崎港の内海に近い伊王島の北東側と考えられる)。しかし，激しい嵐となり，船長のヘルラフ Gerlach は郵便物の入った包みを届けるために上陸した後，再び船に戻ったが，再度激しい嵐に見舞われた。翌8日朝，キャトサンドリア号は岩礁に打ち上げられた。そして，9日の調査では船尾が岩の上に座礁し，その上を波が洗っていたという。⁽⁵⁾「安政五年神戸史料」には上記の件に関して「六月廿九日大風雨ニ而於中ノ嶋難船ス」とあり，キャトサンド

リア号は「大風雨」で長崎港の外海に位置する中ノ嶋に座礁したことがわかる。(6)

　日本側では，このキャトサンドリア号は，はじめ弐番船でかつ「難船」として扱われた。「安政五年神戸史料」には「七月七夕出嶋へ出ル，弐番船也」と記され，キャトサンドリア号の積荷取引について伝えられた決め事を次のように記録している。

　　　一中ノ嶋蘭船并積荷とも同所ニ有之候通ニ而賣拂可申候間，御望之御方
　　　　者同所ニ御出御見分可被下候
　　　一右御入札之儀者，七月十一日朝五ツ時ニ相極申度候
　　　一右船荷物之儀者，入札ニ而相決候上者，其時限ノ直様落札之御方之品
　　　　物与相成申候，依之落札相決候末は右船其外荷物等ニ付，船何様之儀
　　　　有之候とも蘭人方ニ而承り不申候
　　　一右積荷物，右之通積込居候得共，難船ニ付流出之儀，疵難計過不足可
　　　　有之候間，其御積りニ而御入札可被下候，後日御談無御座候様御断申
　　　　置候
　　　一帆柱・木・綱具・帆類等出嶋江取寄置候分者，七月十一日別段御入札
　　　　被下度，右御見分之儀者七月十日ニ相定申度候
　　　一右代銀之儀者，長崎會所御請合ニ而御納銀御座候様仕度，此段も申上
　　　　置く

この記録から次のことがわかる。

①船と積荷は中ノ嶋にある状態で売り払われるため，購入希望の者は中ノ嶋
　で見分すること。

②入札は，7月11日朝五ツ時としたい。

③船と積荷は入札で決めるため，その場で落札した者の品物となる。決定後
　は船と積荷については，どのようなことがあってもオランダ側では取り合
　わない。

④積荷は船内に積まれているが，難船のため流出や損傷などがあるので，そ
　のことを了解の上で入札されたい。後日，談判は受け付けない。

⑤帆柱や木や綱具・帆類など出島に持ってきているものは，7月11日に特

第4章 安政5年(1858)・同6年(1859)の日蘭貿易　521

表124　安政5年(1858)オランダ弐番船(後に三番船に変更)(Cadsandria)積荷リスト(その1)

	積荷リスト				積荷リスト	
	商　品	数　量			商　品	数　量
(1)	蘇木	500斤 和解違、入札後 50,000斤二成		(24)	更紗	1丸
(2)	皮細工物	42箱		(25)	同	2箱
(3)	水銀	6器		(26)	白金巾	2箱
(4)	紫旦	236本		(27)	更紗	1箱
(5)	羅紗并ふらた	18箱		(28)	同	2箱
(6)	呉路服連	5箱		(29)	蝋燭	25箱
(7)	毛紋天鵞絨	2箱		(30)	量分銅	3箱
(8)	赤金巾	2箱		(31)	硝子器	1箱
(9)	海黄	2箱		(32)	白金巾	10箱
(10)	象牙	63本		(33)	赤同	2箱
(11)	奥嶋	22箱		(34)	同	2箱
(12)	~~書籍~~	~~11箱~~		(35)	天鵞絨	1箱
(13)	更紗	10箱		(36)	セルスルワートル	100籠
(14)	手本物	1箱		(37)	天鵞絨	2箱
(15)	下更紗	15箱		(38)	更紗	3丸
(16)	欧羅巴更紗	5箱		(39)	赤金巾	2箱
(17)	硝子キ井焼物類	57箱		(40)	藤	―
(18)	焼物器	4箱		(41)	端物るい	2箱
(19)	~~舟時計・セキタント・~~ ~~オクタント等并一角~~	〆入合　66箱		(42)	更紗	2箱
(20)	一角	3箱　凡300斤程		(43)	モルタンデーテン	1丸
(21)	道具類其外入合	~~28箱~~		(44)	スラーオーリー	20箱
(22)	薬種類	15箱		(45)	四角マルム石板	1箱
(23)	銘酒	22箱				

出典・「安政五年　午阿蘭陀壱番船相對拂看板帳・
弐番船於中ノ嶋難船ス沈積荷侭入札・三番
船相對拂」(神戸市立博物館所蔵)。

別に入札をして頂きたく，見分は7月10日としたい。

⑥代銀納入に関しては，長崎会所が引き受ける。

「脇荷商法」での取引ではあるが，「難船」故の数々の特別措置がとられていることがわかる。しかし，「右代銀之儀者，長崎會所御請合＝而御納銀御座候様仕度」とあるように，取引に関しては，従来通り長崎会所の管理下でおこなう姿勢は崩していない。

この時，取引された積荷物は「安政五年神戸史料」によって解明される。それを表にして示すと，表124のようになる。[7]棒線で消されている商品については取引されなかった可能性が高い。

なお，後述するが，「安政五年神戸史料」中に記す「帆柱・木・綱具・帆類等」の「別段御入札」は相対取引であったと考えられる。

キャトサンドリア号については，バタヴィアから持ち渡った積荷の明細目

表 125　安政 5 年(1858)オランダ弐番船(後に三番船に変更)(Cadsandria)積荷リスト(その 2)

	積荷リスト		Cognossement Factuur		
	商　品	数　量	Goederen	Hoeveelheid	Schip
(2)	皮細工物	42 箱	wit lederwerk	42 kisten	Zuid Beveland
(3)	水銀	6 器	kwikzilver	6 ijzeren kruiken 〔209.6 N. lb.	Cornelia
(4)	紫旦	236 本	caliatourhout	236 stukken 〔3,003 N. lb	Cornelia
(5)	羅紗并ふらた	18 箱	laken & cachemir	18 kisten	Cornelia
			〔laken schaairood	〔4 stuks	
			laken groen olijf	5 p'.	
			laken licht blaauw	5 p'.	
			laken zwart	9 p'.	
			laken rood	2 p'.	
			laken wit	9 p'.	
			laken grijs	5 p'.	
			laken asch graauw	5 p'.	
			laken violet	5 p'.	
			laken geel	5 p'.	
			cachemir schaairood	2 p'.	
			cachemir licht blaauw	2 p'.	
			cachemir asch graauw	2 p'.	
			cachemir zwart	2 p'.	
			cachemir wit	3 p'.	
			〔cachemir groen olijf	〔2 p'.	
(6)	呉路服連	5 箱	grijnen	5 kisten	Cornelia
			〔grijn rood	〔4 p'.	
			grijn licht blaauw	3 p'.	
			grijn grijs	1 p'.	
			grijn zwart	2 p'.	
			grijn groen olijf	3 p'.	
			grijn olijf sensaai	2 p'.	
			grijn wit	1 p'.	
			〔grijn asch graauw	〔1 p'.	
(7)	毛紋天鷺絨	2 箱	trijfen	2 kisten	Cornelia
			〔trijf violet oriental	〔2 pees	
			trijf ponceau dalia	1 pees	
			trijf olijf sensaai	2 pees	
			〔trijf rood	〔1 pees	
(8)	赤金巾	2 箱	hamans	2 kisten	Cornelia
			〔Turksch rood hamans	〔100 pees	
(9)	海黄	2 箱	zijden stoffen of armozijn	2 kisten 〔100 pees	Cornelia
(10)	象牙	63 本	olifants tanden	63 stuks	Cornelia
(11)	奥嶋	22 箱	taffachelassen	22 kisten	Cornelia
			〔taffachelassen extra fijn	〔1,000 p'.	
			taffachelassen verbeterde	800 p'.	
			〔taffachelassen ordinaire	〔400 p'.	
(12)	~~書籍~~	~~十一箱~~	boekwerken	11 kisten	Stad Utrecht
(13)	更紗	10 箱	Bengaalsche chitsen	10 kisten 〔1,000 p'.	Cornelia
(14)	手本物	1 箱	<monsterboekjes>	—	<Cornelia>
(15)	下更紗	15 箱	Patna chitsen	15 kisten 〔1,500 p'.	Cornelia
(16)	欧羅巴更紗	5 箱	Europeesche chitsen	5 kisten 〔200 p'.	Cornelia
(17)	硝子并焼物類	57 箱	〔glaswerken	〔29 kisten	Cornelia
			〔aarde werken	〔30 kisten	

第4章　安政5年(1858)・同6年(1859)の日蘭貿易　523

積荷リスト		Cognossement Factuur		
商　品	数　量	Goederen	Hoeveelheid	Schip
(18) 焼物器	4箱	porceleinen	4 kisten	Brederode
(19) 舟時計・セキタント・オクタント等并一角	ハ合 66箱	eenhoorn	3 kisten <300 lb.>	Zuid Beveland
		retorten met tubus	2 kisten <20>	
		verre kijkers	2 kisten	
		meubels	1 kist	
		kompassen, barometers & thermometers	2 kisten	
		schrijfbehoeften	2 kisten	
		instrumenten en messen	1 kist	
		thermometers & telescopen	1 kist	
		barometers	2 kisten	
		eau de cologne	2 kisten	
		genever	10 kisten	
		bier	10 vaten	
		likeuren	20 kisten	
		barometers, passer doozen en duimstokken	3 kisten	
		schoenen	2 kisten	
		chronometers	2 kisten	
		octant & sextant	1 kist	
(21) 道具類其外大合	28箱	bladen blik enkel	5 kisten 1,000	Zuid Beveland
		gelooide buffel huiden	2 kisten 30 vellen	
		draaibank met toebehooren	1 kist 2 kisten	
		koperen maten	1 stel	
		linnen maten	1 stel	
		koperen gewigt	2 stellen	
		koperen balans	1 stel	
		vengster ruiten	15 kisten 1,000 stuks 1 kist	
		vijlen	50 stuks	
		boorsagen	3 stuks 2 kisten	
		spijkers	150 N. lb.	
		sloten	132 stuks	
		bogt scharnieren	36 paren	
		hout schroeven	432 stuks	

出典・積荷リストは、「安政五年　午阿蘭陀壱番船相對拂看板帳・弐番船於中ノ嶋難船ス沈積荷假入札・三番船相對拂」（神戸市立博物館所蔵）。
　　・Cognossement Factuur は、MS. N.A. Japans Archief, nr. 1641 (Aanwinsten, 1910, I: No. 34). (Tōdai-Shiryō Microfilm: 6998-1-127-1)。
註・< >内は、Approvisionnements Fonds 1857. MS. N.A. Japans Archief, nr. 1641 (Aanwinsten, 1910, I: No. 34).(Tōdai-Shiryō Microfilm: 6998-1-127-1)。
　　・Schip 欄はオランダ本国よりバタヴィアまで各商品を運んだ船名。

録である Cognossement Factuur.[8]（船荷送り状）が一部現存しており，表
124 に示した積荷物の内(2)～(19)・(21)について，オランダ側品目名と数
量，仕入価額・諸経費等を知ることができる。また，それらの積荷物がオラ
ンダ本国からバタヴィアまで，ネーデルラント貿易会社 Nederlandsche
Handel-Maatschappij が輸送したことを記す Approvisionnements Fonds
1857.[9]（必需品目録 1857）が残されており，各積荷の名称・数量・仕入価額と
共に，オランダ本国からバタヴィアまでの輸送船や諸経費等を知ることがで
きる。以下，表 124 に示した積荷リストの(2)～(19)・(21)の商品に照合す
る形で，オランダ側品目名，数量，およびオランダ本国からバタヴィアまで
の輸送船を表にして示すと表 125 のようになる。この表からわかるように，
(2)～(19)・(21)の商品はネーデルラント貿易会社がオランダ本国よりザイ
ト・ベーフェラント号 Zuid Beveland，コルネーリア号 Cornelia，スタッ
ト・ユトレヒト号 Stad Utrecht，ブレーデローデ号 Brederode の 4 艘によ
ってバタヴィアに輸送され，その後，バタヴィアからキャトサンドリア号に
よって日本に運ばれたことがわかる。

「安政五年神戸史料」によると，

　　六月廿九日大風雨=而於中ノ嶋難船ス，右難破蘭船壱艘沈積荷之侭，午
　　七月十一日，會所ニおゐて入札左の通り

　　　但即納=而五歩銀もなし

　　百五十七貫目　　　入来屋
　　七十六貫百目　　　竹の屋
　　同　　　　　　　　原田
　　七十三貫目　　　　春日屋
　　同　　　　　　　　鉄屋

とあり，表 124・表 125 に示した積荷は，「難破蘭船」内においたまま予定
通り，7 月 11 日に長崎会所において入札取引された（番外取引と考えられる）。
そして，本商人の入来屋が 157 貫目で落札した。この銀高と「五歩銀」が
掛けられないことは，前掲の史料「安政五午年　長崎會所勘定帳」に記され
る，

一，銀百五拾七貫目　一，午阿蘭陀破船幷荷物拂代銀

　　二，但五歩銀相掛不申候

　　三，是者午阿蘭陀破船幷荷物拂立代銀を以阿蘭陀人江渡方相成候ニ

　　　付，元代出銀之仕分無之分

と一致し，長崎会所にとって収益のない取引であったことがわかる。

　また，同日には，「安政五年神戸史料」によると「綱，帆，其外旗，小道具，セミ，帆柱，バッテラ等」が総額 37 貫 140 匁で本商人等に落札され（相対取引と考えられる），さらに「外ニ蘭人うれ分有」とされた。したがって，この日の明らかな落札銀高の総額は，194 貫 140 匁（157 貫目＋37 貫 140 匁）ということになる。上掲の表 125 で示した Cognossement Factuur.（船荷送り状）に記された積荷の仕入総額と共に運賃や諸経費を含めると 159,449.4 グルデン（脇荷銀で 996 貫 558 匁 7 分 5 厘）である。表 124 の(1)や(20)・(22)～(45)の商品の仕入総額や運賃・諸経費を加えれば，キャトサンドリア号の積荷が上記銀額よりはるかに高額であったことは容易に推測される。ここでの取引以外に相対取引があったため，取引総額は若干増加するが，当然のことながら「難船」となったキャトサンドリア号の取引は大赤字であったことは間違いない。

　なお，このキャトサンドリア号は，はじめ「弐番船」と扱われていたが，「年々阿蘭陀船入津控・年々外船入津控」には，

　　弐番船沖中ノ嶋ニ而難船致候ニ付，此船三番船と成

とあり，後日「三番船」扱いとなっている。これは次の〈3〉で考察するコルネーリア・ヘンリエッテ号が入津した 7 月 27 日以降のことではないかと考えられる。

〈3〉　三番船（後に弐番船に変更）コルネーリア・ヘンリエッテ号の積荷の入札取引

　7 月 27 日（9 月 4 日）に入津したコルネーリア・ヘンリエッテ号について「安政五年神戸史料」には，

　　三番船渡来，改弐番舟ニ相成

526　第3部　安政期の日蘭貿易

表126　安政5年(1858)オランダ弐番船(Cornelia Henriëtte)積荷物の取引

	商　　品	数　量	落札価格	落札商人
	午阿蘭陀弐番舟積荷物			
(1)	壱番角形薬瓶	400	11匁	豊安
(2)	二番同	400	7匁7分	松田や
(3)	三番角形薬瓶	400	6匁5分8厘	西善
(4)	四番同	421	6匁1分8厘	西善
(5)	五番同	431	6匁	原田
(6)	壱番硝子乳鉢	21	72匁6分	ひし宗
(7)	二番同	22	38匁	豊安
(8)	三番同	23	22匁3分	松本や
(9)	壱番硝子明り取	100	18匁6分	ひし宗・常半
(10)	二番同	100	15匁3分	常半
(11)	三番同	100	13匁8分	常半
(12)	水呑咔	200	8匁6分1厘	曽柳
(13)	壱番切子同	215	18匁7分	原田
(14)	二番同	215	11匁	豊安
(15)	切子猪口咔	500	5匁1分2厘	松本や
(16)	壱番猪口咔	2,000	1匁5分	松本や
(17)	二番同	2,000	1匁1分2厘	ひし宗
(18)	三番同	2,000	1匁　　8厘	入来や
(19)	壱番銘酒瓶	200	28匁9分	西善
(20)	二番同	200	21匁9分	永井や
(21)	三番銘酒瓶	200	25匁4分	入来や
(22)	四番同	200	15匁7分	入来や
(23)	五番同	150	24匁6分	ひし宗
(24)	六番同	100	26匁6分	ひし宗
(25)	七番同	100	32匁9分	曽柳
(26)	八番同	100	30匁	豊安
(27)	九番銘酒瓶	100	35匁9分	原田
(28)	拾番同	20	41匁9分	豊安
(29)	十一番同	40	51匁	㐂
(30)	十二番同	20	68匁	豊安
(31)	十三番同	20	39匁	松田や
(32)	十四番同	20	47匁4分	村卜
(33)	拾五番銘酒瓶	40	34匁8分	曽柳
(34)	十六番同	40	－	－
(35)	十七番同	20	－	－
(36)	拾八番同	30	－	－
(37)	十九番同	50	－	－
(38)	弐拾番同	100	－	－
(39)	壱番切子墓咔	500	6匁3分	豊安
(40)	二番同	500	6匁3分	松田や
(41)	三番同	500	4匁6分	松田や
(42)	四番同	500	4匁7分	松田や
(43)	五番同	350	8匁7分9厘	米や
(44)	六番同	200	7匁2分	松田や
(45)	七番切子墓咔	250	6匁4分8厘	米や
(46)	八番同	250	4匁5分	松田や
(47)	壱番水呑付瓶	100	15匁9分	㐂
(48)	二番同	100	13匁3分	豊安
(49)	壱番青手同	100	23匁	㐂
(50)	二番同	200	15匁5分	松田や
(51)	青手切子銘酒瓶	100	23匁	曽柳
(52)	白手同	100	16匁	曽柳
(53)	玉手金縁花生	150	7匁8分8厘	村卜

第4章 安政5年(1858)・同6年(1859)の日蘭貿易　　527

	商　品	数　量	落　札　価　格	落札商人
(54)	壱番切子硝子燈籠	60	26匁	豊安
(55)	二番同	60	22匁7分	松本や
(56)	三番同	60	18匁	豊安
(57)	色硝子砂糖入	200	16匁	村仁
(58)	砂糖辛子入	200	7匁7分	ひし宗
(59)	同塩入	500	5匁8分8厘	ひし宗
(60)	壱番廣口薬瓶	100	17匁7分	ふしや
(61)	二番同	120	15匁9分	ふしや
(62)	壱番長吹	1,200	3匁	松本や
(63)	弐番長こつふ	600	2匁	松本や
(64)	い切子蓋付蓋物	6ツ	81匁	ふしや
(65)	ろ同	6ツ	91匁	ふしや
(66)	は同	2ツ	125匁	ふしや
(67)	に同	2ツ	55匁5分	ふしや
(68)	い切子皿付蓋物	2ツ	75匁	西善
(69)	い切子蓋菓子入	3ツ	120匁	ふしや
(70)	ろ同	4ツ	80匁4分	曽柳
(71)	は同	1ツ	140匁	ふしや
(72)	に同	3ツ	40匁4分	村ト
(73)	壱番切子鉢	6ツ	60匁	原田
(74)	二番同	6ツ	36匁	原田
(75)	三番切子鉢	4ツ	21匁	藤や
(76)	い切子蓋物	4ツ	75匁9分	西セン
(77)	壱番切子手付ひん	6ツ	64匁7分	松本や
(78)	二番同	6ツ	60匁8分	松本や
(79)	三番同	6ツ	39匁	松田や
(80)	四番同	8ツ	－	－
(81)	五番切子手付ひん	8ツ	－	－
(82)	切子皿付蓋物	4ツ	56匁	永井や
(83)	壱番切子蓋物	4ツ	63匁	西善
(84)	二番同	4ツ	53匁7分	入来や
(85)	壱番切子蓋付菓子入	3ツ	71匁	村仁
(86)	二番同	1ツ	125匁	ふしや
(87)	三番切子蓋付菓子入	4ツ	66匁	村仁
(88)	四番同	12	28匁	村仁
(89)	五番同	4ツ	41匁2分	松本や
(90)	瓶付こつふ	15	10匁4分	松田や
(91)	白焼卓子道具	24人前　1揃	1貫530匁	松本や
(92)	不残二付　染付卓子道具	24人前　3揃	4貫538匁	ひしや
(93)	壱番白焼金縁卓子道具	24人前　1揃	2貫300匁	松田や
(94)	二番同	24人前　1揃	2貫310匁	永井や
(95)	不残二付　硝子卓子道具	24人前　6揃	7貫777匁	鉄や
(96)	壱番白焼金縁茶器	12人前　10揃	90匁	原田
(97)	二番同	12人前　10揃	36匁	原田
(98)	三番白焼金縁茶キ	同　4揃	41匁	松本や
(99)	壱番赤繪同	同　19揃	40匁5分	村仁
(100)	二番同	同　15揃	42匁5分	村仁
(101)	三番同	12人前　4揃	50匁	原田
(102)	白焼茶キ	同　19揃	24匁	入来や
(103)	壱番錦手鉢	24枚	13匁8分	久
(104)	弐番錦手鉢	24枚	10匁9分	原田
(105)	白焼金縁皿付花生	24揃	12匁3分	原田
(106)	壱番蒸気機械	1馬力　1	3貫480匁	村ト
(107)	二番同	3馬力　1	4貫500匁	原田
(108)	三番同	2馬力半　1	2貫500匁	ふしや

528　第3部　安政期の日蘭貿易

	商　　　品	数　　量	落　札　価　格	落札商人
(109)	サボン	1,000箱	51匁3分	豊安・松井や
(110)	壱番切子蓋付蓋物	6ツ	45匁	松田や
(111)	二番同	4ツ	72匁	永井や
(112)	三番同	4ツ	38匁2分	松田や
(113)	四番同	4ツ	32匁	松田や
(114)	五番切子蓋付蓋物	4ツ	26匁	松田や

出典・「安政五午六番割　午紅毛弐番舟見帳」（大阪商工会議所所蔵）。
　　註・⊤︀：豊安（豊嶋屋安兵衛）、久：常半。
　　　・11月22日入札、11月25日荷渡し。
　　　・「不残ニ付」は総額を意味すると考えられる。

表127　安政5年(1858)オランダ三番船(後に弐番船に変更)(Cornelia Henriëtte)積荷リスト

	積　荷　目　録				積　荷　目　録	
	商　品	数　量			商　品	数　量
	午紅毛三番船			(27)	細末大黄	33斤4合
(1)	キナキナ	1,002斤		(28)	カルメル	16斤7合
(2)	マク子シヤ	220斤		(29)	薬用分銅	12ツ
(3)	セメンシーナ	835斤		(30)	サフラン	42斤
(4)	センナ	501斤		(31)	ラーセールヒユルレシ	25回
(5)	ケンチヤン	83斤5合		(32)	アキ	25回
(6)	フリイル	162斤		(33)	薄荷油	16斤7合
(7)	痰切	1,002斤		(34)	ヨーユムホツトアス	6斤7合
(8)	芦薈	501斤		(35)	サアレツフ	344斤
(9)	ウエンステン	167斤		(36)	サルアルモヤシ精気	16斤7合
(10)	ヲクリカンキリ	167斤			〆　29箱分	
(11)	セアユーアシ	167斤				
(12)	アギ	83斤		(37)	キナキナ	334斤
(13)	ユムアンモニヤク	160斤		(38)	カミルレ	167斤
(14)	大黄	40斤		(39)	痰切	167斤
(15)	ハールレム	2,400瓶		(40)	セメン	42斤
(16)	琥珀油	82斤		(41)	細末同	42斤
(17)	ヲーテカルム	16斤		(42)	細末大黄	16斤7合
(18)	ケーストアンレトフルフアサト	16斤7合		(43)	分銅類	4箱
(19)	ホフマン	16斤7合		(44)	大黄	42斤
(20)	スフワーテスニハトルトロシス	33斤4合		(45)	細末同	45斤
(21)	ヲツセンカル	25斤		(46)	ヲツセンカル	25斤
(22)	フラークウエンステイン	25斤		(47)	ハーレム	600瓶
(23)	重硫黄	16斤7合			〆6箱之分	
(24)	キナソウト	6斤7合			9月6日寫	
(25)	ウエンステンミエル	40斤				
(26)	イヘカコアナ	16斤7合		出典・「唐舟阿蘭陀差出帳」（某所所蔵）。		

とあり，安政5年来航のオランダ船としては3艘目であったが，上述のキャトサンドリア号が「難船」となったことより「弐番舟」扱いになっている。コルネーリア・ヘンリエッテ号の積荷の入札取引については，「安政五午六番割　午紅毛弐番舟見帳」(大阪商工会議所蔵)によって解明される。本史料は，本商人の村上藤兵衛によって作成されたものである。本史料によりコルネーリア・ヘンリエッテ号の積荷の入札取引は，「午六番割」すなわち，長崎会所における6回目の入札取引にかけられており，入札は11月22日におこなわれ，同25日に荷渡されている。ここでの取引は，表126に示したようにガラス器と陶磁器がほとんどで，その他蒸気機械とサボンからなっている。これは，従来入札取引された商品と比べてその種類は非常に偏っている。コルネーリア・ヘンリエッテ号が入津時に提出したと考えられる「提出送り状」の翻訳である「積荷目録」の完全な形のものは未詳であるが，薬品類(「薬用分銅」を含む)に限定して抜き書きしたと思われる「午紅毛三番船」のリストが「唐舟阿蘭陀差出帳」(某所所蔵)(10)に記されている(表127)。すなわち，コルネーリア・ヘンリエッテ号が提出した積荷は表126の品々だけでなく，他にも各種の品があったと推測される。しかし，最終的に入札取引にかけられたものがガラス器や陶磁器などに限定されていたことは，それらの品々以外の品を入札取引から外し相対取引にまわされた可能性が極めて高いと推測される。いずれにしても，表126の品々は長崎会所におけるオランダ船積荷物の入札取引の終焉を物語るものである。

2　相 対 取 引

壱番船ゼーファールト号・弐番船(後に三番船に変更)キャトサンドリア号・三番船(後に弐番船に変更)コルネーリア・ヘンリエッテ号の積荷物の相対取引に関して，その全貌は今のところ解明することはできないが，鶴見大学図書館が所蔵する「安政四戊午正月改　相對買之品銀高覚帳」によって一部ではあるが知ることができる。本史料は，当時，出島番所勤めであった唐人番の城(元之進もしくは倅の左七郎)が控えとして安政5年1月22日から10月25日までの日蘭における取引(「相對買之品銀高」)を記した覚帳である(第3部第3章第

530 第3部 安政期の日蘭貿易

6節参照)。本史料に記されている壱番船ゼーファールト号と弐番船(後に三番船に変更)キャトサンドリア号(本史料では「中ノ嶋難破船」・「三番船」)・三番船(後に弐番船に変更)コルネーリア・ヘンリエッテ号(本史料では「弐番船」)の積荷物の相対取引の記事である荷主・商品名・数量・取引銀高・買入商人・日付,出島より商品の持出の日付を記載順(日付順)に表にして示すと表128のようである。荷主のアゲヒストポルスト(アクヒストポルスト)は,ゼーファールト号の船長(「一番船々頭」)H. G. Biesthorst,スペングレル(スベングレル,スペンケル,スヘンケル,スヘンクレル,スベンクレル,スヘンゲル,スヘングレル)は,H. H. スペングレル商会 Firma H. H. Spengler en C⁰.(11)と考えられる。また,イシキユート(シキユート)はオランダ商人 J. Schut と推測される。(12)取引商品は,薬品類・ガラス器・書籍類・蘇木・時計・指輪・目鏡など雑貨・小間物類などあらゆる商品が対象であった。なお,上記表128の「中ノ嶋難破船」の綱やハツテイラ船,小道具類などの日付けが7月11日・12日であることより,上記のキャトサンドリア号の「綱・帆・其外旗・小道具・セミ・帆柱・バツテラ等」の取引が相対取引として扱われていたことがわかる。

　安政5年の相対取引に関しては,一紙ものの差紙も現存している。(13) 鶴見大学図書館には日付けを「午十月十四日」とする「午阿蘭陀弐番船」の差紙が所蔵されており,荷主・商品名・数量・取引銀高・買入商人・日付を表にして示すと表129のようである。荷主の「船頭　ゲラツク」はキャトサンドリア号の船長ヘルラフ J. A. C. Gerlach である。(14)

　前述した如く,表128,ならびに表129をもって壱番船から三番船までの相対取引の全てではなかったと考えられる。例えば,表128・表129に記されていない品物の相対取引については,前掲の「安政五年神戸史料」および「安政五年午十月　午阿蘭陀相對買控」(15)より表130に掲げた品々をみつけることができる。

　上記壱番船から三番船の3艘の他に,四番船から八番船の積荷物は,入札取引はされず,相対によって取引されたと考えられる。(16) 四番船から八番船の相対取引に関する日本側・オランダ側の取引史料は未詳であるが,「商館日記」には,四番船から八番船の積荷物が記されている。これらの積

第4章　安政5年(1858)・同6年(1859)の日蘭貿易　　531

表128　安政5年(1858)オランダ壱番船・弐番船・三番船積荷物の相対取引

船	荷主	商品	数量	銀高	合計銀高	買入商人	日付	出島より持出日
壱番船	アゲヒストボルスト	眼鏡 銘酒瓶	1ツ 8ツ	850匁 100目	} 950目	原田茂吉		午6月25日
壱番船	アゲヒストボルスト	金銀袂時計 書籍 蒸気船図 レイ石	2ツ 19箇 9枚 6枚		} 4貫724匁5分	銅座跡 八代屋茂三郎		午6月25日
壱番船	スペングレル	指輪 孔雀銅扇 同扇	3トイセン 但36 16本 4ツ		} 330匁	永井屋喜代助		午7月5日
中ノ嶋難破船		綱	5筋(8筋之内)		2貫目之内	曽根屋柳兵衛		午7月11日
中ノ嶋難破船		ハツテイラ船	1艘		1貫500目	原田茂吉・曽根屋柳兵衛		午7月11日
〔中ノ嶋難破船ノ〕		小道具類 ナンバ 延板 鉄具類 同竿	2樽ト1樽 73 2樽 但29枚 2叺 但数80 1樽 14本		} －	原田茂吉		午7月11日
中ノ嶋難破船		桶 フレツキ 鉄類 敷物 糸巻ふ 水のふ 引出し 板切	4ツ 15 7ツ 3ツ 1ツ 2ツ 1ツ 8ツ		} 50目	西嶋屋善蔵		午7月12日
〔中ノ嶋難破船ノ〕		サボン ハスルトース ヘルサムコウハイ コムトン	12箱 4箱 16瓶 3トイセン		} 1貫800目	永井屋喜代次		午7月19日
壱番船	一番船々頭 アゲヒストボルスト	石筆 水呑こつふ	5ゴロス 但144本 24		} 1貫500目	八代屋茂三郎	7月18日	
〔壱番船ノ〕	一番船々頭 アゲヒストボルスト	石筆 コロツフ	5コロス 但144本 24		} 1貫500目	銅座跡 八代屋茂三郎		午7月20日
〔壱番船ノ〕	一番船々頭 アゲヒストボルスト	チヤン板 ヒストン 筆切小刀 弐重むじ入	4枚 19,000 24 6ツ		} 2貫	八代屋茂三郎		7月26日
弐番船	イシキユート	置時計 時計鎖り ラルコール 金袂時計	7ツ 1ツ 1ツ 1ツ		} 5貫690目	銅座跡 八代屋茂三郎	午8月15日	
弐番船	－	キナキナ ホルトカル油 ハルムメートル 遠見鏡 方針	160斤 240瓶 1 4本 10	90匁/斤 但20斤8貫 12入銀310匁 代2匁	} 24貫320目	八代屋茂三郎		午8月20日
弐番船	シキユート	キナキナ	300テールトランドトルント	(直買)	42貫目	今鍛冶屋町 登五郎		8月22日
壱番船	スペングレル	サフラン	50ポント	1匁500匁/ポント	75貫目	市中商人 本博多町 井上屋元吉		8月23日
壱番船	スペンケル	オクリカンヘリ	150ポント	144匁/ポント	21貫600目	冨益屋猪之七		午8月23日
弐番船	シキユート	ヨーテイムシクーレホツトアス フリツキ 遠見鏡 置時計	12瓶 20箱 18本 1ツ		} 29貫890目	大坂商人 原田茂吉		8月26日
弐番船	シキユート	厚硝子 置時計 ハロムメートル 遠目鏡 方針 遠目鏡 馬覆	80枚 1ツ 2ツ 5本 2ツ 9本 1ツ	4貫400目 2貫700目 400目 3貫560匁 150目 1貫620匁 400目	} 13貫230目	京商人 藤屋弥吉		8月26日
三番船	シキユート	サフラン	12ポント半	1匁800匁/ポント	22貫500目	銅座跡 八代屋茂三郎		8月29日

船	荷主	商品	数量	銀高	合計銀高	買入商人	日付	出島より持出日
壱番船	スヘンケル	キナキナ	1,075ポント 内1,043ポント受領		150貫500目	伊万里屋丈右衛門		午8月29日
[弐番船]	シキュート	遠目鏡 / オクタント	4本 / 1ツ		2貫480目	市中商人 亀屋徳次郎		8月30日
壱番船	スヘンクレル	カスカイリラ / ラーテキスオアレゲプ / ラウタニユム / 細末大黄 / 遠目鏡	100斤 / 20斤 / 27瓶 / 56瓶 / 2本		12貫46匁	市中商人 酒屋町 鮫屋卯八		午9月朔日
[弐番船]	シキュート	ホアマンストロワフ / サルアルメニヤク / ゴムアノヒヤク / ウエインステーンシユル / 紙	10ポント / 10ポント / 100ポント / 24ポント / 24束	50匁/ポント / 75匁/ポント / 35匁/ポント / 105匁/ポント / 130匁/束	10貫390目	市中商人 井上屋元吉	9月朔日	
弐番船	シキュート	廣口薬瓶 / 升 / 形入硝子皿 / 水呑付瓶 / 形入硝子蓋物入 / モレヤンテイネコー / 類邊縮羅紗	1,020 / 3,010ヲ / 400枚 / 200 / 650 / 20反 / 3反	10貫800目 / 14貫120目 / 5貫目 / 9貫20目 / 7貫400目 / 35貫目 / 3貫718匁5分	85貫58匁5分	大坂商人 原田茂吉	午9月	
弐番船	シキュート	曲緑 / 形入硝子蓋物 / 石筆 / 弱紅色繪物入 / 青茶色羅紗 / 更紗 / 香	1ツ / 200 / 6コロ / 6ツ / 6反 / 75反 / 1箱	230匁 / 4貫950目 / 2貫160匁 / 800目 / 12貫目 / 20貫目 / 450目	40貫590目	大坂商人 原田茂吉	午9月6日	
壱番船	スベンクレル	水牛爪	4,200斤		26貫200目	長崎商人 永見徳太郎		午9月7日
弐番船	シキュート	置時計 / スヘールトース	1ツ / 28		6貫500目	京商人 藤屋弥吉		午9月10日
壱番船	スヘンゲル	バツスル / テルモメートル / 薬瓶	24 / 1ツ / 7ツ		4貫目	大村町 伊万里屋孫助		午9月15日
弐番船	スヘンゲル	キナソート / カミルレ	4ポント / 1箱		13貫目	本博多町 井上屋元吉		午9月17日
弐番船	スヘンクレル	砂カラクリ / サーレツフ	110ヲ / 200ポント (150斤)	2貫目 / 10貫875匁	13貫775匁 (ママ)	菱屋宇兵衛		午9月13日
壱番船	スヘングレル	廣口瓶	400		1貫200目	長崎商人 豊嶋屋安兵衛		午9月6日
弐番船	シキュート	オスセンガル	15アムストランドポント		1貫800目	本紺屋町 市中商人 冨益屋猪之七		午9月19日
弐番船	シキュート	遠目鏡 / 杖	1本 / 20本		2貫100目	大村町 孫助		午9月19日
弐番船	シキュート	廣口薬瓶 / ヲクリカンキリ	120瓶 / 50ポント		12貫200目	本博多町 冨益屋猪之七 (ママ)		午9月21日
弐番船	—	コツプ	1,000		4貫250目	本博多町 井上屋元吉		午9月22日
弐番船	シキュート	人物置物 / カロメル	1ツ / 10ポント		2貫100目	袋町 笹屋勝次		午9月22日
弐番船	シキュート	エイスランスモス / センナフラーデン / セメンシーナ / スポイト	90ポント / 300ポント / 217斤 / 13		118貫200目	大坂商人 原田宇兵衛		午10月4日
弐番船	シキュート	セメンシーナ	24斤		15貫600目	本紺屋町 冨益屋猪之七		午10月5日
壱番船	スヘンクレル	蘇木	59,100斤	10匁/斤	591貫目	原田宇兵衛		午10月5日
弐番船	スヘンクレル	皿紗	75反		17貫500目	本紺屋町 冨益屋猪之七		午10月11日
弐番船	スヘンクレル	セキスタント / キリフテルカスポイト / 硝子切 / 遠目鏡 / 上フ	1ツ / 1ツ / 2本 / 2本 / 144	1貫950匁 / 250匁 / 160匁 / 200目 / 1貫440匁	4貫目	藤屋弥吉		10月12日

第4章　安政5年(1858)・同6年(1859)の日蘭貿易　　533

船	荷主	商品	数量	銀高	合計銀高	買入商人	日付	出島より持出日
弐番船	スヘンクレル	水銀	10徳利		25貫800目	藤屋弥吉		午10月12日
弐番船	シキユート	セメンシーナ	400斤	550匁/斤	220貫目	市橋屋半右衛門	午10月14日	午10月15日
壱番船	スヘングレル	眼鏡 遠目鏡 目鏡石	60 1本 但疵 2對		} 1貫195匁5分	－	－	－
弐番船	スヘングレル	セメンシーナ	3瓶		1貫250目	－		
弐番船	シキユート	オツセンカル 匂い水 かさ 杖	30瓶 50ドイン 24本 4本		} 7貫760目	長崎商人 豊嶋屋安兵衛	午10月14日	
壱番船	スヘンケル	ブリツキ	468斤		1貫872匁	菱屋安兵衛	10月16日	
弐番船	スヘンケル	テレカラフ 白紙本 傘 きせる	1ツ 31冊 12本 3本		} 8貫500目	京商人 藤屋弥吉	10月16日	
弐番船	シキユート	マク子シヤ 芦薈 セアユイン クレモルタルタリ 疾切 サルテヒニヤリ 阿魏 エアテーラステニットカトルンス ブラーラウエインステーン ハールムテーリー フリールドホーム エイスランスモス バルムステーンオーリー	106斤 240斤 80斤 80斤 480斤 240斤 40斤 20ポント 15ポント 200ドイセン 80斤 24ポント 50ポント	2貫650匁 7貫200匁 2貫目 3貫600目 6貫240目 12貫目 1貫120匁 700目 900目 3貫目 1貫540匁 110匁 700目	} 41貫760目	長崎商人 新屋友吉	午10月17日	
[弐番船ヵ]	シキユート	細粒セメンシーナ	20斤		3貫目	伊万里屋與兵衛	午10月19日	
弐番船	シキユート	置時計 時計巻金 ミコラスコーフ スタルヘン フエスト	25 888 1ツ 50ゴロス 1ツ		} 8貫660匁	大坂商人 原田宇兵衛	10月19日	
弐番船	シキユート	セメンシーナ ハルムメートル 遠目鏡	10瓶 3ツ 1本		} 12貫100目	大村町 伊万里屋孫助	午10月19日	
弐番船	シキユート	色大羅紗 額時計 袂時計 カセチス 同 キルテルームルス レヘテ一朝付	84反 1ツ 11 1 12 12 1ツ	135貫960目 5貫250目 8貫800目 100目 600目 500目 800目	} 152貫10匁	大坂商人 原田宇兵衛 長崎商人 永見徳太郎	10月21日	
弐番船	シキユート	硝子茶碗	99揃		4貫900目	長崎商人 新屋友吉	午10月21日	
弐番船	シキユート	セメンシーナ 形付天鵞絨 エイスランスモス	176斤 80反 50ポント	96貫80目 } 50貫目	} 146貫800目	原田宇兵衛	10月22日	
弐番船	シキユート	テュツフル 皿紗 首巻 フラテル 袂時計	19反 250反 6ツ 12反 12	1反200目2匁1匁5分/反 208匁/反 100匁 1朝目 1朝目	} 97貫500目 【ママ】	大坂商人 原田宇兵衛	10月22日	
弐番船	スペンケル	藤	10,087斤	3匁/斤	30貫261匁	入来屋長兵衛	10月25日	

出典・「安政四戊午正月改　相對買之品銀高覚帳」(鶴見大学図書館所蔵)。

表129　安政5年(1858)オランダ弐番船積荷物の相対取引

荷主	商品	数量	合計銀高	買入商人	日付
船頭 ゲラツク	セメンシーナ	3瓶	1貫250目	長崎商人 豊嶋屋安兵衛	午10月14日

出典・「〔会所差紙〕」(鶴見大学図書館所蔵)。

534 第3部 安政期の日蘭貿易

表130 安政5年(1858)の相対取引商品

出　典	船	商　品	数　量	落札価額
A史料	壱番船	ウヲルムコロイト 但セメンシーナ之事	中4罎 〆凡1斤6合	}1貫200匁
		ハルサムコツパイハ	小16罎	
		ラーヒスインプリナーリス	―	―
		硝子スポイト	―	―
		セキスタント	―	―
		船遠目鏡	1本	―
		コントン	3トセイン 但36	360匁
		セメンシーナ	580斤	281貫300匁
	弐番船 (後に三番 船に変更)	サポン	1,000箱 但1箱6ポント半入	―
		硝子板	100箱	―
		厚硝子	10箱 但屋根瓦ニ相用候品	―
		明り取硝子	1箱	―
B史料	弐番船 (後に三番 船に変更)	セメンシーナ	200斤	98貫目
		セメンシーナ	17斤	10貫200目
	阿蘭陀舟 揚り荷物	蘇　木	4,160斤	42貫432匁
		鬼王印小蘇木	3,956斤	―
		頭取印小蘇木	430斤	―
	―	花　生	1對	}3貫目
		袄時計	1ツ	
		釦丹明鑵	100斤	

出典・A史料～「安政五年 午阿蘭陀壱番船相對拂看板帳・弐番船於中ノ嶋
　　　　難船ス沈積荷佛入札・三番船相對拂」(神戸市立博物館所蔵)。
　　・B史料～「安政五年午十月 午阿蘭陀相對買控」(慶應義塾大学文学部
　　　　古文書室所蔵永見家文書)。
　註・B史料の記事では、A史料と重複する商品は除いた。

第4章　安政5年(1858)・同6年(1859)の日蘭貿易　535

表131　安政5年(1858)オランダ四番船～八番船の積荷物

Goederen	Hoeveelheid	商　品	数　量
＜10月23日入港：四番船　オルデンバルネフェルト号 Oldenbarneveld＞			
bindrotting	3,968 bossen	「藤」	3,968 束
touwwerk	6,500 N. lb.[※1]	〔綱具〕	6,500 ネーデルラントポンド
brandewijn	44 dozijn	「ブラントウエイン」〔ブランデー〕	44 ダース
jatti houten balken	20 stuks	〔チーク材〕	20 本
dito planken	15 ″ (=stuks)	〔チーク板〕	15 枚
＜12月7日入港：五番船　ヘルデルラント号 Gelderland＞			
touwwerk	20 trossen	〔綱具〕	20 束
zeildoek	12 rollen	「帆木綿」	12 巻
sapanhout	±3,000 picols [※2]	「蘇木」	約 3,000 ピコル
dommekrachten	18	「万力」	18
aanbeeld	1	〔金敷、鉄床〕	1
brandspuit	1	「龍吐水」	1
sla olie	50 kistjes	〔サラダ油〕	50 箱
glaswerk	14 kisten	「硝子器」〔ガラス製品〕	14 箱
blik	47 kisten	「ブリツキ延板」〔ブリキ板〕	47 箱
eau de cologne	1 kist	「匂ひ水」〔オーデコロン〕	1 箱
één hoorn	1 kist	「ウニコール」	1 箱
medecijnen	1 kistje	「薬種類」	1 箱
genever	3 kelders	「セ子ーフル」〔ジュネバ・ジン〕	3 箱
wijn	4 kisten	「葡萄酒」	4 箱
bankschroeven	1 kist	〔万力〕	1 箱
huiden	110	〔皮革〕	110
buffelhoorn	11 1/2 picol	「水牛角」	11 1/2 ピコル
blaauwe drills	5 kisten	「花色綾木綿」	5 箱
molton dekens	700	「紋羽」	700
printaniers	1 kist	「プリンタ二ヤ」〔毛織物〕	1 箱
karaffen	4 kisten	「硝子瓶」〔水差し、デカンタ〕	4 箱
terpentijn olie	13 kelders	「テレメンテイン油」	13 箱
één hoorn	4 pakken	「ウニコール」	4 包
klapper olie	25 kelders	「椰子油」	25 箱
chitsen	13 kisten	「更紗」	13 箱
rood katoen	1 kist	「赤金巾」	1 箱
tin	28 picols	「錫」	28 ピコル
olifantstanden	13 s. (=stuks)	「象牙」	13 本
indigo	1 kist	「青黛」	1 箱
rood koper	11 kisten	〔赤銅〕	11 箱
manufacturen	29 kisten	〔織物〕	29 箱
leesboeken	2 kisten	〔読本、リーダー〕	2 箱
zeildoek	4 balen	「帆木綿」	4 梱
zeep	10 kisten	「サボン」	10 箱
verf	47 vaatjes	〔絵具、塗料〕	47 器
kain pandjang	7 kisten	〔カイン・パンジャン、腰布〕	7 箱
aardewerk	1 kist	「焼物類」	1 箱
koperen spijkers	3 vaten	〔銅製の釘〕	3 器
gedrukt katoen	28 kisten	〔形付木綿〕	28 箱
verf	200 vaatjes	〔絵具、塗料〕	200 器
koolteer	15 vaten	〔コールタール〕	15 器
harst	10 vaten	〔焼いた肉〕	10 器
vlaggedoek	8 rollen	〔旗用の布〕	8 巻
lijnolie	40 kelders	〔亜麻仁油〕	40 箱
dekglazen	100	〔厚いガラス板〕	100
lijnwaden	6 kisten	〔リンネル〕	6 箱

536   第3部　安政期の日蘭貿易

Goederen	Hoeveelheid	商　　品	数　　量
glaswerk	2 collies	「硝子器」〔ガラス製品〕	2包
zeep	200 kistjes	「サボン」	200箱
linnen	7 collies	〔リンネル〕	7包
touw werk	20 rollen	〔綱具〕	20巻
chitsen	2 kisten	「更紗」	2箱
klappernoten	300	「椰子」	300
koffij zakken	2 balen	「コーヒー豆」〔コーヒー袋〕	2梱
zeep	9 kisten	「サボン」	9箱
zilveren sabel	1	〔銀のサーベル〕	1
percussions	2 kisten	〔打楽器〕	2箱
glas	100 kisten	〔ガラス、ガラス製品〕	100箱
kurken	2 balen	〔コルク〕	2梱
laken	1 baal	「大羅紗」	1梱
manufacturen	22 kisten	〔織物〕	22箱
suikerwerk	6 id. (=kisten)	〔砂糖菓子〕	6箱
likeuren	12 id. (=kisten)	「銘酒」「茴香酒」〔リキュール〕	12箱
lijnwaden	6 id. (=kisten)	〔リンネル〕	6箱
boeken	1 id. (=kist)	「書籍」	1箱
boter	25 vaatjes	「ホヽトル」〔バター〕	25器
vruchten op brandewijn	12 kistjes	〔ブランデー漬け果実〕	12箱
loodwit	73 vaatjes	〔鉛白〕	73器
cromaat-groen	20 id. (=vaatjes)	〔緑青ヵ〕	20器

＜12月8日入港：六番船　アンナ・エン・ヤコブ号 Anna en Jacob＞

sapanhout	750 pikols	「蘇木」	750ピコル
hamans	10 kisten	「金巾」	10箱
karpetten	1 kist	「毛氈」	1箱
bascules	2	〔はかり〕	2
glaswerk	8 kisten	「硝子器」〔ガラス製品〕	8箱
spijkers	110 vaatjes	〔釘〕	110器
muscaatwijn	40 kistjes	〔マスカットワイン〕	40箱
seltzerwater	50 m". (=manden)	〔炭酸水〕	50籠
electrisch toestel	1	〔エレキテル、電機装置〕	1
platen	1 koker	〔板〕	1箱
geweren	4 kisten	「鉄炮」〔ゲヴェール銃〕	4箱
pistolen	1 〃 (=kist)	「小形鉄炮」「短筒」〔ピストル〕	1箱
zilveren munt	1 〃 (=kist)	〔銀貨〕	1箱

＜12月20日入港：七番船　アリダ・マリア号 Alida Maria＞

sapanhout	±1,800 pikols	「蘇木」	約1,800ピコル
<eischgoederen>		＜注文品＞	
medicijnen	112 collies	「薬種類」	112包

＜12月24日入港：八番船　ヤン・ファン・ブラーケル号 Jan van Brakel＞

ijzerwerk	40 kisten	〔鉄製品〕	40箱
manufacturen	53 dito (=kisten)	〔織物〕	53箱
kajoepoetie olie	10 manden	「カヤフーテ油」	10箱
glaswerk	72 kisten	「硝子器」〔ガラス製品〕	72箱
haarlemmer olie	1 kistje	「ハアルレム油」	1箱
diversen	1	〔各種商品〕	1
kramerijen	24 kisten	「小間物類」	24箱
pistolen en geweren	1 kist	〔ピストルとゲヴェール銃〕「小形鉄炮」と「鉄炮」	1箱
medicijnen	5 kisten	「薬種類」	5箱
parfumerien	1	〔香水類〕	1
waskaarsen	10 k. (=kisten)	〔蝋燭〕	10箱

第4章　安政5年(1858)・同6年(1859)の日蘭貿易　　537

Goederen	Hoeveelheid	商　　品	数　　量
ijzeren geldkisten	2	〔鉄製金庫〕	2
wijn	49 k. (=kisten)	「葡萄酒」	49箱
laken	3 k. (=kisten)	「大羅紗」	3箱
pranties	2 k. (=kisten)	〔苗ヵ〕	2箱
buffelhoorns	14 pik. (=pikols)	「水牛角」	14ピコル
verf	25 bl. (=blikken)	〔絵具、塗料〕	25缶
spiegels	2	「鏡」	2
oliphants tanden	5 k. (=kisten)	「象牙」	5箱
sigaren	10 m. (=manden)	〔紙巻きたばこ〕	10籠
kurken	1 baal	〔コルク〕	1梱
gambier	10 manden	〔阿仙薬〕	10籠
cognac	1 kistje	〔コニャック〕	1箱
billard	1	〔ビリヤード台ヵ〕	1
kantoor behoeften	2 kisten	〔文房具〕	2箱
aardewerk	3 kisten	「焼物類」	3箱
verfkwasten	1 k. (=kist)	〔絵筆、ペンキ用のはけ〕	1箱
zeep	1 k. (=kist)	「サボン」	1箱
boeken	1 k. (=kist)	「書籍」	1箱
modewaren	1 kist	〔はやりの品、流行品〕	1箱
bindrotting	360 picols	「藤」	360ピコル
sapanhout	2,123 picols	「蘇木」	2,123ピコル

出典・Dagregister gehouden door den Nederlandschen Kommissaris in Japan van af 17. August 〔11 Maart〕 1858 tot den 16 Februarij 1859. MS. N.A. Japans Archief, nr. 1621 (Aanwinsten, 1910, I: No. 72). (Tōdai-Shiryō Microfilm: 6998-1-129-36).
註・※1～N. lb.＝Nederlandsche ponden。100斤＝59.72 N. lb.
　・※2～picol (-s)。1 picol＝100斤
　・商品名の「　」内は従来訳例のある商品名。〔　〕内は拙訳の商品名。
　・入港日付は和暦。

荷物を訳語を添えて表記したものが表131である。表131に記した品物が各船の積荷物の全てであったかどうかは未詳であり，さらに記されている積荷物が全て相対取引されたかどうかも未詳であることは断っておかなければならない。しかし，これらの品物の中から相対取引がされていたであろうことは推測されよう。

　したがって，全ての商品を解明することはできないが，表128・表129・表130に示した壱番船から三番船の品々と，表131に示した品々に含まれる商品の中から相対取引がおこなわれたと考えられる。なお，安政5年にこれらの品々が全て取引されたわけではなく，翌安政6年にまわされて取引された品も存在していたと思われる。また，同様に前年9月5日に入津した五番船ヘンリエッテ・エン・コルネーリア号の積荷の相対取引の一部は安政5年におこなわれていたと考えられる(第3部第3章第6節参照)。この安政5年における相対取引の総額は前掲「安政五午年　長崎會所勘定帳」よ

538　第3部　安政期の日蘭貿易

り以下のようであった。

　一，銀三千三百八拾七貫六拾九匁六厘　一，午阿蘭陀船相對買荷物代銀

　　二，但五歩銀相掛不申候

　　　三，此訳

　　小銀弐千弐百壱貫五百九拾四匁八分八厘九毛

　　　四，是者午阿蘭陀船相對買荷物代之内，三歩五厘通会所江引取，

　　　　残阿蘭陀人江相渡候分

　　銀千百八拾五貫四百七拾四匁壱分七厘壱毛

　一，是者右荷物代銀之内三歩五厘通会所江引取候分

　すなわち，総額3,387貫69匁6厘で，この内，3割5分に相当する1,185貫474匁1分7厘1毛が長崎会所の取り分となり，オランダ人には2,201貫594匁8分8厘9毛がわたされている。したがって，安政5年の相対取引の総額は，入札取引の総額(757貫947匁4分2厘1毛2弗＋157貫＝914貫947匁4分2厘1毛2弗)に比べて，3.7倍の取引高であったことがわかる。[17]

第2節　安政6年の日蘭修好通商条約施行以前の日蘭貿易──相対取引──

　安政6年において，日蘭修好通商条約が施行されることになった6月2日(1859年7月1日)以前に長崎港に入津したオランダ船は，「商館日記」によれば，表132に示したように22艘であった(再・再々入港船を含む)。「商館日記」には，22艘の内，6艘分の積荷物の記載があり，訳語を添えて表にして示すと表133のようである。表131同様全ての積荷物を記していたかどうかは未詳であるが，これらの積荷物の中から日本で取引にかけられた商品があることは間違いあるまい。また，現存する一紙ものの差紙から判明する安政6年の相対取引は表134のようである。荷主のスベンゲル(スベンケルル，スペンクレル)は前掲H. H. スペングレル商会 Firma H. H. Spengler en Cᵒ.，キニツフルはオランダ商人 L. Kniffler。[18]　バスレイ(ハスレイ)は出島オランダ商館の荷蔵役兼簿記役兼筆者頭 Pakhuismeester, Boekhouder en Scriba

第 4 章　安政 5 年(1858)・同 6 年(1859)の日蘭貿易　　539

表 132　安政 6 年(1859)長崎入港オランダ船(和暦 6 月 1 日迄)

西　暦	和　暦	オランダ船名	輸入品記事	「年々阿蘭陀船」
2月11日	1 月 9 日	Jan van Galen	○	「壱番船」
2月25日	1 月 23 日	Jacob en Anna	○	「弐番船」
3月 2日	1 月 28 日	Schiller	○	「三番船」
3月16日	2 月 12 日	Quatre Bras		「四番船」
3月19日	2 月 15 日	Adèle		「五番船」
3月20日	2 月 16 日	Elshout		記事なし
3月24日	2 月 20 日	Princes Charlotte		記事なし
3月25日	2 月 21 日	Jan van Brakel		「六番船」
		Postillon		「七番船」
4月 5日	3 月 3 日	Bali		「阿蘭陀蒸気船」
4月12日	3 月 10 日	Jacob & Anna		入港日付のみ
4月16日	3 月 14 日	Zwaluw		入港日付のみ
4月24日	3 月 22 日	Thetis		入港日付のみ
5月23日	4 月 21 日	Jacob & Anna	○	記事なし
5月24日	4 月 22 日	Atalante	○	記事なし
5月31日	4 月 29 日	Bali		記事なし
6月 3日	5 月 3 日	Schiller	○	記事なし
6月 4日	5 月 4 日	Vrij Handel		記事なし
6月 8日	5 月 8 日	Prinses Charlotte		記事なし
6月18日	5 月 18 日	Henriette		記事なし
6月26日	5 月 26 日	Nassau		記事なし
6月30日	6 月 1 日	Christiaan Louis		記事なし

出典・Dagregister gehouden door den Nederlandschen Kommissaris in
　　Japan van af 17. August 〔11 Maart〕 1858 tot den 16 Februarij
　　1859. MS. N.A. Japans Archief, nr. 1621 (Aanwinsten, 1910, I:
　　No. 72). (Tōdai-Shiryō Microfilm: 6998-1-129-36).
　　・Aanteekeningen van den Nederlandschen Kommissaris in Japan
　　van af 17. Februarij 1859 tot en met 13. Mei 1859. MS. N.A.
　　Japans Archief, nr. 1622 (Aanwinsten, 1910, I: No. 73). (Tōdai-
　　Shiryō Microfilm: 6998-1-129-37).
　　・Aanteekeningen van den Nederlandschen Kommissaris in Japan
　　van af 14. Mei 1859 tot en met 7. Sep. 1859. MS. N.A. Japans
　　Archief, nr. 1623 (Aanwinsten, 1910, I: No. 74). (Tōdai-Shiryō
　　Microfilm: 6998-1-129-38).
　註・「輸入品記事」内の○印は、上記出典史料に輸入品の記事があることを
　　示す。
　　・「年々阿蘭陀船」内の記事は、「年々阿蘭陀船入津控・年々外船入津控」
　　(長崎歴史文化博物館収蔵) に記されている内容を示す。

540　第 3 部　安政期の日蘭貿易

表 133　安政 6 年(1859)長崎入港オランダ船の積荷物

Goederen	Hoeveelheid	商　　品	数　　量
＜ 1 月 9 日入港：ヤン・ファン・ハーレン号 Jan van Galen ＞			
sapanhout	867 pikols *1	「蘇木」	867 ピコル
wijn	2 kisten	「葡萄酒」	2 箱
bier	1 dito (=kist)	〔ビール〕	1 箱
glazen ruiten	25 kisten	「硝子板」	25 箱
Chineesche medicijnen	1 kist	「漢字薬種」	1 箱
diversen	24 kisten	〔各種商品〕	24 箱
＜ 1 月 23 日入港：ヤコプ・エン・アンナ号 Jacob en Anna ＞			
suiker	230 balen	「白砂糖」	230 梱
blik	31 kisten	「ブリツキ延板」〔ブリキ板〕	31 箱
medicijnen	53 pakken	「薬種類」	53 包
diversen	123 pakken	〔各種商品〕	123 包
＜ 1 月 28 日入港：スヒルレル号 Schiller ＞			
diversen	240 kisten	〔各種商品〕	240 箱
teer	10 vaten	〔タール〕	10 器
hagel	10 dito (=vaten)	〔散弾〕	10 器
lood	156 stuks	「鉛」	156 本
spijkers	163 vaatjes	〔釘〕	163 器
touwwerk	148 pakken	「綱具」	148 包
diversen	99 collies	〔各種商品〕	99 包
laken	2 balen	「大羅紗」	2 梱
rood katoen	1 kist	「赤金巾」	1 箱
provisien	4 kisten	〔食糧〕	4 箱
lederwerk	1 kist	〔革製品〕	1 箱
barometers	2	「晴雨昇降」	2
drills	200	〔きり、ドリル〕	200
schilderijen	1 kist	「絵鏡」	1 箱
buffelhoorns	1 kist	「水牛角」	1 箱
sapanhout	200 pikols	「蘇木」	200 ピコル
＜ 4 月 21 日入港：ヤコプ・エン・アンナ号 Jacob & Anna ＞			
dollars	1,600	〔ドル、銀銭〕	1,600
sandelhout	955 pikols	「白檀」	955 ピコル
kandijsuiker	150 kisten	「氷砂糖」	150 箱
huisraad	diverse collies	〔家具〕	種々の梱
＜ 4 月 22 日入港：アタランテ号 Atalante ＞			
lijnwaden	-	〔リンネル〕	-
lakens	-	「大羅紗」	-
boeken	-	「書籍」	-
medicijnen	-	「薬種類」	-
werktuigen	-	〔道具〕	-
instrumenten	-	〔器具〕	-
glaswerk	-	「硝子器」〔ガラス製品〕	-
reep	-	〔ロープ〕	-
genever	-	「セ子ーフル」〔ジュネバ・ジン〕	-
likeuren	-	「銘酒」「茴香酒」〔リキュール〕	-
champagne	-	〔シャンパン〕	-
staafijzer	50,000 lb. *2	〔鉄棒〕	50,000 ポンド
oliphantstanden	-	「象牙」	-
genua olie	-	「ホルトカル油」	-
een hoorn	-	「ウニコール」	-

Goederen	Hoeveelheid	商　品	数　量
verf	-	〔絵具、塗料〕	-
amandelen	-	「アマントル油」	-
kramerijen	-	「小間物類」	-
＜5月3日入港：スヒルレル号 Schiller ＞			
steenen	45,000	〔煉瓦〕	45,000
diverse koopmanschappen	-	〔各種商品〕	-

出典・Dagregister gehouden door den Nederlandschen Kommissaris in Japan van af 17. August 〔11 Maart〕 1858 tot den 16 Februarij 1859. MS. N.A. Japans Archief, nr. 1621 (Aanwinsten, 1910, I: No. 72). (Tōdai-Shiryō Microfilm: 6998-1-129-36).

・Aanteekeningen van den Nederlandschen Kommissaris in Japan van af 17. Februarij 1859 tot en met 13. Mei 1859. MS. N.A. Japans Archief, nr. 1622 (Aanwinsten, 1910, I: No. 73). (Tōdai-Shiryō Microfilm: 6998-1-129-37).

・Aanteekeningen van den Nederlandschen Kommissaris in Japan van af 14. Mei 1859 tot en met 7. Sep. 1859. MS. N.A. Japans Archief, nr. 1623 (Aanwinsten, 1910, I: No. 74). (Tōdai-Shiryō Microfilm: 6998-1-129-38).

註・※1 ～ pikol (-s)。1 pikol = 100 斤
・※2 ～ lb.= Amsterdamsche ponden。100 斤= 120$\frac{7}{8}$ lb.
・商品名の「　」内は従来訳例のある商品名。〔　〕内は拙訳の商品名。
・入港日付は和暦。

表134　安政6年(1859)オランダ船積荷物の相対取引

表題	荷主	商品	数量	銀高	合計銀高	買入商人	日付	出典
午阿蘭陀弐番船	スベンゲル	蘇木	10,000 斤	3 匁 1 分 / 斤	31 貫目	江戸町　木屋庄兵衛	未正月 19 日	鶴見
覚	キニツフル	キナキナ	160 斤	75 匁 / 斤	12 貫目	山田屋□□□	未 2 月 9 日	立正
覚	バスレイ	セメンシーナ	10 瓶	420 匁 / 瓶	4 貫 200 目	萬屋町　平野屋□□□	未 2 月 26 日	立正
覚	キニツフル	緋金巾	94 反	200 目 / 反	18 貫 800 目	江戸町　木屋正兵衛	未 3 月 朔日	立正
未阿蘭陀船	キニツフル	赤金巾 皿紗	50 反 50 反		15 貫目	本博多町　井上屋元吉	未 3 月 2 日	立正
未阿蘭陀船	キニツフル	蘇木	20,000 斤	2 匁 9 分 / 斤	58 貫目	酒屋町　田川屋福太郎	未 3 月 5 日	鶴見
未阿蘭陀船	シキルト	硝子薬瓶	2,000		1 貫 700 目	恵美須町　松尾屋伊助	未 3 月 18 日	立正
未阿蘭陀船	ポルスブル	皿紗	41 反 荷渡 32 反		7 貫 500 目 改 5 貫 760 目	銀屋町　亀屋□□	未 3 月 21 日	鶴見
未阿蘭陀船	スベンケルル	蘇木	10,000 斤 9,450 斤 550 斤	2 匁 5 分 / 斤 2 匁 / 斤	25 貫目 〔改〕 24 貫 725 匁	南馬町　鑯屋安兵衛	未 3 月 22 日	立正
未阿蘭陀船	ハスレイ	ラウリールケルス	5 瓶	22 匁 / 瓶	110 匁	鉄屋右一郎	未 4 月 2 日	鶴見
未阿蘭陀舟	ハスレイ	セメンシーナ	10 瓶		5 貫 200 目	銅座跡　八代屋慎三郎	未 4 月 7 日	鶴見
未阿蘭陀船	スペンクレル	ウニコール	61 斤 5 合	350 目 / 斤	21 貫 525 匁	菱屋宗兵衛	未 4 月 11 日	立正
未阿蘭陀船	ハルトマンス	ウニコール	200 斤 荷渡 175 斤		74 貫目 改 64 貫 750 目	竹野屋喜八	未 5 月 27 日	鶴見

註・「出典」欄の「鶴見」は「〔会所差紙〕」(鶴見大学図書館所蔵)、「立正」は「代銀品物引合渡方手形」(立正大学図書館所蔵)。

bij de Nederlandsche factorij te Desima の I. A. G. A. L. Basslé。[19] シキル
トは前掲オランダ商人 J. Schut。ポルスプルは出島オランダ商館の二等補佐
官 Assistent der tweede klasse bij de Nederlandsche factorij te Desima
の D. de Graeff van Polsbroek。[20] ハルトマンスは船長として安政2年・
同4年に来日した W. L. Hartmans[21] とそれぞれ考えられる。安政6年の
日蘭修好通商条約施行以前の相対取引の総額は，同年の長崎会所の正式な勘
定帳と同一視できる「安政六年　長崎會所勘定帳」[22]によると以下のようで
あった。

　　一，銀弐千四百弐拾弐貫八百五拾三匁弐分五毛四弗　　阿蘭陀船相對買
　　　　　　　　　　　　　　　　　　　　　　　　　　　荷物代銀

　　　　　但五歩銀相掛不申候分
　　　　　　此訳
　　　　　銀千五百四拾六貫五百三拾七匁三分三厘三毛五弗
　　　　　　是者荷物代之内，三歩五厘通會所江引取候残阿蘭陀人江相渡候
　　　　　　分
　　　　　銀八百三拾弐貫七百五拾目八分七厘壱毛九弗
　　　　　　是者荷物代之内，三歩五厘通會所江引取候分
　　　　　銀四拾三貫五百六拾五匁
　　　　　　是者破船荷物代拂立銀を以阿蘭陀人江渡方相成候分

　すなわち，安政6年における日蘭間の相対取引の総額は 2,422貫853匁2
分5毛4弗で，この内，832貫750目8分7厘1毛9弗が長崎会所の取り分
となり，オランダ人には 1,546貫537匁3分3厘3毛5弗と「破船荷物代
拂立銀」43貫565匁が渡されている。なお，「破船荷物代拂立銀」は前年(安
政5年)に来航したキャトサンドリア号の相対取引分と考えられ，3割5分の
税金は掛けられておらず，前年度の入札取引同様，長崎会所にとっては収益
のない取引であった。[23]

おわりに

　以上，日蘭修好通商条約が施行されるまでの安政5年・6年の日蘭貿易，特に長崎会所管理下の入札取引と相対取引について考察をおこなった。

　入札取引に関しては，安政5年入港の壱番船ゼーファールト号・弐番船（後に三番船に変更）キャトサンドリア号・三番船（後に弐番船に変更）コルネーリア・ヘンリエッテ号の積荷が取引された。この内，コルネーリア・ヘンリエッテ号の積荷が「午六番割」，すなわち長崎会所における6回目の入札取引において取引されたことをもって，その終焉をつげるものとなった。その際の取引商品は，ガラス器や陶磁器がほとんどで，その他，蒸気機械とサボンからなっていた。これは従来の入札取引の商品に比べて，非常に偏りのある種類のものであった。オランダ側にとってはおそらくより収益の見込まれる相対取引に多くの品がまわされたことによるものと推測される。

　相対取引に関しては，安政5年・6年入港のオランダ船の積荷に対しておこなわれていたが，史料的にその積荷に関しては断片的なものしか提示することができなかった。しかし，安政5年時には，8艘で総額3,387貫69匁6厘の取引があり，[24] 入札取引の総額914貫947匁4分2厘1毛2弗の3.7倍の取引高を示していた。一方，6月1日までに22艘の入港が確認される安政6年時は，相対取引の総額が2,422貫853匁2分5毛4弗と減額している。オランダ側は，修好通商条約施行後，長崎会所の管理から解放されたオランダ人と日本人との相対取引を望んでいたと推測される。修好通商条約では，従来3割5分であった関税が，ほとんどの商品に対して「二割の運上」を納めれば良いことになっていた（なお，外国金銀は無税，酒類は3割5分の運上）。[25] したがって，オランダ側から「蘭人持渡品延売ニ而商売いたし度旨」の申請が出され，安政6年2月23日付けで長崎会所によって了承されている。その「規則」には，

　　　一右荷渡之節役々立合改方之儀は常例之通取計且商税は当夏新規商法取
　　　始候日限已前荷渡いたし候分は三割五歩取立候筈候

544　第3部　安政期の日蘭貿易

　　　但右日限以後之儀は追而談判可致候(26)

とあり，オランダ側は「新規商法取始候日限」「以後」に「荷渡」し「追而談判」することで，従来の3割5分の関税を2割にして収益を上げることを望んでいたわけである。したがって，安政5年の相対取引高に比べて安政6年の低額は，同年入港のオランダ船の数から考えて，多くの商品の修好通商条約施行に向けての「延売」をオランダ側が目指した結果と推測されよう。

　長年おこなわれていた長崎会所での入札取引は，安政5年に終了し，安政4年から正式におこなわれていたと思われる長崎会所管理下での相対取引(27)も安政6年の修好通商条約施行を前に終わりをつげ，日蘭貿易は自由貿易の時代を迎えることになる。

　註
（1）　Dagregister gehouden door den Nederlandschen Kommissaris in Japan van af 17. August〔11 Maart〕1858 tot den 16 Februarij 1859. MS. N.A. Japans Archief, nr. 1621(Aanwinsten, 1910, I: No. 72). (Tōdai-Shiryō Microfilm: 6998-1-129-36). 本史料は，当時のオランダ商館長ドンケル゠クルチウス J. H. Donker Curtius(1852年(嘉永5)に就任)が，1855年(安政2)8月に駐日オランダ領事官 Nederlandschen Kommissaris in Japan を兼ねることになったため，上記史料名のようになっているが，本章では『オランダ商館日記』(『商館日記』)と表記しておく。
（2）　この他，この年には，オランダからは，江戸幕府の注文によって建造されたエド号 Jedo(9月3日(10月9日)入津)とナガサキ号 Nagasaki(10月8日(11月13日)入津)の「阿蘭陀蒸気船」2艘が入津している。
　　　当時，長崎海軍伝習所の教官であったカッテンディーケは上記2艘の入津について次のように記している。
　　　　十月九日，我々は長い間待ちわびた暗輪スクーネル船エド(のち朝陽丸)，また一ヶ月後にはナガサキ(のち電流丸)の長崎入港を見た。この美しい立派な二船は，さきの咸臨丸とともに，日本政府のために，オランダにおいて建造されたものである。右のうちエド号のほうは，将軍家のために，またナガサキ号のほうは肥前侯のために造られた。
　　　　　(カッテンディーケ著・水田信利訳『長崎海軍伝習所の日々』東洋文庫26，平凡社，昭和39年，133頁)
（3）　「安政五午年　長崎會所勘定帳」(長崎歴史文化博物館収蔵)。なお，本史料の詳

第 4 章　安政 5 年(1858)・同 6 年(1859)の日蘭貿易　　545

細については，中村質『近世長崎貿易史の研究』(吉川弘文館，昭和 63 年)589〜
591 頁参照。

（4）　安政 5 年の長崎会所における入札取引は，以下の番割でおこなわれていた。

　　　　午壱番割　　巳阿蘭陀五番船荷物
　　　　午二番割　　御用残り・商売荷物・召上　　等
　　　　午三番割　　午阿蘭陀壱番船荷物
　　　　午四番割　　午壱番船(唐船)銀札・惣銀札・別段売・本売・工社
　　　　午五番割　　亜墨利船持渡荷物
　　　　午六番割　　午阿蘭陀弐番舟積荷物
　　　　午七番割　　午英船荷物
　　　　午八番割　　御用残　等

　なお，午五番割でアメリカ船の積荷の取引，午七番割でイギリス船の積荷の取引
がおこなわれている。本格的な開港を前に既に米・英との取引が開始されているわ
けであるが，これは，この年に入津した両国商船に対し，願いに従って「阿蘭陀商
売仕法通」りの条件で長崎会所の管理下で取引が許可されたものである(前掲『近
世長崎貿易史の研究』593 頁参照)。

（5）　註(1)参照。

（6）　カッテンディーケによると，「我々は力の及ぶかぎり，その難破船(＝キャトサ
　　　ンドリア号)の救助に努めたが同船は間もなく海底に沈んで行ったので，せっかく
　　　努力の甲斐もなかった」(前掲『長崎海軍伝習所の日々』121 頁参照)とのことである。

（7）　「安政五年神戸史料」には，この時の積荷リストについて「此積荷差出前」と記
　　　されており，正式な送り状の提出がされる前の積荷リストであることがわかる。

（8）　Cognossement Factuur. MS. N.A. Japans Archief, nr. 1641 (Aanwinsten,
　　　1910, I: No. 34). (Tōdai-Shiryō Microfilm: 6998-1-127-1).

（9）　Approvisionnements Fonds 1857. MS. N.A. Japans Archief, nr. 1641 (Aan-
　　　winsten, 1910, I: No. 34). (Tōdai-Shiryō Microfilm: 6998-1-127-1).

（10）　所蔵者の希望により「某所所蔵」と表記しておく。

（11）　「オランダ商館日記」(註(1)参照)によると，ゼーファールト号に H. H. スペング
　　　レル商会 Firma H. H. Spengler en Cº. のラネー Lanay とフェルメウレン Vermeu-
　　　len を乗せてきている(1858 年 7 月 7 日の記事)。

（12）　イシキュート(シキュート)J. Schut は，1858 年 9 月 4 日，コルネーリア・ヘン
　　　リエッテ号で来日。1862 年には，シキュート商会 Schut & Co. の共同経営者を勤
　　　めている。

（13）　一紙ものの差紙については，第 3 部第 3 章第 6 節参照。

（14）　キャトサンドリア号の船長ヘルラフ J. A. C. Gerlach が「午阿蘭陀弐番船」の品

546 第3部 安政期の日蘭貿易

物の荷主となっている。日付けからみて，キャトサンドリア号は「三番船」と称されている時期であるため，現場では「弐番船」と「三番船」の表記が混乱していた可能性がある。

(15) 「安政五年午十月　午阿蘭陀相對買控」(慶應義塾大学文学部古文書室所蔵永見家文書)は，本商人の永見が安政5年にかかわった相対取引について記したものである。

(16) 当然，積荷物には注文品(「誂物」)や商館消費の品々もあったと考えられる。

(17) 本章は，オランダ船が持ち渡った商品を日本側商人が購入(落札)した段階までを考察対象としているが，「安政五年神戸史料」より，日本側商人が落札して以降，さらに日本側商人間で入札取引されていたことがわかる。例えば，壱番船が持ち渡った荷主「スベンクレル」の「水牛爪」4,200斤は，26貫200目で永見徳太郎が購入しているが，「安政五年神戸史料」によると，「午九月五日夜，永新宅ニおゐて入札」され，1斤に付，永見が7匁5分3厘，豊嶋屋が6匁9分7厘，村上藤兵衛が6匁4分8厘，竹野屋が6匁2分8厘でそれぞれ入札している。したがって，永見が総額31貫626匁(4,200斤×7匁5分3厘)でこの「水牛爪」を落札入手したものと思われる。

(18) Drs. Pieter Oost, *Dutchmen in Japan 1850-1918,* Leiden, 1989. による。

(19) Traktements rekeningen Japan van af 1e. December 1857 tot en met September 1858. MS. N.A. Japans Archief, nr. 1920 (Aanwinsten, 1910, I: No. 370). (Tōdai-Shiryō Microfilm: 6998-1-137-14).

(20) Tractements staten van af 1e. April t/m Junij 1859. MS. N.A. Japans Archief, nr. 1923 (Aanwinsten, 1910, I: No. 372). (Tōdai-Shiryō Microfilm: 6998-1-137-16). なお，ポルスブルック D. de Graeff van Polsbroek は後に，副領事，総領事，公使として幕末・維新期に活躍した駐日オランダ外交官。

(21) 註(18)参照。

(22) 「安政六年　長崎會所勘定帳」(長崎歴史文化博物館収蔵)。なお，本史料の詳細については，前掲『近世長崎貿易史の研究』598〜599頁参照。

(23) キャトサンドリア号の積荷の相対取引後におこなわれたと考えられる商人間での取引結果の一部を記した「安政六未正月ヨリ　中ノ嶋沈蘭船揚り荷物見帳」(神戸市立博物館)が現存している。ここには，「拾五度目㋑(＝村上藤兵衛)宅ニ而未正月廿六日初入札」「二月十四日入札　拾六度目」「五月廿六日　拾八度目」の三回分の入札結果が記され，染織品・ガラス器・陶磁器・象牙・蘇木・藤・紫檀・水銀や酒，さらに大綱・帆柱など破船の部材などが取引されている。なお，ここでの取引商品が安政5年時の日蘭間の取引であったか安政6年時であったかは未詳である。

(24) なお，総額3,387貫69匁6厘の中には，安政5年入津の8艘分の他，前年安政

第 4 章　安政 5 年(1858)・同 6 年(1859)の日蘭貿易　　547

4 年に入津した五番船ヘンリエッテ・エン・コルネーリア号の積荷の相対取引の一
部が含まれていたと考えられる(第 3 部第 3 章第 6 節参照)。

(25)　『幕末外国関係文書』20(東京大学出版会，昭和 47 年)，735〜736 頁参照。

(26)　森永種夫校訂『長崎幕末史料大成』3(長崎文献社，昭和 45 年)，296 頁参照。

(27)　日蘭追加条約(安政 4 年 8 月 29 日調印)の第 6 条には，

　　　一商船持渡の品，入札拂幷相對拂之分とも，荷物惣代銀之内より三割五歩差出
　　　すへし，尤會所ゟて直組買上ケの品は，此限り尓あらさる事，
　　　　(『幕末外国関係文書』17，398 頁参照)

とあり，相対取引が公に認められていたことがわかる。なお，日蘭貿易では既に安
政 3 年から onder's hands verkochte goederen(相対での販売品)の取引がおこな
われていたことが帳簿上で確認できるが，3 割 5 分の関税はかけられてはいなかっ
た(第 3 部第 3 章第 5 節参照)。

終章　日蘭貿易の歴史的展開

　本書は考察年代を19世紀前半(文政期)から幕末(安政期)におき，日蘭両史料を照合の上，オランダ船の積荷物を軸として日蘭貿易の構造の変遷を歴史的に解明しようとしたものである。

　以下，各部章の要旨を記しむすびとしたい。

　第1部「日蘭貿易と貿易品」では，まず1年度の日蘭貿易における本方荷物・脇荷物・誂物の輸入と取引の実態を解明し，その後，具体的物品の一事例として現存する更紗を取り上げ，その輸入と取引，さらに流通過程を明らかにした。

　第1章「出島貿易品の取引─天保15年(1844)を事例として─」では，天保15年の日蘭貿易に焦点を絞り，オランダ船積荷目録をめぐる日蘭貿易史料を調査・検討・照合し，本方荷物・脇荷物・誂物の取引を中心に考察をおこない，当時の日蘭関係について言及した。

　天保15年，オランダ船輸入の本方荷物は，主に染織品・白砂糖・蘇木・象牙・丁子・胡椒・紫檀・肉豆蔲・茴香・鉛・錫・水銀等であり，これらの中から選り分けられ翌年江戸へ持って行かれた献上・進物品は染織品からなっていた。本方荷物は，17・18世紀に比べればその種類と量は減少していたが，全体的に伝統的な取引商品からなっていた。脇荷物は，薬品類，ガラス器・陶磁器などの食器類，鏡や酒・時計等々，雑貨・小間物類と書籍類からなっていた。これらは，本方荷物にはみられない品々であり，特に薬品類の種類の多さは当時の医学を中心とした蘭学興隆の面からみると，文化史上，大変重要な取引商品ということがいえる。誂物は，暦，染織品，望遠鏡，薬品類，軍事関係の書籍，化学関係の書籍，武器と武器関係の道具・部品などからなっていたが，中でも軍事関係の品々が多いことが注目される。これはアヘン戦争の詳報を受けて幕閣が洋式砲術採用に取り組んだあらわれといえる。そのために従来誂物の取引に加わっていた長崎地役人(阿蘭陀通詞は除く)

の注文品はその取引枠から排除される結果となっていた。

　天保15年のオランダにとっての日本貿易は，現地長崎での取引段階では収益は得られず，日本から持ち帰った物資の販売により収益を生む構造になっていたと推測される。これは「取引の総額（御定高）」が決められていたことによって生じた現象ではあるが，そこまでして貿易を継続しようとするオランダ側の姿勢の背後には，当時（19世紀中葉）の国際環境の中で日本市場を確保しつづけようとするオランダの思惑があったためと考えられる。

　第2章「蘭船持渡更紗の取引と国内流通―福岡市美術館所蔵「紫地小花文様更紗」をめぐって―」では，オランダ船輸入品の一事例として，福岡市美術館所蔵「紫地小花文様更紗」をめぐって，その輸入と取引，さらに流通過程を考察し，本品の歴史的意義について言及した。

　福岡市美術館所蔵の「紫地小花文様更紗」は，オランダ船によって文政7年に本方荷物として輸入された染織品と思われ，オランダ船の更紗輸入がインド更紗からヨーロッパ更紗に転換する時期（文政期）にもたらされたインド更紗を模したヨーロッパ更紗と考えられる。本品は，本商人中村茂吉郎によって長崎会所を通して落札され，最終的に大坂有数の呉服店平井小橋屋で販売されることになった更紗と考えられる。この「紫地小花文様更紗」は，オランダ船の輸入から長崎での取引だけでなく，本品に付札があることより，その後の取引と流通過程が解明される貴重な実物資料といえる。

　第2部「オランダ船の脇荷貿易」では，19世紀前半（文政期）から中葉（嘉永期）にかけてのオランダ船の脇荷貿易に焦点を絞り，日蘭両史料の照合をおこなってその実態を考察し，その後，具体的物品の一事例としてウニコール（薬品）の取引を明らかにした。

　第1章「オランダ船の脇荷物輸入―文政9年（1826）を事例として―」では，文政9年を事例としてオランダ船の脇荷貿易で取引された商品（脇荷物）について考察をおこなった。

　文政9年の脇荷貿易は，従来よりおこなわれていたオランダ商館長以下の館員や船員等の役得として一定額だけ許されていた私貿易品（脇荷物）の取引であったが，取引された商品の種類は，文政期の他の年度に輸入された脇

荷物と共通しており，薬品類，ガラス器・陶磁器などの食器類，皮革・酒・顔料・時計等々，雑貨・小間物類からなっていた。

第2章「賃借人の登場—脇荷貿易システムの改変とその実態—」では，オランダ商館長以下の館員や船員等の私貿易関与・参加が排除され，バタヴィア政庁によって決められた賃借人による独占的な脇荷貿易システムに改変されたのが，出島商館長シッテルスの意見を受けて天保6年(1835)にはじまったことを明らかにした。あわせて，賃借人による同年の取引がバタヴィアで政庁との間で結ばれた契約に基づいておこなわれていたことを具体的に解明，考察した。

この賃借人による脇荷貿易の取引規模は仕入値50,000グルデン以下で，その内，3分の2が脇荷取引，3分の1が自由処分(脇荷取引以外の取引)となり，賃借人は長崎会所に対して35％の税が課され，実際にそれらの取引がおこなわれていたことがわかった。また，賃借人の収益は，日本での取引では赤字が予測されるが，バタヴィアで日本から持ち帰った輸出品を販売することにより最終的には収益がもたらされる構造になっていたと考えられる。

第3章「賃借人の脇荷貿易　I—天保7年(1836)～同9年(1838)—」では，天保7年～同9年にかけて，賃借人の脇荷貿易がどのようにおこなわれたのか，その実態を考察した。

この3年間は1835年(天保6)7月4日付けで賃借人とバタヴィア政庁との間で結ばれた契約書に原則として基づいておこなわれていたと考えられる。しかし，賃借権料に関しては，天保8年・9年共に契約書で決めている35,000グルデンは支払われず，その年の損失額に応じて減額されていることが判明した。また，天保9年には，脇荷物の仕入総額が50,000グルデンを超えており，契約書第4条に反していた。脇荷物の種類に関しては，3年間従来と変わりはなく，薬品類，ガラス器・陶磁器などの食器類，皮革・時計等々，雑貨・小間物類などからなっており，さらに，御用として注文された書籍類が持ち渡られていた。また，天保7年からはじめられたシステムとして天保8年・9年の脇荷物の中にも，誂物(注文品)として使用するためのウニコール(薬品)が持ち渡られていたことは特筆される。

第4章「賃借人の脇荷貿易　II―天保10年(1839)〜同14年(1843)―」では，天保10年〜同14年にかけて，賃借人の脇荷貿易がどのようにおこなわれたのか，その実態を考察した。

オランダ船の来航がなかった天保12年を除いて，天保10・11・13・14年の脇荷貿易は，それぞれ賃借人とバタヴィア政庁との間で結ばれた契約書に原則として基づいておこなわれていたと考えられる。しかし，天保11年には，賃借人がバタヴィアで日本に持ち渡る商品を記したStaat(脇荷物のリスト)段階では脇荷物の仕入総額が50,000グルデンを超えており，契約書第4条に反していた。また，「落札帳」が残る天保14年には，出島商館職員の脇荷取引への参加がみられ契約書第9条に反していた(これは第1部第1章で考察した天保15年においても同様のことがいえる)。脇荷物の種類については，従来と変わりはなく，薬品類，ガラス器・陶磁器などの食器類，皮革・時計等々，雑貨・小間物類，さらに染織類・書籍類などからなっていた。また，天保13年には，従来誂物となっていたゲベール銃が持ち渡られていたことは特筆される。さらに，1839年度用の契約書から加えられた賃借人の政庁勘定への資金投入の条項(第16条)とその実践より，政庁が賃借人に優遇措置を施していたと同時に，お互いに補完しあう密接な関係にあったことが読み取れる。

脇荷貿易内の脇荷取引以外の取引であった「品代り荷物」の取引は，本方荷物と同じように長崎会所が賃借人より「直組」の上で購入し，それを長崎会所が日本商人に入札販売したものと考えられる。1839年度用の契約書第7条で，3分の2が脇荷取引，3分の1が自由処分(脇荷取引以外の取引)とする従来の割合規定はなくなるが，それにより，「品代り荷物」の取引量が増えれば賃借人は長崎会所の統制を受けることが増し，賃借人を守る立場にある商館長にとっては，取引をめぐって問題が生じる可能性があると考えていたようである。

第5章「賃借人の脇荷貿易　III―弘化2年(1845)〜嘉永7年(1854)―」では，弘化2年〜嘉永7年にかけて，賃借人の脇荷貿易がどのようにおこなわれたのか，その実態を考察した。

終章　日蘭貿易の歴史的展開　　553

　賃借人とバタヴィア政庁との間で結ばれた契約書については，1849年～1852年度用の4年間のものが未詳であることより，十分な考察はできなかったが，1845年～1848年度用の契約書と1853年～1856年度用の契約書を比較した場合，特に注目されることは，賃借権料が前者では年17,000グルデンであったものが後者では年42,500グルデンに増額していることである。これは，脇荷貿易において，収益が増加したためではないかと考えられる。また，賃借人の政庁勘定への資金投入の条項が後者で削除されたことも同じ原因によるものではないかと推測される。

　前章までに考察したように，脇荷物は全ての商品が脇荷取引されていたわけではなく，脇荷取引以外で販売されるものが含まれていた。持ち渡り品の中に多くみられる boeken (書籍類：御用書籍となっていた) は全てそれに充てられたものと思われる。その他の品々についても全ての数量を脇荷取引とせず契約書第7条に従って「合意価格でカンバン〔脇荷取引〕以外で長崎会所に譲られる」品が含まれていたと考えられ，「除き物」(「所望品など」) や「品代り荷物」がその中に含まれていた。

　弘化・嘉永期における賃借人の商品仕入総額は30,000グルデン台であり，契約の50,000グルデン以下を十分に満たし，時代が下るに従ってその収益は増加していったと推測される。賃借人によって持ち渡られた脇荷物は，ガラス器や陶磁器といった食器類，さらに薬品類が非常に多く，その他雑貨類や酒類および書籍類などであり，本方荷物にはみられない多岐にわたる品々が存在していた。19世紀も中期を迎えるに従って日蘭貿易における脇荷取引，および脇荷取引以外で取引された品々は，その量と種類の多さより重要な取引商品となっていたことが理解される。

　第6章「賃借人のウニコール輸入」では，賃借人が持ち渡った脇荷物の内，ウニコール (薬品) の輸入とはどのようなものであったのか，その実態を明らかにすると共に，当時のバタヴィア政庁と賃借人との関係について言及した。

　天保7年・8年の賃借人によるウニコール輸入は，政庁の取引である誂物の一部を担う形であった。当時，日本において赤字取引であった賃借人の脇

荷貿易にとって，政庁側の保護と優遇措置のもと，高い収益が約束されるウ
ニコールを扱うことは賃借人にとって願ってもないことであったと考えられ
る。その後の輸入禁止時期を経た嘉永2年(1849)〜7年(1854)には，ウニコー
ルは，賃借人がおこなう「紅毛品代り」(品代り荷物)で取引された。日本側に
とっては割り当て以上の銅を輸出せずにすみ，かつ低価格でウニコールを入
手できるこの取引(「紅毛品代り」)に着目したことによるものと思われる。賃借
人の長崎での取引は，常に政庁と結ばれた契約に基づいておこなわれていた
が，政庁側の思惑とすれば収益の上がるウニコールの取引は，政庁側が望ん
でいたことと考えられる。政庁は賃借人のウニコール輸入と，「紅毛品代
り」の取引の推進により，将来におけるウニコールの誂物(本方荷物)での取
引の再開，そして，それによって生じる政庁側の収益を画策していたのであ
ろう。このようにみてくると，政庁が賃借人を保護し，優遇措置を施してい
る一方，賃借人は日本における赤字覚悟での取引や日本側の望む取引の継続
から，政庁側に収益をもたらす導火線的な役割をも果たしていたと考えられ，
政庁と賃借人はお互いに補完しあう密接な関係性を維持していたといえる。

第3部「安政期の日蘭貿易」では，日蘭修好通商条約が施行され自由貿
易となるまでの安政2年〜6年の日蘭貿易の実態とその変遷について日蘭両
史料を照合の上考察した。

第1章「安政2年(1855)の日蘭貿易」では，安政2年の日蘭貿易における
本方荷物・誂物・脇荷物などオランダ船の主要な輸入品の取引の実態を，史
料紹介を含めて明らかにした。

本方荷物に関しては，別段商法・新規の別段商法を含めて安政2年の取
引額は，天保15年(1844)以降では最高額を記録していた(182,192.3537グルデ
ン)。また，誂物においては，本方取引の1.78倍を記録し，天保15年以降
でみても桁違いの額であった(324,317.24グルデン)。この年の誂物は，染織
類・暦・雑誌・武器と武器関係の道具類などからなっていたが，数量として
は，武器関係の品が圧倒的に多く，開国後の安政2年時においても，幕府
の軍備の強化が進められていたことがわかる。「誂物」という取引枠を使っ
て幕府が軍事関係の品々を入手していたわけであるが，従来「誂物」の取引

終章　日蘭貿易の歴史的展開　555

に加わっていた町年寄等長崎地役人の注文品はその取引枠から排除され，既に天保14年よりその多くが脇荷物の中の「所望品」の枠で取引されるようになっていた。

脇荷物に関しては，その全容を知ることはできないが，前年の嘉永7年(1854)の脇荷貿易の2倍の取引額であったと推測される。このように，安政2年の日蘭貿易は，天保15年(1844)以降でみた場合，従来を上回る取引額であったが，これは，安政2年に賃借人の脇荷貿易が解約され，本方貿易と共に脇荷貿易が政庁主導のもとでおこなわれるようになったひとつのあらわれと考えられる。

第2章「安政3年(1856)の日蘭貿易」では，安政3年の日蘭貿易において取引された本方荷物と脇荷物を具体的に提示・検討し明らかにした。

安政3年の取引規模については，次章において安政4年とあわせて考察したが，安政3年時においては，オランダ側にとって日本への輸入品という側面からみると，本方荷物よりも脇荷物の方が収益を上げやすく，延いては「脇荷商法」が収益につながる状態にあったといえる。

第3章「安政4年(1857)の日蘭貿易」では，まず，安政4年におこなわれた最後の「本方商賣」(＝本方貿易)の実態を明らかにし，つづいて脇荷貿易を考察し，さらに，日蘭追加条約が調印された安政4年8月29日(1857年10月16日)以降に長崎港に入津したオランダ船の積荷物に関する脇荷商法に基づいた取引について考察を加え，安政4年の日蘭貿易の経緯・特色を示した。

本方貿易では，安政4年以前の数年間は，新規の追加取引がおこなわれ，120,000〜130,000カンパニーテールを超える多額の取引がされていたが，安政4年におこなわれた最後の「本方商賣」(＝本方貿易)では，ほぼ旧来の取引と取引額が踏襲されていた(101,735.29カンパニーテール(135,647.053グルデン))。また，本来，私的貿易品の取引であった脇荷貿易は，安政3年・4年にわたって，政庁により従来にない多額の取引(輸入品取引合計額908,350.74カンバンテール(1,453,361.184グルデン)，輸出品取引合計額858,898.91カンバンテール(1,374,238.256グルデン))がおこなわれていた。なお，安政4年の誂物の取引は，834,082.70グルデンあり，それまで天保15年以降最高額であった安政

2年の324,317.24 グルデンをはるかに超える 2.5 倍の取引額であった。これらは，日蘭貿易(本方貿易・脇荷貿易)の全てが政庁によっておこなわれた最終年度のあらわれとみることができよう。

安政 4 年の「壱番船」〜「四番船」の積荷物の取引をもって，本方貿易は終了し，脇荷貿易もその構造的な取引に終わりをつげ，日蘭追加条約が調印された安政 4 年 8 月 29 日(1857 年 10 月 16 日)以降に長崎港に入津した「五番船」ヘンリエッテ・エン・コルネーリア号(私的貿易船)の積荷物より，脇荷貿易の取引形態を残した脇荷商法による取引へと移行していった。

第 4 章「安政 5 年(1858)・同 6 年(1859)の日蘭貿易」では，安政 6 年 6 月 2 日(1859 年 7 月 1 日)日蘭修好通商条約が施行され自由貿易となるまでの安政 5 年・同 6 年の日蘭貿易，特に長崎会所における入札取引と相対取引の実態を考察した。

入札取引に関しては，安政 5 年入港のコルネーリア・ヘンリエッテ号の積荷の取引をもって，その終焉をつげるものとなった。その際の取引商品は，ガラス器や陶磁器がほとんどで，その他，蒸気機械とサポンからなっていた。これは従来の入札取引の商品に比べて，非常に偏りのある種類のものであったが，オランダ側にとってはおそらくより収益の見込まれる相対取引に多くの品がまわされたことによるものと推測される。

相対取引に関しては，安政 5 年・同 6 年入港のオランダ船の積荷に対しておこなわれていたが，安政 5 年時に 8 艘で総額 3,387 貫 69 匁 6 厘の取引であったのに対して，6 月 1 日までに 22 艘の入港が確認される安政 6 年時には，総額で 2,422 貫 853 匁 2 分 5 毛 4 弗と減額していた。オランダ側は，修好通商条約施行後，長崎会所の管理から解放されたオランダ人と日本人との相対取引を望んでいたと推測される。修好通商条約では，従来 3 割 5 分であった関税が，ほとんどの商品に対して「二割の運上」を納めれば良いことになっていた(なお，外国金銀は無税，酒類は 3 割 5 分の運上)。安政 5 年の相対取引高に比べて安政 6 年の低額は，同年入港のオランダ船の数から考えて，多くの商品の修好通商条約施行に向けての「延売」をオランダ側が目指した結果と推測される。

終章　日蘭貿易の歴史的展開　　557

　長年おこなわれていた長崎会所での入札取引は，安政5年に終了し，安政4年から正式におこなわれていたと思われる長崎会所管理下での相対取引も安政6年の修好通商条約施行を前に終わりをつげ，日蘭貿易は自由貿易の時代を迎えることになる。

あ と が き

　本書は，著者が今までに著してきた日蘭貿易とオランダ船輸入品に関する論考を中心に加筆修正の上，まとめたものである。

　各部章と既発表論文・新稿との関係は以下のようである。

　序章は，新稿。

　第1部第1章は，「江戸時代後期における出島貿易品の基礎的研究─天保15年(1844)を事例として─」(『鶴見大学紀要』第54号第4部，平成29年3月)を加筆修正したものである。

　第2章は，「蘭船持渡更紗の取引と国内流通─福岡市美術館所蔵「紫地小花文様更紗」をめぐって─」(『鶴見大学紀要』第55号第4部，平成30年2月)を加筆修正したものである。

　第2部第1章は，「近世後期におけるオランダ船の脇荷物輸入について─文政9年(1826)を事例として─」(『鶴見大学紀要』第49号第4部，平成24年3月)を加筆修正したものである。

　第2章は，「賃借人の登場─近世後期におけるオランダ船脇荷貿易システムの改変とその実態─」(『洋学』第23号，平成28年4月)を加筆修正したものである。

　第3章は，「近世後期における賃借人の脇荷貿易について─天保7年(1836)を事例として─」(『鶴見大学紀要』第55号第4部，平成30年2月)と「江戸時代後期における賃借人の脇荷貿易について─天保8年(1837)・同9年(1838)を事例として─」(『鶴見大学紀要』第56号第4部，平成31年3月)をまとめ再構成したものである。

　第4章は，「賃借人の脇荷貿易について─天保10年(1839)〜同14年(1843)を事例として─」(『鶴見大学紀要』第57号第4部，令和2年2月)を加筆修正したものである。

　第5章は，「幕末期における蘭船脇荷物輸入の基礎的研究─弘化2年

(1845)を事例として―」(『文化財学雑誌』第12号，平成28年3月)，「幕末期にお
ける蘭船脇荷物輸入について―弘化3年(1846)を事例として―」(『鶴見大学紀
要』第53号第4部，平成28年3月)，「幕末期におけるオランダ船の脇荷物輸入
について―弘化4年(1847)を事例として―」(『鶴見大学紀要』第52号第4部，平成
27年3月)，「幕末期におけるオランダ船脇荷物輸入の基礎的研究―嘉永元年
(1848)を事例として―」(『鶴見大学紀要』第54号第4部，平成29年3月)に新稿を
加えて再構成したものである。

　第6章は，「賃借人のウニコール輸入―日蘭貿易における脇荷物と誂物
―」(『比較文化研究』第22号，令和2年3月)を加筆修正したものである。

　第3部第1章は，「幕末開国期の日蘭貿易―安政2年(1855)の輸入品の取
引を中心として―」(『鶴見大学紀要』第58号第4部，令和3年2月)を加筆修正し
たものである。

　第2章は，「幕末開国期における日蘭貿易―安政3年(1856)の本方荷物と
脇荷物の取引―」(『鶴見大学紀要』第51号第4部，平成26年3月)を加筆修正した
ものである。

　第3章は，「安政期における日蘭貿易―最後の「本方商賣」―」(『文化財学雑
誌』第18号，令和4年3月)と「安政4年(1857)の脇荷貿易(Kambang Handel)に
ついて」(『鶴見大学紀要』第59号第4部，令和4年2月)をまとめ再構成したもの
である。

　第4章は，新稿。

　終章は，新稿。

　本書は，近世後期，主として19世紀前半(文政期)から幕末(安政期)におけ
る日蘭貿易の構造の変遷をオランダ船輸入品を通して歴史的に解明しようと
したものであり，その手法として，日本側文献史料とオランダ側文献史料と
の照合，日蘭文献史料と物(裂)史料との照合にその基本姿勢を置いた。

　先に発表した『日蘭貿易の史的研究』『日蘭貿易の構造と展開』では，主
に日蘭貿易における本方貿易ならびにそこで取引された本方荷物，さらに誂
物について調査・研究を進めることができたが，脇荷貿易や脇荷物について

は十分考察することができなかった。

19世紀前半のオランダ史料を見渡す時，脇荷貿易が基本的に私貿易であることより本方貿易に比べて史料が非常に少ないことに気づかされる。しかし，脇荷物には，薬品類，ガラス器・陶磁器などの食器類，鏡や酒・皮革・顔料・時計などなど，雑貨・小間物類，さらに書籍類など，本方荷物にはみられない品々があり，特に薬品類の種類の多さは当時の医学を中心とした蘭学興隆の面からみると文化史上大変重要な取引商品といえる。

本書では17世紀からつづいていたオランダ商館長以下の館員や船員らの役得として一定額だけ許されていた私貿易品(脇荷物)の取引(脇荷貿易)については，史料の都合上，文政9年(1826)の一例にとどまったが，天保6年(1835)にはじまる賃借人による脇荷貿易については，不十分ながら史料の許す限り20年間を見通すことができた。また，日蘭貿易の全てが政庁によっておこなわれるようになってからの安政期については，自由貿易に向けてその取引と形態が次第に変容していった過程を日蘭両史料を通して具体的に考察することができた。

序章で記したように，近世における日蘭貿易の研究はまだまだ未開拓である。先に発表した二拙著とともに本書がこの分野の研究の発展に何らかの参考になれば幸である。

前著同様，本書作成までには，お名前は略させていただくが多くの諸先生・先学・友人および史料所蔵機関の方々にお世話いただいた。心より感謝の意を表する次第である。

また，出版事情厳しき折，前回・前々回につづいて出版を快諾していただいた吉川弘文館に感謝申し上げたい。

本書は，「近世後期におけるオランダ船脇荷物輸入の研究」(平成26年～28年度科学研究費補助金基盤研究(C))・「江戸時代後期における賃借人の脇荷貿易とその貿易品について」(平成29年～31年度科学研究費補助金基盤研究(C))の課題のもとにおこなった研究成果がその中心部分であることを明記しておく。

最後に，本書で記した外国語文・単語に関しては，前著同様，常日頃から

お世話になっている東京大学史料編纂所共同研究員のイサベル・田中・ファン・ダーレン氏に全編にわたって目を通し校閲いただいた。また，校正と索引作成には，鶴見大学大学院博士前期課程修了(修士)の押元沙也香さんに助力を得た。末筆ながら記して両氏の労に深甚なる謝意を表する次第である。

　　　令和6年8月17日

石　田　千　尋

索　　引

本索引の語句は，序章〜終章の本文を対象とし，註は除外した。
また，表・図のタイトルは対象とし，その内容と註は除外した。

I　物　　品

あ

赤　木　　133
アセタスプリユムヒイ　　419
アヘン、阿片　　85, 239
亜麻仁　　422
亜麻布　　130, 426
アラビ(ヒ)ヤゴ(コ)ム(ン)　　100, 105, 106,
　　191, 215, 220, 262, 426, 461, 467, 480
アルニカブルーム　　421
アロエ　　102, 422
あんへら　　454
アンホンウヲルトルホウト　　191
一　角　　287, 296, 299, 426, 480
印度皮　　209
茴　香　　54, 549
ウニコール、ウニカール　　3, 118, 141, 147,
　　149, 153, 176, 186, 187, 190, 192, 194, 205,
　　206, 211, 214, 287〜297, 299〜310, 426,
　　467, 480, 493, 550, 551, 553, 554
塩　硝　　355, 356
大羅紗　　341, 343, 410, 415, 452
奥嶋、奥島、奥蔦　　12, 14, 22, 56, 349, 353,
　　357, 411, 412
　上奥嶋　　22, 343, 411
　新織奥嶋　　12, 56, 411
　類違尺長奥縞　　425
オリーブ油　　100, 105, 422, 423
オルゴル　　54, 153
オルゴル箱　　101

か

絵　画　　42, 358, 503
海　黄　　12, 56, 349, 353, 354, 357
海　図　　379
鏡　　55, 191, 414, 549

硝子鏡類　　258, 283
籠細工　　130, 180, 185
菓子入　　105, 106, 427
カストール油　　103
金　巾　　12, 232, 349, 353, 357, 411, 425
　赤金巾　　335, 348, 411, 425
　赤紋金巾　　425
　白綾金巾　　425
　白金巾　　354, 425
カナノヲル　　104
カフリ、かふり　　232, 364
カミルレ　　105, 379, 421
カヤフーテ油　　106, 107, 216, 423, 460
硝子板　　258, 417, 418
硝子器、ガラス器、硝子器類　　28, 31, 55, 85,
　　102, 106, 108, 149, 152, 185, 191, 192, 194,
　　209, 211, 212, 215, 218, 220, 222, 223, 231,
　　258, 283, 358, 365, 503, 529, 530, 543, 549,
　　551〜553, 556
ガラス製品　　102
皮、皮革、皮類、革類　　103, 108, 122, 149,
　　152, 185, 192, 194, 212, 216, 218, 222, 231,
　　283, 358, 365, 551, 552
甘　　100, 152, 153, 176, 191, 301
寒暖晴雨昇降　　418
広東人参　　105, 153, 176, 301
顔　料　　108, 149, 185, 551
キナキナ　　104, 107, 191, 215, 422
キナソウナ　　262
絹織物　　6, 130, 180, 349, 353, 411, 414
伽　羅　　349, 353
曲　録　　54
切子丼　　105
切子物　　102
キリン血　　104, 107
銀　貨　　119, 136, 146, 147, 181, 205, 213,

239, 247
スペイン銀貨　　415
ギンガム　　222, 232
金唐皮　　100, 107, 125, 191, 209, 216, 220
　小切同〔金唐皮〕　　191
銀　銭　　10, 326, 338, 348, 415, 451
屑珊瑚　　100
郡　青　　426
毛織物、毛織物類　　17, 338, 339, 343, 410,
　411, 424, 451, 452, 455
外科道具　　418
月桂油　　103
ゲベール銃　222, 231, 552
ケレムルタルタリー　　420
ケンチヤンウヲルトル　　421
釼付筒　　52, 354, 355
香　349
交　織　　411, 426
コーセニール　　467
コーヒー、コーヒー豆　　422, 423, 493
小　刀　　101
黒　檀　　191, 209, 216, 220
胡椒、胡桝、胡枡　　14, 22, 25, 54, 330, 338,
　343, 413, 414, 451, 549
こつぶ　　105
　臺こつふ　　105, 106, 416
琥　珀　　360
琥珀油　　103
コムアムモニヤク　　106
暦　52, 55, 349, 353, 354, 380, 549, 554
　航海家暦　　52
コルク　　31
呉羅服連、呉路服連、ころふくれん、こら服連
　14, 17, 22, 24, 343, 410, 411, 452
　杢織呉路服連、杢織こら服連　　17, 343,
　452
コロンボー　　420
紺　青　　2, 102, 420, 426

さ

細末ポツクホウト　　420
酒、酒類　　55, 108, 149, 258, 284, 549, 551,
　553, 556
　白葡萄酒　　54
　銘酒　　101
笹縁り　　104
砂　糖　　22, 329〜331, 338, 348, 349, 414,

415
上品砂糖　　22, 343
白砂糖、白砂唐　　22, 54, 343, 414, 451,
　452, 461, 549
薬用砂糖　　191
サフラン　　99, 113, 191, 209, 220, 262, 379,
　423
サボン、サホン　　191, 216, 261, 422, 529,
　543, 556
更紗、皿紗、さらさ、更紗類　　2, 12, 22, 62,
　63, 66〜72, 74〜76, 222, 232, 343, 349, 353,
　357, 412, 413, 424, 425, 549, 550
　インド更紗　　62, 67〜69, 75〜77, 412, 550
　尺長(上)更紗、尺長(上)皿紗　　25, 66, 407,
　412, 424, 425
　上皿紗、新皿紗、並皿紗　　69
　パトナ更紗　75, 413
　弁柄皿紗　　22, 343, 412
　ベンガル更紗　　75, 413
　本国皿紗　　14, 22, 24, 343
　マタラス皿紗　　69
　紫地小花文様更紗　　2, 62, 64, 550
　模造更紗　　75
　ヨーロッパ更紗　　62, 67, 69, 75〜77, 412,
　550
　類違皿紗　　262
　蠟引更紗　　63, 66〜71
　蠟引尺長(上)更紗　　66
サルアルモニヤシ　　103, 419
サルアルモニヤシ精氣　　422, 430
算崩嶋　　412
桟留嶋　　412
磁　器　　101, 103, 417, 490
ジ(シ)キターリス　　379, 421, 430, 466
紫檀、紫旦、紫粗　　14, 25, 54, 338, 414, 415,
　428, 450, 451, 456, 549
漆　器　　185, 414, 490
赤　檀　　216
麝　香　　105
蒸気機械　529, 543, 556
将棊駒并盤　　54
猩ヒ緋、猩々緋　　12, 56, 415
樟　脳　　330, 451, 455〜457, 488, 490
醬　油　　130
書籍、書籍類　　31, 42, 45, 52, 55, 108, 192,
　194, 211, 212, 218, 222, 231, 283, 284, 354,
　374, 375, 379, 503, 530, 549, 551〜553

御用書籍　31, 192, 283, 375, 553
食器類　55, 108, 122, 149, 152, 185, 192, 194, 212, 218, 222, 224, 231, 283, 365, 549, 551～553
水牛角　191, 209, 216, 239, 262, 423
水牛爪　262, 423
水　銀　25, 54, 338, 414, 415, 428, 450, 451, 456, 549
酢醤油入　107
錫　22, 25, 54, 338, 343, 414, 451, 456, 457, 519, 549
スブリーテスニツトルトルシス　422
スフリイテユスニテイリエステルシユス　104
晴雨昇降　418
セーアユイン、セアユイン　262, 422
ゼ子フル　101
セメンシーナ、セメンシナ　262, 379, 420, 430, 466
染織、染織類、染織品　2, 12, 14, 17, 25, 52, 54～56, 74, 122, 130, 152, 153, 176, 180, 185, 212, 218, 222, 224, 231, 232, 326, 335, 338, 343, 349, 353, 354, 360, 365, 374, 380, 412, 415, 428, 437, 448, 450～452, 465, 466, 493, 503, 519, 549, 550, 552, 554
センナ　421
象　牙　12, 14, 54, 338, 413, 415, 428, 450, 451, 454, 456, 549
蘇　木　12, 14, 17, 25, 54, 330, 338, 348, 414, 451, 452, 456, 519, 530, 549

た

大ふくひ、太腹皮　113, 301
卓子道具　427
タマリンテ　262
痰切、タンキリ　100, 191, 220, 262, 423, 460, 503
短　筒　349, 353, 354
反物、反もの、反物類　24, 153, 176, 233, 326, 327, 330, 332～334, 338, 339, 341, 342, 348, 360, 364, 365, 388, 391, 404, 407～411
茶　185
茶　器　106, 417, 427
丁　子　17, 22, 25, 54, 338, 343, 413, 451, 452, 549
縮　緬　180
テイーゲハルサム　105

テリヤアカ　85, 262, 420
テレフ（ブ）　17, 411, 452
テレメンテイン油　101, 423, 519
天地球　426
天文学書　349, 353
藤　102, 113, 191, 209, 216, 220, 262, 423, 460, 493, 503
銅　22, 305, 310, 451～455, 488, 554
陶　器　106, 185, 427, 428
陶磁器、陶磁器類　55, 108, 149, 152, 185, 192, 194, 212, 218, 222, 224, 231, 283, 358, 365, 503, 529, 543, 549, 551～553, 556
時計、時計類、（懐中）時計　28, 31, 55, 100, 108, 149, 153, 185, 191, 192, 194, 209, 212, 216, 218, 222, 224, 231, 358, 365, 418, 530, 549, 551, 552
　押打袂時計、銀袂時計、袂時計　54, 100, 102, 355, 418
釦　丹　426
　荷包釦鈕　423

な

鉛　54, 335, 415, 549
　荷包鉛　335, 338, 348, 415, 451
肉豆蔲、肉豆ク　25, 54, 338, 414, 450, 451, 454, 456, 549
肉豆蔲油　105
鼠　取　418

は

ハアルレム油　102
鉢皿類　191
花　生　417, 427
鼻たばこ入　101
バ（ハ）ルサムコツハイハ　103, 191, 423
ハルサムヘイリウ　104
ハルシヤ皮　103
　類違ハルシヤ皮　103
火打石　355
日　傘　180
白　檀　102, 216, 262
屏　風　130
ヒヨシヤムス　379, 421
梹榔子　301
フーラード　424
フウローサアリイ　191
武器、武器類　52, 55, 108, 354, 380, 549, 554

蓋（ふた）物　105, 427
ブラークウエインステーン　419
ふらた　17, 343, 410, 452
ブラントウエン　101
フランネル　424
ブリキ（板）、ブレッキ板　101, 261, 418, 419
フリツキ延板　418
フリツキ箱　419
フリツキ瓶　101
プルシアンブルー　102, 426
ブロインステーン　422
鼈甲　301
望遠鏡　52, 55, 549
ボーラキス　419
ホツクホウプートル　261
ホフマン、ホフマンストロッフ　104, 422
ホヽトル　100
ホルトカル油　100, 113, 423

ま

麻黄　467, 480
マグ（ク）子シヤ　191, 215, 220, 421
又布嶋　426
マ、クエレキシユル　104
マルムル石乳鉢　261
ミイラ　301
ミコラスコーフ　426
水呑　416
目鏡、目鑑類　209, 530
　遠目鏡、遠目鏡類　153, 358
　鼻目鏡、鼻めかね、鼻目鏡類　101, 153, 215, 418
　虫目鏡　153
綿織物、綿織物類　6, 17, 222, 232, 338, 339, 343, 349, 353, 411, 412, 426, 451, 452
綿布　76, 412, 425
　縮地綿布　130
毛氈、花毛氈　262, 349, 353, 354
モール　104
木綿　6, 74, 211, 218, 232, 413
　白綾木綿　425
　幅廣嶋木綿　426, 430
木綿布　62

や

焼物、焼物類、焼もの類、焼物器　28, 31, 106, 152, 191, 209, 216, 220, 224, 258, 283, 365, 427
焼物とんぶり　101
焼物鉢　101
薬品、薬種、薬品類、薬種類、薬種るい、薬　3, 6, 12, 27, 28, 30, 52, 55, 84, 85, 104, 108, 122, 125, 147, 149, 152, 153, 176, 185, 192, 194, 209, 211, 212, 218, 220, 222, 224, 231, 258, 261, 262, 269, 271, 281～284, 287, 288, 326, 358, 360, 364, 365, 374, 379, 430, 465 ～467, 480, 503, 519, 529, 530, 549～553
　漢字薬種　214
　西洋薬　302
　蠻名薬種　216
椰子油　102, 191
ヤラツパ　420
指輪　530
洋式砲　2
羊毛　258, 410, 411, 455

ら

ラーピスインフリナーリス　419
羅紗　12, 17, 410, 422
　類違薄手嶋羅紗　423
リキュール　101
リクトポンプ　426
竜吐水　418
龍脳　105, 106
リンネル　239
蠟　185, 457
　白蠟　374, 456, 457, 462, 463, 488
　密蠟　374
　木蠟　456
芦薈、蘆薈　102, 130, 191, 422

わ

ヱ（エ）イスランスモス　191, 215, 220, 420
エキスタラクトシキユータ　419
エキスタラクトヒヨシヤムス　419
ヲ（オ）クリカンキリ　99, 100, 191, 216, 220, 420
ヲスセンカル　419

A

aard en hemelglobe　426
aardewerk　106
acetas plumbi　419
aloe, aloë, aloes　102

索　引｜567

Arabische gom　105, 426, 467, 480
armozijn　12
arnica bloemen　421
avondmicroskoop　426

B

balsem copaiva, balsem copbaiva, balsem
　copaijva, balsam copaiva, balsem copiva,
　balsem copaivae　103, 423
balsem peru　104
Banka tin　338
barnsteen　360
barometer　418
batterij kist　354
bekers　427
Bengaalsche sitsen　412, 413
Berlijns blaauw, Berlijns blauw, Berlijnsch
　blaauw　102, 420
bijouterien　101
bindrotting　423, 460
blaauw gestreepte nikanias　426, 430
blik　101, 418, 419
blikken trommels　419
blikken veld flesschen　101
bloedkoraal　100
bloedsteen　104
boeken, boek werken　31, 192, 211, 218,
　222, 283, 379, 553
borax　419
borden　417
bordjes　427
boter　100
botte knippen　418
braak wijnsteen　419
brandspuit　418
brillen　101, 418
broodbakken　427
bruinsteen　422
buffel hoeven　423
buffel hoorn, buffelhoorns　239, 423

C

cajapoetie olij, kaijae poetie olie　106
cambrics　425
camillen　379
casimier　410
caster olij　103

Chinesche medicijnen　214
chirurgicale instrumenten　418
chits(-en)　222, 232, 424, 425
corbeilles　427
corterl cascarillae　467
cortex chinae　422
cotonnetten　426
cremortart　420

D

dejeuner(-s)　417, 427
digitalis　379
dracken bloed　107
drakebloed　104
drop　100, 423, 503

E

eenhoorn, een hoorn, eenhooren, eenhoren,
　eenhoorns　149, 192, 211, 214, 287, 289,
　291, 293, 296, 298, 302, 307, 426, 467, 480
elixter　104
Europ? kleine chitzen　68
Europ? Madrassche chitzen　68
Europ? Patnassche chitzen　68
Europesche sitsen　412
extract cicutae　419
extract hijosciamus　419

F

flanel　423
foulard chitsen fantaisie　424
Franschen brandewijn　101

G

galon　104
gebak manden　427
gedrukte chitsen　424
gedrukte katoenen　218, 232
geenlumineerde chitsen　424
geglansde chitsen　68, 69
gekleurde bierglazen　416
gekleurde bloemvazen　417
gekleurde flesschen　415
gekleurde katoen　211
gekleurde vrucht schalen　428
gentiaan wortel　421
Genua olie　423

genzing wortel   105
geslepe karaffen   107
geslepe kompottes   105
geweren   222
ginghams   222, 232
glasruiten   417, 418
glaswerk(-en)   102, 106, 211
glazen   416
glazen kroonen   106
goudleer, goudleder   100, 125
grein(-en)   24, 410, 411
gruis bloedkoraal   100

H

Haarlemmer olij   102
herba digitalis   421, 430, 466
herba hijosciamus   421
hijossiamus   379
Hofman, Hoffmanns droppels   104, 422
horlogie (-s), horologie   100~102, 418

I·J

IJslandsche mos   420
jalappe   420
jenever   101

K

Kaapsche aloë   422
kabaijen   180
kajapoetie olie   423, 460
kaliatoerhout   414, 456
kamillen bloemen   421
Keizerlijk linnen   130
kelkjes   105, 106
kina, kinabast, kina bast   104
kinder dejeunersen servies   427
klapperolij   102
koffij   422, 423
konfituren   101
koper   452
kreeftsoogen, kreeftoogen   100, 420
krep gekleurd   180
krip   130
kristalle kompottes   106
kruidnagelen   22, 413
kurken   31
kwikzilver   414, 456

L

laken   410
laken schairood, laken schaairood   12, 415
lapis infernalis   419
laurier drop   107
laurier olij   103
leminios   424
lijnwaden   239
lijnzaad   422
likeur flesschen   416
likeur karaffen   416
likeuren   101
luchtpomp   426

M

magnesia   421
mandwerk   130, 180
Maroquin leder, Markijn leder   103
mawo   467, 480
medicijn(-en)   28, 30, 104, 211
medicijn flesjes   104
meubel chitsen   424
Mexicaansche dollars   451
mignonette rose en paarsche   425
Musilipatnasche chitzen   68, 69
muzijkdoos   101

N

nacht lampjes   104
Nederl: sitsen   24
notenmuscaat   414, 450, 451, 456

O

olifantstanden, olifants tanden, olijphantstanden   339, 413, 428, 450, 451, 456
olij succini, olij succinie, olij succine, oleum succini   103
oorlogsbehoeften   239
opium   239

P

pajongs   180
Patna sitsen   412, 413
Patnasche meubel chitzen   67
pennemes   101
peper   330, 339, 413

索　引　569

platlood　335, 348, 415
pokhoutzaagsel　420
porceleine broodmanden　417
porceleinen schotels　101
porselein　101, 103
porseleine koelkom　101

R

radix columbo　420
Rigasche balsem　105
rood katocn　425
roode haman(-s)　335, 348, 411
rotting　102
ruwe jeans　425

S

saffraan　99, 379, 423
sal amoniac, sal-ammoniac, salamoniac,
　salomoniac　103, 419
sandelhout　102
sapanhout　330, 348, 414, 456
Satsumasche kamfer　455
saus kommen　428
schaaltjes　427, 428
schutzels　130
semen Chinae, semen cinäe, semencinae
　(wormenkruid)　379, 420, 430, 466
senna bladen　421
servies　427
sits(-en)　412
snuifdoozen　101
soija　130
Spaansche matten　415
spiaulter　426
spiritus nitri　104
spiritus nitri daleis　422
spiritus sal-ammoniac　422, 430
spreijen　67
stopflesschen　416, 417
suiker　330, 348, 414, 415, 461

T

taffachelas(-sen)　22, 411, 412, 425

taffachelassen extra fijn　12, 411
taffachelassen ordinair, taffachelassen ordi-
　naire　12, 339
taffachelassen verbeterde　411
takkoraal　100
tapijt　354
terpentijn olie　101, 423
theeservies(-en)　106
theriac　85, 420
thermometer　418
tin　414, 456
trijp　411
Turksche hamans　335

U・V

ultra marin　426
Vaderlandsche chitzen geglansde　66～69
veel kleurige chitsen　424
verdikte ossengal　419
vogels　428
vruchten op brandewijn　101
vuurwapenen　239

W

wit geruite chitsen　425
wit, katoen　425
witte boomwas　456
witte jeans　425
witte mortieren　427

Z

zee ajuin　422
zeekaarten　379
zeep　422
zijde, zijde stoffen　130, 180
zink uit eene pak kist　423
zoeten olie　100
zuurschaaltjes　427, 428

II 人　名

あ

アウテーレン P. van Outeren　98
芦塚〔真八〕　327
芦塚太郎八　63
芦塚〔孫二郎〕　327, 404
アッセンデルフト＝デ・コーニング Van
　Assendelft de Cooningh　273
アトミラール Admiraal　277
荒尾石見守成允　353, 354
荒木熊八　333
イェーケス P. Jeekes　120
伊沢美作守政義　43〜45
石橋庄次郎　335
石橋助十郎　297, 300
植村作七郎　24
ウォルフ A. J. J. de Wolff　240, 241, 267,
　269, 271, 273, 275, 277, 303, 304
ウォルフ J. M. Wolff　16, 43
近江屋嘉兵衛　325
オーフェルメール＝フィッセル J. F. van
　Overmeer Fisscher　98
緒方洪庵　423
小川慶右衛門　374

か

川村対馬守修就　409
北村元助　374
久世伊勢守広正　296
後藤市之丞貞成　296
後藤道太郎　356
小西平兵衛　329

さ

真田信濃守幸貫　43〜45
鮫屋卯八　503
ザメレン Van Zameren　491
シーボルト P. F. von Siebold　98, 107, 108,
　112
シェイス J. A. van der Chijs　240
シッテルス J. W. F. van Citters　115, 121,
　136, 551

品川藤兵衛　374
篠﨑〔犀次郎〕　404
島津薩摩守斉彬　349, 353
城〔左七郎〕　500, 529
城〔元之進〕　500, 529
スフット J. Schut　530, 542
スペングレル Spengler　500, 503, 530 538
スワルト Jacob Swart　379

た

高木内蔵丞忠升　296
高木作右衛門忠篤　296
高木作右衛門〔忠知〕　356
高木清右衛門忠豪　54, 296
高嶋作兵衛　356
高島（嶋）四郎太夫茂敦　296, 297
高島八郎兵衛永隆　296
田口加賀守　302
タック B. van der Tak　279
津田虎次　335
デフェール Deveer　277
デルプラット J. C. Delprat　239〜241, 248,
　257, 262, 263, 267
ドゥフ Hendrik Doeff　452, 455
戸川播磨守安清　296
徳川家定　352
徳川家慶　45
徳川斉彊　45

な

中村茂吉郎　70, 71, 75, 550
中山作三郎　300
ナッサウ J. van Nassaw　269
鍋島肥前守直正　349, 352, 354
名村八右衛門　333
檜林鐵之助　113, 287, 300
ニーマン J. E. Niemann, にゐまん　114,
　115, 132, 181, 185, 295〜300
西喜津太夫　300
ニッフル L. Kniffler　538
野々村市之進忠実　409

索　引　571

は

バスレー I. A. G. A. L. Basslé　503, 542
長谷川貞信　71
ハルトマンス W. L. Hartmans　542
ビーストホルスト H. G. Biesthorst　530
ヒーセケ Gieseke　208
久松喜兵衛忠豊　52, 296
久松新兵衛定益　296
久松善兵衛　356
久松土岐太郎　356
ピストリウス Verkerk Pistorius　99
備前屋吉兵衛　326
ビック P. A. Bik　7, 16
ビック Butin Bik　190
ビッケル E. Bicker　27, 214, 215, 218～220,
　223, 234, 239
ファンデナール Vandenaar　277, 281
フィレネウフェ C. H. de Villeneuve　107,
　108
フェルメウレン A. R. Vermeulen　148,
　183, 190
福田源四郎　296
福田猶之進　356
福田安右衛門重裕　296
藤川貞　7, 258
ブラーム Van Braam　140, 141, 147, 148,
　199, 204
フルネワルト P. F. Groenewald　122
ヘーフェルス Gevers　140, 141, 147, 148,
　199, 204
ヘラルツ F. Gellards　275
ヘルラフ J. A. C. Gerlach　519, 530

ホーヘネール H. J. C. Hoogeneel　269, 271,
　273, 275
堀田摂津守正衡　43～45
堀田備中守正篤　43～45
ホソマン F. Hoffmann　104
ポルスブルック Dirk de Graeff van Pols-
　broek　491, 500, 542

ま

マテイセン Matthijsen　263
マニュエル A. Manuel　98
マルキュセン M. Marcussen　97
水野越前守忠邦　43～45, 52
ミュレン Mullen　271
村垣淡路守　409
村上藤兵衛　529
メイラン G. F. Meijlan　14, 82, 83, 112, 115
〔本木〕庄太右衛門　16
森山源左衛門　24

や

薬師寺宇右衛門種文　296
八代屋茂三郎　503
ヨング D. A. de Jong　182, 288

ら

ランゲ J. R. Lange　27, 248, 257, 263, 279,
　281, 309, 310, 320, 358, 360, 364, 375, 379
リスール C. Lissour　148, 152, 183, 190, 199,
　204, 208, 213, 214, 288, 301
ルーチェンス Lutjens　269
レース P. van Rees　240
レルスゾーン H. M. Lelsz.　98

III 船　名

ア

アリダ・マリア号 Alida Maria　515
アリヌス・マリヌス号 Arinus Marinus　69,
　70
アレクサンデル号 Alexander　83, 86
アンナ・エン・エリーサ号 Anna en Elisa
　223
アンナ・エン・ヤコプ号 Anna en Jacob　515

アンナ・ディグナ号 Anna Digna　435, 436,
　439, 449, 454, 464～467, 490, 504
アンボイナ号 Amboina　219
イダ・アレイダ号 Ida Alijda　69, 70
インディア号 India　121
ウイレミナ・エン・クラーラ号 Willemina en
　Clara　435～440, 450, 453, 454, 457～
　462, 464, 467, 486, 504～506
エーンドラフト号 Eendragt　208

エルスハウト号 Elschout　248
オルデンバルネフェルト号 Oldenbarneveld
　514
オンデルネーミング号 Onderneming　83,
　86

カ

カタリーナ・エン・テレーシア号 Catharina en
　Theresia　435, 436, 439, 464〜466, 490
キャトサンドリア号 Cadsandria　514〜516,
　519〜522, 524, 525, 529, 530, 542, 543
コルネーリア号 Cornelia　524
コルネーリア・エン・ヘンリエッテ号 Cornelia
　en Henriette　275
コルネーリア・ヘンリエッテ号 Cornelia Hen-
　riëtte　514〜516, 519, 525, 526, 528〜
　530, 543, 556
コルネーリア・ヘンリエッテ号 Cornelia
　Henriette　214

サ

サーラ・ヨハンナ号 Sara Johanna　436, 437,
　504
サーラ・レイディア号 Sara Lijdia　279
ザイト・ベーフェラント号 Zuid Beveland
　524
シェルトーヘンボス号 's Hertogenbosch
　262, 263
スタット・ティール号 Stad Thiel　6, 7, 11,
　22, 43
スタット・ドルドレヒト号 Stad Dordrecht
　267, 269
スタット・ユトレヒト号 Stad Utrecht　524
スホーン・フェルボント号 Schoon Verbond
　190, 193
ゼーファールト号 Zeevaart　514, 516, 517,
　519, 529, 530, 543

タ・ナ

デルフト号 Delft　271
トゥエー・コルネリッセン号 Twee Cornelis-

sen　183
ネーデルラント号 Nederland　321, 324,
　325, 330, 336, 342, 344, 346, 347, 352, 365

ハ

パレンバン号 Palembang　7
ファルパライソ号 Valparaiso　388, 392,
　396, 407, 408, 429
ファンニイ号 Fannij　257
ブレ　デロー号 Brederode　524
ヘルデルラント号 Gelderland　515
ヘンドリカ号 Hendrika　277
ヘンリエッテ・エン・コルネーリア号 Henriette
　en Cornelia　321, 324, 325, 330, 336,
　342, 344, 346, 347, 352, 365
ヘンリエッテ・エン・コルネーリア号 Henriëtte
　en Cornelia　435, 436, 490〜494, 500,
　502〜505, 516, 519, 537, 556

マ

ミッデルブルフ号 Middelburg　218
メリー・エン・ヒレゴンダ号 Marij en Hillegon-
　da　148, 288

ヤ

ヤン・ダニエル号 Jan Daniel　435, 436, 439,
　449, 454, 464〜466, 490, 504, 506
ヤン・ファン・ブラーケル号 Jan van Brakel
　515
ヨアン号 Joan　273
ヨゼフィーヌ・カタリーナ号 Jozefine Catha-
　rina　267
ヨハネス・マリヌス号 Johannes Marinus
　219

ラ

ラミナー・エリサベット号 Lammina Elisabeth
　436, 439, 464〜466, 490
レシデント・ファン・ソン号 Resident van Son
　388, 392, 396, 407, 408, 429

索　引　573

IV　事　項

あ

相対取引　　4, 389, 390, 460〜462, 467, 478, 500, 502, 503, 514, 516, 519, 521, 525, 529〜531, 533, 534, 537, 538, 541〜544, 556, 557

誂　物　　1〜3, 7, 10〜12, 42〜46, 52, 54〜56, 101, 108, 113, 114, 121, 146, 147, 176, 180, 186, 187, 190, 192, 194, 205, 222, 231, 247, 287〜297, 300, 301, 304, 305, 308〜310, 321, 325〜327, 330, 333, 349, 350〜352, 354〜356, 380, 381, 436, 455, 480〜482, 485, 486, 504, 507, 549, 551〜555

アヘン戦争　　52, 55, 354, 549

イギリス　　62, 76, 412

イギリス東インド会社　　76

糸荷廻船　　71

糸荷宰領　　71

インド　　64, 76, 104, 106, 410〜414

インド産　　63, 412

インドネシア　　75

江戸参府、参府　　1, 7, 24, 333, 348, 414, 415, 454, 455

江戸幕府、幕府　　1, 10, 11, 14, 22, 25, 26, 52, 54, 355, 380, 452, 481, 554

大　改　　329, 341

オランダ　　55, 56, 62, 75, 76, 117, 299, 321, 422, 455, 486, 550

オランダ海軍　　486

オランダ国王、国王　　7, 309, 320, 358

オランダ産　　76, 410, 411, 415

オランダ商館日記、商館日記　　491, 514, 519, 530, 538

オランダ総領事　　491

阿蘭陀通詞、通詞　　10, 11, 24, 26, 42〜44, 52, 54, 55, 68, 69, 148, 183, 190, 208, 211, 215, 220, 223, 266, 283, 296, 297, 299, 300, 302, 308, 321, 333, 349, 354, 355, 358, 360, 374, 379, 421, 437, 439, 458, 465, 488, 549

大通詞　　24, 333

小通詞　　24, 333

御内用方通詞　　44, 113, 132, 287

御用方〔通詞〕　　44, 45, 266

通詞仲間　　355

大小通詞　　308, 324

直組方（小）通詞　　16, 324, 325

年番（大）通詞　　297, 298, 355

年番阿蘭陀通詞　　321

〔阿蘭陀通詞附〕筆者　　324, 325, 488

阿蘭陀通詞目付　　324

オランダ東インド会社　　1

オランダ風説書、阿蘭陀風説書、風説書　　7, 273, 326

オランダ本国　　300, 415, 450, 451, 524

オランダ領東インド司法局長　　240

か

会所差紙、差紙　　501, 503, 530, 538

会所貿易　　320

咬𠺕吧　　115, 299, 379

咬𠺕吧奉行　　114

咬𠺕吧役所　　355

警告、警告書 Waarschuwing　　299, 302, 307, 358〜360, 362

決議録抜粋　　115, 206, 213, 214, 218, 219, 234, 240, 301〜304

献上・進物品　　1, 12, 24, 25, 55, 332〜334, 341, 347, 348, 411, 549

献上・進物反物　　332, 333

献上反物　　326, 329, 332

献上品　　1, 24, 332

交換貿易　　232, 307, 358, 360, 373, 374

交換貿易勘定帳　　373, 374

御定高　　22, 56, 451, 550

御所望　　52〜54, 124, 126, 130, 379

御所望心當　　124, 130

個人貿易協会 Particuliere Handelsociëteit　　82, 83, 112

御用御誂　　12, 44, 45, 52, 56, 288, 329, 331, 351

御用御誂売上計算書　　44

御用御誂荷物、御用御誂物　　26, 326, 330, 331, 349, 351, 353, 357

御用残り　　332, 334, 348, 351, 357

御用物　54

さ

堺商人　70
佐賀藩主　352, 354, 481
薩摩　43, 44
薩摩産　455, 456
薩摩藩主　353
次席商館長　16, 325
品代り、品代　258, 262, 266, 274, 275, 277,
　305, 327, 329, 334, 341, 358, 360, 364, 374,
　404, 438, 450, 458, 461, 480
　紅毛品代り、紅毛船品代り　232, 305～
　310, 390, 554
品代り取引　305, 307, 360～362, 389, 438,
　458, 461, 467, 480
品代り荷物　42, 224, 231, 232, 234, 256～
　258, 266, 267, 269, 274～277, 283, 326, 327,
　330～332, 360, 364, 365, 373～375, 389,
　552～554
自由処分　118, 120, 122, 137, 146, 152, 192,
　205～207, 551, 552
自由貿易　1, 3, 4, 320, 321, 375, 389, 514,
　544, 554, 556, 557
将軍　1, 12, 24, 42～45, 52, 119, 130, 287,
　288, 295, 330～332, 349, 352, 355, 379, 453
　～455, 481
定高貿易　22, 451
所望品　283, 356, 358, 379, 380, 553, 555
〔進物〕残品　24, 25, 55, 332～334, 341, 347,
　348
進物反物　333
進物品　1, 24, 332
政庁勘定　206, 212, 219, 231, 247, 248, 282,
　552, 553
政庁決議　181, 300
政庁の貿易代理人 Gouvernements-handels-
　agent　309, 310, 320, 358, 375, 379
政庁の貿易代理人の脇荷勘定帳　331, 360,
　373, 375
政庁貿易　309, 320, 504

た

反物切本帳、切本帳　63, 65, 66, 76, 326～
　329, 333, 334, 339, 341, 360, 364, 388, 391,
　404～410, 413, 424～426, 448, 466, 493
反物目利　63, 326, 327, 339, 341, 364, 391,

404
賃借権料　119, 121, 136, 146, 147, 186, 187,
　190, 192, 194, 205, 207, 213, 214, 218, 239,
　247, 248, 282, 551, 553
賃借代理人、代理人 agent　115, 116, 118～
　124, 130～133, 136, 141, 148, 177, 183, 185,
　186, 190, 199, 204, 205, 241, 246, 247, 304
賃借人 pachter (-s)　3, 26, 27, 31, 42, 55,
　112, 113, 115～122, 124, 125, 132, 133, 136,
　137, 140, 141, 146～149, 152, 176, 180～
　183, 185～187, 190, 192, 194, 199, 204～
　208, 212～215, 218～220, 223, 231, 232,
　234, 239～241, 246～248, 257, 262, 263,
　267, 269, 271, 273, 275, 277, 279, 281～283,
　287～289, 291, 295, 296, 301～310, 320,
　356, 358, 374, 379, 381, 551～555
　オランダカンバン委員　115, 119, 180
　カンバン賃借人　130, 212, 239, 303, 308
　脇荷掛　114, 115, 121, 263, 355, 356
　脇荷商賣掛　115, 116
　脇荷貿易賃借人　27, 54, 148, 185, 263
賃借人の脇荷勘定帳　373, 374
通詞会所　321
遺捨品　1, 42, 325, 379, 436
出島乙名、乙名　26, 324, 488
鉄砲方　296
天保雑記　6, 7, 10, 11, 14, 54
唐人番　500, 529

な

長崎海軍伝習所　486
長崎会所請払役　54, 324, 325
〔長崎会所〕吟味役　324
長崎会所調役　52, 296～298, 324, 356
〔長崎会所〕目付　324
長崎會所勘定帳　515, 516, 524, 537, 542
長崎警備　354
長崎代官、代官　31, 42, 54, 296, 329, 331,
　356, 380
長崎地下配分　22, 452
長崎地役人、地役人　1, 42, 43, 52～55, 108,
　287～289, 321, 349, 355, 356, 358, 379, 380,
　549, 555
　長崎の役人達　119, 295
長崎奉行、奉行　42～45, 54, 124, 289, 296,
　299, 300, 302, 329, 349, 353, 354, 409, 493,
　503

索　引　575

長崎奉行所、奉行所　　31, 42, 297, 409
日蘭修好通商条約、修好通商条約　　3, 4, 321,
　514, 538, 542〜544, 554, 556, 557
日蘭追加条約　　4, 320, 435, 436, 491, 493,
　505, 555, 556
日蘭和親条約　　320
日本商館（本方）勘定帳　　16, 44, 66, 330, 334,
　341, 343, 351, 357, 388, 438, 448, 453〜455
日本商館脇荷勘定帳　　44, 331, 349, 351, 354,
　379, 389, 458, 460〜462, 465, 467, 481, 486,
　488, 490
入札取引　　4, 234, 389, 409, 438, 448, 465,
　514〜516, 519, 524, 525, 529, 530, 538, 542
　〜544, 556, 557
抜け荷　　302
ネーデルラント貿易会社　　121, 524
値組、直組　　16, 84, 232, 320, 329〜331, 341,
　358, 388, 391, 467, 500, 552
除キ　　84, 85, 108
除き物　　54, 108, 132, 283, 349, 373, 374, 379
　〜381, 486, 487, 553

は

バタヴィア総督、総督　　114, 115, 307, 308,
　310
半減商売令　　24, 333
物産民間倉庫局事務局長　　27, 148, 183, 190,
　208, 220, 248, 257, 263, 269, 271, 273, 275,
　277, 281
物産民間倉庫局長　　116, 117, 120, 133, 137,
　140, 199, 212, 213, 215, 231, 239, 240, 269,
　277, 282, 301, 304
物産民間倉庫局長代理　　190
別段商法　　12, 14, 26, 325, 326, 330, 331, 334,
　380, 389, 449〜451, 456, 457, 504, 554
別段風説書　　7
別段持渡り　　12, 14, 325, 330, 331, 334, 373,
　448, 449
補償金　　119, 132, 136, 180〜182, 214
補償金制度　　147, 180, 182

ま

町年寄　　42, 52, 54, 296〜298, 329, 331, 355,
　356, 380, 555
　年番町年寄　　10, 11, 69, 324
密貿易　　115
本方勘定 Komp.ˢ rekening　　288, 349, 486,

　504
本方商法　　320, 493
本方取引　　12, 16, 22, 25, 28, 55, 152, 185,
　223, 335, 338, 341, 343, 364, 380, 449〜451,
　458, 466, 480, 493, 504, 554
本方荷物　　1〜4, 7, 10〜12, 15〜18, 22〜24,
　26, 43, 54〜56, 62, 66, 108, 187, 206, 232,
　234, 258, 266, 269, 274, 275, 277, 284, 288,
　304, 308, 310, 321, 325, 326, 330〜336, 338,
　341〜344, 346〜349, 358, 380, 388〜390,
　392, 404, 407〜410, 415, 428〜430, 436〜
　440, 442, 446, 448〜451, 453, 455, 467, 480,
　504, 519, 549, 550, 552〜555
　会社荷物　　22, 66, 428
本方荷物売上計算書　　16, 17, 438, 439, 449,
　450
本方貿易　　1, 4, 16, 141, 205, 287, 288, 293,
　295, 381, 389, 435, 439, 461〜463, 486, 488,
　490, 504, 507, 555, 556
　会社貿易　　117, 119, 141, 205, 287, 288,
　293, 295
　本方商賣、本方商売　　4, 115, 435, 436,
　438, 448, 450〜453, 455, 457, 491, 504,
　505, 516, 555

や

洋式砲術　　52, 55, 354, 549
ヨーロッパ　　1, 62, 63, 68, 76, 100, 102, 410〜
　412, 415, 421, 428, 455
ヨーロッパ産、ヨーロッパ製　　63, 68, 69, 76,
　412, 413

ら

理事官 de resident（van Batavia）　　11, 43,
　325
老中　　24, 26, 42〜45, 52, 288, 332

わ

若年寄　　43〜45
脇荷勘定 Kambang rekening　　288, 349,
　486
　カンバン勘定　　68
脇荷勘定帳　　373, 374
脇荷商法　　4, 320, 388, 389, 430, 435, 460,
　466, 491, 493, 504, 505, 507, 516, 519, 521,
　555, 556
脇荷取引　　28, 31, 42, 54, 55, 107, 120, 122

〜126, 130, 137, 146, 148, 152〜154, 176,
183〜187, 190, 192, 194, 205〜208, 211,
215, 217, 220, 222, 223, 231, 232, 257, 283,
284, 358, 364, 374, 375, 379, 380, 381, 404,
438, 449, 457〜460, 464〜468, 481, 493,
551〜553

カンバン〔脇荷取引〕　206, 211, 232

カンバン〔取引〕　122, 125, 132

脇荷取引以外　31, 124, 153, 186, 208, 211,
215, 218, 220, 222, 223, 283, 364, 553

カンバン〔脇荷取引〕以外　118, 152, 187,
211, 232, 283, 553

カンバン〔取引〕以外　122, 132

脇荷取引以外の（で、での）取引　55, 122〜
126, 130, 137, 151〜153, 168, 176, 183, 187,
190, 207, 284, 358, 373, 374, 379, 381, 467,
551〜553

脇荷貿易　1〜4, 26, 27, 42, 82〜84, 107, 112
〜116, 120〜122, 130, 132, 136, 137, 140,
141, 146〜148, 176, 180, 182, 183, 185, 186,
190, 192, 194, 199, 204〜209, 213〜216,
218〜220, 222, 223, 231, 234, 239〜241,
247, 248, 257, 263, 269, 271, 273, 275, 277,
279, 282, 287〜289, 291, 293, 295, 301, 303
〜305, 307〜309, 320, 358, 381, 389, 428,
435, 457, 459〜464, 466〜468, 478, 481,
482, 485〜491, 504〜507, 550〜553, 555,
556

カンバン貿易　Kambang Handel　4, 27,

116〜119, 121, 122, 125, 133, 141, 149,
181, 183, 185, 192, 204, 208, 212〜215,
218, 219, 222, 234, 240, 241, 248, 257,
263, 269, 271, 273, 275, 277, 279, 282,
287〜289, 293, 301〜305, 307, 308, 435,
457, 464, 466, 490, 491

看板貿易　82, 112

個人貿易　115〜118, 133, 148, 240, 263,
301〜305

脇荷商賣、脇荷商売　114, 115, 124, 379

私貿易　3, 112, 115, 136, 140, 181, 551

脇荷物、ワキニ物　1〜4, 7, 10, 17, 26〜29,
31, 32, 43, 54〜56, 82〜86, 97〜99, 107,
108, 113, 114, 120, 122, 141, 147〜150, 152
〜154, 168, 183〜185, 187, 190〜194, 205
〜212, 214, 215, 217, 218, 220〜225, 231〜
234, 241, 247〜250, 256〜259, 262〜264,
266〜283, 287, 288, 293, 295, 321, 325〜
327, 330〜333, 355, 356, 358〜360, 363〜
366, 373〜375, 379〜381, 388〜390, 396,
404, 408〜410, 415, 428, 430, 436, 448, 458
〜460, 463, 465〜467, 474, 488, 490, 519,
549〜555

カンバン荷物、カンバン商品　83, 84, 118,
152, 263, 358

脇荷貿易品　288

私(的)貿易品　1, 82, 113, 120, 141, 180,
507, 550, 555

脇荷物売上計算書　458, 460, 465, 466

英文梗概　577

A Historical Study of the Japanese-Dutch Trade in Transition

ISHIDA Chihiro

Contents

Introduction　Purpose of this study

Part 1.　Japanese-Dutch trade and its merchandise

Chapter 1.　The sales transactions of the Deshima trade merchandise: the example of 1844

Preface

Section 1.　A list of Dutch merchandise in 1844: the *Tsumini-mokuroku* included in volume 56 of the *Tenpō-zakki*

Section 2.　Company goods (*motokata nimono*) in 1844 and its sales transactions

Section 3.　Private trade goods (*waki-nimono*) in 1844 and its sales transactions

Section 4.　Privately ordered goods (*atsuraemono*) in 1844 and its sales transactions

In conclusion: Japanese-Dutch trade in 1844

Chapter 2.　The sales transactions of chintz imported by Dutch ships and its domestic distribution: focusing on the *Murasaki-ji kobana monyō sarasa* from the Fukuoka Art Museum

Preface

Section 1.　The import of the chintzes in the Fukuoka Art Museum and its sales transactions

1. On the import

2. On the sales transactions

Section 2. Sales by the Hirai Obashi-ya in Osaka

In conclusion

Part 2. The trade of private trade goods imported by Dutch ships

Chapter 1. The import of private trade goods imported by Dutch ships: the example of 1826

Preface

Section 1. Historical documents related to the import of private trade goods in 1826

Section 2. List of private trade goods in 1826

Section 3. The private trade goods

In conclusion

Chapter 2. The debut of the leaseholder (*pachter*): a change in the trade system of private goods and its actual condition

Preface

Section 1. The debut of the leaseholder in the trade of private goods

Section 2. The contract related to the trade in private goods in 1835

Section 3. The trade in private goods in 1835

Section 4. The income of the leaseholder of the trade in private goods

In conclusion

Chapter 3. The trade of private goods by the leaseholder (I): the years 1836~1838

Preface

Section 1. Contracts related to the trade in private goods

Section 2. The trade of private goods by the leaseholder in 1836

1. The trade of private goods by the leaseholder in 1836

2. The system of compensation payments

Section 3. The trade of private goods by the leaseholder in 1837

Section 4. The trade of private goods by the leaseholder in 1838

In conclusion

Chapter 4. The trade of private goods by the leaseholder (II): the years

英 文 梗 概　　579

1839~1843

Preface

Section 1.　The trade of private goods by the leaseholder in 1839

　　　　　　1.　Contracts related to the trade in private goods

　　　　　　2.　The trade in private goods and its goods

Section 2.　The trade of private goods by the leaseholder in 1840

　　　　　　1.　The contract related to the trade in private goods

　　　　　　2.　The trade in private goods and its goods

Section 3.　The trade of private goods by the leaseholder in 1842

Section 4.　The trade of private goods by the leaseholder in 1843

In conclusion

Chapter 5.　The trade of private goods by the leaseholder (III): the years 1845~1854

Preface

Section 1.　Contracts related to the trade in private goods

Section 2.　Private trade goods in 1845~1854

　　　　　　1.　Private trade goods of 1845

　　　　　　2.　Private trade goods of 1846

　　　　　　3.　Private trade goods of 1847

　　　　　　4.　Private trade goods of 1848

　　　　　　5.　Private trade goods of 1849

　　　　　　6.　Private trade goods of 1850

　　　　　　7.　Private trade goods of 1851

　　　　　　8.　Private trade goods of 1852

　　　　　　9.　Private trade goods of 1853

　　　　　　10.　Private trade goods of 1854

In conclusion

Chapter 6.　The import of unicorn (*eenhoorn*)

Preface

Section 1.　Trade transactions of unicorn in 1836 and 1837

Section 2.　Trade transactions of unicorn in 1838

Section 3.　Trade transactions of unicorn in 1839~1848

Section 4.　Trade transactions of unicorn in 1849~1855

580

In conclusion

Part 3. Japanese-Dutch trade in the *Ansei* period
Chapter 1. Japanese-Dutch trade in 1855
  Preface
  Section 1. The process of the sales transactions of goods imported on Dutch ships
  Section 2. Company goods and its sales transactions
  Section 3. Privately ordered goods and its sales transactions
  Section 4. Private goods and its sales transactions
  In conclusion
Chapter 2. Japanese-Dutch trade in 1856
  Preface
  Section 1. Historical documents related to the sales transactions of Company goods and private goods
  Section 2. Lists of the sales transactions of Company goods and private goods
  Section 3. Sample books of textiles (*tanmono-kirehon-chō*)
  Section 4. Company goods
  Section 5. Private trade goods
  In conclusion
Chapter 3. Japanese-Dutch trade in 1857
  Preface
  Section 1. Historical documents related to the Company trade
  Section 2. Company goods traded in the Company trade
  Section 3. Goods for export in the Company trade and its trade ledgers
  Section 4. The trade in private goods imported by the ship *Willemina en Clara*
  Section 5. The trade in private goods imported by the ships *Jan Daniel, Anna Digna, Catharina en Theresia* and *Lammina Elisabeth*
  Section 6. The sales transactions of the merchandise of the *Henriëtte en Cornelia*
  In conclusion

英 文 梗 概　　581

Chapter 4.　Japanese-Dutch trade in 1858 and 1859
　　Preface
　　Section 1.　Sales transactions by tender (*nyūsatsu*) and direct trading (*ai-tai*)
　　　　1.　Sales transactions by tender
　　　　2.　Sales transactions by direct trading
　　Section 2.　Japanese-Dutch trade before the implementation of the Treaty of Amenity and Commerce between Japan and the Netherlands (*Nichiran Shūkō Tsūshō Jōyaku*): sales transactions by direct trading
　　In conclusion
Final conclusion

Summary

　　　　During the so-called period of national seclusion (*sakoku*), Dutch ships coming to Nagasaki were the only partners from Europe Japan had commercial contact with. The import goods brought on these ships originated from the areas within the commercial networks of the Netherlands in Europe and East India. These goods were brought into Japanese market after having gone through various procedures, effecting Japan's culture, society, politics and economy at the time in various ways. The goods imported by the Dutch ships were traded under the administration and surveillance of the *Bakufu*, the central government in Edo. However, from the *Ansei* period at the last era of the Edo period, when Japan started to prepare for free trade with America, England, Russia and France, the trade transactions gradually adapted to these circumstances. For that reason, it is important to shed light on the goods brought to Nagasaki on Dutch ships, as well as on its trade transactions and its distribution, not only when thinking about the history of Japanese-Dutch trade relations and the Japanese-Dutch relationship in general, but also in view of the history of Japan's culture, society, politics and economy in the early-modern period.

Japanese-Dutch trade during the Edo period was, generally speaking, carried out in two different ways. One was called the Company trade, concerned with the trade transactions of the commodities which fell under the account of the Dutch East-India Company (*VOC*) and which provided the Company with direct profits. The other way was the trade in private goods (*wakini bōeki*), which was only permitted up to a fixed amount. However, in 1799 the *VOC* was dismantled and from then its trade with Japan was placed under the administration of the East-India Government in Batavia. The Nagasaki (Deshima) trading post also came to fall under the East-India Government, although the Company trade and the trade in private goods continued in the same vein as before.

Among the commodities brought to Japan on Dutch ships were: 1. Company goods (*motokata nimono*), i.e. almost all the goods of the Company trade, 2. Private goods (*waki-nimono*), i.e. mainly the commodities of the trade in private goods, 3. Goods privately ordered by the Shogun and high *Bakufu* officials (*atsuraemono*), as well as by officials in Nagasaki, which had been brought to Japan for that purpose on the Dutch ships, 4. The official gifts brought to Japan to present to the Shogun and other high officials during the Court Journey to Edo, in order to show gratitude for the trade permission in Japan. (The gifts for the Shogun were called *kenjōhin* and those for high *Bakufu* officials *shinmotsuhin*). These gifts were selected from the Company goods prior to the start of the sales transactions. Besides these commodities, other occasional presents, as well as supplies the Dutch needed themselves for daily life at the Nagasaki trading post (*tsukaisutehin*), were brought to Japan.

The author has previously published *A Historical Study of the Japanese-Dutch Trade* (Tokyo: Yoshikawa Kōbunkan, 2004) and *Japanese-Dutch Trade: Its Structure and further Development* (Tokyo: Yoshikawa Kōbunkan, 2009). In the first book, he tried to clarify the process of the trade transactions related to Dutch Company goods during the late-Edo period, using historical materials from both Japan and the Netherlands. He also compared the

英 文 梗 概   583

imported textiles with original pieces still in existence and made a study of the Japanese-Dutch trade of that period, revealing the relations between the imported goods and their purchases on the international market. In the second book, the author revealed the characteristics and the changes in composition of the goods imported by Dutch ships in the late-Edo period, taking *Prussian blue* and Western-style cannons as examples to ascertain its sales transactions. Among the imported goods he especially focused on the privately ordered goods and examined the character of the related historical sources. By comparing Japanese and Dutch sources about these privately ordered goods, he finally was able to clarify its actual situation.

In consideration of the previous two publications, the time frame of the present book, *A Historical Study of the Japanese-Dutch Trade in Transition*, has been shifted to the late-Edo period, especially the time between the first half of the 19th Century, i.e. the *Bunsei* period, and the last era of the Edo period, i.e. the *Ansei* period. Based on historical materials from both Japan and the Netherlands; in particular lists of the merchandise imported by Dutch ships, the author will try to explain the structure and changes in the Japanese-Dutch trade.

The composition of this book is as follows:

In part 1, 'Japanese-Dutch trade and its merchandise', the imports of Company goods, private trade goods and privately ordered goods during one year of the Japanese-Dutch trade, as well as the actual conditions of the sales transactions are examined. Subsequently, the import, sales transactions and the distribution process of still existing chintzes are revealed, as one example.

Chapter 1, 'The sales transactions of the Deshima trade merchandise: the example of 1844', focuses on the Japanese-Dutch trade of 1844 and deals with the sales transactions of the Company goods, the private trade goods and the privately ordered goods by examining, considering and comparing in particular the historical documents related to the lists of goods imported by the Dutch ships. It also refers to the Japanese-Dutch relations of that time in general.

Chapter 2, 'The sales transactions of chintz imported by Dutch ships and its domestic distribution: focusing on the *Murasaki-ji kobana monyō sarasa* from the Fukuoka Art Museum', examines the import and sales transactions, as well as the process of distribution of the chintzes mentioned in the *Murasaki-ji kobana monyō sarasa* from the Fukuoka Art Museum, serving as one example of the commodities imported by Dutch ships. It also refers to the historical significance of this commodity.

Part 2, 'The trade of private trade goods imported by Dutch ships', focuses on the trade of private goods brought on Dutch ships in the period spanning from the beginning until the middle of the 19th Century, and examines the actual circumstances of this trade by comparing both Japanese and Dutch related historical documents. Finally, the sales transactions of unicorn (medicine) are treated as an example.

Chapter 1, 'The import of private trade goods imported by Dutch ships: the example of 1826', examines the private trade commodities sold in 1826.

Chapter 2, 'The debut of the leaseholder (*pachter*): a change in the trade system of private goods and its actual condition', reveals the actual circumstances of the so-called leaseholder, by asking when the trade system of private goods came to be monopolized by a leaseholder. This leaseholder was installed by the East-India Government in Batavia, eliminating the *opperhoofd*, the lower personnel and the ship captains from the private trade in which they had been participating from the 17th Century onwards. It also delves into the question when the position of the leaseholder was installed and what the exact nature of this position was, as well as giving an overview of its background.

Chapter 3, 'The trade of private goods by the leaseholder (I): the years 1836~1838', reveals how the private trade by the leaseholder was conducted from 1836 until 1838.

Chapter 4, 'The trade of private goods by the leaseholder (II): the years 1839~1843', reveals how the private trade by the leaseholder was conducted from 1839 until 1843.

Chapter 5, 'The trade of private goods by the leaseholder (III): the years 1845~1854', reveals how the private trade by the leaseholder was conducted from 1845 until 1854.

Chapter 6, 'The import of unicorn (*eenhoorn*)', reveals the actual conditions of the import by the leaseholder of unicorn (medicine), which was one of the private trade commodities, also referring to the relation between the East-India Government in Batavia and the leaseholder.

Part 3, 'Japanese-Dutch trade in the *Ansei* period', examines the actual situation of the Japanese-Dutch trade between 1855 and 1859 until the time when free trade was established as implemented by the Treaty of Amenity and Commerce between Japan and the Netherlands, as well as its further developments, comparing both Japanese and Dutch historical sources.

Chapter 1, 'Japanese-Dutch trade in 1855', reveals the actual situation of the sales transactions of the Company goods, the privately ordered goods and the private trade goods imported by Dutch ships in 1855. Added are introductions to the related historical sources.

Chapter 2, 'Japanese-Dutch trade in 1856', delves into the nature of the Company goods and the private trade goods, by examining a few specific commodities handled in the Japanese-Dutch trade of 1856.

Chapter 3, 'Japanese-Dutch trade in 1857', reveals the actual circumstances of the Company trade which was carried out for the last time in 1857, and then delves into the trade of private goods, concentrating on the so-called *Kambang Handel*, as the private trade was called in mainly Dutch sources related to accounting. Finally, it considers the sales transactions of the merchandise brought on Dutch ships to Nagasaki after the ratification of the Additional Japanese-Dutch Treaty on 16 October 1857. From then, all the sales transactions were executed following the former trading methods of the private trade. It also gives an overview of the background and characteristics of these sales transactions.

Chapter 4, 'Japanese-Dutch trade in 1858 and 1859', examines the Japanese-Dutch trade in 1858 and 1859 until the establishment of free trade, implemented by the Treaty of Amenity and Commerce between Japan and the Netherlands on 1 July 1859, with special reference to the sales transactions by tender and direct trading through the Nagasaki Trade Office (*Nagasaki Kaisho*).

著者略歴

1955年　岐阜県に生まれる
1989年　青山学院大学大学院文学研究科史学専攻博士課程単位取得退学
鶴見大学文学部文化財学科教授を経て,
現在　鶴見大学名誉教授・博士（歴史学）
〔主要著書・論文〕
『日蘭貿易の史的研究』（吉川弘文館, 2004年）
『日蘭貿易の構造と展開』（吉川弘文館, 2009年）
「日蘭貿易における染織輸入」（フレデリック・クレインス編『日蘭関係史をよみとく』下, 臨川書店, 2015年）

日蘭貿易の歴史的展開

2024年（令和6）10月10日　第1刷発行

著　者　石　田　千　尋

発行者　吉　川　道　郎

発行所　株式会社　吉川弘文館
〒113-0033 東京都文京区本郷7丁目2番8号
電話 03-3813-9151〈代〉
振替口座 00100-5-244
https://www.yoshikawa-k.co.jp

印刷＝株式会社 三秀舎
製本＝誠製本株式会社

©Ishida Chihiro 2024. Printed in Japan
ISBN978-4-642-04364-9

JCOPY 〈出版者著作権管理機構 委託出版物〉
本書の無断複写は著作権法上での例外を除き禁じられています．複写される場合は，そのつど事前に，出版者著作権管理機構（電話 03-5244-5088,
FAX 03-5244-5089, e-mail : info@jcopy.or.jp）の許諾を得てください．

石田千尋著

日蘭貿易の史的研究
〈オンデマンド版〉

A5判・460頁／18000円

鎖国体制下、ヨーロッパ唯一の交易国であったオランダ。その取引を日蘭双方の史料の照合により考察し、染織品の受用を文化史・社会史の側面を含め解明。また近世後期における輸入量の変化を当時の国際情勢と相関関係で検討し、当時のオランダ船輸入品と国際的商品流通の関係を明らかにする。各品目の数量一覧表と輸入品の用語集を付載。

日蘭貿易の構造と展開
〈オンデマンド版〉

A5判・524頁／18000円

近世後期、オランダ船がもたらした積荷物は、日本の文化や政治、経済にさまざまな影響を与えた。紺青(化学合成顔料)・洋式砲などの輸入実態を考察し、輸入品の特色と推移を解明する。さらに将軍らがオランダ船に注文した誂物に注目。当時の日本人の具体的な好みや需給関係を日蘭の取引史料と照合しつつ探り、日本とオランダの関係を明らかにする。

吉川弘文館
(価格は税別)